Barbara Beuys

# Familienleben in Deutschland

Neue Bilder aus
der deutschen Vergangenheit

Rowohlt

Umschlagentwurf Werner Rebhuhn
(«Die Familie des Forstmeisters Wilhelm Heinrich Seyd»,
gemalt 1845 von Joseph Hartmann, Hessisches Landesmuseum,
Darmstadt)
1. Auflage Oktober 1980

Gesamtherstellung Clausen & Bosse, Leck
Gesetzt aus der 10.5 Garamond (Linotron 404)
Printed in Germany
ISBN 3 498 00464 6

*Unter jedem Grabstein liegt eine Weltgeschichte*

Heinrich Heine

# Inhaltsverzeichnis

# Was wir alles nicht wissen

Es ist ein Dutzend Jahre her, da saß ich an der Kölner Universität in den Vorlesungen von Professor René König. Fach: Soziologie. Thema: die Familie. Keiner seiner deutschen Kollegen hat sich über so viele Jahre so umfassend, intensiv und zugleich offen für alle neuen Aspekte mit diesem Thema beschäftigt. Ob es um die deutsche Familie geht oder die Indianer in den Pueblos von Neu-Mexiko – Forschung und Lehre stehen auf den Schultern dieses Grandseigneurs der deutschen Soziologie. Ein Mann übrigens, der die Präzision der Wissenschaft auf faszinierende Weise mit der Kunst der freien erzählenden Rede verbindet. Seit den Kölner Jahren hat mich die Familie als Gegenstand der Neugier und des Studiums begleitet. Daß für jemanden, dessen Neigung vor allem der Geschichte gilt, in diesem Zusammenhang die Soziologie am Anfang stand, ist nicht Zufall, sondern Spiegelbild der allgemeinen Entwicklung.

Die Soziologie entstand im 19. Jahrhundert als eine Wissenschaft, die nicht nur die Beziehungen zwischen Individuum und Gesellschaft bloßlegt, sondern Modelle entwickelt, Strukturen baut, die über die Wirklichkeiten gestülpt werden. Bei ihrer Geburt stand die Kritik an der bürgerlichen Gesellschaft Pate. Dieser kritische Blick auf die Gegenwart ist wesentlicher Bestandteil geblieben, ob der Soziologe Feldforschung bei den Südseeinsulanern betreibt oder die moderne Industriegesellschaft unter die Lupe nimmt.

Ganz anders die Geschichtswissenschaft: Ihr Feld ist die abgeschlossene Vergangenheit. Sie hat es nur mit Toten zu tun. Die können sich nicht mehr rechtfertigen oder erklären. Sie haben ihr Leben gelebt – eingezwängt von vielerlei Bedingungen, die sie nicht ändern konnten. Doch das hat ihre Individualität nicht aufgehoben. Es gibt keine kollektiven Zahnschmerzen, wie Ludwig Marcuse notierte. So groß die Zwänge waren und so unwirtlich die Zeiten, so viele Erklärungen oder Anklagen wir aus dem Rückblick zustande bringen: Das Leid oder das Glück des einzelnen ist darin nicht aufgehoben. Es bleibt deshalb die Mahnung an den Geschichtserzähler: fair zu sein, gerecht, ja – im Zweifel für die Toten zu entscheiden. Sie können sich nicht wehren.

Weil es um Menschen geht, müssen wir uns auch endlich frei machen von der Vorstellung, Geschichte – in ein Koordinatensystem gebannt – sei eine aufsteigende Linie von einfachen primitiven Formen zu komplizierten Systemen; Aufstieg des Geistes von den Niederungen in die Höhe. Es ist verblüffend, wie oft dieses Modell von denen für die Vergangenheit aufgestellt wird, die es in der Gegenwart heftig bekämpfen. Nur ein Beispiel: Die meisten Soziologen, aber auch ein Historiker wie Edward Shorter («Die Geburt der modernen Familie») stimmen darin überein, daß sich Gefühle zwischen Eltern und Kindern erst in den letzten dreihundert Jahren entwickelt haben. Die Logik dieser Zeitgenossen: Kinder waren nur Arbeitskräfte, und vor allem entwickelt man keine Gefühle zu Wesen, von denen man weiß, daß sie höchstwahrscheinlich nicht lange leben werden. Stellt man diese These vom Kopf auf die Füße, dann bedeutet das: Unsere Zuneigung ist abhängig vom Fortschritt der Medizin. Ich liebe einen Menschen nur, wenn ich vorher weiß, daß er gesund ist. Was für ein Materialismus der Gefühle! Zudem ein Blick in die Vergangenheit, der nur die Maßstäbe der Gegenwart gelten läßt und deshalb unfähig ist, die Menschen einer anderen Zeit zu verstehen.

Tatsächlich gab es Jahrhunderte, die ihren Trost darin fanden, daß die Gestorbenen es bei Gott besser hatten als die Zurückgebliebenen. So schwer es uns fallen mag: Frömmigkeit darf nicht mit Fatalismus verwechselt werden. Gar nicht davon zu sprechen, daß diese angeblich kalte Beziehung zwischen Eltern und Kindern über den längsten Teil unserer Geschichte nicht mit Dokumenten belegt wird, sondern eine Hypothese ist, die man als Tatsache ausgibt. Hören wir nur einen Betroffenen. Nach dem Tod seiner Tochter Elisabeth, die mit zehn Monaten starb, schrieb Martin Luther: «Merkwürdig, was für ein trauerndes, fast weibisches Herz es mir hinterlassen hat; so sehr bin ich von Jammer erfüllt. Ich hätte nie vorher geglaubt, daß ein Vaterherz so weich gegenüber seinen Kindern sein könnte.»

Vieles, was für die Familie vergangener Zeiten als selbstverständlich gilt, wird in diesem Buch mit den Aussagen von Zeitgenossen widerlegt oder zumindest mit einem dicken Fragezeichen versehen. Bei diesem Thema kommt einem immer sofort der Balladenanfang ins Gedächtnis, der die ganze Vergangenheit wie in der Nußschale zusammenpreßt: «Urahne, Großmutter, Mutter und Kind / In dumpfer Stube beisammen sind.» Der Vater war auch da. Er werkelte und klopfte. Die Kinder sahen zu. Die Frau saß am Spinnrad oder stand in der Küche. Alles wurde selbst gemacht – Wurst und Butter, Kleider und Sauerkraut, Brot und Kerzen. Die Familie, das waren mindestens drei Generationen, die unter einem Dach lebten, eine abgeschlossene Festung bildeten, in der die Kinder geborgen aufwuchsen. «Großfamilie» heißt das Schlagwort und «die Familie als wirtschaftlicher Kleinbetrieb».

Davor schiebt sich sogleich ein anderes Bild. Nicht weniger selbstverständlich. Allerdings – wenn man es mit dem ersten vergleicht – dann passen beide nicht so recht übereinander: der Vater als Haustyrann, die Mutter als Heimchen am Herd, ihre Ehe nichts anderes als ein «ökonomisches Zweckbündnis». Auch zwischen ihnen gab es keine Liebe. Das Stichwort: patriarchalische Familie. Ein drittes Bild, ebenfalls immer wieder unwidersprochen ausgemalt: Es waren Industrialisierung und Kapitalismus, die im vorigen Jahrhundert einerseits die idyllische Einheit zerstörten, andererseits aber auch den Patriarchenstatus des Vaters untergruben. Die Frau wurde berufstätig, gewann neues Selbstbewußtsein. Emanzipation heißt das.

Das größte Phänomen: Alle diese in sich paradoxen Darstellungen werden von den Ideologen unterschiedlichster Lager unangefochten in den hitzigen Debatten über die Familie seit Jahren vorgebracht. Jede Gruppe saugt ihren Honig aus einer anderen Vergangenheit. Dabei gilt für alle Bilder, die sich in unser Gedächtnis gegraben haben: Es sind Thesen oder Modelle, die Soziologen im Laufe der letzten hundert Jahre aufgestellt haben – in Unkenntnis bzw. mit sehr beschränktem Wissen von historischen Verhältnissen, Grundlagen, Quellen.

In den Schulen werden diese Auffassungen über die historische Entwicklung der Familie heute an die nächste Generation weitergegeben: «Sie war die kleinste Wirtschaftseinheit, weil in ihr die Menschen gemeinsam erzeugten und verbrauchten ... Sie umfaßte drei Generationen, die Großeltern, Eltern und Kinder. Dazu kamen das Gesinde, eine oft nicht geringe Zahl ledig gebliebener Onkel und Tanten und vor allem viele Kinder. Die Tafel war groß, und der hungrigen Mäuler waren viele. Die Industrialisierung hat diesen Familientyp gründlich zerstört.» («Arbeitsmaterialien für den politischen Unterricht».)

Es soll nicht verschwiegen werden, daß sich auch Zweifel an der mittelalterlichen Großfamilie eingestellt haben. Doch Konsequenzen für das Verhältnis zwischen Mann und Frau, zwischen Eltern und Kindern wurden daraus nicht gezogen. Unter dem neuen Namen der «großen Haushaltsfamilie», bei der es sich «nicht ausschließlich um Blutsverwandte» handelt, leben die alten Funktionen der Großfamilie und der angebliche Bruch zur Kleinfamilie in vollem Umfang weiter: «Die *Kleinfamilie* (Gattenfamilie) des 19. Jahrhunderts entstand im Zusammenhang mit der Industrialisierung und der Trennung von Wohnplatz und Arbeitsplatz. Die Produktionsmittel befanden sich nun nicht mehr im Bereich des ‹Hauses›. Damit verlor die patriarchalische Autoritätsstruktur des Vaters als Vorstand des ‹ganzen Hauses› eine wirtschaftliche Komponente.» (I. Weber-Kellermann: «Die Familie», ausführlich zitiert in «Texte für den politischen Unterricht».)

Wir wollen den Soziologen und Volkskundlern die Versuche, Vergangenheit mit ihren Methoden aufzuhellen, nicht vorwerfen. Ihr Feld ist nicht die Geschichte, und sie waren zweifellos die ersten, die sich mit diesem Thema beschäftigten. Über Jahrzehnte gab es keine historischen Forschungen, auf die sie zurückgreifen konnten. Das hat sich geändert. Längst beschränkt sich die Wissenschaft von der Geschichte nicht mehr auf Kriege, Verträge und Herrscherhäuser. Sie kümmert sich um die Unterschichten im Mittelalter wie um die Moral seiner Kaufleute, um die Säuglingsernährung im 18. Jahrhundert wie um die Freizeit der Arbeiter im folgenden. Wer heute noch den Historikern vorwirft, den Alltag vergangener Zeiten zu vernachlässigen, blamiert nur sich selbst. Allerdings sind diese Forschungen weit verstreut und meist nicht unter dem Stichwort «Familie» zu finden. Wer sich aufmacht, Familienleben über zweitausend Jahre darzustellen, muß sich auf die Suche begeben wie ein Archäologe. A propos: Die Archäologie des deutschen Mittelalters– abseits von Domen und Burgen – steckt noch in den Kinderschuhen. Doch hat man bei Ausgrabungen von Kloaken schon einiges mehr über den Alltag erfahren.

Noch ein Einwand: Ist denn nicht – mit der wachsenden Aktualität dieses Themas – in den vergangenen Jahren die Geschichte der Familie bereits geschrieben worden? Die Geschichte der Kindheit? Wer diese Bücher kennt, weiß, daß da ein wenig Etikettenschwindel getrieben wurde. Meist handelt es sich nur um die letzten dreihundert Jahre – mit der Begründung, vorher habe es gar keine Familie gegeben. Und geht es weiter zurück, dann werden die Jahrhunderte im Geschwindschritt übersprungen und zusammengefaßt, Hochzeitsriten und germanische Volksbräuche zitiert und vor allem ein Geschichtsbild entworfen, über das die Forschungen der Historiker in den letzten Jahrzehnten längst hinweggegangen sind. Vor allem das Bild vom Mittelalter hat sich radikal geändert.

Das Mittelalter ist ein Schwerpunkt dieses Buches, eine Epoche, die länger als ein Jahrtausend dauerte und die – von Klischees abgesehen – völlig aus unserm Horizont verschwunden ist. Jede Schilderung von Familienleben in der Neuzeit muß in die Irre gehen, wenn sie nicht versucht, diesen großen Brocken deutscher Geschichte ins Bewußtsein und ins Bild zu bringen.

Wonach fragen Untersuchungen, die sich mit der Familie in der zweiten Hälfte des 20. Jahrhunderts beschäftigen? Sie fragen nach den Berufen der Eheleute. Sie beschreiben, wie die Mobilität – das

Auto – und die neuen Kommunikationsmittel – Radio, Fernsehen, Telefon – das Familienleben beeinflußten, veränderten. Sie sehen in die Schulen, Diskotheken oder Vereine. Niemand käme auf die Idee, mit einem Blick ins Wohnzimmer das Familienleben erfassen zu können. Gelten für die Vergangenheit andere Regeln? Ich glaube nicht. Wer etwas wissen möchte über die germanische Familie oder die im Mittelalter, muß ebenfalls von der Stube hinaus in die Straße treten. Er muß das Leben in seinen vielfältigen Aspekten erfassen. Er darf Beruf und Schule, Wirtschaft und Moral nicht auslassen, denn Familienleben und die Welt draußen sind nicht zu trennen. Wer wissen will, wie das Familienleben ablief und was es prägte, muß ein möglichst umfassendes Bild von der Vergangenheit zeichnen. In diesem Sinn ist der Untertitel des Buches nicht nur ein hoher Anspruch, sondern sagt sehr genau, was hier versucht wird. Ein Wagnis, sicherlich. Dessen bin ich mir bewußt. Aber das muß auf sich nehmen, wer versucht, die vielen einzelnen Forschungsergebnisse aus neuester Zeit zueinander zu bringen und zu verknüpfen. Nicht als unangreifbare Festung, sondern als Ausgangspunkt zu neuen Diskussionen.

Schon bei den Germanen müssen wir etwas Wichtiges lernen. Nach ihrem ungeschriebenen Recht – das uns nur in der ihnen fremden lateinischen Sprache überliefert ist – trug die Frau selbst keine Verantwortung. Sie wanderte von der Vormundschaft ihrer Eltern oder Verwandten in die Vormundschaft des Ehemannes. Der sie schlagen, auspeitschen, verkaufen, ja töten konnte. Kann sich aber in einer Ehe ein Partner zum unumschränkten Herrn aufschwingen, wenn beide im Kampf gegen die Natur völlig aufeinander angewiesen sind? Es gibt Parallelen in Kulturen unseres Jahrhunderts. Die Marschbeduinen im Mündungsdelta von Euphrat und Tigris lebten bis vor wenigen Jahren fern aller Zivilisation auf kleinen künstlichen Inseln. Selbstverständlich sind sie fromme Moslems. Doch ihre Frauen tragen keinen Schleier, treten selbstbewußt und selbständig gegenüber Fremden auf. Sie sind nach der Arbeitsteilung in der Ehe für das Vieh verantwortlich. Eine lebenswichtige Aufgabe, die sie völlig in eigener Regie handhaben. Alleine fahren sie auf ihren Booten in entfernt gelegene Gebiete, um Nahrung und Schilf zu holen. Mag im Koran auch anderes über die Rolle der Frau stehen. Wir können uns im eigenen Haus umsehen: Erfahren wir nicht selber täglich, wie groß auf vielen Gebieten die Kluft zwischen Theorie und Praxis ist? Und das muß ja nicht immer zu Lasten der Praxis gehen. Rechtliche Konstruktionen allein garantieren jedenfalls kein getreues Abbild der Wirklichkeit.

Auch von Karl dem Großen wird in diesem Buch erzählt, einem Menschen voller Lebensfreude, der die Geselligkeit im Kreis seiner Familie liebte. Und da höre ich einen Einwand: Man solle sich lieber an den kleinen Mann halten und die Herrschenden vergessen, weil sie stets von der Geschichtsschreibung bevorzugt wurden. Noch ein Mythos, der bei genauem Hinsehen nicht standhält. Einige wenige Persönlichkeiten – Barbarossa oder Friedrich II. –, Verträge, die die führenden Männer abschlossen, oder Kriege, in die sie ihr Land stürzten, gaukeln uns vor, wir wüßten über die Herrschenden Bescheid. Dabei sind selbst viele mittelalterliche Könige für uns im Dunkel. Von ihren Frauen gar nicht zu reden. Die paar Urkunden, die die Jahrhunderte überdauerten, sagen gar nichts über sie persönlich aus. Denn da steht nichts von ihren Gefühlen, und immer waren es andere, die über sie schrieben.

Der Herrscher im deutschen Mittelalter war kein absolut Regierender. Der Adel bestimmte. Eine Elite von vielleicht fünf Prozent der Bevölkerung. Wer sich über sie informieren möchte, wird kein Buch finden, das ihr Leben im Mittelalter umfassend beschreibt. Es gibt keines, und wahrscheinlich wird es nie eins geben. Wir haben viel zu wenig Zeugnisse, um diese Elite Gestalt werden zu lassen. Und wenn einmal in den Urkunden ein Name auftaucht, bringt er uns nicht weiter. Denn bis ins 13. Jahrhundert gab es keine Familiennamen. Der Vorname allein verriet in höheren Kreisen, woher einer kam. Er wurde innerhalb der Familie weitergegeben, vom Vater auf den Sohn, von dem auf den Enkel. Auch nächste Verwandte durften ihn benutzen. Hat der Forscher von einer adligen Familie aus gleichem Zeitraum ein paar Urkunden, in denen derselbe Name auftaucht, steht er vor einem Puzzle, das meistens unlösbar ist. Wer ist der Vater? Wer der Sohn? Oder handelt es sich vielleicht um einen Vetter? Für adelige Frauen gilt das gleiche.

Aus diesen Zeiten nicht nur einen Namen zu haben, sondern eine Person damit identifizieren zu können, läßt den Erzähler aufatmen. Will er Geschichte plastisch werden lassen, muß er ein doppeltes Wagnis auf sich nehmen: von einzelnen Persönlichkeiten Allgemeines herleiten und zugleich aus dem Allgemeinen individuelles Leben formen. Das gilt nicht nur für den frühen Adel, sondern ebenso für das städtische Bürgertum, das am Ende des 13. Jahrhundert in einzelnen Haushaltsbüchern und Kaufmannsbüchern erstmals faßbar wird. Je mehr man forschte, desto größer wurden die weißen Flecken auf der historischen Landkarte. Heute kann ein angesehener deutscher Professor die Frage stellen, ob das ganze Rittertum nicht «ein Hirngespinst» sei. Der Ritter, Symbol christlich-abendländischer Kultur, ist zum Streitobjekt der Forschung geworden. Ob er adlig war oder nicht, und woher er überhaupt kam, bleibt wohl sein Geheimnis. Nur über eins ist man sich inzwischen einig: Die deutschen Minnesänger dürfen wir nicht befragen, wenn es um adliges oder ritterliches Leben geht. Was sie in ihren Liedern erzählen, übernahmen sie aus der französischen Dichtung. Sie stellten ein Ideal auf, halfen, es zu verbreiten. In Wirklichkeit dachten die Burgherren nicht an «minne» und eine «liebe frouwe», sondern an den Ertrag ihrer Milchkühe und Felder.

Genau so unbrauchbar für den Alltag der Eheleute ist, was Thomas von Aquin, der Kirchenlehrer, über die Ehe oder die Sexualität schrieb. Selbst von den Theologen kannte für Jahrhunderte – vor dem Buchdruck – nur eine Handvoll in Europa seine Schriften, von den Laien gar nicht zu reden. Das gleiche gilt für andere berühmte Persönlichkeiten des Mittelalters. Doch wir haben zu diesem privaten Bereich einige Zeugnisse von anderen, die dem Volk aufs Maul schauten, sich seinen Fragen stellten und ganz konkrete Ratschläge gaben. Es sind die Mönche der Bettelorden, am Anfang des 13. Jahrhunderts entstanden, deren berühmtester deutscher Vertreter für diese Zeit Berthold von Regensburg ist. Tausende hörten ihm zu. Seine Predigten wurden mitgeschrieben – aber niemand kam auf die Idee, etwas über seine Herkunft zu schreiben, sein Alter, seine Person. Unwichtig. Wir müssen umlernen. Dafür erfahren wir, daß Familien-, Ehe- und Kinderprobleme immer wieder von seinen Zuhörern angeschnitten werden. Kein Zweifel: Hauptakteure in diesem Buch sind jene, deren Name in keinem Lexikon steht. Besonders aus den ersten drei Jahrhunderten nach der Reformation bis hinein in die Aufklärung werden Menschen und ihre Lebensläufe dargestellt, Ehepredigten und Leichenreden zitiert, die bisher in den Archiven der Herzog-August-Bibliothek in Wolfenbüttel schlummerten, für diesen Zeitraum eine der größten Fundgruben auf dem Kontinent.

Die Herrschenden oder die berühmt Gewordenen werden erwähnt, wenn von ihnen Typisches zu berichten gilt. Wenn sie Ideale vorlebten, denen andere zu folgen versuchten. Oder wenn es kritische Anfragen gibt. Hat Martin Luther den protestantischen Eheleuten mehr von der Freiheit eines Christenmenschen gebracht oder ungewollt mit seiner Ehe-Theologie der absolutistischen Obrigkeit jede Rechtfertigung gegeben, so viele und so hohe Ehehindernisse wie nie zuvor während des Mittelalters aufzubauen? War die neue Moral der Romantiker tatsächlich so fortschrittlich, wie sie sich gab?

Quellen und zeitgenössische Dokumente kommen ausführlich zu Wort, um ein lebendiges Bild vom Alltag der Menschen über zweitausend Jahre hinweg entstehen zu lassen. Aber ich bin nicht so naiv, an die wertfreie Aussage von Fakten zu glauben. Auch in diesem Buch gibt es Meinungen, Urteile, wird Geschichte durch das Temperament des Autors gesehen. Sonst wäre dieses Buch wie ein Porträt, dem die Augen fehlen. Vergangene Ereignisse werden mit darauf folgenden Entwicklungen verknüpft, Verbindungen zu unserer Gegenwart gezogen.

Die «Verknüpfungsgabe» hat Wilhelm von Humboldt die wichtigste Eigenschaft des Geschichtsschreibers genannt. Der Historiker steht nicht unter dem Zwang, Modelle aufstellen zu müssen; Widersprüche um jeden Preis aufzulösen; Wahrheiten zu verkünden. Geschichte handelt vom Leben. Leben jedoch ist immer voller Widersprüche. Sie machen auch vor der Wahrheit nicht halt. Unanfechtbare Wahrheiten gibt es nicht, sagt der alte Stechlin bei Fontane. Und wenn, dann sind sie langweilig.

# Bei den heidnischen Germanen

*Im Dorf an der Wesermündung*
*Die Ehe als Notgemeinschaft*
*Opfer für die Göttinnen*

Die Geschichte der deutschen Familie begann vor knapp zweitausend Jahren in Rom. Dort empfing Cornelius Publius Tacitus, Sproß aus alter, angesehener Familie, Offiziere, Kaufleute und Reisende in seinem Studierzimmer. Alles wollte er wissen über jene Barbaren nördlich der Alpen, die drei Generationen zuvor, im Jahre neun nach Christus, die Legionen des Feldherrn Varus vernichtet und so die römischen Besatzer aufgehalten. Durch diese Niederlage blieb das Land östlich des Rheins das «freie Germanien». Im fernen Rom, der Weltmetropole mit 400000 Einwohnern, störte die verlorene Schlacht nicht weiter. Das Weltreich schien für die Ewigkeit gebaut.

Tacitus, der Historiker, dachte anders. Er blickte nach Norden, weil ihn das Treiben in seiner Vaterstadt ekelte. Er hatte sie satt, seine Mitbürger – Männer wie Frauen –, die ihre Langeweile mit Ehebruch, Mätressen, Liebhabern und nächtlichen Gelagen totschlugen. Je mehr er hörte, desto stärker imponierten ihm jene Germanenstämme, die so ganz anders waren: unverbraucht und unverdorben. So jedenfalls erzählte man es ihm. Vor allem stand bei ihnen die Familie in hohem Ansehen und galt nicht als lästige und überflüssige Konvention. Die Frauen lebten «in Zucht und Keuschheit, nicht verdorben durch lüsterne Schaustellungen oder verführerische Gelage». Kinder waren kein lästiges Übel, sondern ein Segen.

Je länger er schrieb, desto schärfer gerieten dem Tacitus die Gegensätze. Er hielt seinen Landsleuten den Spiegel vor und stempelte aus der Ferne zu einmaligen germanischen Tugenden, was der Kampf ums Überleben einem Naturvolk aufzwang. So entstand um das Jahr 100 nach Christus die «Germania». Rund 40 Taschenbuchseiten füllen die Aufzeichnungen des Tacitus heute. Es ist das einzige schriftliche Zeugnis über jene Menschen, die zu Beginn der neuen Zeitrechnung zum erstenmal in einem fest umrissenen Raum – zwischen Rhein und Elbe – auftauchen: die Germanen. Es sind verschiedene Stämme, kein einheitliches Volk. Diese Menschen als die ersten Deutschen in Beschlag zu nehmen, wäre grobe Täuschung. Es läuft keine gerade Entwicklungslinie von den Bewohnern Germaniens zu jenem späteren Gebilde, das den diffusen Namen Deutschland trägt. Allerdings sind solche gewaltsam hergestellten Traditionen keine Erfindung der neuesten Zeit.

Entstanden ist diese Legende schon vor 500 Jahren, als ein Manuskript der «Germania» von den deutschen Humanisten entdeckt wurde. Was für ein Fund zur Zeit der Reformation! Da ließ es sich ja mit Händen greifen, was sie in ihren Schriften verkündeten: «Daß die Germanen den Römern ganz und gar nicht unterlegen, weil sie ja immer Treue, Keuschheit, Gerechtigkeit, Freigiebigkeit und Lauterkeit pflegten.» So Jakob Wimpfeling, der am Beginn des 16. Jahrhunderts die erste Geschichte der Deutschen schrieb. In die damalige Gegenwart übersetzt: Luther gegen Rom! Was Tacitus über die Germanen schreibt, hat die Forschung inzwischen in vielem bestätigt. Nur vergaßen die klugen Köpfe im 16. Jahrhundert und manchem späteren, daß die Zeit nicht stehengeblieben war. Daß die Menschen im Deutschen Reich nicht denen vergleichbar sind, die im «freien Germanien» lebten. Und weil es so gut ins Bild paßte, nahmen die Nachgeborenen dann noch ein bißchen aus der skandinavischen Edda, die erst tausend Jahre nach der christlichen Zeitrechnung entstanden war, und dazu kamen noch die Heldenlieder von Siegfried und Brunhilde, auch nicht älter. Der Germanen-Mythos wuchs mit jedem Jahrhundert. Das 19. machte daraus steinerne Denkmäler und romantische Opern. Die Ideologen des Tausendjährigen Reiches übernahmen alles und kochten ihr eigenes blutiges Süppchen daraus. Die Wirklichkeit läßt sich aus alledem nicht herausfiltern und das deutsche Wesen noch weniger.

Warum die Germanen trotzdem am Anfang der deutschen Familiengeschichte stehen: Was die Männer und Frauen im Land zwischen Rhein und Elbe vor zweitausend Jahren dachten, die Traditionen, denen sie sich unterwarfen, die Art und Weise, wie sie als Eheleute miteinander lebten, die Götter, denen sie opferten – das alles stieß seit dem siebten Jahrhundert zusammen mit den Lehren der christlichen Missionare, die nicht nur einen neuen Gott, sondern auch eine neue Moral lehrten. Beides mit Gewalt durchzusetzen, halfen ihnen bald die christlichen germanischen Könige. Manches aus der alten heidnischen Zeit versank, wurde vergessen. Anderes nahm nur äußerlich eine andere Gestalt an. Wieder anderes veränderte sich und verband sich mit den fremden Lebensformen auf eine neue Weise.

Mit jedem Jahrhundert kamen andere Einflüsse hinzu: jüdische, arabische. Das Mittelalter entdeckte die griechischen Philosophen wieder. Alles befruchtete sich gegenseitig. Nichts blieb, wie es war. Das Leben ist konservativ und flexibel zugleich. Eine europäische Kultur entstand, die sich länger als ein Jahrtausend christlich nannte. Die Germanen, die sich während der Völkerwanderung über den ganzen Kontinent verstreuten, große Teile eroberten und beherrschten, stehen am Anfang dieses Prozesses. Und das allerdings ist historisch: Sie werden zum erstenmal faßbar in jenem Gebiet, das später Kernland des Deutschen Reiches ist.

Um ihr Leben nachzuzeichnen, ihren Alltag abseits von den Legenden faßbar zu machen, dürfen wir uns nicht auf spätere Aufzeichnungen stützen. Wir sind auf Spitzhacke und Bagger angewiesen, auf Grabbeilagen und dunkle Flecken, die die Pfosten germanischer Holzhäuser – selbst längst verrottet – im Boden hinterlassen haben. Es waren zwischen zwei und fünf Millionen Menschen, die zur Römerzeit als Vieh- und Ackerbauern in Germanien lebten. Der einheitlichste deutsche Siedlungsraum – und bis heute am besten erforscht – war Schleswig-Holstein und die Nordseeküste bis hinunter zur Wesermündung. Hier lebten in kleinen Siedlungsinseln zwischen lichten Wäldern vor zweitausend Jahren 200000 bis 250000 Germanen. Folgen wir ihnen bis in die Wesermündung. Heute noch heißt der Uferstrich nördlich von Bremerhaven «Land der Wurten». Wurten oder Warften nennt man die künstlichen Hügel aus Meeresboden, Mist und anderen Abfällen, auf denen die Germanen schon in vorchristlicher Zeit an der unbedeichten Nordseeküste ihre Dörfer planten. Ob die Flut einen Teil der Wurt zerstörte oder ob das Haus abbrannte, immer wieder wurde eine Schicht auf die andere gebaut. Bis zu sieben Meter wuchsen die Wohnhügel in die Höhe. Jetzt sieht man im Wurtenland nur die platte Marsch. Die Jahrhunderte haben das Land verändert. Erst nach dem Zweiten Weltkrieg begannen die Archäologen durch die grünen Wiesen hindurch in die Germanenzeit vorzustechen. Schicht um Schicht trugen sie die Hügel ab, die sie unter der Ebene entdeckten und fanden den germanischen Alltag, so wohlkonserviert wie nirgendwo sonst.

Feddersen Wierde, zwischen 1955 und 1963 ausgegraben, war eins von acht Wurtendörfern an der Wesermündung, die im zweiten und dritten Jahrhundert n. Chr. ihre Blütezeit hatten. Jedes Dorf besaß 40 bis 50 Gehöfte, in denen 300 bis 500 Menschen lebten. Unter den langgezogenen Reetdächern wohnten Menschen und Tiere in einer großen dreischiffigen Halle, die viereinhalb bis siebeneinhalb Meter breit und manchmal bis zu dreißig Meter lang war. Das Vieh stand in getrennten Boxen aus Flechtwerk. In den größten Häusern konnten 50 Rinder untergebracht werden. Die Boxen entlang lief eine Jaucherinne, und in dem Teil, wo die Bewohner lebten, flackerte ein offenes Feuer, standen Webstuhl und Mühlsteine in einer Ecke. Hier, in der warmen, fensterlosen Wohnhöhle, hatte die Frau des Hauses das Sagen. Im altfriesischen Recht heißt es: «Wo man eine Frau heimführt mit Hörnerklang, mit Schar und Geleite, da soll sie immer den ehelichen Stuhl besitzen.» Wenn im antiken Griechenland die Männer tafelten, mußten sich die Frauen im Nebenzimmer aufhalten. Bei den Germanen saßen sie gleichberechtigt neben dem Mann und hoben die gefüllten Trinkhörner an den Mund. Das Zusammenleben war nicht nur eine Frage der Architektur. Es gab ja keine Küche, in die man die Frau hätte abschieben können. Sie war ein wichtiger Partner in der Arbeitsgemeinschaft Ehe und mit ihrer Arbeit nicht nur auf das Haus beschränkt. Die Kleidungsstücke, die sie webte, waren lebenswichtig, denn in den Jahrhunderten vor der Zeitwende hatte sich das Klima auf dem Kontinent permanent verschlechtert. Im dritten Jahrhundert nach Christus war die Durchschnittstemperatur auf neun Grad gesunken. Die Frau bereitete die Nahrung zu, wofür man eine Menge Kraft brauchte. In der vorrömischen Zeit wurden die Weizenkörner zwischen zwei Steinen zerrieben. Das dauerte bei einem Kilogramm 40 bis 60 Minuten. Jetzt, in Feddersen Wierde, erledigte das die Hausfrau in 15 bis 20 Minuten, denn sie besaß eine Mühle: zwei runde Steine, durch eine Achse zusammengehalten, und nur der obere brauchte in Drehung versetzt zu werden.

Die Frau war auch für das Vieh zuständig und half bei der Ernte. Hinter dem Haus lag ein Garten mit lebenswichtigem Gemüse, das sie anpflanzte: Bohnen, Möhren, Linsen und Rettiche. Und hatte sie ein wenig Zeit, ging sie hinaus zum Kräutersammeln, um die Familie gegen Krankheiten zu schützen. Das Leben stellte nur eine Aufgabe: satt zu werden. Das schaffte man am besten zu zweit. Die Ehe war eine Notgemeinschaft, in der jeder in eigener Verantwortung einen wesentlichen Teil zum Überleben beitrug. Der einzelne, ob Mann oder Frau, konnte es nicht allein schaffen. Er brauchte einen Partner. Denn die Existenz einer weitverzweigten Sippe, die dem einzelnen Halt und Stütze bot, wird heute von ernsthaften Historikern bestritten: «Überdies sagen die Quellen nichts von einem Sippenverband ... so zeigt sich, daß kaum etwas am hergebrachten Sippenbegriff unbestritten bleibt.» Den Mythos der Sippe hatte das 19. Jahrhundert entwickelt. Er basiert auf einer irrationalen «Gemeinschaft des Blutes». Was für Jacob Grimm und seine Kollegen eine wissenschaftliche Theorie war, haben die Nationalsozialisten dann in blutige Wirklichkeit umgesetzt.

Wenn es schon keine weitverzweigte Sippe gab, die alle band, wie stand es mit der Großfamilie, die Eltern, Kinder und Großeltern umfaßte? Ein unwiderlegbares Argument gegen diese Familienform – von den Germanen bis ins 19. Jahrhundert – ist die durchschnittliche Lebenserwartung der Menschen. Weil die Germanen seit dem dritten Jahrhundert nach Christus ihre Toten nicht mehr verbrannten, sondern die Leichname bestatteten, ist das «Knochenmaterial», das untersucht werden kann, unbegrenzt, und die Archäologen sind inzwischen – unter Ausnutzung modernster technischer Hilfsmittel – wahre Zauberkünstler geworden. Sie bestimmen aus den Skeletten nicht nur Geschlecht und Alter, Krankheiten und Blutgruppen, sondern sogar den Cholesterinspiegel! Durch den Computer geschleust, summierten sich die Knochenfunde auf dem Germanen-Friedhof Hamfelde im Kreis Lauenburg an der Elbe zu folgender Statistik: Wer hier vor 2000 Jahren lebte, hatte im Durchschnitt die Chance, 27 Jahre alt zu werden. Die Hälfte aller lebenden Menschen war jünger als 20 Jahre. Damit lagen die Hamfelder sogar etwas über dem Durchschnitt. Die meisten Historiker geben den Germanen in diesen Jahrhunderten 20 bis 22 Jahre. In den vielen mittelalterlichen Jahrhunderten, die folgten, stiegen die Lebenschancen in guten Zeiten auf 35. Noch 1870 hatten sie im Deutschen Reich die 40 nicht überschritten.

Am gefährlichsten waren in diesen frühen germanischen Jahrhunderten die ersten Jahre: 65 Prozent aller Kinder überlebten sie nicht. Wer davonkam, hatte ungewöhnliches Glück, wenn er seinen Großvater oder die Großmutter kennenlernte oder die Tante und einen Onkel. Das war auch eine zweitrangige Frage, wenn kaum eine Chance bestand, daß man überhaupt mit den Eltern aufwuchs. Auf jeden Fall war es eine kleine Familie, in der man lebte. Jedem, wollte er nicht alleine den Kampf gegen Hunger, Krankheit und Naturgewalten aufnehmen, gebot die Vernunft, einen Partner zu suchen. Und wenn es ums Überleben geht, kann sich keiner den Luxus leisten, auf leidenschaftliche Gefühle zu warten. Außerdem war das Angebot knapp. Wer nicht leer ausgehen wollte, mußte bald zugreifen. Im ungeschriebenen Recht der Germanen hatte die Frau keinen eigenen Platz. Sie wanderte von der Vormundschaft ihrer Eltern oder Verwandten in die Vormundschaft des Mannes. Der durfte sie schlagen, peitschen, verkaufen, ja töten. Doch erfahren wir nicht selbst in unserem aufgeklärten Jahrhundert täglich, wie groß die Kluft zwischen Theorie und Praxis sein kann? Das muß ja nicht immer zu Lasten der Praxis gehen. Kann sich einer wirklich zum unumschränkten Herrn aufschwingen, wenn beide so aufeinander angewiesen sind?

Die Ehe war eine private Angelegenheit zum Überleben des einzelnen und zugleich eine öffentliche. Ohne Kinder waren nicht nur die Eltern – falls sie älter wurden – arm dran, sondern die dörfliche Gemeinschaft zum Aussterben bestimmt. Auf diese Gemeinschaft jedoch war die Familie genauso angewiesen wie die Ehepartner untereinander. Nur zusammen mit den Nachbarn konnte man der Flut trotzen, die Häuser wieder aufbauen und bei schlechter Ernte die Nahrungsmittel teilen. Kleinfamilie und Gemeinschaft bildeten die entscheidenden Pole im Leben jedes Germanen, beide eng aufeinander angewiesen. Strenge Regeln waren der Kitt, der die Gemeinschaften funktionsfähig hielt. Die verheiratete Frau blieb für die anderen Männer tabu, die unverheiratete Tochter mußte unberührt in die Ehe gehen. Eifersucht ist in gemeinsamen Notlagen ein schlechter Ratgeber. Lockere Sitten kann sich nur erlauben, wer mehr hat, als er zum Leben braucht. Deshalb fand keine Gnade, wer gegen die fundamentalen Regeln des Zusammenlebens verstieß.

In solchen Grenzsituationen zeigte sich allerdings, daß die rechtlose Frau in der Krise nicht auf Gnade hoffen konnte. In den meisten Fällen mußte bei Ehebruch nur die Frau büßen. Es ging aber auch anders. Bei Windeby im Kreis Eckernförde wurde 1952 eine Leiche entdeckt, die das Moor fast zweitausend Jahre konserviert hatte. Ein Mädchen, das knapp fünfzehn Jahre alt geworden war. Die Haare hatte man ihr bis auf ein kleines rotblondes Büschel geschoren. Sie trug nichts außer einem schönen doppelt genähten Pelzkragen und einer Binde über den Augen. Über ihrem Körper lag ein zerbrochener Stab. Beweis für eine Verurteilung? Einige Meter entfernt fand man eine männliche Leiche, mit einer Haselnußrute erdrosselt. Ein Mädchen – verheiratet? – liebte einen Mann. Vielleicht war auch er verheiratet? Als das «Verhältnis» entdeckt wurde, mußten beide im Moor sterben und wurden versenkt? Die Geschichte kann sich so zugetragen haben. Im achten Jahrhundert nach Christus berichtet der Germanenmissionar Bonifatius von den heidnischen Sachsen: Eine Frau, die Ehebruch begangen hatte, mußte sich selbst erdrosseln. Dann wurde ihr Leichnam verbrannt und über diesem Scheiterhaufen ihr Liebhaber aufgehängt.

Grausame Sitten. Doch sie sprechen keineswegs gegen die wichtige Stellung, die die Frau bei den germanischen Stämmen einnahm. Dafür zeugt ein Bereich, mit dem man nicht leichtfertig umging: der germanische Himmel. Muttergottheiten, die für die Fruchtbarkeit von Menschen, Tieren und Pflanzen verantwortlich waren, spielten dort eine bedeutende Rolle. Bei Tacitus gibt es eine geheimnisvolle Schilderung von der Verehrung einer Göttin: «Auf einer Insel des Ozeans ist ein heiliger Hain, in ihm ist ein geweihter Wagen, der mit einem Tuch überdeckt ist. Nur dem Priester ist es erlaubt, ihn zu berühren. Er merkt es, wenn die Göttin im Heiligtum anwesend ist, spannt dann Kühe an den Wagen und geleitet die Göttin mit großer Ehrfurcht. Freudig sind jetzt die Tage, festlich geschmückt all die Orte, welche die Göttin ihrer Ankunft und ihres Besuches würdigt ... bis derselbe Priester die Göttin, die des Verkehrs mit den Menschen müde ist, in das Heiligtum zurückbringt. Dann werden Fahrzeug und Decken, und, wenn man es glauben will, die Gottheit selbst in einem verborgenen See abgewaschen. Dabei dienen Sklaven, die sofort der See verschlingt.»

Bis heute ist dieser Kult nirgendwo lokalisiert worden. Aber die Einzelheiten hat man, auf viele Plätze verstreut, entdeckt. In den Gräbern fanden sich als Beigaben kleine kostbare Wagen. Noch immer segnet die katholische Kirche mit feierlichen Umzügen und Weihwasser die Felder. Haine, Seen und frische Quellen waren den Germanen seit Urzeiten heilig. Am See von Oberdorla in Thüringen wurden über Jahrhunderte Tiere und auch Menschen geopfert. Dort fand man in einer Hütte am Ufer eine weibliche Kultfigur aus Holz: mit leicht angewinkelten Armen, plastischen Brüsten, einem langen Hals, auf dem ein rundlicher Kopf mit tiefen Augenhöhlen saß. In Thüringen ist auch die Überlieferung von Frau Holle zu Hause. Nach dem Volksglauben empfing sie die Seelen der Toten, bestrafte die Faulen und belohnte die Fleißigen. Erinnerung an eine Göttin, der man in Oberdorla am heiligen See Opfer brachte? In einer eisenhaltigen Quelle in Bad Pyrmont fanden sich viele Opfergaben von Frauen – Schmuck vor allem. Sie werden von einer Muttergottheit Kindersegen erfleht haben.

Am Ende des siebten Jahrhunderts, als die christlichen Missionare ihr Werk begannen, wurde eine seltsame Geschichte aufgezeichnet. Sie erzählt das Leben des iroschottischen Wanderbischofs Kilian. Er bekehrte in einer Burg bei Würzburg den germanischen Herzog Gozbert und dessen Gefolge. Als der Bischof jedoch den Herzog aufforderte, sich von seiner Frau, der Witwe seines Bruders zu trennen, weil die Kirche solche Verwandtenheiraten nicht gestattete, ließ der Machthaber den lästigen Mahner 689 n. Chr. ermorden. Dann fragte er das getaufte Volk, was mit den Mördern geschehen solle. Man bat den Herzog, die Mörder frei zu lassen. Der Christengott würde sich selber rächen. «Wenn es aber anders ist ... so wollen wir der großen Diana weiterdienen, wie es auch unsere Väter taten und bislang gut dabei gediehen.» Es spricht alles dafür, daß sich hinter dieser romanisierten Diana eine alte germanische Göttin versteckt.

Herzog Gozbert bringt uns darauf, daß schon etliche Jahrhunderte zuvor in Feddersen Wierde weder Ur-Kommunismus noch Ur-Demokratie herrschten. Die Grabungen brachten es an den Tag: Es standen auf der Wurt Häuser von sehr unterschiedlicher Größe. Manche hatten nur einen winzigen Teil für das Vieh. Das Rätsel löste sich, als man im Innern Werkstattabfälle und Geräte fand: Knochen und Geweih fein gebündelt, Schnitzmesser, Hobel, Raspel und Stemmeisen. Es waren Handwerkerhäuser mit eigener Werkstatt. Hier wurden die bei den Germanen sehr beliebten und oft kunstvoll geschnitzten Kämme aus Knochen und Horn hergestellt, außerdem Holzteller, Löffel und Eimer. Zu jedem germanischen Dorf gehörte in dieser Zeit ein Zimmermann, der vor allem für den Hausbau gebraucht wurde. Wie zwischen den Eheleuten gab es also auch innerhalb der dörflichen Gemeinschaft schon Arbeitsteilung und Spezialisierung. Längst wurde nicht mehr alles innerhalb der Familie hergestellt.

Etwas abseits von den Bauern- und Handwerkerhäusern in Feddersen Wierde lagen deutlich abgesondert eine Festhalle und ein großes Haus ohne Viehboxen. Offenbar war der Besitzer auf die Viehzucht nicht angewiesen und bekam Fleisch und Milch von den übrigen Bewohnern. Auf seinem Grundstück fanden sich Abfälle von metallverarbeitenden Gewerben. Dieser Herr hatte auch den Schmied in seinen Diensten. Entweder gehörte ihm der

Grund und Boden und die andern arbeiteten gegen Abgaben für ihn, oder er war ein reicher Händler. In seinem Haus lagen römische Tonscherben, Münzen und Glas. Die Wesermündung war eine wichtige Station auf der Route der römischen Händler, die die Nordseeküste entlang bis nach Skandinavien schifften und an den Flußmündungen Halt machten.

Die sozialen Unterschiede, die die Häuser und Abfälle in Feddersen Wierde verraten, spiegelten sich ebenso in den Gräbern auf dem festen Land. Es gibt heute keinen Zweifel: Die heidnischen Germanen lebten im Prinzip in den gleichen Abhängigkeiten, denen wir im christlichen Mittelalter immer wieder begegnen werden. Es herrschte eine führende Schicht, wir können sie Adel nennen, unter ihnen dienten leibeigene Bauern und Sklaven. Es gab arm und reich, hoch und niedrig. Sicher waren auf dem Herrenhof auch Mägde und Knechte beschäftigt. Denn die Frau des Mächtigen brauchte nicht auf dem Feld zu arbeiten. Wahrscheinlich mußten sie ihren Mann mit mehreren teilen. Die Einehe war für die Germanen keine Frage der Moral, sondern eine des Wohlstandes. Wie konnte ein Ehemann, der mit seinem kleinen Acker gerade eine Frau und ein paar Kinder satt bekam, daran denken, die Verantwortung für eine zweite Frau und noch mehr Nachwuchs auf sich zu nehmen? Die fränkischen Könige während der Übergangszeit zum Christentum hatten – obwohl getauft – unangefochten meist mehrere Frauen.

Die Reichen wollten auf ihren Reichtum auch im Jenseits nicht verzichten. Das galt für Männer und Frauen gleichermaßen. Eines der prächtigsten «Fürstinnengräber» aus dem späten dritten Jahrhundert wurde in Haßleben bei Erfurt entdeckt. Die «Dame von Haßleben» trug vor allem prächtigen Schmuck: Haarnadeln, Münzanhänger, ein Kollier aus Glas und Goldperlen, goldene Mantelschnallen, einen Ring aus Gold und einen aus Glas und silberne Amulettanhänger. In einer kleinen Tasche hatte man ihr dazu ganz alltägliche Dinge mitgegeben: ein silbernes Messer, eine silberne Nadel – die germanischen Damen stickten gerne – und zwei lange dünne Knochennadeln, die sie wahrscheinlich zum Stricken benutzten sollte. Nur wer im Leben einen geachteten Platz hatte, durfte im Tod auf solche Gaben Anspruch erheben.

Frauen waren doppelt kostbar: als Arbeitskraft und weil sie die Kinder zur Welt brachten. Das bedeutete für ihr Leben ein ungewöhnlich großes Risiko. Bei der hohen Kindersterblichkeit waren viele Geburten notwendig, um auch nur den Bestand der kleinen Gemeinschaft zu halten. Mehr als drei Geschwister haben nicht zur gleichen Zeit gelebt. Glauben wir Tacitus, dann wuchsen sie ohne Zwang auf, trieben sich bei dem Vieh herum, sprangen mit Vergnügen in jede Pfütze und waren nicht gerade ein Muster an Sauberkeit. Offenbar legten die Eltern keinen großen Wert darauf. Da die Erwachsenen tagsüber viel Arbeit hatten, waren die Dorfkinder sich selbst überlassen, – bis sie kräftig genug waren, um mitzuhelfen.

Die germanischen Eltern haben nicht aufgeschrieben, was Kinder ihnen bedeuteten. Doch können Menschen unter einem Dach wohnen, alles zusammen erleben und sich gleichgültig sein? Hinter den gläsernen Vitrinen im Landesmuseum von Schleswig stehen Dinge, die eine deutliche Sprache reden: Kleine Kochtöpfe aus Ton für den Puppenladen, die Mutter wird sie getöpfert haben. Bizarre Figuren aus Holz, Schlittschuhe aus Knochen, der Vater hat sie geschnitzt. Und dann liegt dort im Museum ein winziges Skelett, fast zweitausend Jahre alt. Zehn Jahre alt wurde das Kind, dann starb es. Die Eltern, sie lebten in Brunsbüttelkoog an der Elbmündung, begruben ihr Kind in einer Wiege aus Birkenholz unter der Türschwelle ihres Hauses. Als ob sie es in ihrer Gemeinschaft halten wollten, damit es nicht draußen auf dem Friedhof die ungewisse Reise ins Totenreich antreten mußte.

Die Kleinsten hatten auch schon Moden zu ertragen. Im 5. Jahrhundert nach Christus wurden die Thüringer von den Hunnen überrannt und besiegt. Die fremden Besatzer aus dem Osten brachten neue Sitten ins Land. Bald begannen die Eltern, ihren Säuglingen monatelang eine Schnur über Nase, Ohren und Hinterkopf zu binden, wie sie es bei den Kindern der neuen Herren sahen. Auf diese Weise wurde der noch biegsame Schädel steil nach oben gepreßt. Auch diese thüringischen Eierköpfe haben sich in den Gräbern erhalten.

Die Bewohner des «freien Germanien» waren keine Wilden, sondern Menschen, die in Gemeinschaften mit differenzierten sozialen Beziehungen lebten. Die ihren Toten Rasiermesser und Pinzetten, bronzene Schuhschnallen, feinen Schmuck und silberne Nadeln ins Grab legten. Doch sie kämpften ständig ums Überleben, unter Bedingungen, die für uns unvorstellbar grausam und primitiv sind. Vergißt man die Klischeebilder von heldenhaften Männern und blonden Frauen, dann läßt sich mit dem, was wir über den germanischen Alltag wissen, das Leben in der Familie andeuten. Der Mann war kein ewig prügelnder Haustyrann, die Frau weder Heroin noch Sklavin.

Was mit aller Vorsicht für den nördlichen Raum rekonstruiert wurde, findet eine ungewöhnliche und sehr plastische Bestätigung in jenem Gebiet, das die Römer dreihundert Jahre in ihrer Hand hatten, das sie mit ihrer Zivilisation sättigten. Als Cäsar an den Rhein vorstieß, wurde er von den Germanenstämmen nicht nur feindlich empfangen. Die Ubier im Kölner Raum begrüßten ihn als Beschützer vor den ständigen Einfällen feindlicher Brüder aus dem Osten. Als Köln im Jahre fünf nach Christus Provinzhauptstadt wurde, entwickelte sich ein friedliches Nebeneinander zwischen Bauern und Städtern. Die Römer bauten eine prächtige Stadt, außerhalb der Mauern entstanden Fabriken für Tongeschirr, Glasgefäße und Souvenirs jeder Art. Staunend erlebten die Ubier, was sie nie zuvor gesehen hatten. Die Römer merkten schnell, daß sie bei den Bauern, die aus dem Umland zu einem Besuch in die Stadt kamen, eine Menge Waren los wurden.

Nicht nur nützliche. So entstanden in den römischen Fabriken für die einheimische Bevölkerung kleine Skulpturen aus Ton, Nippes, in denen sie sich abkonterfeit sah. Die römischen Arbeiter formten, was ihnen offensichtlich typisch germanisch schien: ein Liebespaar aus einem Stück, Wange an Wange, so eng umschlungen, daß ein gemeinsamer Umhang sie zu umschließen scheint. Klobig, etwas plump, kein Römer hätte sich so dargestellt. Aber um so rührender kommt die Zärtlichkeit der beiden zum Ausdruck. Die Händler mußten wissen, was ihren Kunden gefiel. Und sie modellierten außer dem Paar eine ganze Ubier-Familie in Serie: Vater, Mutter und drei Kinder, aufgestellt zum Gruppenbild. Wird eine solche Idylle hergestellt und verkauft, wenn sie dem Käufer nichts bedeutet? Der Käufer aber muß in jedem Fall ein Germane gewesen sein, denn die Römer stellten sich andere Plastiken in ihre Villen.

Als am Ende des dritten nachchristlichen Jahrhunderts die «Dame von Haßleben» beerdigt wurde, ging für Europa eine verhältnismäßig ruhige Zeit zu Ende. Aus dem östlichen Raum drängten neue Stämme und brachten Bewegung in die Germanen zwischen Rhein und Elbe, die vor diesem Druck nach Westen auswichen. Der Grenzwall, den die Römer zu ihrem Schutz quer durch das Land von Remagen bis an die Donau angelegt hatten, wurde durchbrochen. Der Stamm der Franken eroberte nach 450 das römische Köln und bewohnte dann die antike Stätte. Die Sachsen zogen plündernd die Nordseeküste entlang. Das Unerhörteste war im Jahre 410 n. Chr. geschehen: Der Germane Alarich – Anführer der Goten – zog durch Italien, marschierte mit seinen Truppen in Rom ein und ließ die ewige Stadt plündern. Ein Weltreich war am Ende.

Trotz allem Pathos: Tacitus hatte realistisch in die Zukunft gesehen. Die Barbaren wurden die Erben Roms. Sie zogen neue Grenzen auf dem europäischen Kontinent und veränderten sein Gesicht. Aber sie wurden auch die gelehrigen Schüler der untergegangenen Welt. Germanische und christlich-antike Lebensformen mischten sich über Jahrhunderte zu einem neuen Alltag.

# Die Merowinger und ihre Königinnen

*Bei den christlichen Merowingern – Prinzessin Redegunde aus Thürigen – Aufstand im Nonnenkloster Die Königin wird aufgewertet*

Anderthalb Jahrhunderte nach dem spektakulären Fall Roms wanderte der aus Venetien stammende Dichter Venantius Fortunatus nach Norden über die Alpen und wurde am Hof des Frankenkönigs Chlothar I. in Poitiers empfangen. Königin Radegunde, Chlothars Frau, eine Fürstentochter aus Thüringen, schilderte dem Dichter, unter welchen Umständen sie Abschied von ihrer Heimat hatte nehmen müssen: «Wie rasch stürzen stolze Reiche zu Boden! Lang sich hinziehende Dachfirste, die in Zeiten des Glücks da gestanden haben, liegen nun, durch die furchtbare Niederlage gebrochen, verbrannt am Boden. Die Halle, die vorher im königlichen Schmuck geprangt hatte, bedeckt jetzt an Stelle gewölbter Decke, glühende Asche, Trauer erregend. Hochragende schimmernde Dächer, die mit rötlichem Metall verziert erglänzten, hat graue Asche niedergedrückt. Fürsten werden unter Feindesgewalt gefangen weggeführt, hoher Ruhm sinkt in elenden Staub hernieder. Die im gleichen jugendlichen Alter blühende Menge kämpfender Jungmannen hat ihr Leben vollendet und liegt im schmutzigen Staube des Todes. Die dicht gedrängte Reihe der vornehmen Königsmannen hat weder Grab noch Totenehren: Das flammende rote Gold mit ihren Haaren noch überstrahlend, liegt sie mit bleichen Gesichtern auf dem

Boden hingestreckt! Ach, welch Verhängnis! Unbeerdigt bedekken die Leichen das Feld, und so liegt das ganze Volk in einem einzigen Grab. Nicht allein Troja hat seinen Untergang zu beweinen: ein ebensolches Blutbad hatte auch das Thüringer Land zu erleiden. Hier wird eine würdige Frau an den flatternden Haaren fortgerissen und kann von den heimischen Göttern keinen trauervollen Abschied nehmen. Nicht durfte der Gefangene einen Kuß auf die Haustür drücken und die, welche noch schauen wollten, nicht das Antlitz nach der Wohnung zurückwenden. Der nackte Fuß der Frau trat in das Blut des erschlagenen Gatten, und die zärtliche Schwester schritt vorüber an dem am Boden liegenden Bruder. Aus den Armen der Mutter gerissen, hing der Knabe an ihr nur noch mit seinem Blick, und niemand wusch unter Wehklagen seine Leiche ... Ein jeder hat sein eigenes Leid gehabt, ich aber allein das Leid von allen: Der Schmerz des Reiches ist zugleich mein eigener Schmerz. Gut gemeint hat es das Geschick mit den Männern, welche der Feind getötet – ich allein habe alle überlebt und lebe, um sie zu beweinen.»

Es war im Jahre 531 n. Chr., da zogen die fränkischen Könige Theuderich und Chlothar I. aus der Familie der Merowinger, deren Reich von der Bretagne bis in die Hohe Rhön reichte, in Richtung Osten, schlugen am Flüßchen Unstrut, nördlich vom heutigen Erfurt, das Heer des Königreiches Thüringen so vernichtend, daß ihre Krieger über die toten Leiber der Überfallenen trockenen Fußes das Wasser überqueren konnten. Der thüringische König Hermafried und seine Familie zählten zu den wenigen, denen die Flucht gelang. Seine Nichte, Prinzessin Radegunde, und ihr Bruder wurden von den Eroberern als Beute ins Frankenland mitgeführt.

Viele Jahre später, als Venantius Fortunatus von der Prinzessin selbst die Klage über die verlorene Heimat, die Brutalität der Sieger hörte und aufschrieb, da hatte Radegunde längst erfahren, daß die Grausamkeiten der Menschen nicht auf das Schlachtfeld beschränkt sind. Das fremde Land, in das man sie verschleppte, der weite Raum bis zum Atlantik, war eine Generation zuvor endgültig von den Franken erobert worden. Die neuen Herren, ein Zusammenschluß mehrerer germanischer Stämme und ursprünglich zwischen Weser und Rhein zu Hause, waren nach Westen ausgebrochen und hatten die römische Kolonialmacht endgültig aus diesem Teil Europas hinweggefegt. Als der Frankenkönig Chlodwig, der Vater der beiden Thüringen-Eroberer, sich vom Bischof von Reims taufen ließ, zogen die Germanen jene Institution auf ihre Seite, die alle Anstürme der Barbaren und den politischen Zusammenbruch der antiken Welt überstanden hatte: die römische Kirche.

Es sind ihre Vertreter, vor allem der Bischof Gregor von Tours, die uns die Geschichte der merowingischen Königsfamilie überliefert haben. Daß sie diese kulturlosen Krieger verachteten, dürfen wir annehmen. Daß sie die Greuel der heidnischen Könige, für die das Christentum eine zusätzliche magische Kraft bedeutete, die man in seinen Dienst stellte, in den schwärzesten Farben malten, ist ebenso gewiß. Trotz alledem waren es tatsächlich rauhe und oft brutale Sitten, die an diesem Hof herrschten.

Schon unter dem mächtigen Chlodwig brach ein schwer erklärbarer Widerspruch auf. Das Reich, das er zusammenkämpfte, war für ihn Familienbesitz, und das sollte selbstverständlich für die kommenden Generationen so bleiben. Doch Chlodwig akzeptierte nur seine eigene engste Kleinfamilie. Jeder, der aus der weiteren Verwandtschaft als Konkurrent um die Macht in Betracht kam, wurde von diesem Tyrannen ohne Skrupel umgebracht. Eine Tradition, die sich innerhalb der Familie fortsetzte. Blut war für die Merowinger kein so dicker Saft, daß man vor Mord an seinesgleichen zurückschreckte. Das germanische Erbrecht begünstigte solche finsteren Überlegungen. Alle Söhne erbten den gleichen Teil. In unserem Fall gab es deshalb nach Chlodwigs Tod zwei Könige.

Jeder der beiden Brüder, die Thüringen für das Frankenreich unterwarfen, hätte gerne die Nichte des feindlichen Königs geheiratet. Denn das war germanische Überzeugung: Die Familie eines Königs, die sich immer von göttlichen Ahnen herleitete, besaß ein Charisma, ein Heil, das allen anderen Sterblichen abging. Es war gleichermaßen auf ihre männlichen und weiblichen Mitglieder verteilt. Wer eine Frau mit königlichem Blut heiratete, wurde nicht nur Erbe ihres Besitzes, sondern gewann der eigenen Familie noch ein wenig mehr Königsheil hinzu. Da das Angebot an königlichgermanischen Frauen so groß nicht war, führte solche Heiratspolitik zu verwickelten Beziehungen. Chlothar I. gibt das beste Beispiel. Seine sechste Frau, lange nach Radegunde, wurde Vultedrada, die Tochter des Langobardenkönigs. Vultedrada war vor ihrer Ehe mit Chlothar mit Theudebald, dem Enkel von Chlothars Bruder Theuderich verheiratet.

Chlothar I. entschied die Heiratspartie für sich. Radegunde, gerade dreizehn, kam auf einen königlichen Herrenhof bei St. Quentin, wo sie Taufe und Bildung erhielt, wie es sich inzwischen für eine fränkische Prinzessin geziemte. Sie war wohl zwanzig, als sie Chlothar heiraten mußte und in Soissons zur Königin gekrönt wurde. Da eine adlige Frau nicht gefragt wurde, mit wem sie ihr Leben teilen wollte, schon gar nicht in Radegundes Lage, hatte sie in diesem Augenblick keine Wahl. Doch die fremde Prinzessin zeigte, daß ihr Wille so einfach nicht gebrochen werden konnte. Sie pflegte wie zuvor, auch als Königin Arme und Kranke und übte sich in so strenger Askese, daß Chlothar ihr vorwarf, sie benehme sich wie eine Mönchin und nicht wie eine Königin. Als der eigene Mann eines Tages ihren immer noch gefangenen Bruder ermorden ließ, wagte Radegunde auszubrechen. Sie flüchtete in den Schutz des Bischofs von Noyon. Ein gefährliches Unternehmen, denn der König war mächtiger als der geistliche Herr.

Zuerst drohte Chlothar allen Beteiligten. Schließlich gab er nach. Was sollte er mit einer Frau, die ihm keine Kinder gebar? Von der Kirche erhielt der König eine gültige Ehescheidung, dafür schenkte er seiner Ex-Frau große Ländereien bei Poitiers. Radegunde gründete in der Stadt ein Kloster und nahm selbst den Schleier. Mit den Jahren lebten dort fast zweihundert adlige Damen, und Chlothar erkannte bald, wie nützlich diese Einrichtung war. Zwei seiner Enkelinnen, für die es keinen Mann gab, schickte er hinter diese Klostermauern.

Radegunde setzte sich mit ihrer neuen geistlichen Familie scharf von der Welt ab, die ihr nichts als Leid zugefügt hatte. Man kann es ihr nachfühlen. Sie verschrieb sich in Küche und Garten die niedrigsten Arbeiten – unerhört für eine adlige Dame – und verpflichtete ihre Mitschwestern zu Klausur und unermüdlichem Gebet. Solange sie lebte, war offenbar ihr Vorbild stark genug, die

Gemeinschaft zusammenzuhalten. Denn kaum starb Radegunde 587, setzten sich die beiden königlichen Enkelkinder an die Spitze einer Protestbewegung. Sie verließen das Kloster und machten klar, warum sie dieses Leben nicht länger führen wollten: «Man erniedrigt uns an diesem Ort, als wären wir nicht Töchter von Königen, sondern von verachtungswürdigen Mägden.» Auf ihre Weise war die zweite Klostergeneration von Frauen genausowenig bereit, sich einem fremden, männlichen Willen zu beugen wie die Gründerin Radegunde.

Die Bischöfe, die den Nonnen ins Gewissen redeten, fanden kein Gehör. Viele geistliche Frauen heirateten, es kamen auch männliche Sympathisanten und alle zusammen besetzten sie eine Kirche in Poitiers. Ihre Forderung: Radegundes zweite Nachfolgerin, die Äbtissin Leubovera, müsse gehen. Als Priester und Bischöfe zu Verhandlungen in die Kirche kamen, wurden sie am heiligen Ort verprügelt. Die aufgebrachten Damen entführten die gichtkranke Äbtissin nebst der Reliquie, und ein Handgemenge zwischen beiden Parteien am Grab der heiligen Radegunde mußte ein Klosterknecht mit seinem Leben büßen. Daß Demut und Gehorsam typisch weibliche Tugenden sind, wollten die aufbegehrenden Frauen nicht akzeptieren. Die Fürstentöchter und ihre Anhängerinnen mischten mit, sie gaben sich nicht mit der Dulderrolle zufrieden.

Die Geschichte ging weiter. Der Äbtissin wurde der Prozeß gemacht. Hinter durchsichtigen Vorwürfen – sie habe sich einen Mann in Frauenkleidern als Diener ins Kloster geschmuggelt – trat schnell der grundsätzliche Dissens zwischen den feindlichen Parteien hervor. Wie Radegunde forderte Leubovera ein strenges klösterliches Leben von denen, die sich der Gemeinschaft anschlossen. Adel war für sie kein Grund zur Laxheit oder zum Müßiggang. Die Äbtissin setzte sich durch und blieb im Amt. Eine Königstochter beugte sich schließlich ihrem Regiment und kehrte zurück. Sie hatte niemanden, der sie aufnahm. Die andere war hartnäckiger. Der König schenkte ihr schließlich einen eigenen Hof, wo sie den Tod der verhaßten Äbtissin abwartete.

Als das nächste Jahrhundert anbrach, zeigte der Protest der königlichen Damen langsam Wirkung. Während der germanische

Adel nach und nach die Bischofsstühle im Frankenreich besetzte und die wichtigsten Äbte stellte, wandelte sich auch das Klosterleben. Die unsichtbaren Trennwände zur Außenwelt bekamen Löcher. Geistliche und weltliche Mächte versuchten nicht mehr, streng voneinander abgegrenzt zu leben, sondern miteinander die Welt zu verändern. Die Kirche lebte nicht mehr wie auf einer Insel in einer bestenfalls gleichgültigen Umwelt. Die adligen Nonnen wollten sich nicht mehr abschließen, sondern über die Klostermauern nach außen wirken. Aus der asketischen Kirche wurde eine Adelskirche. Die Rebellinnen von Poitiers hatten einer neuen Entwicklung vorgegriffen. Und so abgenutzt das Wort ist: In ihrem Protest gegen die weltlichen und die geistlichen Väter lag auch ein Stück Emanzipation.

Trotz der Auseinandersetzungen um ihr Kloster wurde Radegunde bald nach ihrem Tod als Heilige verehrt, auch wenn die Rigorosität, mit der sie ihre Ideale von einem christlichen Leben verwirklichte, bei ihren Nachfolgerinnen nicht mehr gefragt war. Die Prinzessin hatte nur getan, was in den Evangelien stand: den Armen zu helfen und den Kranken beizustehen. Ganz ungehört blieb dieser Ruf bei den fränkischen Frauen nicht. Die Männer waren mit dem Handwerk des Krieges vollauf beschäftigt. Da bürgerte es sich langsam ein, daß für christliche Tugenden, die man ohne das Schwert üben konnte, die Frauen zuständig waren.

In der Pfarrkirche in Kempten, im Landkreis Mainz-Bingen, steht ein fränkischer Grabstein, der zu einem Gräberfeld südlich der Kirche gehört und von den Experten ins 6. oder 7. Jahrhundert nach Christus datiert wird. Auf vorgeritzten Linien hat der Steinmetz vor rund 1400 Jahren – in Latein, der Sprache der Besiegten und der Kirche – ein adliges Frauenleben zusammengerafft: «In diesem Grab ruht die Tochter des erlauchten Patrons Mactichild, deren Name genannt wird Bertichildis, der Verstorbenen, die in Frieden lebte eine kurze Zeit, 20 Jahre, 1 Monat. Sie lebte mit ihrem Manne Ebregisel fünf Jahre. Am Samstag zur 8. Stunde wurde sie (entrissen) durch göttliche Gewalt, geliebt im Volk. Den Witwen, Waisen oder Armen (sind) Almosen von ihr für die (Vergebung ihrer) Sünde (gespendet worden). Aus Mißgunst nimmt der Tod, was er nicht mehr zurückgeben kann.»

Nebenbei erfahren wir, daß diese fränkische Adlige mit 15 Jahren heiratete. Ob das die Regel war oder die Ausnahme? Niemand weiß es. Wir müssen es so stehen lassen, wie alle Bruchstücke, die uns über das Leben von Männern und Frauen der Merowingerzeit erhalten sind. Sie können unserer Phantasie nur Anstoß geben wie das Licht von Kerzen, die in dunklen Gewölben aufflackern, eine Szene sichtbar machen und wieder verlöschen.

Die vornehmen Franken, ob noch heidnisch oder schon Christen, behielten für eine Weile den germanischen Brauch bei, ihre Toten mit den Utensilien ihres Alltags und ihres Standes auszustatten. Die Ausgräber der Neuzeit fanden in den Gräbern adliger Frauen nicht nur prächtige Schmuckstücke. Im Rheinhessischen hatte man einer Dame einen Sperber auf die Totenreise mitgegeben, und in einem Grab bei Quedlinburg fanden sich die Knochen von zwei Hunden und einem Beizvogel. Kein Zweifel: Radegunde und ihresgleichen, wenn sie nicht strenge Isolation im Kloster wählten, zogen mit den Herren auf die beliebte Falkenjagd, und sie waren offenbar auch vom anschließenden Gelage nicht ausgeschlossen. Eine Frau, deren Grab 1959 sechs Meter unter dem Chor des Kölner Doms entdeckt wurde – sie war wohl zwischen 20 und 30 Jahre alt, mit außergewöhnlich kostbarem Schmuck ausgestattet –, hatte nicht nur eine Schere, sondern auch ein beschlagenes Trinkhorn zur Seite.

Nur vier Monate später stieß man hinter dem Frauengrab auf eine zweite Grabstätte. Darin hatte man, ebenfalls im 6. Jahrhundert, einen etwa sechsjährigen Jungen gelegt – und auch ihm unzählige nützliche Beigaben mitgegeben. Nicht nur ein richtiges Holzbett, auch Helm und Schild, Schwert, Axt, Spieß und Lanze und was der zukünftige Krieger sonst noch brauchte. Es gab Becher, Flaschen, Nüsse und Früchte und – einen ledernen Beutel, in dem sich eine Nähnadel aus Knochen und ein Wollfaden erhalten hatten. Wäre einem männlichen Wesen solches mit in den Tod gegeben worden, wenn der Umgang mit der Nadel ausschließlich Frauensache war? Eine ungewöhnliche Vorstellung, zugegeben. Doch der Tote unter dem Kölner Dom deutet an: Auch für Germanen lag es durchaus im Bereich des Möglichen, daß ein Mann sich selber die Knöpfe annähte oder ein Loch stopfte, wenn keine weibliche Hand zur Stelle war.

Die kostbare und umfangreiche Ausstattung vieler fränkischer Frauengräber läßt keinen Zweifel daran, daß diese adligen Toten im Leben einen wichtigen Platz eingenommen haben. Die Quellen dieser Zeit bestätigen, was die Gräber anzeigen. Zwar bleibt selbst die Königin stets in der Vormundschaft ihres Mannes und, nach dessen Tod, unter dem Schutz ihres nächsten männlichen Verwandten. Aber langsam bekommt ihre Stimme Gewicht, ihr Einfluß nimmt stetig zu. Rechtlicher Ansatzpunkt ist die «Morgengabe», die der Herrscher nach germanischem Brauch am Morgen nach der Hochzeit seiner Frau vermacht. Es sind große Ländereien und Städte wie Bordeaux, Limoges, Cahors, die den Merowingerköniginnen übergeben werden und deren fürstlichen Unterhalt nach dem Tod des Ehemannes sichern sollen. In diesem Besitz konnte die Königin Herrschaft ausüben, Anweisungen und Befehle geben. Die Morgengabe durfte nur mit Zustimmung der Ehefrau weiterverkauft oder verschenkt werden. Aber nicht nur Ehefrauen, auch Töchter bekamen immer häufiger Ländereien und Städte zum Geschenk, wenngleich der Anspruch darauf nicht einklagbar war, wie die königlichen Nonnen vom Kloster der Radegunde erfahren hatten.

Nicht nur allein im Gebiet der Morgengabe herrschte die Königin. Bald begann sie zusammen mit ihrem Mann königliches Land zu besitzen. Das Kloster St.-Germain des Prés bei Paris, so berichtet uns die Gründungsurkunde, wurde von König Childebert (gestorben 558) und seiner Gemahlin Ultrogotha gemeinsam gestiftet; eine Tradition, die das ganze Mittelalter hindurch fester Brauch war. Und schon Venantius Fortunatus nannte die Königin «domina palatii», die Herrin des Hofes. War es etwa keine hochpolitische Aufgabe, wenn der zukünftige König am Hofe von der Herrin, seiner Mutter, großgezogen wurde? War es nicht natürlich, daß sie für den unmündigen Sohn die politischen Geschäfte führte, wenn der König vor der Zeit aus diesem Leben abberufen wurde?

Seit der Königin Brunichilde (gestorben 614) setzte sich im Frankenreich gegen anfängliche Opposition des Adels die Regentschaft der Königin durch, wenn ihr Mann starb und so ein Machtvakuum entstand. Die Kirche förderte diese Entwicklung durch die eindeutige und unangreifbare Stellung, die sie der Ehefrau nach christlicher Lehre – im Prinzip – gab. Chlothar zeigte sich gegenüber Radegunde, die vor seiner Brutalität in den Schutz der Kirche flüchtete, nicht nur großzügig, als er ihr Ländereien schenkte und den Bau eines Klosters gestattete. Die Aufwertung der Frau hatte im Keim schon begonnen. Es war die Oberschicht, die zuerst davon profitierte. Auch ein Herrscher kann sich dem Zeitgeist nicht entziehen.

# Karl der Große und seine Töchter

*Der Einfluß der Äbtissinnen*
*Familienpolitik in der Kirche*
*Ratgeber einer Mutter für ihren Sohn*

Sie saßen in St. Gallen und Fulda, in Trier und Eichstätt. Stunde um Stunde malten sie schwarze Buchstaben und verschlungene Ornamente auf gelbes Pergament und ließen das Leben durch das Raster der Ewigkeit fallen. Alltägliches zählte nicht, nur das Außerordentliche hatte vor ihren Augen Bestand. Alles irdische Tun war Bewährung für das jenseitige Ziel. Der einzelne Mensch verlor seine Persönlichkeit, wurde ein typischer Vertreter seines Standes im Kreislauf der Ordnungen.

Dieses versteinerte Bild vom Mittelalter, das die Mönche am Beginn des christlichen Europa entwarfen, ist geblieben bis in unsere Tage. Weil sie es waren, die Kultur hervorbrachten, vermittelten und für die Nachwelt festhielten, entstand das Bild eines klerikalen Zeitalters. Als ob wir mit den Mönchen und Priestern in den Klöstern und Kirchen das Leben greifen könnten, nur von ihnen erführen, was die Menschen bestimmte in ihrem täglichen Dasein. Das schmälert ihre Verdienste nicht. Ohne die Mönche wäre das Mittelalter unauffindbar. Doch es gibt noch andere Stimmen, auf die wir hören müssen. Versuchen wir zu vergessen, was vorgeprägt wurde. Treten wir aus der Klausur in die Welt.

König und Adel waren es, die den Lauf der Dinge bestimmten wie den Alltag der kleinen Leute. Hatten sie als Gottes Auserwählte auf Erden ihre Zeit erfüllt, so gingen sie als Heilige in die himmlische Freude: Vorbild für jene, die nach ihnen die Macht in den Händen hielten. Die römische Kirche predigte Askese. Sie vergaß sie in dem Maß, wie sie sich mit den neuen Herren verband. Das germanische Heil – vor allem im Kampf zu erringen – wurde zum Maßstab christlicher Heiligkeit. Als die Germanen die Herren Europas wurden, herrschte nicht düstere Weltflucht, sondern kriegerische Tapferkeit, Lebensfreude und Geselligkeit im Kreis der Familie. Gehen wir hinein in die Zeit, dann erfahren wir, daß der adlige Krieger ihr Ideal war, nicht der stille Beter in der Zelle. Allerdings, die Aktiven von damals konnten nicht schreiben, um festzuhalten, was ihr Leben ausmachte und ihre Träume. Sie hatten auch keine Zeit dazu. Denn sie waren damit beschäftigt, aus den Trümmern einer untergegangenen Welt eine neue Ordnung zu schaffen, Land zu erobern, zu verteilen und den neuen Glauben, dem sie sich verpflichtet fühlten, durchzusetzen. Das brauchte ihre ganze Kraft. Vor allem aber mußten sie den herausragenden Platz, den ihre Familie in der Gesellschaft besetzte, bewahren, verteidigen, absichern.

Denn über 95 Prozent der Bevölkerung standen weit unter den Herren, lebten in Abhängigkeit von ihnen. Frei waren nur der Herrscher und der Adel, die Grafen und Herzöge. Eine winzige Minderheit, die dennoch allen übrigen etwas Entscheidendes voraus hatte: Sie besaß Grund und Boden als ihr Eigentum, und wer darauf lebte und arbeitete, war ihnen «zu eigen». Von der Mehrzahl, deren Spur so mühsam ausfindig zu machen ist, werden wir später hören. Doch soviel jetzt, damit kein falscher Hintergrund sich an den Horizont schiebt. Sie waren unfreie Leibeigene und Grundhörige, aber keine Sklaven. Schon in frühester Zeit muß differenziert werden. Unter den Unfreien gab es Reiche und hohe Staatsbeamte. Eine primitive Gesellschaft war das nicht.

Archaisch war sie, urtümlich, voller Kraft und in Aufbruchsstimmung. Die adligen Krieger fühlten sich zu Recht als Pioniere einer neuen Zeit, mühsam gebändigt durch die Moral der christlichen Kirche, die mit dem Glauben den Germanen die Zivilisation der antiken Welt vermittelte. Keiner verkörpert diesen Elitemenschen im frühen Mittelalter besser als Karl der Große, der nach den Wirren der Übergangszeit Europa Stabilität und eine Ordnung brachte, die endgültig erst 1918 unterging. Als der Bischof von Rom ihn am Weihnachtstag des Jahres 800 in der Petersbasilika zum Kaiser krönte, hatte dieser Germane ein Imperium geschaffen, das von den Pyrenäen bis an die Elbe, von der Nordsee bis an den Tiber reichte. Schon 43 Jahre später zerstritten sich seine Enkel über das Erbe. Frankreich und Deutschland gingen hundert Jahre nach seinem Tod aus der Hauptmasse dieses Reiches hervor. Doch Karl der Große, Charlemagne, hat ein gemeinsames Bewußtsein auf den Weg gebracht, das über die bittersten Trennungen hinweg diesen Kontinent verbindet. «Leuchtturm Europas» nannte ihn ein zeitgenössischer Chronist.

Die schreibenden Mönche waren dankbar für diesen lebensvollen Herrscher, und einer vor allem fühlte sich verpflichtet, die Taten und die Größe dieses Karolingers schon bald nach dessen Tod, 814, aufzuzeichnen. Einhard, im Maingau geboren, kam 794 an den Hof Karls in Aachen, leitete dort das kühne Bauprogramm der Kaiserpfalz und gehörte zum Kreis der königlichen Vertrauten. Seine Schilderung ist noch frisch von erlebter Erinnerung. Sie verharrt nicht bei der Politik, sondern erzählt vom Menschen Karl und seiner Familie. Niemandem sonst können wir für Jahrhunderte so genau in den privaten Bereich sehen. Wir werden einen Menschen erleben, der ohne seine Familie gar nicht leben konnte.

Die Familie der Karolinger, aus der Karl stammte, hatte nach dem Machtverfall der Merowinger mit Zustimmung des Papstes nach dem Königtum gegriffen. Karls Vater starb 768. Karl, 26, und sein Bruder Karlmann erbten das fränkische Reich. Aber sie waren nicht allein. Bertrada, die Mutter, machte Politik. Gleich nach dem Tod ihres Mannes drängte sie Karl, eine langobardische Prinzessin zu heiraten. Er gehorchte und erhielt ein empörtes Schreiben aus Rom. Der Papst, der bisher mit den Franken gegen das Langobardenreich im Norden Italiens verbündet war, fragte, ob Karl der Vater von Aussätzigen werden wolle. Eine Langobardin könne man nicht heiraten. Bertrada reiste sofort nach Rom, um den Heiligen Vater zu beschwichtigen. Doch ihre Rechnung ging nicht auf, weil der Sohn sich entschloß, seine eigene Politik zu betreiben. Die Ehe mit der Langobardin dauerte kein Jahr. Karl verstieß seine Frau. Der Papst duldete es und legte einer neuen Ehe keine Hindernisse in den Weg. Diesmal wählte der König selbst: Hildegard, Tochter eines schwäbischen Herzogs, gerade dreizehn Jahre alt. Sie wurde seine große Liebe. In zehn Jahren Ehe brachte Hildegard neun Kinder auf die Welt. Vier davon starben, bevor sie das zehnte Lebensjahr erreicht hatten.

Karl, ständig unterwegs in seinem großen Reich, wollte seine Familie immer um sich haben. Das bedeutete für die Frauen ein strapaziöses Reiseleben. Von den 46 Regierungsjahren gab es nur zwei ohne Krieg. Krieg war das politische Mittel der Zeit. Krieg war das Handwerk, das König und Adel gelernt hatten, der Sieg das Fundament ihrer Macht und ihrer Privilegien. Nach germanischem Glauben floß in den Adern der Herrschenden ein besonderes Blut. Nur wer von hohem Geblüt war, konnte Heil und Sieg garantieren. Jedes Jahr im Mai trafen sich König und Adel auf freiem Feld, um den Sommer über im Krieg zu verbringen. Als Karl gegen die Sachsen zog, lebte seine Familie in der Eresburg, südlich von Paderborn, mitten im Feindesland. Im Herbst ging es regelmäßig in die Wälder zur Jagd, und die Wintermonte endlich blieb die königliche Familie an einem festen Ort. Meist waren es Königsgüter, Pfalzen, die kaum wußten, wie sie die ganze Hofgesellschaft satt bekommen sollten.

Es gehörte zum Amt des Herrschers, sich überall und immer wieder in seinem Reich zu zeigen. Es ist schon erstaunlich, wie selbstverständlich man den Kontinent durchquerte: von Aachen nach Paderborn, von Worms nach Regensburg. Eine Synode in Frankfurt und eine in Genf. In vierzehn Jahren feierte die Familie an zehn verschiedenen Orten Weihnachten. Fünfmal zog Karl über die Alpen nach Italien.

In den rechtsrheinischen germanischen Gebieten vor allem gab es keine ausgebauten Straßen, kein Verkehrsnetz. Mehr als dreißig Kilometer schaffte der Troß nicht am Tage. Traf man auf einem adeligen Gut ein, blieb man, solange der Vorrat reichte. Dann zog die Karawane weiter, immer Unruhe, immer Aufbruch. Die Gräber von Karls Frauen geben ein beredtes Zeugnis. Hildegard, die 780 am Fuß der Pyrenäen ein Zwillingspaar zur Welt gebracht hatte, während Karl in Richtung Barcelona zog, starb drei Jahre später in Diedeshofen in der Pfalz. Fastrada, seine dritte Frau, beerdigte er 794 in Frankfurt. Liutgard, seine vierte, starb im französischen Tours. Das Ehepaar war gerade auf dem Weg nach Rom zur Kaiserkrönung.

Selbst als Karl ab 794 Aachen zu seinem festen Quartier machte und steinerne Bauten errichten ließ, wohnte er lieber weiter in den alten Fachwerkhäusern, wie er es sein ganzes Leben gewohnt war. In diesen bescheidenen Behausungen lebten alle auf Tuchfühlung, Vater, Mutter, Kinder, Ammen, Knechte, Mägde. Da gab es keine strenge Trennung zwischen Frauen- und Männerwelt. Die Zelte, in denen die Hofhaltung untergebracht war, standen gleich vor der Tür.

Mit einer Magd oder Amme das nächtliche Lager zu teilen, war Vorrecht des germanischen Herrschers. Trotz der neuen christlichen Moral fühlte sich Karl auf diesem Gebiet nicht gebunden. Himiltrud hieß die Mutter seines ersten Sohnes, der noch vor der Ehe mit der Langobardenprinzessin zur Welt kam. Er wurde auf den königlichen Namen Pippin getauft. Das bedeutete volle Anerkennung. Erst als sich herausstellte, daß der Junge verkrüppelt war und einen Buckel hatte, schloß ihn der Vater vom Erbe aus. Pippin versuchte später einen Aufstand, der mißlang, und mußte lebenslänglich hinter den Mauern des Eifelklosters Prüm büßen. Die Klöster waren die Staatsgefängnisse der Zeit. Wer neben dem Herrscher zu mächtig wurde, wie der Bayernherzog Tassilo, ein Vetter Karls, verschwand dort für immer mit Frau und Söhnen. So wurde nicht nur ein einzelner bestraft, sondern eine Familie aus der Geschichte gelöscht.

Außer Himiltrud nennen die Chronisten für Karl vier Konkubinen mit Namen und zählen neun außereheliche Kinder. Das war noch keine Schande, zumal für die Hochgeborenen nicht. Karl selbst war vor der Hochzeit seiner Eltern geboren worden, und der siegreiche Großvater Karl Martell stammte aus der Verbindung eines Karolingers mit einer wegen ihrer Schönheit gerühmten Nebenfrau. Die Söhne und Töchter Karls, die nicht dem ehelichen Bett entstammten, gehörten selbstverständlich zur Familie und wurden von ihrem Vater mit ansehnlichen und einflußreichen

Ämtern versorgt, – als Bischof von Metz, Abt von St. Quentin oder Äbtissin von Farmontier.

Nach dem Tod seiner vierten Frau hatte Karl offenbar die Lust am Heiraten verloren. Aber allein wollte er deshalb nicht leben. Es gab nun die Konkubinen und manchmal auch Besuch aus dem Aachener Frauenhaus, das nach orientalischer Sitte von Eunuchen bewacht wurde. Die Ehe war der Ort, wo man die legalen Erben für den herrscherlichen Dienst zeugte. Ein Monopol auf Sexualität hatte diese Institution nicht, mochte die Kirche noch so sehr darauf bestehen. Doch davon, und sehr ausführlich, später.

Gerade weil man den Vergnügungen des Fleisches keine so herausragende Bedeutung gab, wie es die Mönche in ihren Zellen taten, weil außereheliche Beziehungen keine Bleigewichte waren, die Ehre und Ansehen in den Schmutz zogen, konnten die Ehefrauen des Herrschers unangefochten eine wichtige Stellung am Hofe und damit im Reich einnehmen. Was bedeutete schon eine flüchtige Nacht gegen den offiziellen Platz der Frau an der Seite des Königs? Sicher, auch sie war aus der Vormundschaft ihres Vaters mit der Heirat in die des Mannes übergegangen. Sie hatte immer noch keine Rechte, die sie einklagen konnte. Die Langobardenprinzessin bekam es drastisch zu spüren. Aber ein Nichts war die Königin trotzdem nicht. Unter ihrer Oberaufsicht mußte der Kämmerer für den Unterhalt des Hofes sorgen. Keine leichte Aufgabe, wenn man ständig unterwegs woanders lebte. War der Herrscher wegen Krieges vom Hofe abwesend, nahm seine Frau die Abrechnungen der königlichen Güter entgegen, und Weihnachten verteilte sie Geschenke an die Großen des Reiches, die mit der Herrscherfamilie feierten. Diese Aufgaben der Königin waren nicht von der Laune ihres Mannes abhängig, sondern in den königlichen Erlassen ausdrücklich genannt. Die Stellung der Königin, die sich während der merowingischen Zeit zu festigen begann, hatte mit zunehmender Einwirkung des Christentums eine neue Dimension bekommen. Der karolingische Herrscher leitete seinen königlichen Auftrag direkt von Gott her und der Papst bestätigte dies mit seiner Salbung. Das gleiche galt nun für die königliche Frau. Allerdings war die vollzogene Salbung eine Frage der Gelegenheit. Schließlich traf man sich nicht jeden Tag mit dem Bischof von Rom. Karls Mutter wurde 754 zusammen mit ihrem Mann von Papst Stephan II. in St. Denis bei Paris geweiht. Ob Karls dritte Frau Fastrada den päpstlichen Segen erhielt, darüber streiten sich die Historiker. (Bei allen andern kann die Frage mit Sicherheit verneint werden.) Auf jeden Fall wurde ihrer in der kirchlichen Liturgie gedacht. Auch für die Reichsannalen, eine zeitgenössische Chronik, ist die Königin präsent, nicht nur als hohe Herrin, sondern als Ehefrau von Fleisch und Blut. Nach einem langen Italienfeldzug ohne seine Familie kam Karl im Frühsommer 787 «nach Worms zu seiner Gemahlin, der Königin Fastrada, wo sie sich miteinander freuten und ergötzten und Gottes Erbarmen priesen».

Für die königliche Familie und ihr Gefolge Essen und Trinken, das man beides sehr liebte, in ausreichenden Mengen zu besorgen, war schwierig in Zeiten, wo eine Mißernte ganze Landstriche zum Hungertod verurteilte, wo die Äcker, auf denen das Korn wuchs, wie kleine Inseln in einer unberührten Wildnis lagen. Brot war Luxus, nicht nur für die unteren Schichten. Und was die Geschenke betraf: Da ging es um hohe Politik. Die adligen Herren waren dem König ebenbürtig. Mochten sie sich auch von einer starken Persönlichkeit führen lassen, ihre Launen waren unberechenbar. Das Schwert saß ihnen locker. Da konnte an der Tafel ein diplomatisches Wort, ein Lächeln der Königin von Bedeutung sein.

Denn noch saß man nicht getrennt, sondern in bunter Reihe. Und das auf ausdrücklichen Wunsch des geselligen Karls. Er wollte ständig Frauen um sich haben, vor allem seine Töchter. Wie er sie behandelte, läßt erraten, was er von den Frauen hielt. Er muß eine gute Meinung von ihnen gehabt und sie nicht nur als dienende Wesen akzeptiert haben, auch wenn er sich gerne von ihnen verwöhnen ließ.

Es wird Zeit, das anzusprechen, was in den beiden letzten Jahrzehnten von Karls Leben nicht bloß Hintergrund war, sondern Lebenselement: eine Aufgabe, die Phantasie und Tatkraft herausforderte und alle beteiligten Personen ständig in Bewegung hielt. Seit Ende 794 wurde in Aachen, bei den heißen Quellen, eine königliche Pfalz aus dem Boden gestampft, vertauschte der Herrscher das Pferd mit dem Thron. Der Nomade wurde seßhaft. Mit den Steinen, die sich übereinandertürmten, dem Marmor, den man aus Italien holte, bekamen die Menschen und die Ideen schließlich doch einen festen Platz. Der germanische Herrscher kehrte von nun an nach den sommerlichen Kriegen immer an den gleichen Ort zurück. Mit den festen Bauten, dem Dom und der Königshalle, entstand eine neue Kultur, deren Vorbilder man ungeniert in jener Welt sah, die vergangen war. Untergegangen, nennen wir das heute. Eine seltsame Vokabel für etwas, was in den Augen der stolzen fränkischen Elite so lebendig und nachahmenswert war, daß sie sich ihm freiwillig unterordnete: das griechisch-römisch-christliche Erbe.

Nicht nur die besten Künstler und Handwerker zog Karl an seinen Hof, auch die gebildetsten Köpfe Europas – und das waren Männer der Kirche. Aus Italien kam sein Grammatiklehrer, aus England Alkuin, der sich besonders um Bildung und Erziehung im Frankenreich kümmerte und dessen Briefe den Kontinent überzogen. Er war es, der für die Vertrauten des inneren Zirkels Spitznamen aus biblischen und antiken Schriften ersann, mit denen man sich bei diskussionsfreudigen Runden wie bei fröhlichen Feiern anredete. Karl war für Alkuin vielerlei zugleich: der neue David wie der neue Moses, Salomo und Konstantin. Daß man sich traf, um über Gott und die Welt zu reden, war nicht Show, für die Nachwelt gedacht. Und weil auch Karls Töchter und seine Schwester Gisela von Alkuin mit neuen Namen bedacht wurden, wissen wir, daß sie dabei saßen, wenn die Männer kluge Gespräche führten. Daß sie nicht ihren Mund hielten, dürfen wir annehmen. Die Töchter waren in den Wissenschaften erzogen worden, und Gisela, eine starke Persönlichkeit, wurde oft von Karl um Rat gefragt.

Inzwischen hatte sich das Bild der klösterlichen Frauen gewandelt. Bei Hof ging es gesitteter zu. Wir hören von keiner Königin, die im Kloster Schutz vor ihrem wilden Ehemann suchte. Auch erschöpfte sich die Aufgabe der Äbtissinnen nicht mehr darin, mildtätige Gaben zu verteilen und für das Heil der Männerwelt zu beten wie zu Zeiten der heiligen Radegunde. Die Äbtissinnen waren ihren männlichen Kollegen nicht nur ähnlich, wenn sie in festlichen Gewändern, den Bischofsstab in der Hand, in der Prozession einherschritten. Karl mußte auf Anweisung aus Rom Bischöfen, Äbten und Äbtissinnen ausdrücklich verbieten, sich Hundemeuten und Falken für die Jagd und Spaßmacher für die gute Laune zu halten.

Bekannt und geschätzt in der herrscherlichen Familie war Lioba, die Äbtissin von Tauberbischofsheim bei Würzburg. Aus vornehmer Familie, gehörte sie zu den vielen Verwandten, die der Angelsachse Bonifatius zur Unterstützung seiner Germanen-Mission im Laufe des achten Jahrhunderts aufs Festland gerufen hatte. Die beiden verband eine besondere Zuneigung. Ein Brief der später heilig gesprochenen Äbtissin bezeugt, daß Gefühle und menschliche Wärme zwischen geistlichen Brüdern und Schwestern kein Tabu waren. Lioba schrieb dem Mann, der als kompromißloser Streiter und Märtyrer für die christliche Sache in die Geschichte eingegangen ist: «Ich bin die einzige Tochter meiner Eltern, und wenn ich dich, so unwürdig ich dessen bin, an Bruder Statt erhalten könnte, wäre ich sehr glücklich, weil ich zu keinem anderen Menschen aus meinem Geschlecht ein solches Zutrauen habe wie zu dir.» Die Nachwelt hat Lioba oft mit einem Buch in der Hand dargestellt. Ihr Biograph rühmt, daß sie ihre Nonnen gleicherweise zur Handarbeit wie zum Studium angehalten habe.

Eine Ausnahme? Hatte sich Bonifatius, der sie als Äbtissin einsetzte, nur zu einer weiblichen Notlösung hinreißen lassen? Keineswegs. Die heilige Walburga, zu deren Grab in Eichstätt sich bis heute viele auf den langen Weg gemacht haben, überquerte wie Lioba auf den Ruf des Bonifatius hin den Kanal zwischen England und dem Kontinent. Sie wurde 761 Äbtissin eines Doppelklosters in Heidenheim auf der Schwäbischen Alb. Nonnen und Mönche waren gemeinsam ihrer geistlichen Führung anvertraut. Es spricht für die Offenheit von Kirche und Zeit damals, daß solche Klosterformen möglich waren. Man hat sich bald von ihnen getrennt. Von weither kamen vornehme fränkische Familien an die Klosterpforte in Heidenheim, um ihre Töchter abzuliefern. Sie wußten, daß sie ihnen keine bessere Ausbildung geben konnten.

Politik ist ein Begriff geworden, der eingrenzt und ausschließt: Geschäft der Männer auf dem Schlachtfeld oder am Verhandlungstisch. Heute noch und gestern, so denken wir, erst recht. Die Kriege Karls des Großen waren seine Politik, sie veränderten Europas Landkarten. Doch seine Politik bestand auch darin, der germanischen Welt die römisch-christliche Kultur – neben dem Schwert – mit Gesetzen einzuprägen. Was bewirken Gesetze, die nicht akzeptiert werden? Gesetze sind auf Dauer nur lebensfähig, wenn sie auf Überzeugung bauen und sei es nur auf ihre Vernünftigkeit. Die aber wurde gelebt und gelehrt in den Klöstern, von den Äbtissinnen.

So gering die Zahl der adligen Frauen war, die durch diese Schule gingen, ihren Einfluß auf ihre späteren Familien können wir gar nicht hoch genug einschätzen. Denn es waren ja gerade diese Familien, die nicht nur die königliche Politik mitbestimmten, Einfluß und Macht am Hof besaßen, sondern auch das Leben der andern, weit über neunzig Prozent, die ihnen untertan waren, bestimmten. Es waren diese wenigen, bei denen sich langsam aber wirkungsvoll die dünne christliche Oberfläche in eine feste Substanz verwandelte, die nicht nur einengte, sondern Halt und Form gab und zur ersten Natur wurde. Die Frauen der Karolinger wie der mächtigen Familien im Land waren in diesem Sinne an der Politik beteiligt. Für die Herrschenden gab es keine Trennung von Privatleben und öffentlichem Amt. Kinder auf die Welt zu bringen war eine hochpolitische Angelegenheit, das allerwichtigste, um an der Macht zu bleiben. In die Kirche zu gehen stand nicht im Ruf des Weibischen. Es entschied über ewige Seligkeit oder ewige Verdammnis. Deshalb mußten die Frauen sich nicht in der Küche verstecken. Sie saßen bei den Mächtigen, und sie traten auf wie jemand, der Macht hatte.

Mit Ehefrauen und Konkubinen brachte es Karl auf insgesamt acht Töchter. Die überlebten, wurden an seinem Hof groß. Zu seinen Lebzeiten wollte Karl sie stets um sich haben und keine von ihnen mit einem Schwiegersohn teilen. Das mußte auffallen in einer Zeit, die mit der Verheiratung von Frauen wichtige politische Geschäfte machte. Ratlos berichtet Karls Freund Einhard: «Obwohl sie sehr schöne Mädchen waren und er sie über alles liebte, erlaubte er seltsamerweise keiner von ihnen zu heiraten, weder einen Mann aus dem eigenen noch aus einem fremden Volk.»

Nur für eine, Rotrud, ließ er Heiratsverhandlungen führen, weil das Angebot gar zu verlockend war. Der zukünftige Herrscher des oströmischen Reiches in Konstantinopel wollte sich mit ihr verbinden. Was für ein Traum: Der legitime Erbe des antiken Imperiums heiratet die Tochter einer germanischen Familie, die erst wenige Generationen zuvor aus dem Nichts der Geschichte aufgetaucht war. Für Karl, dem Tradition viel bedeutete, war diese Verbindung so faszinierend, daß er seinen Prinzipien untreu wurde. Es kam zur Verlobung. Doch nur für kurze Zeit. Die Heiratspläne zerschlugen sich. Abgelehnt wurde die Bitte eines Königs in Angelsachsen, seinen Sohn mit einer Tochter des Frankenkönigs zu vermählen. Nein, Karl brauchte seine Töchter, und er sagte es jedem, daß er ohne ihre Gesellschaft nicht leben könnte.

Doch war er weder Familientyrann noch Asket und gönnte seinen Töchtern, was er sich selbst nicht vorenthielt. Seine Liebe zu ihnen war offenbar frei von neurotischen Störungen oder absoluten Besitzansprüchen. Die königlichen Töchter hatten feste Verhältnisse mit angesehenen Junggesellen, die zu Karls engsten Vertrauten zählten, und kein Chronist berichtet, daß es deshalb väterliches Stirnrunzeln gab. Im Gegenteil: «Er aber ging über diese Dinge hinweg, als wäre nie der geringste Verdacht eines Fehltritts entstanden oder ein Gerücht verbreitet worden.» Der Theologe Alkuin glaubte allerdings die Schüler in der Aachener Pfalzschule vor diesen ungewöhnlichen Damen warnen zu müssen: «Hütet euch vor den königlichen Tauben, die durch die Zimmer des Palastes fliegen.»

Berta, die Lieblingstochter, hatte zwei Söhne mit Angilbert. Er war einer von Karls besten Freunden und von ihm zum Laienabt des Klosters St.-Riquier bei Abbeville, wo die Somme in den Atlantik mündet, ernannt worden. Angilbert revanchierte sich für soviel Großzügigkeit mit einer Materialschlacht um das Seelenheil des Imperators. Im Kloster wurde an 30 Altären mit den Reliquien von 56 Märtyrern, 34 Bekennern und 14 heiligen Jungfrauen ununterbrochen für Karl gebetet. Zwei Drittel der 300 Mönche und 100 Priester waren damit beschäftigt, ein Drittel hatte jeweils dienstfrei. Es ist leicht, solchen Aufwand zu ironisieren oder in den ungewöhnlichen Zahlen ein Privileg der Herrschenden zu sehen, deren Weg zum Himmel auf diese Weise etwas abgekürzt werden sollte. Wer so denkt, verkennt, daß der Himmel für diese

Menschen, so aktiv sie auf Erden waren, eine Realität darstellte und daß die Verantwortung, die der Herrschende trug, für die Zeitgenossen unendlich schwerer wog als die Pflicht der Dienenden. Der Herrscher, so unumschränkt seine weltliche Macht war, mußte im Jenseits ohne Privilegien für seine Taten Rechenschaft ablegen. Nicht nur der Himmel, auch das ewige Feuer wurde ernst genommen. Wer ein so gewaltiges Reich wie Karl in seiner Verantwortung hatte, für den konnte nicht genug gebetet werden.

Rotrud, die schließlich nicht nach Konstantinopel mußte, hatte mit dem Grafen von Maine an der Loire einen Sohn, Ludwig, der später hochangesehener Abt im Kloster St.-Denis bei Paris wurde. Karl, der selbst einfache Kleidung bevorzugte, überhäufte seine Töchter mit Schmuck und kostbaren Kleidern. An Hals und Armen schimmerten Gold und Edelsteine. Schönheit schloß Klugheit nicht aus. Mit den Brüdern zusammen wurden die königlichen Mädchen in den Wissenschaften erzogen. Daß sie an den Diskussionen bei Tisch teilnahmen, hörten wir schon, und natürlich war es selbstverständlich, daß sie mit auf die Jagd ritten. Tochter Theodrada, Äbtissin von Argenteuil, war für ihren makellosen weißen Schimmel berühmt.

Die Jagden der Hofgesellschaft schlossen meist mit einem freizügigen Gelage, bei dem der Falernerwein in Strömen floß. Der Chronist erzählt, daß bloß eine einzige Dame bei Hofe solche Geselligkeit verschmähte und ihren guten Ruf nicht verloren habe.

Nur der Reiche konnte sich eine solche «Großfamilie» leisten und so viele Mäuler ständig satt machen. Als der bucklige Pippin erfolglos gegen seinen Vater Karl rebellierte und daraufhin im Kloster verschwand, kamen die fünf Enkeltöchter auch noch an den Hof. Je mehr Familie sich um den alternden Herrscher sammelte, um so besser.

Gegen den Tod war auch der Mächtige nicht gefeit. Karl erlebte die Generation der Enkel und mußte doch seine eigenen Söhne und Töchter begraben. Daß er selbst so alt wurde – über siebzig Jahre – vermerkten die Zeitgenossen mit Staunen. Viele Kinder waren für den Herrscher nicht nur ein Vergnügen, sondern ein unentbehrliches Mittel, um die Macht seiner Familie in der nächsten Generation aufrechtzuerhalten und weiterzugeben. In einer

Zeit, in der von drei Kindern nur eines erwachsen wurde, war die Sorge um die Nachkommenschaft Lust und Pflicht zugleich.

Als der Kaiser sich im Januar 814 zum Sterben legte, stand die Erbschaft nur noch auf zwei Augen. Ein rundes Jahrhundert später war die Familie der Karolinger ausgestorben, das Reich zwischen Atlantik und Elbe endgültig auseinandergebrochen.

Daß Karls Söhne und Töchter mit wohlhabenden Abteien versorgt wurden, war kein Zufall, sondern seit Generationen karolingische Politik. König und Adel nutzten die kirchlichen Institutionen, um die Macht ihrer Familie abzustützen und aufrechtzuerhalten. Denn zu den Klöstern gehörte immer der lebensnotwendige Grundbesitz, von dessen bedeutender Funktion wir bald ausführlich hören werden. Vermachte man Grund und Boden einem Kloster und besetzte den obersten geistlichen Posten kontinuierlich mit Angehörigen der gleichen Familie, so blieb dieser Besitz beisammen und von Erbteilungen oder Angriffen verschont.

Zur Zeit Karls des Großen hatte sich das Gesicht der Kirche gewandelt. Sie war eine reine Adelskirche geworden. Nonnenklöster wie Mönchsabteien und Bischofssitze standen nach ungeschriebenem Gesetz in der Erbpacht der herrschenden Familien. Immer noch kam es vor, daß verheiratete Männer zu Bischöfen gemacht wurden. Doch achtete man die Regeln der Kirche soweit, daß nicht der eigene Sohn zum Nachfolger bestimmt wurde. Aber aus der näheren Verwandtschaft einen geistlichen Erben aufzutreiben, machte keine Schwierigkeit. Bei diesen neuen Herren der Kirche waren meist weder Askese noch Demut gefragt. Sie nutzten ihre Macht, um eigene Politik zu treiben und den König nicht zu mächtig werden zu lassen. Kein Wunder, daß der wiederum versuchte, uneigennützige und ihm ergebene Männer an die Schaltstellen der kirchlichen Macht zu bringen. Denn der Papst in Rom war weit. Die Bischöfe im Land regierten als Stellvertreter Christi.

Es war eine Ausnahme, als Karls Nachfolger, Ludwig der Fromme, den wichtigen Bischofsstuhl von Reims mit einem Kleriker aus dem Volk besetzte. Dieser, Ebro genannt, bekam schnell zu spüren, unter was für christliche Wölfe er gefallen war. Sein Mitbruder Thegan von Trier, aus altem fränkischem Adelsgeschlecht, nahm nach dieser ungewöhnlichen Wahl kein Blatt vor den Mund und rügte sogar den König: «Schon lange bestand die schlimme Gewohnheit, daß aus den niedrigsten Knechten die höchsten Bischöfe wurden. Er verhinderte das nicht ... Solche Leute mögen vorher noch so sanftmütig und umgänglich gewesen sein. Wenn sie den Gipfel der Herrschaft erklommen haben ... geben sie sich Mühe, ihre zutiefst schmutzige Verwandtschaft aus dem Joch verdienter Knechtschaft zu holen und ihr die Freiheit zu schenken. Dann unterrichten sie einige von ihnen in den Wissenschaften, andere verheiraten sie mit vornehmen Frauen und zwingen die Söhne von Adligen, ihre Verwandten zu heiraten. Denn nur die können mit ihnen auf gleichem Fuß leben, die eine solche adlige Beziehung haben. Sobald aber die Verwandten dieser Leute nur ein bißchen studiert haben, verspotten und verachten sie sogar adlige Greise. Sie sind hochmütig, unbeständig, unkeusch, unverschämt, unbescheiden ... Es kommt oft vor, daß ein Bischof es nicht wagt, in der Kirche einige nachlässige Sünder gemäß kirchlichem Recht zu tadeln, weil ihm durch die Verbrechen der eigenen Verwandten die Hände gebunden sind. Dieses heilige Amt wird von manchen Menschen gänzlich verachtet, weil es von solchen Leuten verwaltet wird. So möge denn der allmächtige Gott gnädig sein und diese schlimme Gewohnheit bei Königen und Fürsten jetzt und in Zukunft ausrotten und ersticken, daß sie nicht weiter im Christenvolk bestehe. Amen.»

Die Bitte des Thegan, der in diesem Pamphlet anschaulich beschreibt, wie man durch Heirat Macht und Reichtum der Familie vergrößert, blieb nicht gänzlich unerhört. Wenn die Kirche weiterhin entgegen den festen Ordnungen der Zeit niedrig Geborenen die Chance zum Aufstieg in ihrer Hierarchie bot, so blieben das Ausnahmen. Der traditionsreiche bischöfliche Stuhl von Bamberg zum Beispiel wurde ununterbrochen bis 1842 mit adligen Herren besetzt. Im Falle des Ebro half das Lamentieren Thegans nichts. Nach einer kurzen Zeit der königlichen Ungnade wurde Ebro Bischof von Hildesheim, ein wichtiger Brückenkopf im Osten – nicht nur zur Missionierung der Slawen, sondern auch als Vorposten königlicher Macht. Ebro störte sich nicht an Thegans Vorwürfen und machte einen Verwandten zum Bischof von Osnabrück. Der Außenseiter hatte seine Lektion gelernt: Ohne den Rückhalt mächtiger Verwandter ging nichts in dieser Gesellschaft.

Die harten Worte des Thegan blieben nicht ungerügt. Walahfrid Strabo, Abt und Geschichtsschreiber im Kloster Reichenau auf der Bodenseeinsel, schrieb über seinen arroganten Zeitgenossen: «Es kann nicht verschwiegen werden, daß er in einigen Sätzen für einen adligen und scharfsinnigen Mann offenbar zu hemmungslos und leidenschaftlich redet und seine Verachtung der kleinen Leute weh tut.» Da haben wir den Grund, warum diese beiden Herren der Kirche uns so viele Worte wert sind: Thegans Negativ-Katalog über den armen Ebro und Walahfrids Kritik beziehen sich auf die gleiche Wertskala, auf Tugenden, die den Menschen von Geblüt auszeichnen, ihm angeboren sind und seine Herrschaft über andere rechtfertigen. Es sind Demut, Beständigkeit, Mäßigkeit, dazu Bescheidenheit gegen sich selbst und Großmut gegenüber den Geringeren. Wir dürfen uns nicht täuschen lassen: Tugenden, die heute allen erstrebenswert und erlernbar erscheinen, waren damals fest an einen Stand gekettet, den höchsten. In diesen Stand konnte man nur hineingeboren werden. Demut war nur bei dem eine Tugend, den angeborene Privilegien ständig zum Hochmut verführten. Wer die meiste Zeit nicht wußte, wie er satt werden sollte, brauchte sich nicht in Bescheidenheit zu üben. Der Schweinehirt und die Dienstmagd waren nicht zum Herrschen berufen, sondern zum Dienen. Wie konnten sie da großzügig sein? Den Dienenden predigte die Kirche nicht Tugend, sondern Einfügung in die von Gott gewollte Ordnung. Die Herrschenden aber, die jene christlich-antiken Ideale akzeptierten, ergänzten sie in der Zeit der selbstbewußten Karolinger mit ihren eigenen germanischen Vorstellungen von Größe.

Tapferkeit gehörte dazu, ganz wörtlich genommen, und so erschienen die Bischöfe mit edelsteinbesetztem Schwert hoch zu Roß an der Spitze glänzender Heerhaufen. Sie trugen prächtige Gewänder und fühlten sich verpflichtet, ihre Macht allen sichtbar zu demonstrieren. Wie konnte denn jemand Ansehen haben, dem man es nicht ansah? Wie konnte einer hoch geboren sein, wenn er auf die andern nicht herabblickte? Zur Zeit der Merowinger hatten sich Kirche und Welt noch streng getrennt gegenübergestanden.

Die Karolinger gaben ihre Zurückhaltung auf und waren stark genug, die Kirche in eine Umarmung zu ziehen, die beide veränderte. Vorerst war es die Kirche, die am stärksten nachgab, sich bis zum Äußersten anpaßte. Sie wurde Adelskirche und zeichnete jenen Stand, der sie groß machte und korrumpierte zugleich, mit dem Signum der Heiligkeit aus. Einhundertdreißig Heilige zählen wir in den karolingischen Jahrhunderten, siebenundneunzig davon aus adligen Familien, unter ihnen die Bischöfe weit an der Spitze. Keine Gesellschaft ist zu verstehen ohne ihre Leitbilder. Die Lebensformen einer Gesellschaft, die Träume der Menschen aller Klassen werden erst verständlich, wenn wir ihre Leitbilder kennen. Sie sind Widerhaken im Gestrüpp der Vergangenheit, auch wenn diese noch so weit zurück liegt. Sie sind dauerhafter als steinerne Paläste.

Auch die Frauen stellen unter den Heiligen ein beachtliches Kontingent, zahlreiche von ihnen zählen zur Herrscherfamilie. Das priesterliche Amt allerdings blieb ihnen versagt, auch wenn einige sich schon damals damit nicht abfinden wollten. Karl der Große mußte sogar ein Gesetz erlassen: «Es wurde berichtet, daß einige Äbtissinnen, entgegen der Übung der heiligen Kirche Gottes, den Segen auf das Haupt der Männer spenden, indem sie die Hand auflegen und das Zeichen des Heiligen Kreuzes machen, und daß sie Jungfrauen unter priesterlichem Segen mit dem Schleier einkleiden. Ihr sollt wissen, heiligste Väter, daß ihr das in euren Diözesen unbedingt verbieten müßt.» Nicht nur das Leitbild der Männer hatte sich gewandelt. Auch die geistlichen Frauen nahmen sich ihren Teil an der Verweltlichung. Von Askese und Zurückgezogenheit, wie sie die Königin Radegunde drei Jahrhunderte früher vorgelebt hatte, wollten die meisten nichts mehr wissen. Es half nicht viel, daß die Kirche versuchte, die Regel des heiligen Benedikt einheitlich in allen Klöstern durchzusetzen und Karl der Große anordnete: «Die Mönche, die einer Regel unterworfen sind, sollen nach der Regel leben. Auch die Frauenklöster sollen die heilige Ordensregel beachten und jede Äbtissin soll ohne Unterbrechung in ihrem Kloster residieren.»

Wenn erst einmal die Äbtissinnen nicht auf ihr privates Vermögen verzichteten, sich außerhalb der Klostermauern aufhielten und zu einem gemeinschaftlichen Leben untauglich waren, taten es ihnen die übrigen Nonnen schnell nach. Denn: Sie alle kamen aus adligen Familien. Es mochte gerade angehen, daß ein Mann aus niederem Stand Mönch wurde. Im Frauenkloster fand eine solche Aufhebung der Standesunterschiede nicht statt. Und so blieb es lange Zeit. Als man der Äbtissin Hildegard von Bingen um die Mitte des 12. Jahrhunderts vorwarf, daß in ihrem Kloster nur adlige Damen Aufnahme fänden, während Jesus selbst doch arme Fischer auserwählt habe, erwiderte die hoch angesehene Theologin, was auch ihre karolingischen Schwestern gesagt haben könnten: «Welcher Mensch sammelt seine ganze Herde in einem einzigen Stall, Ochsen, Esel, Schafe und Böcke, ohne daß sie auseinanderlaufen?» Der Mensch, den Gott geschaffen hatte, kam unterschiedlich auf die Welt. Wer konnte das leugnen, und wer wollte diese göttliche Rangordnung ändern?

Weder Orgien noch sonstige Exzesse sind uns aus jener Zeit überliefert, in der die Nachfolger des großen Karls mühsam die Macht ihrer Familie in den Händen halten. Man geht ins Kloster, um versorgt zu sein, und möchte es auch bequem haben. Zum Vorbild reicht es nicht. Wenn eine Führungspersönlichkeit fehlte, kam der Verfall schnell. Die besten verweigerten sich dem Trend, kehrten zurück zu den asketischen Idealen der Vergangenheit. Aus freiem Entschluß ließ sich Wiborada, eine adlige Dame, 916 beim Kloster St. Gallen in ihrer Einzelzelle einmauern. Das geistliche Gefängnis hatte nur zwei Öffnungen. Durch die eine sah die Einsiedlerin auf den Altar, durch die zweite wurde ihr die kümmerliche Nahrung gereicht. Sie fastete, betete, las die Psalmen, dachte nach und rührte sich nicht. Die Winter waren bitterkalt, das Rheuma machte Wiborada zu schaffen. So vergingen zehn Jahre. Dann fielen die Ungarn ins Land, hoben das Dach aus und erschlugen die Einsiedlerin. Die meisten ihrer Standesgenossinnen erschauerten wohl vor einem solchen Leben und einem solchen Ende. Zum Martyrium fühlte sich der Adel nicht berufen. Da waren Männer und Frauen sich einig.

Wenn die Männer schwach werden, kommt die Stunde der Frauen. Ein starker Herrscher wie Karl der Große ließ seinen Frauen, trotz aller Achtung und Selbständigkeit, nicht viel Raum, um in der Öffentlichkeit hervorzutreten. Das änderte sich bei seinen Nachfolgern. Parallel zum Kaisertitel – «Augustus» – für den Frankenkönig wurden die beiden Frauen Ludwigs des Frommen mit dem Titel «Augusta» ausgezeichnet. Bei Kaiser Ludwig II. wußten die Mächtigen, daß seine Frau, die Kaiserin Engelberga, die treibende politische Kraft war. Sie erreichte, was vor ihr keine Herrscherin im christlichen Abendland geschafft hatte. Auf Münzen, die in Unteritalien geprägt wurden, stand auf der Vorderseite der Name Ludwigs II. und auf der Rückseite der seiner Frau Engelberga. Eine ähnliche Revolution gelang der Kaiserin Richarda, Gemahlin Karls III., die zusammen mit ihrem Mann 881 in Rom vom Papst gekrönt wurde. Richarda ist die erste germanische Königin, die in einer Bibelillustration neben ihrem Mann aufs Pergament gemalt wurde. Zwar noch links vom Thron und kleiner als der König, aber immerhin größer als die Hofbeamten, die ihn umgeben.

Das Reich, das Karl der Große geschaffen hatte, wurde von seiner Persönlichkeit und seinem kriegerischen Geschick zusammengehalten. Vieles war bei seinem Tod unfertig, ungesichert. Die mächtigen Familien im Reich, die sich ihm gebeugt hatten, trieben gegenüber den Nachfolgern ihre eigene Politik. So wie der Adel zuerst an den eigenen Vorteil dachte, ging es den Mitgliedern der königlichen Familie um ihren Einfluß, mochte darüber der Staat, der noch gar nicht aus dem Ei gekrochen war, zugrunde gehen. Das germanische Erbrecht, das allen Söhnen den gleichen Anteil zusprach, begünstigte solches eigennützige Denken. Karls Sohn Ludwig der Fromme, der sich am wohlsten beim Stundengebet der Mönche fühlte, wurde von den eigenen Söhnen mit Krieg überzogen, die ihrerseits in heftige Kämpfe gegeneinander verwikkelt waren. Die adligen Damen im Kloster hatten den besseren Teil erwählt. Wer als Frau an der Seite eines Mächtigen lebte, mußte die Wirren dieser Zeit, die Intrigen und blutigen Fehden des neunten Jahrhunderts am eigenen Leib erfahren. Es gehörte Mut dazu, nicht in den klösterlichen Frieden zu flüchten, sondern standzuhalten, im Lauf der Dinge einen Sinn zu sehen und – ihn bedenkend – aufzuschreiben, woran sich die Nachgeborenen halten sollten.

Um 842 verfaßte die fränkische Adlige Dhuoda einen Ratgeber, der enthielt, was sie ihrem Sohn Wilhelm mit auf den weiteren Lebensweg geben wollte. Damals hatte ihr Mann, Bernhard von Septimanien, schon alle Höhen und Tiefen eines Mächtigen erfahren. Die beiden heirateten 824 in der Pfalz zu Aachen, wenig später wurde Bernhard Graf in Barcelona und hatte diese Flanke des Frankenreiches gegen die Araber zu schützen. Bald war er nach dem König der wichtigste Mann im Reich. Die Neider blieben nicht aus. Es kam zur Verschwörung, Bernhard mußte fliehen. Doch bald war er wieder ganz oben, diesmal in Burgund. Das Spiel begann von vorne. Aber diesmal endete es tödlich, denn der König fühlte sich bedroht. Ob Mord oder Hinrichtung – 844 kam Bernhard zu Tode. Seine zwei Söhne hatte er einst früh der Mutter weggenommen, damit sie am Königshof im Umkreis der Macht heranwuchsen. Töchter wie Söhne waren Figuren auf dem Schachbrett der Familienpolitik. Wilhelm, der jüngere Sohn, wollte nach 844 den Vater rächen und fiel im Kampf. Der andere, Bernhard, plante einen Königsmord. Der Plan mißlang, trotzdem kam er mit dem Leben davon. Dann bricht die Überlieferung ab.

Das Buch der Dhuoda zeugt von umfassender theologischer Kenntnis und tiefem Glauben. Wir können uns nicht vorstellen, daß diese gebildete Frau das Treiben ihrer Männer gebilligt hat. Und doch: Die Wertvorstellungen, die Dhuoda an ihre Söhne weitergibt, rechtfertigen deren blutiges Handeln. Gott steht an der Spitze der Machtpyramide und ihm zuerst gebühren Ehre und Gehorsam. Der nächste, dem der Sohn Gehorsam schuldet, ist der Vater. Der König kommt erst an dritter Stelle. Das bedeutet: Vor allen anderen Interessen muß die Position der Familie gehalten werden.

Die Bande des Blutes sind stärker als die Treue zum Herrscherhaus oder das Wohl des Ganzen. Wer auserwählt ist zum Herrschen, muß seinen Platz in der Geschichte behaupten, egal mit welchen Mitteln. Das verlangt nicht nur die Ehre des Standes, sondern die Ordnung der Welt, und die ist schließlich von Gott gesetzt worden. Mehr noch: der einzelne ist austauschbar. Er steht für seine Familie, für die Reihe der Ahnen vor ihm und alle jene, die nach ihm geboren werden. Sie alle sind durch das Band des Blutes miteinander verbunden, im Leben und im Tod. Es war keine Floskel, daß Dhuoda ihren Sohn ausdrücklich bat, ihr ein würdiges Grabmal zu geben und ständig aller Verwandten im Gebet zu gedenken. Sie hatten es bitter nötig und waren sich dessen bewußt. Das Gebet hatte jedoch noch eine andere, machtpolitische Dimension. Es hielt die Erinnerung an die Familienmitglieder über die Generationen hinweg aufrecht, wurde im Dunkel der Kapelle beim flackernden Schein der Kerzen geradezu eine magische Verpflichtung, sich der Tradition würdig zu erweisen.

Man gedachte nicht nur der eigenen adligen Verwandtschaft und verließ sich auch nicht auf die Kraft des eigenen Gebetes allein. In den Klöstern wurde täglich nicht nur für die lebenden und toten Mitglieder gebetet, sondern auch für die Herren, Freunde und Wohltäter der Abteien, und deren Namen in langen Reihen aufgeschrieben. Rund 80000 Namen sind uns in solchen Gedenk- und Verbrüderungsbüchern aus dem frühen Mittelalter überliefert. Ein Netz von Gebeten und Fürbitten überzog Europa. Das Gedenkbuch von St. Peter in Salzburg, das 784 der irische Abtbischof Virgil begann, zeigt eine Gebetsverbrüderung mit bayerischen und westfränkischen Klöstern, mit St. Peter zu Berg an der Ruhr bis hin zum berühmten Kloster Iona vor der Küste Schottlands.

Nirgendwo kann man die gesellschaftliche Ordnung dieser Zeit überzeugender besichtigen als in diesen Zeugnissen von der Internationalität des Gebetes: Bischöfe, Äbte, Könige, Grafen, Äbtissinnen, Königinnen, Gräfinnen werden aufgezählt. Doch wer versucht, hier das Leben zu fassen, dem bleiben nichts als Namen in der Hand, die ins Leere führen. Menschen wird er kaum dahinter entdecken.

Nirgendwo kann man überzeugender verdeutlichen, wie schwer es ist, diese Zeit und die familiären Beziehungen derer, die in ihr lebten, zu erfassen. Einer der entscheidenden Gründe ist ganz banal. Ob hoch oder niedrig geboren: Man kannte bis ins 13. Jahrhundert nur einen Rufnamen, keinen Familiennamen. Der Ruf- oder Vorname signalisierte beim Adel ausreichend, zu welchem Familienverband man gehörte. Er wurde vom Vater auf den Sohn vererbt, auch Namen aus der mütterlichen Linie waren in dieser Zeit der offenen Familien noch übertragenswert. Chlothar hieß ein typischer Merowingername, Karl, Pippin, Berta oder Gisela gehörten zu den Karolingern. Für die Zeitgenossen war es kein Problem, ihr Gegenüber am Rufnamen zu erkennen: «Wenn du mir einen sagest, ich mir die andern weiß.» So heißt es im germanischen Hildebrandslied, zu Karls Zeiten aufgezeichnet. Die Nachgeborenen haben es schwerer. Ein König läßt sich in den Urkunden noch identifizieren. Wie aber stößt man zu der dazu gehörenden Person vor, wenn ohne besondere Erkenntnismerkmale ein gewisser Adalbert oder eine gewisse Adelswind in mehreren Urkunden einer Region auftauchen? Etliche Kombinationen sind möglich: Ist es in jedem Fall der oder die gleiche? Oder vielleicht Sohn, Tochter? Oder die Ehefrau? Es könnte auch eine Tante sein. Die Rätselei bringt gar nichts ein. Daß wir durch ihre Aufzeichnungen die Person der Dhuoda und ihre Familienbeziehungen aufdröseln können, ist ein Glücksfall. Die meisten Adligen dieser und vieler folgender Jahrhunderte und ihre Familien werden wir niemals identifizieren können.

# Bei den fränkischen Bauern

*Der Unfreie ist kein Sklave*
*Die «familia» entscheidet über die Heirat*
*Männerüberschuß: Frauen sind wertvoller*

Zu den alltäglichen Wahrheiten unserer Tage gehört der Seufzer, wie kompliziert doch alles geworden sei, und im Blick zurück liegt der Traum vom einfachen Leben. Hören wir uns an, was der Abt Irmino vom Benediktinerkloster St.-Germain des Prés bei Paris – damals mitten im fränkischen Reich – um 820 über die Verhältnisse in dem kleinen Ort Nuviliacus, der dem Kloster gehörte, niederschrieb:

«Das Kloster hat dort zehn kleine Felder mit 40 Gewannen, darauf können 200 Scheffel Hafer gesät werden. An Wiese neun Joch, von denen an Heu zehn Karren geerntet werden können. Im Wald können 800 Schweine gemästet werden. Der Knecht Electus und seine Frau, die Kolonin Landina, Eigenleute von Saint-Germain, bleiben in Nuviliacus. Er hat eine halbe Hufe, bestehend aus sechs Gewannen Ackerland, und einem halben Joch Wiese. Er pflügt bei der Winterbestellung vier Ruten, bei der Frühjahrsbestellung 13. Er fährt Mist auf das Herrenfeld und tut und zahlt sonst nichts, wegen des Dienstes, den er übernimmt ... Und die Magd Ansegud. Das sind ihre Kinder: Ingalbert, Frotbert, Frotlaik, Frotberga. – Die drei bleiben in Nuviliacus ... Es gibt in Nuviliacus sechseinhalb besetzte Hufen, die andere halbe ist unbesetzt. An Feuerstellen sind es 16. Sie erbringen für die Heeressteuer zwölf Hammel, für Kopfzins fünf Schilling, vier Pfennig, 48 Hühner, 160 Eier, 600 Bretter und ebensoviele Schindeln, 54 Dauben und ebenso viele Reifen, 72 Fackeln. Sie machen zwei Weinfuhren und zweieinhalb Bretterfuhren im Mai ... Das sind die Mägde: Frotlina, Ansegund, Alda, Framberta. Die mästen die Hühner und machen die Tücher, wenn ihnen Wolle gegeben wird.»

Nein, eine einfache Gesellschaftsordnung war das nicht im 9. Jahrhundert. Wer im Kloster Inventur über den Besitz machen mußte, dem wären unsere einheitlichen Maße und Gewichte, unsere Vorstellung von Gleichheit und Freiheit aller Menschen keine Hilfe gewesen. Über 95 Prozent aller mittelalterlichen Menschen lebten auf dem Land, arbeiteten dort und ermöglichten der winzigen aristokratischen Elite ein Leben in Muße und kriegerischem Kampf. Wir alle sind die Abkömmlinge jener bäuerlichen Mehrheit. Aber sie bildeten keine undifferenzierte Masse, keinen ummauerten Pferch, in dem alle gleich waren. Das Gerüst von den gesellschaftlichen Ständen haben die mittelalterlichen Theologen entworfen, um die Welt zu ordnen. Doch das Leben läßt sich nicht in Konstruktionen pressen. Versuchen wir, die Entwürfe der Theologen zu vergessen und zugleich unsere Vorstellung vom Zusammenleben der Menschen wie einen Handschuh von innen nach außen zu stülpen.

Der moderne Mensch braucht, um zu existieren, einen Ausweis. Das kleine graue Papier, in dem seine Personalien stehen, sein Foto und seine Unterschrift, macht ihn erst zu einer identifizierbaren Person und zum Bürger eines bestimmten Staates. Nun kann er vor Gericht gehen, wenn ihm Unrecht geschieht, Wohngeld oder Sozialbeiträge beantragen und erwarten, daß er so behandelt wird wie alle andern. Es zählt nicht, ob seine Eltern Geld und Ansehen hatten oder einfache Leute waren. Gewiß, dies ist ein geschöntes Bild, doch im Grundsätzlichen stimmt es mit der Realität überein. Die Familie, in die der Mensch heute geboren wird, ist nicht unwichtig für seine Entwicklung. Aber sie entscheidet nicht unwiderruflich darüber, welchen Platz er in der Gesellschaft einnimmt.

Die meisten Menschen um 820 nach Christus, im Frankenland

zwischen St.-Germain und Fulda, waren unfrei, aber auf unterschiedliche Weise. Die einen, Hörige oder Grundholden genannt, waren unwiderruflich an den Grund gebunden, der einem adligen Herrn gehörte. Ihnen fehlte die Freizügigkeit. Darum mußten sie in Nuviliacus bleiben. Die andern waren mit ihrem Leib dem Herrn zu eigen, ein mobiler Besitz, den dieser als Handwerker oder Beamte überall einsetzen konnte. Daraus folgt für die Unfreien, was uns meist nicht klar ist: Sie sind keineswegs versklavte, willenlose Geschöpfe. Denn wir sind nicht im antiken Griechenland oder im alten Ägypten, wo rechtlose Menschen unter Aufsicht zur Arbeit für die Herren getrieben wurden.

Betrachten wir Europa zur Zeit der Karolinger aus der Vogelperspektive, dann fallen uns vor allem andern die endlosen Waldflächen ins Auge. Mit Mühe sind kleine Pfade gehauen, die sofort wieder verwildern. Und irgendwo, stecknadelkopfgroß in diesem grünen Meer, kleine gerodete Inseln Land: In der Mitte der Herrenhof, rund herum drei bis vier Gehöfte und ein paar kümmerliche Katen, alles aus Holz gebaut. Die Wassermühle ist eben erst erfunden worden, noch wird das Korn meist von Hand gemahlen. Daraus rührte man, mit Wasser vermischt, einen Brei, von dem die meisten satt werden mußten. Das Vieh ist rar und noch nicht auf Erträge gezüchtet. Ein Huhn legt gerade 100 Eier im Jahr und die Kuh gibt höchstens kümmerliche 650 Liter Milch. Heute sind es 4313 kg. Was der Bauer und seine Familie erwirtschaften, mußte zuerst einmal die adlige Familie im Herrenhof ernähren.

Grundherrschaft heißt das Schlüsselwort, das alle Lebensbereiche des mittelalterlichen Menschen bestimmt. Sie war der Eckstein, der die wirtschaftliche, politische und private Ordnung zwischen den Menschen zusammenhielt, ja, die Grundherrschaft selbst war diese Ordnung. Sie fiel nicht über Nacht vom Himmel. Als die fränkischen Herren die Länder westlich des Rheins eroberten, verschmolzen sie das römische Wirtschaftssystem großer privater Ländereien, wie sie vor allem in Gallien – heute Frankreich – bestanden, mit dem System personaler Treuebeziehungen, das das Leben der Germanen regelte. Die einen nahmen sich in diesen wilden Jahrhunderten das Land mit dem Schwert. Den andern hatte es der König nach erfolgreicher Schlacht als Siegesbeute oder nach treuem Dienst am Hofe zusammen mit dem adligen Titel verliehen. Ursprünglich gehörten Land und Amt nur einer bestimmten Person, die sich für diese Auszeichnung zur Gefolgschaft dem Herrscher gegenüber mit einem Eid verpflichtete. Doch schnell wurde beides innerhalb der Familie erblich. Machtpositionen entstanden.

Der adlige Herr, der über sich nur den König hatte, brauchte Menschen, die sein Land für ihn bebauten. Er machte mit den unterworfenen Einheimischen, die arm waren und kein Schwert trugen, ein Geschäft auf Gegenseitigkeit. Er lieh ihnen das Land und seinen Schutz. Sie durften den Boden in eigener Regie bebauen und verpflichteten sich zugleich, entweder einen Teil der Erträge oder aber ihre Arbeitskraft – manchmal auch ein Gemisch aus beidem – dem Herrn zur Verfügung zu stellen. Innerhalb der Unfreiheit der frühmittelalterlichen Bauern gab es je nach Landschaft und Herren Unterschiede, was die Höhe der Abgaben betraf und die Anzahl der Tage, die man für den Grundherrn arbeiten mußte. Aber keiner von ihnen war eine Sache, jeder eine Person, auch wenn seine Rechte jederzeit vom Recht des Grundherrn gebeugt wurden.

Volle Freiheit besaß nur der, der keinen Schutz brauchte, weil er sich mit dem Schwert sein Recht holen konnte und oft genug gewalttätig vollendete Tatsachen schuf. Für den Bauern in seiner Hütte gab es weit und breit nur einen, der ihm Schutz bot, wenn räuberische Horden durchs Land zogen; wenn es einen andern Herrn nach den fetten Erträgen der Äcker gelüstete: der Herr, der sein Nachbar war und auf seine Arbeitskraft angewiesen. In den unruhigen Zeiten, als das Frankenreich das römische Imperium ablöste, begaben sich die noch freien Bauern, die auf einem eigenen kleinen Stück Land saßen, freiwillig in den Schutz eines Mächtigen. Die Kinder, die von dem einen Hof ihres Vaters nicht satt werden konnten, taten es ohnehin. Wohin sollten sie gehen? Alles bebaute Land gehörte irgendeinem Herren, und den wüsten Urwald zu roden schaffte ein einzelner nicht. Wo kein Herr, da kein Schutz. Der von allem unabhängige Nichtadlige war vogelfrei – Freiwild für jedermann.

Feudalismus ist nur ein anderes Wort für diese verwickelten

grundherrlichen Herrschafts- und Abhängigkeitsbeziehungen. Die Theologen, wie immer auf strenge Klassifizierung und plastische Bilder bedacht, etikettierten diese feudale Gesellschaft, indem sie die Menschen wie eine Schafherde teilten: Auf der einen Seite die «potentes», die Mächtigen, der Adel. Ihnen gegenüber standen die «pauperes», die Ohnmächtigen. «Arme lieute» werden sie buchstabengetreu benannt, sobald sich die deutsche Sprache im Hochmittelalter in Chroniken und Urkunden durchsetzt. Aber Vorsicht: Armut in unserm Sinn ist nicht gemeint. Es gab auch reiche unfreie Bauern, und der Adel war in späteren Zeiten längst nicht immer mit Reichtum gesegnet. Allerdings: Über den sozialen Stand entschied weder Leistung noch Reichtum, sondern die Reihe der Ahnen, die Familie, in die ein jeder hineingeboren wurde.

Der König stand an der Spitze einer Menschenpyramide, in der jeder mit dem, der über ihm stand, durch eine gegenseitige Verpflichtung gebunden war. Den Staat als eine abstrakte Idee, eine Institution, bei der man auf Grund eines Ausweises sein Recht einklagen konnte, gab es nicht. Der König hielt das Reich mit seiner Person zusammen. Innerhalb dieses personalen Rahmens zerfiel das Land in ungezählte Grundherrschaften weltlicher Fürsten – der König vorneweg – und geistlicher Herren und Herrinnen. Klöster und Abteien waren auf Grundbesitz angewiesen, wollten sie nicht verhungern. Je mehr Land einer besaß, desto mächtiger war er. Wie konnten da die adligen Äbte und Äbtissinnen widerstehen, dieses Mittel zur Ehre Gottes, der Kirche und – wie wir hörten – der eigenen Familie einzusetzen? Sie konnten nicht. Die Klöster und Bistümer sammelten mit den Jahrhunderten unermeßlichen Grundbesitz im Reich an. Die Besitzungen des Klosters Fulda zum Beispiel lagen verstreut zwischen Alpenrand und Nordseestrand. Es war die Kirche, die dieses System – Feudalismus gleich adelige Familienherrschaft – durch zwei Jahrtausende aus sehr eigennützigem Grund verteidigte.

Es ist fast unmöglich, sich in die Köpfe der Menschen zu versetzen, die in diesen Lebensformen über Jahrhunderte selbstverständlich zu Hause waren. Wir haben so viele Worte darum gemacht, weil diese äußeren Bedingungen auch den intimsten Bereich der Menschen bestimmten, und zwar in einem unendlich größeren Maße als heute. Damit sind wir unmittelbar beim Thema: Der Herr, seine Verwandtschaft und alle mehr oder weniger Unfreien, die auf seinem Grund lebten und arbeiteten, bildeten eine Gemeinschaft, die fest im Recht und in der Sprache der Zeit verankert war: die «familia». Sie war jedoch ganz etwas anderes, als was wir heute darunter verstehen.

Was zusammen mit diesem Begriff damals aus dem Sprach- und Rechtsgebrauch der Römer übernommen wurde, hatte in der germanischen Realität einen konkreten Ansatzpunkt. Das Gefälle von oben nach unten, zwischen Herr und Knecht, war keine antike Erfindung, sondern östlich von Rhein und Elbe schon lange tägliche Wirklichkeit. Die freie Gesellschaft der Germanen ist eine Legende. Der mittelalterliche Grundherr war das Oberhaupt dieser Familia, der Patron, von dessen Entscheidungen alle anderen abhingen. Die Kleinstgruppe, die in den bäuerlichen Katen zusammenlebte und Kinder zeugte, unsere Familie, hieß mittelhochdeutsch «hîwon». Die «Heirat» hat sich daraus abgeleitet. Es ist ein neutraler Begriff, der nicht wie das lateinische Familia mit Rechtsvorstellungen befrachtet ist, die dem Mann eine herrschaftliche Position einräumen. Was für uns heute die Staatsbürgerschaft bedeutet, dem entsprach zur Zeit der Karolinger die Ordnung der Familia, die für viele Jahrhunderte Bestand hatte. Die Zugehörigkeit zur Familia mußte durch keinen Stempel und keine Behörde bestätigt werden. Darüber entschied für 95 Prozent der Menschen das Stückchen gestampfter Boden, auf dem das Haus stand, in dem einer auf die Welt kam. Alle Nachbarn konnten das bezeugen.

Am Anfang standen also konkrete, sichtbare Vorgänge. Dann drängte es die Menschen, aus den Einzelheiten ein System zu machen. Wenn es einen Zug gibt, der die gesamte Menschheitsgeschichte zu allen Zeiten und Kulturen verbindet, dann ist es der Versuch, dem Augenblick Dauer und Bestand zu verleihen. Innerhalb der neuen Ordnung, aus der in den zwei Jahrhunderten karolingischer Herrschaft zwischen 700 und 900 nach Christus die mittelalterliche Welt entstand, war es die Familia, die jeden einzelnen vom ersten bis zum letzten Atemzug bestimmte und begleitete.

(Sich frei zu machen aus diesen Fesseln war der nächste Schritt in der Entwicklung, der erst im vorigen Jahrhundert mit der Aufhebung der bäuerlichen Leibeigenschaft seinen Abschluß fand.)

Die Familia regelte aufs genaueste das, was wir heute Familienleben nennen: Jedes Mitglied der Familia, das heiraten wollte – und sei es der niedrigste Knecht – brauchte dazu die Erlaubnis seines Herrn. Dieser Herr konnte ohne jede Angabe von Gründen die Erlaubnis verweigern oder seine Leibeigenen nach seiner Auswahl zur Heirat zwingen. Prinzipiell durften nur die Angehörigen einer Familia untereinander heiraten. «Ausheiraten» war verboten, weil sonst dem Grundherrn eine Arbeitskraft und viele zukünftige Leibeigene verlorengingen. Die Mächtigen taten alles, um Ausheiraten zu verhindern. Nicht nur wurden die Eltern für solche verbotenen Ehen ihrer Kinder haftbar gemacht: In manchen Fällen mußten zwölfjährige Kinder schwören, sich niemals mit einem Menschen aus anderer Familia zu verbinden.

Doch wie groß der Druck auch war, den die Grundherren auf ihre Untergebenen ausübten, die menschliche Natur war stärker. Die Praxis hat diese Theorie bald durchlöchert. Denn so ungewohnt es klingen mag: Die Söhne und Töchter des unfreien Bauern hatten in der Wahl ihres Lebenspartners freiere Hand als die Mächtigen, für die sie schufteten. Wie bei den Germanen in Feddersen Wierde war ihre Ehe der Versuch, ein Leben am Rande des Existenzminimums gemeinsam auszuhalten. Es bestanden keine politischen Zwänge, die bei der Wahl des Partners den Ausschlag gaben. Soziale sicherlich, aber sie waren minimal im Vergleich zu den Zwängen der Mächtigen. Die Unfreien waren sehr viel gleicher untereinander als jene winzige Elite, die sich die Macht teilte und ständig um ihre Anteile darum kämpfen mußte. Wo solche Verpflichtungen fortfielen, war da nicht automatisch Platz für ein bißchen persönliche Wahl? Hatten da zwei, die sich mochten, nicht eine viel größere Chance zusammenzukommen? Die Häufigkeit, mit der die Angehörigen verschiedener «Familien» entgegen dem Verbot heirateten, bestätigt solche Überlegungen.

Je mehr die Isolation der Siedlungsinseln schrumpfte, je näher die Menschen aufeinanderrückten, desto weniger war dieses Verbot aufrechtzuerhalten. Zumal Höfe, die beieinander lagen, immer öfter verschiedenen Herren gehörten. Schließlich fand man Regeln für die verbotenen Ehen. So unterschiedlich sie nach Landschaft und Tradition waren, generell läßt sich sagen: Die Kinder solcher Ausheiraten kamen meistens in die Familia der Mutter oder sie wurden, sobald sie arbeitsfähig waren, abwechselnd den beiden betroffenen «Familien» zugeteilt. Nummer eins zur Familia des Vaters, Nummer zwei zum Grundherrn der Mutter, und so weiter.

Es blieb noch ein Problem: Es kam vor – und gar nicht so selten –, daß ein freier einen unfreien Partner heiratete. Eine unsinnige Sache, wäre es nur mit vernünftigen Dingen zugegangen. Denn der freie Teil, auf jeden Fall aber seine Kinder, folgten der «ärgeren Hand». Das bedeutete in der damaligen Rechtssprache: dem unfreien Teil. Wäre es beim Heiraten nur mit vernünftigen Gründen zugegangen, niemand hätte sich das angetan. Es müssen auch persönliche Zuneigungen mit im Spiel gewesen sein. Ein Recht des Grundherrn, immer wieder hartnäckig behauptet, wird heute von den meisten Historikern ins Reich der Legende verwiesen: das ius primae noctis, das Recht, bei Heirat eines Untergebenen mit der Braut zuerst ins Bett zu steigen.

Daß die Heiratszwänge innerhalb einer Familia fielen, ist nicht zuletzt der Verdienst der Kirche, auch wenn sie sich in der Praxis als Grundherrin lange selbst im Wege stand. Doch diesen wichtigen Faktor mittelalterlichen Lebens müssen wir noch für eine Weile aufs Nebengleis schieben.

Es wird endlich Zeit, das strukturelle Gerippe der Gesellschaft mit Leben zu füllen. Der Versuch, die ferne Wirklichkeit in die Nähe zu bringen, wird erweisen, wie schwach unsere historische Brille ist. Wenn schon von den Mächtigen kaum etwas geblieben ist, wieviel schneller verweht die Spur der «armen Leute». Versuchen wir es trotzdem.

Was die Bauersleute, die Mägde und Knechte von Sonnenaufgang bis Sonnenuntergang auf Trab hielt, war die «arebeit». Mühe und Plage ist der ursprüngliche Sinn dieses Wortes. Sie arbeiteten, um die geforderten Abgaben leisten zu können und so ihren Herrn bei Laune zu halten. Sie schufteten außerdem um ihren eigenen Unterhalt und mußten froh und dankbar sein, wenn sie satt wurden und etwas Warmes auf dem Leib zu tragen hatten. Hilflos waren sie der Natur und ihren Gewalten ausgesetzt. Kein Grundherr konnte den Hagel abwenden oder dem tagelangen Regen Einhalt gebieten. Jede Mißernte aber bedeutete Hunger über das nächste Jahr hinaus, denn das Saatgut reichte immer nur von einem Sommer zum andern, so wie man von einer Jahreszeit zur andern lebte.

Niemand zählte die Jahre nach dem Kalender. Es war das Außergewöhnliche, das haften blieb, im Guten wie im Bösen. Die Hochzeit des Grundherrn, als es für alle Essen und Trinken satt gab, oder der harte Winter, als Mensch und Tier bittere Not litten. Selbst der Chronist, der auf dem Pergament festhielt, was von Bedeutung war, sah in solchen Ereignissen das Maß der Zeit. Die Xantener Annalen wissen aus dem Jahre 873, als sich in Frankfurt Bischöfe und weltliche Würdenträger zu einem Reichstag versammelten, zu berichten: «In der gleichen Winterszeit schwoll das Wasser bei der Schneeschmelze plötzlich zur Überschwemmung an, vor allem an den Ufern des Rheins. In den gewaltigen Wasserfluten kamen viele Menschen mit zahllosen Gebäuden und Erntevorräten um ... Ferner lag vom 1. November bis zum Sonntag Sexagesima (14. 2.) Schnee auf der ganzen Erde. Mit verschiedenen Plagen schlug der Herr ohne Unterbrechung sein Volk ...»

Den Hunger konnten die Mächtigen nicht immer stillen. Sie versuchten aber, den Exzessen der Not Einhalt zu gebieten. Aus den Erlassen Karls des Großen für die sächsischen Gebiete: «Wenn jemand vom Teufel verführt nach der Weise der Heiden einen Mann oder eine Frau anklagt, eine Hexe zu sein und Menschen zu essen und deswegen diese dann verbrennt oder ihr Fleisch zum Essen gibt oder selbst ißt, der wird mit dem Tode bestraft.»

Es war kein Wunder, daß Menschen, die so sehr der Natur und den irdischen Mächtigen ausgeliefert waren und schnell erfuhren, daß weder Prozessionen noch feierliche Messen vor dem Unvorhersehbaren schützten, im Aberglauben ihr Heil suchten. Die gebildeten Theologen, hinter festen städtischen Mauern zu Hause, mokierten sich über diese bäuerliche Ignoranz. Karl der Große war erst wenige Jahre tot, da schrieb Erzbischof Agobard von

Lyon in seinem Buch «Über Hagel und Donner»: «Erst vor wenigen Jahren verbreitete sich eine Welle von Dummheit anläßlich eines Viehsterbens. Da sagte man, Herzog Grimald von Benevent habe Leute mit einem Pulver herübergeschickt, das sie über die Felder, Berge, Wiesen und Quellen ausstreuten, und zwar deshalb, weil er mit dem allerchristlichen Kaiser Karl (dem Großen) verfeindet und weil an diesem ausgestreuten Pulver das Vieh stürbe. Wir haben gehört und gesehen, wie aus diesem Grund viele verhaftet und einige umgebracht wurden. Die meisten wurden auf Bretter gebunden, in den Fluß geworfen und getötet. Und das Erstaunlichste, die Verhafteten selbst sagten gegen sich aus, sie besäßen ein solches Pulver und streuten es umher ... So große Dummheit beherrscht heute die erbärmliche Welt, daß jetzt Christen ein so albernes Zeug glauben, wie man es früher den Heiden, die den Weltschöpfer nicht kannten, niemals glaubhaft hätte machen können.»

Der kluge Bischof war Amtsträger einer Institution, die ihre Machtzentren in den antiken Städten aufgeschlagen hatte. Für die Mehrzahl der Bevölkerung, für die Leute auf dem Land, lag diese Welt außerhalb ihrer Vorstellungskraft. Wenn sie jemals reisten, dann nur, um auf dem entfernt gelegenen Herrenhof ihre Arbeitskraft zur Verfügung zu stellen, Nahrungsmittel abzuliefern oder auf dem nächsten Markt ein paar Dinge zu verkaufen. Der Landmann war daran gewöhnt, nur mit vertrauten Gesichtern zu leben. Jeder Fremde war verdächtig, ein unerwünschter Esser, den man nicht brauchen konnte. Weil der Fremde aus einer Welt von jenseits der Wälder kam, die niemand im Dorf kannte, traute man ihm alles Böse zu. Nein, es soll nicht idealisiert werden. Das Leben der Bauern war hart, und es machte hart und grausam. Wenn so viele an Krankheit und Hunger starben – warum sollten andere nicht mit dem Leben büßen, wenn auch nur die geringste Aussicht auf Besserung bestand?

Der Kannibalismus-Erlaß des großen Karl macht es deutlich: Die Not der «armen Leute» kennt keinen Geschlechtsunterschied. Vom Kampf um das tägliche Brot, ums Überleben waren Mann und Frau gleichermaßen betroffen. Der unfreie Bauer brauchte seine Frau. Er hatte andere Sorgen, als seine patriarchalische Vorherrschaft herauszukehren oder seine Frau ausschließlich als sexuelles Freiwild zu behandeln. Wer hungert, dem vergeht die Lust. Immer noch war die Frau keine Person eigenen Rechts. Immer noch trug erst der Vater und dann der Mann für sie die Verantwortung. Doch wo deckt sich die Theorie stets mit der Wirklichkeit? Sie tut es schon gar nicht in einer Zeit, die sich nur im Konkreten manifestiert.

Weil die Mönche fleißig aufschrieben und zählten, was an Menschen, Vieh und Boden zu ihrem Besitz gehörte – die großen weltlichen Herren waren des Alphabets noch nicht mächtig –, haben wir interessante Zahlen aus einer Zeit, in der die einzelnen der 95prozentigen Mehrheit keine Chronisten fanden. Die Zahlen lassen den Schluß zu, daß schon der gesunde Menschenverstand dem Mann vorgab, seine Frau gut zu behandeln, denn sie war Mangelware. Die Frauen, die die Kinder zur Welt brachten, hatten eine noch geringere Lebenserwartung als die Männer. Ein Inventar über Besitzungen des Klosters Fulda ergibt zwischen 750 und 797 n. Chr. ein Verhältnis von 115 Männern zu 100 Frauen. Diese Zahlen dürfen verallgemeinert werden: Es herrschte Männerüberschuß gegen Ende des ersten Jahrtausends.

Das leere Land brauchte Menschen. Jeder, der das verhinderte, wurde schwer bestraft. Eine Frage der Moral war das nicht. So hielten es die Volksrechte, die unter Karl dem Großen aufgeschrieben wurden. Bei den Alemannen hieß es: «Wenn jemand bei einem schwangeren Weib eine Fehlgeburt verursacht, so daß du schon erkennen kannst, ob es ein Mann oder eine Frau geworden wäre, wenn es ein Mann werden sollte, büße er mit 12 Schilling. Wenn aber eine Frau, mit 24.» Eindeutiger läßt sich nicht ausdrükken, wer kostbarer war.

Wenn die Ehe ein Bündnis im Kampf ums Dasein ist und kein Mittel zu Machterhaltung oder Vermögenserweiterung, müssen Töchter nicht auf jeden Fall unter die Haube kommen, kann aus der Not der Arbeit für die bäuerliche Frau sogar eine Tugend werden. Für die adlige Dame gab es nur die Alternative Heirat oder Kloster. Das Mädchen auf dem Land hatte noch seine Arbeitskraft, und die konnte sie in eigener Regie einsetzen. Die Töchter arbeiteten aushäusig gegen Lohn, wenn man sie in der Familie und beim Grundherrn nicht mehr brauchte. Sie konnten sich als Mägde verdingen und damit ihren Lebensunterhalt verdienen, wollten sie ledig bleiben. Starb den Bäuerinnen der Mann, uns sind solche Urkunden überliefert, dann durften sie die Wirtschaft allein weitertreiben und die Abgaben leisten. Sie wurden ohnehin zu jeder Feldarbeit eingesetzt.

Im Inventar, das der Abt Irmino von St.-Germain des Prés aufstellte, werden Väter, Mütter und Kinder aufgezählt. Von Tanten oder gar Großeltern ist keine Rede. Der unfreie Bauer kann gerade seine Kleinfamilie ernähren. Wer alt genug ist, um zu arbeiten und für sich selbst zu sorgen, muß aus dem Haus. In Zeiten, wo Menschen gebraucht werden, um die Wildnis zu roden und das neu gewonnene Land zu bebauen, war das nicht unbedingt ein Härtefall. Alt in unserem Sinne wurden nur wenige. Weißes Haar ist noch lange eine Seltenheit. Die Mehrheit der mittelalterlichen Bevölkerung zählt weniger als zwanzig Jahre. Viele müssen geboren werden, damit einige das heiratsfähige Alter erreichen. Die 37 Erwachsenen in Nuviliacus haben 42 Kinder. Die Unfreien vom Klosterbesitz Fulda bestätigen diesen Trend. Auf 326 Paare kommen 801 Kinder – 2,4 pro Familie.

Die Fuldaer Mönche haben nicht allein die Verheirateten gezählt. Es gab auf diesen Höfen außerdem 250 ledige Männer und 159 ledige Frauen. Was für ein Männerüberschuß! Und die Ledigen haben zusammen 345 Kinder.

Natürlich werden einige der Kinder einen Verheirateten zum Vater haben. Doch das war die Ausnahme. Wiederum hatte dies nichts mit Moral zu tun, sondern war eine Frage der wirtschaftlichen Verhältnisse. So sahen es schon die Zeitgenossen. Der Arme, schrieb Hermann der Lahme, Mönch im Kloster Reichenau um die Jahrtausendwende, kann sich keine Nebenfrauen leisten.

# Die Sexualmoral der frühen Kirche

*Was die Bußbücher der Mönche über Empfängnisverhütung verraten – Heiratsverbote – Kirchliche Trauung ist keine Pflicht Das jüdische Erbe und der Einfluß der Stoa – Was Paulus wirklich sagte – Die neue Moral: Ja, aber – Augustinus kämpft gegen die Gnostiker – Waisenkinder – Hieronymus: Abtreibung ist Mord*

Kinder: Sie stoßen die Tür auf in private Dimensionen, über die wir aus jener fernen Zeit erst recht keine Informationen, keine Hinweise vermuten. Wir erleben eine Überraschung: Ausgerechnet die Kirche, der zum Thema Sexualität nichts als Vorwürfe gemacht werden, kann uns mit Hilfe dieser Thematik weiterhelfen. Vergessen wir für den Augenblick alle Vorurteile und Wertungen. Nehmen wir nichts als die Fakten, die uns etwas über das intime Zusammensein zwischen Mann und Frau vor der ersten Jahrtausendwende verraten. Auch wenn es «nur» um die Techniken geht.

Wir verdanken unser Wissen den Bußbüchern der Mönche. Diese peniblen Sünden- und Strafkataloge wurden in Irland seit dem sechsten Jahrhundert und seit dem achten auch im Frankenreich aufgestellt und aufgeschrieben. In diesem Zeitraum löste das private Schuldbekenntnis, dem Priester ins Ohr geflüstert, das allgemeine und öffentliche am Anfang des Gottesdienstes ab. Jedem Christen wurde vorgeschrieben, einmal im Jahr zur Beichte und zum Herrenmahl zu gehen. Wir wissen nicht, wie weit die Abschriften der Bußbücher Verbreitung fanden, sicher nicht bis in alle Winkel des karolingischen Reiches. Es waren vor allem die Mächtigen, denen der Klerus neue Normen und eine neue Moral einhämmerte. Doch es gab viele große Klöster weit ins Land verstreut, deren Äbte und Mönche über die kirchlichen Lehren auf dem laufenden waren.

Jeden Sonntag kamen die leibeigenen Bauern in die Klosterkirche, wie es das Gesetz vorschrieb, und gingen dort zur Beichte. Die Mönche, die die Bußbücher verfaßten, hatten Kontakt zur Welt. In diesen Pergamenten spiegelt sich das Leben, wurde auf dem Gebiet der Sexualität mit schweren Strafen belegt, was Mann und Frau offensichtlich praktizierten. Ausgangspunkt aller Verbote ist, was nach Meinung der Mönche eine Zeugung während des ehelichen Verkehrs verhindert, und sie scheuen sich nicht, eine klare Sprache zu sprechen. Kaum erwähnt wird in den Bußbüchern der Coitus interruptus, so daß man auf seltene Verbreitung unter den Germanen schließen kann. Nur im Bistumsrecht des Theodolf, von 798 bis 818 Bischof von Orléans und einer der einflußreichsten Männer in der Umgebung Karls des Großen, wird diese Technik im Kapitel über «Vernunftwidrige Unzucht» beschrieben und gebrandmarkt: «Es wird Unreinheit oder die abscheuliche Sünde genannt, nicht in natürlicher Weise bei einer Frau zu liegen, weswegen geschrieben steht, daß Onan, der Sohn des Juda, von Gott erschlagen wurde, als er zu seinem Weib gegangen war und dann den Samen auf die Erde goß.»

Übrigens riet Theodolf, der verheiratet war und eine Tochter hatte, seinen Priestern, die Beichtenden nicht nach allen Sünden zu fragen, über die sich der Klerus den Kopf zerbrach, «da in dem Bußbuch viele Laster aufgezählt sind, die ein Mensch nicht kennen sollte».

Zu den häufig aufgezählten und heftig attackierten Lastern gehörten der Oralverkehr («semen in os») und Positionen, die die Zeugung zwar möglich machten, aber nach Auffassung der Mönche erschwerten, wie «a tergo» oder wenn die Frau oben lag.

Dies alles fällt für die Verfasser der Bußbücher ausnahmslos unter die Kategorie schwere Sünde. Oft ist die Buße härter als bei Mord. Die Buße – sie bestand ursprünglich aus Fasttagen, später wurde diese jedermann sichtbare Strafe in Gebete umgewandelt – betrug im Buch des Mönches Theodor um 700 bei Abtreibung eines Embryos dreimal 40 Tage oder ein Jahr. Für Oralverkehr aber waren 7 bis 15 Jahre oder sogar eine lebenslängliche Buße vorgesehen. Lag die Frau nur ausnahmsweise auf dem Mann, gab es ein Jahr Buße. War dies zur Gewohnheit geworden, verhängte der Beichtvater drei Jahre. Eine solche Haltung wird als «hündisch» disqualifiziert. So gerne man sonst den Christen die Natur als Beispiel vorhält, in diesem Fall war sie nicht gefragt. Aus der unterschiedlichen Höhe der Bußen könnte man schließen, daß es den Mönchen vor allem darauf ankam, das Lustgefühl der Christen zu drosseln, und daß der Schutz des Lebens erst an zweiter Stelle stand.

Im November 824 wurde der Mönch Wetti hochgebildet und mit besten Beziehungen zum kaiserlichen Hof, mehrere Nächte lang im Kloster Reichenau von schrecklichen Träumen gequält. Ein weißer Engel führte ihm sehr drastisch vor Augen, wie man im Jenseits für seine Sünden büßen mußte. Wetti sah einen hohen Herrn nach dem andern, Bischöfe, Äbte und Grafen, die von Teufeln gefoltert wurden. Einer dieser Verstorbenen, der große Karl, schien frei von solcher Pein, sein Leib strahlte hell. Doch bei näherem Hinsehen entdeckte der Mönch, daß an den Geschlechtsteilen des Kaisers ein Tier nagte.

Karl, vom Papst zum Kaiser gekrönt, hatte der Kirche zu neuem Ansehen verholfen, ihre Gesetze allen Untertanen auferlegt. Jeden Tag hatte er die Messe besucht. Das alles wußten seine Zeitgenossen. Doch sie wußten offenbar auch, daß es einen Punkt gab, an dem er ein schwacher Mensch war. Genauer: an dem er gegen die Moral verstieß, die seine Kirche lehrte. Es waren hochgeborene Bischöfe und Äbte, die in Samt und Seide über ihre Schäflein herrschten, die aufs engste in den Kreislauf der weltlichen Macht eingebunden waren und zugleich auf ihren Synoden Dokumente unterschrieben, als Theologen Vorschriften für das menschliche Zusammenleben entwickelten, die der bestehenden Ordnung auf lange Sicht den Boden unter den Füßen wegzogen. Noch war nichts nivelliert, hübsch abgerundet, weder im Äußeren noch in den Gewissen. Die mittelalterliche Elite, die zwischen den Kriegen Muße zum Nachdenken hatte, lebte in einer Spannung zwischen Altem und Neuem, zwischen menschlicher Urwüchsigkeit und himmlischem Anspruch. Es brauchte Jahrhunderte, um sie abzubauen, indem man die Radikalität auf beiden Seiten stutzte.

Es war die Familie, in der sich wie in einem Brennglas die Spannungen bündelten und ausbrachen. Sicherlich kein Zufall, denn wo sonst finden wir eine Institution, die den einzelnen auf so einzigartige Weise betraf und zugleich ein Ordnungsfaktor war, von dem die kleinste bäuerliche Gemeinschaft nicht weniger abhing als der aristokratische Herrschaftsapparat. Damals war die Familie tatsächlich der Pfeiler, der das politische, wirtschaftliche und soziale Leben hielt. Schon in der Stunde der Geburt erhielt der Mensch seinen Platz in der Gesellschaft. Die Adligen, die an den Schalthebeln kirchlicher Macht saßen, taten alles, um diese Ordnung zu festigen und jene zurechtzuweisen, die ausbrachen. Und wenn es der Kaiser selbst war. Als einer von Karls Nachfolgern, Kaiser Karl von Lothringen, eine Frau heiratete, die nicht aus höchstem Adel stammte, bestritt ihm die Kirche seine Herrscherqualitäten.

Die Heiratsschranken zwischen den Gruppen mußten strikt eingehalten werden, damit die Ungleichheit dieser Gesellschaft von Dauer war. Wenn der Herrscher kein Beispiel gab, wer denn sonst? Aber nicht nur gegenüber den Mächtigen wachte die Kirche darüber, daß die Grundlagen dieses Systems eingehalten wurden. Denn es konnte nur funktionieren, wenn alle sich danach richteten. Deshalb verfolgten jene Grundherren, die zu Dienern Gottes geweiht waren, mit Unerbittlichkeit alle Unfreien, die aus der grundherrlichen Familia durch aushäusige Heirat ausbrechen wollten. Es waren geistliche Herren, die bis weit über das Mittelalter hinaus ihren leibeigenen Bauern vorschrieben, ob und wen sie heiraten mußten.

Einem schwachen Herrscher wie Karl von Lothringen konnte man schon zu Lebzeiten die Meinung sagen. War er stark wie Karl der Große, ist es klüger, seine Sünden erst im Jenseits zu geißeln. Kein Würdenträger rügte seine außerehelichen Verhältnisse, das flotte Leben seiner Töchter. Als im 12. Jahrhundert Heinrich der Löwe und Kaiser Barbarossa von der Kirche die Scheidung begehren und sich wieder verheiraten, hat der Papst in Rom keine Einwände. Wer mächtig ist, hat einen kurzen Draht zum Himmel.

Was für eine Umkehrung! Der Meister lehrte: «Ich versichere euch, wenn ihr euch nicht ändert und den Kindern gleich werdet, dann könnt ihr in Gottes neue Welt überhaupt nicht hineinkommen.» Und der Apostel Paulus schrieb an die Gemeinden in Galatien, nahe dem heutigen Ankara: «Hier ist kein Jude noch Grieche, hier ist kein Knecht noch Freier, hier ist kein Mann noch Weib, ihr seid allzumal Eins in Christo.» Die ersten Christen fühlten sich als geistige Kinder des himmlischen Vaters. Dagegen verblaßten alle irdischen, familiären Beziehungen. Alle waren eins in Christus. Wie konnte es da ein paar Jahrhunderte später für wenige so viel, und für viele so wenig Freiheit geben? Wie konnte ausgerechnet die Familie diese Unterschiede zementieren? Hatten die Erben so schnell vergessen?

Es sieht so aus, als ob die Kirche bedingungslos die germanische Vorstellung übernahm, daß mit dem Blut innerhalb der Familie besondere Qualitäten weitergegeben wurden. Sie akzeptierte das Lebensmuster der Welt, nach dem die einen herrschten und die andern dienten. Ja, die Theologen und Mönche erfanden erst plastische Begriffe und Bilder, mit denen sie diese Ordnung absegneten. Hier die Mächtigen, dort die «armen Leute». Daran sollte sich so schnell nichts ändern. Erst auf dem Zweiten Vatikanischen Konzil, fast ein Jahrtausend nach dem karolingischen Zeitalter, hat die katholische Kirche die demokratische Staatsform und damit die Gleichheit aller Menschen eindeutig bejaht.

Das ist die eine Seite der Geschichte. Sie vor allem ist haften geblieben. Wer nichts verfälschen will, darf sie nicht verschweigen. Aber der Fluß, der sich da durch die Jahrhunderte bewegt, hat keinen graden Weg genommen. Während wir vor allem auf jene Traditionen in der Kirche starren, die dabei sind abzusterben, gibt es einen zweiten Strang in der Entwicklung, weniger sichtbar, aber sehr viel lebensfähiger. Er steht in direktem Widerspruch zu der Wirklichkeit, von der wir soeben gehört haben. Aber er ist deshalb nicht weniger wahr.

Der Bayernherzog Grimoald hatte am Anfang des 8. Jahrhunderts Pilitrud, die Witwe seines Bruders, geheiratet. Für den Bischof Korbinian von Freising, den der Herzog gewaltsam ins Land geholt hatte, weil er ihn für einen großen Mann hielt, war dies eine schwere Sünde, und er sagte es laut. Ja, der Gottesmann verweigerte jede Zusammenarbeit, solange der Herzog mit dieser Frau zusammenlebte. Denn eine Ehe unter so nahen Verwandten, auch wenn sie nur angeheiratet waren, fiel nach kirchlichem Gesetz unter das Inzestverbot. Vierzehn Tage brütete der Herzog über dem Ultimatum, dann trennte er sich von Pilitrud. Als sich die bayerischen Bischöfe in Ascheim bei München zu einer Synode trafen, forderten sie vom Herzog, diese kirchliche Vorschrift endlich auch als weltliches Recht zu verkünden. Offenbar nützte das wenig. In der zweiten Hälfte des Jahrhunderts missionierte der Heilige Wynnebald in Bayern. In seiner Lebensbeschreibung, von Hugeburc, einer Frau, verfaßt, heißt es: «Was für ein Frevel! ... Es fanden sich auch manche, die mit ihren eigenen Verwandten und Verschwägerten und mit der eigenen Frau ihres Bruders verehelicht waren.»

Das eng gefaßte Inzestverbot der Kirche vertrug sich nicht mit der aristokratischen Vorstellung, Besitz und Macht in der eigenen Familie zu bewahren. Es widersprach der germanischen Vorstellung, daß Auserwähltheit und Privilegien durch das Blut weitergegeben werden. Besonders in diesen frühen Jahrhunderten haben sich Familien generationenlang bewußt als Heiratsinstitute zur gegenseitigen Versorgung und Machterhaltung verstanden. Die unbeugsame Haltung des heiligen Korbinian blieb ein Ausnahmefall. Die Kirche segnete die engen Heiraten mit der einen Hand, verurteilte sie mit der andern und schärfte dem Adel zugleich ein, nur ja nicht außerhalb des Standes die Ehe einzugehen. In zynischer Interpretation des Bibelwortes, allen alles zu sein.

In einem anderen wesentlichen Punkt setzte sich die Lehre der Kirche – wenigstens äußerlich – schneller durch: Für sie war die Ehe der einzige Ort, an dem Sexualität stattfinden durfte – und zwar für Mann und Frau gleichermaßen. Mochte sich Karl der Große noch Nebenfrauen leisten, der Mönch Wetti prophezeite, wohin der Ungehorsam gegen dieses kirchliche Gebot führte. In der Praxis und in den Köpfen der Männer läßt diese Gleichberechtigung bis heute zu wünschen übrig. In der Theorie war es die christliche Kirche, die diesen Grundsatz als erste aufstellte. Für den germanischen Heiden war Monogamie eine Frage wirtschaftlicher Zwänge, nicht der Moral gewesen.

Die revolutionärste Neuerung aber lag in der Logik der Theologen, daß es für die Gültigkeit einer Ehe nur eine einzige Voraussetzung gibt: die freiwillige Zustimmung der beiden Heiratswilligen. Aus den Überlegungen weniger Männer wurde kirchliches Gesetz: die Zustimmung der Eltern, die Erlaubnis durch den Grundherrn, die Voraussetzung einer Mitgift – es war im Prinzip überflüssig. Der Segen der Kirche, der Gang zum Priester, das Aufgebot im Pfarrhaus – überflüssig. In dem Augenblick, wo zwei Menschen sich gegenseitig versprachen, ein Leben lang zusammenzubleiben, waren sie in den Augen der Kirche gültig verheiratet – rund 1500 Jahre lang. Gott selbst hatte die Ehe gestiftet und sie damit zum Sakrament gemacht. Da brauchte es keinen Vermittler. Erst das Konzil von Trient machte im 16. Jahrhundert die Trauung vor dem Priester für jeden Katholiken zur Pflicht.

Dieselbe Kirche, die die mittelalterliche Gesellschafts- und Machtordnung mit allen Mitteln verteidigte, deren Würdenträger als Grundherren alles taten, um die Heiratsschranken und -zwänge aufrechtzuerhalten, legte mit dieser Ehetheologie auf lange Sicht die Axt an die Wurzel des Systems. Denn wenn es nur auf die Willensentscheidung zweier Menschen ankam, fielen alle Schranken, gab es weder Christ noch Heiden, weder Freien noch Unfreien. Ein Sklave hatte in der Antike nicht das Recht, zu heiraten. Die Kirche gab es ihm. Sie hat die Ehe zwischen Freien und Unfreien nicht in Frage gestellt oder für ungültig erklärt, auch wenn sie dagegen ankämpfte. Das gleiche gilt für stammesverschiedene Ehen, die nach germanischem Recht verboten waren. Und es ist ihr gelungen, diese Grundsätze im mittelalterlichen Europa, soweit es christlich war, rechtsverbindlich durchzusetzen. Kein Staat dieser Epoche hat ein eigenes weltliches Eherecht entwickelt. Das Wort der Kirche war Gesetz, mochte es noch so oft von geistlichen und weltlichen Personen gebrochen werden.

Wer Hochzeitszeremonien zu äußerlichem Beiwerk erklärt, das den Kern der Ehe nicht berührt, kann flexibel sein. Schon in den Anfängen des Christentums unter den heidnischen römischen Kaisern galt: «Christen heiraten wie andere Menschen auch.» Es bedeutete in der Antike wie in der mittelalterlichen Zeit, daß die Eheleute sich vor Zeugen das Versprechen gaben, sich treu zu sein bis in den Tod. Auch an der römischen Verlobungsfeier, bei der der Bräutigam der Braut einen Ring überreichte, hatte die Kirche nichts auszusetzen. Großzügig ließ sie die unterschiedlichen Bräuche, die in den verschiedenen Landstrichen Europas gewachsen waren, weiterleben. Warum nicht? Entscheidend war ja etwas anderes – die Beziehung zweier Menschen und der Glaube an das Sakrament der Ehe.

Es fällt schwer, solcher Theorie zu folgen, weil die Wirklichkeit lange anders war. Die Familien und die Familia bestimmten auf lange Zeit, wann und wen die Nachkommen heirateten. Die Kirche gab der Vorherrschaft des Mannes, so äußerlich sie auch in vielen Fällen war, ihren Segen. Bis heute hat sie der Frau die Teilnahme am Priesteramt im Sinn der männlichen Würdenträger verweigert. Das alles ändert nichts daran, daß die Grundlage für das, was wir eine moderne Ehe nennen würden, von eben dieser Kirche vor einem Jahrtausend gelegt wurde.

Es hat über diese Ehetheologie von Anfang an keine großen Auseinandersetzungen gegeben. Gar nicht einig waren sich die Männer der Kirche allerdings zuerst über das, was man streng in die Grenzen der Ehe bannte, die Sexualität. Auch in diesem Punkt besteht das Bild nicht nur aus Schwarz und Weiß. Es gab immer Abweichler, Diskussionen um die einheitliche Linie. Doch die Geschichte erinnert nur die Sieger.

Die Meinungen, die sich im 1. Jahrtausend nach Christus in der römisch-katholischen Kirche über die Sexualität durchsetzten, fielen nicht vom Himmel. Das, was dazu in den Evangelien stand, gab keine Handreiche zu exakten Regeln und Verboten. Die ersten Christen lebten als winzige Minderheit erst in der jüdischen, dann vor allem in der lateinischen Kultur. Viele hatten diese Kulturen mit der Muttermilch eingesogen, noch bevor sie mit der christlichen Lehre in Berührung kamen.

Das Alte Testament, die Bibel der Juden, ist offiziell ein Bestandteil des christlichen Glaubens. Es ist ein einmaliges Zeugnis. Ein Nomadenvolk hat auf seinem Weg zu Gott sich selbst mit allen Aspekten des Lebens in diesen biblischen Büchern eingefangen.

Daß der Mensch heiratet und Kinder in die Welt setzt, war für den Juden so selbstverständlich, daß im Alten Testament das Wort «Junggeselle» überhaupt nicht vorkommt. Dahinter standen zuerst keine theologischen, sondern rein weltliche Überlegungen. Wie sonst hätte man in einer Welt als Volk überleben können, in der die Natur und alle Fremdlinge jenseits des Hügels Feinde waren? Um die Nachkommenschaft zu sichern, war es den jüdischen Männern auch erlaubt, gleichzeitig mehrere Frauen zu haben. Die Frau hatte in dieser patriarchalischen Gesellschaft keine Stimme. Der Mann konnte sie jederzeit verstoßen wie ein nutzlos gewordenes Tier. Das war die Theorie und sicher auch in manchen Ehen brutale Wirklichkeit. Doch wiederum gab es auch anderes: Das Alte Testament führt seinen Lesern nicht nur Eva vor Augen, von der alles Unheil kam, sondern Frauenpersönlichkeiten als leuchtende Beispiele, die an Mut und Durchsetzungskraft die Männer weit übertreffen. Es gibt das Hohe Lied des Predigers Salomo, ein Stück Weltliteratur, das in bunten und poetischen Bildern die intensive und ganz persönliche Beziehung zwischen zwei Liebenden besingt. Und im babylonischen Talmud, eine umfassende Sammlung jüdischer Lehren, steht: «Jeder Mensch, der keine Frau hat, ist eigentlich kein Mensch, denn es heißt: Männlich und weiblich erschuf er sie ...»

Trotzdem gibt es in der Ehemoral dieses Volkes einen paradoxen Sprung: Ehe ist gut, Kinder zu haben ist gut. Aber die Handlung, mit der die Eheleute Leben in die Welt bringen, hat irgend etwas an sich, was nicht rundum anständig ist – was unrein macht: «Liegt ein Mann bei einer Frau und erfolgt Samenerguß, so müssen sie sich in Wasser baden; sie sind unrein bis zum Abend» (Levitikus 15,18). Allerdings ist die Frau nicht allein daran schuld: «Hat ein Mann einen Samenerguß, so bade er seinen ganzen Leib; er ist unrein bis zum Abend» (Levitikus 15,16). Das Stigma der Unreinheit haftete auch an der Frau während der Tage ihrer Menstruation und wenn sie ein Kind zur Welt brachte. War es ein Sohn, mußte sie 33 Tage dem Tempel fernbleiben. War es ein Mädchen, wurden 66 daraus. Wir brauchen nicht tiefer zu graben. Es genügt, festzuhalten: Sexualität innerhalb der Ehe hatte – unabhängig von dem Segen, den sie brachte – für die Juden etwas

Unheimliches an sich. Nach der Vorstellung archaischer Menschen war der Reinigungsprozeß Zeichen und wirksames Mittel zugleich, um dem Dämon zu entrinnen, das Böse von dem Guten zu trennen.

Die römische Intelligenzija, Produkt einer überzüchteten, übersättigten Stadtkultur, hatte auf dem Höhepunkt römischer Macht, am Anfang unserer neuen christlichen Zeitrechnung, für solche abergläubische Überlegungen nur ein Lächeln übrig. Sie lebte in einem Klima, das Ehescheidungen innerhalb der Elite für selbstverständlich hielt; das keine Einwände kannte gegen außereheliche Beziehungen jeder Art. Man genoß die Sexualität. Sich ihrer Früchte zu entledigen, die Empfängnis zu verhindern, war eine medizinische, keine moralische Frage. Doch je lockerer die Sitten wurden, desto kräftiger erhoben sich Stimmen, die den zügellosen Leidenschaften eine neue Moral entgegensetzten. Es waren kluge und hochangesehene Männer, die eine umfassende neue Lebensphilosophie entwickelten – die Stoa. Seneca, Berater des Tyrannen Nero, ist ihr berühmtester Verkünder.

Das Eheideal, das Seneca aufstellte, stand in krassem Gegensatz zu dem, was in diesen Jahren von der Oberschicht praktiziert wurde: «Jede Liebe zur Frau eines andern ist schändlich; ungehörig aber ist auch zu große Liebe zu deiner eigenen Frau. Ein Weiser sollte seine Frau verständig lieben, ohne jede Leidenschaftlichkeit. Er soll seine Triebe beherrschen und sich nicht ungestüm zum ehelichen Akt hinreißen lassen. Nichts ist verderbter, als seine Gattin wie eine Ehebrecherin zu lieben.» Das sind neue Maßstäbe für die Sexualität: nicht Befriedigung der Lust, sondern maßvolle Zurückhaltung. Was die Stoiker für alle Bereiche des Lebens predigten, galt ebenso für den Bereich der Sexualität. Da gab es in sich keinen Widerspruch. Ganz folgerichtig ist der Zweck, den die Stoiker dem intimsten Zusammensein von Mann und Frau unterlegten: «Es steht völlig außer Frage, daß wir nicht zu unserer Lust ehelichen Verkehr haben, sondern zum Zweck der Zeugung.» Wir werden den Stoikern und ihrer Lehre sehr bald wieder begegnen.

Nach Juden und heidnischen Römern nun zu jenem, auf den sich die Christen seit 2000 Jahren berufen. Was die Evangelisten in

Erinnerung an ihren Herrn gegen Ende des 1. Jahrhunderts zusammenstellten, ist kein durchkonstruiertes, glatt poliertes Gebäude sondern ein Gehäuse voller Ecken und Winkel, in dem viele durch die folgenden Jahrhunderte ihre Nischen einrichteten, ohne auf Harmonie mit dem Nachbarn zu achten. Dies gilt auch für unser Thema. Die Familie kann im Neuen Testament erst einmal eine Auszeichnung für sich in Anspruch nehmen. Es war eine Hochzeit in Kanaan, die Jesus nutzte, um sich einer breiteren Öffentlichkeit vorzustellen: mit einem Wunder, das Wasser in Wein verwandelte, als die Hochzeitsgäste wahrscheinlich gar nicht mehr wußten, was sie tranken. Die Ehre, die Jesus den Eheleuten antat, ist kein Zufall. Im Gegensatz zur jüdischen Lehre nennt er die Ehe eine göttliche Institution, die beide Partner gleichermaßen ein Leben lang verpflichtet: «Was Gott verbunden hat, soll der Mensch nicht trennen.» Er verurteilte nicht nur jene Männer, die neben ihrer eigenen Frau noch andere hatten, sondern schon jene, die eine andere Frau nur von ferne begehrten.

Ungewöhnlich offen ist der Umgang, den Jesus mit Frauen hat. Er läßt sich von ihnen verwöhnen, behandelt sie zugleich als gleichberechtigte Wesen, fühlt sich bei ihnen offensichtlich wohl. Und was er verkündet, sind zum großen Teil Tugenden, die wir als typisch weiblich abstempeln: Sanftmut und Demut, Nachsicht und Geduld. Vor allem aber eins: die Liebe. Genaue Vorschriften gibt es kaum. Der Meister scheint dem einzelnen zuzutrauen, gemäß seinen Worten in Freiheit zu leben. Daneben steht etwas anderes: das rätselhafte Wort über den absoluten Wert der Jungfräulichkeit: «Wer es fassen kann, der fasse es.» Die Apostel, die Jesus folgten, waren verheiratet. Nirgendwo in den Evangelien steht geschrieben, daß die Nachfolger der Apostel ehelos leben sollten. Jesus selbst blieb unverheiratet. Ausnahme oder Vorbild? Er sprach andererseits davon, daß man um des Himmelreiches willen alle verwandtschaftlichen Beziehungen abbrechen, Vater und Mutter, Bruder und Schwester, Frau und Kinder verlassen müsse. Sollten Christen also doch ohne alle familiären Verpflichtungen leben? Müßten sie auf Kinder verzichten, weil die Christen in dieser Welt nur Früchte des Geistes und nicht des Fleisches hervorbringen sollten?

In den nicht selten widersprüchlichen Worten Jesu, die uns innerhalb der Kirchen überliefert sind, finden wir auf solche präzisen Fragen keine Antworten. Seine Nachfolger mußten sich ihnen allerdings sehr bald stellen. Die Apostel wurden von den jungen Gemeinden bedrängt, wie sich denn eine christliche Ehe von der heidnischen unterscheide. Einer hat ausführlich Antwort gegeben und seitdem dafür büßen müssen. Als Verfälscher der reinen Lehre ist Paulus in die Geschichte eingegangen; als der Mann, der ein Christentum predigte und durchsetzte, das dem Körper und aller Sexualität feindlich gesonnen sei. Eins nur am Rande: Die reine christliche Lehre gibt es nicht. Kein Stenograph hat aufgeschrieben, was Jesus wirklich seinen Jüngern sagte und denen predigte, die sich um ihn lagerten.

Nun zu Paulus: Ja, er hat geschrieben, daß die Frau schweigen soll in der Gemeinde. Den Christen im kleinasiatischen Ephesus schrieb der gebürtige Jude und römische Staatsbürger: «Ihr Frauen, ordnet euch euren Männern unter ... Denn der Mann steht über der Frau, so wie Christus über der Gemeinde steht ... Ihr Männer, liebt eure Frauen so, wie Christus seine Gemeinde geliebt hat ... Jeder von euch muß seine Frau lieben, wie sich selbst. Die Frau aber soll ihren Mann achten.» In diesen Worten melden sich das jüdische Erbe und die selbstverständlichen gesellschaftlichen Regeln der Welt, in der Paulus sich bewegte: Die Frau hatte keine Stimme in der Öffentlichkeit und sie akzeptierte das. Neben die Tradition aber setzt Paulus eine Vokabel, die im Alten Testament eher eine Ausnahme beschrieb und die dem heidnischen Seneca für das Zusammenleben von Mann und Frau höchst verdächtig war: die Liebe. Immer wieder pocht der Apostel auf diese Voraussetzung der Ehe.

Zugleich wird er in seinem ersten Brief an die Gemeinde in Korinth konkreter als sein Meister: «Der Mann soll sich seiner Frau nicht versagen, und die Frau soll ihren Mann nicht vernachlässigen. Die Frau verfügt nicht über ihren Körper, sondern der Mann; ebenso verfügt der Mann nicht über seinen Körper, sondern die Frau. Keiner soll sich dem andern entziehen – höchstens, wenn ihr euch einig werdet, eine Zeitlang auf den ehelichen Verkehr zu verzichten, um ungestört beten zu können. Aber danach sollt ihr wieder zusammenkommen; sonst verführt euch der Satan, weil der Trieb in euch zu mächtig ist.» Nach diesem Pauluswort sind innerhalb der ehelichen Sexualität Rechte und Pflichten auf beide Partner gleich verteilt. Fast noch aufregender aber ist die Begründung, die der Apostel für den Geschlechtsverkehr gibt: weil die Natur nach ihrem Recht verlangt. Kein Hinweis darauf, daß diesem «Trieb» irgend etwas Böses oder Unreines anhaftet, und kein Wort darüber, daß der Zweck dieses natürlichen Zusammenseins darin besteht, Kinder zu zeugen. In diesem Punkt gibt es bei Paulus keinen Widerspruch. Nirgendwo auch nur eine Andeutung, daß die Sexualität für den Christen mit der Pflicht gekoppelt ist, neues Leben zu zeugen. Es ist eigentlich eine logische Auslassung für einen, der seinen Mitmenschen empfiehlt, am allerbesten sei es, ehelos zu bleiben. Verständlich werden solche Überlegungen, wenn man weiß, daß die christlichen Gemeinden zur Zeit des Paulus noch fest davon überzeugt waren, das Reich Gottes werde noch in ihrer Generation anbrechen. Lassen wir das so stehen und vergessen es nicht.

Das Reich Gottes kam nicht. Die neue Lehre breitete sich ungewöhnlich schnell überall im römischen Imperium aus. Das wenige, was überliefert war, wurde interpretiert, neu ausgelegt. Die Christen nahmen sehr bald in ihren Glauben die stoische Lebensphilosophie der heidnischen Zeitgenossen hinein. Sehr bald gab es Konkurrenz und vermeintliche falsche Propheten, von denen sich wieder andere absetzten, die behaupteten, im Besitz der Wahrheit zu sein. In der römischen Umwelt, deren Menschen in der Sexualität vor allem Spielerei und Zeitvertreib sahen, die tiefe und lebenslange Bindungen zwischen Mann und Frau nicht als selbstverständlich nahmen, waren die Christen, die vor allem Liebe predigten, besonders herausgefordert. Und diese Liebe – Agape – schließt den Eros nicht aus.

Herausgefordert wurden die frühen Nachfolger Jesu ebenso von radikalen Christen, die – im Gegensatz zu den Evangelien und den Briefen des Apostels Paulus – die Ehe grundsätzlich und Sexualität als etwas Böses ablehnten. Ihnen hielt schon am Ende des zweiten Jahrhunderts der hoch angesehene Theologe Klemens von Alexandria, der als Kirchenvater in die Geschichte eingegangen ist, entgegen: «Werdet ihr auch die Apostel verabscheuen wollen? Petrus und Philippus zeugten in gesetzlicher Ehe Kinder. Philippus verheiratete sogar seine Töchter. Auch Paulus trägt keine Bedenken, in einem Brief seine Frau zu erwähnen, die er aber nicht mit sich herumführt, weil sie ihm keine Dienste leistete.»

Die Eiferer für die Ehelosigkeit blieben dennoch in der Kirche nicht ohne Wirkung. Die Zweideutigkeit gegenüber Ehe und Sexualität, die in den Lehren des Meisters angelegt war, nahm immer schärfere Formen an. Langsam verschieben sich die Gewichte, wenngleich jene, die den Weg der Mitte predigten, noch immer unter den führenden Männern der Kirche zu Hause waren: Ambrosius, Bischof von Mailand und vehementer Anhänger eines ehelosen Priesterstandes, plädierte für gegenseitige Achtung: «Keiner von denen, die den Ehestand erwählt haben, soll die Jungfräulichkeit schmähen. Aber ebensowenig sollen jene, die sich jungfräulicher Keuschheit geweiht haben, die Ehe verurteilen.» Johannes Chrysostomos, Bischof von Konstantinopel, verschiebt das prekäre Gleichgewicht allerdings eindeutig zugunsten der Ehelosigkeit, auch wenn er mit dialektischem Kunstgriff – der bis heute in der katholischen Kirche nicht ausgestorben ist – noch beiden Seiten gerecht werden will: «Wie kommt es, sagt man, daß du ermahnst, ehelos zu bleiben? Weil ich überzeugt bin, daß der jungfräuliche Stand weit ehrwürdiger ist als die Ehe. Darum halte ich aber die Ehe nicht für böse, ja, im Gegenteil: Ich lobe sie sehr ... Wer die Ehe verdammt, nimmt auch dem jungfräulichen Stand seinen Ruhm.» Mit Johannes Chrysostomos hatten sich jene durchgesetzt, die im Streit der Meinungen einen idealen Ausweg anzubieten schienen: Ja, aber ...

Zwar erklärte im vierten Jahrhundert die Mehrzahl der kirchlichen Würdenträger, die sich auf der Synode im spanischen Gangra versammelt hatten: «Wenn jemand den Ehemann schmäht und die Frau, die bei ihrem Mann schläft ... verabscheut und tadelt, als ob sie nicht in das Reich Gottes eingehen könne, der sei im Bann.» Der Weg ins Himmelreich war damit für verheiratete Christen frei – aber er blieb mit den Sünden der Sexualität gepflastert. Denn dies war der Widerspruch, mit dem Christen die nächsten anderthalb Jahrtausende leben mußten: Die Ehe als Institution war gut, ja sogar von Gott selbst eingesetzt. Deshalb durfte nur in ihr Sexualität zwischen Mann und Frau stattfinden. Doch zugleich behaftete die Kirche diese eheliche Sexualität mit einem Makel. Sie war nicht rundherum gut. Man durfte sie nicht lustvollen Sinnes genießen, sondern nur, um neues Leben zu zeugen.

Als der Benediktinermönch Augustin von England aus im sechsten Jahrhundert den Papst in Rom um Auskunft bat, wie sich eheliche Sexualität und kirchliche Frömmigkeit zueinander verhielten, antwortete Papst Gregor der Große: «Weil selbst die erlaubte Verbindung des Ehemannes nicht ohne körperlichen Genuß geschehen kann, muß er vom Betreten eines heiligen Ortes abstehen, da der Genuß allein niemals ohne Schuld sein kann ... wenn der Mann mit seiner Frau schläft, darf er die Kirche erst dann betreten, wenn er sich mit Wasser gewaschen hat, aber auch nach der Waschung darf er sie nicht sofort betreten.» Erinnern wir uns: So steht es fast wörtlich in den Reinigungsvorschriften des Alten Testaments.

Mindestens so stark wie von der jüdischen Moral wurden die großen Lehrer der Kirche in diesen ersten vier Jahrhunderten vom heidnischen Stoizismus beeinflußt. Es wäre auch seltsam gewesen, hätte der stoische Aufruf zur Bezähmung der Leidenschaften und zum vernünftigen Umgang mit den Trieben der Natur die christlichen Moralisten nicht fasziniert. Bischof Hieronymus: «Wer ein zu leidenschaftlicher Liebhaber seiner Frau ist, ist ein Ehebrecher.» Und dann zitierte er noch ausdrücklich, was Seneca im gleichen Sinn schon vor ihm gesagt hatte.

Das Mittelalter schrieb dem heiligen Bischof und Kirchenlehrer auch das Seneca-Zitat zu. Ein Heide als indirekter Kronzeuge für die christliche Ehemoral. Ebenfalls übernahmen die Kirchenlehrer von den Stoikern, was weder Jesus noch seine Apostel gelehrt haben: daß Sexualität nur einem Ziel dienen darf, nämlich der Zeugung von Nachkommenschaft. Es war für Klemens von Alexandria ein christliches Gebot, daß «die Ehemänner mit ihren Frauen sittsam verkehren und nur, um Kinder zu zeugen». Und: «Wenn man aber geschlechtlich verkehrt, ohne Kinder zeugen zu wollen, so heißt das, gegen die Natur freveln». Nichts anderes behaupteten die Stoiker: «Die Geschlechtsorgane sind den Menschen nicht zur Befriedigung der Lust gegeben, sondern um die Menschheit zu erhalten.»

Heidnische Philosophen wie ihre christlichen Nachfolger sahen in dieser These aber nicht nur eine Sache der Nützlichkeit, sondern machten daraus einen hohen moralischen Anspruch. Der heilige Klemens lehrte, sobald eine Frau empfangen hat, «ist es nicht recht, die Natur noch durch ein Übermaß an Zuchtlosigkeit in Unordnung zu bringen». Auch in diesem Punkt stellen stoische wie christliche Sittenlehrer die menschliche Sexualität mit der der Tiere auf eine Stufe. Seneca: «Denn wenn Tiere trächtig sind, wissen sie, daß sie in ihrer Fülle ihre Gefährten nicht mehr gewähren lassen dürfen.»

Natürlich ist innerhalb dieser Logik auch für ältere – also unfruchtbare – Eheleute Sexualität verpönt. Nur Johannes Chrysostomos bricht eine Lanze dafür, daß «niemand einen Mann, der bis ins hohe Alter mit seiner Frau Verkehr hat», tadelt. Er setzte sich nicht durch. Die Kirche tadelte hinfort jeden, der es tat.

Die Namen des Hieronymus oder Klemens kennen heute nur noch die Experten. Ein anderer ist beim Publikum kein Fremder: der heilige Augustinus, Bischof im nordafrikanischen Hippo, gestorben 430 n. Chr. Er, Zeitgenosse der andern Kirchenlehrer, hat die stoische Lehre von Ehe und Sexualität nicht nur übernommen, sondern ihr wie kein anderer einen christlichen Stempel aufgedrückt. Augustinus behauptete, daß im Garten Eden die Fortpflanzung der Menschen durch einen reinen Akt der Vernunft geschehen sei, dem jedes Lustgefühl fehlte. Nach dem Sündenfall war es mit dieser «Paradiesehe» vorbei. Nun stellte sich «die Begierlichkeit des Fleisches» ein. Haben die Eheleute aber nichts anderes als Kinder im Sinn, dann heiligt der Zweck die Mittel. «Es ist eines, den ehelichen Beischlaf nur auszuüben mit der alleinigen Absicht, Kinder zu zeugen: darin liegt keine Schuld. Es ist ein anderes, im Beischlaf, wenngleich innerhalb der Ehe, die Fleischeslust zu suchen: das ist eine läßliche Sünde.»

So steht es in seiner Schrift «Ehe und Begierlichkeit». Eine andere heißt «Das Gut der Ehe». Diese Arbeiten des Augustinus sind nicht im theologischen Elfenbeinturm entstanden, sondern Kampfschriften gegen jene, die in diesen Jahrzehnten als härteste

Konkurrenten der christlichen Lehre auftraten: die Manichäer. Augustinus selbst, der sich erst mit 32 Jahren zum Christentum bekehrte, war lange Anhänger dieser gnostischen Lehre gewesen, die der iranische Prophet Mani aus jüdischen, christlichen und Elementen östlicher Mysterienkulte gemischt hatte. Die Manichäer teilten die Welt streng in Gut und Böse, in Licht und Finsternis, und sie trennten die Sexualität scharf von der Zeugung. Die Zeugung war für sie ein Akt des Bösen, der auf diesem Weg immer aufs neue Böses in die Welt setzte. Die Manichäer lehnten die Ehe ab und erwarteten die Verwandlung des Menschen in ein androgynes Wesen, männlich und weiblich zugleich.

Die Lehre des Mani, die zum Teil mit orgiastischen Kultfeiern verbunden war, fand viele Anhänger, besonders in den oberen Schichten der Gesellschaft. Der bekehrte Augustinus bekämpfte die Manichäer, die sich als die wahren Christen priesen, mit dem Eifer des Konvertiten. Und Kampf tat not, gerade weil die Manichäer dem Christentum in wesentlichen Dingen so ähnlich schienen. Sahen nicht auch die Christen in der Sexualität etwas Schlechtes? Wo lag der Unterschied?

Die menschlichere Lehre siegte. Es ist das Verdienst des Augustinus, eine Moral in der Kirche durchgesetzt zu haben, die die Welt nicht in zwei radikal entgegengesetzte Lager teilte. Die Manichäer kannten keine Vergebung. Die Kirche war bereit, die Sünde in Kauf zu nehmen. Damit ist das, was Augustinus über Ehe und Sexualität sagte, für uns nicht akzeptabler geworden. Doch nur, wenn man den zeitgenössischen Umkreis kennt, versteht man, warum sie sich so entwickelte. Man muß immer die Alternative mit bedenken.

In die Theologie des Augustinus sind sicherlich zu keinem kleinen Teil seine persönlichen Erfahrungen eingeflosser. Nicht nur in bezug auf die Manichäer, sondern auch *in sexualibus* war er ein Konvertit. Elf Jahre lang lebte er mit einer Frau aus niedriger Schicht zusammen. Dann entschied seine Mutter, es sei Zeit, eine standesgemäße Ehe einzugehen. Augustinus trennte sich von seiner Gefährtin, ging aber für zwei Jahre ein weiteres Verhältnis ein, da es mit der Heirat nicht so schnell klappte. In diese Zeit fällt dann seine Bekehrung. So rigoros er hinfort gegen die Begehrlichkeit kämpfte, der Bischof von Hippo vergaß weder seine eigenen Erfahrungen, noch fehlte ihm der Kontakt zu christlichen Eheleuten: «Ich habe noch nie in vertraulichen Gesprächen erlebt, daß ein Verheirateter, oder einer, der verheiratet war, zugegeben hätte, er habe mit seiner Frau nur dann Verkehr gehabt, wenn er auf Empfängnis hoffen durfte.» Für Augustinus ist die «eheliche Pflicht», bei der Sexualität oberstes Gebot, dem alles andere untergeordnet ist. Wenn in solcher Handlung bei einem der Partner kein Zeugungswille besteht, dann «liegt in der Erfüllung der ehelichen Pflicht keine Sünde». Das ist nicht ohne spitzfindige Logik, bleibt aber eine doppelbödige Moral.

Diese Doppelbödigkeit zeigt sich an anderer Stelle, wo Augustinus offensichtlich den Anal- und Oralverkehr entschieden verurteilt: «Will jedoch ein Ehemann einen Körperteil der Frau, der nicht zu diesem Zweck bestimmt ist, gebrauchen, so ist es schändlicher, wenn die Ehefrau das an sich selbst geschehen läßt, als an einer anderen Frau.» Nach solchen Worten wird verständlich, warum die christliche Kirche des Mittelalters die Prostitution zwar verurteilte, aber duldete.

Im Kampf gegen die Manichäer verurteilte Augustinus, was heute von der römischen Kirche als einziges verhütendes Mittel erlaubt wird: «Habt ihr uns etwa früher nicht gewarnt, so sorgsam wie nur möglich auf die Zeit nach der monatlichen Reinigung zu achten, wenn zu erwarten ist, daß die Frau empfängt, und zu dieser Zeit uns vom Verkehr zu enthalten, damit nicht eine Seele in das Fleisch eingeschlossen werde? ... Wo aber die Mutterschaft verhindert wird, besteht keine Ehe.»

Auf Augustinus berief sich die Kirche länger als ein Jahrtausend, wenn sie den ihr anvertrauten Menschen Moral predigte. Der Bischof aus Hippo hat sich seine Themen nicht ausgesucht. Im Kampf gegen die Manichäer ging es um sehr viel mehr als nur um Fragen der Moral. Es ging gerade in diesem Bereich um die Rechtgläubigkeit und damit um den Bestand und das Überleben der christlichen Kirche, deren Vertreter er war. Auch dies ist ein Erbe jener längst vergangenen Zeit: daß sich bei Fragen von Ehe und Sexualität die Kirche stets im Nerv getroffen fühlt.

Wir haben einen weiten Bogen geschlagen von den traditionellen germanischen Eherechten bis zu den Pamphleten des heiligen Augustinus. Diese Zeiten sind so fern, daß wir unsere ganze Vorstellungskraft brauchen, um ihren Menschen Konturen zu geben. Doch was die Besten von ihnen dachten und formulierten, beeinflußt auch noch die Moral des 20. Jahrhunderts. Was in den ersten vier Jahrhunderten in der Kirche feste Gestalt annahm, fand erst wirklich Verbreitung am Ende der mittelalterlichen Epoche, als die Druckpresse Geschriebenes unendlich vervielfältigte und mehr Menschen lesen und schreiben lernten. Über neunzig Prozent der Menschen, die im Mittelalter zu Hause waren, bekamen niemals eines jener kostbaren Pergamente zu Gesicht, auf denen die christliche Lehre sich durch die Zeiten hielt. Die Mönche und Priester, die zum Führer der Seelen bestimmt waren, konnten ihren Zuhörern nicht mit theologischen Feinheiten und Differenzierungen kommen. Erstens waren sie dazu meist selbst zu ungebildet, und zweitens verlangten die Alltagsprobleme einer bäuerlichen Gesellschaft einfache und eindeutige Lösungen. Und die aristokratische Führungsschicht besaß ein anderes Lebensgefühl als die antike Intelligenzija. Die theologische Elite machte sich trotzdem auch im Mittelalter viele Gedanken über Ehe und Sexualität. In den Gesetzen der Kirche fanden sie ihren Niederschlag – meist in zugespitzter und vereinfachter Form.

Wirklich verbreitet – unter Menschen ohne Kutte oder Soutane – wirklich diskutiert und angegriffen wurde die christliche Moral erst in der neuen Zeit. Noch ist die offizielle katholische Kirche entschlossen, das, was sich unter bestimmten historischen Umständen entwickelte, als zeitloses Gut über die Zeiten zu retten: «Die kirchlichen Aussagen zur menschlichen Geschlechtlichkeit enthalten fundamentale Wahrheiten, die über alle kulturellen und zeitgeschichtlichen Veränderungen hinaus Bestand haben.» So formulierten es die deutschen Bischöfe auf ihrer Herbstvollversammlung September 1979 in Fulda für ihre «Handreichung zur Sexualerziehung in Elternhaus und Schule».

Dort treffen sie sich jedes Jahr über dem Grab des heiligen Bonifatius, auch Apostel der Deutschen genannt. Bonifatius, der Mönch aus England mit besten Kontakten zu karolingischen Herrschern und römischen Päpsten, sei am Ende dieser Odyssee der neuen Moral als Zeuge für eine parallele Entwicklung aufgerufen. Während die Kirche versuchte, über die weltlichen Herrscher und ihre Gesetzgebung die neue christliche Ehemoral nördlich der Alpen durchzusetzen, kämpfte sie zugleich unbeirrt für eine ehelose Priesterkaste. Wie der Lebenswandel des großen Karl zeigt, hielten sich selbst Kaiser nicht immer an die Moral der Kirche. Und ein ganzes Jahrtausend lang weigerten sich immer wieder geweihte Männer erfolgreich, ein Leben ohne eine Frau an ihrer Seite zu verbringen. Der Zorn der asketischen Eiferer traf sie stets in einem Punkt. «Schlimmste Hurer», nannte Bonifatius solche Priester, weil sie «seit ihrer Kindheit immer in Unzucht, immer im Ehebruch und immer in allerlei Schmutzereien gelebt haben.» Während die adlige Familie und die Familia Grundpfeiler der grundherrlichen Ordnung wurden, konnte sich die supranationale Institution Kirche – so sehr sie auch in das weltliche Machtgefüge eingebunden war – in Konfliktfällen zwischen Welt und Kirche bei ihren Amtsträgern gegen alle familiären Bande entscheiden.

Aus der Biographie des heiligen Goar, aufgezeichnet am Anfang des neunten Jahrhunderts, erfahren wir, wie man im Frankenreich versuchte, die Aussetzung von Säuglingen zu mildern: «Damals war es in Trier Sitte, daß eine Frau, die durch einen Fehltritt ein Kind geboren hatte, dessen Vater sie nicht bekanntgeben wollte oder das zu ernähren sie aus Mangel an Vermögen nicht in der Lage war, dieses Kind in einer dafür errichteten Marmorschale (an der Kirchentür) aussetzte ... In diesem Fall nahmen dann die Küster und die Matrikularier der Kirche (eingetragene Sozialfälle) das Kind auf und fragten in der Bevölkerung, ob einer es zur Ernährung aufnehmen und als sein eigenes haben wolle. Wenn sich aber einer dazu meldete, wurde von diesem der ausgesetzte Säugling dem Bischof gebracht, damit ihm durch dessen Anordnung die Vollmacht zur Ernährung und zum Besitz des Kindes bestätigt würde.»

Wir erfahren hier – und es ist kein Einzelfall – auf wie umsichtige und menschliche Weise die Kirche damals versuchte, das Problem der Waisenkinder zu lösen. Sie wurde sehr früh damit konfrontiert, denn die hochzivilisierte Gesellschaft in den römisch-antiken Städten hatte keine Skrupel, unerwünschte Nachkommenschaft heimlich in den Straßen auszusetzen. Die Christen übernahmen von den Juden, was diesen das Alte Testament vorschrieb: für Witwen und Waisen zu sorgen. Und man kam auf die gute Idee, die Waisen nicht etwa in eine Anstalt zu stecken, sondern in einzelnen Familien unterzubringen. Die Kirche war nur – in doppeltem Sinne – das Auffangbecken. Sie organisierte diese Familienpflege und paßte auf, daß die Kinder gut behandelt wurden. Sie überzeugte auch die weltliche Gewalt, sich dieser Schwachen besonders anzunehmen. Karl der Große befahl immer wieder in seinen Gesetzen, «daß Witwen, Waisen und weniger Mächtige unter dem Schutz Gottes und unserm Schutz Frieden und ihr Recht haben sollen». Er schrieb eine Armensteuer für das ganze Land aus, befreite die genannte Personengruppe von den Gerichtskosten und warnte jeden, sich unrechtmäßig das Erbe dieser Schwachen anzueigenen.

Wer kein Kind wünschte, für den war die Aussetzung der allerletzte Ausweg. Nehmen wir die heftige Verurteilung der Abtreibung als Spiegel der römischen Wirklichkeit, dann griffen nicht wenige Frauen zu dieser Lösung. Auf der Höhe des Weltreiches unter Kaiser Augustus war der Gesetzgeber so besorgt über die niedrige Geburtenzahl, daß Kinderlosigkeit unter Strafe gestellt wurde. Stärkste Unterstützung erhielt der Staat durch die Philosophen der Stoa. Hören wir noch einmal Seneca, ihren wichtigsten Vertreter: «Jene Männer aber, die sagen, sie vereinigten sich mit einer Frau, um dem Staate oder dem Menschengeschlecht zuliebe Kinder zu zeugen, sollten sich doch wenigstens die Tiere zum Vorbild nehmen und, wenn der Leib ihrer Frau sich wölbt, die Nachkommenschaft nicht vernichten.» Die Stoiker verurteilten die Abtreibung. Kein Wunder, wenn man überzeugt ist, daß die Sexualität keine Lustgefühle bereiten soll, sondern ausschließlich der Zeugung dient.

Genau so folgerichtig war es, daß die Christen, die mit der Meinung der Stoiker über die Sexualität so sehr übereinstimmten, die Abtreibung ebenfalls schärfstens verurteilten. In den Evangelien und in den Briefen der Apostel taucht dieses Problem nicht auf. Es gibt jedoch den Ansatz, das Leben als ein besonders hohes Gut zu schützen. Auf dieser Basis fanden die Stoiker auch in diesem

Punkt ein offenes Ohr bei den Christen. Schon am Anfang des 2. Jahrhunderts heißt es im Barnabas-Brief: «Du sollst nicht den Fötus durch Abtreibung töten oder Kindesmord begehen.» Eine Synode im spanischen Elvira, um 300 n. Chr., beschloß, Frauen, die abtrieben, mit lebenslanger Exkommunikation zu bedrohen. Das bedeutete praktisch den Ausschluß aus der christlichen Gemeinde. Der heilige Hieronymus nannte eine Frau, die abtreiben ließ, eine Verwandtenmörderin.

Wer schon bereit ist, abzutreiben, der macht sich noch mehr Gedanken, wie man dieser für die Frau gefährlichen Situation vorbeugen kann. Empfängnisverhütung war im römischen Reich bekannt und wurde von Sklaven wie von Vertretern der Oberschicht praktiziert. Wieder können wir die Kette der Gegenargumente von den Stoikern über die Christen abhaken. Mit einem Unterschied: Die Empfängnisverhütung wurde von den Kirchenlehrern keineswegs so einheitlich und unerbittlich abgelehnt wie die Abtreibung. Die jüdischen Moralisten urteilten da viel strenger: «Wer seinen Samen unnütz vergießt, ist des Todes schuldig.» Philon von Alexandria, gebildeter und einflußreicher jüdischer Gelehrter am Anfang der christlichen Zeitrechnung, lehrte: «Jene, die bei der Begattung zugleich die Vernichtung des Samens herbeiführen, sind unzweifelhaft Feinde der Natur.»

Bei der Methode, von der hier die Rede ist, handelt es sich offensichtlich um jene Technik, die dem Mann die Verantwortung der Empfängnisverhütung überläßt, um den Coitus interruptus. Die christlichen Theologen erwähnten und verurteilten diese Methode verhältnismäßig spät. Erst Augustinus sprach klare Worte, um sich von den Manichäern abzugrenzen, die jede Empfängnis zu verhindern suchten. Augustinus: «Aber das verderbte Gesetz der Manichäer befiehlt denen, die Verkehr haben, vor allem Nachkommenschaft zu vermeiden ... Deshalb lassen sie ihren Gott lieber durch ein schändliches Entgleiten ausfließen ...» Der Bischof von Hippo, einst der Lehre des Mani verschrieben, wußte, wovon er sprach.

Schon zweihundert Jahre zuvor hatte ein christliches Pamphlet ebenfalls die Empfängnisverhütung verurteilt. Nur waren darin die Frauen angesprochen, und zwar die der Oberschicht, die «wegen ihrer vornehmen Abstammung und ihres großen Besitzes von

Sklaven oder Männern niedriger Abstammung keine Kinder haben wollen, unfruchtbar machende Drogen benutzen oder sich eng schnüren, um einen schon gezeugten Fötus auszustoßen». Der Schreiber dieser Zeilen nennt ein solches Vorgehen Mord. Er bezieht sich damit auf Empfängnisverhütung und Abtreibung zugleich. Zweifellos handelt es sich um die Moral eines orthodoxen Eiferers. Daß die Praxis der frühen Christen sehr viel anders aussah, mußte kein geringerer als der heilige Hieronymus erfahren.

Nach einer freizügig genossenen Jugend, einsamen Jahren als Mönch in der Wüste, war Hieronymus 382 nach Rom gekommen und Sekretär des Papstes Damasus geworden. Sehr schnell gewann er Einfluß unter den führenden katholischen Familien der Stadt. Besonders die Christin Paula, mit zwölf verheiratet und mit dreißig eine kinderreiche Witwe, zählte zu seinen Bewunderern. Er ging ein und aus in ihrem Haus und wurde ein väterlicher Freund der Familie. Seine beste Schülerin war Paulas Tochter Eustochium. Der Kirchenmann lehrte sie Griechisch und Hebräisch und tat alles, um sie für ein eheloses Leben zu begeistern. Hieronymus schrieb eine Abhandlung über die Jungfräulichkeit für sie und war einverstanden, daß Eustochium sie Freunden und Verwandten zu lesen gab. Ihnen allen wurden gehörig die Leviten gelesen. Es gäbe, schrieb Hieronymus, Frauen, denen eine Schwangerschaft so wenig erwünscht sei, daß sie alles täten, um ihre Umgebung durch weite Gewänder zu täuschen. «Andere nehmen einen Trank ein, um sich unfruchtbar zu machen, und werden so zum Mörder am Ungeborenen.» Die meisten christlichen Zeitgenossen fanden diese Belehrung gar nicht lustig. Bestätigte dieser Mann der Kirche nicht die schlimmsten Vorurteile, die Heiden über die weltfremde Moral der Christen hatten? Hieronymus selbst erzählt, daß seine Schrift von den Lesern «gesteinigt» wurde. Die Kritiker allerdings vergaß man bald. Das Brandmal «Mord» für Abtreibung blieb haften.

Ob der Trank, von dem Hieronymus sprach, etwas mit Zauberei zu tun hatte oder als Medizin geschluckt wurde, wissen wir nicht. Doch er gibt uns das Stichwort für einen Sprung über die Grenzen hinweg mitten ins Reich der Karolinger. «Wenn jemand einem Weibe Kräutersaft gibt, damit sie keine Kinder bekommen kann, werde er zu 62 einhalb Schillingen verurteilt» (Zum Vergleich: Bei einem Raubüberfall drohte die gleich hohe Strafe.) So steht es in den Stammesrechten der Franken aus vorchristlicher Zeit. Da hat niemand von den Kirchenvätern abgeschrieben. Die Moral, die sich in den Bußbüchern der Mönche niederschlug, fiel also auf fruchtbaren Boden. Obwohl die Ausgangslage sehr unterschiedlich war und bei den Germanen die christliche Deutung der Sexualität sicher auf Unverständnis stieß, traf man sich doch in der gemeinsamen Überzeugung, daß es gut und wichtig sei, Kinder in die Welt zu setzen. Die Kirche übernahm willig in ihre Gesetze die germanische Vorstellung, daß eine Frau durch Zauber und Magie unfruchtbar gemacht werden könne. Dabei ging in den Bußbüchern – auf Grund völliger Unkenntnis der biologischen Vorgänge bei der Zeugung – durcheinander, ob durch diese magischen Tränke Sterilität oder Impotenz verursacht werden sollte oder eine möglichst frühe Abtreibung des Embryos.

Die Verurteilung der Empfängnisverhütung taucht zum erstenmal in den Bußbüchern des 8. Jahrhunderts auf, aber dann auch gleich rigoros ohne Wenn und Aber. Unter der Kapitelüberschrift «Frauenfragen» und mit namentlicher Zitierung des Hieronymus wird mit dem Hinweis auf «teuflische Tränke» die griffige Formel geprägt: «Sovielmal die Empfängnis verhütet, sovielmal getötet.» Immer wieder wird die Frau an den Pranger gestellt, die magische Mittel benutzt, «um nicht zu empfangen oder um zu töten, was sie empfangen hat». Daß es sich hierbei keineswegs um eine läßliche Sünde handelte, machte die Strafe deutlich, die für dieses Vergehen drohte. Burchard, Bischof von Worms, schrieb um 1010 n. Chr.: «Hast du getan, was manche Frauen zu tun pflegen, wenn sie Unzucht treiben und ihre Leibesfrucht töten wollen, nämlich mit ihren maleficia und ihren Kräutern so zu handeln, daß sie den Embryo töten oder beseitigen? Wenn du solches getan hast oder damit einverstanden warst oder es andere gelehrt hast, mußt du zehn Jahre lang an den kirchlichen Wochentagen Buße tun.» Damit geht der Bischof sogar weiter als die Kirchenväter der Antike. Hier wird der «Schreibtischtäter», der nicht selber handelt, aber sein Wissen weitergibt, mit verurteilt.

Nach soviel Strenge ist um so erstaunlicher, daß Burchard fortfährt: «Denn sooft eine Frau eine Empfängnis verhütet hat, so vieler Morde ist sie schuldig. Es ist aber ein großer Unterschied, ob sie eine arme Frau ist und solches tut, weil sie Not hat, ihre Kinder zu ernähren, oder ob sie es tut, um ein Verbrechen der Unzucht zu verbergen.» Schon vor Burchard hatten die Mönche der Bußbücher ein Einsehen: die Buße für arme Frauen, die abgetrieben hatten, war um die Hälfte herabgesetzt.

In den frühen Bußbüchern gilt, daß der Beichtvater die Sünder einzeln und im vertraulichen Gespräch befragt. Am Beginn des zehnten Jahrhunderts empfiehlt Regino, Abt im karolingischen Kloster Prüm in der Eifel, dem Bischof, der auf kirchliche Visite geht, die versammelten Bauern in aller Öffentlichkeit zu befragen: «Gibt es hier eine Frau, ist hier ein Mann, die ihren eigenen Mann oder irgendeinen Menschen durch giftige Kräuter oder tödliche Tränke getötet oder andere gelehrt hat, solches zu tun? Ist hier ein Mann oder eine Frau, die derartiges getan haben, daß ein Mann nicht zeugen oder eine Frau nicht empfangen kann, oder die anderen beigebracht haben, solche Dinge zu tun?» Ein Aufruf zu sozialer Kontrolle, die unausgesprochene Anstachelung der primitiven Lust, mit dem Finger auf andere zu zeigen – immerhin gleichberechtigt auf Mann und Frau.

Abt Regino von Prüm hat Geschichte gemacht. Er fährt fort, auf lateinisch natürlich: «Wenn irgend jemand zur Befriedigung seiner Lust oder aus bewußtem Haß einem Mann oder einer Frau etwas antut, so daß von ihm oder von ihr keine Kinder geboren werden, oder ihnen zu trinken gibt, so daß er nicht zeugen oder sie nicht empfangen kann, soll er für einen Mörder gehalten werden.» Bischof Burchard hat diese Formulierung ein Jahrhundert später wörtlich in seine Sammlung kirchlicher Lehrsätze aufgenommen und dazu noch behauptet, dieser Text sei von einer Synode abgesegnet worden. Es gibt dafür keine Beweise. Doch danach fragte das Mittelalter nicht. Zu offensichtlich paßte diese Verurteilung in die Tradition der frühen Kirchenlehrer, bekräftigte, was vor allem ein so wichtiger Mann wie Hieronymus gelehrt hatte. «Si aliquis» – (Wenn irgend jemand) – wurde im 13. Jahrhundert offiziell in das Rechtssystem der katholischen Kirche aufgenommen und blieb dort bis 1917.

# Die Frauen der Ottonen und andere

*Adelheid, Theophanu und Mathilde: die unwidersprochene Herrschaft – Kaiserin Kunigunde als Reichsverweserin – Die Stiftsdame Roswitha ist nicht prüde Ein Mönch spricht von Gleichberechtigung*

Weil im zehnten Jahrhundert Heiligenriten und Familiengeschichten wie von der vornehmen Dhuoda rar werden, stürzen sich die Fachleute auf die große Politik dieser Epoche. Da gibt es ja auch eine ganze Menge zu berichten: Mit den Karolingern ist es endgültig vorbei. Das Deutsche Reich, so vage und in bezug auf seine Grenzen fließend dieser Begriff ist, entsteht. Heinrich, Herzog der Sachsen, vergnügte sich nach der Legende gerade beim Vogelfang, als die Abgesandten der Fürsten ihm seine Wahl zum deutschen König meldeten. Das war 919. 42 Jahre später wird Heinrichs Sohn Otto, den schon die Zeitgenossen den Großen nannten, in Rom vom Papst zum Kaiser gesalbt – und seine zweite Frau Adelheid zur Kaiserin. Es dauert kaum sechs Wochen, da malt in der kaiserlichen Kanzlei der Schreiber eine Urkunde aufs Pergament, in der Adelheid als «consors regni nostri», als «Teilhaberin unserer Herrschaft» genannt wird. Es ist, wie nie zuvor und lange nicht wieder, ein Jahrhundert der Frauen.

Otto war Witwer, als er 951 auf seinem ersten Zug nach Italien in Pavia die zwanzigjährige königliche Witwe Adelheid heiratete. Man feierte das Weihnachtsfest des Jahres in der Stadt. Doch ehe noch der Schnee geschmolzen war, machte sich die fürstliche Reisegesellschaft auf den Weg nach Norden. Sie zog über den Septimerpaß und an der Bischofsstadt Chur vorbei ins Rheintal, besuchte Straßburg. Zu Ostern ruhte man in Magdeburg aus, wo der König sich vor allen anderen Plätzen zu Hause fühlte. Es waren für die herrschaftliche Familie seltene Momente. Regieren bedeutete immer noch, wie zu Karls Zeiten, überall im Land präsent zu sein. Das junge Deutsche Reich war weder im Innern noch von außen gefestigt. Otto mußte Kriege führen gegen die eigene Verwandtschaft und gegen mächtige Herzöge, die ihm die Herrschaft streitig machten. Und er mußte gegen die Hunnen kämpfen, die bis nach Augsburg vorgedrungen waren. Nicht zu reden von Italien, das nun zum Machtbereich des deutschen Königs gehörte. Noch zweimal hat Otto die Alpen überquert, und Adelheid war immer dabei. Sie lebte mit ihm im königlichen Zelt im Feldlager, mochte sie schwanger sein oder gerade erst eine Geburt hinter sich haben. Offenbar war sie von starker Natur, sie wurde trotz aller Strapazen fast 70 Jahre alt. Von ihren drei Söhnen überlebte nur einer die Kinderzeit, als Otto II. Nachfolger des Vaters. Wir dürfen daraus schließen, daß jene, die nicht auf allen verfügbaren Reichtum und auf alle bekannte ärztliche Kunst der Zeit rechnen konnten, noch viel mehr Kinder begraben mußten.

Die Frau, die Otto der Große für seinen Sohn Otto in politischen Verhandlungen gewann, machte aller Welt klar, zu welchem Ansehen dieses Deutsche Reich innerhalb weniger Jahrzehnte aufgestiegen war. Otto II. heiratete eine Prinzessin, die aus dem fernen Byzanz zu ihm kam. Sie hieß Theophanu. Wie Adelheid wurde auch sie in den Urkunden als «Teilhaberin an der Herrschaft» ihres Mannes genannt. Mit goldener Schrift auf purpurnem Pergament nannte der Kanzlist sie einmal sogar «coimperatrix augusta», kaiserliche Mitherrscherin. Daß dieser Titel mehr war als eine Verbeugung vor der pompösen byzantinischen Etikette, zeigte sich sehr bald. Theophanus Mann regierte nur zehn Jahre. Als er 983 starb, war sein Sohn Otto gerade drei Jahre alt. Zwar galt er sofort in der Nachfolge seines Vaters als rechtmäßiger König, nur regieren konnte er noch nicht. Gegen die Ansprüche eines männlichen Verwandten erkannten die deutschen Fürsten Theophanu als Regentin für den kindlichen König an, mit allen Rechten, die dazu gehörten. Die Lage war so entspannt, daß die Kaiserin beruhigt nach Italien aufbrach, um die dortigen Angelegenheiten persönlich zu regeln.

Von diesem Aufenthalt zeigen zwei Urkunden, mit welchem Selbstbewußtsein und welchem Anspruch sie – unwidersprochen – auftrat. Nicht mehr als Teilhaberin der Macht, sondern als «imperatrix augusta», als «kaiserliche Herrscherin». Ja, sie schreibt sich sogar den männlichen Titel zu und vermännlicht ihren eigenen Namen – «Theophanius imperator augustus». Die Frau Kaiser. Zurück von Italien hielt Theophanu 991 in Quedlinburg – fachwerkgeschmückte Metropole im Harz mit königlicher Pfalz – einen glänzenden Hoftag, auf dem alle Großen des Reiches erschienen. Noch im gleichen Jahr ist sie in Nimwegen gestorben. In der Kölner Kirche St. Pantaleon wurde diese außergewöhnliche deutsche Kaiserin aus Byzanz auf eigenen Wunsch begraben.

Es klingt nun fast selbstverständlich, daß für den dritten Otto, der bei dem Tod seiner Mutter immer noch zu jung zum Herrschen war, seine Großmutter, die Kaiserin Adelheid, die Regentschaft übernahm. Insgesamt sechs Jahre ist das Reich von Frauen regiert worden. Otto III. war fünfzehn, als er selbst die Regierung in die Hand nahm. Zwar schickte er sofort seine Großmutter vom Hof. Er wollte eine andere Politik machen. Seine gute Meinung von weiblicher Politik blieb davon unberührt. Als Otto III. 997 zum zweitenmal nach Italien zog, machte er seine Tante Mathilde, Äbtissin von Quedlinburg, nicht nur zu seiner Vertreterin im Herzogtum Sachsen, dem Familienbesitz, sondern sogar im ganzen Reich nördlich der Alpen. Damit hat er sicher manchen seiner engen männlichen Vertrauten vor den Kopf gestoßen. Doch wiederum: Nirgendwo regte sich Widerspruch.

War das Zufall? Eine einmalige Konstellation starker Persönlichkeiten mit dem Willen zur Macht? Es gab drei Generationen ungewöhnlicher Frauen in der Ottonenfamilie und zur gleichen Zeit Männer, die in ihnen Partner sahen. Zugleich erhält die Politik dieser Frauen, die Stellung, die sie einnahmen, durch die erhaltenen Urkunden eine rechtliche Festigung, die über den Augenblick hinausgeht. Wenn wir die Jahrtausendwende hinter uns lassen und die Ottonen, die 1002 mit dem unverheiateten Otto III.

ausstarben, kommen wir zu Heinrich II., der im gleichen Jahr zum deutschen König gewählt wurde. Der Name seiner Frau Kunigunde taucht in beinahe jeder dritten Urkunde seiner Regierungszeit auf. Sie wird Statthalterin in Sachsen und verhandelt im Osten mehrmals in Vertretung ihres Mannes mit den gefährlichen Slawen, weil Heinrich II. im Westen des Reiches Politik machen mußte. Als Heinrich ohne Erben starb, wurde Kunigunde ohne Einspruch «Reichsverweserin» und verwahrte die königlichen Insignien, an deren Besitz buchstäblich die Herrschaft hing, acht Wochen lang, bis ein neuer König gewählt wurde. Das hatte es noch nie gegeben.

Kunigunde und die ottonischen Kaiserinnen vor ihr lebten in einer Epoche, in der die kaiserliche Macht im Deutschen Reich einen ersten Höhepunkt erreichte, der sich nicht nur auf dem Schlachtfeld manifestierte. Ihre Männer dachten nicht nur an Politik, sondern fühlten sich auch der Kunst und den Wissenschaften verpflichtet. Und die Künstler verewigten für die Nachwelt, welche neue Größe die Frau des Regierenden gewonnen hatte. Sie ist nicht mehr abseits vom Thron oder kleiner als der Mann wie zu karolingischen Zeiten ein Jahrhundert zuvor abgebildet. Auf einer Elfenbeinplatte sind Otto II. und seine Kaiserin Theophanu in gleicher Größe geschnitzt, und Christus legt jedem von beiden seine Hand auf den Kopf – ein gleichberechtigter Segen. Ähnlich sieht man auf einer Pergamentzeichnung Heinrich II. und Kunigunde, denen Christus mit gleicher Gebärde jeweils eine Krone aufsetzt.

Ständig traf sich die Reichsaristokratie am Hofe oder kam mit dem Herrscherpaar in Berührung, wenn es durch ihre Ländereien zog. Man darf annehmen, daß das frauenfreundliche Klima der regierenden Familie die adlige Führungsschicht beeinflußte und ungewöhnliche weibliche Talente gedeihen ließ, ja vielleicht ermutigte.

Möglicherweise war sie mit der königlichen Familie verwandt, auf jeden Fall stammte sie aus sächsischem Adel. Denn nur «Edelgeborene» fanden Aufnahme im Stift Gandersheim am westlichen Rand des Harzes. Ihr Geburts- und ihr Todesjahr ist nirgendwo aufgeschrieben. Es läßt sich nur rekonstruieren, daß sie um 935 geboren wurde. Und doch überzeugt uns gerade diese Frau, über die wir kaum Fakten-Wissen haben, daß es Dinge gibt, die viel mehr aussagen als ein Lebensgerippe aus Zahlen und Orten. Denn Roswitha, «die kraftvolle Stimme von Gandersheim», so nennt sie sich selbst, spricht zu uns durch ein Werk, das vor ihr keiner geschaffen hat. Die erste deutsche Dichterin wird sie genannt. Genauer muß man sagen: Was immer vor ihr deutsche Männer und Frauen gedichtet und zu Pergament gebracht haben, überlebte als Gesamtwerk die Jahrhunderte nicht. Was Roswitha dichtete, blieb erhalten und wurde 1493 im Regensburger Kloster St. Emmeran entdeckt. Die Begeisterung der spätmittelalterlichen deutschen Humanisten über diesen sensationellen Fund kannte keine Grenzen. Albrecht Dürer schuf sogleich zwei Holzschnitte zur Illustration der gedruckten Erstausgabe.

Wie ihre Mitschwestern wird Roswitha die Klausur von Gandersheim nicht verlassen haben. Sie fand im Stift nicht nur, was sie zum Leben brauchte, sondern auch eine umfassende Bildung. Das Lateinische gehörte selbstverständlich dazu und in dieser Sprache hat Roswitha ihre Dramen, Heiligenleben und ein Geschichtsepos über Otto den Großen geschrieben. Sie besaß außerdem eine besondere Begabung für Musik und Mathematik. Übrigens waren, angefangen mit Herford und Essen, die ersten geistlichen Zentren nach der Missionierung in Sachsen ausnahmslos Frauenklöster und -stifte, Orte, die weit ins Land strahlten. Niemand hatte in dieser Zeit größeren Einfluß auf Kultur und Moral als die Klöster. Offensichtlich traute man den Frauen solche Aufgaben – man kann sie hochpolitisch nennen – mindestens nicht weniger zu als Männern.

Roswitha hielt es nicht für notwendig, sich hinter der Maske weiblicher Demutshaltung zu verstecken: «Mir ist bewußt, daß mir von Gott ein scharfer Geist verliehen wurde.» Vor allem fühlte sie sich frei, in ihrer Dichtung Themen aufzugreifen, die für spätere Jahrhunderte gar nicht ladylike waren. In zwei ihrer Dramen geht es um Frauen, die von Männern verführt – im Bordell landen und dort von heiligen Männern überzeugt werden, umzukehren und Buße zu tun. Noch delikater ist das Thema, das sie in ihrer Lebensbeschreibung des heiligen Pelagius angeht. Pelagius wurde unter der Herrschaft des Kalifen Abd ar-Rachmann III. 925 in Spanien enthauptet. Roswitha ist offensichtlich von Kennern des Landes informiert worden, so wirklichkeitstreu sind ihre Schilderungen des arabischen Lebens. Ursache für das Martyrium des als besonders schön gerühmten Pelagius waren, nach Roswitha, die «widernatürlichen Lüste» des Kalifen. Er ließ den Gefangenen aus dem Kerker holen, in prächtige Gewänder kleiden, bat ihn auf sein Ruhebett und «zog mit der Rechten den Mund des Pelagius näher zu sich, mit der Linken ihn enger umschlingend».

Niemand hätte es der Stiftsdame übelgenommen, wäre sie mit dezenteren Andeutungen über solche Szenen hinweggegangen. Die Dramatikerin Roswitha sah nicht ein, realistische Schilderungen aus moralischen Gründen zu unterdrücken. Nirgendwo hat sie sich deshalb als Rebellin gegen Sitte und Moral geschildert. Da bleibt nur eine Erklärung: So außerordentlich diese Frau und ihre dichterischen Stoffe waren, sie lebte in einer Zeit, in der sich solche Talente mit ihrer Phantasie nicht zu verstecken brauchten. Schieben wir nur einen Moment die Zeit zusammen. Stellen wir uns vor, daß eine Hohenzollernprinzessin im 19. Jahrhundert ein Theaterstück schreibt, darin ein Bordell schildert oder Homosexualität auch nur von ferne andeutet. Nein, den Versuch können wir gleich wieder abbrechen.

Was Roswitha schrieb, sollte jene ermutigen, die auf dem Pfad der Tugend wandelten. Jungfräulichkeit heißt ihr Ideal, ohne daß sie darüber die Realitäten der Welt vergißt. Ist es abwegig sich vorzustellen, daß die Dichterin ihren Mitschwestern aus ihren Werken vorlas? Das Reichsstift Gandersheim unterstand der königlichen Familie. Eine Nichte Ottos I. war hier Äbtissin. Es sind äußerliche Verflechtungen, in denen wir eine geistige Verwandtschaft sehen dürfen. Die Kaiserinnen der Ottonen und Roswitha von Gandersheim stehen für ein Jahrhundert, in dem die Frauen der Führungsschicht ihre Talente ausleben konnten.

Kaiserin Kunigunde starb 1033. Einer ihrer Zeitgenossen, dessen Namen und Person wir nicht kennen, ein Mönch aus der Gegend am Tegernsee, hatte offenbar ein Gespür für die frauenfreundliche Atmosphäre. Er beschrieb in Versen die gleichnishafte Reise des adligen «Ruodlieb», der auszieht, Erfahrungen zu sammeln, und schließlich in einem weisen König das Leitbild der adligen Welt findet. Das lateinische Gedicht ist nur in Bruchstücken erhalten. Glücklicherweise gehört dazu auch die Geschichte von Ruodliebs Neffen, der sich in ein Mädchen verliebt und sie unbedingt heiraten möchte. Es kommt zu einer Verlobungsszene, bei der dieser Neffe der Braut einen Ring anbietet: «Wie dieser Ring den Finger rund umschließt,/verpflicht ich dich zu fester, ewger Treue, die du mir hältst bei Strafe deines Lebens.» Der Bräutigam ist offensichtlich von gestern und hat nicht mitbekommen, daß Frauen in der Ehe mehr sein wollen als rankendes Efeu zum Schmuck der Männer. Diese Dame jedenfalls hat von ihrer Zukunft andere Vorstellungen und fordert: «Ein gleiches Recht für beide. Warum soll ich die bessre Treue wahren als du mir? ... Du wolltest buhlen und verbietst es mir? Nein, es fällt mir nicht ein, auf solchen Pakt mich zu verpflichten. Geh nur immer hin und buhl, um wen du willst, doch ohne mich. Es gibt noch manchen, den ich freien kann.»

Nur Worte? Nur Worte, gedacht vor fast einem Jahrtausend von einem Mönch in seiner Klosterzelle.

# Leben im Dorf

*Die Bauerntochter Gotelind heiratet einen Strauchritter
Der «Sachsenspiegel»: Wer einen Abtritt baut, muß Abstand halten – Berthold von Regensburg gibt Ratschläge über Ehe, Sexualität und Kindererziehung*

Um die Mitte des 13. Jahrhunderts zog Wernher der Gartenaere durch bayerische und österreichische Lande, ein fahrender Sänger, wahrscheinlich nicht von Adel. Nichts ist von ihm geblieben als seine Verse. Eines der Lieder, die er sang, erzählte die Geschichte vom Bauernsohn Helmbrecht, der es satt hatte, immer nur Wasser zu trinken und Kraut zu essen. Er verließ Vater und Mutter, die Menschen, mit denen er groß geworden war, und tat sich mit Lämmerschling, einem Strauchritter, zusammen. Die beiden machten mit ihren Kumpanen die Gegenden unsicher, raubten und stahlen. Schließlich kam Helmbrecht, inzwischen Schlingdengau genannt, auf die Idee, seine Schwester Gotelind mit Lämmerschling zu verheiraten, um seinen sozialen Aufstieg endgültig zu besiegeln: «Als Lämmerschling hörte, daß Gotelind kam, ging er ihr sogleich entgegen. Hört nur, wie er sie begrüßte: Willkommen, Frau Gotelind! Sie sprach: Vergelt's Gott, Herr Lämmerschling! Nun gingen freundliche Blicke zwischen beiden hin und her. Er sah hinüber, sie herüber. Lämmerschling schoß mit artigen und feinen Worten einen Pfeil auf Gotelind ab, und sie vergalt es ihm mit fraulichen Reden, so gut sie es verstand.

Nun wollen wir Gotelind dem Lämmerschling zur Frau und

Lämmerschling der Gotelind zum Mann geben. Da stand ein alter Mann auf, der verstand sich aufs Reden und wußte, wie man das macht. Er stellte sie beide in einen Kreis und sprach zu Lämmerschling: Wollt ihr Gotelind zur Ehe nehmen, so sagt Ja. – Gern, sprach der Bursche, gleich. Er fragte ihn zum zweitenmal. Gern, sagte der Bursche. Zum drittenmal sprach er da: Nehmt Ihr sie gern? Der Bursche sagte: So lieb mir Seele und Leib sind, so gern nehme ich diese Frau. Nun sprach er zu Gotelind: Wollt Ihr Lämmerschling gern zum Mann nehmen? – Ja Herr, wenn Gott ihn mir gönnt. – Nehmt Ihr ihn gern? Sprach er wiederum. Gern Herr, gebt ihn mir her! Zum drittenmal: Wollt Ihr ihn? – Gern, Herr, nun gebt ihn mir schon! Da gab er Gotelind dem Lämmerschling zur Frau und gab Lämmerschling der Gotelind zum Mann. Da fingen alle an zu singen, und er trat ihr auf den Fuß.

Nun ist das Essen fertig. Wir wollen nicht vergessen, Bedienstete für Bräutigam und Braut zu bestellen. Schlingdengau war Marschall, der fütterte die Pferde gut. Schenk war Schluckdenwidder. Höllensack machte die Sitzordnung für Fremde und Bekannte. Er war zum Truchseß gewählt. Rüttelschrein, der nie zuverlässiger war, wurde Kämmerer. Kühfraß war Küchenvorstand und gab alles aus, was aus der Küche kam, Gebratenes und Gesottenes. Knickekelch verteilte das Brot. Armselig war die Hochzeit nicht ... Ob nach ihrem Essen der Hund am Knochen noch etwas zu nagen fand? Sicher nicht, denn ein weiser Mann sagt: Jedermann beeilt sich mit dem Essen ganz unmäßig, wenn ihm sein Ende naht! ... Plötzlich sagte die Braut Gotelind: Ach lieber Lämmerschling, mir graust in meiner Haut. Ich fürchte, daß fremde Menschen in der Nähe sind, die uns verderben wollen. Ach Vater und Mutter, daß ich von euch beiden so weit weg bin ... Die Armut meines Vaters wäre mir lieber, als hier voller Sorgen im Reichtum zu sitzen.»

Gotelind, die Frau, hatte ein feines Gespür für das Unglück, das in der Luft lag. Kaum spielten nach dem Essen die Spielleute auf, da kam der Richter mit vier Mann. Die Räuber wurden gefaßt, neun von ihnen gehängt, Helmbrecht geblendet. Die Ordnung der Welt war wiederhergestellt.

Von der adligen Dame im «Ruodlieb» zum Hochzeitsfest der

Strauchritter ist ein weiter Weg. Zwei Jahrhunderte liegen dazwischen. Ginge es nach den Vorstellungen der mittelalterlichen Zeitgenossen, dann wären in unserer Geschichte die Bauern noch längst nicht an der Reihe. Vom Tegernseer Mönch bis zu Wernher dem Gartenaere hat niemand seine Stimme für die Menschen auf dem Land erhoben, vom Bauern selbst ganz zu schweigen. Spielen wir ein wenig ausgleichende Gerechtigkeit und versuchen uns am Leben der vielen, die sechs Tage in der Woche arbeiteten, um den wenigen, die über ihnen herrschten, ein angenehmes Leben zu bereiten und für sich selbst das Nötigste bekommen.

Eine graue, eintönige Masse war das keineswegs. Für den deutschen Bauern brachen bessere Zeiten an. Die Pionierzeit der Rodungen und Siedlungsgründungen lief aus. Das anbaufähige Land war verteilt und wechselte den Besitzer nur noch aufgrund von Heiraten oder Schenkungen an Klöster und Kirchen. In Deutschland gab es nun acht Millionen Menschen, die alle satt werden wollten. Das erhöhte den Wert der bäuerlichen Arbeit, zumal fern im Osten neuer Siedlungsraum erschlossen wurde, so daß jeder Bauer sein Bündel schnüren und über Nacht aus dem Sichtkreis seines Herren verschwinden konnte.

Die sprunghafte Zunahme von Menschen und Siedlungen hatte die Trennwände zwischen verschiedenen grundherrlichen «Familien» immer stärker durchlöchert. Kaum eine Bauernsiedlung, in die sich nicht mehrere fremde Herren teilten. Immer öfter heirateten die Angehörigen unterschiedlicher «Familien». Die adligen Herren waren einsichtig, weil es ihnen zum Vorteil gereichte. Sie brauchten die bäuerliche Arbeitskraft, nicht nur weil sie ausreichend schmausen und ihren Reichtum mehren wollten. Ihnen stand nicht mehr der Sinn nach dem Geruch von Mist und Landluft. Sie bauten sich steinerne Burgen, verließen ihren Herrenhof und wollten mit dem Landleben nichts mehr zu tun haben. So kam es, daß die meisten Grundbesitzer ihr restliches eigenes Land an die Bauern gegen einen festen Betrag verpachteten. Das Geld hatte langsam den Handel mit Naturalien abgelöst.

Rente nannte man die neue Form der Abgaben, und so wurde im Laufe dieser Jahrhunderte der adlige Herr zum Rentier. Das Verhältnis zu seinen Bauern, die weiterhin an Grund und Boden gebunden blieben, wurde unpersönlicher, abstrakter – und die Bauern selber taten sich erstmals zu einer eigenen Gemeinschaft zusammen. Das Dorf entstand, wo früher nur einzelne Hütten auf den Hof des Herren ausgerichtet waren. Und weil der Bauer nun nicht mehr selbst Vieh oder Eier beim Herrenhof ablieferte, mußte der Herr Verwalter einstellen, die seine Renten und die Naturalien einsammelten und darauf achteten, daß niemand zuviel in die eigene Tasche wirtschaftete. Es entwickelte sich – nur in Deutschland – ein eigener mittelalterlicher Beamtenstand: die sogenannten Ministerialen. Es waren Unfreie, die nicht an die Scholle gebunden waren und ihrem Herrn, ob Graf oder König, vor allem als Verwalter der Ländereien bald unentbehrlich wurden. Sie erhielten große Güter zu Lehen, nach denen sie sich benannten, stiegen nicht selten in den Adelsstand auf – und blieben trotzdem persönlich unfrei. Wollten sie selbst oder ihre Kinder außerhalb ihrer jeweiligen «Familia» heiraten, so brauchten sie dazu die Erlaubnis ihres Herren. Dies nur am Rande, damit wir nicht vergessen, was für ein feinmaschiges, für uns nur schwer durchschaubares gesellschaftliches Netz sich das Mittelalter gewebt hat.

Zurück ins Dorf: Eine große Kommune, in der man alles gemeinsam tat, sozusagen eine Familie bildete, war das keineswegs. Eher eine Gemeinschaft, in der jeder wußte, daß er auf den Nachbarn angewiesen war, aber trotzdem seinen privaten Raum behauptete. Bauer kommt von «bur», das bedeutete «Bau, Haus», «geburen» waren also Menschen, die nahe zusammen bauten. Im englischen Wort «neighbour» (Nachbar) hat sich dieser Wortsinn erhalten. Wo man nahe zusammen baut, ist es besonders wichtig, die Grenzen festzulegen. Die Regeln, die sich die mittelalterliche Dorfgemeinschaft gab, legten kein Gewicht auf das Gemeinsame, sondern schützten vor allem die einzelnen Familien voreinander. Denn im Dorf waren längst nicht alle gleich. Es gab oben und unten, arm und reich. Der eine hatte viel Land gepachtet, der andere wenig. Der eine ließ Schnitterinnen, Knechte und Hirten für sich arbeiten, der andere mußte seine ganze Familie einspannen. Der eine arbeitete als Hirte für die Gemeinschaft, der andere war Müller oder Schmied.

Ein solcher Mikrokosmos brauchte Regeln für das Zusammenleben. Eike von Repgow, ein Zeitgenosse des fahrenden Wernher, Jurist bei den Grafen von Anhalt, hat dieses bäuerliche Recht, wie er es im Raum zwischen Elbe und Saale vorfand, im «Sachsenspiegel» festgehalten: «Jeder, der eingesätes Land eines anderen Mannes umpflügt, soll ihm seinen Schaden nach Recht erstatten und Buße zahlen. Wer immer sein Vieh auf eines anderen Mannes Korn oder Gras treibt, soll ihm seinen Schaden nach Recht erstatten und drei Schilling Buße zahlen ... Niemand darf seine Dachtraufe in eines anderen Mannes Hof hängen lassen. Jedermann soll auch seinen Hofteil einhegen. Wenn er es nicht tut und daraus Schaden erwächst, muß er ihn bessern. Geschieht ihm selber Schaden, bleibt er straflos. Jeder, der Bäume oder Grenzsteine setzt, soll den hinzuziehen, dem das Land auf der andern Seite gehört. Jeder, der einen Zaun setzt, soll die Äste in seinen Hof kehren. Öfen, Abtritte und Schweinekoben sollen drei Fuß Abstand vom Zaun haben. Jedermann soll auch auf seinen Ofen und seine Feuermauern aufpassen, damit die Funken nicht in eines anderen Mannes Hof fliegen und dort Schaden stiften. Abtritte soll man bis zum Boden mit Planken auslegen, wenn sie zu eines anderen Mannes Hof hin stehen. Rankt sich der Hopfen über den Zaun, dann darf der, der die Wurzeln in seinem Hof hat, so nahe wie möglich an den Zaun treten, hinübergreifen und den Hopfen herüberziehen. Was er erreicht, gehört ihm, was auf der andern Seite hängenbleibt, gehört seinem Nachbarn.»

Geregelt wurde im «Sachsenspiegel» das Miteinander der Nachbarn. Was der einzelne mit seiner Familie hinter dem Zaun trieb, ging die andern nichts an. Über den Zaun hinweg kann man ein Gespräch führen, aber er trennt auch die Familien. Beides gilt für das Leben im Dorf: Es gab Offenheit und jede Menge Öffentlichkeit, weil alles überschaubar war. Jeder wußte was der andere tat, sobald er aus der Haustür trat. An sozialer Kontrolle war kein Mangel. Trotzdem herrschte ein Gefühl für Intimität, für private Bereiche, in die Außenstehende nicht hineinreden durften. Gewiß ist das Recht immer eine zugespitzte Sache. Es spiegelt nicht die ganze Wirklichkeit, wohl aber die Vorstellungen, die sich Menschen davon machen.

Was Eike von Repgow nüchtern festhielt, bestätigt eine Predigt des Franziskanermönchs Johannes von Winterthur. In Lindau am Bodensee hat man sie ein Jahrhundert nach dem «Sachsenspiegel» aufgeschrieben. Johannes erzählte seinen Zuhörern die Geschichte eines Bauern, der in der Nähe von Eichstätt in Mittelfranken lebt. Arm und alt geworden, geht der Bauer zu seinem ältesten Sohn und bittet um Unterstützung. Doch der schlägt ihm die Tür vor der Nase zu. Um nicht zu verhungern, nimmt der Alte dem Sohn eine Kuh von der Weide. Der Sohn ergreift beide, schleppt den Vater vor Gericht und besteht auf der Vollstreckung des Todesurteils. Erst als der alte Mann schon aufgehängt ist, erscheint ein jüngerer Sohn und durchbohrt den älteren mit einem Schwert.

Der wandernde Predigermönch wird seinen Zuhörern nichts erzählt haben, was außerhalb ihrer Erfahrung lag. Wir können aus diesem Gleichnis herauslesen: Die Familie ist nicht das warme Nest, das Schutz gegen Alter und Armut bietet. Kinder leben getrennt von ihren Eltern. Niemand aus der weiteren Verwandtschaft kommt dem Vater zu Hilfe. Sie existiert offenbar nicht. Auch die Nachbarn kümmern sich nicht um das, was nebenan geschieht. Die Familie, die hier geschildert wird, lebt sehr privat, isoliert. Keine Rede vom Idyll der bäuerlichen Großfamilie. Die Geschichte des Mönchs paßt erstaunlich genau in den Raster, den der Jurist aufgezeichnet hat.

Was den Juristen offenbar nichts anging – das Leben innerhalb des Zaunes –, war um so mehr Sache des Mönchs. Das 13. Jahrhundert, in dem so vieles aufbrach – Dome in den Himmel gebaut wurden, fahrende Sänger die erste weltliche Kultur des Mittelalters schufen – brachte auch einen Menschen hervor, mit dessen Hilfe wir ein wenig über den Zaun sehen können: Berthold von Regensburg, am Anfang des Jahrhunderts geboren, Franziskaner, ein mitreißender Volksprediger, dem Tausende zuhörten, in den Städten, aber auch auf den Dörfern. Über seine Herkunft wissen wir nichts, geblieben sind nur Teile seiner Predigten, die offensichtlich von geübten Händen während des Vortrags mitgeschrieben und später aufs Pergament gebracht wurden. Die Genauigkeit, mit der Berthold über die städtischen Verhältnisse Bescheid weiß, die geistige und moralische Beschränktheit, die er – bei aller Sympathie – den Bauern attestiert, läßt allerdings schließen, daß Berthold aus städtischem Milieu kommt.

Letztlich ist es gleichgültig: Die Franziskaner waren die ersten im christlichen Abendland, die sich vor allem um die unteren Stände bemühten, die sich dem Ideal der Armut, nicht des Adels, verpflichtet fühlten und deshalb ein Herz für die hatten, die – bei aller Aufwärtsentwicklung – der Not am meisten ausgeliefert waren. Die Predigten der Franziskaner sind deshalb auch die ersten Zeugnisse in unserer Geschichte, die uns über den Bauern wirklichkeitsnahe Auskunft geben, seine Mühen und Plagen ernst nahmen; die auf seine Probleme eingingen und – stets innerhalb der bestehenden Ordnungen – Rat gaben. Die weltlichen Zeitgenossen, die fahrenden Sänger, die ebenfalls vom Bauern reden, zeichnen ihn vor allem als Karikatur, als dummen «dörper». Der Bauernsohn Helmbrecht, durch den wir ein mittelalterliches Hochzeitszeremoniell kennenlernten, glaubt, klüger zu sein als andere, um schließlich auf die Nase zu fallen. Wer die gottgewollte Ordnung durcheinander bringt, der endet schlimm. Das ist die Lehre des Sängers Wernher. Doch sein Lied enthält einen weiteren Realitätskern: Der Bauer will die bestehende Ordnung ja im Grunde gar nicht verändern. Seine Träume von einem besseren Leben, vom Umgang miteinander, entsprechen haargenau den Gepflogenheiten der feinen Leute. Der Bauer möchte «nur» so sein wie sein Herr.

Da findet er allerdings in den Jüngern des heiligen Franziskus keine Unterstützung. Systemveränderer waren sie nicht. Der Sprengstoff, den ihre Predigten auf lange Sicht enthalten, zündet erst bei den Nachgeborenen. Ohnehin ging mit dem Tod des «armen Bruder Franz» schon zu Ende, was seine kirchlichen Oberen als revolutionär erkannten. Der Bürgersohn aus Assisi hatte seinen Brüdern gepredigt, wer Christus nachfolgt, dürfe nicht mehr als eine Kutte und keine Sandalen besitzen, und er hatte seinen Mitbrüdern ausdrücklich das Studium der Bücher verboten. Bildung war für ihn kein Schatz. Die Kirche, zu seiner Zeit nicht nur größter Besitzer an Grund und Boden in Europa, sondern auch Monopolist für Bildung und Kultur, konnte solche Ansichten nicht dulden. Und so predigte schon Bruder Berthold: Wer behauptet, es dürfe nur einen Rock haben, wer in das Himmelreich eingehen wolle, der sei ein Ketzer. Berthold tadelte die Bauern – wir werden davon hören –, weil sie ungebildeter seien als die Menschen in der Stadt. Ja, er nannte dieses Bildungsdefizit die Ursache mancher Sünden. Aber Berthold forderte auch, daß jeder Arbeiter seinen Lohn bekommen müsse. Der Bauer, wenngleich ungebildet, durfte deshalb doch nicht betrogen werden.

Hören wir, was der Mönch den vielen Helmbrechts, die die Sehnsucht nach anderen Lebensformen umtrieb, zu sagen hatte. Berthold ging auf ihre Träume ein: «Manch einer wäre gern ein Graf und muß ein Schuster sein. Du möchtest gerne ein Ritter sein und mußt du doch ein Bauer sein und Korn und Wein für uns anbauen.» Berthold hatte keine Mühe, die unterschiedliche Verteilung von Privilegien und Arbeit zu erklären und zu rechtfertigen: «Wer sollte uns den Acker bebauen, wenn ihre alle Herren wäret? Oder wer sollte unsere Schuhe machen, wenn du werden kannst, was du möchtest? Du mußt das werden, was Gott will. So hat er den einen geschaffen, damit er Papst wird. So soll der eine Kaiser sein oder ein König oder ein Bischof oder ein Ritter oder dies oder das.»

Die mittelalterliche Ordnung gab jedem nicht nur seinen bestimmten Platz, sondern auch die Zeichen, an denen man die Rangordnung erkennen konnte. Nur so glaubte man, den Frieden zwischen den Ständen aufrechterhalten zu können. Der Bauer zur Zeit des Berthold von Regensburg durfte kein Schwert tragen wie die adligen Herren. Griff ihn jemand an, dann mußte er sich mit seiner Gabel wehren. Die Kaiserchronik, aufgezeichnet im 12. Jahrhundert, drohte Schlimmes an bei Nichtbeachtung: «Wird das Schwert bei ihm gefunden, / soll man ihn führen gebunden / zu den Kirchenmauern. / Da halte man den Bauern / und schlage ihm Haupt und Haare ab». Auch für die bäuerliche Kleidung gibt es in der Kaiserchronik genaue Vorschriften: Sie durfte nur aus schwarzem oder grauem Stoff bestehen; die Falte am Oberteil mußte an der Seite sitzen, und mehr als sieben Ellen durften für Hemd und Hose nicht verbraucht werden. Den Bauersfrauen war es verboten, sich in Seide oder Pelz zu kleiden. Die Bauern sollte man an den Haaren erkennen: Sie mußten bis zu den Ohren geschnitten sein.

Ist es ein Wunder, daß mancher Bauer klagte: «O weh, Herr Gott, warum hast du mir ein so arbeitsames Leben gegeben und manchem andern so viel Ehre und Gut?» Berthold formuliert diesen Stoßseufzer, weist solche Frager jedoch sofort ab. Wir hörten es schon: Die Ordnung der Welt ist von Gott eingerichtet, darum darf keiner daran rütteln. Das bedeutet: Die einen arbeiten und die andern heimsen Ehre und Reichtum ein. Mehr noch: Ehre und Arbeit schließen sich geradezu aus.

Doch einen Trost hat der Mönch für den Bauern: Wer ein hohes Amt hat, trägt auch größere Verantwortung. Es ist nach Berthold gar nicht ausgeschlossen, daß der eine «mit seinem niederen Amt in den Himmel kommt» und der andere «mit einem großen Amt zur Hölle fährt». Denn der Mönch weiß nur zu gut, daß «die Herren ihren armen Leuten Übles antun». Und er rät ihnen: «Ihr Herren, folgt euren Ratgebern nicht, wenn sie euch raten, euern Leuten übel zu tun.» Auch das gehörte zum Fortschritt: Den Bauern schützte inzwischen der allgemeine Landfrieden. An drei Tagen der Woche war dem Adligen das Fehderecht verwehrt, auch gegenüber seinen Untergebenen.

Noch ein bißchen mehr vom bäuerlichen Umfeld zeigt sich in einer anderen Klage des Predigers: «O weh, ihr Dorfleute. Viele von euch kämen in den Himmel, wenn es nicht ein Äxtlein gäbe, das alle ermordet, die an Zauberei glauben, an Wahrsagerei, Wahrsagerinnen, an Nachtfrauen, ihre Spukerei und Verzauberei. Und etliche glauben an heilige Brunnen, an heilige Bäume und an heilige Gräber auf dem Feld.» Die Ketzer gehen nach Berthold nicht zu den Städtern, weil die Leute dort Verstand haben. Sie gehen «zu den Weilern und Dörfern und zu den Kindern, die auf dem Feld die Gänse hüten». Kein Zweifel: Das Leben auf dem Dorf war trotz christlicher Lehre mitgeprägt von Magie, dunklen Mächten und Menschen, die über besondere und unheimliche Kräfte verfügten.

Sechs Tage mußten die Bauern arbeiten, am siebten war frei. Berthold stärkte ihnen den Rücken, daß sie am Sonntag für den Herrn nichts als das Nötigste taten. Aber was trieben die Bauern in ihrer Freizeit? Statt in die Kirche zu gehen, zu beten und sich auszuruhen, klagte der Mönch, fuhren sie mit dem Wagen über

Land, um fremde Märkte zu besuchen. Gingen zu Spiel und Tanz. Und noch etwas fand stets am Wochenende statt: «Die armen Leute hören nur selten die Predigt. Sie müssen Tag und Nacht arbeiten und das die ganze Woche. Wenn der Mann abends nach Hause kommt, dann schläft er wie ein Stein und nimmt überhaupt nichts wahr.» Dann ist der Feiertag da. Der Bauer hat ausgeruht, «seine Hausfrau ein Hemdlein angelegt». Nun wird der Mann zum «Hahn» und kümmert sich nicht um die kirchlichen Zeugungsverbote. Und so geschieht es den meisten «armen und unverständigen Leuten», daß sie ihre Kinder an den Tagen zeugen, an denen es die Kirche verboten hat. Für Berthold gibt es einen direkten Zusammenhang zwischen Bildung und Sexualleben: Edelleute und den Bürgern in den Städten passierte das nicht. Sie zügelten ihre Triebe, weil sie gebildet waren. Sie hörten oft die Messe und die Predigt und wußten, zu welchen Zeiten sie sich schonen sollten.

Wir müssen die Welt, wie der Franziskaner sie predigte, so stehen lassen: Wer arbeitet und wochentags übermüdet ins Bett sinkt, trägt auch noch den Schaden davon, wenn er sich am Sonntag etwas Lustvolles gönnt. Die andern, die mehr Muße und Freizeit haben, können etwas für ihre Bildung tun und so der Sünde entkommen. Sexualität vor kirchlichen Feiertagen, während der Schwangerschaft und einige Wochen nach der Geburt auszuschalten, ist keine Erfindung des Christentums, sondern Erbe der jüdischen Tradition. Halten wir einen Moment inne, bevor wir diese Einstellung verurteilen. Sollte auf diese Weise vielleicht die Frau davor geschützt werden, wie ein Automat am Wochenende zur Lustbefriedigung zur Verfügung zu stehen? Daß sie kein sexuelles Freiwild war, macht Berthold an anderer Stelle klar: «Wenn eure Hausfrau zu euch sagt, mir tut der Kopf weh, dann bedrängt sie nicht und seht zu, daß ihr sie nicht anrührt.» Allerdings gilt, daß im Streitfall die Frau dem Mann doch gefügig sein mußte, um des lieben Frieden willens und um ihn vor Sünde zu bewahren: «Wird er aber teufelsheftig, schimpft und will zu einer andern gehen; ist es ihm ernst und du kannst es ihm nicht ausreden: Dann Frau, tu es mit traurigem Herzen, bevor du ihn zu einer andern läßt, und sei es sogar die heilige Christnacht oder in der heiligen Karfreitagsnacht. Wenn es nicht dein Wille ist, dann bist du unschuldig.»

So menschlich das – trotz aller Einschränkung – in unsern Ohren klingt, für die Kinder, die in solchen verbotenen Nächten gezeugt werden, kennt der Prediger kein Erbarmen: «Das Kind wird aussätzig oder bekommt die Fallsucht. Es hat einen Buckel, wird blind oder krumm oder stumm oder ein Narr.» Bei Berthold hatten Krüppel weder auf der Erde noch im christlichen Himmel einen Platz. Genau so rigoros verfuhr er mit Kindern, die außerhalb der Ehe zur Welt kamen: «Alle Kinder, die aus der Sünde geboren werden ... müssen ehelos und erblos und rechtlos bleiben.»

Kinder: Ist das Leben der mittelalterlichen Erwachsenen nur schwer sichtbar zu machen, wieviel weniger wissen wir von denen, die in der Familie heranwuchsen. Auch für sie, für die Beziehungen zwischen Eltern und Kindern, ist Berthold ein seltener und deshalb kostbarer Zeuge. Er war sich nicht zu gut für ganz banale Alltagsprobleme. Seine Ratschläge zur Ernährung der Kleinkinder sehen auf den ersten Blick sehr vernünftig aus: «Die Kinder der Reichen werden viel weniger alt oder auch nur erwachsen als armer Leute Kinder ...» Seine Zuhörer sollten ihre Kinder nicht überfüttern, «wenn euch Leib und Leben, Gesundheit und hohes Alter lieb sind. Denn ihr möchtet doch allesamt gern gesund bleiben und alt werden.» Wie wahr, möchten wir rufen – aus dem Hintergrund einer übersättigten Gesellschaft. Den bäuerlichen Familien des 13. Jahrhunderts flogen die gebratenen Tauben nicht ins Maul. Eine mißratene Ernte, und der Hunger stand vor der Tür. Doch diese beschwichtigende Kritik darf etwas anderes nicht verdunkeln: Berthold machte sich Gedanken, wie man mit Säuglingen umgeht, weil seine Zuhörer ihn mit Fragen dazu bedrängt haben. Sie möchten offenbar für ihre Kinder das Richtige tun.

Daß Eltern mit ihren Kindern streng umgehen, war für damalige Christenmenschen selbstverständlich. So lehrte es schließlich die Bibel: «Wer sein Kind lieb hat, der hält es stets unter der Rute.» Bruder Berthold war da keine Ausnahme. Aber zugleich warnte er die Eltern vor übertriebenen Prügelstrafen: «Ihr sollt ihm aber nicht mit der Hand auf den unbedeckten Kopf schlagen. Sonst macht ihr vielleicht einen Narren aus eurem Kind. Nehmt eine kleine Rute ... Ihr sollt es auch nicht mit einem Stock schlagen.»

Diese überlieferten Zitate sind kümmerliche Bruchstücke, die es uns nicht erlauben, in die Kinderseelen zu blicken. Bei aller Vorsicht scheinen sie jedoch in eine bestimmte Richtung zu weisen: Eltern tragen für ihre Kinder Verantwortung: «Erzieht eure Kinder so, daß ihr nicht schuldig werdet an ihrem Leib und an ihrer Seele.» Zur Erziehung gehörten Strenge und Fürsorge. Warum sollen wir es nicht Liebe nennen? Widersprochen werden soll jenen Soziologen, die behaupten, daß es für die Kinder des Mittelalters ausschließlich die Rute gab und statt elterlicher Fürsorge nur tödliche Gleichgültigkeit.

Ein ohnehin erstaunlicher Kaiser, der Staufer Friedrich II., gibt uns auch bei diesem Thema Stoff zum Nachdenken. Wißbegierig, wie er war, ließ er eines Tages eben geborene Säuglinge auf eine Burg bringen. Er befahl den Ammen und Pflegerinnnen, sie sollten den Kindern Milch geben, sie waschen und baden, «aber in keiner Weise mit ihnen schön tun». Der Kaiser wollte herausfinden, mit welcher Sprache die Menschen auf die Welt kamen. Das Experiment scheiterte. Alle Kinder starben, bevor sie das erste Wort gesprochen hatten.

Der Mönch, der diese Geschichte im 13. Jahrhundert aufschrieb, war damit noch nicht am Ende. Er liefert uns die Psychologie seiner Zeit gleich mit: «Denn sie (die Kinder) konnten nicht leben ohne das Händepatschen und das fröhliche Gesichterschneiden und die Koseworte ihrer Ammen und Nährerinnen.» Eine Epoche ohne Kinderliebe?

Zurück zu Berthold von Regensburg und seinen Ansichten vom bäuerlichen Eheleben: «Etliche Frauen werden von ihren Männern geschlagen und müssen sehr darunter leiden.» Wieder gilt das angeblich nur für die unteren Schichten: «Edle Leute oder sonst fromme Leute, die tun das nicht.» Wie dem auch sei, Berthold billigte es auf keinen Fall. Zwar war es für ihn wie für die Zeitgenossen selbstverständlich, daß der Mann innerhalb der Familie der «Herrscher» ist. Das bedeutete im Verständnis des Mittelalters: Wer herrscht, muß Recht und Schutz bieten. Berthold ist konsequent und sagt deshalb dem Ehemann: «Darum sollst du sie niemals an den Haaren ziehen und sie nicht schlagen, auch wenn es dir schwerfällt. Du sollst auch nicht die guten Kleider tragen und sie die schlechten. Du sollst sie wie dich selbst mit Kleidern, Essen und Trinken ausstatten. Sie hat Gott in ihrem Herzen, darum soll sie dir gleichgestellt sein.» Der Mann durfte «ihr Gut nicht andern Frauen geben noch verspielen oder vertrinken».

Der Mönch ließ außerdem keinen Zweifel, daß das eheliche Treueversprechen Mann und Frau gleichermaßen band. Ehebruch war eine schwere Sünde, auch für den männlichen Teil: «Sooft er mit ihr sündigt, sooft hat er seine Ehe gebrochen und eine überaus große Todsünde begangen.»

Ehebruch war für den Mönch Maßlosigkeit im sexuellen Genuß. Berthold kannte offenbar seine Bauern, und er verlor über seiner Kritik an der «unkeuschen» Welt nicht die Maßstäbe, nicht den Sinn für die Abfolge der Realitäten, wie er sie täglich erlebte: «Darum hütet euch vor unrechter Fleischesliebe. Sie hat manche Seele eingefangen. Gib nicht völlig dem Fleisch nach beim Essen oder beim Trinken oder beim Ehebrechen.»

# In der mittelalterlichen Stadt: Bei den Kaufleuten

*Freiheit für die Bürger – Leistung entscheidet*
*Man heiratet unter sich – Der Haushalt des Hermann von Goch in Köln – Die Frau wird geschäftsfähig*
*Neue Schulen für die Kaufmannskinder*

Konrad der Zähringer, aus altem schwäbischen Adelsgeschlecht, lebte am Anfang des 12. Jahrhunderts mit seiner Familie auf der Freiburg im Breisgau. Vom Berg hinab sah die Familie auf ein kleines Dorf – ein paar Bauernhäuser, ein größerer Herrenhof, eine Mühle. Alles stand auf dem Grund und Boden des Zähringers. Die Menschen, die dort lebten, waren als Leibeigene an dieses Fleckchen Erde gebunden und arbeiteten im Dienst des Herzogs. Eines Tages ließ Konrad dem Dorf zu seinen Füßen diese Urkunde ausstellen:

«Aller Nachwelt und Mitwelt sei kundgemacht, daß ich, Konrad, an dem Platz, der mir als Eigengut gehört, nämlich Friburg (Freiburg), einen Marktort gegründet habe, im Jahr der Fleischwerdung des Herrn 1120. Nachdem angesehene Geschäftsleute von überallher zusammengerufen worden waren, habe ich angeordnet, diesen Marktort durch eine Art Schwurverband anzufangen und auszubauen. Daher habe ich jedem Geschäftsmann für den Hausbau in dem angelegten Marktort als Eigengut eine Hofstätte zugeteilt und angeordnet, daß mir und meinen Nachkommen von jeder Hofstätte jährlich ein Schilling gängiger Währung als Zins am Fest des heiligen Martin zu zahlen ist. Es sei nun allen kundgemacht, daß ich ihnen auf ihren Antrag und Wunsch folgende Vorrechte zugestanden habe. Dabei erschien es mir aus freiem Entschluß ratsam, sie in einer Vertragsurkunde aufzuzeichnen, damit sie für lange Zeit im Gedächtnis bleiben, so daß meine Geschäftsleute und ihre Nachkommen dieses Privileg für immer von mir und meinen Nachkommen behaupten können.

Ich verspreche also allen, die meinen Marktort aufsuchen, im Bereich meiner Macht und Herrschaft Frieden und sichere Reise. Wenn einer von ihnen in diesem Raum ausgeplündert wird und mir den Räuber namhaft macht, werde ich das Geraubte zurückgeben lassen oder den Schaden selbst bezahlen. Wenn einer von meinen Bürgern stirbt, darf seine Frau mit ihren Kindern alles besitzen und ohne jede Bedingung alles behalten, was ihr Mann hinterließ ... Allen Geschäftsleuten erlasse ich den Marktzoll ... Wenn zwischen meinen Bürgern Rechtshandel und Streit entsteht, wird er nicht nach meinem Ermessen oder dem ihres Leiters behandelt. Der Fall wird vielmehr nach dem anerkannten Gewohnheitsrecht aller Geschäftsleute, vor allem der Kölner, entschieden ...

Jede Frau soll dem Mann in der Erbfolge gleichgestellt sein und umgekehrt. Auch darf jeder, der an diesen Ort kommt, hier frei wohnen, wenn er nicht jemandes Knecht ist und den Namen seines Herrn nennt. Dann kann der Herr den Knecht in der Stadt belassen oder nach Belieben wegführen. Wenn aber der Knecht den Herrn verleugnet, soll der Herr mit den sieben nächsten Verwandten vor dem Herzog beschwören, daß es sein Knecht ist. Dann kann er ihn haben. Wenn aber einer ohne solche Einwände geblieben ist, soll er sich fortan sicherer Freiheit erfreuen ... Keiner von den Lehensleuten oder Ministerialen des Herzogs und kein Ritter kann in der Gemeinde wohnen, es sei denn nach gemeinsamer Verabredung und Zustimmung aller Städter ... Damit nun meine Bürger den obengenannten Zusicherungen nicht zu wenig Glauben schenken, habe ich mit zwölf meiner namhaftesten Ministerialen, die auf die Reliquien der Heiligen gemeinsam einen Eid geschworen, zugesichert, daß ich und meine Nachkommen die oben genannten Punkte stets einhalten werden. Und damit ich diesen Eid in keiner Notlage breche, habe ich dem freien Mann und den Marktgeschworenen mit Handschlag darüber unverbrüchliche Treue gelobt. Amen.»

Mit diesem Pergament aus Schwaben machte zum erstenmal in der deutschen Geschichte ein adliger Grundherr das Dorf unterhalb seiner Burg zur Stadt und nannte die Bewohner dieser neuen Gemeinde «Burgenses»: Bürger. Ohnehin hat bis weit in dieses 12. Jahrhundert hinein das Wort «Burg» eine Stadt alter Prägung bezeichnet. Den Germanen waren mehr als ein halbes Jahrtausend zuvor die blühenden antiken Städte am Rhein und westlich davon, die sie aus ihrer Kultur nicht kannten, wie überdimensionale Burganlagen – die gab es im freien Germanien – erschienen. Und so machten sie aus Colonia Agrippinensis einfach Kolnaburg (Köln). Noch heute gibt es in Köln die Straße zur «Burgmauer», womit die Stadtmauer gemeint war. Erst am Ende des 12. Jahrhunderts hatte sich ein neuer Begriff – die «stat» – durchgesetzt. Doch die Bewohner der Stadt blieben weiterhin die Bürger.

Die Freiburger Urkunde dokumentiert den Beginn einer Entwicklung, die das Land zwischen Nordsee und Alpen veränderte wie nie zuvor. Ein Aufbruch, ja eine Revolution findet statt, vergleichbar in ihren Umwälzungen nur mit der Industrialisierung im 19. Jahrhundert. Nichts was das Leben des einzelnen und der Gemeinschaft bestimmt, bleibt davon unberührt. Herzog Konrad hat mit prophetischem Weitblick alle Stichworte genannt, die für die neue Zeit wesentlich sind: der Verband der «Marktverschworenen», Geschäftsleute, Kaufleute, aus deren Mitte sich das städtische Patriziat entwickelt. Sie sind die neuen Herren und den alten an Arroganz und Macht ebenbürtig. Es entsteht eine neue Freiheit, die den Leibeigenen nach Jahr und Tag in der Stadt aus der Familia seines Grundherrn entläßt und frei macht. Eine neue Moral setzt sich durch, die den Reichtum – durch Arbeit gewonnen! – an die Spitze der Wertskala stellt. Eine neue Wirtschaftsform entwickelt sich, die – bei allen Unterschieden – durch die Etiketten Kapitalismus und freie Marktwirtschaft am besten verständlich wird. Moral und Wirtschaft zusammen bringen neue Lebensformen und neue Rechte hervor, die den Alltag der Familie beeinflußen und vor allem der Frau – in allen gesellschaftlichen Schichten – mehr Rückhalt und eine bis dahin nicht gekannte Selbständigkeit bieten.

Vom Himmel gefallen ist das allerdings nicht. Gehen wir noch einmal zurück zu den ersten germanischen Stämmen, den Franken vor allem, die das römische Gebiet westlich des Rheins überfielen, die Städte der Legionäre zum Teil zerstörten und schließlich die neuen Machthaber wurden. Ein Ort wie Trier, Kaiserresidenz mit rund 60000 Einwohnern zu ihrer besten Zeit, mit riesigem Amphitheater und Bäderanlagen, muß den Eroberern aus den Wäldern unbegreiflich und unheimlich zugleich erschienen sein. Ein paar von ihnen siedelten innerhalb der städtischen Grenzen in bäuerlichen Hütten, so als wären sie auf freiem Land in ihrem Dorf. Merowingerkönige machten Köln zeitweise sogar zu ihrer Residenz. Aber heimisch wurde nach den Wirren der Völkerwanderung und der totalen Umverteilung der Macht innerhalb der Mauern nur einer – die christliche Kirche. Das Bischofsamt war unauflöslich mit dem Wohnsitz in der Stadt verknüpft. Die geistlichen Herren bewahrten inmitten der Auflösung die Kontinuität der antiken Stadt-Kultur. Ihre wichtige geistliche und politische Stellung im missionierten Frankenreich, ihre zunehmende Macht als Grundherren zog – auch in düsteren Zeiten – Menschen und Waren in die Stadt, hielt sie am Leben.

Als am Ende des ersten Jahrtausends das Deutsche Reich Gestalt annahm, die Ottonen mit starker Hand regierten und die Bischöfe endgültig ein tragender politischer Pfeiler geworden waren, erwachten die alten Städte aus ihrem Dornröschenschlaf. Die Herrschenden selber gründeten neue Marktorte und gingen im erhöhten Verbrauch fremdländischer und verfeinerter Waren voran. Ihre Untertanen wollten nicht zurückstehen. Die Kaufleute in den Städten schafften heran, was der Markt verlangte. Als Ibrahim ibn Ahmed at-Tartuschi mit einer Gesandtschaft an den Hof Ottos des Großen zog, kam er auch über Mainz und schrieb voll Erstaunen, daß es in dieser Stadt, die «im fernsten Abendlande liegt, ... Gewürze gibt, die nur im fernsten Morgenlande vorkommen, z. B. Pfeffer, Ingwer, Gewürznelken ... Sie werden aus Indien importiert, wo sie in Mengen vorkommen.» Der Araber nannte Mainz «eine sehr große Stadt, von der ein Teil bewohnt und der Rest besät ist. Sie ist ... reich an Weizen, Gerste, Dinkel, Weinbergen und Obst». Wir wissen außerdem, daß die Mainzer schon vor tausend Jahren längst nicht alle ihr

Brot im eigenen Ofen backten, sondern täglich auf dem Brotmarkt einkauften.

In diesen ottonischen Jahrzehnten begann Kölns Aufstieg zur größten, reichsten und mächtigsten Stadt des deutschen Mittelalters. Kaiser Otto I. machte 953 seinen klugen und frommen Bruder Bruno zum Erzbischof der Metropole am Rhein und zum Kanzler des Reiches. Zwei Ämter, die lange zusammengingen. Bis heute ist der Kölner Erzbischof nach ungeschriebenem Gesetz der angesehenste unter seinen deutschen Kollegen. Bruno brachte von einem Italienzug als kostbare Reliquie die Ketten des Heiligen Petrus nach Köln, deren Fest alljährlich im August gefeiert wird. Eine willkommene Gelegenheit für die Kölner Geschäftsleute, neben ihren traditionellen Messen zu Ostern und am Fest des Heiligen Severin im Oktober auch diesen Feiertag für den Umsatz zu nutzen.

Wie schnell die Kaufleute dieser Bischofsstadt zu selbstbewußten Herren wurden, zeigte sich ein gutes Jahrhundert später. Erzbischof Anno, ein herrischer Charakter, der Jahre zuvor den jugendlichen Heinrich IV. durch Entführung in seine Gewalt gebracht hatte, beschlagnahmte Ostern 1074 am Kölner Rheinufer ein Kaufmannsschiff, um seinem bischöflichen Mitbruder aus Münster schnell und billig ein Verkehrsmittel für die Heimfahrt zu beschaffen. Kaufmannsschiffe aber waren immun, sie standen unter dem besonderen Schutz des Königs. Der Sohn des Schiffsbesitzers, bekannt und beliebt in der Stadt, rief seine Freunde zusammen, streitlustiges Volk lief hinzu. «Die Menge tobte», notierte der Chronist. Während die älteren Kaufleute noch Rat hielten, was gegen den Übergriff des Stadtherren zu tun sei, stürmten die jungen schon den Palast des Erzbischofs. Es gab Tote. Anno konnte gerade noch in den Dom fliehen, von dort über einen Geheimgang in die Wohnung eines Geistlichen an der Stadtmauer und schlüpfte durch ein Loch ins Freie. Der Bischof rächte sich für diesen schmählichen Abgang und stand schon drei Tage später mit einem so großen Heer vor der Stadt, daß die Bürger freiwillig auf Widerstand verzichteten und Buße versprachen. Der Kirchenmann nutzte die Gunst der Stunde zur Festigung seiner Macht, ließ den Anführern des Aufruhrs die Augen ausstechen, sie auspeitschen und scheren, und beschlagnahmte bürgerliches Eigentum, wo der Schimmer eines Verdachtes auf Ungehorsam gegen den Erzbischof sich rechtfertigen ließ. Der Mönch Lambert von Hersfeld, unser Chronist, berichtet, daß damals 600 Kaufleute aus der Stadt flüchteten. Sicher waren es weniger, trotzdem hat Anno sie bald reumütig zurückgerufen und ihnen ihre Güter zurückgegeben. Ohne das Geld, den Wagemut und die internationalen Beziehungen der Kaufleute war jeder Ort – mochten die Häuser und Kirchen noch so prächtig sein – eine tote Stadt.

Doch die Beziehung zwischen den Bürgern und ihrem Herrn bleibt zwiespältig. So heftig man einerseits versucht, ganz auf eigenen Füßen zu stehen, so bereitwillig genießt man doch den grundherrlichen Schutz. Es ist Annos zweiter Nachfolger, Erzbischof Sigwin, der für sein Bistum 1083 zum erstenmal im Reich eine «pax Dei» verkündet. Friede nicht als willkürliche Atempause zwischen den Fehden der Mächtigen, sondern als gesetzliche Garantie für alle. Es ging in den Städten keineswegs friedlich zu. In Worms verloren um 1023 rund 35 Personen bei Streitereien ihr Leben, «in tierischer Art, wegen nichts oder in der Trunkenheit oder aus Übermut».

Die weltlichen Herren übernehmen diese Idee vom Gottesfrieden. Ein wichtiger Schritt auf dem Weg zu einem geregelten Miteinander, wo Streit nicht durch das Schwert, sondern durch den Gang zum Gericht entschieden wird. Der Kaiser verkündet 1103 auf vier Jahre einen ersten allgemeinen Reichsfrieden, der für «die Kirchen, Kleriker, Mönche, Laien, Kaufleute, Frauen» gilt. Sie gehören also zu den besonders kostbaren und deshalb schützenswerten Gütern, die Kaufleute und die Frauen!

Aus der Urkunde für die Stadt Freiburg spricht eindeutig der Wunsch des Gründungsherren nach einem Geschäft auf Gegenseitigkeit: Der Herzog erläßt den Kaufleuten den Zoll, stellt seinen Grund und Boden für Häuser zur Verfügung, verspricht Schutz und Frieden und überläßt es den Bürgern, ihr Zusammenleben selbst zu regeln. Die Bürger sollen ihm dafür Geld und Güter ins Land bringen. Wie der Zähringer im Süden so denken die Welfen im Norden. 1158 wird die Gründung Lübecks von Heinrich dem Löwen zu Ende gebracht. Sie ist die wichtigste Stadt in diesem Raum, Brückenkopf für weitreichende Handelsbeziehungen in den Osten. Viele kleinere Herren wollen nicht zurückstehen. Wie ein Fieber brechen die Städtegründungen aus. Etliche von ihnen sind nicht lebensfähig, kümmern vor sich hin oder gehen bald wieder ein. Doch ungestört von solchen Fehlschlägen setzt sich die neue Lebensform durch und hat immerhin fast vier Jahrhunderte lang ihre hohe Zeit.

In zähem Kampf lösen sich die Bürger von ihren Herren. 1288 verläßt der Kölner Erzbischof nach verlorener Schlacht endgültig seine Stadt und zieht nach Bonn bzw. Brühl. Die Kaufleute übernehmen die Herrschaft. In Goslar und im thüringischen Mühlhausen zerstören die Bürger 1290 die königlichen Pfalzen. Die Bürger von Freiburg waren 1120 noch ein Teil des traditionellen Feudalsystems, unfrei wie 95 Prozent der Bevölkerung – doch Stadtluft machte auch sie frei. Neben den leibeigenen Bauern und den adligen Herrn trat der freie Bürger. «Lübeck als geistige Lebensform» hat Thomas Mann seinen Festvortrag genannt, als er 1955 nach jahrzehntelanger Entfremdung Ehrenbürger seiner Vaterstadt wurde. Im gleichen abgrenzenden und hervorgehobenen Sinn ist städtisches Leben im Mittelalter eine neue Weise zu leben, in der Gemeinde und im privaten Kreis. Diese bürgerliche Lebensform unterschied sich wesentlich vom Leben auf dem Dorf.

Sie bedeutete keineswegs Abkapselung oder Stillstand hinter dicken Mauern. Die Tore standen tagsüber allen offen. In den Straßen herrschte Betrieb vom Sonnenaufgang bis zum -untergang. Wie ein Magnet zog die Stadt immer neue Menschen an. In ihren Mauern gab es Unterhaltung, Vergnügungen aller Art, Umzüge und Prozessionen. Hier trug der Reiche täglich seinen Reichtum zur Schau, wenn er im Zobelpelz durch die Straßen ging, und wer ihn sah, konnte zumindest davon träumen, mit seiner Hände Arbeit auf der sozialen Stufenleiter ein wenig höher zu rücken. Eine Stadt ohne Verbindungen nach außen war auch im Mittelalter ein Widerspruch in sich selbst. Das Gewinnstreben und die Risikobereitschaft ihrer Kaufleute verbanden die kleinste Stadt mit dem Rest der damals bekannten Welt.

Der Augenblick ist gekommen, unsere Vorstellungen von Größe und die von ihr abhängende Bedeutung zu revidieren; die Inflation der Zahlen – ob sie Menschen, Gewichte oder Geschwindigkeiten betrifft – zurückzudrehen auf ein überschaubares Maß. Die Bevölkerung nahm in dieser Zeit stetig zu. Um 1200 lebten im Deutschen Reich acht Millionen, 1340 rund vierzehn Millionen Menschen. Auch das Klima war der Entwicklung günstig. Die durchschnittlichen Temperaturen stiegen in diesen Jahrhunderten um einige Grad. Die Menschen waren beflügelt und brachen aus den Traditionen aus. Der Propst von St. Severin in Köln kritisierte im Jahre 1181 einen Bauern, der «lieber das Amt eines Krämers ausüben als den Acker bebauen» wolle.

Der Anteil der Menschen, die in den Städten lebten, stieg auf 10 bis 15 Prozent der Gesamtbevölkerung. (Am Beginn des 19. Jahrhunderts waren es gerade 20 Prozent.) Diese rund 1,5 Millionen Bürger lebten in rund 3000 Städten – nicht mehr, als wir heute auf dem gleichen Gebiet zählen. Wer im Mittelalter mehr als zehntausend Einwohner zusammenbrachte, zählte zu den Großstädten. Zwölf bis fünfzehn Städte konnten da mithalten. An das 400 Hektar große und mächtige Köln mit seinen 40000 Einwohnern kam allerdings keine andere deutsche Stadt heran. An zweiter Stelle standen Nürnberg und Lübeck mit 23000 Einwohnern. Acht- bis sechzehntausend Einwohner machten eine große Mittelstadt. Davon gab es fünfzehn bis zwanzig: Rostock (10000 bis 12000), Frankfurt am Main (8000), und selbst die reiche Hansestadt Hamburg zählte 1376, als die Blütezeit der Hanse begann, nicht mehr als 8000 Einwohner.

Weil der Rat der Stadt Hamburg nach einem fehlgeschlagenen Aufstand der Handwerker 1376 von allen Bürgern einen neuen Eid verlangte, sind wir in der einmaligen Lage, diese Zahl aufzuschlüsseln und das statistische Gerippe einer Stadt sichtbar zu machen. Genau 1175 Bürger – und das bedeutet männliche Erwachsene – legten diesen Eid ab. Vergleiche mit andern Quellen belegen, daß sich rund 10 Prozent der Bürger um diese Verpflichtung drückten. Hinzu kamen 19 Ratsherren und 42 städtische Angestellte. Damit wären wir bei rund 1350 Köpfen angelangt. Außerdem lebten in der Stadt 120 Geistliche und an kleinen Leuten ohne Bürgerrecht, an Gästen und Kranken in Hospitälern 150 Personen. Das bedeutet ein paar Hundert allein lebende Menschen und etwas über 1400 Haushalte. Nun müssen wir ein wenig vorgreifen und einfach feststellen, daß die Historiker inzwischen nicht nur bei den Germanen von der legendären Großfamilie Abschied genommen haben, sondern auch auf eine Familie im städtischen Mittelalter fünf Köpfe zählen. Dies hochgerechnet ergibt für Hamburg knapp 8000 Einwohner.

Zu den kleineren Orten zählten rund 150 Orte mit ein- bis zweitausend Einwohnern. Dieser Elite von Städten standen 2800 Kleinstädte gegenüber, die maximal eintausend Menschen beherbergten und manchmal nur zweihundert. Doch auch diese zweihundert bewegten sich in einer Lebensform, die sich grundsätzlich von einer Dorfgemeinschaft unterschied. Auch in der kleinsten Stadt lebten Kaufleute und Händler, Handwerker und Arbeiter. Auf dem Markt wurde der Pfeffer aus Indien ebenso gehandelt wie die Tuche aus Köln oder Flandern. Da wehte ein Hauch von Weltläufigkeit, ein Geruch von Basar. Und wer in die Stadt zog – ob er genug Geld hatte, sein Bürgerrecht zu kaufen oder nicht – war ein freier Mensch, keinem Grundherrn untertan.

Werfen wir ausnahmsweise einen kurzen Blick über die Grenzen, dann sehen wir, daß die Deutschen mit ihren Städten im europäischen Vergleich gut mithalten konnten, auch wenn die größten Städte woanders lagen: Brügge und Gent in Flandern (50000), Paris (zwischen 60000 und 100000), die gleiche Zahl konnten Florenz, Mailand und Venedig aufweisen. Prag und Wien kamen auf 40000, London auf 30000. In Rom, einst die Hauptstadt eines Weltreiches, weideten – seit die Päpste 1309 ins französische Avignon zogen – die Schafe zwischen den verfallenen Zeugen einer großen Vergangenheit.

Als Lambert von Hersfeld über den Aufstand der Kölner gegen Erzbischof Anno berichtete, wies er ausdrücklich darauf hin, daß der Kaufmannssohn, der die protestierenden Bürger anführte, mit den führenden Familien der Stadt verwandt war. Bei den Städtern, die sich aus der feudalen Unfreiheit gelöst hatten, setzte sich das gleiche Ordnungs- und Machtprinzip durch, das die aristokratische Elite und damit das gesamte Reich zusammenhielt: Nicht so sehr Männer, sondern Familien machten Geschichte. Mit der Zeit bildeten die Kaufmannsfamilien eine geschlossene Gesellschaft, in die man geboren wurde und in die einzuheiraten immer schwieriger wurde, weil man seinen Ehepartner in den eigenen Kreisen suchte. Am Anfang solcher bürgerlichen Aristokratien stand allerdings weder die Berufung auf adlige Ahnen noch die Erhebung in den Adelsstand durch den König. Nicht mystische Blutseigenschaften machten aus einem Menschen einen erfolgreichen Kaufmann, sondern Arbeit und Anstrengung. Die Bürger stellten die adlige Wertskala, die ja gerade im Nichtstun ein Kennzeichen des freien Mannes sah, auf den Kopf. Darum war es im 11. Jahrhundert sogar einem Juden, der sich hatte taufen lassen, möglich, in die oberste Kölner Kaufmannsschicht aufzusteigen.

Voraussetzung für solche Einheiraten war Reichtum, der mindestens schon zwei Generationen Bestand hatte. Der Reichtum der Kaufleute lag aber nicht nur als Bargeld in den kostbaren geschnitzten Truhen, sondern bestand aus Immobilien und Häusern, die sie weiter vermieteten und verpachteten. Sie kauften Brau- und Schlachthäuser, Schmieden und Mühlen in der Stadt, ländliche Höfe und Weinberge. Um 1237 verteilte der Kölner Kaufmann Typoldus de novo Foro – Diepold vom Neumarkt – an seine drei Kinder 15 Häuser. 1285 erbte der Bürger Heinrich von seinen Eltern den Zins von 46 Häusern in Köln. Die Kaufmannsfamilie Runtinger in Regensburg, die um 1390 die meisten Steuern zahlte und sich damit an die Spitze des städtischen Reichtums setzte, besaß in Regensburg vier Häuser und hatte in der Umgebung elf Weingärten und fünf Höfe verpachtet. Ständig nahmen die Stadtverwaltungen bei den reichsten Familien Kredit auf. Das Geld, das die führenden Kaufleute zwischen Lübeck und Konstanz in diesen Jahrhunderten umsetzten, und der Besitz, der sich in ihren Familien ansammelte, kann nur mit dem verglichen werden, was die Industriebarone des 19. Jahrhunderts zusammenrafften. Und ehrenhafter ist es im Mittelalter auch nicht zugegangen. Denn mit Geschäften auf Treu und Glauben hätte man solche Gewinne nicht machen können. Es ist Zeit, von einer frommen Legende Abschied zu nehmen.

Wenn die Kaufleute zur Beichte gingen, dann gestanden sie dem Priester: «Herr, wir können fast nichts kaufen oder verkaufen, ohne lügen, schwören oder falsch schwören zu müssen ... in unseren Handelsgeschäften können wir das Gebot, eure Rede sei ja ja, nein, nein, nicht befolgen.» Das schreibt der Mönch Caesarius von Heisterbach am Anfang des 13. Jahrhunderts. Auch sein geistlicher Bruder Berthold von Regensburg malt eine Generation später in seinen Predigten ohne Schminke das Bild der Kaufleute, die «lügen, betrügen und im Namen Gottes faule Geschäfte machen». Die Elite in der Stadt bestand weder aus genügsamen Hausvätern noch aus bescheidenen Hausfrauen.

Entstanden ist das Bild mittelalterlicher Butzenscheiben-Seligkeit vor allem im vorigen Jahrhundert. Die Romantik entdeckte diese Vergangenheit wieder, Richard Wagner gab dem neuen Ideal in seinen «Meistersingern» musikalische Gestalt. Das Bürgertum des 19. Jahrhunderts, politisch ohne Macht und Rückgrat, rechtfertigte mit dem Blick in die Vergangenheit, in der es angeblich nur emsige Handwerker wie Hans Sachs oder Geschäftsleute wie die Fugger, die allein von ihrem Geld lebten, gab – rechtfertigte damit die Gegenwart. Aber seien wir gerecht: Diese Mythen entstanden vor 1871 und damit vor 1933. Sie waren auch der Versuch einer «verspäteten Nation», in der verklärten Vergangenheit die Rechtfertigung für nationale Einheit zu finden, die noch ausstand. Und weil für die Mehrheit der Deutschen dieses Ziel nur mit Preußen zu erreichen war, erhielt dieser Nationalismus eine starke protestantische Färbung, zumal sich die Gestalt Luthers als Vorläufer einer nationalen Bewegung geradezu aufdrängte. Da lag es denn nahe, nicht das katholische Köln, Metropole des städtischen Mittelalters, sondern das im Jahrhundert der Reformation aufstrebende protestantische Nürnberg als Kulisse zu wählen. Hatte diese Stadt doch auch noch Albrecht Dürer als nationales Erbe anzubieten.

Es ist gar nicht so schwer nachzufühlen, wie diese Melange entstand, zumal die Historiker des 19. Jahrhunderts und darüber hinaus eifrig mitmischten. Die Experten setzten die mittelalterliche Wirtschaft gegen den Kapitalismus ab, die skrupellosen Geschäfte der Gründerzeit gegen den Handschlag des mittelalterlichen Kaufmanns: der angeblich keine Buchführung kannte und kaum rechnen konnte. Der sich mit dem Lebensnotwendigsten zufrieden gab, in der Stadt ein ruhiges Leben führte und keine Ahnung hatte, was außerhalb der Stadttore in der Welt vor sich ging. Einer Generation, die nur an Sonntagen die gute Stube aufschloß und an ihren staatlichen Dienern rühmte, daß sie so genügsam waren, fehlte die Phantasie für eine Zeit, in der zweierlei galt: Hast du was, dann bist du was. Und: Bist du was, dann zeige das. Martin Luther, ein Kind des Mittelalters, meinte: Wenn du sündigst, dann sündige tapfer. Aber das hatten die nüchternen protestantischen Romantiker des 19. Jahrhunderts längst vergessen.

«Abenteurer» hießen die Kaufleute im Norden Deutschlands, wo vor allem der Zusammenschluß der Hansestädte die Wirtschaft ankurbelte. Und «Aventiure» hieß das Geschäft, das man machte. Verträge zwischen zwei Geschäftsleuten wurden in Lübeck «up user twiger eventhure» gemacht. Dahinter steht die Einsicht, daß mit jedem Geschäft auch ein Abenteuer, ein Risiko verbunden ist. Offenbar hatte man in Süddeutschland weniger Skrupel und gab diesem Wort den gegenteiligen Sinn. Als die Ravensburger Handelsgesellschaft 1479 von ihrer Filiale in Valencia guten «abentyr» im Zuckergeschäft erwartet, ist damit nichts als der Gewinn gemeint.

Wer Risiko eingeht, um Gewinn zu machen, der schafft seine Waren nicht an den nächstbesten Ort, um sie für irgendeinen Preis loszuschlagen. Vielmehr lenkt er die Güter dorthin, wo er den höchsten Preis bekommt; manipuliert die Mengen, damit Knappheit den Preis in die Höhe gehen läßt; stimuliert den Verbrauch mit immer neuen und ausgefallenen Angeboten. Ein Teufel ist der Kaufmann deshalb nicht. Er befriedigt die Wünsche des Menschen, dem stets das Nächstliegende fad erscheint; der das begehrt, was nur unter Schwierigkeiten erreichbar ist, weil das Einfache doch nicht von Wert sein kann. Heute kommen die meisten Hähnchen aus Holland und die Gänse aus Polen. Die einen schwören, daß der Puter aus den USA der beste sei. Eine Aufzählung, die bis ins Unendliche fortgesetzt werden könnte und die eben nicht den Luxus, sondern Dinge des täglichen Bedarfs betrifft.

Es war im Mittelalter nicht anders: In Köln aß man am liebsten Ochsen aus Ungarn. Die Frankfurter Metzger zogen bis hinauf nach Bremen, um ihre Kunden zufriedenzustellen. In Nürnberg orderte das Tuchhaus Holzschuher am Beginn des 14. Jahrhunderts für Bürger, Adel und Klerus Stoffe aus Gent und London. Wir sind darüber informiert, weil das Handelsbuch der Firma aus dieser Zeit erhalten ist. Es gehört zu den frühesten Quellen des kaufmännischen Lebens im Mittelalter. Über Zahlen allerdings geht es, wie die meisten, die wir aus den folgenden zwei Jahrhunderten besitzen, nicht hinaus. Eine Ausnahme macht das Handelsbuch der Familienfirma Runtinger in Regensburg. Hier wurden nicht nur von einer der größten Gesellschaften im süddeutschen Raum zwischen 1383 und 1407 die meisten geschäftlichen Einnahmen und Einkäufe festgehalten, sondern auch Hochzeiten und Ehekontrakte aufgeführt, Rezepte und private Anschaffungen notiert. Über die Niederlassungen in Prag und Wien wurde ebenso genau Buch geführt wie über das, was Frau Runtinger auf eigene Rechnung kaufen ließ. Das Buch besteht aus 416 eng beschriebenen und in der Chronologie völlig durcheinandergehenden Seiten. Am Ende des vorigen Jahrhunderts gefunden, ist dieses einmalige Dokument erst 1976 durch einen erläuternden Band in seiner ganzen Bedeutung verständlich geworden. Familie Runtinger werden wir noch aus nächster Nähe kennenlernen. Zuerst geht es jedoch wieder nach Köln.

Die Stadt am Rhein war im Mittelalter die Drehscheibe des europäischen Getreidehandels. Korn war ein lebenswichtiges und nicht selten äußerst knappes Gut, weil zuviel Sonne oder zuviel Regen die Ernte für ein Jahr und zugleich das Saatgut für das nächste Frühjahr zerstörte. Köln und das hier gehandelte Getreide beweisen, daß die mittelalterliche Stadt nicht nur von dem lebte, was im eigenen Umland angebaut und angeboten wurde, sondern ein kompliziertes Handelsnetz den ganzen europäischen Kontinent überzog. Die Kölner Bevölkerung selbst brauchte große Mengen für den eigenen täglichen Bedarf. Er kam in Flotten von weit her – in Danzig oder Reval aufs Schiff geladen, fuhr das Getreide durch die Ostsee, das Skagerrak, den Rhein hinauf. Im Osten nämlich gab es mit zunehmender Kolonisation Überschüsse und zugleich die billige Arbeitskraft der unterdrückten slawischen Bevölkerung.

So kam es, daß zum Beispiel das elsässische Städtchen Schlettstadt ebenso wie Straßburg, beide von Kornfeldern umgeben, mit

Vorliebe in Köln ostdeutsches Getreide kaufte – weil es dort billiger war. Und weil Getreide immer ein gutes Geschäft und sauber zu transportieren war, nahm der Kaufmann, der in Köln eine Schiffsladung Pelze verkauft hatte, auf der Heimfahrt Getreide mit. (Übrigens ist die Qualität der Kölner Pelze so berühmt, daß der Kürschnermeister des Bischofs von Trier angewiesen war, für seine Exzellenz nur hier einzukaufen). Oder nehmen wir Herden Dude, Kölns größten Heringshändler im 15. Jahrhundert. Er besaß in Mainz zwei Häuser, in deren Gewölben insgesamt 500 Malter Getreide lagern konnten. War die Heringsladung aus Köln gelöscht, wurde das rieselnde Gold für die Rückfahrt geladen. Sie bekamen den Hals offensichtlich nicht voll, diese Geschäftsleute, und schämten sich dessen nicht. Als Jakob Fugger im Alter gefragt wurde, warum er sich nicht endlich zur Ruhe setzte, antwortete der Geldgeber der Mächtigen: er wolle Gewinne machen, solange er könne.

Die Runtingers in Regensburg handelten zu einem Drittel mit Gewürzen, einem Drittel mit Seiden – beides kauften sie in Venedig ein – und zu einem Drittel mit Tuchen, die vor allem aus Flandern kamen. Wie jedermann Getreide zum Leben brauchte, so notwendig war den Reichen in Stadt und Land eine standesgemäße Kleidung. Luxus hätten sie das nicht genannt und «fürs Leben» wurde nicht eingekauft, egal, wie hoch die Preise waren. Auch im Mittelalter wechselten sich die Moden ab. Ungefähr alle drei Jahre, wie die Eintragungen im Runtingerbuch ergeben. Mal wird Loden bevorzugt, mal ein kurz geschorener Stoff. Auf jeden Fall aber nimmt man immer das Beste vom Besten. Übrigens waren europäische Tuche weltweit beliebt. Die Reichen in Peking trugen Stoffe aus Flandern, und die vornehmen Damen in Ägypten bevorzugten das Leinen aus Frankreich. Für die Einkäufe ging der Handlungsdiener auf Reisen. Der Kaufmann blieb im 14. Jahrhundert in seiner «skrivekamere», dem Kontor. Er konnte längst schreiben, kannte die doppelte Buchführung. Geschäftsabschlüsse wurden zum Teil schriftlich vorgenommen, Wechsel waren keine Seltenheit.

Dreimal im Jahr reiste der Einkäufer für die Runtingers von Regensburg nach Venedig. Matthäus Runtinger schrieb 1383 in sein Hauptbuch: «Ich sandte Heinrich Taffersdorfer nach Venedig, er ritt hier aus einen Tag vor dem Allerheiligentag. Er führte mit sich 12000 Dukaten von meinem Geld, dafür soll er zu Venedig Baumwolle kaufen, gute Sorte. Außerdem soll er kaufen 5 Sammete, einen lichtgrünen, 1 lichtbraunen, 1 sattblauen, 1 sattgrauen und 1 weißen Samt oder 2 sattblaue; dazu 4 Bagdadseiden mit großer grüner Musterung auf rotem Grund und 2 Bagdadseiden mit Gold auf rotem Grund und großer grüner Musterung, und 2 Rollen mit Bortenseide, die also gefärbt sein soll: 2 ℔ schwarze und 2 ℔ graue, 2 ℔ sattblaue, 2 ℔ weiße, 1 ℔ lichtblaue, 2 ℔ braune, 2 ℔ grüne; zusammen also 13 ℔ Seide ... Er ritt ein schwarzes Pferd, das ist seines ...»

Seide war nicht nur für Mäntel und Kleider beliebt. Man machte daraus Kissen, Bettdecken und kostbare Himmel über den Bettgestellen. Was die Familie Runtinger für sich selbst an Stoffen verschneidern ließ, wurde ebenfalls genau aufgeschrieben. Daher wissen wir: Der reichste Mann der Stadt gab sich mit dem Billigsten zufrieden, seine Frau bekam das Teuerste. Von einem Einkauf in Brabant erhielt Frau Runtinger 19 Ellen eines lasurblauen Tuches zu 40 Gulden. Ihr Mann nahm sich von der gleichen Sendung 13 Ellen zu 20½ Gulden von grauem Schlagtuch, billiger Stoff, mit dem man die Kostbarkeiten einschlug. Ein andermal erhielt die Frau des Hauses ein halbes scharlachrotes Tuch aus Maastricht, das 52 Gulden kostete. Nur einmal nahm Herr Runtinger auch etwas Gutes – zur Beerdigung seiner früh verstorbenen Tochter Klara, die mit Hans Graner verheiratet war: «Item so habe ich ein schwarzes Tuch von Brüssel verschnitten, mir halb und meinem Eidam (Schwiegersohn) halb, am Sonntag vor Mattäi, da meine Tochter, die Granerin starb. Er soll mir für seinen Teil 18 neue ungarische Gulden geben.»

Die einfache Kleidung des Matthäus Runtinger ist eine Ausnahme für die mittelalterliche Männerwelt. Trat der Kaufmann in der Öffentlichkeit auf, ob im Rat der Stadt oder bei einem feierlichen Begräbnis, trug er selbstverständlich ein Gewand, das seinen Rang in der Gesellschaft und im Machtgefüge der Stadt ausdrückte: «Sein Mantel, Zobel oben / Und innen Hermelin, / War überall zu loben, / Der Gurt ihm köstlich schien. / Der trug auch Ring und

Spangen / Mit manchem guten Stein.» So beschrieb der fürstliche Beamte und Dichter Rudolf von Ems, gestorben um 1254, in seinem Epos «Der gute Gerhard» einen erfolgreichen Kölner Kaufmann. Mäntel, Pelze und Schmuckwerk waren für die Menschen dieser Zeit ein Statussymbol, stärker noch und strenger, als es das Auto in unserem Jahrhundert je gewesen ist. Die städtischen Räte erließen Kleiderordnungen, um den allzu provokativen Luxus der Oberschicht eindämmen und um zugleich durch bestimmte Kleiderverbote die Trennung zwischen den Gruppen in der Stadt sichtbar zu machen. In vielen norddeutschen Städten hingen Kleidung und Schmuck der Frauen vom Vermögen ab, das der Ehemann versteuerte. Frauen, «die in öffentlicher Sünde» lebten, durften sich weder mit Korallenschnüren noch mit «anderen Zierringen, die fromme Frauen tragen», schmücken. Bruder Berthold von Regensburg spricht von den «Frauen, die auf dem Stadtgraben spazieren gehen» und sich durch ein gelbes Band ausweisen müssen.

Als man 1462 in Augsburg entdeckte, daß der Kaufmann Ulrich Dendrich, aus alter, eingesessener Familie, städtische Gelder unterschlagen hatte, strafte man ihn mit dem Entzug seiner Statussymbole. Er durfte hinfort weder Zobel noch Marderpelze tragen, auch nicht Samt oder Seide, und Schmuck aus Gold und Silber war ihm ebenfalls verboten. Ging er durch die Straßen, wußte jeder sofort, wie tief dieser Patrizier gefallen war. Er wurde – auf seine Weise – an den öffentlichen Pranger gestellt. Allerdings waren die Herrschenden nicht immer bereit, sich diesen Gesetzen zu fügen. In Köln trieb der Kaufmann Matthias vom Spiegel 1327 beim Begräbnis seines Vaters an «baldekinis et candelis» – Gold durchwirktem Stoff und Kerzen – einen solchen Aufwand, daß der Rat ihn zu 20 Mark Strafe verurteilte. (Damals machten 12 Schillinge eine Kölner Mark.) Als Matthias keinerlei Anstalten traf, diese Summe zu zahlen, wurde ein Versäumniszuschlag von zehn Mark dazugeschlagen. Zum Vergleich: Das Jahresgehalt des Kölner Stadtschreibers in dieser Zeit – ein angesehenes Amt – betrug 60 Mark.

Bleiben wir in der «hillige stat Coelle», von der der Humanist Enea Silvio de' Piccolomini, später Papst Pius II., bei seinem Besuch 1447 schrieb, er habe in ganz Europa keine herrlichere Stadt gesehen als «Köln mit seinen prächtigen Kirchen, Rathäusern, Türmen und bleigedeckten Gebäuden, seinen reichen Einwohnern, seinem schönen Strom und den fruchtbaren Gefilden ringsum». Rainald von Dassel, Erzbischof von Köln und unter Barbarossa Kanzler des Reiches, der gerne «sein vergängliches Fleisch mit kunstvoll gearbeiteten griechischen Seidenstoffen und russischen Pelzen schmückte», hatte im Sommer 1164 die Gebeine der Heiligen Drei Könige von einem Italienfeldzug in seine Bischofsstadt überführt. Diese kostbaren Reliquien machten Köln zu einem Anziehungspunkt für die gläubigen Wallfahrer in ganz Europa und brachte ständig neues Geld in die Kassen der Kaufleute, Wirte, Handwerker und Bettler. Denn auch fromme Menschen wollen essen und trinken, übernachten und Souvenirs für die Daheimgebliebenen kaufen.

Es waren rund 40 Patrizierfamilien, die in Köln politisch und gesellschaftlich den Ton angaben. Sie saßen als Schöffen im Gericht, bildeten den Rat der Stadt und stellten ausschließlich aus ihren Reihen die beiden Bürgermeister. Das ging ohne Murren der übrigen neunzig Prozent der Bevölkerung bis 1370. Dann wagten die wohlsituierten Weber den Aufstand. Er wurde blutig niedergeschlagen. Schon ein Jahr danach war alles wieder beim alten. Es ist überliefert, daß einer dieser Patrizier einmal den übrigen Bürgern allen «dat fallende oevel» (Fallsucht, Epilepsie) wünschte. Bei soviel Überheblichkeit wundert es nicht, daß die Mächtigen sich die Spottnamen, die ihnen die Ohnmächtigen gaben, zu ihren Familiennamen machten. So entstanden die Overstolz (Überstolz), die Hartevust (Hartefaust), die Gyr, die sich auch mit dem lateinischen Wort «avari» (Geizhälse) schmückten, die Ungemaze (Unmäßigen) und die Kleingedank, die keinen Dank kannten. Und sie alle zusammen bildeten in Köln ganz offiziell die «Richerzeche», die Genossenschaft der Reichen.

In den Urkunden nannte man sie die «bürgerlichen Edlen» – «nobiles cives Colonienses», und sie selbst gaben sich den Rittertitel. Es kam vor, daß sie in den niederen und hohen Adel heirateten. Ein solcher Weg nach oben ging immer über die Töchter, deren Mitgift manchen Adligen die Standesschranken vergessen ließ.

Doch in der Regel heirateten diese 40 Familien unter sich, waren auf vielfältige Weise versippt und verschwägert. Einen sozialen Inzest kann man das nennen. Geld kam zu Geld. Diese Heiratsregel galt für die kaufmännische Oberschicht in allen deutschen Städten. Auch die Runtingers in Regensburg waren keine Ausnahme.

Wilhelm Runtinger war um die Mitte des 14. Jahrhunderts in Regensburg eingewandert und hatte durch Einheirat in das alteingesessene Geschlecht der Löbel den Grundstein für den schnellen Aufstieg seiner Familie innerhalb der städtischen Hierarchie gelegt. Sein Sohn Matthäus heiratete in erster Ehe Agnes Pütreich, die Tochter des reichsten Münchner Bürgers. Die zweite Frau kam aus der Regensburger Patrizierfamilie Grafenreuth, die ihr Geld im Weinhandel machte. Als Klara, die Tochter des Matthäus 1390 Hans Graner heiratete, kamen die beiden größten Familienvermögen der Stadt zusammen. Im Ehekontrakt wurde unter Zeugen festgelegt, daß Klara in gleichem Maße erbberechtigt war wie ihr Mann. Auch die Aufteilung der Hochzeitskosten steht im Kontrakt. Der Brautvater war in diesem Punkt so penibel wie in seinen kaufmännischen Geschäften: «Ist es, daß wir nur 8 Frauen bei der Hochzeit haben, so soll ich, Matthäus Runtinger, die Hochzeit allein bezahlen; haben wir aber mehr Frauen, so soll Herr Hans Graner die Hochzeit halb bezahlen und ich halb; also es zwischen uns geredet worden.»

Wie es tatsächlich zuging, verrät die Eintragung im Handelsbuch: «Wir hatten 28 Frauen auf der Hochzeit, mein Eidam bezahlte die Fische und ich gab Stupp (Gewürze) und Safran zu den Fischen; über das kosteten mich die zwei Festmahle in der Hochzeit 41 Gulden. Ich hatte die Hochzeit am Mittwoch und Donnerstag vor St. Bartholomäustag.»

Die Hochzeit kostete also insgesamt 82 Gulden – Gelegenheit, ein Wort zum mittelalterlichen Geld und dessen Umrechnung in heutige Werte anzumerken. Wenn in diesen Wochen und Monaten – gegen Ende des 20. Jahrhunderts – der US-Dollar um ein paar Pfennige fällt, das englische Pfund nach unten rutscht oder die Deutsche Mark ein wenig steigt, gerät das gesamte Weltwirtschaftssystem in Aufruhr. In Europa gibt es nationale Inflationen, die zweistellige Höhen erreichen. In der Bundesrepublik haben sich Löhne und Preise seit den fünfziger Jahren um ein Vielfaches erhöht. Stellen wir uns vor, wir müßten das Währungssystem der fünfziger Jahre unseres Jahrhunderts mit den heutigen Werten vergleichen. Schwierig genug wäre das. Wie kompliziert aber wird erst der Rückblick auf unsere Epoche in einem halben Jahrtausend sein! Und dies auf dem Hintergrund einheitlicher nationaler Währungen und Gewichte, europäischer und weltweiter Absprachen und Angleichungen.

Das Mittelalter kannte nichts dergleichen. Geld und Währungen lagen in den Händen der Grundherren, da es keine staatliche Zentralgewalt gab. Jedes Fürstentum, jede Stadt im Reich hatte eigene Maße und Gewichte, prägte eigene Münzen. Das kleine Venezianische Pfund wog 297½ Gramm, das große 475 Gramm, das in Regensburg 511 Gramm. Die Nürnberger Elle maß 66 cm, die in Regensburg 81 bis 85 cm. Der Gulden bezeichnete immer eine goldene Münze. Es gab den ungarischen Gulden – alter und neuer Prägung –, den rheinischen Gulden und den Brüsseler Peter. Die Mehrzahl der Münzen wurden mit Silber geprägt: der Prager Groschen, der Regensburger und der Kölner Pfennig, der Amberger und der Wiener Pfennig – und so weiter und so weiter. Schon für die Zeitgenossen muß diese Vielfalt verwirrend gewesen sein. Zu den wichtigsten Ämtern zählte deshalb das Münz- und Wechselamt, wo die unterschiedliche Währung gegen das jeweilige Zahlungsmittel am Ort umgetauscht wurde. In Regensburg besaß zur Zeit des uns bekannten Handelsbuches Familie Runtinger die Münz- und Wechselstube.

Zur mittelalterlichen Münzvielfalt kamen – wie in unserer Zeit – Inflationen und Deflationen, da es sich eben nicht um eine primitive, sondern um eine hochentwickelte Wirtschaft handelte. Das Geld jener Zeit in die Werte auch nur eines bestimmten Jahrzehnts im 20. Jahrhundert umzuwandeln, grenzt deshalb an Scharlatanerie. Die Experten lehnen heute solche Umrechnungen ab. Man kann schon einmal eine große runde Summe über den Daumen peilen. Sonst aber gilt: Nur Vergleiche innerhalb eines Zeitraums geben von Löhnen und Preisen eine realistische Vorstellung und von dem, was vor mehr als einem Jahrtausend Armut und Reichtum bedeuteten.

Machen wir eine Ausnahme bei den Hochzeitskosten für Klara Runtinger. Die 82 Gulden hätten heute ungefähr einen Kaufwert von 20000 DM. Vergleicht man das mit dem Reichtum der beiden Familien, die sich verschwägerten, so war das nur ein mittelmäßiges Fest. Im gleichen Jahr notierte Matthäus Runtinger ein Barvermögen von 18000 Gulden. Damit war er der Reichste in der Stadt. Übrigens trug er solche Eintragungen nur verschlüsselt und mit arabischen Ziffern – die damals kaum jemand kannte – ins Handelsbuch. Versteuert wurde nämlich immer sehr viel weniger, als dem tatsächlichen Gewinn entsprach – noch dazu auf Treu und Glauben des Steuerzahlers. Übrigens handelt es sich bei dieser Summe um böhmisch-ungarische Gulden. Für einen davon mußte zur gleichen Zeit in Regensburg ein Arbeiter 20 bis 25 Tage arbeiten. Ein Handwerksmeister hatte dieses Geld nach siebeneinhalb Tagen zusammen. Kaufen konnte man dafür eine Hose aus gutem Tuch oder zwei Hemden aus einfachem Leinen.

Während die Runtingers in Regensburg Buch führten, ließ in Köln Hermann von Goch durch seinen Verwalter Leo jede Ausgabe für seine Familie genauestens in ein Haushaltsbuch eintragen. Auf 32 Blättern sind uns 27 Monate einer großbürgerlichen Lebensführung erhalten, die Zeit vom Januar 1391 bis zum Oktober 1394. Fünf Jahre später legte Hermann von Goch seinen Kopf auf den Block des Scharfrichters, und sein Schwager starb auf die gleiche Weise mit ihm – beide rechtskräftig verurteilt von der Stadt Köln. Das Leben des Hermann von Goch zeigt: So sehr sich die Stände in der Stadt voneinander abgrenzten, wer Ellenbogen und seinen Verstand gebrauchte, konnte vorgezeichnete Bahnen sprengen. Doch Aufstieg und Fall lagen stets dicht beieinander. Darum hieß die Weisheit des mittelalterlichen Menschen: Iß, trink und sei fröhlich, denn morgen wirst du sterben.

Hermann von Goch war Geistlicher im Stift zu Kaiserswerth, bevor ihn der Ehrgeiz packte, in weltlichen Geschäften zu reüssieren. Er ging in den Dienst des Erzbischofs von Köln, wurde sein Sekretär und Siegelbewahrer, managte schließlich in eigener Verantwortung das gesamte Einkommen des Erzbischofs in der Stadt Köln. Er erledigte seine Aufgaben zur Zufriedenheit seines

Herrn und zugleich zu seinem eigenen Vorteil. Hermann hatte eine glückliche Hand in Finanzgeschäften und Verpachtungen. Kaiser Karl IV. machte ihn zu seinem Vertrauten und Hofbeamten.

In Köln allein kaufte Hermann mit der Zeit 45 Häuser und Höfe und wurde einer der reichsten Bürger der Stadt. Dort lernte er auch die Bürgerstochter Irmgard von der Kemenate kennen, zeugte neun Kinder mit ihr und erreichte schließlich durch seinen Schwager, der beste Beziehungen zum päpstlichen Hof hatte, daß die Priesterweihe aufgehoben und seine Beziehung zu Irmgard legalisiert wurde.

Solange Fortuna ihm lächelte, wollte ein jeder, der etwas auf sich hielt, als Gast in das große Haus des Hermann von Goch in der Glockengasse geladen sein. Wenn auch nicht jeder Patrizier – wie Hermann – einen Herzog bei sich begrüßen durfte, so gewinnen wir doch aus diesem Haushaltsbuch ein eindruckvolles Bild, wie die Reichen in der mittelalterlichen Stadt lebten, als ihre Wirtschaftskraft und ihr Ansehen auf dem Höhepunkt waren.

Den größten Posten der Gesamtausgaben von 4650 Mark – damalige Kölner Mark! – nehmen Essen und Trinken mit 2530 Mark ein. Im Monatsdurchschnitt betrugen die Kosten für Nahrungsmittel in diesem großbürgerlichen Haushalt 98 Mark. Ein gut verdienender Bauhandwerker bekam um diese Zeit in Köln einen Monatslohn von dreizehn Mark. Ein ganzes Schwein kostete fünf Mark, das konnte sich der Handwerker pfundweise leisten. Für zehn Pfund Bettfedern mußte man ebenfalls fünf Mark auf den Ladentisch legen. Soviel zu den Preisen. Sehen wir nun zu, was bei Familie Hermann täglich auf den Tisch kam.

Fleisch und Fisch hielten sich beim Verzehr die Waage. Man schätzte den Fisch nicht nur an Fastentagen, sondern auch sonst als Delikatesse. Er wurde fast täglich frisch auf dem Markt eingekauft, manchmal sechs Sorten auf einmal. Am liebsten aß man Hecht, es folgten Krebse, Lachs, Scholle und Karpfen. Beim Wild standen Rebhühner, Schnepfen und Fasanen an der Spitze. Hühner und Masthähnchen wurden gleich zu Dutzenden eingekauft urd nicht etwa selbst auf den eigenen Höfen gezogen. Von dort kamen manchmal ein paar Eier. Auch sie kaufte man lieber ein, einmal hundert auf einmal. Noch deutlicher wird es beim Fleisch, daß der bürgerliche Haushalt des Mittelalters kein Selbstversorger war, kein familiärer Kleinbetrieb. Niemand dort machte sich die Hände schmutzig mit Arbeiten, die man als Fertigprodukte kaufen oder die man in Lohnarbeit geben konnte. Man kaufte zum Beispiel sechs Ochsen auf einmal und gab sie dann einem selbständigen Metzger zur Verarbeitung weiter. Würste oder geräucherte Schinken wurden bei Hermann von Goch weder von der Hausfrau noch von den Knechten oder Mägden zubereitet.

Die Liste der Dinge, die nicht im Hause hergestellt oder bearbeitet wurden, ist erstaunlich lang. Wer heute sein Brot im eigenen Ofen backt, kann sich auf diese Altvordern nicht berufen. Bei Hermann von Goch aß man nur Weißbrot, das beim Bäcker gekauft wurde. Für Kuchen und Plätzchen ging man zur Brothalle. Dabei war es üblich, ungefähr eine Woche lang anschreiben zu lassen, bevor man bezahlte. Bleiben wir bei den aushäusigen Arbeiten: Nicht einmal das Gras mähten die eigenen Knechte. Ein Mann kam, der dafür bezahlt wurde. Das Wachs kaufte man pfundweise, aber keine Magd drehte die Kerzen. Das machten Frauen, die dafür bezahlt wurden. Kleiderstoffe erstand Hermann von Goch im Großen für die ganze Familie. Aber die Hausfrau griff keineswegs zu Nadel und Faden. Der Schneider kam ins Haus und wurde dafür bezahlt. Nicht einmal sämtliche Wäsche erledigte das Personal. Große Leinenstücke wurden regelmäßig an Wäscherinnen außer Haus gegeben.

Zurück zum Essen: Je mehr Gewürze in einem mittelalterlichen Haushalt verbraucht wurden, desto feiner die Küche. Fast täglich wurde für die Glockengasse Senf eingekauft. An Pfeffer, Ingwer und Safran war kein Mangel. Auch harten Zucker gab es, eine Delikatesse der Reichen. Die andern konnten sich nur Melasse, einen dicken Zuckersirup, leisten. Zum Nachtisch kam Obst auf den Tisch. Hermann von Goch hatte einen Koch, einen Unterkoch und einen Küchenjungen angestellt. Eingekauft wurde täglich, auch sonntags. Denn ob Fleisch oder Fisch, Obst oder Gemüse – alles mußte frisch sein.

Der Bürger war kein Eichhörnchen, das von seinen Vorräten lebte. Wer wenig verdiente, besaß nicht genug, um sich die Speisekammern zu füllen. Der Handel florierte, weil ständig Waren und

Güter gebraucht wurden. Die Nachfrage belebte das Angebot. Die städtische mittelalterliche Wirtschaft war auf ständigen Konsum angelegt. Und selbst in der Fastenzeit, wenn man um Gottes willen zur Mäßigung aufgerufen war, wurde ordentlich zugelangt. Dann verzehrte man im Hause Goch alle zwei Wochen eine Tonne Hering, und die enthielt immerhin tausend Stück. Picken wir uns einen fleischlosen Freitag heraus, zum Beispiel den 18. Juli 1393: Es gab mittags Stör, Salm, Schollen, Krebse und Forellen.

Mit Geld läßt sich aus jeder Not eine Tugend machen. Aber daß die Neider nicht ausbleiben, ist auch eine Binsenweisheit. Als in politisch unruhigen Zeiten der Stadt Köln die Beziehungen ihres Bürgers Hermann von Goch zum Erzbischof und dem Papst in Avignon zu eng wurden, war man schnell mit dem Wort Betrug bei der Hand. Jeder Hecht und jeder Liter Wein wurde zu einem Zeugen der Anklage. Denn das Haushaltsbuch kam zu den Prozeßakten und überlebte so die Zeiten, während sein Besitzer vor den Augen einer neugierigen Menge sein Ende fand.

Außer Kleidung und Essen bot die Wohnung Gelegenheit zu zeigen, was man hatte. Hohe Geschlechtertürme, wie sie heute noch die Toskana zieren, standen auch in deutschen Städten des Mittelalters. Mittelpunkt der imponierenden Bauten war der Festsaal, der meist im ersten Stock lag.

Das Haus der Familie Runtinger, in den vergangenen Jahren vor dem Verfall gerettet und vollständig restauriert, zeigt beispielhaft, wie großzügig die reichen Familien planten. Der älteste Teil stammt aus der Zeit um 1200 und war wohl ursprünglich ein Turm, der zum Schutz am Donauufer stand. Schon 50 Jahre später wurde er zum Wohnsitz einer Patrizierfamilie umgebaut und schmückte mit eltlichen anderen die Silhouette der Stadt. Wilhelm Runtinger kaufte 1376 das Anwesen, heute Keplerstraße 1. Im Laufe der nächsten Jahre kamen noch zwei angrenzende Häuser – die Nummern 3 und 5 – hinzu. Dadurch erst wurde der Ausbau eines großen Festsaales möglich. Er umfaßt rund 200 qm. Die Wände waren mit Blattranken, Blüten, Figuren und Tieren vollständig bemalt. Der Saal und die anderen Räume im ersten Stock hatten verglaste Fenster, damals noch eine Seltenheit. Aus dem Runtinger-Buch wissen wir, daß der Einkäufer 1398 aus Venedig außer den Stoffen auch 2263 «kleine Glasscheiben» mitbringen sollte. Es wird sich um die Butzenscheiben für den großen Saal gehandelt haben. Die Wohnräume der Familie mit Extra-Zimmern für die Frauen lagen im zweiten Stock. Der dritte und vierte Stock diente als Warenlager. Im Erdgeschoß gab es die Geschäftsräume, Küche, Schlafräume für die Angestellten und Diener.

Ein primitives Wirtschaftssystem, bei dem der Kaufmann in der Stadt dem Bauern aus der Umgebung dessen Naturalien gegen Hose, Hemd und ein bißchen Firlefanz eintauscht, hätte solchen Wohlstand niemals schaffen können. Der Motor, der die mittelalterliche Wirtschaft am Laufen hielt, fast noch mehr als in unserer bargeldlosen Zeit, war der Kredit. Niemand, der nicht von ihm profitierte. Die Wirte schrieben an, wenn der Säufer nicht bezahlen konnte. Daß der Verbraucher beim Bäcker oder Metzger auf Borg kaufte, war selbstverständlich. Der Metzger wiederum kaufte seine Ochsen auf Kredit und der Bäcker sein Mehl. Der Kaufmann erstand das Korn, mit dem er spekulierte, wenn es noch auf dem Acker stand. Der Weinhändler schloß seinen Vertrag mit dem Weinbauern im Frühjahr für die Ernte des kommenden Herbstes. Der Handwerker bezahlte seine Rohstoffe erst, wenn er das fertige Produkt verkauft hatte. Kam dann irgendwann der Zeitpunkt, da man unwiderruflich zahlen mußte, und hatte kein Geld, gab es genug Bürger, die auch dieses gegen Wucherzinsen vorstreckten. Denn entgegen dem kirchlichen Zinsverbot machten nicht nur die Juden, sondern auch viele Christen aus dem Geldverleih ein einträgliches Geschäft.

Es verwundert nicht, daß bei solcher Moral die Versuchung für den einzelnen fast unwiderstehlich war, den eigenen Gewinn noch ein bißchen höher zu schrauben, indem man den Mitmenschen übers Ohr haute. Die ehrbaren Kaufleute machten keine Ausnahme und versuchten jeden Trick. Die Akten der Hanse sind voll von Beschwerden über zu kleine Maße und zu geringe Gewichte. Da füllte man die Heringstonnen tief im Innern mit faulem Fisch und verkaufte billige Tuche als Qualitätsware. Lübeck beschwerte sich 1421 bei der Stadt Göttingen, weil dortige Kaufleute Elsässer Weine, die sie auf der Frankfurter Messe eingekauft hatten, in ihre Keller brachten, panschten und als Originalware weiter in den

Norden verschickten. In Lüneburg war ähnliches vorgekommen. Der Kölner Kaufmann Johann Rink wußte, wovon er sprach, als er 1512 in sein Testament schrieb, daß «die Geschäfte der Kaufleute den Seelen und Gewissen Beschwerden machen» und er deshalb den Armen der Stadt 600 Gulden vermache. Wenn sie an der Reihe sind, werden wir noch viele Kaufmannstestamente kennenlernen, deren Inhaber sich auf solche Weise Erbarmen für die Ewigkeit erkauften.

Eines aber muß angemerkt werden zum Unterschied von jener protestantischen Ethik späterer Jahrhunderte, die die Leistung und den damit verbundenen Gewinn direkt mit der göttlichen Zufriedenheit koppelte. Für den gläubigen mittelalterlichen Kaufmann trifft das Gegenteil zu. Er vergaß nie, daß die Entscheidung über Risiko und Gewinn letztlich nicht in seiner Hand lag. Gewinn war kein Verdienst, sondern hing von der Gnade Gottes ab. Die aber konnte man nicht erzwingen, weder durch Fleiß noch durch Gebete. Wenn mitten in den Abrechnungen und Geschäften der Kaufmannsbücher immer wieder der Satz auftaucht: «Gott gebe uns Glück dazu», dann ist das weder eine leere noch eine zynische Floskel. Der Glaube der mittelalterlich-christlichen Kaufleute war zu fest verankert, als daß er die göttliche Gnade abhängig machte von der Vergänglichkeit menschlicher Werke.

Solche Einsicht war allerdings nur der eine Pol des Kaufmannslebens. Der andere hieß Gewinn, und er mußte immerfort ohne Unterlaß angestrebt werden, weil davon die Stellung in der Gesellschaft abhing. Ein armer Adliger fiel nicht aus seinem Stand. Ein Patrizier ohne Geld war nicht denkbar. Er kam allzu schnell in einen tödlichen Kreislauf: Wessen Geschäfte schlechter gingen, der nahm Kredit, um die Löcher zu stopfen. Eines Tages aber verlangte der Geldgeber unbarmherzig seinen Teil zurück. Die Solidarität der Kaufleute untereinander gewährte kurzen Aufschub. Eines Tages war auch sie verbraucht. Caesarius von Heisterbach erzählt die Geschichte des reichen Kölner Bürgers Heinrich, eines ehrenwerten Mannes, der zuviel ausgab, arm wurde und verzweifelt immer neues Geld lieh. Bis ihn seine Schuldner fallen ließen und er ein öffentlicher Bettler wurde.

Warum erzählen wir das alles? Nicht nur, weil die wendige Moral der Kaufleute ein wichtiges Stück mittelalterlichen Lebens ist, in dem sich die Wirklichkeit genauer spiegelt als in politischen Urkunden. Vor allem auch, weil es keine Herren-Moral ist, sondern den Frauen ebenso bekannt. Denn sie selbst mischten eifrig mit in den kaufmännischen Geschäften. So vieles auch an die Gründerzeit des 19. Jahrhunderts erinnert: Die mittelalterlichen Herren trennten sich nach dem Essen nicht von ihren Frauen, um im Rauchsalon – unter sich – die Geschäfte zu besprechen. Die Damen waren zur Runtingerzeit nicht nur damit beschäftigt, Kinder in die Welt zu setzen und ihre kostbaren Kleider an der Tafel im Festsaal vorzuführen. Sie hatten Zutritt zum Kontor.

Es steht fest, daß die meisten Eintragungen im Kaufmannsbuch zur Zeit des Matthäus Runtinger von der Hand seiner zweiten Frau Margarete stammen. Die Kaufmannsfrauen verfügten über eine eigene Kasse und waren keineswegs auf das Wohlwollen ihres Ehemannes angewiesen. So heißt es 1398 über den Einkäufer, der nach Venedig unterwegs ist: «Von der Hausfrau hat er auch 41 Dukaten gehabt, dafür soll er ihr kaufen für 25 Gulden Unzengold und für 16 Gulden schwarze Bortenseide ...» Es geht dabei um beträchtliche Summen. Wenn wir es mit der Hochzeitssumme vergleichen, sind 40 Gulden rund 10000 Mark. Die «Hausfrau» kann nur geplant haben, mit dem begehrten Gold und der Seide in Regensburg ihre eigenen Geschäfte zu machen. Der Kauf des Goldes verwundert weniger, wenn wir erfahren, daß die Runtingerfrauen ihre Männer am Wechseltisch vertraten. Eine komplizierte und verantwortungsvolle Aufgabe, wenn man daran denkt, daß hier alle fremden Münzen, die in Regensburg im Umlauf waren, eingetauscht werden konnten. Aus den Eintragungen der Margarete geht hervor, daß Buchführung und komplizierte Rechnungen für sie kein Problem waren. Wenn man bedenkt, daß schon germanischen Frauen Goldwaagen ins Grab gelegt wurden, dann findet das Märchen vom weiblichen Geschlecht, das für Mathematik keine Begabung habe, auch in den ersten anderthalb Jahrtausenden keine Nahrung.

Die Entstehung der mittelalterlichen Städte brachte der Frau eine wesentliche Verbesserung: Sie trat aus der Vormundschaft ihrer männlichen Verwandten oder ihres Mannes und wurde eine Person eigenen Rechts. Das bedeutete auch und vor allem: Sie wurde geschäftsfähig. Es war zweifellos das neue Wirtschaftssystem, dem dieser Fortschritt zu verdanken ist.

Im 11. und 12. Jahrhundert, als die antiken Städtegründungen wieder aufblühten und Grundherren neue Städte unterhalb ihrer Burg ins Leben riefen, war der Kaufmann noch Fernhändler, der selbst über Land reiste, seine Waren auf den großen internationalen Messen und im Ursprungsland einkaufte: «So fuhr ich hin gen Reußen / Wo ich viel Zobels fand / Gen Liefland und gen Preußen / Dem bernsteinreichen Strand. / Von dannen zur Levante / Gings an die Mittelsee / Dahin viel Dinge sandte / Damask und Ninive. / Da kauft ich reiche Felle / Und dacht in meinem Sinn / Es würd an jeder Elle / Wohl dreifach mein Gewinn.» Der hier so genüßlich an seinen vielfachen Gewinn denkt, ist der schon bekannte «gute Gerhard», dessen Leben zu Beginn der neuen Zeit, im Zeitalter der Ottonen spielt.

Drei Jahre läßt der Dichter seinen Helden durch die Welt reisen, keine ungewöhnliche Zeit für die frühen Händler. Kaum war er zu Hause, ging er wieder fort, um neue Waren zu besorgen. Während der langen Abwesenheit mußte das Geschäft weiterlaufen. Nichts lag näher, als daß der Kaufmann damit seine Frau betraute. Geschäfte macht man aber nur mit einer Person, die dafür auch vor Gericht zur Verantwortung gezogen werden kann. Und auch die Frau mußte zum Beispiel einen säumigen Schuldner vor Gericht bringen können. So ging die rechtliche Unmündigkeit der Frau zuerst in der Oberschicht der Stadt schnell und ohne Widerspruch zu Ende. Im Lübecker Stadtrecht von 1294 steht: «Keine Jungfrau oder Frau oder Witwe kann ihr Gut verkaufen oder vergeben oder verleihen und versetzen oder Bürge werden ohne den Vormund, sofern es sich um mehr als drei Pfennige handelt. Ausgenommen sind diejenigen, die Kaufmannschaft betreiben.» Im Stadtrecht von München ist auch diese Sonderstellung der Kaufmannsfrauen aufgehoben: «Eine Frau, die auf dem Markt steht und dort kauft und verkauft, die hat alle Rechte, die ihr Wirt (Ehemann) hat in bezug auf Erbschaft und Besitz.»

Eine solche Entwicklung konnte nur lautlos vor sich gehen, wenn die Selbständigkeit der Frau in der Praxis schon verwirklicht und ins Bewußtsein der Männer – der Kaufleute, der Juristen und der Adligen, die als Grundherren das neue Recht billigten – längst eingedrungen war. Die neuen Grundsätze wurden bis zu Ende gedacht. Das Iglauer Stadtrecht entschied: Wenn ein Mann sich aufführte «wie ein Wolf, wie ein gefräßiger, liederlicher Spieler und das Erbe vertut», dann durfte seine Frau die Sorge für die ganze Familie übernehmen. Sie konnte an seiner Stelle kaufen, verkaufen, «eines Mannes Arbeit» verrichten und hatte alle Rechte vor Gericht. Ein Bürger durfte das gemeinsame Gut, vor allem Immobilien, nicht ohne die Zustimmung seiner Frau verkaufen. In den meisten städtischen Urkunden werden Mann und Frau als Käufer oder Verkäufer getrennt mit Namen aufgeführt. Ja, die Söhne und Töchter des Hermann von Goch nennen sich – trotz Verehelichung – nach ihrer Mutter de Cemenata. In einer Hamburger Ratsliste aus dem 13. Jahrhundert steht ein gewisser «Petrus, Ehemann der Sophie». Und in manchen Kaufmannstestamenten wird den Söhnen angedroht, daß sie zu Gunsten ihrer Mutter entmündigt werden, falls sie das Erbe verschleudern.

Die neue Stellung der Frau hat natürlich Auswirkungen auf Heirat und Ehe. Im 13. Jahrhundert wurde zum erstenmal im süddeutschen Raum – vor allem in Augsburg – im «Schwabenspiegel» das Recht in deutscher Sprache aufgezeichnet. Ohne die Gründe zu nennen, nach denen eine Scheidung möglich ist, stehen dort zwei interessante Wendungen: «Wird der Mann von seinem Weibe geschieden» und «Wird ein Weib zu Recht von ihrem Mann geschieden». Damit ist – wenigstens in der Theorie – die germanische Rechtsauffassung, daß nur ein Mann sich von seiner Frau trennen kann, abgeschafft. Das alles sind Bruchstücke, wir dürfen es nie vergessen, Vorstellungen und Gesetze, die nur in einem begrenzten geographischen Raum Gültigkeit haben. Im «Sachsenspiegel», dem norddeutschen Gegenstück, gibt es die zweite Formulierung nicht. Eine Entwicklung kann außerdem auch wieder rückwärts gehen. Geschichte ist kein kontinuierlicher Aufstieg. Trotzdem ist mit dem neuen Leben in der Stadt für die Frau zweifellos etwas in Bewegung gekommen.

Die dritte Tochter des Matthäus Runtinger, Barbara, heiratete 1401 Wenzel Lech, den Sohn eines wohlhabenden Regensburger

Kaufmanns. Der Schwiegervater hatte diese Wahl offensichtlich nicht eingefädelt, sonst hätte er wohl kaum in den Heiratskontrakt schreiben lassen, daß Wenzel ihm tausend Gulden zahlen müsse, wenn die Heirat durch dessen Verschulden nicht zustande käme. (Hatte die Tochter da ihren Kopf durchgesetzt?) Weiter wurde festgesetzt, daß der alte Runtinger die Jungvermählten «das erste Jahr in seiner Kost ohne Geld» in seinem großen Haus aufnehmen würde. Danach sollten sie ihm «in die Kost geben, was möglich und angemessen ist».

Noch einmal kommt das Mißtrauen des Vaters zum Vorschein, als Matthäus darauf dringt, der Schwiegersohn müsse das Geld, das seine Tochter in die Ehe bringt, zurückgeben, falls beide «im Unwillen voneinander scheiden». Soweit kam es nicht. Aber eine Urkunde von 1418 enthüllt, daß Barbara wegen Vermögensstreitigkeiten mit ihrem Mann vor den Rat ging. Wenzel mußte sich bei seiner Frau entschuldigen und «besonderlich versprechen, daß ich mit meiner Hausfrau Barbara fürbass freundlich und ordentlich leben soll und will und sie die Sache und Handlung nicht entgelten lassen will in keiner Weise, weil ich wohl erkenne und weiß, daß sie keine Schuld daran gehabt hat». Ein Vorfall, der die trockenen Paragraphen des neuen städtischen Rechts mit Leben füllt. Wenn es auch vorerst für eine Minderheit gilt: Die Frau ist nicht dazu verdammt, zu Hause schweigend Unrecht zu erdulden. Sie kann ihren eigenen Mann vor einem öffentlichen Gericht verklagen. So gering die Steinchen auch sind, die sich zusammenfügen, sie ergeben ein Bild. Neben dem Kaufmann stand die Kauffrau: ob am Wechseltisch wie Margarete Runtinger oder im Gewölbe, wo die teure Ware lagerte oder in der Kammer, um Briefe an die fernen Niederlassungen aufzusetzen und Buch zu führen. Weitere Nachrichten und Namen, die nicht verlorengingen, stammen vor allem aus dem 15. Jahrhundert und aus Köln.

In der Stadt am Rhein führte die Witwe Margareta nach dem Tode ihres Mannes Alf von Burg dessen weitverzweigten Tuchhandel zusammen mit Tochter Drutfin und dem Schwiegersohn weiter. Der Kölner Kaufmann hatte in Spanien und Italien große Geschäfte gemacht und im sizilianischen Messina eine Niederlassung eingerichtet. Im Jahre 1471 ließ Margareta auf dem Markt zu

Deventer 40 Ringe italienischer Machart durch ihren Diener verkaufen. Die Frau des Kölner Kaufmanns Johann Liblar betrieb unabhängig von ihrem Mann eine der größten Seidenfabriken der Stadt. Sechs Jahre später verbietet die Stadt Köln einem Bürger, der gerade in Venedig ist, sich dort um die Güter der Katharinchin Keysers zu kümmern. Die Witwe Lisbeth von Emmerichshaen machte gemeinsame Geschäfte mit einem Kaufmann, der sein Geld in der märkischen und siegerländischen Stahlindustrie verdiente. Die Verbindungen der beiden gehen im Westen über die Niederlande bis nach England, im Osten bis nach Polen.

Außer Paris hatte keine Stadt in Europa so viele und so gesuchte Goldschmiede wie Köln. Natürlich brauchten sie Gold und kostbare Steine, und so blühte ebenfalls der Juwelenhandel in der Stadt. Da ergab es sich wie von selbst, daß die Finanzkraft der Kaufleute hohe und höchste Herren verleitete, ihren Schmuck in Köln zu verpfänden. Der englische König tat es 1356 mit einer kleineren Krone. Die Mainzer Domherren versetzten ein Jahrhundert später goldene Kelche, Meßkännchen und Reliquien, weil sie knapp bei Kasse waren. 1495 gab sogar der deutsche Kaiser Maximilian Schmuckstücke seiner Frau, der Kaiserin, an die Kölner Bürgerin Drutgin van Caster als Pfand. Fünf Jahre später beschwerte sich Drutgin beim Rat der Stadt, weil der Kaiser sein Pfand immer noch nicht eingelöst hatte, obwohl sie «over die 20 brieve» an ihn gerichtet hätte. Nachzutragen für dieses Jahrhundert ist noch, daß die Ravensburger Handelsgesellschaft, die größte um diese Zeit in Süddeutschland, 267 männliche und immerhin 39 weibliche eingetragene Mitglieder verzeichnet.

Nicht nur die Frauen hatten Anteil am kaufmännischen Berufsleben. Schon in der Schule lernten die Söhne der Elite, womit sie später ihr Geld verdienen sollten. «Der gute Gerhard» der im zehnten Jahrhundert über Land fuhr, brauchte auf seinen Geschäftsfahrten noch einen Geistlichen für die schriftlichen Sachen: «Ein Schreiber mir zu Seiten / Schrieb meine Zehrung an / Und las die Tageszeiten / Mir als ein Capellan.» In die Lateinschulen der Kirche ging fast nur, wer ihr als Geistlicher dienen wollte. Dieses Bildungsmonopol paßte den neuen bürgerlichen Herren ebenso wenig wie die Bindung an den weltlichen (oder geistlichen)

Grundherrn. Es gelang ihnen, sich aus beiden Umklammerungen zu lösen.

Wie konnte man seine Kinder einer Institution anvertrauen, die – wie immer deren eigene Praxis aussah – gegen Gewinn, Zinsen, kaufmännische Unmoral zu Felde zog, zusammen mit dem Adel auf die bürgerlichen Emporkömmlinge herabblickte und ihnen nur zu gern von den ewigen Strafen der Hölle predigte. In Lübeck schaffte es der Rat 1262, eine eigene städtische Schule einzurichten, die nur pro forma der geistlichen Aufsicht unterstand. Der Rat bezahlte die Lehrer und war für den gesamten Lehrbetrieb zuständig, der Jungen und Mädchen offenstand. Außer Schreiben und Lesen wurde weiterhin Latein gepaukt – allerdings berufsspezifisch ausgerichtet. Das Schreiben von politischer und kaufmännischer Korrespondenz gehörte ins Unterrichtsprogramm der neuen Schulen. Im St. Annen-Museum von Lübeck kann man heute die kleinen unscheinbaren Schultäfelchen sehen, die bei Ausgrabungen einer mittelalterlichen Kloake, die man um 1370 benutzte, gefunden wurden. Es sind Wachstafeln, in die die Schüler ihre Aufsätze ritzten: Entwürfe für Urkunden, die sich auf den damaligen Krieg mit Dänemark beziehen; eine Geschenksendung Wein wird angekündigt; bei einem Kaufmann wird angefragt, wo man in Thüringen und Frankfurt übernachten könne, wenn man dort seine Geschäfte mit Hering und Stockfisch abwickelte. Nicht für die Schule, sondern für das Leben lernte man.

Nicht immer ging der Kampf um die Seelen der Kinder so glatt über die Bühne. In Lüneburg hatte das Michaeliskloster auf dem Kalkberg das Schulmonopol. Jahrelang mußte der Rat gegen das Kloster streiten, bevor er 1406 endlich bei St. Johann eine Lateinschule einrichten konnte. (Dieses «Johanneum» gibt es heute noch.) Für den reichen Bürgersohn war es keine Ausnahme, nach der Schule die Universität zu besuchen, je weiter weg, desto besser. Prag hatte einen besonders guten Ruf unter Juristen. Von 23 Familien, die zwischen 1400 und 1405 die Ratsherren in Lüneburg stellten, gab es in mehr als der Hälfte aller Familien ein männliches Mitglied, das sein Jurastudium in der goldenen Stadt absolviert hatte. Ein Studium konnten sich nur die Reichen leisten. In Bologna mußte 1432 ein angehender Doktor für seine Prüfungen insgesamt über 60 Dukaten zahlen. Hermann von Goch investierte in das Studium eines seiner Söhne, der in Wien studierte, 1441 Mark. Die ältesten Universitäten im Deutschen Reich – Prag, Wien, Heidelberg – hatte der jeweilige Landesherr gegründet. Die Kölner Bürger waren die ersten, die sich 1389 eine eigene Universität nach Pariser Vorbild leisteten. Damit hatten die Städter der Kirche und dem Adel ein weiteres Privileg genommen.

Läßt man das bunte Kaufmannsleben in der Stadt vorbeiziehen – die Waren, die in Kellern oder auf Speichern gelagert wurden; die Schreibstube, wo Mann und Frau die Bilanzen prüften; die Geschäftsfreunde, die auf der Durchreise übernachteten; die Kinder, die morgens zur Schule gingen, auf dem Markt streunten oder für Jahre zu Studium und Lehre in die Ferne zogen –: Es war etwas los in der Familie. Die Türen standen immer offen. Die Kinder tobten nach der Schule durch das Haus vom Keller bis zum Dach. Noch gab es keine Erzieher, die sich um die Kleinen kümmerten, und die Eltern waren viele Stunden am Tag beschäftigt, oft zu politischem Geschäft und Festen außer Haus. Nein, sie saßen nicht alle ständig zusammen um den Familientisch. Aber jedem Familienmitglied war bewußt, daß es zur Elite gehörte. Die anderen wußten es auch, denn nicht jeder konnte sich Zobel oder Seide leisten. Diese Ordnung schien gottgewollt und von allen in der Stadt anerkannt. Innerhalb solcher sozialen Grenzen herrschte zur Blütezeit der Städte in den Kaufmannsfamilien des Mittelalters nicht Betulichkeit, sondern Aktivität, nicht Enge, sondern Großzügigkeit, nicht patriarchalisches Regiment, sondern partnerschaftliches Handeln.

Und als Lebens- und Erziehungsregel in der Familie wie im Geschäft galt, was die Ravensburger Gesellschaft ihren Angestellten über die Ausbildung der Lehrlinge ins Stammbuch schrieb: «So sollt Ihr Alten ihnen auch ein rechtes Vorbild tragen in allen Dingen, es sei mit Frauen, Kleidern, Zehrung.»

# Bei den Handwerkern und Arbeitern

*Arbeitsplatz Kaufhaus – Die Meistersfrau*
*Die Zünfte sind für Frauen offen*
*Man wohnt zur Miete – Späte Heirat*
*Die Kinder leben ohne Aufsicht*

Am Anfang stand die Gleichberechtigung. Während des Mittelalters waren die handwerklichen Berufe in Deutschland keine Domäne der Männer, die Frauen zu fast allen gleichfalls zugelassen. Weil es so erstaunlich klingt, sehen wir ausnahmsweise, wie es das Ausland hielt. Um 1300 gab es in Paris von rund hundert Handwerkszünften nur drei, die den Frauen ausdrücklich die Aufnahme verweigerten. Und es ist keinesfalls so, daß das schwache Geschlecht bloß als Zaungast geduldet wurde. Über zweihundert Jahre hinweg – von 1300 bis 1500 – lassen sich für die Stadt Frankfurt am Main erstaunliche Durchschnittszahlen errechnen: 65 Berufe waren reine Frauensache, bei 17 hatten Frauen die Mehrheit, bei 38 machten Männer und Frauen je die Hälfte aus und in 81 besaßen die Männer die Oberhand. Damit wird für die Handwerksfrau – nach der Kaufmannsgattin – die Legende hinfällig, nach der sie brav nichts anderes im Kopf hatte, als ihrem geplagten Ehemann ein trautes Heim zu schaffen, und mit nichts anderem beschäftigt war, als ihre Familie glücklich zu machen.

Wenn sie nun schon berufstätig war, können wir uns dann wenigstens auf den anderen Teil der Idylle verlassen: daß die Familie nicht nur bei Nacht, sondern von morgens bis abends unter einem

Dach zusammengluckte, weil der Vater – oder die Mutter – im eigenen Haus Schuhe flickte, Wämse nähte, Brötchen buk und die Waren in der Wohnstube verkaufte? Nein, denn was sich seit dem vorigen Jahrhundert in den Köpfen der Nachgeborenen über deutsches Handwerksleben im Mittelalter zu einem verklärten Bild formte, hält der Wirklichkeit nicht stand. Nehmen wir wieder einmal Abschied und machen uns auf den Weg in die Stadt.

Es ist Sommer und fünf Uhr morgens. Soeben ist der Viehmarkt eröffnet worden. Die ersten Metzger sind schon da, um sich ihre Opfer auszusuchen. In Köln stand etliche Jahre der Domhof nicht nur den Wechslern und Hutmachern offen, sondern war auch zum Viehhandel freigegeben. Für die Metzger galt – wie für alle anderen Berufe im Mittelalter – eine weitgehende Spezialisierung. Der eine handelte nur mit Rind-, der andere nur mit Kalbfleisch, ein dritter bot Ziegen, Schafe und Hammel an. Wieder ein anderer war für die Schweine zuständig. Hatte der Ochse den Besitzer gewechselt – auf Kredit natürlich – wurde das Vieh ins Schlachthaus getrieben. Schon aus hygienischen Gründen war das Schlachten im eigenen Haus verboten. In Köln traute man den Metzgern so wenig, daß in bestimmten feinen Wohngegenden die Anwohner erfolgreich ein Mietverbot für Metzgerfamilien durchsetzten.

Vom Schlachthaus kam das Fleisch keineswegs zum Verkauf in den privaten Laden. Es mußte – wie fast alle Waren in der mittelalterlichen Stadt – entweder auf dem Markt oder im Kaufhaus verkauft werden. Der Zwang, im Kaufhaus oder an öffentlichen und privaten Ständen, Buden und Kiosken zu verkaufen, galt über einen langen Zeitraum bis weit ins 15. Jahrhundert hinein. Dann erst wurde er abgeschafft, weil es den Handwerkern immer schlechter ging und sie das nötige Standgeld nicht mehr aufbringen konnten.

Wenn wir uns erinnern, wie exportfreudig die städtische Wirtschaft im Mittelalter war, wieviel Ware von bester Qualität in den Städten umgesetzt und weiterverfrachtet wurde – von Brügge nach Regensburg, von Köln nach Lübeck – dann ist der Zwang, an öffentlichen Plätzen zu verkaufen, verständlich. Nur so wurde die Qualität garantiert. Auf das Gütesiegel «kölnisch» konnten sich Händler und Endverbraucher verlassen, weil sie wußten, daß die

Ware in Kölner Kaufhäusern auf Fehler hin untersucht wurde, daß städtische Angestellte Maße und Gewichte kontrollierten. Das gleiche galt für Ulm und Konstanz, für Nördlingen oder Memmingen. Natürlich profitierten auch die einheimischen Kunden von dieser Aufsicht, zumal jeder die faule Moral der Kaufleute kannte.

Kehren wir zu den Metzgern zurück. Wir sind in Ulm, wo – wie überall – die Schlachthäuser nahe ans Wasser gebaut wurden, damit der Abfall auf schnellstem Wege verschwand. Von dort ging es mit dem Fleisch ins Kaufhaus, wo es «geschaut» und geschätzt wurde. Sehr früh hatte in den Städten der Rat die Preispolitik für die Grundnahrungsmittel Brot und Fleisch an sich gezogen. Die Versuchung, die ständig schwankende Versorgungslage auszunutzen und mit dem Hunger der Bevölkerung gewaltige Profite zu machen, war in diesen Krisenzeiten zu groß. In Ulm schrieb man nun die jeweiligen Fleischpreise auf ein schwarzes Täfelchen, das über dem Verkaufstisch hing. Verließen die Käufer mit ihrem Fleisch das Gebäude, konnte es passieren, daß Aufseher am Ausgang das Fleisch noch einmal wogen. Vom Ulmer Kaufhaus wissen wir übrigens, daß ab 1491 ausdrücklich auch den Frauen der Metzger erlaubt war, hinter dem Ladentisch zu verkaufen.

Nun waren aber die Ulmer Metzger im steinernen Bau nicht allein. Aus einem Spezialgeschäft hatte sich das mittelalterliche Kaufhaus zu einem Supermarkt entwickelt. Es waren in der Regel die wohlhabenden Gewandschneider, die sich zuerst ein Verkaufshaus leisten konnten. Bald danach mietete die städtische Verwaltung – parallel zur Wirtschaftskraft gewachsen – ein paar Zimmer im Kaufhaus für Schreiber, Kanzlisten, Ratssitzungen und auch für Gefangene. Der Bau mußte mit der Zeit erweitert werden. Die Stadt kaufte die neuen Verkaufstische und Kabinen, vermietete sie an die Zünfte oder direkt an gutsituierte Handwerker. Leicht verderbliche Güter wie Fleisch, Fisch, Brot und andere Lebensmittel wurden im Erdgeschoß feilgeboten. Für Tuche und ähnliche Ware mußte man sich ins Obergeschoß begeben.

Je größer die Stadt, desto mehr verteilte sich der Verkauf auf verschiedene Häuser. In Köln, wo die Weber schon im 12. Jahrhundert ein Haus mieteten, gab es nie ein zentrales Kaufhaus. Das Leinenkaufhaus entstand 1247, rund vierzig Jahre später wurde das Haus der Gürtelverkäufer zum erstenmal erwähnt. Bis ins 13. Jahrhundert mußten die Bäcker in der städtischen Brothalle verkaufen. Sechs Fleischhäuser entstanden mit der Zeit, und auch als die Stadt um 1447 für 80000 Gulden ein prunkvolles Tanz- und Festhaus baute, den Gürzenich, wurde das Untergeschoß als Kaufhaus genutzt.

Das berühmteste Kaufhaus baute sich im Mittelalter die Stadt Konstanz. Zwar hatte sie nur rund 6000 Einwohner, aber ihre Lage an der Nahtstelle zwischen dem Süden und allem, was nördlich der Alpen lag, machte sie zu einer wirtschaftlichen Drehscheibe. Die große Ravensburger Handelsgesellschaft hatte hier eine ihrer Hauptniederlassungen. Der Bischof und seine Hofhaltung taten ein übriges, um Waren und Geld in die Stadt zu locken. Die beste Zeit der wirtschaftlichen Expansion begann 1414, als die Kardinäle aus aller Welt mit ihrem Gefolge für vier Jahre in Konstanz eintrafen, um die Kirche durch ein Konzil zu reformieren und einen neuen Papst zu wählen. Versammlungsort der hohen Herren war das städtische Kaufhaus, wo man im Obergeschoß dreiundfünfzig Kabinen für die geistlichen Wahlmänner gebaut hatte. Nach dem Konzil wurden sie an einzelne Kaufleute und Händler vermietet. Mit dem Bau des großen Hauses hatte 1388 der Meister Heinrich Arnoldt auf einer Grundfläche von 53 × 23,50 Metern begonnen. Die Umfassungsmauern waren bis zu 1,40 Meter dick. Der Bau lehnte sich zum Teil an die Stadtmauer am Seeufer. Mehrere Kaufhaustore führten direkt zu den Landungsbrücken. Eine ideale Lage für den An- und Abtransport der Waren.

Eines der frühesten Verkaufshäuser, von denen wir in Frankfurt hören, ist das «Haus der Schuhmacher». Ein Schuster namens Rupert schenkte es 1280 dem Deutschen Orden. Dieser gab es an acht Personen in Erbpacht, die offensichtlich Läden und Werkstätten einrichteten. Im 15. Jahrhundert erscheint das gleiche Haus als «Schuhhaus Frank». Ein Großer hatte die acht Kleinen aufgekauft. Ebenfalls als Mietshaus entstand 1311 in Frankfurt das Lederkaufhaus. Es gehörte dem Weinhändler Jakob von Nied, der den Keller für sich behielt und seinen Mietern sehr genau vorschrieb, was für Stände sie an Markttagen vor dem Haus aufbauen und welche Eingänge sie benutzen durften. Dieses Gebäude war ein reines Verkaufshaus, da die Löher das Leder am Main gerbten und zurechtschnitten. Von den Mainzer Schustern ist bekannt, daß sie ausnahmsweise viermal im Jahr auch Leder verkaufen durften, «aber nicht in ihren Häusern, sondern an den Plätzen, an denen sie die Schuhe feilzuhalten pflegen».

Sieben Tage in der Woche – nur an ganz hohen kirchlichen Feiertagen ruhte jeder Handel – war die Stadt ein großer Basar. Neben den Kaufhäusern gab es die ältesten Umsatzorte, die Marktplätze unter freiem Himmel, oft von langen Reihen der Buden, Lauben und Verkaufstische zugedeckt. Die besten Ecken wurden immer wieder neu verlost. Auch die Märkte waren spezialisiert. Vom Kornmarkt schob sich die Menge zum Krautmarkt, vom Buttermarkt zum Holzmarkt. Jeden Tag traf die Stadt sich hier. Hatten die Ärmeren weder Platz noch Geld, um Vorräte einzukaufen, so wollten die Reichen auf täglich frische Kost nicht verzichten.

Die Mengen, die jeder, sobald er nur etwas Geld hatte, verzehrte, übersteigen unser Vorstellungsvermögen bei weitem. In Berlin kamen gegen Ende des 14. Jahrhunderts auf jeden erwachsenen Einwohner (rund 8000 insgesamt) drei Pfund Fleisch täglich. Auch die Mönche und Nonnen in den zahlreichen Klöstern und Stiften waren keine Kostverächter. Ließen sich die Mönche im Kölner Kloster St. Pantaleon an Festtagen zum Mittagstisch nieder, dann erwarteten sie fette Suppen, Hecht, Fleischpastete, Kuchen und gesalzenes Backwerk.

Gegen Mittag verliefen sich die Menschen. Märkte und Kaufhäuser machten für zwei Stunden Pause. Die Metzgersfrau verließ die Fleischbank, der Schuster seine Werkstatt. Aber längst nicht alle Handwerker betraten, wenn sie zum Essen nach Hause gingen, ihr eigenes Haus.

In Augsburg und Köln wurden schon im 13. Jahrhundert in der Innenstadt Wohnungen vermietet, zum Teil lebten bis zu acht Parteien in einem Haus. Aus der Runtinger-Epoche in Regensburg existieren ebenfalls Vermietungsregister. Und 1487 kommen in einer Kölner Pfarrei auf 161 Eigentumshäuser 661 vermietete. Es handelt sich in allen Fällen um Wohnungen in der teuren Innenstadt. Die Armen wohnten in den Vorstädten. Gehen wir davon aus, daß die reichen Kaufleute alle Hausbesitzer waren, dann kommen für diese Mietwohnungen nur Handwerker in Frage, die gut verdienten, ohne daß es schon zu einem eigenen Haus reichte.

Ohnehin gab es ständig mehr Gesellen, die im Lohn arbeiteten, als Meister. Manche Betriebe waren fast schon wie kleine Fabriken aufgezogen. Die 300 Kölner Webermeister beschäftigten rund 6000 Leute. Zu Beginn des 14. Jahrhunderts hatte bei den Kölner Gewandschneidern Wilhelm Wavern unangefochten den größten Umsatz. Er ließ bei mehreren Schneidern Hosen und Kleider als Konfektionsware herstellen und exportierte diese wichtigen Kleidungsstücke. Nach der Tuchsteuer, die er zahlte, muß Wavern jährlich fast 10000 Hosen umgesetzt haben. Die berufstätige Handwerks- und Gesellenfrau hatte mit Stopfen und Flicken nach Feierabend genug zu tun und brauchte tagsüber ihre Zeit für anderes als Kleidernähen. Es war außerdem kein Zeichen von Armut, auf dem Markt oder im Kaufhaus ein getragenes Kleid von der Stange zu erstehen. Da die Moden der Reichen wechselten, gab es ständig ein bunt gemischtes und qualitativ gutes Angebot.

Es wird Zeit, endlich von jener Institution zu reden, die immer sofort zur Stelle ist, wenn es um das Mittelalter und das Handwerk geht. Sicher nicht zu Unrecht. Doch wir müssen wissen, daß fast alle Urkunden und Satzungen über die Zünfte, die uns erhalten sind, aus der Zeit nach 1300 stammen. In Köln zum Beispiel kennen wir vor dieser Zeit nur die Ordnungen der Weber und Drechsler. Als ob es in diesem blühenden Gemeinwesen vorher weder Bäcker noch Schreiner, weder Köche noch Metzger gegeben hätte! Das Prinzip dieser genossenschaftlichen Zusammenschlüsse war allerdings quer durch alle Berufe und Jahrhunderte gleich: Die Zunft war zuständig für Ausbildung und Prüfungen. Sie bildete das soziale Rückgrat, stand dem einzelnen und seiner Familie in Not und Tod finanziell zur Seite, wenn das eigene Geld nicht reichte. Hier wurde Solidarität nicht nur mit Worten geübt. Alle zahlten ihre Beiträge in eine gemeinsame Kasse. Besonders ernst nahm man es mit dem Sterben. Wer seinen Zunftbruder oder dessen Frau nicht auf dem letzten Weg begleitete, mußte empfindliche Strafen zahlen.

Die gleichen Zünfte, die für alle ihre Mitglieder ein soziales Netz bereithielten, stellten kaum überwindbare Hindernisse für die Mobilität der Berufe auf, die sie vertraten. Es begann mit dem Verbot, uneheliche Kinder als Lehrlinge in die Zunft aufzunehmen. Während die Patrizier die Früchte ihrer Seitensprünge meist nicht verheimlichten und im Testament bedachten, wurden die ehrbaren Handwerker seit dem 13. Jahrhundert in dieser Frage immer unerbittlicher. (Allerdings gab es damals im Reich ein liberales Gefälle von Süd nach Nord.) Je mehr man gen Norden zog, desto strenger wurden die Bräuche. In Straßburg zum Beispiel hatten die Proteste der Lehrlinge in der Armbrusterzunft Erfolg, die darauf hinwiesen, daß die unehelichen Söhne der Meister dieser Beschränkung nicht unterlagen. Die Zunft beschloß 1465, auch «armer frommer lüte natürlichen sünen» aufzunehmen.

Ganz besonders besorgt um ihren guten Ruf waren die Kölner Goldschmiede. Kam dort ein fremder Geselle und wollte sein Meisterstück anfertigen, wurde erst per Formular im Heimatort angefragt, ob er auch «ain elich kint ist von vater und von muter».

Nicht nur die Meister sollten «rein und gut» sein, sondern auch die Frau, die sie heirateten. Mann und Frau wurden mit der gleichen moralischen Elle gemessen. Wer sich eine Lebensgefährtin aussuchte, die als «berüchtet» galt, verlor sein Amt. Natürlich durfte sie auch nicht unehelich geboren sein. In Frankfurt wollte die Zunft 1455 einen Weber ausschließen, der sich eine solche Frau gesucht hatte. Er klagte vor dem Rat und konnte den Ausschluß verhindern. Allerdings durfte seine Frau an den Feiern im Zunfthaus nicht teilnehmen, weil dieses nur den ehrbaren Damen vorbehalten war.

Hatte der Geselle nach dem Maßstab seiner Zunft eine weiße Weste, wurde er deshalb noch lange nicht Meister. Vor diese Ehre hatten seine Genossen das Geld gesetzt. Nicht nur mußte er in vielen Berufen ein besonders kostbares Meisterstück anfertigen. Er war verpflichtet, allen Meistern in der Stadt ein Mahl mit mehreren Gängen zu spendieren. Er mußte außerdem nachweisen, daß er genug Geld hatte, um sich das Bürgerrecht kaufen zu können. Denn jede Stadt hatte – ein Staat im kleinen – ihr eigenes Bürgerrecht. Angeboren war es nur den Kindern der jeweiligen Bürger. In manchen Orten war es ursprünglich an Grundbesitz gebunden, in anderen nur an Geld. Die unteren Schichten konnten es nicht bezahlen, wollten es auch meist nicht. Sie lebten unangefochten innerhalb der Stadtmauern und hatten nicht so lästige Pflichten wie Wachegehen oder so große Unkosten wie den Besitz einer Waffe für den Verteidigungsfall. Meister werden jedoch konnte nur einer, der das Bürgerrecht besaß. Gehörte er doch zu den besseren Kreisen der Stadt.

Als im 15. Jahrhundert immer mehr Gesellen in die Handwerke drängten, machten die Zünfte endgültig den Zugang zum Meistertitel dicht. Er wurde auf eine bestimmte konstante Zahl eingegrenzt. Nur wenn Meister Tod eingriff, konnte der nächste Bewerber nachrücken. Zuerst waren dann aber die Söhne der einheimischen Meister und nicht die fremden Gesellen an der Reihe. Damit hatten die Handwerker es endgültig den Patriziern in der Stadt gleichgetan und sich gegen Ende des Mittelalters beinahe in eine geschlossene Gesellschaft verwandelt.

Ein Schlupfloch blieb dem Außenseiter: Wer eine Tochter des Meisters heiratete oder dessen Witwe, erbte automatisch die Werkstatt und das Bürgerrecht dazu. Auf diese Weise versorgte man die Töchter und Frauen mit standesgemäßen Männern. Norddeutschland schoß den Vogel ab. Es gab bald gar keine andere Möglichkeit, Meister zu werden als durch diese sogenannte Amtsheirat. Der junge Johann Sebastian Bach ging 1705 zu Fuß nach Lübeck, um den berühmten Dietrich Buxtehude, Kantor bei Sankt Marien, die Orgel spielen zu hören. Er war so hingerissen, daß er vier Monate blieb. Man bot ihm an, Nachfolger des großen Meisters zu werden, wenn er dessen Tochter heiratete. Vor Bach hatten schon drei Bewerber diese Offerte abgelehnt. Auch dem jungen Mann aus Eisenach war der Preis zu hoch.

Es ist einfach, solche Verkoppelung von Amt und Eheschließung zu tadeln. Doch sie war noch zu Bachs Zeiten die einzige Möglichkeit für einen wohlmeinenden und vorsorgenden Vater, seiner Tochter einen Mann, und das bedeutete einen Ernährer, zu verschaffen. Eine ehrbare Jungfrau hatte es im 17. und 18. Jahrhundert schwerer als früher, durch Arbeit ihren Lebensunterhalt zu verdienen. Die Zeiten hatten sich geändert. Nur dürfen wir nicht das, was uns näher liegt und darum vertrauter erscheint, in die viel weiter zurückliegende Vergangenheit übertragen. Die

Töchter mittelalterlicher Handwerker waren nicht bloß Heiratsgut, das ergeben auf einen Ehemann wartete und die Stunden mit Sticken und Beten füllte.

Es stand am Anfang dieses Kapitels: Kaum eine Zunft, die nicht weibliche Lehrlinge aufnahm, weit über hundert Berufe, in denen Frauen arbeiteten. Eine poetische Erklärung wie alles anfing und ein ungewöhnlich rarer Beleg aus frühester Zeit ist wieder einmal «Der gute Gerhard». Nach drei langen Einkaufsjahren kehrt der Kaufmann endlich heim zu seiner Frau: «Auch bracht ich ihr Geschmeide / Gestein und Gold genug / Und Samt und lichte Seide / Die sie mit Ehren trug. / Doch was ich ihr gegeben / Sie legt es selten an. / Sie lehrt es zu verweben / Die Mädchen wohlgetan. / Mit Perlen unterschlagen / Mit Gold und mit Gestein / Ward mancher Seidenkragen / Viel Borten reich und fein. / Sie saßen auch und stickten / In Samt und in Plialt / Daß wir es weit verschickten / Und man es teuer galt.»

Die Seidenstickerei blieb eine Domäne der Frauen, die Perlen- und Bortenstickerei ebenso. Es wurde nicht nur für den eigenen Bedarf der Städter gearbeitet. Die Ware ging als teures Exportgut in alle Himmelsrichtungen. Die Hierarchie in solchen rein weiblichen Zünften war nicht anders als bei den Männern. Es gab Meisterinnen, in der Minderheit, und die vielen anderen, die fleißig ihre Arbeit taten, es aber nie zu hohem Amte brachten. Nur in einem Punkt unterschieden sich die Kölner Frauen von den Männern. Was die Moral betraf, waren sie offensichtlich weniger engstirnig. In den Urkunden der Seidenweberinnenzunft hieß es ausdrücklich, die Mädchen müßten zuerst eine dreijährige Lehrzeit absolvieren, «sij sijn elich of unelich geboiren» – egal, ob ehelich oder unehelich geboren.

Es gab manchmal sogar Erleichterungen für die Frauen. Am Mittelrhein brauchten Schneiderinnen, die einen Lehrling einstellten, der Zunft nur drei Pfund Wachs zu zahlen, aus dem man Kerzen für die Kirchen machte. Ihr männliches Gegenstück mußte vier Pfund stiften. Die Schneiderzunft in Überlingen bevorzugte ledige weibliche Mitglieder. Sie konnten an Stoffen einkaufen, was sie wollten. Eine verheiratete Schneiderin durfte nur Leinen verarbeiten. Was für alle anderen Lebensbereiche dieser Zeit gilt, trifft ebenso auf die Zünfte zu und hat mit der Etikettierung männlich oder weiblich gar nichts zu tun: Jede Stadt gab sich ihre eigenen Regeln. Was die Zünfte in Überlingen festlegten, hatte in Mainz keine Bedeutung. Zudem läßt sich nur das «beweisen», worüber uns Schriftliches vorliegt. In Köln waren die Frauen sogar zur Zunft der Harnischmacher zugelassen. Hat sich aus anderen Städten keine Urkunde erhalten, ist damit das Gegenteil noch lange nicht bewiesen.

Trotzdem ist das Gesamtbild scharf genug. Das weibliche Geschlecht war in typisch weiblichen Berufen besonders zahlreich vertreten. Doch auch männliche Handwerke standen den Frauen offen. Ledige wie Verheiratete waren berufstätig. Ehemann und Ehefrau bildeten ein gut eingespieltes Team. Arbeitsteilung hieß die Losung in den meisten Handwerkerehen. Die Frau half vor allem beim Verkauf der Waren. Sie stand auf den Märkten und hinter den Tischen im Kaufhaus, und das war keineswegs zweitrangige Arbeit. Aber nicht selten arbeitete sie in eigener Regie.

In Frankfurt war im 14. Jahrhundert das Brauhandwerk fest in Frauenhand. Ebenso teilten sie sämtliche Kleinhändler-Posten unter sich auf. Niemand nahm Anstoß, wenn sich der Pächter der städtischen Waage, die meist in den Kaufhäusern aufgebaut war, stundenweise von seiner Frau vertreten ließ. Auch selbständige weibliche Waagepächterinnen melden uns die Urkunden. Als der Kölner Wilhelm Wavern, der im Großhandel Konfektionskleidung herstellen ließ und exportierte, 1419 starb, führte seine Frau das Geschäft weiter. Aus den städtischen Steuerlisten, die seit dem 14. Jahrhundert vorliegen, läßt sich ablesen, daß Frauen im Durchschnitt zwischen 15 und 40 Prozent zum städtischen Steueraufkommen beitrugen.

Die Geschichte der Handwerksfamilien dieser Zeit kann nicht mit individuellen und detaillierten Lebensläufen angefüllt werden. Sie führten keine Haushaltsbücher, bzw. es haben sich keine erhalten. Nur die Namen auf Urkunden sind geblieben. Aber wieder gilt: Die vielen Steinchen geben ein Bild. Die Phantasie hat genug Spielmaterial. Weil wir das Leben außerhalb der Stube kennengelernt haben, können wir uns die Folgen für die Familie ausmalen.

Der Vater ging morgens aus dem Haus in die Werkstatt, um die Schuhe zu besohlen; ins Backhaus, um den Teig zu machen; an den Fluß, um das Leder zu bearbeiten oder das Vieh zu schlachten. Wenig später war die Mutter auf dem Weg zum Kaufhaus, um beim Verkauf zu helfen. Oder sie stand als Selbständige auf dem Markt, um Kurzwaren anzubieten. Oder sie vertrat den Ehemann, denn es war gar nicht ungewöhnlich, daß Handwerker einen zweiten Beruf hatten. Es gab Schlosser, die nebenbei Kerzen drehten, Schreiner, die als Pförtner an den Toren Dienst taten und Bäcker, die noch eine Schenke hatten. Nicht alle Handwerksfamilien trafen sich mittags zum Essen. Die Bauhandwerker bekamen mancherorts einen Zuschlag, wenn sie nicht nach Hause gingen. War der Verkauf beendet, mußten die Kioske und Verkaufsstände aufgeräumt werden. Da haben nicht nur die Frauen, sondern auch die Kinder geholfen. Die Frankfurter Zunftordnung erlaubte 1405 ausdrücklich dem Schneidermeister, daß «ihm seine Hausfrau, Kinder und Magd» halfen. Der Tag war ausgefüllt mit Arbeit. Die Eltern hatten nicht viel Zeit für ihre Kinder. Die waren sich selbst und ihren Freunden aus der Nachbarschaft, denen es ähnlich ging, überlassen. Die Eltern hatten keineswegs in jungen Jahren geheiratet. Da war die Zunftordnung vor. Denn prinzipiell durften Lehrlinge und Gesellen nicht ehelichen. Nun dauerte die Lehrlingszeit zwischen drei und sieben Jahren. Auch bis zu sieben Jahre Gesellenzeit konnten Vorschrift sein, bevor man «weiben», bzw. sich um einen Meistertitel bewerben durfte. Da viele Gesellen es dazu nie brachten, konnte man ihnen die Frau nicht verbieten. Den zahlreichen Gesellen im Bauhandwerk, die grundsätzlich nicht beim Meister wohnten, war das ausdrücklich vor den Meisterehren gestattet. Als Faustregel bleibt: Wenn die Handwerker heirateten, waren sie in der Regel älter als zwanzig.

Wer den Ehrgeiz hatte, daß sein Sohn einem anderen Lebensbereich als dem der Handwerker angehören sollte, schickte ihn auf die kirchliche Lateinschule. (Diese Chance gab es für die Mädchen nicht.) Aber manch einer, von dem seine Eltern schon als Respektsperson in langer Soutane träumten, quälte sich schrecklich mit dem täglichen Schulpensum. Bruder Berthold hatte ein Einsehen und redete den Eltern ins Gewissen, nicht aus Ehrgeiz ihren

Kindern das Leben schwer zu machen: «Darum, ihr Herren und ihr Frauen, ihr sollt eure Kinder nicht mit Härte zum Lernen zwingen. Wenn ihr seht, daß sie nicht gerne lernen, dann sollt ihr es ihnen erlassen ... Ihr sollt einen Laien aus ihm machen, einen Krämer oder einen Schuster oder was immer es sei.»

Die komplizierte städtische Wirtschaft brauchte nicht nur Kaufleute und Handwerker, sondern als wichtige dritte Kraft auch die Arbeiter, teils städtische Angestellte, teils Tagelöhner und Hilfsarbeiter, die von einem Tag zum anderen lebten. Die Knechte und Mägde nicht zu vergessen und die Dirnen auch nicht. Sie alle waren in keiner Zunft organisiert und zählten zur untersten Schicht im sozialen Gefüge. Doch auch bei ihnen gab es Unterschiede im Verdienst und im sozialen Ansehen. Im Freudenhaus konnte die Dirne ein kleines Vermögen ansammeln – und war doch verachtet. Solange gute und teure Waren in der Stadt umgesetzt wurden, hatte der Kranführer täglich sein Fleisch auf dem Tisch. Eben weil alle Waren einer Qualitätskontrolle unterlagen, durchliefen sie einen komplizierten Weg, für den man viele fleißige Hände brauchte: In den Kaufhäusern zum Messen der Leinwand, zum Prüfen der Weinfuder, zum Wiegen der Fette, zum Zählen und Aussortieren von Nüssen oder Ziegelsteinen. Es war eine verantwortungsvolle Arbeit, für die man vom Rat der Stadt vereidigt wurde. Am Hafen mußten die Güter entladen und – nach gründlicher Prüfung – für den weiteren Transport verpackt und sortiert werden. So gab es eiserne Muster, um die Schollen und Heringe je nach Größe in unterschiedliche Fässer zu verpacken. Niemand durfte aufs Geratewohl sein Schiff leeren. Hatte der Schiffer am Ufer festgemacht, ging er ins Steuerbüro, deklarierte seine Ware und erhielt gegen Gebühr seinen Einfuhrschein. Nur wenn er den am Kran vorweisen konnte, wurde seine Ware gelöscht.

Das war in Konstanz nicht anders als in Köln, wo 200 bis 300 Personen direkt vom Hafenbetrieb lebten. In den Gassen am Rhein und in den Stadttoren gab es städtische Wohnungen für sie. Neben jene, die sich die Hände schmutzig machten, traten auch schon die Herren mit den weißen Kragen: die Verwaltungs- und Steuerbeamten, die Schreiber, Ausrufer und Aufpasser, 150 bis 200 Personen. Hatten reisende Kaufleute oder fromme Pilger die

Stadttore passiert, stürzten sich die «Päckelchesträger» auf ihre Opfer, entrissen ihnen das Gepäck und schleppten die Fremden zum Gasthof, der den Trägern Provision zahlte.

Es gab grundsätzlich keine diskriminierenden Bestimmungen, die Frauen von solchen städtischen Arbeiten ausschlossen. Wir hörten schon von Pächterinnen der wichtigen städtischen Waagen. Lesen wir, daß in Frankfurt ein Pförtner zugleich Totengräber war, können wir sicher sein, daß seine Frau ihn beim Pfortendienst vertreten hat. In Köln ging eine wichtige halbamtliche Tätigkeit im Laufe der Zeit völlig an die Frauen über. Als sogenannte «keufferessen» versteigerten sie nach Ablauf der festgesetzten Frist gerichtlich hinterlegte Pfänder. Diese Auktionatorinnen – wie die städtischen Arbeiter überhaupt – bekamen entweder ein kleines Fixum oder gar keinen Lohn, waren dafür aber an den Gebühren beteiligt. Sie lebten genauso von der Hand in den Mund wie die Hilfsarbeiter im Handwerk, die täglich bezahlt wurden. In Nürnberg mußte am Ende des 15. Jahrhunderts den Bauarbeitern der Lohn schon vor der Mittagspause ausgezahlt werden, damit die Frauen etwas auf den Tisch bringen konnten.

Gingen die Geschäfte gut und blieben die Mißernten aus, dann konnten sich die unteren Schichten oberhalb des Existenzminimums halten. Doch den geringsten Schwankungen der Konjunktur waren sie ohne jede Rücklage hilflos ausgeliefert. Ein paar Prozente Inflation mehr, ein Anstieg des Brot- und Fleischpreises, und schon rutschte die halbe Stadt unter das Existenzminimum. Denn jene, die kaum oder keine Steuern zahlten, weil das wenige, das sie hatten, für den Lebensunterhalt draufging, machten im Durchschnitt die Hälfte der Menschen in der mittelalterlichen Stadt aus.

Wo kein Bargeld ist, kann auch keine Wohnung gemietet werden, von einem Hauskauf gar nicht zu reden. Zugleich mit den Villen der Reichen entstanden auf den hinteren Teilen der Grundstücke und auf schmalen Lücken Buden und hölzerne Verschläge. Der Rat zu Erfurt verbot 1389, daß «arme Leute» weiterhin auf dem Friedhof ihre «Hütten und Häuser» bauten. Auch in den Kellern fanden sie Unterschlupf. Meist jedoch zog, wer weniger verdiente, freiwillig vor die Stadttore. Dort war die Chance, ein kleines Fleckchen zum Leben zu finden, größer als in der übervölkerten Innenstadt mit ihren Grundstücken und Mietwohnungen. Die säuberliche soziale Trennung belegt eine Zahl für die Stadt Görlitz aus dem Jahre 1426: In der Stadt wohnten 38,9 Prozent aller Steuerpflichtigen. In der Vorstadt waren es nur 18,9 Prozent.

In Hamburg lebten 1442 rund 6 Prozent aller Haushalte der Pfarrei St. Nikolai in Kellerwohnungen. Zwanzig Jahre später sind es über 9 Prozent. In Lübeck waren 1532 fast 13 Prozent der Gesamtbevölkerung Kellerbewohner. Aus Wismar haben wir für 1457 eine genaue Wohnstatistik: Man zählte 577 Häuser, 1278 Buden und 117 Kellerwohnungen. Bei den Hausbesitzern gab es fast acht Prozent Frauen, die den Haushalt führten. Bei den Familien, die in Buden und Kellern hausten, über 26 Prozent. Es lebten also in den unteren Schichten sehr viel mehr Frauen allein, verwitwet oder unverheiratet, als in den besseren Kreisen.

Eine Gruppe am Fuß der sozialen Leiter mußte sich um ihre Unterkunft nicht sorgen: die Knechte und Mägde in den städtischen Haushalten. Sie machten im Schnitt 18 Prozent der Gesamtbevölkerung aus. Die Mägde waren in der Überzahl und wurden stets schlechter bezahlt als ihre männlichen Kollegen. Doch auch hier klaffen große Unterschiede. Knecht heißt jener, der seinem Herrn die Pferde pflegt. Aber auch Leo, Verwalter des Hermann von Goch, wahrscheinlich Kleriker, der im besten Latein das diffizile Haushaltsbuch führte, fällt in diese Kategorie. Ein Knecht war auch Heinrich Ballemann, der für den Kölner Kaufmann Johann von Nuyss wertvolle Pferdetransporte von Flandern nach Köln führte und für zweieinhalb Jahre runde 80 Gulden Lohn erhielt. Nicht wenige Knechte besaßen eine kleine Einlage im Geschäft ihres Herrn und waren am Gewinn beteiligt. Für die Mägde gilt das gleiche. In Hamburg und Basel tauchen sie unter denen auf, die ihr Vermögen versteuern, und nicht selten in den Testamenten der Herrschaften. Mancher wartete mit solchem Lohn nicht bis zu seinem Tod. In Lübeck vermachte Alheyd, die Witwe des Gerhard Lurley, ihrer Magd 40 Mark unter der Bedingung, bis zum Ende von dieser Erbin gepflegt zu werden. Die Herren, weltliche und geistliche, hatten manchmal sehr persönliche Gründe, ihre Mägde – und Kinder – für die Zukunft zu versorgen.

Da wir bei den Testamenten sind: Zur städtischen Gesellschaft des Mittelalters gehörten die «Frauen, die auf dem Graben gehen», um ihre Kundschaft anzulocken. Der Gewinn, den das leichte Gewerbe brachte, wurde in den städtischen Steuerlisten aufgeführt, wenngleich nicht direkt beim Namen genannt. «Haus der schönen Frau» hieß das Bordell in Köln. Wer hier lebte, blieb für immer ein Außenseiter der Gesellschaft. Kein Geld konnte ihn «ehrbar» machen, wenn es auch an Versuchen nicht fehlte. Der Kölner Kaufmann Johannes Rink stiftete 400 Gulden, damit die Mädchen sich von ihren Kupplerinnen frei machen konnten. Von Erfolgen gibt es keine Nachrichten. Immerhin: In Lübeck hinterließ eine Bewohnerin des Freudenhauses 1467 die nicht unbeträchtliche Summe von 155 Mark. Meist versuchte der Rat der Stadt, die Frauenhäuser unter seiner Aufsicht zu halten, damit auch in diesem Lebensbereich alles ordentlich zuging. Die Wirte waren städtische Angestellte und verpflichtet, den Frauen «kammern, petgewandt und ziemliche speysen» zu geben. Kam hoher Besuch in die Stadt, mußten die Frauen ohne Bezahlung zu Diensten sein. So geschah es 1414 in Bern, als Kaiser Sigismund mit Gefolge auf seiner Reise zum Konzil in Konstanz hier Station machte. Warum man so unbefangen mit dieser menschlichen Schwäche umgehen konnte, erklärte der Rat der Stadt Nürnberg in seiner Vorrede zur Ordnung der Freudenhäuser. Weil nämlich «umb vermeydung willen merers übels in der christenheit gemeine weyber von der heiligen kirche geduldet werden ...»

Aus den Abrechnungen der städtischen Arbeiter können wir ziemlich verläßlich schließen, wie viele Tage im Jahr gearbeitet wurde. Es waren im Schnitt nicht viel mehr als heute. Als zwischen 1276 und 1281 die Koblenzer Stadtmauer gebaut wurde, notierte der Verwalter der Baukasse, der die Löhne auszahlte, zwischen April und Oktober 36 Feiertage, die Sonntage nicht mitgezählt. Im Erzbistum Trier wurde ein Jahrhundert später Ostern und Pfingsten je drei Tage lang gefeiert und über Weihnachten sogar vom 25. bis 28. Dezember. Dazu hatte jede Stadt ihre eigenen lokalen Heiligen, deren Gedächtnis man mit Gottesdiensten, Prozessionen und Jahrmärkten wachhielt. Im Durchschnitt wurde im mittelalterlichen Reich 250 bis 260 Tage im Jahr gearbeitet.

Lange sind Arbeiter und Tagelöhner übersehen, vernachlässigt worden. Es schien nur Kaufleute und begüterte Handwerker zu geben. Gewiß, einige von ihnen besaßen ein Feld vor den Toren; ein Schwein oder sogar mehrere, die – mit anderen – die Straßen vermisteten. Doch solche «Ackerbürger» sind nur ein kleiner Ausschnitt der Wirklichkeit in der Stadt. Dieses Kapitel versucht, sicher pointiert, ein neues Bild zu zeichnen –, auch von jenen vielen Armen, die weder Feld noch Schwein besaßen.

Die Kaufmannsfrau war im Geschäft tätig, weil es ihrem Selbstbewußtsein entsprach. Die Handwerksfamilie war in den meisten Fällen ein Familienbetrieb, in dem Mann und Frau zusammen, aber außer Haus arbeiteten. Die untersten Schichten hatten keine Wahl: Wurde eine Familie gegründet, mußten beide Partner Geld verdienen, um nicht Not zu leiden. Wer als Knecht oder Magd warmes Essen und ein Dach über dem Kopf hatte, überlegte es sich zweimal, bevor er diese Sicherheit für den ungewissen Ehestand aufgab und mit seinem Gefährten in eine Bruchbude oder ein Kellerloch zog. Wer vor den Kirchentüren seinen Unterhalt erbettelte, kam ohnehin nicht auf die Idee, eine «Wirtschaft» – so nannte man den Haushalt – zu gründen.

Was heute die Ausnahme ist, war über Jahrhunderte nichts Ungewöhnliches: Die Schätzung geht dahin, daß rund die Hälfte der mittelalterlichen Bevölkerung unverheiratet blieb. Noch am Anfang des vorigen Jahrhunderts, seit die Statistik wesentlich zuverlässiger ist, traten nicht mehr als 70 Prozent in den Stand der Ehe. Wer wollte schon eine Frau mit Kindern nehmen, wenn er selbst nicht satt wurde? Waren die Frauen auf eine zweite Heirat vielleicht nicht so erpicht? Der Anteil der Witwen muß ganz besonders hoch gewesen sein. Immer wieder hämmern die Volksprediger ihren Zuhörern ein, sich der armen Witwen anzunehmen, der Witwen und der Waisen. Sie vor allem zählten zu den Ärmsten, die in vielen Fällen auf die milden Gaben anderer angewiesen waren, um zu überleben.

Am Beginn des zweiten Jahrtausends, um 1100, schrieb ein Mönch im Kloster Siegburg das Leben des Erzbischofs Anno von Köln – der einst so heftig mit den Kaufleuten seiner Stadt aneinander geraten war – auf: «Wenn aber Zeit und Bedürfnis dazu luden und er selbst sich zu Tische setzte, wurden gewöhnlich die Fremdlinge, so viele gerade gekommen waren, zur Speisung zu ihm hereingeführt. Sodann nahm er von den einzelnen Gerichten, die auf den Tisch kamen, etwa den zehnten Teil ab und sammelte alles in ein Gefäß, um die Kranken hier und da in der Stadt zu erquicken. Wenn schließlich der Tisch abgetragen war, erhob er sich, ein wahrer Vater der Waisen und ein wahrer Richter der Witwen, neigte sich – als ob er sagen wollte: Lasset die Kindlein zu mir kommen, denn ihrer ist das Himmelreich – und fütterte die kleinen Kinder mit eigener Hand, speiste die Waisen, nährte die Kinder der Armen mit besonders delikaten Speisen, die er selbst zu diesem Zwecke vom Mahl aufgehoben hatte; ihren Müttern, die ihm vertraulich ihr Elend klagten, ließ er außerdem das Notwendige barmherzig zuteil werden. Obwohl er nämlich zu allen Armen barmherzig und mitleidig war, wurde er doch gegenüber den armen Frauen und ihren Kindlein von besonderem Erbarmen bewegt. Als derartige Frauen diese Erfahrung gemacht hatten, forschten sie bisweilen die Gelegenheit aus, traten ihm auf den Straßen scharenweise in den Weg und warfen ihm ihre Kleinen mit Wehgeschrei flehend entgegen. Manchmal, wenn er vorüberging und sah, daß solche ausgezehrten, halbnackten Kinder vor Müdigkeit wegen des langen Wartens in Schlaf gefallen waren, wandte er sich liebevoll zu einem von ihnen, das ein anderer nicht eines Blikkes gewürdigt hätte, und schickte sich an, es wie eine Mutter innig zu küssen. Einige Frauen, die keine eigenen kleinen Kinder hatten, erbaten sich fremde in der sicheren Annahme, Anno werde sich ihrer erbarmen, wenn sie sich mit solchen kleinen Bündeln seinen Blicken stellten.»

Auch wenn wir wissen, daß der Mönch in Siegburg das Leben Annos, des Klostergründers, in den leuchtendsten Farben schilderte, um alle Welt von der Heiligkeit dieses großen Mannes zu überzeugen, bleibt zweierlei in unserer Geschichte davon unberührt: Die Wirkung eines hilflosen, gebündelten Säuglings auf die Herzen der Menschen war vor tausend Jahren nicht anders als heute. Und die Bettelfrauen vor dem Kölner Dom nutzten dies, um ganz gewerbsmäßig die Gemüter der Vorübergehenden zu erweichen. Es steckt auch eine Moral in dieser Erzählung vom Erzbischof Anno – der tatsächlich heiliggesprochen wurde –, die man den Zeitgenossen nicht erst übersetzen mußte: Almosen zu verteilen war für einen Christen keine Nebensache. Gerade die Hohen und Mächtigen konnten ohne die Gebete der Armen nicht in das Himmelreich eingehen und die Reichen noch weniger. Weil das Gebet – im Blick auf die Ewigkeit – eine wichtigere Leistung war als kaufmännischer Gewinn oder Aufstieg innerhalb der kirchlichen Hierarchie, sah das Mittelalter in den Bettlern keine unnützen Schmarotzer. Sie stellten vielmehr dem Menschen ständig vor Augen, wie groß der Spannungsbogen war, unter dem er leben mußte, wie unterschiedlich die Skala der Werte zwischen dieser und jener Welt.

Vor allem den Kaufleuten, wenn sie daran gingen ihre Testamente aufzusetzen, fiel schwer auf die Seele, mit welchen Mitteln sie ihren Besitz gemehrt hatten. Und so gaben sie nach ihrem Ableben reichlich, was sie vorher den Mitbürgern auf krummen Wegen genommen hatten: «Up dat se Got vor my bidden», wie es der Lübecker Henning Rene 1420 niederschrieb. In Frankfurt stiftete Johann Wiesebeder eine große Summe, «um von den Armen den ewigen Lohn zu erwerben». Frau Margarete Runtinger bestimmte in ihrem Testament nicht nur, daß unzählige Messen für ihr Seelenheil gelesen wurden, sondern «daß man alles, was ich an Roggen und Weizen auf meinem Speicher habe und zurücklasse, armen Leuten gebe und an sie verteile ...»

Aus dem Geständnis des «Guten Gerhards» wissen wir, daß die Generosität der Reichen gegenüber den Bedürftigen zu Lebzeiten ihre Grenzen hatte: «Mit zu geringer Gabe / Ließ ich den Armen ziehn, / Zu karg der großen Habe, / Die Gott mir hat verliehn. / Vernahm ich seine Bitte, / So gab ich saures Bier / Und Schwarzbrot, eine Schnitte / Man backts von Kleie hier. / Und dacht ich je zu geben, / Weil Gott es uns befahl, / So war ich all mein Leben / Zu karg und gab zu kahl. / Wohl hat ich neue Kleider / Und Mäntel bei der Hand / Doch gab ich aber leider / Ein abgewetzt Gewand.»

Aus privaten und städtischen Stiftungen läßt sich ungefähr ermessen, wie groß die Zahl der Bewohner war, die nicht aus eigener Kraft ihren Lebensunterhalt verdienen konnten. In Hamburg waren es im 15. Jahrhundert um die dreitausend Personen, in

Augsburg fast viertausend. In Göttingen gab es dreimal jährlich eine Spende. Im Winter, wenn die Armen Hering und Brot kostenlos erhielten, kamen die wenigsten. Fronleichnam, wenn sich jeder, der weniger als zehn Mark besaß, einen Pfennig abholen durfte, kamen 1458 rund 1700 Menschen. Man mußte also nicht erst völlig am Boden liegen, um in den Genuß eines Almosens zu kommen. Viele Tagelöhner, Witwen, Knechte und Mägde werden sich in die Schlange der Wartenden eingereiht haben.

Der Kölner Rat beklagte sich 1476 in einem Schreiben an den Kaiser, daß es «nicht unter 3000 elende Personen» in der Stadt gäbe. Nur zwei Jahrzehnte zuvor hatten sich die Bettler und Krüppel in der Stadt zu einer «Zunft der armen Leute» zusammengeschlossen. Sie zahlten von ihrem «Verdienst» in eine gemeinsame Kasse, aus der die Mitglieder bei Krankheit Unterstützung erhielten. Es war auch nichts Ungewöhnliches, daß die Bettler ihre Einkünfte versteuerten. Tricks gehörten ebenfalls zum Berufsstand, aber sie mußten im Rahmen bleiben. In Augsburg brach 1434 ein junger Mann auf offener Straße zusammen. Die Umstehenden kümmerten sich um ihn und sammelten, weil er völlig mittellos schien, Geld für den Fremden. Da stellte sich heraus, daß der Mann auf diese Weise schon in anderen Städten zu Geld gekommen war. Er wurde verurteilt und gehenkt.

Ging es mit der Wirtschaft bergab, dann kämpften auch die kleinen Handwerker verzweifelt, um nicht in den Stand der Armut abzurutschen. Die Zünfte mühten sich, Mitglieder, die ihre Zahlungen nicht mehr leisten konnten, zu halten. In Fritzlar zum Beispiel durften Bäcker, die ihre teure Wohnung innerhalb der Mauern aufgeben mußten, trotzdem ihre Ware in die Stadt bringen und im städtischen Brothaus verkaufen. Es bestand ein Unterschied zwischen öffentlichen Bettlern und «verschämten» Armen, die gegen Ende des 13. Jahrhunderts in den Testamenten als «Hausarme» auftauchten.

Es sind Bürger, die sich die äußeren Zeichen ihres Standes – gute Kleidung, eigene Wohnung, Aussteuer für die Kinder – nicht mehr leisten können. Johann Wiesebeder, der 1428 in Frankfurt ein ewiges Almosen stiftete, beschreibt in seinem Testament, was die Zeit darunter verstand: «Personen, welche heimlich Hauskummer leiden und doch ihre Tage mit Ehre zugebracht haben. Hausarme, die sich mit getreuer Arbeit ernähren und doch keinen ausreichenden Verdienst haben. Solche Menschen, welche sich früher ihren Bedarf erworben haben, jetzt aber Alters oder Krankheit halber es nicht mehr zu tun vermögen. Ferner fromme Hausfrauen, welche mit Kindern überladen sind und dieselben nicht ernähren können, und endlich fromme hausarme Frauen, welche Kindbetterinnen sind oder ihrer Entbindung entgegensehen.»

Selbst wenn alles in der Stadt seinen normalen Gang ging, wenn die Waren auf den Märkten und in den Kaufhäusern ausreichten und nicht zu teuer waren, Ex- und Import florierten, so daß die Träger, Packer und Schlepper gut verdienten, die Truhen der Kaufleute sich füllten – selbst dann war das Leben ein kostbares und allzu kurz bemessenes Gut. Vor allem in der Stadt. Man wohnte mit der Zeit immer dichter aufeinander, die Lebenden und die Toten rund um die Kirche. Die hygienischen Verhältnisse waren katastrophal. Alle Abfälle landeten im Fluß, im Stadtbach oder auf der Straße. Immer wieder mußte der Rat verbieten, den Mist länger als drei Tage auf den Straßen zu lassen, und fordern, die Schweinekoben endlich an den hinteren Teil der Häuser zu verlegen. Es nützte wenig. Ein Jahrzehnt ohne Seuchen blieb die Ausnahme. In den guten Jahren lag die mittlere Lebenserwartung bei 35 Jahren. Jedes zweite bis vierte Kind starb im Säuglingsalter; 20 Prozent der Väter starben, ohne daß auch nur eins ihrer Kinder sie überlebten. Graue Haare waren selten; nicht einmal 10 Prozent wurden älter als 65 Jahre. Rund die Hälfte aller Städter war jünger als zwanzig. Der mittelalterliche Mensch wuchs in eine jugendliche Gesellschaft hinein. Die Eltern hatten allen Grund, den Kindern Ehrfurcht vor den Alten zu predigen. Es war ihr einziger Schutz, um nicht wenige Jahre später als Minderheit brutal an die Wand gedrückt zu werden.

Würden wir heute eine mittelalterliche Stadt betreten, nichts wäre so auffallend wie die vielen Kinder. Denn mochten auch sehr viel weniger heiraten als heute, so war dies noch kein Grund, keine Nachkommenschaft in die Welt zu setzen. Doch ob verheiratet oder nicht – für die Armen war die Frage, wie man diese zusätzlichen Esser satt bekäme, in vielen Fällen unlösbar. Darum trennten sich viele bei Nacht und Nebel von ihren kleinen Würmern, ohne damit der Nachwelt einen Beweis für Gefühllosigkeit oder fehlende Kindesliebe zu liefern. Wir können uns die Zahl der Säuglinge, die in den ersten Tagen nach der Geburt starben, und der kleinen Kinder, die ausgesetzt wurden, gar nicht hoch genug vorstellen.

Im Jahre des Herrn 1274 verschickte der Rat der Stadt Einbeck an alle Pfarrer und Ratsherren im Herzogtum Braunschweig eine Bittschrift, mit der er um Unterstützung für den Bau des Heilig-Geist-Spitals warb. Dort sollten kranke und «fremde unmündige Kinder und Waisen», denen in dieser Stadt Gastfreundschaft versagt wird, aufgenommen und gepflegt werden. Auch Kinder, welche von ihren Müttern unter Mißachtung der Gottesfurcht vor den Türen der Kirchen niedergelegt oder an anderen Orten zu nächtlicher Zeit wie Kadaver jämmerlich weggeworfen werden, sollen, wenn sie noch lebend aufgefunden werden, in eben diesem Hospital untergebracht und, bis sie zu Verstand gekommen sind, mit allem Notwendigen versorgt werden.

In Straßburg drohte Personen, die beim Aussetzen von Kindern entdeckt wurden, der Tod durch Ertränken. Doch auch diese Androhung nützte nichts. Immer wieder wurden Säuglinge im Münster abgesetzt. Für die größeren gab es seit Anfang des 15. Jahrhunderts ein Waisenhaus, wo sich 1482 vier Personen um 25 Kinder kümmerten. 31 Säuglinge hatte man bei Ammen außerhalb des Hauses untergebracht. Die Bezeichnung «Waisenhaus» ist allerdings irreführend. In Straßburg, wie in allen anderen Städten des Mittelalters, gab es sehr viel mehr Findlinge als Waisenkinder, die versorgt werden mußten.

Ursprünglich waren die Hospitäler zuständig für alle, die in der Stadt keine Unterkunft hatten, die Kranken, Armen und die verlassenen oder alleinstehenden Kinder. Meistens gab es im Hospital eine abgetrennte «Kinderstube». Doch waren die anderen Stuben überfüllt, wurden auch Kranke oder Geistesgestörte zu den Kindern gelegt. Was auf den ersten Blick abschreckend und unmenschlich scheint, zeigt bei ein wenig Überlegung nicht nur schlechte Seiten. Da Hospitäler damals keine Massenquartiere waren, sondern höchstens dreißig Personen zählten, konnten sich menschliche Beziehungen zwischen den Kranken und den Kindern entwickeln. Vor Isolation und Hospitalismusschäden waren somit beide Gruppen bewahrt.

Die Testamente beweisen, daß die Kinder in den Hospitälern im Bewußtsein der Bürger einen festen Platz hatten. Der Göttinger Hans Speckböttel vermachte dem Spital Heilig-Kreuz eine Geldsumme, von deren Zinsen jedes Jahr zur Fastenheit «den armen Kindern» eine halbe Tonne Lachs und ein Korb Feigen gekauft werden sollten. Die Kirche versprach immer wieder besondere Ablässe für jene, die zugunsten der Hospitäler spendeten. Der Bamberger Bischof schilderte 1294 in einem Ablaßbrief das dortige St. Katharinen-Hospital: «Es werden die Kranken besucht, die Waisen aufgenommen, die Armen erquickt, die schwangeren Frauen bis zur Genesung versorgt, die gefundenen Kinder ernährt, die Nackten nach Möglichkeit gekleidet, Heimatlose und Fremdlinge über Nacht behalten.» Trotz solcher Bettelbriefe von geistlicher und weltlicher Obrigkeit, trotz privater Schenkungen reichte das Geld meistens nicht . Als im 14. Jahrhundert in den Urkunden erstmals in vielen Städten getrennte Waisenhäuser erwähnt werden, ist zugleich davon die Rede, daß die Zöglinge zum Betteln auf die Straße geschickt werden, an Markttagen die weniger gute Ware erbitten oder von den Straßen auflesen. Bei Prozessionen und Leichenzügen traten die Waisenkinder gegen Geld oder Naturalien als Sänger auf.

Waren die Zeiten schlecht, bekamen es die Findlinge als erste zu spüren, ebenso wie die Armen und Kranken. Es ist sicher keine Übertreibung, wenn Bruder Berthold über sie in einer seiner Predigten sagte: «Das sind kummervolle Leute, die Witwen und Waisen, arme Leute und Bedürftige. Sie leiden große Marter und Armut durch Hunger und Frost und Krankheiten und Durst und weil sie keine Herberge haben ... Erbarmt euch ihrer.» Zu Recht nennt Berthold nicht nur die elternlosen Kinder, sondern zählt alle sozial Schwachen der Gesellschaft auf. Hunger und Not traf sie alle gleich. Es war deshalb keine Diskriminierung, wenn die Kinder für ihren Lebensunterhalt zum Betteln auf die Straße gingen. Es kam dem mittelalterlichen Menschen nicht in den Sinn, sie in Arbeits- und Zuchthäuser zu stecken. Das blieb späteren, moderneren Zeiten vorbehalten. Auch schlief jedes Kind in der Regel in einem eigenen Bett. Davon konnten Waisenkinder in den folgenden Jahrhunderten nur träumen. Sie mußten ihre Liege stets mit mehreren teilen.

Sehen wir uns die «Ordnung der Kinder im Kindshaus» zu Memmingen aus dem Jahre 1500 genauer an, dann spüren wir, daß diese Zeit den Findlingen und Waisen mehr zubilligte als das Notwendigste. Der Speiseplan ist nicht zu verachten, für Sauberkeit wird von den Hauseltern gesorgt. Doch es spricht noch anderes aus diesen Zeilen – Fürsorge, ja Liebe. Beides wäre nicht möglich, würde die mittelalterliche Gesellschaft in den Kindern gefühllose Wesen sehen, die ausschließlich die Rute verdient hätten. Wiederum müssen wir den Widerspruch ertragen: Strenge und Fürsorge schließen einander nicht aus.

In Memmingen bekamen die Findel- und Waisenkinder «alle Tage am Morgen ein gebranntes Mus und zu Mittag zwei Gerichte, Erbsen oder Hafer, und immer zu dem eine süße oder saure Milch. Dienstag, Donnerstag und Sonntag erhalten sie Kraut und Fleisch zu den genannten Gerichten und abends an diesen drei Tagen Suppenfleisch und wiederum Milch oder Gerste dazu, wie man es gerade hat. Die kleinen Kinder, die in der Wiege liegen, erhalten jeden Tag dreimal Milchmus und zwei- oder dreimal jeden Tag eine Milchsuppe ... Jeden Montag sollen die Kinder sauber und sorgfältig gebürstet und ihre Köpfe in jeder Hinsicht überprüft werden ... Desgleichen sollen die Kinder am Samstag in einem Zuber gebadet und wiederum entlaust werden. Durch das ganze Jahr sollen sie alle 14 Tage dienstags in die angewiesene Badestube gehen. Und damit keinem Kind etwas widerfahre, sollen Vater und auch Mutter mit ihnen gehen ...

Am Tag der großen Jahresabrechnung sollen sie ein besseres Mahl erhalten, auch Michaelis-Nacht Leckereien, die ihnen gestiftet sind. Auch Martins-Nacht soll man ihnen gute Gerichte, wie sie üblich sind, und dazu Met und Brot geben. Am Neujahr soll jedes Kind einen Haufen Nüsse, zwei Äpfel und ein gutes Stücklein Lebkuchen erhalten, desgleichen auch Äpfel und Nüsse an Martins-Nacht. Am St. Nikolaustag erhält jedes Kind eine ganze Bratwurst, zwei Äpfel und sechs Nüsse.»

# Leben auf der Burg

*Die Ehe der hl. Elisabeth – Wie Ritter wirklich lebten*
*Eine Nonne schreibt über Sexualität*
*Ein Kirchenlehrer über Empfängnisverhütung*

Sie küßte ihn wohl tausendmal auf den Mund.» Ort der Handlung: Die Wartburg in Thüringen. Die Personen: Landgraf Ludwig IV. und seine Frau Elisabeth. Beobachtet und aufgeschrieben hat die Szene Ludwigs Kaplan Berthold, der nach dem Tod seines Herrn – 1227 – dessen Leben für die Nachwelt festhielt. Elisabeth starb 1231, gerade 24 Jahre alt. Die sofort einsetzenden Bemühungen um ihre Heiligsprechung verlangten eine genaue Lebensbeschreibung auch von ihr. Nicht alle, die sie kannten, wurden für diese Vita befragt, nicht alle Begebenheiten ans Licht gebracht. Doch beide Erzählungen und noch ein paar andere, die von der heiligen Frau berichten, muß man nur ein wenig schütteln, dann fallen die passenden Teile zueinander, trennt sich von selbst die Realität von der Heroisierung. Dieses neue Bild zeigt vor allem zwei Menschen, die sich liebten. Weit in der hinter uns liegenden Zeit bekommen wir eine persönliche Beziehung zu fassen, voll Zärtlichkeit und Treue. Ein glücklich verheiratetes Paar. Doch schon schiebt sich ein anderes uns vertrautes Bild dazwischen: Da sitzen Walther von der Vogelweide und seine fahrenden Sänger-Genossen im festlichen Saal der Wartburg und preisen den ritterlichen Helden, der in Sehnsucht nach einer Herrin schmachtet – die stets verheiratet ist. Liegt nicht gerade darin der Reiz der höfischen Liebe, daß sie nur außerhalb der Ehe gedeiht?

Halten wir uns zuerst an die Tatsachen: Ein glückliches Paar, obwohl Politik und Konventionen auch diese hochadlige Ehe zwischen dem Königskind aus Ungarn und dem thüringischen Landgrafen gestiftet haben. Noch nicht erwachsen, wurden sie füreinander bestimmt, und trotzdem schrieb Kaplan Berthold nach der Heirat: «Sie liebten sich mit einer staunenswerten Liebe.» Der Landgraf war oft wochenlang unterwegs in seinen ausgedehnten Besitzungen und von seiner Frau getrennt. Daß die Damen auf den Burgen in solchen Fällen ihren Männern die eheliche Treue hielten, nahm jedermann für selbstverständlich. Einen männlichen Seitensprung ebenso. Ludwig dagegen fühlte sich – wie seine Frau – verpflichtet, und seine adligen Begleiter wunderten sich sehr: «Herr, warum tut Ihr nicht wie die übrigen Fürsten und Adligen? Ihr könnt selten mit unserer Herrin zusammensein ... und für Eure Jugend muß es doch schwer sein, so zu leben, wie Ihr es tut. Warum schafft Ihr Euch keine Mädchen an?» Als er schwieg, wiederholten sie ihre Frage. Da wurde der Landgraf ärgerlich: «Meine Herren, wenn Ihnen an meiner Gunst etwas liegt, so nehmen Sie sich in acht, daß Sie in Zukunft in meiner Gegenwart solche Worte nicht wiederholen. Ich habe eine Frau, und der halte ich die Treue.»

Elisabeth versuchte, solche Trennungen entweder so kurz wie möglich zu halten oder ihren Mann zu begleiten: «Es trug aber St. Elisabeth zu ihrem Gemahl, Landgraf Ludwig, und dieser wiederum zu ihr eine so herzliche Liebe, daß keines lang ohne das andere sein mochte und konnte. An ihres Herrn Tisch pflegte sie an seiner Seite zu sitzen ... pflegte mit ihm zu essen und freundliche Gemeinschaft und Gespräch mit ihm zu halten. Da, wo ihr Herr war, folgte ihm St. Elisabeth nach, sei es nah oder ferne und scheute nicht Regen oder Frost.» Es war nicht nur eine Beziehung für schöne Tage und gelockertes Beisammensein. Der Landgraf ließ seiner Frau freie Hand, als sie unter dem empörten Stirnrunzeln der übrigen adligen Verwandtschaft in der Wartburg eine Freiküche für Arme und ein Lazarett für Kranke einrichtete. Das Geld der fürstlichen Haushaltung floß nicht selten in die Taschen der Bettler. Doch das alles waren noch Kleinigkeiten gegenüber den Dingen, zu denen der Mönch Konrad von Marburg, der eines Tages auf der Wartburg erschien und Elisabeths Beichtvater und Seelenführer wurde, seinen fürstlichen Zögling antrieb. Konrad, ein finsterer Zeitgenosse, der später durch Mörderhand ein passendes Ende fand, kam nach Deutschland im Auftrag der Inquisition, die im Kampf gegen die ketzerischen französischen Waldenser entstanden war. Konrad war ein Mensch mit ausgeprägten sadistischen Neigungen. Er verlangte von Elisabeth stundenlange nächtliche Gebetsübungen, ließ sie schwören, niemals wieder zu heiraten, peitschte sie sogar eines Tages aus. Mit allen Mitteln sollte die Landgräfin ihrem Mann entfremdet werden. Das Ziel wurde nicht erreicht. Vielleicht gerade, weil Ludwig seine Frau gewähren ließ, nur mit Worten um ihre Liebe warb, aber nicht auf seine ehelichen Pflichten pochte.

1227 gehörte der thüringische Landgraf zu den wenigen deutschen Fürsten, die sich unter Führung Friedrichs II. zu einem Kreuzzug ins Heilige Land aufmachten. Noch vor der Überfahrt starb er in Süditalien an einer Seuche. Als die Nachricht von seinem Tod die Wartburg erreichte, brach Elisabeth zusammen, «lief weinend und schreiend hin und her, wie ein Mensch, der von Sinnen ist. Alle, die dabei waren, konnten sie kaum beruhigen: ‹Tot, nun ist mir die ganze Welt tot.›»

Elisabeth hatte gerade ihr drittes Kind zur Welt gebracht. Ihr ältester Sohn, der Erbe, war fünf Jahre alt. Ob sie wirklich von ihrem Schwager von der Wartburg «vertrieben» wurde, ob man ihr den Witwensitz und die Witwenrente vorenthielt, blieb ungeklärt. Für unsere Geschichte ist es nicht entscheidend. Wir dürfen jetzt allgemein werden: Rechtlich war die Lage der adligen Frau gegenüber der bürgerlichen wesentlich schlechter. Zwar wurde im Ehekontrakt die finanzielle Sicherung für den Fall der Witwenschaft genauestens geregelt. Doch das war jedesmal eine individuelle Abmachung zwischen den betroffenen Familien. Für Adlige gab es kein allgemeines, auf Pergament gemaltes Recht wie in der Stadt. Erinnern wir uns an Freiburg oder München: Dort war verbrieft und konnte eingeklagt werden, daß die Frau in Abwesenheit ihres Mannes Geschäfte machen konnte und im Todesfall der Erbe war. Nichts dergleichen lag in den Truhen der Burgen. Im politischen Leben, den «Geschäften» des Adels, hatte die Frau im 13. Jahrhundert keinen Platz mehr. Sie durfte ihn höchstens warmhalten für den männlichen Erben.

Die Zeit der Ottonen war vorbei, von der «Mitherrschaft» der Kaiserin keine Rede mehr. Am Anfang des zweiten Jahrtausends hatten sich die Herrschaftsstrukturen gefestigt. Die Landesfürsten wurden immer stärker, die Auseinandersetzungen zwischen Kaiser und Papst um den ersten Platz in der Rangordnung der Mächtigen spitzte sich zu. Da blieb kein Raum und keine Ruhe, die Entwicklungslinien einer Adelheid und Theophanu fortzusetzen. Ihre Nachfolgerinnen sind kaum mehr als Namen, die sich für uns nicht mit Leben füllen. Nur ganz selten hebt sich ein wenig der Vorhang zu den privaten Bereichen. Beatrix aus Burgund, die zweite Frau des Friedrich Barbarossa, war seine große Liebe. Manche munkelten sogar, er stünde unter ihrem Pantoffel. Alle waren sich einig, daß dieser Kaiser ein Mann war, der die Frauen mochte und sich wohl fühlte in weiblicher Gesellschaft. Wer ganz oben saß, für den galten die Gesetze der Kirche immer noch nicht. Barbarossa und Heinrich der Löwe ließen sich scheiden und heirateten regulär ein zweites Mal.

Zurück zu Elisabeth und Ludwig: Ob das Ineinanderfallen von Liebe und Ehe, von Treue und Glück die große Ausnahme war oder der Wirklichkeit nahekommt, kann kein Historiker, kein Soziologe guten Gewissens entscheiden. In diesem Fall haben wir Quellen von Ohren- und Augenzeugen aufgeschrieben, die eine reale persönliche Beziehung jenseits des politischen Kalküls sichtbar werden lassen. Wir müssen deshalb die in ihnen geschilderte Beziehung als eine Möglichkeit adligen Ehelebens im Mittelalter ernst nehmen.

Nun aber läßt sich eine Frage nicht länger aufschieben und unterdrücken: Haben wir denn nicht gerade aus dieser Zeit viele schriftliche Zeugnisse von Liebe und Leid, von Mann und Frau gerade in den höchsten Kreisen? Entwerfen nicht die Geschichtsbücher ein buntes Bild jener höfischen Epoche unter den Stauferkaisern, die 1250 mit dem Tod Friedrichs II. zu Ende ging? Stehen sie nicht in jeder Buchhandlung, die Erzählungen der Minnesänger? Walther von der Vogelweide, Wolfram von Eschenbach, Hartmann von Aue, der Kürenberger, Ulrich von Lichtenstein. Viele Namen, und man könnte glauben, wenn wir die haben, ist damit der ganze Mensch erfaßt.

Der Herr von Lichtenstein zum Beispiel: Wie all die anderen sang er von einer Liebe, deren Reiz darin lag, daß sie verboten war und nie Erfüllung fand. Er pries seine verheiratete «hohe Frau», deren Launen ihm Befehl waren. Ulrich von Lichtenstein erzählt, wie er das Badewasser seiner geliebten Frau trank, sich ihr zu Ehren einen Finger abhackte und denselben fein säuberlich verpackt auf ihre Burg schickte. Eine verklemmte Erotik, gewiß. Aber Generationen nahmen solche Bilder vom edlen Ritterleben für bare Münze, feierten sie als Sublimierung wilder Leidenschaften und sahen die Helden der Vergangenheit hin und her gerissen zwischen «Minne» und «Maße». Wenn es ein Sinnbild des männlichen Adelslebens im Mittelalter gibt, dann ist es der Ritter, der weder Tod noch Teufel fürchtet. So hat Dürer ihn 1513 in Kupfer geritzt, so haben ihn die deutschen Romantiker gegen Ende des 18. Jahrhunderts zum Leitbild gemacht. Eine kluge Frau, Madame de Stäel, schrieb 1810: «Das Rittertum ist für die Modernen, was die Heroenzeit für die Alten; alle edlen Erinnerungen der europäischen Nationen knüpfen sich daran». Manchmal wird die Erinnerung zur Wirklichkeit. Es ist deshalb Zeit, sich zu erinnern, wie es wirklich war.

«Die Burg selbst, ob sie auf dem Berge oder in der Ebene liegt, ist nicht als angenehmer Aufenthalt, sondern als Festung gebaut. Sie ist von Mauern und Gräben umgeben, innen ist sie eng und durch Stallungen für Vieh und Pferde zusammengedrängt. Daneben liegen dunkle Kammern vollgepfropft mit Geschützen, Pech, Schwefel und sonstigem Zubehör für Waffen und Kriegsgerät. Überall stinkt es nach Schießpulver; und dann die Hunde und ihr Dreck, auch das – ich muß es schon sagen – ein lieblicher Duft! Reiter kommen und gehen, darunter Räuber, Diebe und Wegelagerer ... Man hört das Blöken der Schafe, das Brüllen der Rinder, das Bellen der Hunde, das Rufen der auf dem Feld Arbeitenden, das Knurren und Rattern der Fuhrwerke und Karren; ja sogar das Heulen der Wölfe hört man in unserem Haus, weil es nahe am

Wald liegt. Der ganze Tag bringt vom Morgen an Sorge und Plage, ständige Unruhe und dauernden Betrieb. Äcker müssen gepflügt und umgegraben werden, Weinberge müssen bestellt, Bäume gepflanzt, Wiesen bewässert werden; man muß eggen, säen, düngen, mähen und dreschen; jetzt steht die Ernte bevor, jetzt die Weinlese. Wenn aber einmal ein schlechtes Ertragsjahr kommt, wie in dieser mageren Gegend meistens, dann haben wir fürchterliche Not und Armut ...»

Leben auf der Burg, geschildert von Ulrich von Hutten im Oktober 1518. Wir wollen ein paar angenehme Seiten hinzufügen: Es gab trotz allem eine Menge Freizeit, die sich die Damen und Herren vor allem mit der Jagd vertrieben. Zog die Gesellschaft nach der Rückkehr aus den Wäldern müde in den Burghof ein, stand einiges bereit, um sie wieder munter zu machen. Zuerst ging es ins Badehaus, um den Staub loszuwerden. Danach wechselte jeder die Kleidung, an kostbaren Stoffen und bunten Farben sparten weder die Damen noch die Herren. Im Palas, dem Festsaal der Burg, traf man sich wieder. Dort hatte inzwischen die Dienerschaft aufgetragen, was Keller, Speicher und Küche zu bieten hatten. Man setzte sich in bunter Reihe zu Tisch, die Damen teilten Schüssel und Becher mit ihrem Nebenmann und beide mußten sich mit Löffel und Messer begnügen. Die Gabel war noch nicht erfunden.

Meist waren die steinernen Wände mit Teppichen verhängt, Schmuck und Wärmeschutz zugleich. Denn Glasscheiben gab es nicht in den Gemäuern, nur hölzerne Fensterläden oder Pergament vor den steinernen Höhlen. Manchmal hatte ein kleineres Gemach einen Kamin, die Kemenate. Daß sie nur den Frauen vorbehalten war, ist – außer in der Phantasie der Dichter – nirgendwo belegt. Realität dagegen ist die Musik im Hintergrund der festlichen Gelage – Fideln, Dudelsack, Pfeifen, Pauken und Trommeln. Ein verwachsenes Männchen hält die Gesellschaft bei Laune mit seinen Späßen, und wenn man nach dem Essen noch halbwegs klar im Kopf ist, werden mit Vorliebe die Brettspiele ausgepackt. Die Burg war auch zum Wohnen da, zu allererst aber zum Schutz. Deshalb der frei stehende Bergfried, der Hauptturm, auf dem Tag und Nacht Posten standen. Das schwere Haupttor blieb meist geschlossen. Für den Alltag genügte die kleine Pforte nebenan. Lebenswichtig war der Brunnen. Manchmal mußte man über 100 Meter in die Tiefe graben, um auf Grundwasser zu stoßen. Im Frieden lebten bis zu 20 Menschen auf der Burg. Im Krieg konnte die Zahl bis auf das Fünffache anwachsen. Mancher, der hier Dienst tat, wohnte außerhalb dieser Insel. Am Weg zur Burg lagen oft die kleinen Fachwerkhäuser der Burgmannen.

Der Traum von der Großfamilie: Hinter den steinernen Zinnen nahm er ein wenig Gestalt an. Das hatte mit Ideologie nichts, mit den Verhältnissen und Lebensformen sehr viel zu tun. Der Kaufmannssohn arbeitete im Haus seines Vaters, oder er machte ein eigenes Geschäft auf oder lebte ausschließlich von seinem reichen Erbe. Ob allein oder verheiratet, es war kein Problem, in der Stadt ein neues Haus zu kaufen, zu mieten, zu bauen, um einen neuen Hausstand zu gründen. Auf die Frauen, allein oder verheiratet, traf ähnliches zu. Die Kaufmannsfrau durfte Geschäfte machen, Häuser kaufen und vermieten. Das Mädchen der Handwerkerfamilie erlernte einen Beruf. Die aus den untersten Schichten konnten Kleinigkeiten auf dem Markt verhökern oder betteln gehen. Auf dem Land wurden weibliche Arbeitskräfte gebraucht. Kurzum: Alle diese Frauen hatten nicht nur die Alternative Heirat oder Kloster. Sie konnten sich ihren Lebensunterhalt verdienen, mochte er auch kärglich sein.

Die Dame auf der Burg hatte diese Möglichkeiten nicht. Und wenn die Kinder der Burgbesitzer heirateten, konnten die Eltern nicht jedem einen neuen steinernen Bau auf eine Bergspitze setzen. Wer nicht ins Kloster ging oder einen geistlichen Beruf ausübte, wer nicht in eine andere Burg heiratete, der blieb innerhalb der angestammten Mauern. Schwiegersöhne kamen hinzu, Enkelkinder. Die Schwestern und Brüder des Vaters, wenn nicht längst gestorben, bereicherten die Familie als Tanten und Onkel. Gab es ein wenig Platz, wurde angebaut. Trotzdem lebten in der Burg – isoliert und eingepfercht – auch für mittelalterliche Verhältnisse ungewöhnlich viele Menschen unterschiedlichen Alters auf engstem Raum. Wer kann sich nicht ausmalen, wie man sich manchmal auf die Nerven ging? Wie heftig der Familienstreit tobte und Verwandte sich wie Fremde begegneten? Ist es so verwunderlich, daß die Bewohner, die bleiben mußten, gar nicht daran interessiert waren, diese Menschenfülle allzu schnell zu vermehren? Als Elisabeth den Landgrafen Ludwig heiratete, war sie vierzehn, er zwanzig Jahre alt. Solche Zahlen von Kinderheiraten haben sich festgesetzt. Doch sie sind die Ausnahme. Eine Stichprobe über das Heiratsalter im deutschen Hochadel des Mittelalters kommt für die Frau auf 22,1 und den Ehemann auf 30,5 Jahre.

Noch haben wir uns um die wichtigste Frage gedrückt: Wer lebte auf den rund 5000 Burgen, die es während des Mittelalters im Deutschen Reich gab? Die Ritter und ihre Familien, wer denn sonst? Und was ist das, ein Ritter? Wer glaubt, mit der Antwort «ein adliger Herr» sei die Sache erledigt, irrt. Diese banale Frage gehört zu den wichtigsten und verzwicktesten in der Geschichte des deutschen Mittelalters. Bis heute hat kein Historiker darauf eine eindeutige und völlig überzeugende Antwort gegeben.

Bis weit ins 20. Jahrhundert hinein schien diese Frage allerdings überflüssig. Sprachen doch die Wissenschaftler ohne Einschränkungen vom Ritterstand, der für sie selbstverständlich zur adligen Welt gehörte. Die Historiker nahmen die Literatur beim Wort. Das ritterliche Treiben der Troubadoure und Minnesänger gaben sie für die Wirklichkeit aus. Sie vergaßen auch nicht – bei aller Verherrlichung dieses Ritterlebens – die von ihnen so erkannte Vergangenheit mit der Elle des viktorianischen Zeitgeistes zu messen. Da kamen die edlen Damen freilich schlecht weg: «Die außerordentliche Stellung, in welche der ritterliche Geist die Frauen gebracht hatte, machte sie schwindeln; sie vergaßen den eben erst verlassenen bescheidenen Platz, vergaßen, daß ihre Herrschaft von der augenblicklichen Zeitstimmung abhängig sei und betrachteten den Mann als ein Spielzeug, mit dem man sich die Zeit vertreiben könne, und der Mann war Tor genug, mit sich spielen zu lassen.» Lächeln wir nicht zu sehr über das 19. Jahrhundert. Es ist so ungewöhnlich nicht, die Vergangenheit als bequemen Spiegel für die Gegenwart zu mißbrauchen.

Heute sind wir ein wenig klüger und wissen immerhin, wie es nicht war: Es gab keinen einheitlichen Ritterstand, kein einheitliches europäisches Ritterideal, und die Welt der Minnelieder ist – was Deutschland betrifft – eine ideale Zustandsbeschreibung, die keiner Wirklichkeit entspricht. Wer brutal ist, mag sie Maulhelden nennen, diese fahrenden Sänger. In den meisten Fällen übernahmen sie einfach die Geschichten ihrer französischen Kollegen – die dort tatsächlich auf Wahrheit beruhten –, und die Phantasie tat noch ein übriges. Ulrich von Lichtenstein hat das Badewasser nie getrunken und seinen Finger weder abgehackt noch abgeschickt. Es war um 1200 so, wie Hutten es drei Jahrhunderte später schildert: Die Herren auf der Burg schmachteten nicht nach verheirateten Frauen, sondern sorgten sich um den Ertrag der Felder und der Milchkühe. Soweit ist man sich inzwischen bei den Experten einig.

Doch nun geht der Streit erst richtig los: Gehörte der Ritter zum adligen Stand oder nicht? Wenn nicht, wie wurde er adlig, und wie wurde der Adlige Ritter? Wie konnte ein so dunkler Begriff überhaupt zum Ideal werden, denn daran besteht ja kein Zweifel? Wie konnte er die Jahrhunderte überdauern, so daß im Zweiten Weltkrieg, der alles andere als ritterlich war, die «Tapfersten» sich mit dem Ritterkreuz schmücken durften? Die Fragen sollen ein wenig zum Nachdenken anregen. Sie können längst nicht alle und keineswegs befriedigend beantwortet werden.

Wo es um eine so geheiligte Tradition geht, wollen wir ausnahmsweise eine Autorität zitieren, den Historiker Professor Arno Borst von der Universität Konstanz: «Welcher Adlige ließ im 12. Jahrhundert wirklich Familie und Herrschaft jahrelang im Stich, um sich in der Einöde ehrenhalber zu schlagen, wohin ihn kein Lehnseid rief und wo ihn keine Herrschaft lockte? Wer sollte den erprobten Edlen zum Ritter erheben, wenn König Artus nur eine Sagengestalt war und die wirklichen Könige die Adelsfehde verboten? Und welcher Personenkreis zählte denn zu den Rittern? In den Urkunden findet sich hundertfach der Titel ‹Ritter› und sein lateinisches Pendant ‹Miles›, aber er deckt nicht das von den Künstlern verherrlichte Ideal, ja nicht einmal eine soziale Wirklichkeit, sondern nur eine militärische. Ritters Namen trägt jeder Krieger zu Pferde, der edelfreie Herr wie der unfreie Dienstmann; Ritters Art ist keineswegs an adlige Abkunft gebunden. Ist also nicht wirklich das ganze Rittertum nur ein Name und Hirngespinst, ein Geschöpf der künstlerischen Phantasie ohne reale Grundlage und Gestalt?»

Halten wir uns aus dem Streit der Experten heraus und schließen uns Arno Borst an, der – von realen Grundlagen ausgehend – seine eigene radikale Frage mit aller Vorsicht so beantwortet: Ritter sein – vom Wortsinn her nichts anderes als ein Reiter – bedeutete in Deutschland, dem niederen Adel anzugehören. Dieser niedere Adel wiederum setzt sich zusammen aus den sogenannten Ministerialen: Beamten, die der Hochadel brauchte, als die Zeit der Landnahme vorbei war, als organisiert und verwaltet werden mußte. Der Herzog oder Graf kümmerte sich nicht mehr selbst um seine Güter, er setzte einen Verwalter ein. Er vergrößerte seinen Hof, brauchte Kämmerer und Stallmeister. Diese Ministerialen, ursprünglich unfrei, wurden unentbehrlich, vertraute Ratgeber. Erhielten zum Dank eigene Lehen, Grundbesitz, auf dem sie nun ihrerseits Burgen bauten. Daß sie den Idealen und Lebensformen ihrer adligen Herren nacheiferten, ja sie noch zu übertreffen suchten, wen wundert es? Mit der Zeit vererbten sich ihre Stellungen, ihre Ämter auf den Sohn. Genau das aber war das Wesen der aristokratischen Klasse: Nicht Leistungen, sondern angeborene Privilegien entschieden über die Stellung in der Gesellschaft.

So verblaßten die Grenzen nach oben, während man alles tat, um sich gegen die unteren 95 Prozent abzuschließen. Und beide, den hohen und den niedrigen Adel – zusammen eine winzige Minderheit – verband das gleiche verschwommene Ideal: zu leben wie ein tapferer Ritter. Davon sangen nun tatsächlich die Dichter, wenn auch in ganz verschiedenen Bildern. Sie trugen dieses Ideal von einer Burg zur anderen, verkürzten damit die langen Abende. Das erstaunlichste: Die Utopie überdauerte die Realität. Ja, denken wir an Dürers Kupferstich von Ritter, Tod und Teufel, dann begann sie erst richtig zu wirken, als die Burgen abbröckelten, Söldnerheere den ritterlichen Kampf längst ersetzt hatten. Sie ist bis ins Zeitalter der Atombombe lebendig geblieben.

Die Kraft der Ideale soll nicht geleugnet werden, im Gegenteil. Sie ist diesen kleinen Exkurs wert gewesen. Für das Leben auf der Burg allerdings müssen wir uns anderes vorstellen: Enge und familiären Streit, abendliche Feste dazu, aber auch eisigen Wind, der durch die Fensterhöhlen weht; bei vielen nur hölzerne Bettgestelle mit Strohsäcken zum Zudecken. Daunen kann sich längst nicht jeder Burgherr leisten. Bekommt man da nicht Sehnsucht nach der Stadt wie Ulrich von Hutten? Mancher Ritter hätte im großbürgerlichen Hause des Hermann von Goch in der Kölner Glockengasse die Augen weit aufgerissen. Von solchem Luxus der Lebensführung konnte er nur träumen. Und doch: Aller Reichtum half dem Kaufmann nichts, wenn es um das adlige Blut ging. Das war nicht käuflich, von den seltenen Heiraten der Bürgerstöchter in den Adel abgesehen. Diese Schranke blieb, und sie markierte nicht nur im weltlichen Bereich eine kaum zu überwindende Grenze.

Hermann von Goch wußte, warum er dem Klarissenkloster in Köln acht große Hechte schicken ließ, als dort zwei seiner Töchter Aufnahme gefunden hatten. Auch in den Städten blieben die Klöster und Stifte eine Domäne des Adels. Ein Frauenstift im luxemburgischen Thorn zum Beispiel öffnete nur der Dame die Pforten, die adlige Urgroßeltern bis in die achte Generation vorweisen konnte. Als 1477 Beatrix und Margarete von Merode um Aufnahme baten, lehnte das Stift ab mit der Bemerkung, die beiden seien «Mädchen von zu niedriger Herkunft». Nun muß man wissen, daß die Familie Merode zu den ältesten und reichsten Ministerialgeschlechtern im Bistum Köln gehörte. Fünf Jahre zuvor hatte der Kaiser sie in den Adelsstand erhoben. Es half nichts. Der Streit wurde bis in den Vatikan getragen, und der Papst entschied zugunsten der standesbewußten Stiftsdamen.

Die Erinnerung an Hermann von Goch bringt noch etwas anderes in den Blick: Sein penibel geführtes Haushaltsbuch zeigt, daß die gutbürgerliche Familie in der Stadt sich nicht selbst versorgte, sondern auf Lohnarbeit außer Haus angewiesen war. Nicht nur Gewürze oder teure Stoffe, sondern so lebenswichtige Güter wie das tägliche Brot wurden eingekauft und keineswegs selbst gemacht. Wie stand es nun um den adligen Haushalt auf Burgen und Schlössern? War er eine kleine Insel, auf der man – von der bäuerlichen Umgebung unterstützt – unabhängig vom großen Wirtschaftskreislauf existierte?

Wir haben Glück, denn es gab eine adlige Dame, die ein Haushaltsbuch führte, das noch dazu erhalten blieb. Wir sind auf Schloß Minden im Weserbergland, wo im Jahre 1397 die Herzogin-Witwe Margaretha von Braunschweig als Witwe lebt. Für den landwirtschaftlichen Betrieb sind angestellt ein Hofmeister, ein Ackerknecht und ein Ackerjunge, etliches Gesinde, ein Kuhhirt, ein Schweinemeister und ein Schafhirt. Auf dem Schloß arbeiten ein Koch und eine Köchin, Mägde und Mädchen. Die Schloßherrin hat zwei bis vier Jungfrauen für die weltlichen und den Kaplan Berthold für die geistlichen Geschäfte. Die Bauern, die auf dem Grund und Boden des Schlosses arbeiten, liefern keine Naturalien mehr ab, sondern Pachtbeträge. Nur so läßt sich erklären, daß im Haushaltsbudget 35 Prozent allein für Nahrungsmittel ausgegeben werden. Sehen wir uns diese Zahl einmal näher an.

Größter Posten ist mit 37 Prozent der Betrag für den Alkohol, der täglich auf den Tisch kam. Zwar wurde eine Menge Bier getrunken, aber auch an Wein fehlte es nicht. Es war «Elszetter und Rinscher wyn», Importware aus dem Elsaß und dem Rheinland. Nur einen Prozent niedriger lagen die Ausgaben für Fisch und Fleisch. Es gab Fische aus den heimischen Gewässern, aber auch Bratheringe, die per Schiff von Bremen die Weser hinaufkamen. Nicht nur Fleisch, sondern sogar auch Wurst wurde außerhalb des Schlosses eingekauft. Das Weißbrot und andere Spezialitäten lieferte ein Bäcker aus Kassel. Ebenfalls eingekauft wurden die Gewürze – Ingwer, Safran, Feigen, Mandeln – und auch Reis wuchs nicht im Garten. Dieser Posten machte 18 Prozent vom Nahrungsmittelsektor aus. Zwei Prozent wurden für das wichtige Salz ausgegeben, mit dem man nicht nur würzte, sondern auch versuchte, die Speisen haltbarer zu machen. Nicht einmal Eier, Honig, Zwiebeln oder Äpfel kamen in größeren Mengen aus eigenem Bereich. Sie wurden von vorbeiziehenden Hökern gekauft, und zwar – wie in der Stadt – täglich, also auch sonntags.

Die Witwe Margaretha ging nicht in Sack und Asche. Sie liebte Tuche aus Aachen, Seide und Brokat. Insgesamt vier Schneider wurden ins Schloß gerufen, um daraus die passenden Kleidungsstücke anzufertigen. Oder sei es nur, um einen Rock zu wenden. Ein Goldschmied in Hildesheim arbeitete den Schmuck für die Herzogin. Gab es Reparaturen am Schloß, dann mußten nicht die eigenen Knechte Hand anlegen. Maurer, Tüncher, Dachdecker und Fenstermacher wurden aus der Umgebung gerufen und für ihre Arbeit bezahlt.

Die Ähnlichkeiten zwischen dem adligen Haushalt auf Schloß Minden und der bürgerlichen Lebensführung in der Kölner Glokkengasse sind unübersehbar. Wie die Großstadt war auch das kleine Fleckchen Erde im Weserbergland durch den Handel mit der Weltwirtschaft verbunden und auf sie angewiesen. Nach Skandinavien, ins Elsaß und weit in den Orient führen die Wege der Güter, die in Minden gebraucht wurden. Auch der adlige Haushalt ist keine wirtschaftliche Insel, kein genügsamer Selbstversorger. Nur auf solchem Hintergrund wird verständlich, warum es den adligen Familien auf ihren Burgen mit der Zeit immer schlechter geht. So schlecht, daß schon im Jahrhundert der Herzogin Margaretha von Braunschweig ein wenig nahrhaftes Gericht, nämlich eingeweichte Semmeln, die in der Pfanne gebraten werden, als «Armer Ritter» auf den Tisch kommt.

Schon damals galten die Gesetze der Marktwirtschaft: Blieb die Ware knapp, stieg der Preis. Fehlte es an Arbeitskräften, stiegen die Löhne. Kaufleute und Handwerker profitierten davon, lebten sie doch von der Ware oder von der Arbeit. Dem adligen Grundherrn fehlte das eine, und das andere lag für ihn außerhalb jeder Vorstellung. Hinzu kam die steigende Anziehungskraft der Städte auf die bäuerliche Bevölkerung. Auch auf dem Land wurde das Gesinde knapp. Wer blieb, konnte steigende Forderungen stellen – an den Burgherrn und an den Bauern, bei dem man sich verdingte. So kam es häufig zu einer Interessenkoalition zwischen Adel und Bauern. Zunehmend klagten beide über zu hohe Lohnforderungen und klagten wie 1484 in der Mark Brandenburg: «Item not wäre es, daß man ein gesatzt Lohn hat den Ackersknechten im Land, die so groß Lohn haben wollen und fordern, daß der gemein Adel und die Bauern darüber die Läng verderben müssen.»

Wollte der adlige Ritter zu Geld kommen, mußte er seinen Grundbesitz verkaufen. Der Wert von Ackerland aber fällt, wenn jedermann weiß, es gibt nicht genug Arbeitskräfte, um den Boden zu bestellen. Es ist keine Ausnahme, wenn ein Chronist meldet, daß eine adlige Witwe ein ganzes Dorf verkaufte «und um das Geld, so sie aus bemeldetem Dorf gelöst, einen schönen blauen samtnen Rock sich schneidern ließ».

Im Jahre 1474 befahl der Kurfürst von Sachsen allen Rittern im

Land, Einnahmen, Ausgaben und Schulden aufzulisten und zu melden. Die meisten adligen Familien bewirtschafteten noch eigenes Land. Doch dieser Ertrag wurde meist völlig von den Zinsen für das Darlehen, das auf fast allen Burgen lastete, aufgefressen. Der Ritter Hans von Honsperg im sächsischen Clöden hatte 1474 insgesamt 158 einhalb Schock neuer Groschen ausgegeben. Das entsprach einem Kaufwert von 592 Doppelzentnern Roggen. Die Löhne allein verschlangen von dieser Summe 62 einhalb Schock. Bezahlt werden mußten 21 Personen in der Burg, Knechte und Mägde, der Koch, Stubenheizer, Küchenjungen, Schweine- und Kuhhirten. Für die Reparaturen kamen Schmiede, Töpfer und Dachdecker ins Haus. Neubauten konnte ohnehin keiner bezahlen. «Auch habe ich böse Scheunen und Ställe, die mir einfallen und abbrechen ...»

In Clöden hat man keinen schlechteren Geschmack als in Köln oder Minden. Gewürze kamen auf den Tisch, auch Feigen, Rosinen, Mandeln und Reis. Trotzdem wurden die Essenausgaben – 22 Schock – von denen für Kleidung weit übertroffen. Es sind 44 Schock oder 417 Doppelzentner Roggen. Der Hausherr beanspruchte davon allein die Hälfte für seinen Aufzug. Ein Drittel ging an die Ehefrau, den Rest mußten sich die Töchter teilen.

Noch einmal zurück zum Haushaltsbuch der Margaretha von Braunschweig. Es ist nicht nur eine Quelle für höfische Konsumgewohnheiten am Ende des 14. Jahrhunderts, sondern läßt auch auf eine Frau schließen, die für Buchführung etwas übrig hatte. Niemand zwang sie zu solcher Ordnung. Das Haushaltsbuch der Herzogin-Witwe ist ein kleines Steinchen zu dem Bild, das die seltenen Zeugnisse über adliges Frauenleben in diesen Zeiten des Hochmittelalters formen: Mit politischen Funktionen, wie mehr als 200 Jahre zuvor unter den Ottonenkaisern, werden sie nicht mehr betraut. Aber im religiösen und kulturellen Leben besitzen sie nicht unerheblichen Einfluß.

Immer wieder wird erwähnt, daß die Frauen – im Gegensatz zu den ungebildeten männlichen Laien – lesen, schreiben und ein wenig Latein können. Auch Französischkenntnisse gehören zur adligen Mädchenbildung im Mittelalter. Auf Anregung der Mathilde von Sachsen, seit 1168 zweite Frau Heinrichs des Löwen, wird die «Chanson de Roland» ins Deutsche übersetzt.

Sicherlich waren es nicht nur Mönche, sondern auch adlige Frauen, die im Kloster wertvolle Abschriften anfertigten. Doch das wird auf immer eine Vermutung bleiben, weil wir die Schreiber nicht kennen. Das gleiche gilt für manchen Text des 12. Jahrhunderts. Daß sich die Experten heute bei manchem streiten, ob er von einem Mann oder einer Frau stammt, ist schon ein Vorteil. Eine adlige Dame jedoch ist über alle Zweifel erhaben – die Seherin vom Rhein.

Das zweite nachchristliche Jahrtausend hatte gerade sein erstes Jahrhundert hinter sich, da gab ein kleiner Adliger im Hunsrück sein zehntes und jüngstes Kind, die gerade achtjährige Hildegard, in die Obhut einer Äbtissin. Hildegards Lehrer wurde der Mönch Volmar, der sie Latein und die Kirchenväter lehrte, mit ihr über die Kräuter und ihre Wirkungen sprach, über die Natur des Menschen ebenso wie über die Komposition eines Liedes. Erwachsen geworden, legte Hildegard im Kloster auf dem Disibodenberg die ewigen Gelübde ab. 1136 wählten ihre Mitschwestern sie zur neuen Äbtissin. Und dann, fünf Jahre später, «als ich 42 Jahre und 7 Monate alt war, da kam vom geöffneten Himmel ein feuriges Licht mit Blitzesleuchten, durchströmte mein ganzes Gehirn und durchglühte mir Herz und Brust gleich einer Flamme, die jedoch nicht brannte, sondern nur erwärmte, wie die Sonne einen Gegenstand erwärmt, auf den sie ihre Strahlen sendet». Hildegard hört eine Stimme: «Schreibe, was du siehst und hörst.» Die Äbtissin schrieb, zehn Jahre lang. Volmar korrigierte die Manuskripte, denn so ganz genau wußte Hildegard mit den Regeln der lateinischen Grammatik doch nicht umzugehen. Als sie fünfzig Jahre alt wurde, 1148, war der Papst auf einer Synode in Trier. Er las den versammelten Bischöfen selbst aus dem ersten Werk der Äbtissin vor und ermunterte sie, weiter zu schreiben. 1979, dem Jahr von Hildegards 800. Geburtstag, bitten die deutschen katholischen Bischöfe den Papst in Rom, Hildegard mit dem Titel eines Kirchenlehrers zu ehren.

Ein kleines Mädchen, das die Eltern ins Kloster abschieben, weil ihnen zehn Kinder zuviel werden? Eine Frau, die dort bleibt, weil sie versorgt ist und mit den Händeln der Welt nichts zu schaffen haben möchte? Hinter Klostermauern lebendig begraben, würden wir wohl heute sagen. Wenn diese Nonne nicht mit 42 – nach mittelalterlichen Maßstäben schon eine alte Frau – ihren Mund aufgemacht und ein zweites Leben begonnen hätte. Es brachte ihr viele Titel ein: Prophetissa Teutonica, Seherin vom Rhein, erste deutsche Ärztin, Naturforscherin, Komponistin. Ihr Name machte noch zu ihren Lebzeiten die Runde. Über 300 ihrer Briefe sind erhalten, an Kaiser Barbarossa, den Papst, an Bischöfe und Herzöge, aber auch an einfache Frauen und Männer. In einer Familien-Geschichte hat dieses ereignisreiche und vielfältige Leben einen festen Platz.

Wer Interesse zeigte und kluge Pädagogen fand, konnte als Frau im Kloster seine Fähigkeiten und seine Individualität ausleben. Das hat uns schon Roswitha von Gandersheim zweihundert Jahre vor Hildegard demonstriert. Und ebenso wie Roswitha lehrt uns Hildegard, daß eine Frau in dieser Epoche, eine Nonne dazu, frei und direkt von Liebe und Geschlechtlichkeit reden und schreiben kann. Bei Hildegard, die ein ausführliches Buch über die «Heilkunde» schrieb, muß man hinzufügen: daß gebildete Frauen im Kloster über die Anatomie von Mann und Frau, über ihre intimsten Begegnungen wertfrei unterrichtet wurden. Daß sie nicht isoliert hinter Klostermauern lebten, sondern im Kontakt mit den Menschen eine Psychologie entwickelten, die sich vor den Erkenntnissen des 20. Jahrhunderts nicht zu verstecken braucht. Hildegards Schriften waren eine Frucht des Wissens ihrer Zeit und der Erfahrung und Sensibilität einer außergewöhnlichen Persönlichkeit.

Hildegard hat sich selbst am besten charakterisiert: Sie war – trotz vieler Visionen – keine brennende Flamme, keine Fanatikerin. Die inneren Gesichte machten sie nicht zur Schwärmerin. Sie verlor nicht den festen Boden unter den Füßen, weil ihr Maßstab die Vernunft blieb. Deshalb gab sie ihren Lesern schon in ihrem ersten Buch den Rat: «So schaue denn, o Mensch, in dich hinein. Gott hat dir den besten Schatz gegeben, einen lebendigen Schatz, deinen Verstand.»

Ein gutes Jahrhundert nach Hildegard lebte Thomas von

Aquin, der Kirchenlehrer, von dessen negativen Theorien über Ehe, Sexualität und die Rolle der Frau die Bücher voll sind. Was sagen uns seine Schriften über das Leben der Zeitgenossen? Sehr wenig. Eine winzige gelehrte Elite kannte seine Thesen, bekam vielleicht einmal im Leben eine Abschrift seiner Werke zu Gesicht. Und die sollten ja nicht die Wirklichkeit nachzeichnen, sondern ein theologisches Gebäude absichern und ausbauen. Die Druckerkunst, zwei Jahrhunderte später erfunden, ist wie ein Vergrößerungsglas, das die Berühmtheit mittelalterlicher Autoren in Dimensionen verzerrt, die sie nicht besaßen. Hildegard dagegen ist eine Praktikerin. Sie vermittelt uns einen ungewöhnlichen Einblick in den Alltag. Hören wir ihr zu, und wir werden erfahren, was Menschen, die sich Gedanken machten – ob sie auf Burgen lebten oder in den Städten – über Zeugung und Leidenschaft, Ehe und Kinder dachten. Auch von Liebe ist die Rede in ihrem «Buch von dem Grund und Wesen und der Heilung der Krankheiten».

Wir sind im zwölften Jahrhundert. Die Städte beginnen ihr Eigenleben. Kaiser Friedrich Barbarossa hält einen prächtigen Hof und macht große deutsche Politik. Die fahrenden Sänger beginnen, das ritterliche Ideal zu verbreiten. Elisabeth, die spätere Landgräfin von Thüringen, ist noch nicht geboren.

Mann und Frau, ihre Biologie und ihr Verhältnis zueinander nehmen in Hildegards «Heilkunde» breiten Raum ein: «Die Frau ist um des Mannes willen geschaffen, und der Mann ist für die Frau gebildet worden: Wie sich die Frau nicht vom Manne, so soll auch der Mann sich nicht von der Frau und keiner vom anderen mehr trennen, und zwar wegen der Einheit ihrer Naturen, weil sie ja in einem Werke eines wirken, so wie Luft und Wind ihre Werke zusammen verrichten». Es ist Hildegards Eigenart, alles in Bildern auszudrücken, ob es sich nun um biologische oder psychologische Vorgänge handelt: «Denn sowie der Sturm der Leidenschaft sich in einem Mann erhebt, wird er in ihm wie in einer Mühle herumgeworfen. Seine Geschlechtsorgane sind dann gleichsam die Schmiede, in die das Mark sein Feuer liefert. Dann befördert jene Schmiede die Glut zu den männlichen Geschlechtsteilen und läßt sie mächtig aufflammen. Wenn hingegen der Wind der Lust aus dem weiblichen Mark aufsteigt, gerät er in die Gebärmutter, die am Nabel hängt, und läßt das Blut der Frau in Erregung geraten. Da aber diese Gebärmutter rings um die Nabelgegend einen weiten und gewissermaßen offenen Raum besitzt, vermag sich jener Wind im Unterleib der Frau auszudehnen und läßt sie infolgedessen weniger heftig, wenngleich wegen der Feuchtigkeit häufiger in der Leidenschaft erglühen.»

Und so stellte sich Hildegard die Entstehung neuen Lebens vor: «Wenn sich eine Frau im Geschlechtsverkehr mit dem Mann befindet, kündigt ein Hitzegefühl, das die Empfindung der geschlechtlichen Lust mit sich führt, in ihrem Gehirn sowohl den Genuß dieser Lustempfindung bei der geschlechtlichen Vereinigung an als auch die Ergießung des Samens.» – Wir sind im 12. und nicht im 20. Jahrhundert. Die Lehre der antiken Kirchenlehrer steht in voller Blüte: Die Lust beim Geschlechtsakt muß als läßliche Sünde in Kauf genommen werden, weil nur so Kinder gezeugt werden können. Das lehren uns die Handbücher. Hildegard, die Äbtissin, kommt nicht auf solche Gedanken. Sie doziert im Gegenteil, daß die Natur selbst dafür verantwortlich ist, daß der Mensch bei diesem Vorgang Lust empfindet. Und weiter:

«Sobald nun der Samen an seine bestimmte Stelle gefallen ist, zieht ihn jene erwähnte äußerst heftige Hitzeempfindung des Gehirns an sich und hält ihn fest, alsbald ziehen sich auch die weiblichen Geschlechtsorgane zusammen, und alle Organteile, die zur Zeit der Monatsblutung für die Eröffnung bereit sind, schließen sich wieder derartig, wie ein starker Mann irgend ein Ding in seiner Faust verschließt. Daraufhin durchmischt das Monatsblut den Samen, macht ihn blutartig und fleischt ihn ein. Nachdem ein fleischliches Gewebe daraus geworden ist, umgibt dasselbe Blut dies mit einem Gefäß, so etwa, wie es bei einem kleinen Wurm vorkommt, der sich aus sich heraus eine Wohnstatt bereitet. Genauso bereitet das Blut dieses Gefäß von Tag zu Tag mehr zu, bis sich in ihm ein Mensch herausbildet und dieser Mensch den Lebenshauch empfängt. Dieser kann dann mit dem Individuum weiterwachsen und sich so beständig in ihm festsetzen, daß er bis zum Tod dieses Menschen nicht mehr von seiner Stelle vertrieben werden kann.»

Für Hildegard ist es keine Frage der Moral, sondern der Natur, daß die menschliche Sexualität von Mann und Frau auf die Ergänzung des jeweiligen Partners angewiesen ist: «Wenn aber einer sich lediglich selbst befriedigt, dann gießt er einen dünnflüssigen und trüben, nur halbgekochten Schaum, ähnlich einer dünnen Milch, aus, weil er nicht durch das Feuer eines anderen gekocht worden ist. Wie nämlich keine Speise rein aus ihrer natürlichen Wärme zum Kochen kommt, sondern ein anderes Feuer hinzugesetzt wird, so kann sich auch der menschliche Samen nicht zu einem vollkommenen Gekochten entwickeln, wenn er nicht von dem Feuer eines anderen unterstützt wird.» Für Hildegard ist es das Normalste, daß ein Mann «in der rechten Liebe und Zuneigung zu seiner Frau den Beischlaf ausübt». Sie katalogisiert die Menschen und verknüpft deren physiologische Beschaffenheit mit der Liebesfähigkeit. Männer mit rötlicher Haut, starken Armen und gedrungener Brust, aber ohne zuviel Fett, verhalten sich «wegen der gewaltig in ihnen einwohnenden feurigen Kraft beim Beischlaf wie Pfeile.» Andere – «ihre Haut hat ein liebenswertes Kolorit mit einem Gemisch von Weiß und Rot» – führen «ihre geschlechtlichen Pflichten in Ehren und mit einer besonnenen Liebe» aus. Wieder andere kennen «nichts von der Zärtlichkeit eines liebenden Begehrens und der Innigkeit der Umarmung».

Auch die Frauen kommen an die Reihe. Manche «haben eine natürliche Anlage zur Beleibtheit; ihre Muskulatur ist weichlich und von einem köstlichen Gewebe ... In der Liebesumarmung sind sie reizend und liebenswürdig.» Andere haben «herbere Züge, ein düsteres Hautkolorit, sind streng und brauchbar und legen eine etwas männliche Gemütsart an den Tag ... Auf die Männer wirken sie sehr anziehend, und sie verstehen es auch, sie zu fesseln. Deshalb haben Männer solche Frauen gern.» Und dann gibt es noch Frauen, «die haben ein zartes Fleisch, aber groben Knochenbau ... Ihre Gesichtsfarbe ist bleich. Sie sind klug und wohlwollend. Auch wird ihnen von den Menschen Ehre erwiesen und so sind sie geachtet ... Obwohl die Männer ihre Lebensart gern mögen, gehen sie ihnen ein wenig aus dem Weg, weil solche Frauen sie wohl anlocken, aber nicht zu fesseln verstehen.»

Hildegard hatte inzwischen auf dem Rupertsberg bei Bingen ein Kloster bauen lassen, in das sie 1151 mit achtzehn Nonnen übersiedelte. Immer drängender wurden die Bitten ihrer geistlichen Briefpartner, das Kloster zu verlassen und in aller Öffentlichkeit der Welt den Spiegel vorzuhalten. Denn die Äbtissin scheute sich nicht, in ihren Briefen politische und kirchliche Mißstände beim Namen zu nennen und scharf zu tadeln. Nachdem Barbarossa 1155 in Rom zum Kaiser gekrönt worden war, schrieb Hildegard ihm: «Leg die Habsucht ab ... Hüte dich, daß der höchste König dich nicht niederwerfe wegen der Blindheit deiner Augen, die nicht recht sehen, wie du das Zepter führen mußt, um richtig zu herrschen, damit dir Gottes Gnade nicht fehle.»

Wenig später, sie war inzwischen sechzig, reiste die berühmte Frau nach Bamberg, dann in Richtung Westen nach Lothringen und den Rhein hinunter nach Köln. Transportmittel waren Schiff und Pferd. Manchmal mußte die alte Frau auch zu Fuß weitergehen. In Köln predigte Hildegard vor den Geistlichen im Dom: «Ihr seid Nacht, die Finsternis atmet. Ihr gleicht einem faulenden Volk, das vor lauter Wohlstand nicht mehr im Licht wandelt.» Pfingsten 1160 predigte sie in Trier.

Eine besondere Beziehung entwickelt sich zwischen Hildegards Kloster auf dem Rupertsberg und dem Männerkloster Ebrach im Steigerwald. Eines Tages schreibt Abt Adam von Ebrach an die Äbtissin bei Bingen, daß er und seine Mitbrüder in geistlichen Nöten sind. Sofort antwortet Hildegard ihm und sagt mit einem Bild, was den Mönchen im Steigerwald fehlt: «In einer wahren Schau meines Geistes, mit wachem Körper, sah ich ein überaus schönes Mädchen. Sein Antlitz strahlte ein so helles Leuchten aus, daß ich nicht vollkommen hinschauen konnte. Und ich hörte eine Stimme, die zu mir sprach: Das Mädchen, das du siehst, ist die Liebe. In der Ewigkeit hat sie ihre Heimat. Denn als Gott die Welt erschaffen wollte, da neigte er sich herab in der zärtlichsten Liebe.»

Hildegard bietet den Mönchen nicht theologische Raffinessen zum Trost, sondern etwas sehr Menschliches – die Liebe, die für sie von Gott selber kommt. Damit schließt sich ein Kreis und wir finden Anschluß an eine Frage, die sich schon bei der Beziehung zwischen Elisabeth von Thüringen und ihrem Mann stellte: Stimmt es wirklich, daß für den mittelalterlichen Menschen Sexualität und Liebe nie zusammengehörten? Haben die Soziologen nicht fälschlicherweise die Gedankengebäude der Theologen mit der Wirklichkeit verwechselt? Ähnlich wie es den Historikern mit den Liedern der Minnesänger erging? Was Hildegard von Bingen aufgeschrieben hat, ist keine blasse Theorie. Es strotzt geradezu von Leben.

Die Landgräfin von Thüringen und die adlige Äbtissin vom Rupertsberg sind beredte Zeugen dafür, daß zwischen den Partnern einer adligen Ehe – egal wie sie zustande kam – Liebe kein unbekanntes Wort war und daß die Sexualität in dieses Gefühl mit einbezogen wurde. Bei Elisabeth in der Praxis, bei Hildegard in der Theorie. Es ist erstaunlich, dies einem Zeitalter bestritten zu haben, das doch – im Gegensatz zur modernen Zeit – Mensch und Natur, Leib und Seele als Einheit sah. Das Mittelalter definierte Gesundheit als die Harmonie des Menschen mit dem Kosmos, mit den Kräften der Natur, – auch wenn es die Begriffe Ökologie und Umweltschutz nicht kannte. Warum sollte es ausgerechnet die Sexualität rigoros getrennt vom Gefühl erleben?

Erst im Jahrhundert der Hildegard von Bingen hat sich im christlichen Europa die Medizin als eigene, anerkannte Wissenschaft etabliert. Grundlage lieferten die Erkenntnisse und Erfahrungen arabischer Gelehrter. Keiner hatte solchen Einfluß wie der 1037 gestorbene Ibn Sina, mit seinem lateinisierten Namen Avicenna genannt – Mediziner, Theologe, Philosoph. Seine Schriften, die Hildegard noch nicht kannte, hat vor allem ein Theologe aufgenommen und verbreitet – Albert der Große, Albertus Magnus, ein geborener Graf von Bollstädt. Sein langes Leben – 1193 bis 1280 – führte ihn als Lehrer an die Universität von Paris, wo Thomas von Aquin als Schüler zu seinen Füßen saß. Albert, der Dominikanermönch, war Bischof von Regensburg, bevor er sich endgültig als Universitätslehrer in Köln niederließ. Mit Hildegard verbindet diesen anerkannten Kirchenlehrer eine nüchterne Liebe zur Naturwissenschaft, die genau beobachtet und beschreibt, ohne sich den Blick von theologischen oder moralischen Überlegungen trüben zu lassen. In seinen wissenschaftlichen Abhandlungen über «Das Pflanzenreich» und «Die Tiere» berichtet der Kirchenlehrer ausführlich über empfängnisverhütende Mittel und Ursachen der Sterilität, wie sie von Avicenna beschrieben wurden. Auf diese Weise bekamen Theologen, die Albert lasen, Informationen über dieses kirchlich brisante Thema aus erster Hand und ohne jede Verurteilung. Nehmen wir den arabischen Mediziner, einige seiner Kollegen und die christlichen Theologen zusammen, dann kannte eine europäische Elite von Gebildeten um diese Zeit die folgenden Mittel und Methoden, um dem Kindersegen zu steuern:

Die Frauen mischten Mark vom Granatapfelbaum und Alaun oder Kohlblätter mit Kohlsamen, dazu Zedernöl und Minze. Diese Zubereitungen wurden vor und nach dem Geschlechtsverkehr in die Vagina eingeführt. Für die gleiche Gelegenheit bestrichen die Männer ihren Penis mit Zedernöl oder Balsamöl. Weidenblätter wurden als Pessare benutzt. Außerdem war man fest überzeugt, daß bestimmte Kräuter – wie Koriander, Minze, Kampfer – «die Kraft des Beischlafs und die Erektion des Penis durch Austrocknen des Samens schwächten».

Albert führt diese Mittel auf, weil sie ins Pflanzenreich gehören. Bei den Tieren kommt er auch auf die Sterilität und mögliche biologische Ursachen zu sprechen: Der Penis ist zu kurz, die Vagina zu weit oder zu eng oder die Nerven der Geschlechtsorgane sind verletzt. Dann beschreibt der Theologe menschliche «Irrtümer», die zur Unfruchtbarkeit führen: Wenn die Frau beim Geschlechtsverkehr auf dem Mann liegt, wird die Gebärmutter umgedreht, «so daß wieder ausfließt, was in ihr ist». Oder es gelingt dem Mann nicht, ungefähr zusammen mit der Frau einen Orgasmus zu haben. Außerdem kommt es «nach dem Beischlaf manchmal vor, daß wenn die Frau sofort aufsteht und sich bewegt oder hüpft oder uriniert ... dann vermengt sich der Same, weil er glitschig ist, mit dem Urin und fließt aus».

War das wirklich ein «Irrtum» und keine bewußte Empfängnisverhütung? Weil der Theologe Albert sich streng vom Naturwissenschaftler trennt, gibt er in diesen beiden Werken auf solche Fragen keine Antwort und enthält sich jeden Urteils. Wir können nur konstatieren: Wer sich – zum Beispiel als Mediziner – vorurteilsfrei über Empfängnisverhütung informieren wollte, brauchte nur zu einem der bekanntesten und anerkanntesten Theologen zu greifen. Die Kirche hat diese Schriften nie zensiert oder unterdrückt.

Und nun lassen wir zum gleichen Thema Albert, den Theologen, sprechen: «Es sollte gesagt werden, daß anstößige Fragen dieser Art eigentlich niemals behandelt werden dürften, aber die ungeheuerlichen Dinge, die man heutzutage in der Beichte hört, zwingen einen, darüber zu sprechen.» Was der Wissenschaftler ohne moralischen Seitenblick beschrieb, verurteilte der Theologe eindeutig als «widernatürliche Akte» in der Ehe. Der Kirchenlehrer Albert verdammte jede Art von Empfängnisverhütung in der Tradition der Väter als schwere Sünde.

Damit sind wir bei der offiziellen Lehre. So wenig Christen sie auch erreicht haben mag, sie soll nicht unterschlagen werden. Über zweierlei gibt es in diesen mittelalterlichen Jahrhunderten und noch lange darüber hinaus keinen Streit: Jeder Ehepartner muß jederzeit im Bett den ehelichen Pflichten nachkommen. Hier könnte die Theologie einen Schlußpunkt setzen. Doch sie will es noch genauer wissen: Jedes intime Zusammensein der Eheleute, das nicht zum Zwecke der Zeugung stattfindet, ist Sünde. Niemand kommt auf die Idee, daß Pflichterfüllung allein schon ein ausreichender Grund sein könnte.

Was aber richtete solche Theorie in der christlichen Praxis aus? Wen erreichte sie? Wer richtete sich nach ihr? Wen brachte sie in Gewissenskonflikte? Nach dem allgemeinen Konzil in Rom 1251 beging eine Todsünde, wer nicht wenigstens einmal im Jahr zur Beichte und zur Kommunion ging. Durchgesetzt hatte sich inzwischen die geheime Beichte und geheime Buße. Beides war kein Mittel mehr zur öffentlichen Disziplinierung der Sünder. Immerhin blieb eine Ausnahme: die Ehemoral. Eine Mainzer Synode erklärte im Jahre 1310, daß bei «Sünden wider die Natur» oder Vergehen von Menschen, die Ehegatten behexten, so daß sie zeugungsunfähig wurden, oder bei einer Abtreibung mithalfen, die Absolution nur vom zuständigen Bischof zu erlangen sei.

Die Beichtväter selbst waren in einer verzwickten Lage. Fragten sie zum Beispiel ihre weiblichen Beichtkinder zu genau nach ihrem ehelichen Beisammensein, so kam es vor, daß wütende Ehemänner sich solche Befragungen verbaten. In den Handbüchern von Kardinälen und Mönchen wird als «Sünde wider die Natur» an erster Stelle beschrieben, «ob die Ehe außerhalb des von der

Natur gebotenen Gefäßes gebraucht wird». Als Verursacher wird selbstverständlich der Mann angesehen. Man kann außerdem aus den Büchern schließen, daß der Coitus interruptus immer noch zu den häufigsten Arten der Empfängnisverhütung gehörte.

Sehr verbreitet war das «Handbuch für Beichtväter», das der deutsche Dominikanermönch Johannes Nider 1475 in Basel herausbrachte. Er rät bei dieser Thematik zur Vorsicht, «damit nicht einfache Menschen auf etwas aufmerksam werden, was sie nicht kennen». Nider erwähnt auch, was ein italienischer Ordensbruder schon ein Jahrhundert zuvor in die Debatte geworfen hatte: daß nämlich ein Familienvater nur deshalb den Coitus interruptus praktizierte, weil er nur so viele Kinder haben möchte, «wie er ernähren kann». Eine moralische oder theologische Konsequenz aus solchen richtigen Überlegungen hat niemand gezogen.

Widersprüche treten auch bei dem großen Thomas von Aquin offen zutage. Er, der eine rigorose Ehemoral predigte, war unter dem zunehmenden Einfluß der wiederentdeckten Schriften des Aristoteles dem Lustprinzip nicht abgeneigt und interpretierte es als eine höchst vernünftige Sache: «Wenn auch die Lust, die mit dem ehelichen Akt verbunden ist, ihrer Quantität nach sehr heftig ist, geht sie doch nicht über die Grenzen hinaus, die ihr die Vernunft von ihrem Beginn bestimmt hat, obwohl die Vernunft, solange diese Ergötzung dauert, ihr keine Grenze setzen kann.» Thomas ging sogar noch weiter. Die Lust war nicht nur vernünftig, sondern sogar göttlichen Ursprungs: «Um den Menschen zu dem Akt zu veranlassen, durch den das Menschengeschlecht erhalten wird, hat er die Lust in den Beischlaf gelegt.» Aber damit ist der Fall doch klar, möchten wir rufen. Doch wir müssen konstatieren: Solche Einsichten hinderten Thomas keineswegs, weiterhin den zum Sünder zu stempeln, der mit seinem Ehepartner schlief, weil es ihm Lust machte.

Noch mehr der Widersprüche: Albert der Große, alt geworden, faßte alle seine Einsichten zusammen in einer «Summa theologica». Und schrieb, als er zum Kapitel über die Sünden der Unkeuschheit kam: «Es gibt keine Sünde des ehelichen Verkehrs.» Ein Satz, der alles, was Theologen seit Augustinus sich auf diesem Gebiet ausgedacht hatten, hinwegzufegen scheint. In der Sprache des 20. Jahrhunderts sagt da ein Mann der Kirche vor 800 Jahren: Alles, was Eheleute in gegenseitiger Übereinstimmung tun, ist erlaubt. Albert hat seinen Satz weder weitergeführt noch interpretiert. Thomas, sein Schüler, hat ihn nicht aufgenommen und sich mit seiner strengen Moral durchgesetzt. Aber der Satz steht immer noch da, und schließlich ist Albert nicht irgendwer, sondern ein Heiliger und Kirchenlehrer.

Warum soviel theologisches Durcheinander? Um deutlich zu machen, daß die Männer der Kirche keineswegs eine stromlinienförmige Lehre aufstellten. Mögen Handbücher oder Pamphlete noch so sehr glätten und vereinfachen, die christliche Ehemoral, wie sie in Antike und Mittelalter sich entwickelte, ist voller Widersprüche. Eine Handvoll Männer – verstreut über den europäischen Kontinent – zerbrach sich darüber den Kopf. Ihre Schriften wurden Buchstabe für Buchstabe abgeschrieben, an wenigen Universitäten und in einigen Klosterbibliotheken aufbewahrt. Die Eheleute, denen all dieses Kopfzerbrechen galt, waren die letzten, die davon erfuhren. Wie hätten sie auch aus diesen dialektischen Windungen und theologischen Widersprüchen Nutzen für ihren Alltag ziehen können? Wären sie wirklich überzeugt worden, was Sünde ist und was nicht? Es wird Zeit, wieder denen zuzuhören, die dem Volk aufs Maul schauten, die täglich Antwort auf Ehe- und Familienprobleme geben mußten und nicht im theologischen Elfenbeinturm saßen.

Berthold von Regensburg, wir haben ihn schon kennengelernt, predigte vor allem in den Städten. Wir dürfen aus Predigten dieses Franziskanermönches schließen, was von der Moral der Kirche in breite Kreise der Bevölkerung durchsickerte. Berthold hat immer wieder über Probleme zwischen Mann und Frau, Eltern und Kinder gesprochen. Es war zweifellos ein Thema, das seine Zuhörer beschäftigte. Nach Bertholds Meinung sollten ihm dabei nur die zuhören, die sich praktisch damit auseinandersetzten mußten: «Ihr geistlichen Leute allesamt, ihr Frauen und ihr Männer. Alle, die keusch leben, sollen nach Hause gehen. Ich möchte nicht, daß ein Geistlicher hier bleibt. Sie sollen nicht hören, was ich mit diesen Eheleuten zu reden habe. Denn es geht nur die etwas an, die Eheleute sind oder es werden wollen.»

Auf Spitzfindigkeiten läßt der Mönch sich nicht ein. Er versucht gar nicht erst, den Eheleuten auseinanderzusetzen, warum die Ehe eigentlich gut, aber manches, was man da praktiziert, doch nicht hundertprozentig das richtige sei. Seine Definition: «Ihr lebt in der heiligen Ehe nicht unkeusch, wenn ihr Zucht und Maß behaltet.» Die genaue Interpretation, wo denn Zucht und Maß aufhören, überläßt Berthold den Eheleuten. Keinen Pardon allerdings kennt er für die Unauflöslichkeit der Ehe: «Da steht eine Schuld gegen die andere und eine Dummheit gegen die andere. Ist sie eine Närrin gewesen und du ein Ehebrecher, so müßt ihr beide damit leben.» Gleiches Recht für Mann und Frau. Zwar wirft Berthold den Frauen Streit- und Putzsucht vor und empfiehlt ihnen, ihren Mann gut zu behandeln, auch wenn er schlechte Laune hat. Doch dem Ehemann werden ebenfalls die Leviten gelesen: «Du sollst ihr Gut nicht andern Frauen geben, noch verspielen oder vertrinken ... ja, mancher bereichert sich nur selbst und läßt seine Hausfrau hungern und seine Kinder ständig frieren.»

Wenn Berthold, der Volksprediger, gegen Empfängnisverhütung und Abtreibung wettert, können wir sicher sein, daß es sich nicht um blasse Theorie handelt: «Die einen verlassen ihre Kinder. Andere verderben ihre Kinder in ihren Leibern oder trinken einen Trank, damit sie niemals schwanger werden. Sie wollen ihre Lust mit Männern haben, aber keine Arbeit mit den Kindern.» Es ist der Teufel selbst, der der schwangeren Frau rät, «daß sie tanze, springe oder hüpfe, um sich trete oder falle. Oder daß sie sich hart über eine Kiste neigt oder daß sie ihr Mann schlägt.» Abtreibung und Empfängnisverhütung, von denen Berthold sicher in vielen Gesprächen erfährt, bekommen bei ihm eine verzerrte Perspektive: Diese Sünden gehen vor allem auf das Konto der Frau.

Ganz geheuer war sie den Männern wohl nie. Auch das 12. und 13. Jahrhundert zeigt eine verunsicherte Männerwelt, die versucht, sich eines gewaltigen Aufbruchs der Frauen zu erwehren.

Zwei Jahre bevor die Äbtissin Hildegard in Köln der Geistlichkeit ins Gewissen redete, waren dort 1163 acht Ketzer verbrannt worden, zwei davon Frauen. Ein dreiviertel Jahrhundert später wurde Albert der Große beauftragt, ein Gutachten über eine lose Gemeinschaft religiöser Frauen im schwäbischen Ries anzufertigen, die ohne eine feste klösterliche Regel Gott «in der Freiheit des Geistes» dienten. Das 12. Jahrhundert, das den Aufbruch in neue städtische Lebensformen erlebte, und das 13., in dem gotische Dome in den Himmel wuchsen und viele Menschen mehr verdienten und verbrauchten als je zuvor im christlichen Europa, forderte den Widerspruch geradezu heraus. Für einen Augenblick schien die Geschichte in der Schwebe: Die Zeit des Übergangs und das Neue, das folgte, brachten in die Köpfe mancher den Wunsch nach radikaler Veränderung, nach Buße und Umkehr.

Begonnen hatte die Unruhe im Süden Frankreichs. Dort, wo die Troubadoure eine «reine Liebe» verherrlichten, die man nur um ihrer selbst willen genoß, breitete sich die «schmutzigste Sekte der Manichäer» aus. Wir sehen sie fast nur durch die Augen ihrer Todfeindin, die alles tat, um diese Ketzer auszurotten – die christliche Kirche, damals allein die katholische. Manichäer: So hießen die Verehrer des Persers Mani zur Zeit des Augustinus, von diesem erbittert bekämpft. Erinnern wir uns: Die Manichäer lehnten die Zeugung aus religiösen Gründen ab, weil dadurch das Böse in die Welt kam. Die Manichäer des 12. Jahrhunderts sind unter anderem Namen in die Geschichte eingegangen – als Katharer, als Albigenser und Waldenser. Sie bildeten keine feste Institution, trennten sich, entwickelten sich unabhängig voneinander. Bekämpft wurden sie überall. In einem Brief an den Klerus von Mainz warnte schon Hildegard vor diesen Menschen, die das Gebot Gottes «Seid fruchtbar und mehret euch» mißachteten – so wie die Manichäer in den frühen nachchristlichen Jahrhunderten.

Und so wie in alten Zeiten fühlte sich die Kirche im Kern bedroht. Sie brauchte ein Jahrhundert, um den Gegner zu vernichten. 1139 beschäftigte sich zum erstenmal ein Konzil mit den Katharern. 1231 wurden sie im Kirchenstaat mit dem Feuertod bestraft. 1233 beauftragte der Papst die Inquisition mit dem Kampf gegen die Ketzer. 1254 waren sie vernichtet. Im südfranzösischen Albi, wo der Kampf am längsten und blutigsten tobte, versammelten sich die katholischen Bischöfe, um Gott für ihren Sieg zu danken. Der Kirche war außer den Waffen der weltlichen Obrigkeit in diesen Jahren noch eine andere Waffe gegen die Ketzerei gewachsen: die neu entstandenen Bettelorden. Einer von ihnen – die Dominikaner – übernahm die Inquisition. Welche Pervertierung ihrer Ideale. 1210 hatte Franziskus, Sohn eines reichen Tuchhändlers aus Assisi, vom Papst in Rom mit elf Gleichgesinnten die Erlaubnis bekommen, ohne Eigentum zu leben, den Menschen zu predigen und durchs Land zu ziehen.

Sie waren nicht die einzigen. Überall in Europa fanden sich Menschen zusammen, die ein neues Leben beginnen und andere zur Umkehr bewegen wollten. Als die Bettelbrüder aus Italien nach Norden über die Alpen zogen, stießen sie überall auf kleine Kommunen von Frauen, die von den Predigten dieser Männer «wie Zunder ergriffen wurden». Denn sie hatten sich auf denselben Weg gemacht. Er war nicht ungefährlich. Was unterschied sie von jenen anderen Idealisten, die die Kirche mit Feuer und Schwert verfolgen ließ? Eigentlich nicht viel. Aber der Papst und die Bischöfe hatten dazugelernt. War im 12. Jahrhundert jeder ein Ketzer, der Neues dachte, wurde im folgenden versucht, die radikalen Nachfolger Christi in die Kirche zu integrieren, ihnen ein wenig die Flügel zu stutzen und dieser Bewegung feste Formen zu geben. Bei den Männern war das im großen und ganzen kein Problem. (Es landeten auch Franziskanermönche auf den Scheiterhaufen der Inquisition.) Man hatte ja die traditionelle Form der Orden. Doch wohin mit den Frauen, die vor allem nördlich der Alpen – in Deutschland, dem niederländischen Raum und Nordfrankreich – zu Tausenden die Bußpredigten nicht nur hörten, sondern in ihr eigenes Leben umsetzen wollten.

Die gleichen Männer, die das Feuer legten, wollten mit diesem religiösen Brand nichts zu schaffen haben. Doch die Frauen hatten eine Lobby. Sie kamen nämlich nicht aus den unteren Schichten des Volkes, sondern – wie ihre männlichen Gesinnungsgenossen – aus dem Adel und dem städtischen Patriziat. Sie wollten nicht die Besserung der Verhältnisse, sondern aussteigen aus einem Leben, das nur Konsum und Zurschaustellung des Reichtums kannte und in dem die Reichen auf wenig ehrenhafte Weise zu Geld kamen.

Armut war ihr wichtigstes Gebot. Was wäre es für eine Heuchelei gewesen, solches von denen zu fordern, die ohnehin nichts hatten, und dies auch noch als Verzicht zu deklarieren. Demut hieß ihre größte Tugend. Tägliches Brot für jene, die sich vor den Höheren bücken mußten. Nein, diese Männer und Frauen kamen aus einer besseren Welt. Aber sie wollten die Welt nicht ändern, sondern ihr den Rücken kehren. Sie verkündeten keine politischen Parolen oder Ziele. Ihr Reich Gottes lag jenseits aller weltlichen Revolutionen.

Ihren Familien gefiel das meist gar nicht. Wo kam man hin, wenn die Töchter, wichtiges Heiratsgut zur Erweiterung von familiärem Einfluß und Reichtum, ausfielen? Die hochadlige Gräfin Jolande von Vianden war gerade neun Jahre alt, als sie ihren Eltern erklärte, in Armut Gott dienen zu wollen. Man war entsetzt. Wenn die eine oder andere in ein anständiges Kloster ging – nichts dagegen. Aber in völliger Armut zu leben, Aussätzige und Kranke zu pflegen? Das war unerhört. Als Elisabeth von Thüringen, die ebenfalls von dieser geistlichen Aufbruchstimmung angesteckt war, das praktizierte, stieß sie – abgesehen von ihrem Mann Ludwig – in der adligen Verwandtschaft auf eisige Ablehnung. Bei Jolande wurde die ganze Verwandtschaft mobilisiert, um das Mädchen von solchen Überspanntheiten abzubringen. Der Onkel, Erzbischof von Köln, tat sein Bestes, eine glänzende Partie winkte, und Jolande schwankte. Da hörte sie die Bußpredigt eines Dominikanermönchs und wußte, wo ihre Aufgabe lag.

Jolande war kein Einzelfall. Doch wohin sollten diese Mädchen und Frauen gehen? Der traditionelle Orden der Benediktinerinnen war ihnen viel zu satt und etabliert. Diese Frauen wollten im Kloster nicht Bildung aufnehmen und weitergeben, wie es der Tradition des heiligen Benedikt entsprach. Sie wollten beispielhaft einem neuen Lebensstil folgen, wie Franziskus es vorgemacht hatte. Doch die neuen Bettelorden wehrten sich mit aller Kraft, die radikalen Frauen aufzunehmen. Da sprach deren adlige Verwandtschaft ein Machtwort beim Papst in Rom. Wenn man schon seine Töchter auf so wenig standesgemäße Weise an die Kirche verlor, sollte diese ihnen wenigstens eine feste Institution geben. So erhielt der Dominikanerorden, in den Augen der Zeit ein wenig vornehmer als die Brüder des Franziskus, die Aufgabe, die frommen Frauen in eigenen Klöstern aufzunehmen und für ihr geistliches Wohl zu sorgen.

Andere, weniger feste Wohngemeinschaften außerhalb der Klöster, deren Mitglieder pauschal als «Beginen» angesprochen wurden, erhielten ebenfalls den Segen der Kirche – wenn sie sich ihr unterordneten und weder religiösen Aufruhr noch Schwärmerei verbreiteten. Unruhe nämlich war den Führern der Seelen ein Greuel, und sie reagierten sehr unterschiedlich: Die einen wetterten weiterhin gegen die Beginen als Ketzerinnen und brachten im Laufe des 14. Jahrhunderts auch noch einige auf die Scheiterhaufen. Andere, wie Albert der Große, nahmen die zweifellos sprießenden Exaltationen gelassen hin.

Es steht außer Frage, daß die religiösen Erlebnisse mancher Frauen von Erotik getränkt sind. Sie erlebten Gott, der «zu der minne-lustigen Seele in das Brautbett kam ... um sie dort zu küssen und mit seinen nackten Armen zu umfangen». Eine der als Ketzerin verdächtigten Frauen im schwäbischen Ries erzählte Albert, sie habe das Jesus-Kind selbst gesäugt. Seine Anmerkung: Das sei keine Ketzerei, sondern eine Albernheit, die mit Prügel bestraft werden müsse. Die meisten Beginen hatten für solche Gedanken wenig Zeit. Sie pflegten die Kranken, wuschen die Toten und versuchten durch Handarbeiten, ihren Unterhalt zu verdienen. Übrigens, wenn wir uns über solche geistliche Erotik mokieren, dann vergessen wir bitte die Herren Minnesänger nicht, die – wie Ulrich von Lichtenstein – ihrer absoluten Hingabe an die ferne Geliebte in ungewöhnlichen Formen Ausdruck gaben. Ist es uns wirklich so fremd, daß Ideale die Wirklichkeit, den Trott des Alltagslebens weit hinter sich lassen und im Extremen ihre Befriedigung finden?

Ein Chronist berichtet, daß es 1243 in Köln 169 Beginenhäuser gab und dort – die Umgebung mitgerechnet – sich rund 2000 Frauen für ein alternatives Leben entschieden hatten. In Straßburg standen 85 solcher Häuser. Eine Explosion erlebte der Dominikanerorden, nachdem er bereit war, Frauenklöster zu gründen. Bis 1277 waren es in der deutschen Ordensprovinz 40, ein Jahrzehnt später 70. Ihnen standen nur 53 neue Männerklöster gegenüber. Wie viele Frauen lebten in einem Kloster? Nach dem einstimmigen Urteil der Chronisten viel mehr, als die Klöster wirtschaftlich verkraften konnten. Hundert waren keine Seltenheit. Gegen Ende des Jahrhunderts versuchte der Orden, ein Maximum von sechzig Frauen durchzusetzen.

Wer hierher kam, suchte kein warmes Plätzchen, um für den Rest seines Lebens versorgt zu sein. Die Armut dieser Nonnen war nicht bloß Ideal, sondern tägliche Wirklichkeit, einen vollen Magen zu haben die Ausnahme. Das alles blieb denen, die in der Welt lebten, kein Geheimnis. Es erhöhte nur die Anziehungskraft auf viele Frauen, die sich herausgefordert fühlten, den Reichen und Satten vorzuleben, daß der Weg zum Himmel ein steiniger Pfad war. Die Frauen in den neuen Klöstern und Beginenhäusern demonstrierten, daß niemand dazu verdammt war, die traditionellen Rollen um jeden Preis zu spielen, sondern frei war, über sich selbst zu verfügen.

Als in der zweiten Hälfte des 13. Jahrhunderts die radikalsten Ketzer vernichtet und die andern einen Platz unter dem Dach der Kirche gefunden hatten, machte die Geistlichkeit dem christlichen Volk aller Stände auf eine einfache, aber vielleicht darum um so eingängigere Weise klar, woran es zu glauben hatte. Das Ave Maria, bis dahin ein Gebet unter vielen anderen, wurde von nun an neben dem Glaubensbekenntnis und dem Vaterunser jedem Kind, das älter als sieben Jahre war, beigebracht: «Gegrüßet seist du, Maria, voll der Gnade. Der Herr ist mit dir. Du bist gebenedeit unter den Weibern und gebenedeit ist die Frucht deines Leibes.» Eine eindeutige Botschaft.

Alles blieb so fest gefügt und widersprüchlich zugleich, wie es sich zu Zeiten des Augustinus im Kampf gegen die Manichäer durchgesetzt hatte. Höchstes Ideal eines Christenmenschen blieb weiterhin die Jungfräulichkeit. Doch nur eine geistliche Elite konnte es ertragen. Deshalb predigte man der breiten Masse die Ehe und schärfte ihr zugleich ein, daß jede Umarmung der Zeugung von Nachkommen zu dienen habe.

# Vom «Schwarzen Tod» und der Kindererziehung

*Im Durchschnitt kaum zwei Kinder*
*Die Ärzte empfehlen Liebe und Muttermilch*
*Schüler auf der Landstraße*

Ob er in der Stadt wohnte, auf dem Dorf oder in der Burg lebte – zu den immer wiederkehrenden Schrekken, gegen die kein Kraut gewachsen schien, gehörten für den mittelalterlichen Menschen der Aussatz und die Pest. Während die Pest in dramatischen Einbrüchen zu Tausenden ihre Opfer forderte, weiterzog, erlosch, um irgendwann wieder auszubrechen, war der Aussatz – die Lepra – eine stille, stets unsichtbar gegenwärtige Krankheit, die für die von ihr Befallenen jahrelanges Leiden bedeutete. Das Wort – «Aus-satz» – deutet an, wie man sich gegen dieses Übel zu schützen suchte: Für solche Kranken war kein Platz in den Spitälern innerhalb der Stadtmauern. Ursprünglich wurden diese Menschen fern von jeder Siedlung ausgesetzt und mußten sehen, wie sie in Hütten oder auf freiem Feld überlebten.

Das war schon zu Zeiten der Merowinger und Karolinger so. Denn die Lepra kam nicht erst mit den Kreuzzügen aus dem Orient, sondern wurde von den Legionen der Römer schon nach der Zeitwende überall nördlich der Alpen eingeschleppt. Ein Konzil zu Orléans erklärte 549 n. Chr., daß die Bischöfe für die Aussätzigen sorgen müßten. Leprosenheime finden früheste Erwähnungen in Verdun (634), St. Gallen (720), im 9. Jahrhundert in Bremen und Aachen. Als Papst Gregor II. dem Missionsbischof Bonifatius ins Frankenreich auf Anfrage schrieb, daß die Aussätzigen von den Gesunden getrennt werden müßten, war das eine grausame, aber medizinisch richtige Einsicht. Der Vater Karls des Großen versuchte, bei einer Synode durchzusetzen, daß der gesunden Frau eines aussätzigen Mannes die Wiederheirat erlaubt sei, und umgekehrt. Ohne Erfolg. Die Kirche widersetzte sich solcher Flexibilität und bestand auf der Unauflösbarkeit jeder Ehe.

Eine besonders ergiebige Brutstätte für die Krankheitserreger waren die neu entstehenden Städte, wo die Menschen immer dichter wohnten, die engen Häuser sich über den schmalen Gassen fast berührten, die Straßenreinigung nicht funktionierte, Kanalisation und sanitäre Anlagen höchst primitiv waren. Die Lepra verbreitete sich so sehr, daß man die kranken Menschen nicht mehr einfach vor das Stadttor treiben konnte. Mit Beginn des zweiten Jahrtausends wuchsen überall im Reich die Siechen- oder Leprosenhäuser wie Pilze aus dem Boden.

Obwohl man Angst vor Ansteckung hatte, standen diese Häuser oft in der Nähe vielbefahrener Straßen. Das Mitleid der Reisenden war ein fester Bestandteil der Krankenpflege, denn es verwandelte sich in zahlreiche Almosen. Da die Flüsse zu den wichtigsten Verkehrsadern zählten, brauchen wir die größten nur entlangzufahren. Vor allem der Rhein war rechts und links besetzt mit solchen Anstalten, die meistens eine eigene Kirche und einen eigenen Friedhof hatten: Speyer, Worms, Mainz und Koblenz, wo es eine richtige kleine Lepra-Kolonie gab. Am Ufer lag ein Siechennachen, in dem die Kranken von den vorüberfahrenden Schiffen ihre Gaben erbettelten. Auch in kleineren Orten wie Bingen, Boppard oder Andernach fehlte das Siechenhaus nicht. Der Sammelplatz für alle Kranken und Verdächtigen war ursprünglich Köln, wo es ein Untersuchungszentrum mit vier Leprosenhäusern gab. Aber auch Mainz, Trier und Frankfurt, Siegburg, Mayen oder Münstermaifeld in der Eifel sorgten für ihre Kranken – die Aufzählung könnte noch lange fortgesetzt werden.

In Trier hat sich eine ausführliche Anweisung des Bischofs erhalten, die vorschreibt, wie sich die Gesunden und die Kranken zueinander verhalten sollten. Die Fürsorge kommt zuerst: «Wenn der Kranke die Unkosten für sich nicht ersetzen kann, soll die Gemeinde, wo er zur Kirche gegangen ist, dies erledigen. Wenn er Vermögen hat, ist die Gemeinde davon befreit ... Die Nachbarn sollen ihm um Gottes willen einen Mantel und eine Schüssel geben ... Nach dem tödlichen Abgang des Kranken fällt das Haus, in dem er gewohnt hat, an die Kirche.»

Dann wird dem Aussätzigen genau vorgeschrieben, wie er in Zukunft leben muß: «Es ist dir verboten, jemals in die Kirchen, auf den Markt, in die Mühle, an den Backofen und in die Versammlungen zu gehen. Es ist dir verboten, deine Hände und was du sonst zu waschen nötig hast, in Quellen und Rinnen von irgendwelchem Wasser zu waschen ... Ich gebiete dir außerdem, nur einherzugehen in deinem Leprosenanzug, damit du von andern erkannt werden kannst ... Ferner befehle ich dir, nicht mit irgendeinem Weibe, auch nicht mit deiner Frau umzugehen ... Ferner befehle ich dir, daß, wenn du über einen Steg oder über ein Wasser gehen mußt oder auch anderswohin, daß du nicht die Balken oder das Geländer berührst, bevor du nicht deine Handschuhe angezogen hast ...»

Um die Verpflegung der Kranken und den Grundbesitz der Siechenhäuser kümmerte sich im Bistum Trier der «Klingelmann», so genannt, weil er mit Glöckchen für seine Schützlinge betteln ging. Er mußte ein frommer und treuer Mann sein und trug «einen aus Korb geflochtenen Hut oder einen Korb mit ledernem Deckel, damit das Brot und andere Almosen vor dem Regen konservieret werden».

Die Menschen, ob jung oder erwachsen, konnten nicht übersehen, was das Schicksal für sie bereithielt. Die Kinder hörten den Klingelmann durch die Straßen gehen, und sie sahen vor der Stadt vermummte Gestalten, die mit hölzernen Klappern davor warnten, daß man ihnen zu nahe kam. Sie sahen, daß die Gesunden für die Kranken sorgten und Solidarität von jedem einzelnen gefordert wurde. Daß jeder Mensch seine Würde hatte, auch wenn ihn ein Priester «mit brennenden stangkertzen und mit ein dotten kreutz (Totenkreuz) und mit glocken geleudt sampt allen Ceremonien allwie man einem dotten menschen pflegdt zum Grabe zu bestatten» aus der Gemeinschaft verabschiedete.

An der Lepra zu erkranken, bedeutete das soziale, aber nicht das physische Ende. Wo die Pest auftrat, gab es keine Hoffnung mehr. Die Symptome schildern uns die Zeitgenossen sehr unterschiedlich: Mal schliefen die Kranken nach wenigen Tagen friedlich ein. In Deutschland sollen Kinder singend und lachend gestorben sein. Andere, an denen die Pestbeulen ausbrachen, wurden wahnsinnig vor Schmerzen. Sie liefen schreiend durch die Straßen, stürzten sich aus den Fenstern der Häuser oder lebend in die Leichengruben. Der schwarze Tod verbreitete sich mit solcher Geschwindigkeit, daß keine Isolierung mehr half. Das grausame Sterben fand mitten in der Stadt, mitten im Dorf, in den Familien, bei den Nachbarn statt. War die Pest einmal ausgebrochen, wußte jeder, daß sein Leben keinen Pfifferling mehr wert war.

Die Menschen im Mittelalter waren vertraut mit diesem Tod. Doch als um die Mitte des 14. Jahrhunderts das «Große Sterben» über Europa hereinbrach, übertraf es alles, an was sich die Zeitgenossen erinnern konnten. Zwischen 1347 und 1350 übertrug die schwarze Hausratte von Konstantinopel aus den Pestfloh über den ganzen Kontinent. Der Stadtschreiber in Lüneburg beschrieb diese Zeit für die Nachgeborenen und Überlebenden als die «Jahre der großen Unmenschlichkeit». Zwischen Sizilien und Schottland starben mindestens zwanzig Millionen Menschen, vielleicht über dreißig. In Wien vermerkte der Chronist: «Und starben soviel Leut, an einem Tag 1200 Leichen, ohne die, die heimlich begraben wurden in den Klostern und anderen Kirchen ...» In Bremen wurden 6966 Tote gezählt. In Göttingen gab es schließlich nur noch sieben Ehepaare.

In den leeren Häusern schrien Alte und Kinder vor Hunger. In Hamburg starben 18 von 40 Metzgern, 12 von 34 Bäckermeistern, 27 von 50 städtischen Bediensteten, von 21 Ratsherren 16. Die Folgen des Sterbens gingen weit über den individuellen Tod hinaus. Zuerst sank der Getreidepreis rapide, weil die Zahl der Esser so sehr schrumpfte. Dann sank in den nächsten Jahren der Getreideertrag, weil es zuwenig Arbeitskräfte gab. Jetzt wurde das Getreide kostbar. Andere Kostbarkeiten hatten keinen Besitzer mehr. In Wien schrieb der Chronist: «Und viel Güter und Erbe waren da, deren niemand sich unterwand.» Auch das Gegenteil trat ein: In den Händen weniger Überlebender sammelten sich große Vermögen.

Die Pest raffte vor allem und zuerst die hinweg, die keine Reserven hatten, die Alten, die kleinen Kinder, die Kranken. Es überlebten die mittleren Jahrgänge und damit die fruchtbarsten. Niemand brauchte ihnen zu erklären, daß die Welt neues Leben nötig hatte. Wer das Sterben überlebte, wollte vergessen und leben. Wer so viele begraben hatte, die ihm nahestanden – Vater oder Mutter, Schwestern oder Brüder, Onkel oder Tanten – wollte nicht mehr allein sein. Die Menschen heirateten früher als sonst, und die Chronisten berichten, daß mehr Kinder als in normalen Zeiten geboren wurden. Die Natur glich ihre Verluste wieder aus. Doch es war ein erfolgloser Wettlauf gegen den Tod. Aus Limburg meldet der Stadtschreiber: «Es erhub sich groß Jammer, und kam das zweite groß Sterben, also daß die Leute in deutschen Landen sturben in großen Haufen an derselben Sucht, als sie sturben in dem ersten Sterben. Und wo es nit hinkam in diesem Jahr, da kam es in dem andern Jahr, und ging all um.»

Das Sterben hörte nicht auf. Das Pendel des Todes mochte für eine Weile ausbleiben. Jeder wußte aus Erfahrung, irgendwann würde es zurückschwingen. Würde es diesmal ihn treffen? Zu eindringlich hatte sich der Tod gezeigt, um vergessen und verdrängt zu werden. Eine unsichtbare Lebensangst setzte sich fest und ging nicht mehr fort. Sie änderte unmerklich die Einstellungen der Menschen gegenüber der Familie, besonders bei denen, die Reichtümer angesammelt hatten. Vieles kam zusammen: Man dachte weniger daran, den Nachkommen reichlich mit auf den Weg zu geben. Zuerst einmal sollte die Familie den Lebenden Sicherheit und Annehmlichkeiten bieten.

Man brauchte mehr Geld als früher, um den Lebensstandard zu halten. Kinder kosteten Geld. Es kamen gegen Ende des 14. Jahrhunderts weniger auf die Welt. Mancher Bürger wurde heiratsmüde. Konrad Rohrbach war der Gründer eines wohlhabenden Frankfurter Patriziergeschlechtes. Er starb 1400. In den folgenden 150 Jahren wurden in der Familie Rohrbach 65 Kinder geboren. Nur 18 von ihnen überlebten ihre Eltern, nur 12 heirateten. Einige weibliche Mitglieder gingen ins Kloster, einige Männer wurden

Priester. Wer nicht heiratete, so weiß es der Chronist, tat es «nicht aus Enthaltsamkeit, sondern aus ökonomischen Erwägungen».

Als Eneas Silvio de' Piccolomini, der spätere Papst Pius II., 1440 Wien besuchte, fiel ihm auf, was Beobachter in andern Städten bestätigten: Viele junge Männer heirateten ältere reiche Frauen, mit denen sie keine oder nur wenige Kinder hatten. In zweiter Ehe war das Verhältnis umgekehrt. Der ältere Witwer heiratete eine junge Frau. Allzu viel Lust und Zeit zum Zeugen von Nachkommen blieb ihm nicht mehr, und sie sang, wenn keiner zuhörte: «Ach lieber Tod von Basel, Bi-Ba-Basel, hol mir mein' Alten fort.»

Ein minimaler Geburtenrückgang genügte in diesen Zeiten der Hungersnöte und Seuchen, um die Toten die Oberhand gewinnen zu lassen. Es starben bald mehr Menschen als geboren wurden. Das haben mit aller Vorsicht die Statistiker aus den vorhandenen Zahlen errechnet. Zwischen dem elften und dreizehnten Jahrhundert, als Europas Bevölkerung stetig zunahm, kamen auf tausend Lebende rund 42 Geburten und 36 Tote. Zwischen dem 14. und dem 15. Jahrhundert schätzt man auf tausend Lebende nur noch 39 Geburten, aber 41 Tote.

Damit sind wir wieder bei der Frage, wie groß die mittelalterliche Familie war. Generell läßt sich sagen, daß auf dem Land mehr Kinder groß wurden als in der Stadt. Ohne den steten Zuzug der Dörfler in die Städte hätte es dort keinen Bevölkerungszuwachs und keinen wirtschaftlichen Aufschwung gegeben. Was die Experten zuerst für England, Italien und Frankreich errechneten, ist heute auch für das Gebiet des Deutschen Reiches unumstritten: Die Familie war viel kleiner, als man es sich in vergangenen Zeiten ausgemalt hat. Im städtischen Haushalt wurden im Durchschnitt weniger als zwei Kinder groß: In Nürnberg waren es am Ende des 15. Jahrhunderts 1,64, in Frankfurt 1,81. Weniger als zwei waren es auch in Basel, Köln und Rostock. Eine sehr seltene Vergleichsuntersuchung liegt für die schweizerische Stadt Freiburg im Üchtland vor. Auf eine Ehe alteingesessener Städter kamen dort 1,74 Kinder. In den dörflichen Familien der Umgebung gab es im Durchschnitt 2,56 Nachkommen.

Ein Register der Regensburger Steuerzahler zählt im Jahre 1436 alle Bewohner auf, die in 14 Häusern in der Donaustraße leben. Es sind – außer Knechten, Mägden, Witwen und Unverheirateten – 18 Eheleute. Auf sie alle kommt laut Register ein Sohn, und nur einmal lebt eine Schwiegermutter mit im Haushalt.

Den sehr viel später Lebenden haben die außerordentlich hohen Geburtenzahlen des Mittelalters den Blick für das zahlreiche Sterben im Säuglings- und Kindesalter verstellt. Der – fiktiven – Großfamilie fehlte schlicht die Besetzung. In Nürnberg bekamen Anton Tucher und seine Frau elf Kinder, sechs von ihnen starben bald nach der Geburt. In Köln hatte der reiche Patrizier Johann Overstolz 16 Kinder. Die meisten starben, nur ein Sohn heiratete. In Augsburg hatte Burghard Zink mit seiner ersten Frau neun Kinder, sechs starben. Nach einer zweiten kinderlosen Ehe lebte er mit seiner Magd zusammen. Zwei Kinder wurden geboren, eins starb. Die Familie war nicht der Ort, an dem man mit andern Menschen sicher alt werden konnte. Es wechselten in rascher Folge die Mitglieder. Man mußte flexibel sein und sich im engsten Zusammenleben schnell und oft auf neue Mitbewohner einstellen. Halb- oder Stiefgeschwister zu haben, Stiefmutter oder Stiefvater war die Regel, nicht die Ausnahme. Ja, es konnte passieren, daß man unversehens in einer Familie lebte, wo man mit keinem Mitglied mehr blutsmäßig verwandt war. Der Tod riß über fast anderthalb Jahrtausende mehr Familien auseinander als alle Scheidungen im 20. Jahrhundert.

Wollte man friedlich miteinander leben – und wer wollte das nicht –, dann mußte die Bereitschaft zum Kompromiß, zur Einübung in neue Beziehungen sehr viel größer als heute sein. Gefühle mußten zurückstehen, sollte es nicht ständig Streit geben. Lernte nicht das Kind in einer solchen Familie durch tägliche Erfahrung, daß Vernunft der solideste Kitt für menschliches Zusammensein ist? Daß jeder seine persönlichen Wünsche zurücknehmen mußte, wenn man es miteinander aushalten wollte? Ist es so falsch anzunehmen, daß der Herangewachsene aus solcher Einsicht heraus, über die er gar nicht zu reflektieren brauchte, seinen Lebenspartner suchte? Oder häufiger: den Menschen akzeptiert, den die Eltern für ihn ausgesucht hatten? Ist es außerhalb jeder Vorstellung, daß auf dieser Basis viele erträgliche Ehen zustande kamen, die ja nur eine verhältnismäßig kurze Zeit dauerten? Wollen wir in einem Jahrhundert, wo Gefühle nicht selten die Familien auseinanderreißen, sie wie ein Panzer umschließen oder wie Bleigewichte zu Boden drücken – wollen wir entscheiden, daß die Menschen in der mittelalterlichen Familie weniger glücklich waren?

Stumpft wirklich das Gefühl ab, wenn Eltern Jahr für Jahr ihre Kinder zu Grabe tragen? Oder geht den Menschen gerade durch diese bittere Erfahrung die Erkenntnis auf, die Überlebenden gut zu behandeln, Fürsorge und Vorsorge für sie zu treffen? Sammeln wir die Bruchstücke ein, die uns erzählen, wie es Säuglingen und Kindern im Mittelalter erging.

Der Weg ins Leben endete in ungezählten Fällen für Mutter und Kind oder einen von beiden tödlich. War eine Hebamme zur Stelle, konnte auch sie bei ernsthaften Komplikationen kaum helfen. Wenn die Mutter starb, bevor das Kind auf die Welt gekommen war, versuchte man in einigen erfolgreichen Fällen den Säugling durch einen Kaiserschnitt zu retten. War die Geburt glücklich verlaufen, wurde der neue Mensch sofort gewaschen, die Mutter erhielt eine nahrhafte Suppe. Viele mittelalterliche Maler haben diese Szene am Wochenbett festgehalten. Die Künstler sagen uns auch, daß schon vor einem Jahrtausend Muttermilch für die beste Säuglingsnahrung gehalten wurde. Auf den Bronzetüren des Doms in Hildesheim, die um 1050 entstanden, sehen wir eine Eva, die ihr Kind stillt. Und mit dem 12. Jahrhundert wird südlich und nördlich der Alpen immer wieder die «Virgo lactans» gemalt: Maria, die in aller Öffentlichkeit dem Jesuskind die Brust gibt.

Zur gleichen Zeit verbreitet sich auch das Wissen des arabischen Mediziners und Theologen Avicenna. Er schrieb am Anfang des zweiten Jahrtausends: «Wenn irgend möglich, wird das Kind von seiner Mutter gestillt; denn Muttermilch nährt am besten, weil sie der Ernährung im Mutterleib am nächsten kommt ... Es genügt, das Kind zwei- bis dreimal (täglich) anzulegen, anfangs soll es nicht zuviel Milch erhalten ... Gewöhnlich wird das Kind zwei Jahre lang gestillt.» Diese allgemein verbreitete Erkenntnis hielt die Damen der besseren Kreise allerdings nicht davon ab, sich Ammen zum Ernähren der Kinder ins Haus zu holen.

Wie schon zu Zeiten Karls des Großen wurden die Säuglinge

das ganze Mittelalter hindurch von Hals bis Fuß gewickelt. Noch im 16. Jahrhundert warnt der Züricher Arzt Felix Würtz in seinem «Kinderbüchlein» Hebammen und Säugammen, es damit nicht zu übertreiben. Er hatte Mütter und Ammen gesehen, die ihre Kinder lahm banden. Die Säuglinge müßten dadurch solche Schmerzen erleiden, «daß ich mit den Kindern aus grossem erbarmen und mitleiden hätte gnugsam weinen mögen». Die Ratschläge des Avicenna und des Felix Würtz gehen weit über praktische Tips, die das körperliche Wohlbefinden betreffen, hinaus. Besser: Sie wußten, daß die Seele damit aufs engste verbunden war.

Avicenna schrieb: «Vor dem Einschlafen kräftigt und erfreut sich das Kind an mäßiger Bewegung – gut für den Körper – und an Musik und Gesang – gut für die Seele ... Erwacht es aus seinem Schlaf, so soll es sich an das Licht gewöhnen und die Sterne am Himmel sehen. Am Tage soll es sich über die verschiedenen Farben freuen. Damit es singen lernt, singe man ihm etwas Schönes vor.» Der Arzt aus Zürich versuchte für die Kinder, die noch nicht sprechen konnten, zu dolmetschen: «Dann es gewiß ist, daß kein Kind zu weinen pflege, es leide dann etwas noth und schmertzen ... es kan aber sein Anligen nirgend anderst offenbahren und klagen, dann durch weinen ... Darumb man fleißig Achtung haben soll, was den jungen weinenden Kindern möchte anligen oder in einem und dem andern mangeln köndte.» Man sollte sogleich nachsehen, ob den Säugling im Bett etwas drückt, das Stroh vielleicht oder eine verkehrte Naht, eine Nadel oder sogar Ungeziefer.

Die Sorge um die Kinder begann in jenen fernen Zeiten sogar noch bevor sie das Licht der Welt erblickten. Hildegard, die berühmte Äbtissin vom Rupertsberg, wundert sich in ihrer «Heilkunde» darüber, daß die Menschen zwar klug genug sind, ihr Getreide nicht mitten im tiefsten Winter zu säen, bei der Zeugung der Kinder aber nicht darauf achten, ob sie zu diesem Zeitpunkt in ihr Leben passen und ob das «Zeitmaß des Mondes» günstig ist. Die Menschen glaubten an den Einfluß der Gestirne und der Gefühle auf das Ungeborene. Ebenfalls ist es Hildegard, die feststellt, daß Kinder unglücklich werden, wenn ihre Eltern sich im Augenblick der Empfängnis voller Bitterkeit begegnen.

Aus dem 13. Jahrhundert kennen wir die ersten Abbildungen von Wiegen. Elisabeth, die spätere Landgräfin von Thüringen, kam schon als vierjähriges Mädchen nach Eisenach. Außer dem kostbaren Schmuck, den sie aus Ungarn mitbrachte, erregte ihre silberne Wiege besonderes Aufsehen. Es war keineswegs selbstverständlich, daß Säuglinge einen separaten Schlafplatz brauchten. Die Kirche warnte die Eltern immer wieder, ihre Kleinkinder nicht zu «erdrücken». Es ist schwer, zwischen Absicht und Unvorsichtigkeit zu unterscheiden. Sicher kam es vor, daß eine verzweifelte ledige Mutter oder Eltern, die nicht wußten, wie sie den neuen Erdenbürger satt bekommen sollten, sich nicht anders zu helfen wußten. Etwas anderes können wir aus dem Erlaß einer Synode in Mainz aus dem Jahre 852 lesen: «Wenn jemand sein Kind nach der Taufe aus Versehen durch das Gewicht seiner Kleidung erstickt, so tue er 40 Tage lang Buße bei Brot, Wasser und Gemüse und enthalte sich des Gatten ...» Es ist schwer vorstellbar, daß jemand gleich nach der Taufe, also unter Zeugen, sein Kind zu Tode bringt. Wahrscheinlich ist, daß den Menschen nicht klar war, was für ein gefährdetes Wesen der neugeborene Mensch ist. Zugleich mochte der Glaube, daß ohnehin alles Leben in Gottes Hand lag, einen gewissen Fatalismus gefördert haben. Nicht ohne Grund schärft Bruder Berthold seinen Zuhörern immer wieder ein, die kleinen Kinder nicht ohne Aufsicht zu lassen. Der Arzt Felix Würtz warnt die Eltern, ihre Kleinen nicht zu lange in einem hölzernen Kasten, in dem die Kinder laufen lernen sollten, hängen zu lassen.

Daß man Kinder mit Strenge erziehen müsse, lehrte die Kirche mit Hinweis auf die Bibel: «Wer sein Kind liebt, hält es unter der Rute.» Die Gegner solcher Pädagogik traten sogleich auf den Plan. Es waren geistliche und weltliche Stimmen. Walther von der Vogelweide: «Niemand kann mit Ruten Kindererziehung erzwingen.» Avicenna schreibt über die älteren Kinder: «Wir müssen uns bemühen, das Verhalten der Kinder zu bessern und zu mäßigen. Sie dürfen nicht von Jähzorn befallen, von Angst verfolgt, von Kummer niedergeschlagen oder von Schlaflosigkeit gequält werden. Deshalb gibt man ihnen, was sie sich wünschen, und hält von ihnen fern, was sie nicht mögen. Dies ist für Seele und Leib vorteilhaft, denn ein schlechter Leib verdirbt das Verhalten, und ein schlechtes Verhalten verdirbt den Leib.» Es ist nicht die Zeit der Kinderzimmer. Ob im Dorf oder in der Stadt: Die Familie schläft zusammen in einem Raum. Nachthemden gibt es nicht. Keiner ist ausgeschlossen, wenn ein Mensch gezeugt wird oder sein Leben endet. Die Kinder wuchsen auf in einer Welt voll sichtbarer Zeichen und Symbole, die hielten, was sie versprachen. Wer einen teuren Zobelmantel trug, war wirklich ein hoher Herr. Wer in der Kirche ganz vorne im geschnitzten Gestühl saß, war wirklich eine feine Dame. Dieser Anschauungsunterricht brauchte kaum die Eltern als umständliche Interpreten. Man konnte sich an das halten, was man sah. Heute weiß niemand, ob hinter dem Steuer des Kleinwagens ein Arbeiter oder ein Manager sitzt. Kleider machen – eine dünne Schickeria ausgenommen – keine Leute mehr. Kinder brauchen eine sehr viel längere Lernzeit und viel mehr Helfer als früher, um sich in dieser undurchschaubaren Welt zurechtzufinden. Auch das ein Grund – vielleicht der wichtigste – warum die Kindheit im Mittelalter soviel kürzer war?

In Basel erschienen 1520 zum erstenmal die «Vertraulichen Gespräche» des katholischen Theologen und Humanisten Erasmus von Rotterdam. Kleine Geschichten, auf lateinisch geschrieben, um das Lernen dieser nüchternen Sprache ein wenig kurzweiliger zu machen – ausgedacht für die Schule und das Leben. In diesen «Gesprächen» unterhalten sich Braut und Bräutigam darüber, ob eine Frau unberührt in die Ehe gehen soll und ob sie – wenn verheiratet – das Recht hat, ihrem Mann auch einmal die ehelichen Pflichten zu verweigern. Es unterhält sich ein Student mit einer Prostituierten, deren Kunde er war, über die Vor- und Nachteile ihres Gewerbes. Gewidmet hat Erasmus, Zeitgenosse, Sympathisant und schließlich Gegner Luthers, diese Schrift, deren mehrmalige Auflagen immer schnell vergriffen waren, dem sechsjährigen Sohn seines Verlegers.

Daß die Stimmungen der Zeit, die Ängste und Sehnsüchte der Erwachsenen auch die Kinder ergriffen, ist nur natürlich. Sie sahen in Pestzeiten die Toten, die unaufhörlich aus den Häusern getragen wurden. Wenn sie durch die Stadt liefen, führte sie ihr Weg irgendwann über den Friedhof, der ja mitten zwischen den Lebenden lag. Sie sahen die mit Kapuzen vermummten Gestalten, die in Notzeiten mit eintönigem Gesang über das Pflaster schritten und sich dabei blutig geißelten, um Gott gnädig zu stimmen und das Unglück abzuwenden. Sie träumten in den dunklen Kirchen, während der süßliche Weihrauchduft durch die Stille zog.

In Erfurt geschah im Jahre 1237, der Zeit des religiösen Aufbruchs, das Folgende: «Ohne Wissen der Eltern verließen damals mehr als tausend Kinder die Stadt und wanderten tanzend und springend über den Steigerwald nach Arnstadt. Erst am andern Tag erfuhren die Eltern von dem Vorgang und holten die Kinder auf Wagen zurück. Niemand konnte sagen, wer sie weggeführt hatte. Viele von ihnen sollen lange nachher noch krank geblieben sein und namentlich an Zittern der Glieder, vielleicht auch an Krämpfen gelitten haben.» Am Ende dieses Jahrhunderts spielt die Geschichte vom Rattenfänger in Hameln, der mit seiner Pfeife die Kinder anlockte, zum Stadttor hinausschritt und in einem Berg verschwand.

In Hall in Schwaben erklärten 1458 über hundert Jungen von acht bis zwölf Jahren ihren Eltern, sie seien entschlossen, eine Wallfahrt zum Berg des Erzengels Michael – dem Mont St. Michel in der Normandie – zu machen. Als die Erwachsenen erkannten, daß die Kinder davon nicht abzubringen waren, gab ihnen der Rat der Stadt einen Führer und einen Esel mit auf den weiten Weg.

Der Vorgang ist weniger verwunderlich, als wir heute denken. Die Eltern lenkten auch deshalb ein, weil es gar nicht so ungewöhnlich war, daß Jungen in diesem Alter mit ihresgleichen und auf sich selbst angewiesen als fahrende Schüler durch das Land zogen. Aus diesem Jahrhundert haben wir endlich zum erstenmal ausführliche Zeugnisse aus erster Hand. Menschen schreiben nicht nur über Pest und Krieg, sondern auch über ihre persönliche Entwicklung. Eine der ersten Kindheitserinnerungen in deutscher Sprache hat Johannes Butzbach in seinem «Wanderbüchlein» aufgeschrieben. Butzbach, 1478 in Miltenberg am Main geboren, gibt ein differenziertes Bild. Es fehlt nicht die Rute des Lehrers, die Strenge der Eltern, aber auch nicht ihre Fürsorge und ihr Vertrauen in den Zehnjährigen, den sie ohne Zögern in die Welt ziehen lassen.

Mit sechs Jahren fängt für Johannes die Schulzeit an. Es gelingt ihm, viel Zeit davon in einem Kahn am Flußufer zu schwänzen. Die Prügel, die es dafür gibt, sind bald wieder vergessen: «... als ich wieder eines Abends nicht aus der Schule, sondern nach alter Weise aus dem Kahne nach Hause kam und den Eltern nicht wie gewohnt die an dem Tag vorgekommenen lateinischen Vokabeln aufsagen konnte, da wurden sie stutzig und beschuldigten mich, daß ich die Schule versäumt habe und Lügen gebrauche. Sie bewiesen, daß meine Wörter dieselben waren, die vor einigen Tagen schon vorgekommen waren. Als nun auch noch andere Mitschüler, über die Sache befragt, mich zum Lügner machten, da wurde ich am andern Morgen von der Mutter beim Kragen genommen und in die Schule geschleppt.»

Dort wartet schon der Lehrer auf «unser ungeratenes Söhnchen ... ließ mir die Kleider vom Leibe reißen und mich an einen Pfosten festbinden, und nun schlug der harte Mann auf das heftigste und unbarmherzigste aus Leibeskräften mit der Rute auf mich los». Die Mutter hat inzwischen die Schule verlassen, hört ihren Sohn laut schreien und kehrt auf der Stelle um. Sie stößt «mit Gewalt die Tür auf und stürzte herein. Wie sie mich aber an den Pfosten gebunden und so gräßlich mit harten Schlägen zugerichtet und mit Blut bedeckt sah, da fiel sie ohnmächtig zur Erde nieder ...» Aber das war keine Verlegenheitslösung wie bei mancher ihrer Nachfolgerinnen im 19. Jahrhundert. Kaum wieder bei Kräften, «ging sie auf den Schulmeister mit harten Verwünschungen los. Sie schwor, daß ich von Stund' an diese Schule nicht mehr betreten solle. Sie werde beim Stadtrat mit ihrer Klage so lange nicht ruhen, bis kein Bürgerskind eine solche Schule mehr mit dem Fuß berühre.» So geschah es. Frau Butzbach verklagte den Lehrer beim Rat der Stadt. Noch am gleichen Tag wurde der Lehrer von der Schule gejagt. Eine Frau war offenbar Autoritätsperson genug.

Im gleichen Jahr, 1490, klopft bei Familie Butzbach ein Nachbarssohn an die Türe, der schon als Schüler durch das Land gezogen war: «Der machte sich an meinen Vater heran und bat schmeichelnd, mich bei ihm in die Lehre zu geben. Bei ihm, versprach er, würde ich anderwärts in kurzer Zeit mehr Fortschritte in den Wissenschaften machen, als hier in langen Jahren. Ohne Schwierigkeiten erlangte er des Vaters Einwilligung.» Als sogenannter «Schütze» des älteren Schülers kam Johannes allerdings an den Falschen. Sobald das Geld ausging, mußte der Zehnjährige betteln, singen und stehlen. Unterwegs traf man andere, schloß sich zusammen, zog über die schmalen Pfade, übernachtete in Scheunen und Wäldern. Hatte man ein wenig Geld, ging es in die Gasthäuser, wo die Jugendlichen bedient wurden wie jeder andere auch. Kam man in eine Stadt, wurde in billigen Pensionen das Quartier aufgeschlagen. Von Lernen war keine Rede.

Thomas Platter, am Beginn des 15. Jahrhunderts in der Schweiz geboren, wurde wie Johannes Butzbach «Schütze» eines Älteren und ging mit ihm fort. Platter hat ebenfalls eine Autobiographie geschrieben. Er schildert, wie er mit seinen Gesellen wochenlang die Stadt Naumburg an der Saale unsicher machte, bis ihnen der Schulmeister eines Tages ausrichten ließ, «sie sollten in die Schule kommen» oder man würde sie holen. Der Anführer der Kinder erwiderte, «er möge nur kommen» und befahl seinen «Schützen», mit Steinen auf ihr Quartier zu klettern und die Türen zu besetzen. «Da kam der Schulmeister mit der ganzen Prozession seiner Schützen und Schüler. Aber wir Buben warfen mit Steinen nach ihnen, daß sie weichen mußten.»

Damit nicht genug: «Als wir nun vernahmen, daß wir vor der Obrigkeit verklagt waren, da hatten wir einen Nachbarn, der wollte gerade seiner Tochter einen Mann geben. Der hatte einen Stall mit gemästeten Gänsen. Dem nahmen wir nachts drei Gänse und zogen in den andern Teil der Stadt.» Die Schüler lebten in der Stadt ganz in eigener Regie. Sie hatten «ein besonderes Spital und einen eigenen Doktor. Da gibt man auf dem Rathaus für einen (Schüler) pro Woche 16 Heller. Dafür erhält man einen gar wohl, hat gute Pflege, gute Betten». Die Kinder organisierten sich nach dem gleichen Prinzip wie die Erwachsenen: Menschen, die die gleichen Interessen hatten, taten sich außerhalb der Familie solidarisch zusammen, – die Handwerksmeister in den Zünften, die Lehrlinge, die Gesellen, männliche wie weibliche, jeder hatte seine eigene Gruppe. Für den einzelnen bedeutete das einen lebenswichtigen Halt. Da der Staat als Schutzmacht mit allgemeiner Gesetzgebung zwischen Lübeck und Konstanz nicht existierte, waren diese Interessengemeinschaften der Ort, wo man Hilfe in Notlagen fand. Auch die Interessen und Rechte der einzelnen wurden hier vertreten.

Fünf Jahre lang wanderte Thomas Platter durch Deutschland. Als er danach wieder im heimischen Wallis ankam, war der erste Stiefvater verstorben, hatte seine Mutter zum drittenmal geheiratet, «weshalb ich nicht viel Zuflucht bei ihr suchen konnte.» Für Thomas kein Grund zu Rührseligkeiten oder Vorwürfen gegenüber seiner Mutter. Die Familie hatte ihn einst freigegeben. In dem Augenblick als er, ein kleiner Junge, das Elternhaus verließ, hörte er auf, ein Kind zu sein. Nun stellte er auch keine Ansprüche mehr an sein früheres Zuhause: «Bald danach gingen wir wieder davon nach Ulm zu.»

Was für Verhältnisse. Amputierte Familien, Eltern in Stadt und Land, die die Erziehung ihrer Kinder der Landstraße überließen, fremden Handwerksmeistern. Den Kindern brachten wenig ältere Genossen bei, wie man sich mit krummen Touren angenehm durchs Leben schlagen konnte. Flegeljahre, Pubertätskrisen spielten sich außerhalb der Familie ab – wenn es sie überhaupt gab. Auf jeden Fall müssen sie sehr kurz gewesen sein. Man ließ seine Aggressionen an Lehrern aus, an den Fremden, denen man die Gänse stahl. Aber man brauchte sich nicht gewaltsam aus der Obhut von Eltern zu befreien, die sich nur schwer entschlossen, die nachwachsende Generation aus der Kindheit zu entlassen.

Wurden da nicht Menschen gezüchtet, die sich nie mehr in eine Gemeinschaft einfügen konnten? Die nie mehr einem geregelten Leben nachgehen würden? Die Rechnung moderner Analysen geht für diese Zeiten nicht auf. Johannes Butzbach wurde Mönch, Kunsthistoriker und schließlich Prior im berühmten Kloster Maria Laach in der Eifel. Thomas Platter wurde als Buchdrucker, Lehrer und Leiter der städtischen Schule in Basel ein hoch angesehener Bürger der Stadt.

# Martin Luthers neue Lehre von der Familie

*Auf die Sexualität fixiert*
*Seine Herrin Käthe – Die Ehe ein weltlich Ding*
*Keine Gnade bei Ungehorsam*

Das Gerücht stimmt, daß ich mit Katharina plötzlich zusammengegeben worden bin, bevor ich mir, wie es zu sein pflegt, aufgeregtes Geschwätz anhören mußte. Ich hoffe, ich werde nur noch kurze Zeit zu leben haben, und wollte meinem Vater, der mich so dringend bat, diesen letzten Gehorsam in der Hoffnung auf Nachkommen nicht abschlagen; zugleich auch, um mit der Tat zu bekräftigen, was ich gelehrt habe. Es gibt ja so viele ängstliche Gemüter bei so großem Licht des Evangeliums. So hat Gott es gewollt und bewirkt. Ich bin ja nicht verliebt und in Hitze, aber ich liebe meine Frau.» Dies schrieb in einer Einladung zum festlichen Hochzeitsessen an einen Freund der soeben, im Juni 1525, Ehemann gewordene Martin Luther. Seit vier Jahren war der Mönch aus Wittenberg in der Reichsacht – vogelfrei zum Töten für jedermann – und von der Kirche als Ketzer gebrandmarkt. Was die Katholischen über diese Heirat denken würden, lag auf der Hand: «Wenn dieser Mönch heiratet, wird die ganze Welt und der Teufel lachen und er selber alles, was er geschaffen hat, wieder zunichte machen.»

Daß Luther mit den «ängstlichen Gemütern» auf die eigenen protestantischen Weggefährten zielte, belegt ein weiterer Einladungsbrief von seiner Hand: «Wenn ich nicht heimlich geheiratet hätte, so hätte man es verhindert. Denn alle meine nächsten Freunde schrien: Nicht diese, sondern eine andere!» Luthers Gespür trog nicht. Wie kritisch dieser Schritt in den eigenen Reihen beurteilt wurde, hat er allerdings nie erfahren, und die Nachwelt erst 1876. So lange wurde ein Brief des Philipp Melanchthon, einer von Luthers engsten Mitstreitern, in seinen härtesten Aussagen teils abgemildert und teils unterdrückt. Kein Wunder, daß der gelehrte Melanchthon ihn auf griechisch geschrieben hatte, warf er doch dem Rebellen gegen die römische Kirche vor, «daß in dieser unseligen Zeit, in der die Guten überall so schwer leiden, dieser Mann nicht mitleidet, sondern vielmehr, wie es scheint, schwelgt und seinen guten Ruf kompromittiert, wo Deutschland seines Geistes und seiner Autorität besonders bedarf.» Melanchthon meinte den blutigen Kampf der Bauern, die sich mit Berufung auf das von Luther gepredigte Evangelium gegen ihre Herren erhoben hatten.

Melanchthon war noch nicht am Ende: «Der Mann ist überaus gutmütig, und die Nonnen haben alle ihre Künste darauf verwandt, ihn an sich zu ziehen. Vielleicht hat dieser vielfache Umgang mit den Nonnen ihn bei all seiner edlen Natur und Seelengröße verweichlicht und entflammt. Auf diese Weise ist er offenbar auf die unzeitgemäße Veränderung seines Lebensstandes hereingefallen. Das Geschwätz aber, daß er sie schon vorher beschlafen habe, ist eine offenkundige Lüge. Nun soll man das Geschehene weder übel aufnehmen noch schelten. Ich glaube vielmehr, daß man von Natur zum Heiraten gezwungen wird. Diese Lebensform ist zwar niedrig, aber heilig und gefällt Gott besser als die Ehelosigkeit ... Wahrscheinlich sind wir wirklich gezwungen zu heiraten.» Das kommt uns zu Recht so vor, als würde ein urkatholischer Kirchenvater zitiert, Augustinus etwa, oder Thomas von Aquin. Doch nein, wir sind im 16. Jahrhundert, als angeblich eine neue Zeit anbrach, und vertreten hat diese Meinung einer, der den neuen «modernen» Glauben mitgeschaffen hat und vom Humanismus dieses Jahrhunderts besonders geprägt war.

Es gibt keine bessere Einführung für Familie Luther als Melanchthons mißbilligende Bemerkungen. Denn diese Familie steht – der Hausherr eingeschlossen – fest im Mittelalter. Keine Epoche geht schlagartig zu Ende, nur weil eine große Persönlichkeit auftritt und dem Lauf der Geschichte eine andere Wendung gibt. Martin Luther ist Urgestein, ein Mensch, der sich stets aufs neue und heftig engagierte und unausweichlich in Widersprüche verwickelte. Der Reformator half entscheidenden Veränderungen auf den Weg und hat gerade in der Geschichte der deutschen Familie ein neues Kapitel geschrieben. Weil er ein mittelalterlicher Mensch war, haben wir nun zum erstenmal nach einem ganzen Jahrtausend die Gelegenheit, ein Familienleben in aller Breite und Buntheit zu beobachten und sind nicht nur auf Bruchstücke angewiesen.

Nachdem sich die Protestanten von ihrem Schreck über Luthers Heirat erholt hatten, machten Zeitgenossen und erst recht die Nachgeborenen aus der ehelichen Gemeinschaft im Augustinerkloster zu Wittenberg eine Musterfamilie. Sie verbogen die mittelalterliche Bürgerlichkeit zum Idyll vom protestantischen Pfarrhaus. Der Reformator wurde allen seinen Nachfolgern als autoritärer Hausvater zum Vorbild gezeichnet. Mit dem Hinweis auf das angebliche Hausmütterchen Katharina Luther wurde durch die folgenden Jahrhunderte den Pfarrfrauen eingehämmert, im Schatten ihrer Männer ein selbstloses und unauffälliges Dasein zu führen, nur für ihre zwei Herren da zu sein, den irdischen und den himmlischen.

Alle, wirklich alle, beriefen sich in Zukunft auf den Vater des Protestantismus. August Bebel, Mitbegründer der SPD im vorigen Jahrhundert, schrieb: «Die Sozialdemokratie kann sich in dem Kampfe, den sie mit der Geistlichkeit zu führen hat, mit vollstem Fug und Recht auf Luther berufen, der in Fragen der Ehe einen durchaus vorurteilsfreien Standpunkt einnimmt.» Eine Biographie über Luthers Frau hat 1938 diesen Vorspruch: «Der deutschen Frau und dem deutschen Mädchen ist dieses Büchlein gewidmet. Möchte Luthers Familienleben vorbildlich sein für das häusliche Leben unseres Volkes ... Nur die sittlichen und wirtschaftlichen Tugenden des deutschen Mädchens und der deutschen Frau bürgen für den dauernden Aufstieg unseres Volkes im dritten neuen Reiche.» Die Toten können sich nicht wehren. Doch zusammen mit den Klischees hat sich eine Fülle von Details erhalten und damit ein Paradebeispiel mittelalterlicher Lebenskunst, Haushaltsführung und ehelichen Zusammenlebens.

Schon die zwei Gründe, die Luther selbst für diese Eheschließung in seinen Briefen nennt, sind ganz traditioneller Art: der Gehorsam gegenüber seinem Vater und eine Liebe, die nicht auf Leidenschaft angewiesen ist. Das kennen wir doch: die Ehe als ein Bündnis, das man nicht auf unbeständige Gefühle, sondern auf Zuverlässigkeit, Nüchternheit und Achtung vor dem Partner baut. Gerade weil er nüchtern war und nicht ängstlich, machte sich Luther keine Illusionen über die politischen Dimensionen seiner Heirat. Ja, sie waren geradezu ein Anreiz zur Heirat: «Nun sind Herren, Pfaffen, Bauern, alles wider mich und drohen mir den Tod. Wohlan, weil sie denn toll und töricht sind, will ich mich auch schicken, daß ich vor meinem Ende in dem von Gott erschaffenen Stande (der Ehe) gefunden und nichts von meinem früheren papistischen Leben an mir behalten werde, so viel ich kann, und sie noch toller und törichter machen ...» Wer sich in solcher äußersten Bedrängnis an einen andern bindet, sucht nicht Unterwürfigkeit, sondern einen Menschen, der ihm Halt gibt, mit dem er das Leben meistern kann. Und damit genug der Theorie.

Noch ein Jahr vor seiner Heirat hatte Luther für seine Person jeden Gedanken an eine Ehe abgelehnt und genau entgegengesetzt argumentiert: «So wie es mir bisher ums Herz war und jetzt ist, wird es nicht geschehen, daß ich heirate; nicht weil ich mein Fleisch und Geschlecht nicht spürte, ich bin ja nicht aus Holz oder Stein. Aber mein Sinn steht nicht nach der Ehe, da ich täglich den Tod und die wohlverdiente Ketzerstrafe erwarte.» Um so intensiver mühte er sich, die Nonne Katharina von Bora, die auf seine Lehre hin das Kloster verlassen hatte, zu verheiraten. Zwischen ihr und dem Nürnberger Patriziersohn Hieronymus Baumgartner, der in Wittenberg studierte, hatte sich etwas angesponnen. Als Baumgartner nach Nürnberg zurückkehrte und nichts mehr von sich hören ließ, schrieb ihm Luther: «Übrigens, wenn du deine Käthe von Bora festhalten willst, dann beeile dich, bevor sie einem anderen anvertraut wird, der zur Stelle ist.» Baumgartner antwortete nicht. Offenbar hatte seine Familie ihm die mittellose Nonne ausgeredet.

Nun versuchte Luther sie mit dem Rektor der Wittenberger Universität – der um ihre Hand anhielt – zu verbinden. Das ging aber nicht ohne die Zustimmung der Betroffenen, und die hielt mit ihrer Meinung nicht hinter dem Berg. Katharina beklagte sich bei einem Freund, «wie der Doctor Martinus in allewege wollte, daß sie Doctor Glatzen freien sollte, zu dem sie doch weder Lust noch Liebe hätte und lieber wollte (so es geschehen könnte und Gottes Wille wäre) ihn, Doctorem Martinum ... ehelich zu nehmen.» Käthes Widerspruch kann so ungewöhnlich nicht gewesen sein, denn der Freund wäscht Luther daraufhin den Kopf: «Was zum Teufel habt ihr doch fur, daß ihr die gute Ketham wollt bereden und zwingen, den alten Geizhals zu freien, des sie gar nicht begehrt und weder Lust noch Liebe zu ihm trägt?» Lust und Liebe! Nun war der Heiratsvermittler beleidigt: «Mag sie den nicht, so mag sie noch ein Weil auf einen andern harren!»

Das Warten lohnte sich. Denn ein Jahr später erkannte Luther für seinen Teil, daß Liebe nicht auf Verliebtheit zu warten brauchte: «Darum muß man zugreifen, was es auch sei, wann und wo es möglich ist, damit es einem nicht entgleitet.» Die Sächsin Katharina hatte sich einen 42jährigen Junggesellen ausgewählt, der im aufgelösten Schwarzen Kloster zu Wittenberg ein unbehaustes Leben führte: «Ehe ich heiratete, hatte mir ein ganzes Jahr hindurch niemand das Bett gemacht, in dem das Stroh von meinem Schweiße faulte.» Luther, der erst ein Jahr zuvor die Mönchskutte abgelegt hatte, mußte sich ebenfalls umgewöhnen: «Im ersten Jahr des Ehstandes hat einer seltsame Gedanken. Wenn er bei Tisch sitzt, denkt er: Sieh, vorher warst du allein, jetzt selbander. Im Bett, wenn er erwacht, sieht er ein paar Zöpfe, die er früher nicht sah.» Doch die Anpassungsschwierigkeiten gingen bald vorüber. Der Reformator war nicht nur ein geselliger Mensch, der die neue Behaglichkeit in seinem Leben zu schätzen wußte. Er hatte auch nichts dagegen, daß seine Frau die treibende Kraft in diesem Haushalt wurde und mit Energie und Hartnäckigkeit ein wenig Ordnung in sein Leben brachte. Wenn er sie vor vielen Zuhörern seine «Herrin» nannte oder seine Briefe an «seinen Herrn Doktor Käthe» adressierte, dann drückte sich darin nicht Ironie, sondern Hochachtung aus. Ohne die Arbeit und das Organisationstalent seiner Frau wäre die Familie Luther nicht satt geworden. Denn der Familienvater verzichtete auf alle Einnahmen aus seinen Schriften, Büchern und Vorlesungen. Die 200 Gulden pro Jahr, die der Kurfürst von Sachsen ausgeschrieben hatte, reichten längst nicht. Käthe wußte Rat und tat, was schon viele Ehefrauen in den Jahrhunderten zuvor praktiziert hatten: Sie wurde berufstätig.

Unter ihrer Anleitung wurde das verlotterte Klostergebäude unterkellert, wurden die ehemaligen Mönchszellen wohnlich eingerichtet. Eine Pension entstand, in der bis zu dreißig Studenten und Gäste Unterkunft fanden. Um die Unkosten niedrig zu halten, baute sie den Klostergarten aus.

Käthe kaufte Land und Weinberge vor der Stadt, das Brauhaus wurde von ihr wieder instand gesetzt und auch das Bier braute sie im Hause. Luther zog Käthes Gerstensaft allen anderen Bieren vor und bat sie einmal sogar, eine Flasche zu schicken, als er Gast am kurfürstlichen Hof war.

Luther hat die selbständige Arbeit seiner Frau stets anerkannt. Er war unermüdlich, ihr immer neue Ehrentitel zu geben. «Morgenstern von Wittenberg» nannte er sie, denn ihr Tag begann morgens um vier Uhr. Der Ehemann konnte es aber nicht lassen, ihr neben aller Arbeit noch geistliche Mühen aufzulegen: «Sie fuhrwerkt, bestellt das Feld, weidet und kauft Vieh, braut usw. Dazwischen ist sie auch daran gegangen, die Bibel zu lesen, und ich habe ihr fünfzig Gulden versprochen, wenn sie vor Ostern zu Ende käme.» Kein schlechtes Geschäft für Katharina, die alles für ihren Mann tat, ihr Selbstbewußtsein darüber jedoch nicht verlor. Wenn Luther und seine Studenten und Freunde an der abendlichen Tafel wieder einmal vor lauter Diskutieren das Essen kalt werden ließen, dann sah sie ihren Mann bloß an und sagte: «Warum eßt Ihr nicht und redet unaufhörlich?»

Nur manchmal, wenn dem Hausherrn der große Haushalt und das wenige Geld, das hereinkam, nicht mehr geheuer waren, setzte er sich an den Tisch und begann eine «wunderliche Rechnung» aller Posten aufzustellen. Allein für die Semmeln, die er zu jeder Mahlzeit aß, mußten im Jahre 30 Groschen und 4 Pfennige ausgegeben werden. Sein Bier kostete täglich 4 Pfennig. Dem großen Geist schwindelte: «Ich mag nimmer rechnen ... Ich hätte nicht gemeint, daß auf einen Menschen soviel gehen sollte!» Luther gab sich geschlagen und schrieb auf einen Notizzettel: «Rate, wo kommt dieses Geld her? Sollte das nicht stinken und Schulden machen?» Egal, seine Käthe würde es schon richten.

Das verschlafene Städtchen übrigens, das durch den rebellischen Mönch berühmt wurde, liebte Luther gar nicht. Für ihn lag Wittenberg «hart am Rande der Barbarei». Es hatte 1513 genau 382 Häuser und 2100 Einwohner. Zwar gab es seit Beginn des 16. Jahrhunderts eine Universität und ein neues Schloß, doch für Luther blieb der Ort Provinz. Er hat ihn auch während seiner Ehe oft genug verlassen. Langsam erst nahm die neue Kirche Gestalt an. Sie mußte nicht nur gegenüber den Feinden verteidigt werden. In den eigenen Reihen gab es viel Unfrieden und Streit. Es ging Frau Käthe nicht anders als der Kaufmannsfrau, deren Mann zur Messe zog, oder der Metzgersfrau, deren Mann auf Reisen ging, um die besten Kühe auszusuchen. Die Familie mußte oft ohne den Vater auskommen.

Sechs Kinder wurden im Kloster geboren, zwei davon mußten die Eltern früh zu Grabe tragen. Die Nachwelt hat den strengen Vater – der Luther zweifellos auch war – kultiviert. Doch dies war nur die eine Seite seiner Erziehungsmethoden. Nie vergaß er, in der Ferne an die Kinder zu schreiben, mochten sie auch erst vier Jahre alt sein wie 1530 der Sohn Johannes: «Gnad und Friede in Christo, mein liebes Söhnchen. Ich sehe gern, daß du wohl lernst und fleißig betest. Tu also, mein Söhnchen, und fahre fort. Wenn ich heimkomme, so will ich dir einen schönen Jahrmarkt mitbringen.» Konnte er keinen passenden «Jahrmarkt» finden, dann ließ er seine Frau vor der Rückkehr wissen, doch in Wittenberg etwas für die Kinder zu besorgen. Als 1528 Luthers Tochter Elisabeth starb, gerade zehn Monate alt, schrieb der Vater einem Freund: «Merkwürdig, was für ein trauerndes, fast weibisches Herz es mir hinterlassen hat; so sehr bin ich von Jammer erfüllt. Ich hätte nie vorher geglaubt, daß ein Vaterherz so weich gegenüber seinen Kindern sein könnte.»

Er hatte auch nichts dagegen, wenn die Kinder in seiner Studierstube spielten, während er arbeitete. Schon in seiner Junggesellenzeit hatte ihm ein Hund Gesellschaft geleistet und manchen Brief angeknabbert. Nur zu laut durfte es nicht werden: «Wenn ich sitze und schreibe, so singt er (Johannes) mir ein Liedlein daher, und wenn er's zu laut will machen, so fahre ich ihn ein wenig an; so singt er gleich wohl fort, aber er machts heimlicher und mit Sorgen und Scheu.»

Die Offenheit des Reformators betrifft nicht nur die Finanzen. Luther dachte laut ohne alle Prüderie über das intimste Zusammensein der Eheleute bei Tisch nach. Menschen, die ihn in ehelichen Dingen um Rat fragten, wich er nicht aus. Seinen Pfarrbrüdern erteilte er Ratschläge. Allerdings war das kein Zeichen für Fortschrittlichkeit, sondern mittelalterliche Selbstverständlichkeit. Darüber regte sich niemand auf.

Erinnern wir uns an Melanchthons Reaktion auf Luthers Heirat: «Diese Lebensform ist zwar niedrig, aber heilig und gefällt Gott besser.» Der Zwiespalt des katholischen Mittelalters, in dem auch die Protestanten groß geworden waren, saß tief in ihren Herzen. Der Reformator selbst macht da keine Ausnahme. Seine Begründung für die Ehe: «Und ist das etwas nicht Geringes, daß durch solches Leben die Hurerei und Unkeuschheit unterbleibt und verwehrt wird ...» Es scheint nur widersprüchlich: Weil Luther die katholische Lehre von der Sexualität konsequent zu Ende dachte, wurde er zu einem Kämpfer gegen das ehelose Leben. Wenn der Sexualtrieb ausschließlich zur Natur gehört und ihm niemand widerstehen kann, muß jeder heiraten, um nicht in Sünde zu fallen: «Denn wo die Natur geht, wie sie von Gott eingepflanzt ist, ist es nicht möglich, außer der Ehe keusch zu bleiben.»

Luther nutzte auch die Theorien mittelalterlicher Medizin und scheute vor drastischer Abschreckung nicht zurück: «Daher reden auch die Ärzte nicht übel, daß sie sagen, wo man mit Gewalt dieses Werk der Natur aufhält, da muß es in das Fleisch und Blut schlagen und zu Gift werden, woraus dann gesunde, schwache, schwindsüchtige und stinkende Leiber werden, denn was zur Frucht und Mehrung kommen sollte, das muß der Leib in sich selbst verzehren ... Daher sieht man auch, wie schwach und ungesund die unfruchtbaren Weiber sind, die aber fruchtbar sind, sind gesünder, reinlicher und lustiger. Wenn sie sich aber auch müde und zuletzt tot tragen (durch die Geburten), sie sind dazu da. Es ist besser, kurz gesund als lange ungesund leben.»

Luther, auf die Sexualität fixiert wie ein halbes Jahrtausend später der Vater der Psychoanalyse, wetterte gegen den Brauch der «heiligen Nächte», an denen die katholische Kirche von den Eheleuten Enthaltsamkeit forderte, und ermunterte folgerichtig zum Ehebruch, wo «ein halsstarrig Weib die eheliche Pflicht nicht zahlen will». Dann sollte der Mann seiner Frau drohen: «Willst du nicht, so will eine andere. Willst du nicht, so will die Magd.» Allerdings gestand Luther dem weiblichen Eheteil die gleichen Rechte zu: «Wenn eine tüchtige Frau einen untüchtigen Mann zur Ehe bekommt ... so soll sie ihm sagen: Lieber Mann, du hast mich um meinen jungen Leib betrogen, vergönne mir, daß ich mit deinem Bruder oder besten Freund eine heimliche Ehe habe.» Luther machte keinen Hehl daraus, daß ihm bei diesem Thema gar nicht wohl war: «Mir graut und ich predige nicht gern vom ehelichen Leben, deshalb, weil ich befürchte: wo ichs einmal recht anrühre, wirds mir und andern viel zu schaffen geben.» So geschah es. Luthers Theorie wurde bald von der Realität eingeholt, und zwar an allerhöchster Stelle.

Der Landgraf Philipp von Hessen, eine feste Stütze des protestantischen Lagers und im ganzen Reich als Weiberheld bekannt, war seiner angetrauten Gattin überdrüssig geworden. Er ließ dem Reformator mitteilen, er könne mit seiner Frau nicht mehr das Lager teilen. Der Lehre des Reformators getreu wolle er jedoch nicht außerhalb der ehelichen Ordnung Hurerei treiben. Luther solle ihm daher schriftlich die theologische Rechtfertigung für eine gleichzeitige zweite Ehe mit der 18jährigen Kammerfrau Margarete von Sala geben. Der Mann aus Wittenberg saß in der Klemme. Schließlich genehmigte er mit Hinweis auf die Ausnahmesituation und unter Bedingung der Geheimhaltung dem Landgrafen eine zweite Ehefrau – nach weltlichem Recht stand auf Bigamie die Todesstrafe. Aus der Geheimhaltung wurde natürlich nichts. Ein Sturm der Entrüstung brach los – nicht so sehr gegen den doppelten Ehemann, sondern gegen den Verkünder der «reinen Lehre», der im Zwiespalt zwischen Theologie und Macht nicht standhaft geblieben war.

Doch wieder müssen wir lernen, daß der erste Blick, so wohltuend einfach er die Dinge sieht, nicht die ganze Wirklichkeit umfaßt und auch nicht dem Martin Luther gerecht wird. So sehr er von der Urkraft der Sexualität überzeugt ist, genau so entschieden lehnt er im Prinzip die bisherige Praxis der Kirche ab, Art und Weise des ehelichen Zusammenseins in gute und böse Akte zu unterteilen und genau zu erforschen, was die Eheleute im einzelnen treiben: «Ich will aber davon schweigen und die eheliche Pflicht liegen lassen, wie die zu reichen und zu verweigern sei, wie etliche Prediger bei diesem Stück den Widerwillen dagegen aufzurühren unverschämt genug sind.» Denen, die der Meinung sind, «daß ein Weib ein nötiges Übel», entgegnet er: «... so halte aufs erste fest, daß Mann und Frau Gottes Werk sind, und halte dein Herz und Mund zu und nenne das nicht böse, was er selbst gut nennt.» Gott selbst nennt «das Weib gut und eine Gehilfin ... siehe, mit diesem Spruch Gottes stopft man allen das Maul, die über die Ehe klagen und schelten». Allerdings macht Luther diesen Vorwurf nicht der katholischen Kirche, sondern den «heidnischen Büchern, die nichts als Weiberlaster und die Unlust des ehelichen Standes beschreiben». Und weil die Ehe von Gott eingesetzt wurde, gibt es in ihr auch keine bessere oder schlechtere Arbeit: «Wenn ein Mann herginge und wüsche die Windeln oder täte sonst am Kinde ein verachtet Werk, und jedermann spottete seiner und hielte ihn für einen Maulaffen und Frauenmann», dann sind nach Luther solche Spötter «die größten Narren auf Erden».

Für den Reformator handelt es sich um eine gute Ehe, wenn sich «Mann und Weib liebhaben, eines sind, eins das andere versorgt». Das ist so neu nicht und geht wie bisher zusammen mit einem anderen Grundsatz: «Das allerbeste aber im ehelichen Leben, um dessentwillen auch alles zu leiden und zu tun wäre, ist, daß Gott (in ihm) Frucht gibt ...» Hier bleibt Luther aber nicht stehen, sondern zählt sofort die Elternpflicht auf, diese Frucht «zu Gottes Dienst aufzuziehen ... Das ist auf Erden das alleredelste, teuerste Werk ... auf Erden ist keine größere, edlere Gewalt als die der Eltern über ihre Kinder, sintemal sie die geistliche und weltliche Gewalt über sie haben.»

Das wurde 1522 geschrieben, als die evangelische Bewegung erst in schattenhaften Umrissen sichtbar war. Sieben Jahre später – der kleine Johannes spielt und singt im Studierzimmer, der Hund Tölpel wühlt in den Manuskripten, die zu Boden fallen – schreibt Luther am «großen Katechismus». Der Riß durch die Christenheit ist endgültig. Das zarte protestantische Pflänzchen brauchte handfesten, weltlichen Schutz, denn hinter der katholischen Religion stand der Kaiser mit seiner Macht. Luther hatte keine Wahl, sollte sein Werk von Dauer sein. Die Visionen der Radikalen und Schwärmer waren ihm ein Greuel. Er blieb ein konservativer Mensch und stellte seine Kirche in den Schutz der jeweiligen landesfürstlichen Obrigkeit.

Nun fingen die Probleme erst richtig an. Nirgendwo wurde das Durcheinander von weltlicher und geistlicher Gewalt so schnell sichtbar wie in Ehe und Familie. Von überall her kamen Briefe nach Wittenberg, wie man denn nun eine protestantische Ehe eingehen, anfangen und wie weit sie dem weltlichen Recht oder der Kirche unterstehen solle. Alle erwarteten von Luther ein klärendes Wort. Er arbeitete bis zur totalen Erschöpfung und schrieb sich 1529 in drei ausführlichen Werken seine Vorstellungen von Ehe und Familie, von der Beziehung zwischen Eltern und Kindern von der Seele. Es entstanden «Der große Katechismus», «Der kleine Katechismus» und «Ein Traubüchlein für die einfältigen Pfarrherren». Darin standen allerdings neue, revolutionäre Dinge. Nicht umsonst nimmt Martin Luther einen so breiten Raum ein innerhalb der Geschichte der deutschen Familie: Denn niemals zuvor hat sich jemand so ausführlich mit dieser Institution beschäftigt und – vorerst in der Theorie – Anstöße gegeben, die teils späte Früchte trugen, teils andere Realitäten verdeckten.

Luther ist selbst der erste, der auf die Widersprüche hinweist, in die er sich begibt und aus denen es auch für ihn keinen einfachen Ausweg gibt: «Denn wo wir beginnen, Richter in Ehesachen zu werden, so hat uns das Kammrad (Schwungrad der Mühle) beim Ärmel ergriffen und wird uns fortreißen.» Sein Ausweg: «Regiere wer da will und kann, soll oder will. Ich will die Gewissen berichten und trösten, so viel ich raten kann.» Doch diese Haltung führte in eine Sackgasse. Einmal ging es in der Ehe immer auch um rechtliche Fragen und vor allem: Luther selbst machte im Kampf gegen die katholische Sakramentenlehre die Ehe zu einem «äußerlich weltlich Ding wie Kleider und Speise, Haus und Hof». Die katholischen Staaten hatten bis zu dieser Zeit kein weltliches Eherecht und keine zivilen Formen der Trauung entwickelt, weil nach katholischer Auffassung die Ehe von Gott eingesetzt war und darum allein der Kirche und ihrer Gerichtsbarkeit unterstellt.

Erinnern wir uns: Nur auf dieser Grundlage wurden für den, der heiraten wollte, alle Schranken von Stand und Ansehen niedergerissen. Mann und Frau standen sich gleichberechtigt gegenüber. Der Sklave konnte seine Herrin, der König eine Magd heiraten. Weil die Kirche ein Teil der feudalen Herrschaftsstruktur wurde, sah die Praxis oft anders aus. Doch leugnete die Kirche nie die Rechtmäßigkeit von Ehen, die – gegen den Willen der Eltern oder der Grundherren – nur auf dem Ja-Wort der beiden Partner beruhten, das nicht vor dem Priester abgelegt werden mußte. Wenn nun Luther den Zusammenschluß von Mann und Frau ein «weltlich Ding» nannte, war es nur folgerichtig, daß er die Ehe und was mit ihr zusammenhing, «weltlicher Obrigkeit» unterwarf. (Was ihn nicht hinderte, die Ehe als «heiligen Stand» zu verteidigen.) Auf dem Konzil zu Trient, wo die alte Kirche sich erneuern wollte und zum Angriff gegen die Protestanten vorging, setzte sich die römische Kirche nach dem Tod des Reformators ausdrücklich von seiner Ehelehre ab: Nun erst wurde den katholischen Heiratswilligen zur Bedingung gemacht, sich vor einem Priester die Ehe zu versprechen, sollte sie in den Augen der Kirche gültig sein. Die kirchliche Trauung wurde zur Pflicht. Daran hat sich bis heute nichts geändert.

Die Kirche hatte sich stets bemüht, das Eheleben ihrer Schäflein zu kontrollieren. Doch der Papst in Rom war weit, und was sich hochgelehrte Kirchenväter in ihren Klosterzellen ausdachten, fand zu einer Zeit, als es keinen Buchdruck gab, nur minimale Verbreitung. Und die niedere Geistlichkeit vor Ort drückte meist beide Augen zu, da ihr eigenes Verhalten sie nicht gerade zum Sittenrichter prädestinierte. Wurde der Staat gerufen, um die christ-katholischen Moralgesetze durchzusetzen, handelte er im Auftrag der Kirche. Durch Martin Luther wurde er zum Sittenrichter aus eigener Kraft: «Demnach, weil Hochzeit und Ehestand ein weltlich Geschäft ist, gebührt uns Geistlichen oder Kirchendienern keineswegs, etwas darin zu ordnen oder zu regieren, sondern (wir) lassen einer jeglichen Stadt und Land hierin ihren Brauch und Gewohnheit, wie sie in Übung sind.» Statt des weit entfernten römischen Papstes sah den Menschen nun die jeweilige weltliche – protestantische – Obrigkeit ins Schlafzimmer. Sie nutzte ihren Machtzuwachs über die Familien gründlich und entwarf über die kommenden Jahrhunderte immer neue Heiratsverbote und Beschränkungen – aus denen sich der mittelalterliche Mensch gerade mühsam befreite: Soviel Zwang, wie es in der Neuzeit in Ehe- und Familiensachen gab, hatte es im Mittelalter nie gegeben. Luther machte es möglich. Wir werden davon hören.

Luther war naiv, wenn er glaubte, die Geistlichkeit könnte sich in Sachen Ehe die Hände in Unschuld waschen. Das ging gerade deshalb nicht, weil die neue Kirche sich so eng und für alle sichtbar mit der Obrigkeit verband. Mehr noch: zum Überleben auf sie angewiesen war. Ebenso brauchten die Fürsten in den vielen deutschen Ländern die Pfarrer – da es noch keinen festen Beamtenstand gab –, um die Kirche in den Griff zu bekommen. Sehr schnell kümmerten sich die «Kirchenvisitationen», die zu diesem Zweck ins Leben gerufen waren, nicht nur um die reine Lehre, sondern ebenso um die Reinheit von Moral und Sitte. Das alles wurde auch noch schriftlich niedergelegt. Zum Beispiel hieß es 1564 aus Gemeinden im protestantischen Bistum Halberstadt: «Dirk Kikebecker lebt wie ein Schwein, Anna Steffens, eine alte, böse, verlebte Bubin, hält junge Dirnen, Curt Middendorf schlägt sein Weib und geht zu anderen.» Die soziale Kontrolle funktioniert in jeder Gemeinschaft, ohne daß man dazu aufrufen muß. Jetzt war ein jeder ausdrücklich zum Sittenrichter berufen. Schnüffelei und Pharisäertum blühten, und Vergebung, wie sie die Katholiken in der Beichte gewährten, war bei der protestantischen Konkurrenz so einfach nicht zu haben. Luthers neue Ehelehre hatte paradoxe Wirkungen: Sie öffnete dem Staat weit die Schlafzimmertür und gab ihm Macht über privateste Bereiche des Menschen. Zugleich war diese Verweltlichung der Ehe – sicher gegen Luthers Willen – die Voraussetzung dafür, daß viel später zivile Trauung, Scheidung und Wiederverheiratung möglich wurden.

Die römische Kirche hatte – wo es ihr nützte – stets mit der weltlichen Macht paktiert. Doch sie blieb im Innersten eine internationale Institution und verlor nie ihr Mißtrauen gegenüber den staatlichen Einrichtungen. Wurde ein Mensch geboren, gehörte er in erster Linie der Kirche, um das weitere war sie nicht allzu sehr bekümmert. Kinder hatten ihren Eltern zu gehorchen, das war göttliches Gebot. Was der Reformator in seinem «großen Katechismus» seinen Glaubensgenossen predigte, gab der Beziehung zwischen Eltern und Kindern eine neue Qualität. Solche Forderungen hatte die römische Kirche nie gestellt.

Nichts geriet Luther in seinem Katechismus so ausführlich wie seine Überlegungen zum vierten Gebot: «Du sollst Deinen Vater und Mutter ehren.» Warum verdiente der Elternstand soviel Ehrfurcht? «Denn Gott hat diesen Stand obenan gesetzt, ja an seine Statt auf Erden gestellet.» Aber das war noch nicht alles: «In dieses Gebot gehöret auch weiter, von allerlei Gehorsam gegen Oberpersonen zu reden, die zu gebieten und zu regieren haben. Denn aus der Eltern Obrigkeit fließet und breitet sich aus alle andere.» Wer den Eltern – oder der Obrigkeit – nicht gehorcht, mißachtet Gott selbst. Die Folgen sind fürchterlich: «Willst du nun nicht Vater und Mutter gehorchen und Dich erziehen lassen, so gehorche dem Henker. Gehorchst Du dem nicht, so gehorche dem Streckebein, das ist der Tod. Denn das will Gott kurzum haben: entweder, wenn Du ihm gehorchest, Liebe und Dienst tuest, daß er Dirs überschwenglich vergelte mit allem Guten, oder, wo Du ihn erzürnst, daß er über Dich schicke beide, Tod und Henker.» Klingt das nicht sehr vertraut in unsern Ohren: «Wo kommen soviel Schälke her, die man täglich hängen, köpfen und rädern muß, wenn nicht aus dem Ungehorsam: weil sie sich nicht mit Güte erziehen lassen, daß sie es durch Gottes Strafe dahin bringen, daß man Unglück und Herzeleid an ihnen sieht. Denn gar selten geschieht, daß solche verruchten Leute eines rechten oder rechtzeitigen Todes sterben.» So knallhart hatte es noch keiner formuliert: Wer den Eltern oder der Obrigkeit nicht gehorcht, soll sterben. Zwar führt Luther beide Elternteile an, aber er macht doch wenig später klar, wer die entscheidende Instanz ist. Im Alten Testament herrschten die Patriarchen. Die Macht im Staat wird von den «Herren» ausgeübt. Parallel dazu sind also in den Familien die Väter an der Macht. Lassen wir einmal alle Differenzierungen beiseite, dann ist es Martin Luther, der die Familie auf dem Papier so prägte, wie sie Jahrhunderte später unter Beschuß geriet: bedingungslos patriarchalisch und autoritär.

Bruder Berthold hatte im 13. Jahrhundert den Eltern abgeraten, von ihren Kindern zuviel zu verlangen. Nicht jeder mußte ein Priester werden. Wenn dem Kind das Lernen zu schwer würde, sollte man es lieber ein Handwerk lernen lassen. Luther hat ganz andere pädagogische Ziele: «Denn wollen wir tüchtige, geschickte Leute haben, zu beidem, weltlichem und geistlichem Regiment, so dürfen wir wahrlich keinen Fleiß, Mühe noch Kosten an unsern Kindern sparen, zu lehren und erziehen, daß sie Gott und der Welt dienen mögen ... daß man solche Leute erzöge, von denen Land und Leute Vorteil haben möchten; dazu zur Tüchtigkeit erzogene Bürger, züchtige und häusliche Frauen, die danach fortan fromme Kinder und Gesinde aufziehen möchten ... Denn wie wir sie erziehen, so haben wir ungeratene und ungehorsame Kinder und Untertanen.»

Auch vor Luther haben Eltern ihre Kinder im besten Sinn erzogen, für sie gesorgt, sie etwas lernen lassen und nicht selten gehofft, daß die Nachgeborenen es besser hätten. Sie vertrauten aber zugleich darauf, daß die Kinder früh eigene Persönlichkeiten wurden, die sich ihr Leben selber aufbauen mußten. Der zehnjährige Johannes Butzbach wurde von seinen Eltern einem fahrenden Schüler mitgegeben, weil sie davon ausgingen, daß es außerhalb der Familie Persönlichkeiten gab, die ein Kind prägen sollten. Der Obrigkeit gute Bürger zu erziehen? Nein, daran hatten Eltern vor Luther nicht gedacht. Dazu bestand auch gar keine Notwendigkeit, denn wen ging die Obrigkeit schon etwas an? Man lebte in seinem Stand als Handwerker oder Kaufmann. Man war in seiner Berufsgruppe organisiert, wo sich auch das gesellschaftliche Leben vollzog. Politik trieben die reichsten Familien, dazu einige wenige Vertreter der Zünfte. Neunzig Prozent der Städter und alle auf dem Dorf hatten damit nichts zu tun. Mit der Kirche kam der einzelne sehr viel mehr in Berührung. Aber die bettelte keineswegs um Nachfolger im geistlichen Amt. Der Andrang aus dem Adel war groß genug. Was brauchte man da das andere Volk? Luthers Idee, daß die Familie die Kinder dazu anhält, dem Staat zu dienen, ist revolutionär – und hat einen sehr praktischen Hintergrund.

Die neue protestantische Kirche brauchte Menschen – als Pfarrer, um eine Hierarchie aufzubauen, als staatliche Diener, die eben dieser Kirche wohlgesonnen waren. Luther hat das nicht verschwiegen, sondern aus dieser Not eine Tugend gemacht. Er konnte nicht wissen, was er damit tat. Von nun an saß unsichtbar am Familientisch neben dem Vater eine zweite allmächtige Autorität, der sich alle unterwerfen mußten: der Staat. Die Familie war nicht mehr bloß eine Gruppe, in der Menschen ein paar Jahre geborgen aufwachsen konnten. Sie bekam einen höheren Zweck: der Obrigkeit gehorsame Untertanen aufzuziehen. Die Familie als Keimzelle des Staates ist mit dieser protestantischen Ehelehre geboren. Und was das allerwichtigste ist: Luthers Schriften blieben nicht ein Geheimnis Weniger wie die Werke früherer Kirchenlehrer. Die Drucker rissen ihm die Blätter aus den Händen, denn sie verdienten gut daran. Die Protestanten selbst hatten alles Interesse, die Lehre des Reformators zu verbreiten, der Obrigkeit tüchtige Bürger zu erziehen: Gierig nahm der Absolutismus, der sich in den folgenden 150 Jahren entwickelte, diese Vorstellung auf – ob er unter protestantischem oder unter katholischem Vorzeichen auftrat. Auf diesem Umweg über den Staat fand die protestantische Familienideologie auch Eingang in katholische Köpfe. Die Familie als Keimzelle von Staat und Ordnung: Es ist eine Ironie der Geschichte, daß niemand in der zweiten Hälfte des 20. Jahrhunderts diese These des Martin Luther so vehement verteidigt wie die römische Kirche.

Es kamen strengere Zeiten für Eltern – und Kinder. Der Reformator erkannte, daß die Schule der entscheidende Ort war, um etwas zu verändern, um Kirche und Obrigkeit tüchtige und gehorsame Diener zu liefern. Schon 1524 schreibt Luther «An die Ratsherren aller Städte Deutschen Landes, daß sie christliche Schulen aufrichten und halten sollen». Als die Mahnung wirkungslos bleibt, folgt 1530 «Eine Predigt, daß man Kinder zur Schule halten solle», weil «sich der gemeine Mann ablehnend dazu stellt, die Schulen zu erhalten». Luther wird deutlich: «Ich meine aber, daß auch die Obrigkeit hier schuldig sei, die Untertanen zu zwingen, ihre Kinder zur Schule zu halten ... daß (damit) Prediger, Juristen, Pfarrer, Schreiber, Ärzte, Schulmeister und dergleichen bleiben, denn man kann deren nicht entbehren.»

Genau wie die Eltern erhalten nun die Schulen eine neue, revolutionäre Funktion. Sie sollten dagegen keineswegs revolutioniert werden. Was Philipp Melanchthon, der in Luthers Namen ein Konzept für die protestantische Bildung entwarf, in seiner «Anrichtung der Lateinischen Schul» predigte, war, gemessen am mittelalterlichen Maßstab, höchst altmodisch: «Und sollen Schulmeister und Jungen, so sie in die Schul zusamen komen nit anders gedenken, denn als weren sie in einer kirchen vor Gott und den Engeln, die auch alda bey dem jungen volk in der schul sitzen und sie bewaren.» Als ob es den Kampf der mittelalterlichen Bürger um städtische Schulen, die dem zukünftigen Kaufmann höchst weltliche Geschäfte beibrachten, nie gegeben hätte. Schule als Gottesdienst. Was man lernte, geschah nicht um der Erkenntnis willen oder zum eigenen Nutzen, sondern zur höheren Ehre Gottes und der Obrigkeit.

Man hat versucht, Luthers Strenge in Erziehungsfragen aus den Erfahrungen zu deuten, die er in seiner eigenen Kindheit machte. Immer wieder wird die gleiche Geschichte kolportiert: «Die Eltern haben mich gar hart gehalten, daß ich darüber gar schüchtern wurde. Die Mutter schlug mich einmal um einer Nuß willen, daß das Blut hernach floß. Aber sie meinten's herzlich.» Als er dann selber Vater war, erklärte er eines Tages seiner Frau, Melanchthon und andern Freunden, die zwischen ihm und seinem ältesten Sohn nach einem Streit vermitteln wollten: «Ich will lieber einen toten Sohn haben als einen ungezogenen.» Es ist falsch, solche Geschichten mit unseren «modernen» Maßstäben zu messen. Wir wissen ja längst: Mit äußerster Strenge vorzugehen und seine Kinder zu lieben bedeutete für den mittelalterlichen Menschen keinen Gegensatz. Außerdem hat eine einzige Geschichte ganz offensichtlich unser Gesamtbild über Luthers Kindheit verzerrt. Ist es nicht auch heute so, daß Übertreibungen und Ausnahmen eher Verbreitung finden?

Denken wir an die Mutter des Johannes Butzbach, die zwar ihrem Sohn eine Strafe gönnt, aber dann entschieden gegen den unmenschlichen Lehrer vorgeht. Und wer glaubt, die Eltern des kleinen Martin hätten ihre Kinder täglich geprügelt, irrt. Luther selbst hat seinem Vater neben der Strenge immer wieder Güte und Verständnis attestiert. Trotz aller Differenzen war ihr Verhältnis intakt. Als Luther vom Tod seines Vaters erfuhr, schrieb er: «Durch ihn hat Gott mir Leben und Erziehung gegeben ... Die Erinnerung an den süßen Umgang mit ihm hat mein Herz erschüttert, daß ich den Tod noch kaum je so verachtet habe.» Luther war keiner, der Süßholz raspelte, schon gar nicht «im Angesicht des Todes». Wir können ihm glauben. (Der Versuch, Luthers Ringen um einen «gnädigen Gott» allein aus der Angst vor seinem Vater zu erklären, wird dem Menschen und dem Gegenstand nicht gerecht.)

Auch für den Vater Martin Luther und seine Kinder gilt: Die Erzähler haben mit Vorliebe in den schwarzen Farbtopf gegriffen. Dabei sind Luthers Briefe, die Sorgen um Geschenke und Mitbringsel, die Erschütterung beim Tod seiner Kinder zweifellos Ausdruck seiner väterlichen Zärtlichkeit. Sehen wir uns unter den Zeitgenossen um, wie sie über Kindererziehung dachten.

Noch bevor Luther geboren war, empfahl der katholische Humanist Albrecht von Eyb den Eltern: «Der Vater soll dem Sohn gegenüber allzeit in Güte zugeneigt sein und soll dran denken, daß er ein Vater und kein Richter ist ... Und für große Sünde und Schuld des Sohnes soll dem Vater eine kleine Strafe und Bestrafung genug sein.» Die pädagogischen Lehren des menschenfreundlichen Humanisten mußten bis 1540 zwölfmal aufgelegt werden, so groß war die Nachfrage. Auch wenn es dadurch nicht einfacher wird, beide – Luther und Eyb – gehören zusammen, wenn wir versuchen, uns die Beziehung zwischen Eltern und Kindern in dieser mittelalterlichen Zeit vorzustellen.

Das Mittelalter war auch eine Welt voller Dämonen, Teufel und Aberglauben. Die Scheiterhaufen hat es aber vor allem den Ketzern errichtet. Die wirkliche Hexenjagd begann erst, als diese Epoche sich schon dem Ende zuneigte. Den Anstoß gab 1484 die Hexenbulle Papst Innozenz' VIII., erlassen, weil sich in Deutschland so viele dem Teufel verschrieben hätten. Als praktische Anleitung zum Auffinden, Verhören und Foltern derer, die mit dem Teufel Unzucht trieben, schrieben drei Jahre später die Dominikanermönche Heinrich Institoris und Jakob Sprenger den «Hexenhammer». Zwar ließ der Bischof von Brixen die beiden Dunkelmänner aus der Stadt jagen, aber ihr Machwerk erlebte bis 1609 allein in Deutschland sechzehn Auflagen und wurde zum Handbuch in allen Prozessen. Die meisten als Hexen angeklagten Menschen – nicht wenige Männer starben auf dem Scheiterhaufen – fanden einen gewaltsamen Tod zwischen 1590 und 1640. Niemand kann eine nachweisbare Statistik aufstellen. Die Zahl der Opfer geht jedoch mit größter Sicherheit in die Millionen.

Es ist kein Zufall, daß vor Luthers Haustür, im protestantischen Wittenberg, 1540 vier Frauen als Hexen verbrannt wurden, noch bevor es in anderen deutschen Gegenden richtig losging. Der Reformator schleuderte auf der Wartburg nicht zum Zeitvertreib das Tintenfaß nach dem Leibhaftigen. Er war tiefer als viele seiner katholischen Zeitgenossen von der Wirklichkeit des Teufels überzeugt, von Engeln, Hexen und Dämonen: «Der Teufel bei Martin Luther ist ernsthafter, gewaltiger, grausamer. Was im Mittelalter weithin nur farbige Fabulierung war, bei der der Teufel oft der Geprellte ist, wird bei Luther furchtbarer Ernst, totale Existenzbedrohung». Protestantische Theologen zählten unter die eifrigen Hexenjäger (Katholische Bischöfe standen ihnen aber nicht nach.)

Luther allerdings ließ sich von seinem Teufelsglauben nicht zu Schmähreden auf das weibliche Geschlecht hinreißen. Vergleicht man ihn mit seinen Zeitgenossen, dann predigte er eine Ehemoral, die sich in der Mitte hält, die nüchtern und menschlich bleibt. Von Verachtung gegenüber den Frauen gibt es weder im Alltag seiner Ehe noch in seiner Theologie eine Spur. Ganz anders der so oft als Urbild des Deutschen gefeierte Hans Sachs. Er wurde nicht müde, in seinen Schwänken und Fastnachtsspielen das «böse Weib» zu porträtieren. Stets trat es verschlagen, schlampig und launisch auf, hatte eine Natur wie das Schwein – wollüstig und gierig. Die neue Kunst des Buchdrucks machte es möglich, solche Pamphlete weit zu verbreiten. Erstaunlich ist etwas anderes: daß nur die Werke der Verächter und Grobiane überlebten, sich in den Geschichtsbüchern und der Erinnerung festsetzten. Als ob das Mittelalter voller Sexualkrüppel, Triebtäter und Männer war, die sich aus lauter Angst vor dem Weiblichen unentwegt über die Frauen das Maul zerrissen. Es gab auch andere, und was sie mitzuteilen hatten, stand in bester mittelalterlicher Tradition.

Im Jahre 1540 erschien in deutscher Sprache die Schrift «Vom Adel und Fürtreffen weibliches Geschlechts». Der Verfasser, Heinrich Cornelius Agrippa von Nettesheim, war ein seltsamer Kauz: Geboren in Köln, schrieb er als Theologe Satiren gegen den Mönchsstand, verteidigte als Jurist Hexen bei der Inquisition, arbeitete als Arzt am französischen Königshof. Der kosmopolitische Rheinländer war Skeptiker und Mystiker zugleich, vor allem aber ein Mann, der in der Frau das bessere Geschöpf Gottes sah.

Am Anfang seiner Schrift werden die Qualitäten zwischen Mann und Frau noch gleichmäßig verteilt: «Die Frau hat wie der Mann ein gleiches Gemüt, gleiche Vernunft, gleiche Rede von Gott empfangen ... Beiden ist eine gleiche Freiheit der Würde angeboren.» Geht es jedoch um die Dinge, «die außerhalb göttlicher Seelensubstanz liegen, da übertrifft der edle Stamm der Frau das wilde und grobe Geschlecht der Männer um so viel, daß man es unendlich nennen muß». Das fängt bei Agrippa mit Äußerlichkeiten an: Will etwa der Mann, der einen kahlen Kopf bekommt, behaupten, daß er schöner sei? Der Vergleich geht so fort zum Vorteil der Frau und auch der «schamhafte Teil» wird nicht ausgespart: «Mit wunderbarem Gespür hat die Natur die heimlichen Glieder nicht außerhalb, sondern innerhalb an einem sicheren Ort angelegt ... Sehen wir denn nicht bei der Zeugung des menschlichen Geschlechts, daß die Natur die Frau dem Manne vorgezogen hat? Der Same des Mannes ist ein schleichendes und zufälliges Ding ... Die höchste und vornehmste Gabe der Frau ist es, das Empfangene zu bewahren.» Drei Zeitgenossen: die Gegenpole Hans Sachs und der Humanist aus Köln und in der Mitte der Reformator aus Wittenberg.

Nach soviel Theorie zurück in die Wohnstuben. Wir sind in Nürnberg am Ende des 16. Jahrhunderts, inzwischen eine protestantische Stadt geworden, mindestens so reich und berühmt wie das «heilige Köln». 1583 heiratete in Nürnberg der Kaufmann Balthasar Baumgartner das Fräulein Magdalena Beheim. Wieder einmal taten sich zwei alte und eingesessene Familien zusammen. Der Ehemann, der vor allem mit Wein und guten Tuchen handelte, reiste selber zu den Messen nach Frankfurt am Main oder ins toskanische Lucca. Zwischen Nürnberg und den jeweiligen Gasthäusern in der Fremde wurden viele Briefe gewechselt, die sich erhalten haben. Darin steht manche Floskel, manches zeitgenössische Pathos. Doch unüberhörbar ist der persönliche Ton zweier Menschen, die sich lieben, sich Sorgen machen – wie immer diese Ehe auch zustande gekommen ist. Die Ehefrau wartete zu Hause nicht untätig auf den Hausherrn, sondern kümmerte sich um seine beruflichen Geschäfte, wurde von ihm auch dazu aufgefordert und hatte – über die Einkäufe, die der Ehemann für sie tätigte, hinaus – ihren eigenen kleinen Handel laufen. Hätte Margareta Runtinger in Regensburg zweihundert Jahre zuvor ihrem Mathäus geschrieben, es würde nicht viel anders geklungen haben. So ungewöhnlich die Orthographie ist, hören wir ein wenig den Originalton, aus dem fränkische Mundart und Natürlichkeit zugleich zu spüren sind.

Magdalena Baumgartner schrieb im September 1583, ihrem ersten Ehejahr: «Freindlicher und herzalerliebster Baumgartner. Dein Schreiben hab ich den 10. und 11 September mit freuden und verlangen wol empfangen, darin vernumen dein wohlhinabkunft, welgs mig hoch erfreud. Und wiss mig, Got dem hern sey lob, sampft dem ganzen hausgesind noch in gutter gesundheit: der almechtige Got verlei lenger. Amen. Wis, lieber Paumgartner, das ich die wein den 9 Septemer ein tag vor deim schreiben empfangen hab an (ohne) schaden ... Der Kezel hat mir das beste fas heraus gekiest; das hab ich in keler gelegt ... Freindlicher, herzlieber Paumgartner, bit welst des zuckers nit vergesen bei dem Heltt. Und welst dir darneben aug, herzliebster schaz, nit gar zu vil mie und erbet auflegen, den andern aug etwas mitteiln.» Zeitloser Seufzer der Ehefrau: daß der Mann doch auch einmal die Verwandtschaft mit einem Brief bedenke. Zu tun gab es genug: «Sunst, freundlicher, herzliebster Schaz, schick ich mich zimlich mit dem aufreimen und ausseibern in gemechern. Die stuben ist nunmer gefierneist ... Die pflasterer sind die wogen noch nit da gewesen ... Nun auf dis mal genuch bey der nacht in eul, dan ich bei dem tach so vil weil noch het nitt gehabit, dir zu schreiben. Wolst der leinwand nit vergesen, wan du vir ein andern kaufst, dir aug ein wolfeils stuck herausklauben. Und damit sey du, herzalerliebster schaz, von mir zu vil 100 1000 mal fleisig und freindlich gegriest und dem lieben Got befoln. Der weile dich mit lieb und freuden widerum heraufbegleiden und uns mit leb und freuden wider zusammenpringen. Amen.»

In vielen Briefen wird übers Geschäft geredet, an dem auch die Ehefrau mit eigenem Geld beteiligt ist. Die folgenden Briefe sind ein wenig unserer Sprache angeglichen, damit das Lesen leichter wird: «Und ist bei mir, herzliebster Schatz, der seidene Atlas vor acht Tagen gut angekommen. Gefällt mir gut, ist schön grob und glänzend. Ich bezahle ihn dir und danke dir in einem, wenn uns Gott wieder zusammenhilft in 8 Wochen.» Als Balthasar in Venedig ist, kommt ein neuer Auftrag: «So läßt dich die Maria fleißig bitten, wollest ihr ein halbes Pfund venezianische Goldfäden, so schön rot und klein gesponnen, mitbringen. Ich möchte auch zwei Unzen davon haben. Laß es dir von jemandem kaufen, der etwas davon versteht.» Nein, eine verängstigte Ehefrau war die Magdalena Baumgartner nicht, und ihr Mann gab ihr wohl auch keinen Anlaß dazu.

Als der Sohn Balthasar geboren ist, gibt es ein neues, unerschöpfliches Thema für die Eltern und vor allem viele Sorgen: «Weiß mich, Gott sei Lob und Dank, auch noch frisch und gesund; was den Balthasla belangt, ist er noch wie du ihn gelassen hast. Bin bei dem Doktor mit ihm gewesen, der sagt mir, er sei gewiss gedrückt worden, vielleicht von der Amme, als er da war ... Wollest uns auch ein paar Käse kaufen und Balthaslas Hütlein nit vergessen. Er spricht alle Tage davon ...»

Das war 1588. Der kleine Balthasar sollte die Krankheiten nicht loswerden. 1590 liest der Vater in der Ferne über seinen Sohn: «Ist er seit Samstag gelegen in einer solchen großen Hitze und hat Schmerzen am Bauch. Hab ihm etwas eingegeben, hab über die 300 Würmer von ihm gejagt und hab den welschen Doktor lassen holen ... Er kann nit gehen, liegt für und für. Das weiße böhmische Bier ist seine Labung ... Muß also in deiner Abwesenheit, wie ich gesagt hab, ein Kreuz oder zwei tragen. Mit der Kindsmagd will es noch nicht recht gehen, muß mir doch die Woche eine andere dingen.»

Die Krankheit ging diesmal noch vorüber. Ein Jahr später heißt es im Brief des Balthasar senior: «Dem Balthäßle sage, daß er eine Weile fromm sei, ich werde ihm sonst nichts mitbringen, sondern, wenn ich komme, eins mit der Gerte abzahlen. Schreib mir, was ich sonst allhier zu verrichten und für Zuhause einzukaufen habe, denn sonst vergesse ichs doch.» Das mit der Rute war nicht ernst gemeint. Im nächsten Brief schreibt die Mutter: «Der Balthasla will nur Stiefel und Sporen haben, so man ihn fragt, was du ihm mitbringen sollst.» Am Ende des Jahres 1591 kann Balthasar dem Vater seine Wünsche selber mitteilen: «Lieber Vater, ich bitte dich, du wollest mir eine welsche Krone zum neuen Jahr rausschicken, ich will gar fromm sein und Gott fleißig für dich bitten. Balthasla Baumgartner.» Ein kleiner Junge, der sich vom Vater zum Neuen Jahr eine ausländische Münze wünscht – vierhundert Jahre liegt das zurück.

Falls das Geldstück ankam, Balthasar durfte sich nicht lange daran freuen. Im Februar 1592, der Vater ist immer noch unterwegs, schreibt Magdalena Baumgartner ihrem Mann, sie hoffe, ihn in Augsburg zu treffen, «da mich so herzlich nach dir verlangt in meinem Kreuz, darin uns Gott heimsucht abermals mit dem Balthasla. Denn seine alte Krankheit und Wassersucht, so er vor 2 Jahren gehabt, hat ihn wieder überkommen. Sie ist aber viel gefährlicher als vorher. Er hat vor Bauchweh geschrien. Ich habe nach dem Doktor geschickt, um ihm etwas zu verordnen, das die Würmer von ihm treibt ... Hab gestern den welschen Doktor auch geholt, hat ihm ein Klistir verordnet ... Wollte dir lieber was bessers schreiben, so kann ich auf dieses Mal nit. Schreib dir in der Nacht, als ich sonst bei ihm in der Stube wache.»

Drei Wochen später heißt es über den Sohn: «... der Bauch ist ziemlich klein, aber dagegen die Füße desto größer. Und wird alle Tage noch schwächer von dem losen Husten. Jedoch, da ich ihm sagte, dir zu schreiben, sagt er: Heiß mirs lebendige Pferd mitbringen. So wollest auch bei dem Mann, da du das Pferdlein, mit der Hundshaut überzogen, bestellt hast, nit vergessen. Bin der Hoffnung, du wirst ihn noch finden ...» Die Hoffnung trog. Das «lebendige Pferd» erfreute das Balthasle nicht mehr, und Magdalena Baumgartner war mit ihrem Leid allein: «Dein Schreiben ist mir vor einem halben Viertel wohl zugekommen heute Mittwoch, wiewohl ich darauf mit Verlangen am Montag gewartet hab in meiner großen Trübsal, da es Gott so bald geendet hat. Nachdem ich dir am Donnerstag geschrieben, hat er dieselbig Nacht ein sehr böse Nacht gehabt, da ich nit von ihm bin. Auch die andre nicht, als das Rasseln bei ihm angefangen hat und bis Samstagmittag währte. Er hat immer geredet, aber war nicht gut zu verstehen. Letzlich eine Stunde nach Mittag hat er aufbegehrt ... haben wir ihn aufgesetzt, alsbald ist er in die letzen Züge gefallen und schien verschieden. Daß ihn Gott tröste, bis wir auch zu ihm kommen.»

Der Trost, ihren Balthasar eines Tages bei Gott wiederzusehen, hielt die Mutter nicht davon ab, wissen zu wollen, an was für einer Krankheit ihr kleiner Sohn gestorben war: «Hab ihn hernach lassen schneiden. Seine Leber hat den Leib ausgefüllt. So groß ist sie gewesen, daß sich alle gewundert haben, daß er so lang hat leben können. Sie hat wohl 4 Pfund gewogen.» Für Magdalena Baumgartner ist dieser ärztliche Befund ein weiterer Trost: «Muß also gedenken, so bald wir ihn gehabt, ist er nit unser gewesen, und wir haben leider eine vergebliche Freude gehabt ... Muß mirs aus dem Kopf schlagen, so viel mir nur möglich. Desgleichen wollest du auch tun, herzliebster Schatz, und dirs aus dem Sinn schlagen und geduldig sein. Vielleicht sich Gott unser wieder erbarmet und ergötzt uns wieder, nachdem er uns heimgesucht hat. Es deucht mich nun, daß ich all mein Leid desto eher vergessen kann, wenn Du hier bist ...»

Luthers Käthe haben wir nur durch den Ehemann kennengelernt. Roswitha von Gandersheim und Hildegard von Bingen waren adlige Nonnen. Kein schöneres und treffenderes Zeugnis der bürgerlichen Welt des Mittelalters, jetzt wo sie noch nicht am Ende ist, aber neue Formen sich entwickeln, als diese Briefe. Mann und Frau, die so lange stumm für uns waren, denen wir uns über Haushaltsbücher, Predigten und Beichtvorschriften zu nähern suchten, sprechen mit den Baumgartners selbst zu uns. Wir erleben ihre kleinen Alltagsprobleme, ihre Katastrophen, ihr Gottvertrauen und ihre Tränen.

# Im Barock: Die glückselige Insel

*Die Beamtenfamilie*
*Ohne Liebe geht es nicht – Haushalte in Münster*
*Heiratsverbote – Mätresse in Hannover*

Das Jahrhundert der Luthers und Baumgartners war keine schlechte Zeit. Zwar galt noch viele Male, was der Kölner Bürger Hermann Weinsberg 1518 über die Pest in sein Tagebuch schrieb. Es starben «vil tausend menschen in der Stadt, das man alle gerichter und schulen schloß und die heiligen in Coln umtrage.» Doch langsam erholten sich Dörfer und Städte von dem großen Pesteinbruch in der Mitte des 14. Jahrhunderts. Der Wohlstand kam zurück, stieg mancherorts noch an. Die Briefe zwischen Magdalena und Balthasar Baumgartner reden von einer soliden bürgerlichen Behaglichkeit und guten Geschäften. Die Kaufleute ersetzten die alten Fachwerkhäuser durch steinerne Prunkbauten. Die Städte bauten neue Kaufhäuser und Rathäuser. Jedes Schützenfest, jeder hohe Besuch war Anlaß zu ausgelassenen, üppigen Feiern, bei denen mit Geschenken nicht gegeizt wurde. Zwei Menschenalter später – in einer anderen Zeit – schrieb die Kurfürstin Sophie von Hannover mit feiner Ironie einer Freundin: «Ich bin zu Lüneburg ganz reich geworden, die Stadt hat mich beschenkt mit sieben Konfektschüsseln, sie sein aber nicht so groß als mein silberner Korb. Meine Kinder können festins damit machen, da sein sie eben recht vor, es war aber recht gut gemeint von die guten Leute. Der Frau von Harburg gaben sie nur eine Kanne, dem Herzog Jörg Wilhelm Wein und meinem Gemahl einen Beutel mit Geld, denn sie wußten, daß dieses allezeit am meisten nötig ist.»

Eine treffende Beschreibung für das 17. Jahrhundert: Die blühenden Städte sind arm geworden an Kapital, an wirtschaftlicher Macht und politischem Selbstbewußtsein. Die Bürger, die ihre städtischen Freiheiten gegenüber dem adligen Grundherrn erkämpften und über Jahrhunderte bewahrten, wurden «gute Leute», Untertanen. Die Stadt kommt wieder in fürstliche Hand. Nicht selten steigt jetzt der Herrscher von seiner Burg auf dem Berg hinunter in die Stadt, wo er sich eine prunkvolle Residenz erbaut. Der Hof entsteht. Was der Fürst von seinen Untertanen fordert, sind nur zwei Dinge: Geld und Gehorsam. Ein stehendes Heer entwickelt sich, dessen Unterhalt nicht nur Unmengen kostet, sondern die Städte verändert: Garnisonen werden gebaut, Soldaten in Privathäusern einquartiert. Die Soldaten sind nicht zur Zierde da, sondern der mächtige Arm der Herrschenden. Die städtische Verwaltung hat ausgedient. Vom Fürsten eingesetzte Magistrate sorgen nun für Ordnung. In Hameln wird den Bürgern 1688 sogar das traditionelle Schützenfest verboten. Nichts soll an die alten Freiheiten erinnern.

Die Betroffenen haben das so einseitig nicht erlebt. Für sie bedeutete vieles Fortschritt, was wir in der Rückschau mit hochgezogenen Brauen sehen. Die städtische Verwaltung, wie sie im Mittelalter angelegt war, nämlich als Herrschaft der reichsten Familien, verfilzte immer mehr. Immer enger wurde der Kreis, aus dem sich die Bürgermeister und Räte rekrutierten. Aus unbezahlten Ehrenämtern wurden einträgliche Pfründen. Korruption breitete sich aus. Die an der Spitze saßen, versteigerten niedere Ämter an den Meistbietenden. Im heiligen Köln war es im 16. Jahrhundert nichts Ungewöhnliches, dem Bürgermeister für die Verpachtung des Ratskellers mit Bargeld zu danken und außerdem der Frau Bürgermeister etliche Geldstücke zu verehren. Die Zünfte der Handwerker taten nichts anderes als sich Konkurrenz vom Hals zu schaffen, wurden starre Gehäuse, die jeden Unternehmungsgeist erstickten.

Fraglos hat der große Dreißigjährige Krieg von 1618 bis 1648 viele Städte schwer getroffen. Sie erduldeten feindliche Besetzung und leisteten immer neue Abgaben an befreundete und feindliche Herren. Die Kaufleute lebten nur noch vom Kapital. Als das Morden endlich vorbei war, fand Deutschland keinen Anschluß mehr an den europäischen Wirtschaftskreislauf. Beziehungen und Handelswege waren und blieben verschüttet. Kein Wunder, daß man sich von einer starken fürstlichen Hand neuen Auftrieb erhoffte. Die verschwenderischen Bauten, die aufgeblähten Heere bedeuteten für viele Arbeit und Brot.

Solche Veränderungen betrieben nicht nur einzelne, die machthungrig, ehrgeizig oder kunstbesessen die Bewunderung und den Neid der Zeitgenossen herausforderten. Fast 300 Länder und Ländchen zählte man im Heiligen Römischen Reich deutscher Nation, außerdem Hunderte von Abteien, Stiften, Reichsstädten, Reichsrittern, die niemandem untertan waren. Hatten sich vielleicht alle abgesprochen, den starken Mann zu spielen? Nein, sie nutzten nur, was sich schon lange angedeutet hatte. Der Große Krieg war ein Motor, der die Entwicklung vorantrieb. Ursache und Wirkung sind unentwirrbar verflochten: zusammen mit dem absoluten Herrscher entsteht im 17. Jahrhundert endgültig der Staat. Es setzt sich in den Köpfen die Vorstellung durch, daß ein abstraktes Gebilde alle – Fürst und Untertan – umfaßt. Ihm zu dienen und zu nutzen, ist allen aufgegeben: dem Bauern in seiner Kate, wie dem Bürger in seinem Haus und ebenso dem Landesherrn in seiner Residenz. Innerhalb dieser Entwicklung ist Luther zu sehen, der der Familie eine Aufgabe zuwies: nämlich zum Nutzen der Obrigkeit Kinder aufzuziehen. Was für das Ganze und den einzelnen von Nutzen war, darüber entschied allein die Obrigkeit. Und vor allem: sie kümmerte sich nun.

Eine Verordnung nach der andern regelte jetzt das Zusammenleben. Zugleich entstand von Staats wegen ein Netz sozialer Hilfen, das es im Mittelalter nicht gegeben hatte. Straßenreinigung und Feuerwehrordnungen wurden eingeführt und deren Einhaltung streng überwacht. Wozu hatte man denn die Soldaten! Ebenso mußten die Ärzte und Apotheker ihre Kenntnisse vor einem staatlichen Kollegium nachweisen, damit die Bürger nicht jedem Kurpfuscher ausgeliefert waren. Die Schulen kamen unter staatliche Aufsicht, hatte doch schon Luther darauf hingewiesen, wie wichtig sie zur Ausbildung nützlicher Untertanen waren. Und wo alles reguliert und ordentlich geregelt wurde, blieb natürlich die freie Marktwirtschaft nicht ungeschoren. «Ökonomie» hieß das neue Zauberwort der Herrscher und Gelehrten. Auch die Wirtschaft wurde geplant und gelenkt. Hatte der mittelalterliche Grundherr den Städten Zollfreiheit gewährt, damit die Geschäfte florierten, so wuchsen im Zeitalter des Absolutismus jede Woche neue Zollstationen an den Grenzen. Luxuswaren für den Bedarf des Hofes wurden eingeführt – Porzellane, Seiden, Tapeten. Die Untertanen sollten sich mit dem begnügen, was es im Land gab. Jetzt erst entstand das Ideal, sich abzuschließen und im eigenen Ländchen selbstgenügsam mit den eigenen Kräften und Produkten auszukommen. Nicht ohne Absicht ließ ein Jahrhundert später Friedrich der Große die Straßen seines Landes verludern. Es sollte niemand auf die Idee kommen, fort zu wollen oder etwas einzuführen. Was für ein Gegensatz zum geschäftigen Treiben auf den mittelalterlichen Landstraßen und Wasserwegen.

Dieses neue Gebilde, der Staat, den man nicht sehen oder anfassen konnte und der doch so sichtbar den Alltag und das Leben vieler veränderte, konnte nicht allein aus sich selbst existieren. Luther war ein konsequenter Prophet gewesen und hatte gepredigt, daß man viele Menschen für die weltliche Obrigkeit brauchen werde – voran die Rechtsgelehrten: «Wenn ich aber von den Juristen rede, meine ich nicht allein die Doktoren, sondern das ganze Handwerk so Kanzler, Schreiber, Richter, Sachwalter, Notare und was zum Rechte des Regiments gehört, auch die großen Hansen, wie man die Räte zu Hofe nennt ... Kaiser und Könige müssen Kanzler und Schreiber, Räte, Juristen und Gelehrte haben; kein Fürst ist, er muß Kanzler, Juristen und Gelehrte haben und Schreiber, ebenso auch alle Grafen, Herren, Städte, Schlösser müssen Syndici, Stadtschreiber und Gelehrte haben.»

Genauso kam es. Die abstrakte Ordnung des Staates verlangte Menschen, die sie nach allen Möglichkeiten abklopften, ausführten, überwachten. Keiner war für solche Tüfteleien besser geeignet als der Jurist. Er löste mit dem 17. Jahrhundert endgültig den geistlichen Stand in seiner Bedeutung ab. Wer in der Jurisprudenz erfahren war, schien für alle Aufgaben geeignet. Ein Glaube, der bis heute die Jahrhunderte überdauerte.

Plötzlich konnte niemand mehr ohne Jurist leben, nicht die Herrscher, nicht die Stadtverwaltung, nicht das Domkapitel. Aber ohne viele andere Beamte auch nicht. Mit dieser Gattung mauserte sich der alte Mensch zu einem neuen Exemplar, dessen wundersame Vermehrung keine Grenze fand. Der Beamte wird zum wesentlichen Personal einer neuen Zeit.

Zuhause im Schlafrock, an der Tafel mit Perücke und Spitzenjabot, in der Kanzlei beschäftigt oder in Geschäften unterwegs, hat er mit seinem neuen Beruf einschneidende Veränderungen in die Familienlandschaft gebracht.

Beamte: ein Wort, bei dem jeder zu wissen glaubt, was gemeint ist, und hinter dem sich – im 17. wie im 20. Jahrhundert – Welten verstecken. Was hat der Staatssekretär im Ministerium mit dem Mann am Postschalter gemein? Von Berufs wegen gar nichts. Genauso bunt und unterschiedlich war die Palette im barocken Zeitalter, allerdings müssen wir unser ausgeklügeltes System von Gehaltsgruppierungen und Unkündbarkeit ganz schnell vergessen. Aus dem Amt gejagt werden konnte damals jeder zu jeder Zeit. Ganz unten auf der Beamtenleiter saßen viele abgedankte Soldaten, die als dörfliche Schulmeister, als Wildhüter, Boten oder Türschließer ihren Dienst taten. Sie brauchten nicht einmal in jedem Fall lesen und schreiben zu können. Gleich darüber kam die zahlenmäßig größte Schicht der unteren Verwaltungs- und Gerichtsbeamten. Für eine solche Karriere reichte es, das Gymnasium besucht zu haben und mit ein paar Brocken Latein zu jonglieren, immer noch die Sprache der Gelehrten und Kanzleien. Manch einer begann seine Laufbahn als Kopist beim Notar oder einer Behörde, denn die menschliche Hand mußte noch lange das Kopiergerät ersetzen. Und beim stundenlangen Abschreiben von Urkunden, Beglaubigungen, Prozeßakten erwarb man ganz von selbst juristische Kenntnisse, durchschaute viele Tricks der Verwaltung. Wer sie nutzte, brachte es zum Notar, für den kein Studium gefordert wurde. Es war nun aber ein großer Unterschied, ob man als Notar auf dem Land ein ärmliches Auskommen hatte oder in der Stadt beim obersten Gericht seine Klienten vertrat.

Wer es noch weiter bringen wollte, konnte ein Studium anschließen, seinen Magister oder Doktor machen und sich als Advokat niederlassen. Nun stand ihm die höhere Beamtenlaufbahn offen, und wenn es ihn bis an die Spitze trug, dann ging er wohl als Kanzler oder Präsident bei Hofe ein und aus. Der Fürst, wenn er geneigt war, verließ sich auf seinen Rat. Das Gehalt bekam er nur zu einem Teil in klingender Münze. Der andere bestand aus Eßbarem – Korn, Wein, Wildbret, Fett. In Steuersachen zählte der Beamte zu den Privilegierten. Er zahlte wenig oder gar nichts. Kein Wunder, daß viele, die es im Leben zu etwas bringen wollten, diese Laufbahn einschlugen, denn nirgendwo stand geschrieben, daß man dafür unbedingt von adliger Herkunft sein müsse. Soweit die Theorie.

Als 1722 Friedrich Carl von Moser, Sohn eines berühmten Staatsrechtlers, als Kanzler nach Darmstadt berufen wurde, sah er sich einer Clique höherer Beamter gegenüber, die unisono stets eine Meinung vertraten. Moser ließ eine Untersuchung über deren verwandtschaftliche Beziehungen anstellen. Der ungenannte Untersucher listete fast hundert Namen auf und schrieb dazu: «Alle vorherbemeldte Personen machen insgesamt Eine Famille aus, ohne diejenigen, mir etwa dazugehörig annoch beyfällig werden könnten». Vetternwirtschaft nennt man das, und so sah die Praxis aus. Im 17. Jahrhundert, als sie in der Beamtenschaft selbstverständlich war, hatte sie nicht nur einen negativen Klang. Pensionen, Versorgung im Alter gab es nicht. Der kleine Beamte, der seinem zukünftigen Schwiegersohn ein Amt verschaffte, nicht selten auch sein eigenes an diesen oder den eigenen Sohn «vererbte», konnte nur so für eine warme Stube im Alter vorsorgen. In den oberen Rängen ging es darum, die einmal eroberte Machtposition in der Familie zu behaupten.

War doch die Familie in der feudalen Gesellschaft der legitime Träger von Ansehen und Privilegien über Generationen. In den drei wichtigsten Behörden von Hessen-Kassel waren 80 Prozent der Beamten miteinander verwandt und verschwägert. In den größeren deutschen Ländern bildete nur Bayern eine Ausnahme. Dort hatten die Söhne von Metzgern oder Handwerkern tatsächlich die Chance, Karriere im Staatsdienst zu machen; stieg der

Sohn eines Kuttelwaschers zum Kanzler auf. Sonst galt für die höheren Beamten: Sie waren eine geschlossene Gesellschaft, und um es zu bleiben, durften Söhne und Töchter bei der Heirat nicht aus der Art schlagen. Sie taten es auch kaum, so daß es bei den deutschen Beamten zuging wie in aristokratischen Kreisen. Man trieb bei der Partnersuche immerzu soziale Inzucht. Und damit haben wir den Absprung gefunden von Zahlen und Strukturen hinein in den Alltag des bürgerlichen Beamtenhaushalts.

Johann Wachmann, 1592 in Bremen geboren, ist ein typisches Exemplar der sogenannten Syndici, studierte Juristen, die zunehmend in allen städtischen Verwaltungen für Prozesse, Verhandlungen und Repräsentation gebraucht wurden. Als «Staatsräte» haben sie sich in den Hansestädten bis heute erhalten. Die Syndici nahmen in der Hierarchie einen wichtigen Platz ein. Vergessen müssen wir unsere Vorstellungen eines oft provinziellen und ärmlichen Beamtentums, wie es uns das 19. Jahrhundert hinterlassen hat. Die barocke Epoche war weltoffen und sinnenfroh und die Beamten Kinder ihrer Zeit. Weil Johann Wachmann Tagebuch führte, die familiären Angelegenheiten ebenso notierte wie die dienstlichen, sind wir gut unterrichtet.

Nach dem Gymnasium, im Alter von 19 Jahren beendet, schnuppert der junge Wachmann erst einmal die weite Luft außerhalb der Stadtmauern. Ein paar Semester an der Universität in Helmstedt, eine Reise an den Hof nach Oldenburg, eine andere zum Hansetag nach Hamburg. Vier Jahre vergehen, in denen Johann Wachmann ohne Leistungsdruck Erfahrungen sammeln kann. Dann bricht er auf zum Studium nach Marburg. 1617 ruft ihn ein Herr von Rosenthal als Präzeptor – Privatlehrer – für seine zwei Söhne nach Speyer. Der Privatlehrer Wachmann ist kein katzbuckelnder Hofmeister, sondern freundschaftlicher Wegbegleiter, der weiterhin seine eigenen Neigungen pflegen kann: Reisen nach Frankfurt zur Kaiserkrönung, nach Straßburg, ins Badische, eine diplomatische Mission an den Hof von Heidelberg. Wissensdurst und Engagement dieses Lehrers sprechen sich auch ohne schnelle Kommunikationsmittel herum. Haro Freitag, aus westfälischem Uradel und Herr zu Gödens in Ostfriesland, bittet Wachmann, seinen Sohn, den Junker Franz, auf Bildungsreise zu begleiten.

Nun geht es erst recht in die Welt hinaus: Straßburg, Bern, Genf, Lyon, Orléans, Paris, Rouen sind die ersten Stationen, während im Deutschen Reich der Dreißigjährige Krieg gerade vier Jahre alt ist. Zurück geht es mit dem Schiff die europäische Atlantikküste entlang. Aber das war noch nicht alles. Kaum ist der adlige Arbeitgeber wieder bei Kasse, reisen Lehrer Wachmann und sein Schützling zum Tor hinaus nach Emden, Amsterdam, Dover, London, Oxford. Von England wieder nach Paris, dem Traumziel aller adligen Kavaliers, die nicht nur Bildung, sondern ebenso Manieren im großen Vorbild Frankreich aufnehmen wollten. Noch einmal auf holprigen Straßen quer durch das Land: Tours, Nantes, Bordeaux, Nîmes, Marseille, Avignon und wieder Paris. Dort liegt eine Nachricht aus Ostfriesland, daß die Reise lang, die Kosten hoch genug und die beiden Herren sich heimwärts schlagen möchten. Wo sie im Juli 1626 auch wirklich eintreffen.

In der Zwischenzeit sind Wachmanns Eltern verstorben, die Geschwister drängen auf Heirat. Im September schon ist er Ehemann. Die Schwester hatte eine gleichaltrige Witwe aus gutem bürgerlichen Hause vorgeschlagen. Ein Treffen vor der Stadt genügte zum Einverständnis. Die frisch Vermählten waren beide 34 Jahre alt. Der Ehemann reiste nach der Hochzeit erst einmal nach Straßburg, wo er zum Dr. jur. promoviert wurde. Zurück in Bremen reichte das Erbe zu einem gutbürgerlichen Leben. Die Karriere des Beamten Johann Wachmann begann erst 1634, als ein Bote dem inzwischen 42jährigen mitteilte, der Rat habe ihn soeben zum Vizesyndicus gewählt. Vier Jahre später wurde Wachmann Syndicus. Als der Graf von Ostfriesland ihm eine Stellung am Hofgericht anbot, ließ der Senat seinen Syndicus nicht gehen, erhöhte aber das Gehalt.

Das Reisen fing nun erst richtig an, denn der Syndicus war für alle auswärtigen Verhandlungen zuständig. Mochten die Grenzen auch höher werden, die Zollstationen wachsen, der Handel schrumpfen – der hohe Beamte versank nicht in Provinzialismus. Wie die Korrespondenz der Gelehrten in diesem wißbegierigen Jahrhundert Europa mit einem dichten Netz überzog, riß der diplomatische Austausch zwischen den deutschen Ländern und Ländchen nicht ab. Gerade weil das Reisen so beschwerlich war, nutzte man die Gelegenheit, sich umzusehen. Im September 1636 reist der Syndicus Wachmann für den Bremer Senat nach Regensburg zum «Immerwährenden Reichstag», weiter nach Wien zum Kaiser und zum eigenen Vergnügen noch über Preßburg hinaus ins Böhmische. Ein Jahr, sechs Wochen und fünf Tage dauerte die Abwesenheit von zu Hause. 1646 geht es zu den Friedensverhandlungen nach Osnabrück und Münster. Der Doktor Wachmann ist 55 und noch voll aktiv.

Inzwischen hat er zwei Frauen begraben und zum drittenmal geheiratet. Diesmal ist es wieder eine Witwe und natürlich auch aus guter Beamtenfamilie. Längst ist Johann Wachmann ein stadtbekannter und angesehener Bürger. Keine Frau, wenn sie nicht im Geld schwamm oder der Werbende ein Ungeheuer war, würde eine solche Offerte ausschlagen. Denn wenn ein beamteter Ehemann starb, gab es für die Frau keine Pension, kein Geschäft, das sie weiterführen konnte, keine Meisterwerkstatt, die sie leiten durfte. Nach dem Paulus-Wort, daß die Frau schweigen solle in der Gemeinde, gab es für das schwache Geschlecht im öffentlichen und politischen Bereich keinen Platz. Allerdings hatte dieser Bereich bisher auch nicht viele Männer gebraucht. Jetzt, wo ein neuer Staat sich ausbreitete, wo öffentliche Bereiche organisiert und verwaltet werden mußten, wuchs der Kreis der männlichen Beschäftigten von Staats wegen und blieb zum erstenmal einem größeren Kreis bürgerlicher Frauen die Anteilnahme und Mitarbeit am Beruf ihres Mannes versagt. Ein zweiter Stand tat es ihm gleich, von dem wir später hören werden, die evangelischen Pfarrherren.

Weil die Herren Kammerräte, Syndici und Advokaten und ihre Frauen wußten, daß für ihre Töchter, die einen Beamten heiraten würden, nur der «Beruf» Frau, Hausfrau und Mutter blieb, stand die Erziehung «zur wahren Gottesfurcht und sittsamem Leben und anderen christ- und jungfräulichen Tugenden, insgleichen nützlicher Führung des Haushalts» im Mittelpunkt. In den höchsten bürgerlichen Kreisen des Barock kamen Gouvernanten und Lehrmeister auch für die Töchter ins Haus. Aber diese Bildung endete nicht mit einer Tour durch Europa, sondern in einem Stift, wo es in Religion, Musik und Handarbeiten den letzten Schliff gab, damit die angehenden Beamtenfrauen «in ihrem Stand als ein nützliches Glied der menschlichen Gesellschaft» tätig werden konnten.

Nach dem Stift ging es zurück ins Elternhaus, um die theoretischen Kenntnisse ein wenig auszuprobieren. An einer guten Tochter pries man, daß sie «gegen ihre lieben Eltern sich allezeit gehorsamlich gezeigt, dieselben vorsätzlich nicht erzürnt, sondern alle kindliche Liebe und Respekt denselben bezeigt. In der Haushaltung auch ist sie ihrer lieben Mutter nach allen Kräften und Vermögen mit aller Handreichung willigst zu Hilfe kommen und sich keiner Mühe und Arbeit verdrießen lassen.»

Während die hausfrauliche Erziehung der Tochter voranschritt, arbeiteten im Amte des Vaters junge Kollegen, nicht selten schon verwitwet, die soweit auf der Karriereleiter vorgedrungen waren, daß sich «die gewünschte Gelegenheit eröffnet, worin derselbe nicht nur seinen Fuß setzen, sondern auch sein Haus bauen und eine Familie anlegen könnte». Er brauchte sich nur noch «nach einer getreuen Haus- und Ehegenossin umzusehen, mit der er sein Glück und seine Sorgen zu teilen entschlossen» ist. Natürlich gibt es Gesellschaften, auf denen man diese oder jene kennenlernt, von Ferne sieht. Die Eltern haben ihre Hand im Spiel. So groß ist die Auswahl nun auch wieder nicht. Eine zufällige Konstellation wird als Wink der Vorsehung gedeutet, und eines Tages geht es dem Heiratswilligen so: «Wenn er träumte oder wachte, Wenn er nur an sie gedachte, Sprach er sich oft selber zu: Sie ist's, die ich lieben muß.» Auch aus sozialen Zwängen, äußeren Umständen, Entwicklungen, die den Betroffenen als normal und gottgewollt erscheinen, kann sich Liebe entwickeln, wie die Reime bestätigen. Wer will es wagen, Gefühle unter solchen Bedingungen kategorisch auszuschließen?

Jetzt kam es darauf an, sich um die «christ-eheliche Gegenneigung» der Auserwählten und die Zustimmung ihrer Eltern zu bemühen. Hatte alles seine Ordnung, so stand beidem nichts im Wege. Der Chronist des wolfenbüttelschen Vizekanzlers Dr. Chrysostomus Köhler schildert einen solchen Verlauf ohne alle Hintergedanken: «Gleichwie er nun nach absolviertem Studium sich fürnehmen Leuten hin und wieder zu rekommandieren gesucht, so hat er Verlangen getragen, in des fürtrefflichen, in und außerhalb Römischen Reichs berühmten Mannes, Herrn Jacobi Lampadii ... Kundschaft zu geraten, welcher dann ermeldeten Herrn Vizekanzler von denen Qualitäten befunden, daß er ihn nicht allein für würdig geachtet, ihm seine in Reichs- und anderen publiquen Sachen erlangte große Wissenschaft und die durch lange Erfahrung ihm ... kundgewordene arcana zu eröffnen, sondern ihm auch nach göttlicher Vorsehung seine herzliche Tochter ... zur Ehe zu geben keine Bedenken getragen.» Dr. Köhler war gerade zum Hofrat ernannt, da fand 1644 die Hochzeit statt.

Zu entscheiden, zu richten, wie viele unglückliche Verbindungen da gestiftet wurden, wäre Hochstapelei. Wir dürfen uns auch nicht vorstellen, daß eine Tochter, die den Auserwählten entschieden ablehnte, in jedem Fall zur Ehe gezwungen wurde. Vergessen wir vor allem nicht: Jede Frau – vor allem in protestantischen Regionen – wußte, daß es zu einer Heirat keine Alternative gab. Die evangelischen Damen-Stifte waren dünn gesät. Wer ledig blieb, entschied sich sehenden Auges für eine Zukunft, die nicht nur ein Ende des gehobenen angenehmen Lebensstandards bedeutete, sondern ein Fall war ins soziale Nichts. Wir hören auch von Beziehungen, die sich nicht auf gesellschaftliche und elterliche Vorsehung gründeten, ja sogar gegen deren Widerstand sich durchsetzten. Zur Hochzeit des Christian Wilhelm von Eyben, später fürstlicher Minister, dichtete 1693 einer der Eingeladenen: «So hat doch unser Gott es noch zu fügen wissen, / Der Himmel hat es endlich so gewollt, / Daß ich dich eh' und ehrlich küssen sollt, / Ob mancher Unhold gleich das Maul darum gerissen. / Hilf Gott! Wie hat man doch versucht, den Mut zu kühlen, / Und durch die Hechel uns, mein Kind, zu ziehn. / Wir waren beide gleichsam eine Bühn', / Darauf ein jeder frei wollt' Pickelhering spielen. So komm nun her, mein Herz, mein Kind, mein Schatz, mein Alles, / Wir wollen uns mit Gott also begehn, daß unsre Neider werden schamrot stehn, – / Bleib du nur, wie ich dir, beständig gleichen Falles!»

Das war Liebe und der sind wir ja schon vorher begegnet, auch bei denen, die die hohe Politik zusammengeführt hatte wie Elisabeth und Ludwig, der Landgraf von Thüringen. «Ich liebe meine

Käthe», hatte Luther gesagt, und was Magdalena und Balthasar Baumgartner in Nürnberg verband, verdient die gleiche Vokabel. Bruder Berthold redete im 13. Jahrhundert den Männern zu, ihre Ehefrauen weder zu schlagen noch an den Haaren zu ziehen und sie zu achten. Vier Jahrhunderte später predigte im Jahre 1668 Heinrich Müller «der heiligen Schrifft Prof. und Pastore bey der Kirchen St. Marien in Rostock» über die «Ungerathene Ehe Oder Vornehmste Ursachen so heute Den Ehestand zum Wehestand machen». Pastor Müller sagte seinen Zuhörern: «Gott ist die Liebe, und was ohn Liebe, das wird ohn Gott angefangen. Unmüglich kan der Ehstand ohn Liebe wohl und Christlich geführt werden. Denn alles Leben ohn Liebe ist eine Hölle.»

Allgemeine Redensarten? Der Pastor Müller scheute sich nicht, von konkreten Situationen zu sprechen, die für ihn etwas mit Liebe zu tun hatten: «Fürnemblich ist der Ehstand von Gott dazu eingesetzt, daß Ehleute mit einander Kinder zeugen sollen. Können auch Kinder gezeuget werden ohn Liebe? Sind nicht Kinder das höchste Pfand der Liebe? Wird nicht das Weib dem Mann ihrn Leib entziehen, wann sie ihm entzeucht ihr Liebe? ... Ohn Liebe geschieht nichts. Mit der ich nicht ein Hertz bin, werd ich nimmer wünschen ein Fleisch zu werden. Daher hört man heut viel Klagens, daß sich eins dem andern muthwillig entzeucht.» Natürlich galt auch 1688 in Rostock: «Eheleute sollen einander die schuldige Ehepflicht leisten.» Aber gab Pastor Müller diesen «Pflichten» nicht eine neue Qualität? Er berief sich nicht auf Luther, für den Sexualität ein Trieb der Natur war, der alle heimsuchte; der die Ehe einen heiligen Stand nannte und doch auch ein «Siechenhaus für die Hurerei». Anderthalb Jahrhunderte später nennt ein Theologe Sexualität und Liebe in einem Atemzug.

Wenn die Liebe das Fundament der Ehe ist, muß sie dann nicht von Anfang an da sein? Für Pastor Müller ist das keine Frage: «Wiltu eine wohlgerathene Ehe haben, so geh zuvor mit dir selbst zu raht, berede dich mit deinem Hertzen und frage, ob dasselbe auch eine recht-gegründete Eheliebe empfinde gegen die Person, mit welcher du dich gedenckest zu verbinden.» Der Pfarrer wußte, wowon er redete. Er kam in viele Familien. Er hörte von den Problemen der Eheleute. Er gab seinen Rat von der Kanzel auf dem Hintergrund negativer Erfahrungen. Die Wurzel des Übels lag für ihn bei den Eltern.

Natürlich versuchten sie, für ihre Tochter eine gute Partie zu arrangieren! Und Luther selbst hatte ihre Zustimmung bei jeder gültigen Ehe gefordert. Doch wie die Praxis aussah, darüber kam der Pfarrer von St. Marien richtig in Rage: «Ach, wieviel Eltern werden ihrer Kinder Verräther, nicht nur zum zeitlichen sondern auch zum ewigen Verderben. Verräther ihres Leibes und Lebens, Verräther ihrer Seelen und Seligkeit ... Keine Kuh verkauffestu auß dem Stall, du fragest noch wol zuvor, wer der Kauffer, und ob er sie auch zu zahlen wisse? Deine Tochter aber gibstu hin ohne einige Nachfrage, ob er ihr begehret, sie zu ernehrn, und als ein Eheweib zu halten wisse? Hast die Kuhe lieber als das Kind, du unvätterliches Hertz.»

Der Ehealltag, den Doktor Müller schildert, steht unter den gleichen Idealen wie in den vorangegangenen mittelalterlichen Jahrhunderten und reibt sich an dem gleichen Widerspruch: «Eheleute sollen mit einander auß einem Becher trincken, Glück und Unglück, Leyd und Freud gemein haben ... Eheleute sollen eins mit dem andern in Gedult stehen, eins dem andern sein Gebrechen zu gut halten.» Das ist eine gleiche Verteilung von Last und Lust, trotzdem rüttelt auch der Pastor Müller nicht an einem grundsätzlichen Unterschied: «Der Mann sol sein Weib vernünfftig regieren, nicht als ein Tyrann seinen Knecht, sondern als ein Vater sein Kind, und da sie etwa von einem Fehl übereilt wird, mit sanfftmüthigem Geist wieder zu recht helfen. Freundlichkeit aber und Sanftmut sind Früchte der Liebe. Wo keine Liebe, da ist der Mann ein Löw und Wüterich in seinem Haus.» Ja, aber – so sagte auch dieser geistliche Herr wie viele vor ihm.

Pastor Müller hatte im Jahre 1688 auch noch dieses seinen Zuhörern zu melden: «Heute wollen die Weiber wider das außtrückliche Wort Pauli – einem Weibe gestatt ich nicht, daß sie des Manns Herr sey – herschen und schnautzen den Mann an, als wär er ihr Schuhlappe, sonderlich wo sie ein wenig Brautschatz mit gebracht.» Allerdings für den Theologen kein Grund, auf die «bösen Weiber» zu schimpfen. Er ist damit vielmehr wieder beim Leitmotiv seiner Predigt: «Was machts? es fehlt die Liebe. Das Weib soll häußlich seyn und fein zu raht halten, was der Mann mit seinem sawren Schweiß erwirbt, ihm seine Nahrung helffen bessern und vermehren.»

Zeigt die Predigt von St. Marien die Wirklichkeit von 1688? Sicherlich in den Zuständen, die sie kritisiert, und die Ansprüche, die an die Ehe gestellt wurden, entsprachen wohl den Hoffnungen vieler. Protestantische Pfarrer nach Luther waren in den wenigsten Fällen radikale Barrikadenstürmer und Weltverbesserer, eher orthodoxe Eiferer, die mehr von der Hölle als von der Liebe redeten. Aber nun, am Ende des 17. Jahrhunderts, kamen neue Töne auf. Zur gleichen Zeit wie Pastor Müller in Rostock predigte sein Glaubensbruder Philipp Jakob Spener in Frankfurt am Main. Er hat der «Empfindsamkeit» im Protestantismus die Bahn gebrochen. Spener wollte das Herz des einzelnen treffen, ihn erschüttern, von Gefühlen reden. Entsetzt meldeten die Orthodoxen, daß Zuhörer bei solchen Predigten in Tränen ausgebrochen waren. Soweit ging der Pfarrer Müller mit seiner Predigt über die Liebe nicht. Aber es ist darin etwas von jener neuen Empfindsamkeit zu spüren, die das Etikett «Pietismus» angeheftet bekam und sehr bald über den Glauben hinaus alle Lebensbereiche ansteckte; die mit Goethes «Werther» nicht endete, sondern ein ständiger Gast geblieben ist. (Auch wenn die Frauen immer noch geprügelt werden.)

Die Wirklichkeit sah vor dreihundert Jahren gewiß nicht nur rosig aus. Die Schrift «Ob ein Mann sein Ehe-Weib zu schlagen berechtigt sey» erschien 1652 in Dresden. Oder: «Wahrhafftige Beschreibung der Art und Weiße, auff was maße heut zu Tage die Weiber von ihren ungehobelten und ungeschliffenen Männern gemartert, gekräncket, geängstiget und gequählet werden. Alles mit unleugbahren Geschichten, denen Männern zur Warnung und ihren Weibern zum Trost», erschienen 1685 unter dem Pseudonym Patientia. Solche Pamphlete entbehrten sicher nicht der Grundlage.

Bleiben wir noch bei den Predigern. Wir können es so ausführlich, weil dieses barocke Jahrhundert in der Druckkunst schwelgte. Als sei den Menschen jetzt erst richtig aufgegangen, was für eine unersättliche Erfindung da gemacht worden ist. Nicht nur mündlich machte ein jeder bei Hochzeiten, Taufen, Geburtstagen einen Vers auf das festliche Ereignis. Alles wurde im Druck für die Nachwelt aufgehoben. Gleiches geschah mit den Predigten, ob zur Hochzeit oder zur Beerdigung gehalten. Recht prätenziös und gelehrt redeten sie alle daher. Trotzdem waren es Gelegenheitsworte, für den Augenblick gedacht, in denen wir dem Alltag wie den Träumen dicht auf der Spur sind.

Es hielt der Hofprediger «anno 1642 den 9. Aug. auff Gräflicher Holstein-Schauenburgischer Festung Bückeburg in Fürstlicher Gräflicher und Adelicher Versamblung» die Hochzeitspredigt «Bey dem Fürstlichen Bey-Lager Des Durchleuchtigen, Hochgebohrnen Fürsten und Herren, Herrn Friederichs, Fürsten zu Anhalt, Grafen zu Ascanien, Herrn zu Berneburg ud Zerbst u. Mit der auch Hochgebohrnen Gräfin und Fräulein, Fräulein Johanna-Elisabeth Gräfin zu Nassau, Catzenelnbogen, Vianden und Dietz, Fräulein zu Bielstein, u.» (Übrigens hatten nur die adligen ledigen Damen das Recht, «Fräulein» genannt zu werden. Die bürgerlichen hießen Mademoiselle, Demoiselle, Mamsell oder Jungfer.)

Der Mensch, so hörte die adlige Festversammlung in Bückeburg, sei von Natur eine gesellige Kreatur und könne sich allein nicht so sehr freuen, als wenn er diese Freude mit andern teilt. Und weil das einsame Leben nicht gut war, schuf Gott außer dem Mann noch die Frau: «So war ja von nöthen, daß er eine Gehülffin umb ihn hette, die ohn unterlaß umb ihn were mit freundlicher Auffwartung, mit Trost und Zuspruch, in Lieb und Leid, in Frewd und Trawrigkeit, in guten und bösen Tagen.» Dem Fürsten wünschte der Herr Pfarrer eine «vernünftige Frau» und sagte auch gleich, was er darunter verstand: «Vernünfftig seyn, heist, glimpflich mit dem Manne umbgehen. Wird also Vorsichtigkeit und Bescheidenheit erfordert. Wann der Mann etwa mit seinen Amptsgeschäfften beladen und oder sonst zu thun hat, daß sie ihn ja nicht irre oder hindere, sondern nach Gelegenheit mit freundlichen Worten sich zu ihm mache.»

An Amtsgeschäften trug nicht mehr allein der Adel, sondern viele bürgerliche Beamte desgleichen. Der Bürger wie der Edelmann wünschten sich deshalb die gleiche ideale Gattin. Im Nachruf auf eine Beamtenfrau heißt es voller Lob: «Wann ihn seine

Amtsgeschäfte ermüdet hatten, so konnte er bei seiner Ehegattin Aufmunterung und Erquickung suchen. Das Andenken, eine so liebenswerte Gemahlin zu besitzen, war schon fähig, ihn vergnügt und aufgeweckt zu machen. Durch sie ward ihm die Last seiner Sorgen erleichtert, und er konnte mit desto größerem Vergnügen für das Wohl und die Ruhe des Landes arbeiten ...» Des Morgens ging der Beamte zu den Urkunden in sein Büro, zu den Verhandlungen oder Prozessen – gestiefelt und gespornt mit Perücke, Spitzenhemd, Schärpe, Stulpenstiefeln. Kam er nach Hause, flog die Maskerade in die Ecke. Im Schlafrock – Symbol der neuen Bürgerlichkeit – wurde er Mensch, Vater, Ehemann. Auf dem Amt erwartete jeder eine ernste Miene, zur Verhandlung gehörte das zeremonielle Ritual. Sicher färbte solche Förmlichkeit auf die Familie ab, aber in Grenzen. Das Heim wurde zur Insel, in der die geplagte Männerwelt Frieden und Erholung von den Geschäften der Welt suchte.

Es war der absolutistische Staat, der – lange vor der Industrialisierung – erstmals einer größeren Zahl von Menschen eine Arbeit brachte, die völlig vom familiären Bereich getrennt war. Die Arbeit in der Kanzlei gab gerade deshalb der privaten Sphäre der Familie ein Gewicht wie nie zuvor. Die Frau erhielt eine neue Rolle als Hüterin des Heims, da sie an öffentlicher Arbeit keinen Anteil hatte. Auch der mittelalterliche Handwerker oder Kaufmann war viele Stunden außer Haus gewesen. Letzterer reiste monatelang in die Ferne, wie im Barock der Syndicus zu Verhandlungen oder Inspektionen. Darin bestand kein Unterschied. Er lag an der neuen Art der Arbeit, die das weibliche Geschlecht völlig ausschloß. Margarete Runtinger in Regensburg und Magdalena Baumgartner in Nürnberg vertraten ihre Männer, wenn sie Waren einkauften, führten die Wechselstube und das Hauptbuch. Die Frau eines Beamten als seine Vertreterin in der Kanzlei, im Rat oder vor Gericht? Eine solche Frage hatte sich im Mittelalter nicht gestellt. Aber sie wäre so selbstverständlich verneint worden wie im 17. Jahrhundert. Auf diesem öffentlichen Parkett hatte das «schwache Geschlecht» nichts zu suchen. Die Gemeinschaft vertreten, in ihrem Namen Verordnungen erlassen oder durchführen helfen, solches konnte nach dem Verständnis der Zeitgenossen nur der

Mann. Aber wir müssen bedenken, daß diese «Diskriminierung» nicht nur der Frau galt, sondern weit über der Hälfte der Gesamtbevölkerung. Auch von den Männern zählten nur wenige zur Elite.

Wir dürfen, was die Frau betrifft, nicht die falschen – weil einfacheren – Schlußfolgerungen ziehen. Der neuen friedlichen Familieninsel stand keineswegs ein schüchternes Hausmütterchen vor. Sie blieb auch nicht in allen Familien den Amtsgeschäften fern. In der Leichenpredigt der Beamtenfrau Katharina Maria Lohse, gestorben 1720, steht in bezug auf ihren Ehemann: «Sie begleitete ihn mehrenteils auf seinen vielfältigen Reisen, um eine Gehilfin bei seiner Mühe und Arbeit zu sein.» Der Beamte wünschte sich kein Hausmütterchen. Ging er doch davon aus, daß Ehen «auf kein vergängliches Interesse, sondern vielmehr auf Gleichheit der Gemüter und wahre Tugend gegründet sind». Er war verpflichtet, «diejenige auf das inbrünstigste wiederzulieben, die ihm mit soviel Treue und Sorgfalt begegnete». Es gab jene, die ihre Frauen prügelten. Aber auch die andern, die sie achteten und liebten. Schiebt man das Pathos der Gedenk- und Erinnerungsworte nicht leichtfertig beiseite und horcht durch den Wust der Übertreibungen hindurch, dann bleibt mehr als inhaltloses Geplapper: «Es war bei ihnen ein Herz und eine Seele, sie trugen in beiden Körpern ein Herz.»

Die Versuchung, ein wenig ins Philosophieren zu kommen, ist zu groß. Verknüpfen wir sie mit der Person des Christian Weise, der in der zweiten Hälfte des 17. Jahrhunderts als politischer Pädagoge und pädagogischer Dichter dem Bürgertum nicht nur ein neues Ziel vorstellte, sondern es bei seinen Schülern zu verwirklichen suchte. Weise selber war ein typisches Exemplar der barokken bürgerlichen Gattung: Nach dem Studium der Historie, Politik und Jurisprudenz ging er in den Staatsdienst, wurde Sekretär, dann Erzieher zweier Adelssöhne und erhielt 1670 einen Ruf als Professor für Politik, Rhetorik und Poesie an das Gymnasium im sächsischen Weißenfeld. Acht Jahre später wurde er Rektor des Gymnasiums in Zittau und heiratete in eine der angesehensten Familien der Stadt ein. Sein Arbeitspensum war ungeheuer. Weise unterrichtete nicht nur unermüdlich in modernen Fächern wie

Physik, Moral, Geographie oder Geschichte. Daneben schrieb er über 50 Theaterstücke für seine Schüler und Romane, in denen er die Aufgabe des neu entstandenen Staates und der in ihm wirkenden Bürger umriß. Es ging ihm um eine neue politische Moral. Wo alle Welt vom Nutzen der Bürger redete, fragte dieser Schulmeister, worin denn der Nutzen des Staates für seine Untertanen bestehe. Christian Weise hatte keine geringen Forderungen.

Sein Roman «Der politische Näscher» schließt mit einer Analyse unter der Überschrift «Der Weg zu der wahren Glückseligkeit». Da heißt es: «Der Mensch lebet darum in der Welt, daß er sol glückselig seyn.» Das mußte sich für Katholiken wie orthodoxe Lutheraner gleichermaßen gotteslästerlich anhören. Stand doch in der Bibel, daß der Mensch auf Erden nur unter Mühen und Not sein täglich Brot erlangen könne. Nur darum hatten die Theologen seit anderthalb Jahrtausenden gelehrt, daß der Mensch auf der Welt sei, um Gott zu loben, ein möglichst sündenfreies Leben zu führen und eines Tages die ewige Seligkeit zu erlangen. Das war das Ziel, zu dem alle pilgerten. Im Diesseits sollte sich niemand häuslich einrichten. Beständiges Glück und ewige Seligkeit gab es nur in einer anderen Welt. Wie man beides unbeschadet erreichte, lehrte die Kirche und lag zugleich an der Gnade Gottes. Nahm im Jahrhundert des Christian Weise jemand Abschied, dann sagten ihm die Zurückbleibenden nicht «Auf Wiedersehen», sondern «Gott gebe Glück dazu». Generationen hatten es vor ihnen ebenso getan. Traditionen und Marschrouten des Mittelalters noch im Gepäck, hatte sich der barocke Mensch schon eine neue Landkarte geschaffen, machte sich auf den Weg, selber sein Glück zu suchen.

Er war nicht allein. Wie in geheimer Absprache hatte auch der Staat ein neues Ziel bekommen. Er war, so schrieb es Christian Weise in seinen «Politischen Fragen, das ist gründliche Nachricht von der Politica ...» dazu da, «daß alle und jede Einwohner glückselig leben und vor allen besorglichen Zufällen sicher seien». Wir hörten es schon: deshalb die Verordnungen, deshalb die politische Entmündigung der Magistrate in den ehemals selbstbewußten freien Städten. Deshalb die staatlichen Prüfungen für Mediziner und die Forderung nach immer höheren Abgaben und Steuern. Alles diente dem Glück und der Wohlfahrt der Bürger. Eine paradoxe Entwicklung: in dem Maße, wie der staatliche Zwang sich ausbreitete und dem Untertan zugleich seine Probleme abnahm, vergrößerte sich die Freiheit in der privaten Sphäre. Und kaum merklich wurden die neuen Ansprüche, die der Staat stellte, auch auf die Familie übertragen. Sie wurde zu dem Ort, an dem der einzelne sein Glück finden mußte.

Die Ehe als Arbeitsgemeinschaft verlor in den bürgerlichen Beamtenkreisen ihre Bedeutung. Die alten nüchternen, sehr handfesten Lasten wurden zur Zeit des absolutistischen Staates durch neue, unsichtbare, mehrdeutige ersetzt. Was ist das Glück? Kann es für Mann, Frau, Kinder immer das gleiche bedeuten? Ist es einklagbar vom Partner? Ein ungeheuerlicher Anspruch war gesetzt, ein Anspruch, der das Paradies zu verheißen schien. Die Enttäuschung solcher Erwartungen war programmiert. Sie wurden zu Bleigewichten, die eines Tages die Familie einer Zerreißprobe aussetzen würden. Doch noch stehen wir ganz am Anfang dieser Entwicklung.

Der Rektor im sächsischen Zittau, der für seine Schüler eine große Zukunft kommen sah, packte mit seiner Hoffnung auf diesseitiges Glück ein ganzes Jahrhundert beim Schopf: die neue Empfindsamkeit, die sich auf ganz persönliche Gefühle gründete; die Geburt eines Staates, der beginnt, sich um den einzelnen zu kümmern; die langsame Einsicht, daß Wahrheiten – vor allem religiöse – nicht mit Feuer und Schwert zu verteidigen sind, sondern friedlich nebeneinander leben müssen; eine Toleranz, die zum Pluralismus führt. Die Welt und damit der Mensch, der auf ihr lebte, trat erstmals im christlichen Europa in sein eigenes Recht. Säkularisation heißt das Stichwort. Das Glück schon im Diesseits zu suchen, ist die Parole, die die Menschen des 17. Jahrhunderts ausgaben und noch mit einer tiefen Gläubigkeit zu vereinbaren wußten. Ist es so undenkbar, daß dieser Umbruch und Aufbruch die Familie in ihrem Wesen veränderte?

Die Industrialisierung des 19. Jahrhunderts, mit dem Schlagwort «Kapitalismus» zu eng charakterisiert, hat längst nicht eine solche Umwertung aller Werte gebracht. Sie hat – in dieser Sicht der Dinge – die Familie nicht so grundlegend geändert wie das, was sich im 17. Jahrhundert anbahnte. Die unbedingte Verpflichtung, ihre Angehörigen zur Glückseligkeit zu führen – ist das nicht die höchste und schwierigste Pflicht der Familie, die bis heute geblieben ist? Mußte ihr sich nicht alles andere unterordnen? Sind wir im 20. Jahrhundert nicht gerade dabei, uns ein wenig von diesem absoluten Anspruch zu lösen?

Vom kurfürstlichen Sachsen zurück in die freie Hansestadt Bremen und den Haushalt des Syndicus Dr. Johann Wachmann. Die friedliche Insel der Beamtenfamilie bedeutete keinen Bruch mit der Vergangenheit, keine Isolation von der Umwelt. Die Tür blieb noch lange offen, auch für die Frauen. Nicht mehr den Beruf des Mannes zu teilen, bedeutete für die Frau nicht, in die Küche oder die gute Stube verbannt zu sein. Geselligkeit war wichtig, und sie fand gemeinsam statt. Beliebt und gesund zugleich war die Reise zum «Sauerbrunnen» in eines der benachbarten Bäder. Auch Ausflüge, manchmal über mehrere Tage, waren keine Seltenheit. Im Sommer fuhr man mit der Kutsche, im Winter mit dem Schlitten. Die fröhlichen Gesellschaften setzten sich zusammen aus Freunden, Verwandten, und manchmal sind auch die Berufskollegen aus den unteren Rängen dabei. Eines Tages arrangieren die Sekretäre des Syndicus Wachmann für ihren Chef ein Überraschungsfest – es findet in dessen eigenem Garten statt. Etwas Besonderes waren die Einladungen in den Ratskeller, bei denen auch Wachmanns Töchter mitkommen durften. Einmal schien schon der Mond, als man sich auf den Weg ins Lokal machte. Man ging nicht mehr mit den Hühnern ins Bett.

Familienfeste fanden alle Wochen statt. Die Schwiegereltern feierten ihren 40. Hochzeitstag. Oder der Vater notierte: «Habe ich in unserm Garten die mir uff meinem Geburtstag von unsern Kindern groß und klein angelegten Bände geloset.» Offenbar wurde der Vater zum Gaudium aller mit Bändern eingewickelt, aus denen er sich ohne Hilfe herauslösen mußte. Und immer wieder ging man auf Reisen: zum «Lusthaus» des Schwagers vor der Stadt auf mehrere Tage, auf eine Woche Bildungsreise nach Stade, Zeven, Bederkesa. Wachmanns Frau war immer dabei, und eines Tages – sie sind gerade erst von einer Reise nach Hause gekommen – schrieb der Ehemann, daß «meine Hausfrau mit den Kindern nach

Gröpeling zum Kirschenmeyer gefahren ist». Brachen die Syndici zu einer längeren Mission auf, gaben ihnen ihre Frauen ein paar Tage weit das Geleit. Ende Mai packten Familie Wachmann – Vater, Mutter, zwei Töchter – und fünf weitere Freunde für neun Tage die Reisekisten, «uns zu erlustigen uff eine Spielreyse nach Ostfriesland». Mit Kahn und Wagen landeten sie in Emden im Gasthof zum «Goldenen Helm». Der Bruder von Frau Wachmann war in Emden Stadtphysikus. Er empfing seine Verwandtschaft mit einem großen Bankett, zeigte ihnen das Rathaus, die Kirchen und sonstige Sehenswürdigkeiten der alten Stadt.

Es war ein buntes, lebendiges Leben. Der Historiker, der mehr als dreihundert Jahre später die Wachmannschen Tagebücher herausgab, verglich die Vergnügungen des 17. Jahrhunderts mit seiner eigenen Zeit: «Ein solcher Vergleich fällt, ethisch genommen, zweifellos zugunsten der Gegenwart aus, und gerade Männer in hohen Lebensstellungen, auch wenn sie über ein beträchtliches Vermögen verfügen konnten, waren im Deutschland des beginnenden 20. Jahrhunderts wohl in der Regel zu ernst und zu sehr beschäftigt, um einem derartigen gehäuften Lebensgenuß zu frönen.» Wir wollen diesen Chronisten nicht schelten. Er führt uns ein weiteres Mal vor Augen, daß jede Epoche – ihr Alltag wie ihre Ideale – allein aus ihrer Zeit heraus zu verstehen ist; nur zu vergleichen mit dem, was vor ihr lag. Der Blick in die Vergangenheit durch die Brille der Nachgeborenen trügt und verzerrt.

Im barocken 17. Jahrhundert entwickelte sich neben den Beamten ein zweiter neuer Berufsstand, auf den es ein männliches Monopol gab und der – wie bei den Beamten – deshalb den Ehefrauen jede Mitbeteiligung an ihrer Berufstätigkeit unmöglich machte. Für Martin und Käthe Luther wäre das eine seltsame Alternative gewesen. Wahrscheinlich auch noch für manche andere evangelische Pastorenfamilie im Jahrhundert der Reformation. Denn zum einen gab es im 16. Jahrhundert für die Vertreter des reinen Evangeliums noch keinen geregelten Lebensunterhalt, und außerdem waren längst nicht alle theologisch gebildet. So schnell ließen sich die benötigten neuen Gottesmänner nicht aus dem Boden stampfen.

In Württemberg dienten zur Zeit der Kirchenspaltung 500 katholische Geistliche. Als der Herzog sie aufforderte, Theologen im Dienst der neuen Sache zu werden, verließen 400 das Land, um dem alten Glauben treuzubleiben. Es war der beste Teil. Und so machte die entstehende evangelische Kirche erst einmal zu ihren Hirten, wer immer sich anbot: Handwerker, Ärzte und Juristen, die das Wort Gottes umtrieb, ebenso wie Scharlatane, die klug eine Chance sahen, zu Ansehen zu kommen. Es gab wohl auch manchen katholischen Priester, den die Sache wenig überzeugte, den aber die Haushälterin zum Bleiben zwang, um aus ihren unehelichen Kindern endlich ehrbare Menschen zu machen. Es brauchte ein Jahrhundert, bis sich ein evangelischer Pfarrerstand bildete. Im Anfangsstadium hat sicher mancher seine Käthe gehabt, die durch ihre Arbeit das Haushaltsbudget entscheidend aufbesserte. Es werden wohl die Pfarrkinder – wie bei Familie Luther – daran keinen Anstoß genommen haben.

Doch die wilden Jahrzehnte gingen vorbei. Luther und seine Frau waren nicht mehr das nachahmenswerte Vorbild für den Alltag, sondern wurden als versteinerte Idole auf die Altäre gehoben. Als die Nachfolger des Reformators eine ehrenwerte geschlossene Kaste geworden waren, in die nur noch Akademiker aufgenommen wurden; als sie es sich in der obersten Nische der Gesellschaft bequem eingerichtet hatten, kam für ihre Frauen keine Berufstätigkeit mehr in Frage. Bei den bettelarmen Landpfarrern mag die Not manchmal anders entschieden haben. Die Mehrheit saß mit guten Gehältern in den Städten, zählte zu den Honoratioren und blieb unter sich – durch Heirat und Berufswahl der männlichen Erben. Es gab Pfarrfamilien, in denen alle Söhne wieder Theologie studierten. Das Amt an einer Kirche vererbte sich oft vom Vater auf den Sohn, manchmal bis zu 200 Jahre lang. Der Sohn, Pfarrer geworden, heiratete dann entweder eine Pfarrerstochter oder die Witwe eines Kollegen. So wenigstens machte es über die Hälfte aller Theologen. An zweiter Stelle stand die Heirat mit einer Tochter aus höherer Beamtenfamilie. Eine Handwerkertochter zu heiraten bedeutete für einen Pfarrer schon einen Abstieg.

Ein Einschub sei erlaubt: Auch in katholischen Gegenden gab es «Pfarrfamilien», «Pfarrerstöchter» und Söhne, die man gut verheiraten mußte. So hartnäckig die Kirche auf dem Zölibat bestand, er hatte sich selbst im Jahrhundert nach der Reformation noch immer nicht völlig unter der eigenen Geistlichkeit durchgesetzt. Nicht selten vererbte sich auch die katholische Pfarre vom Vater auf den Sohn, und die Töchter wurden – wie ihre Mütter – der «Hausrat» anderer Kleriker. Domherren, Bischöfe, Äbte zeugten Nachwuchs und sorgten dafür, daß er einen guten Platz in der Gesellschaft erhielt. Die Zünfte wehrten sich erfolgreich gegen die Aufnahme unehrenhafter «Papenkinder». Für die Beamtenlaufbahn existierten solche Hürden nicht, und der Einfluß des Vaters half bei Komplikationen nach. Manche katholische Familie in gutbürgerlichen Verhältnissen, die einen Adelsnamen trägt, hat den illegitimen Sohn eines adligen Geistlichen zum Stammherrn.

Zurück zu den Evangelischen: Gelang es einem Theologen, Superintendent oder Professor für Theologie zu werden, hatte er die Spitze seines Standes erklommen. Eine solche Karriere war schon mit der Wiege vorgezeichnet. Die Chance, jemals sich von ganz unten bis ganz oben durchzubeißen, gab es nicht. In Darmstadt schaffte es von der Reformation bis zur Mitte des 18. Jahrhunderts nur ein studierter Dorfbewohner, sich auf den begehrten Superintendenten-Posten zu setzen. Die Pfarrer dieser Stadt nahmen zu 67 Prozent Pfarrerstöchter oder -witwen zur Frau. Ihre Söhne wurden Superintendenten, Professoren oder höhere Beamte. Man blieb unter sich.

Es gab Landstriche im Deutschen Reich, die hielten es wenig genau mit Sitte und Moral, und solche, die ließen sich von keinem übertreffen. Berühmt für seine geistliche Arroganz ist von altersher der Pfarrerstand im Württembergischen. Vielleicht gerade deshalb, weil so viele seiner Ahnherren und Ahnfrauen zugelaufenes Volk waren, das der Herzog nach der Reformation ins Land rief, ohne nach Qualifikationen oder Moral zu fragen. Am Anfang stand jedenfalls kaum schwäbisches Blut. Es hinderte die Nachfolger nicht, ganz schnell eine elitäre Schicht zu werden, die keinen Eindringling duldete. Eine Handvoll Familien besetzte über Jahrhunderte alle wichtigen Stellen der Universität in Tübingen und bei Hofe. Daß damit stets neben der Ehre eine gute materielle Pfründe abfiel, hielten diese Gottesmänner für selbstverständlich. Die ärmeren Brüder in Christo wurden einfach nicht wahrgenommen. Die Familie Grückler zum Beispiel besaß von der Reformation bis ins 19. Jahrhundert die reiche Pfarrei Bulach, ohne auch nur auf einen angeheirateten Schwiegersohn zurückgreifen zu müssen. Manchmal tat man – anstandshalber. Dasselbe gilt für die Pfarrei Kornwestheim – die reichste im Land – und die Familie Hauff. In Tübingen studierte kein Bauernsohn Theologie. Geschah es doch einmal, mußte er sich nach dem Examen eine Pfarre außerhalb des Landes suchen.

Im Senat der Tübinger Universität hatte die alteingesessene Familie Gmelin – zählte man die angeheirateten Zweige mit – über viele Jahre eine Zweidrittelmehrheit. Ohne sie ging nichts. Aber wer glaubt, die Entscheidungen wurden von den Herren Professoren getroffen, den belehrt das bissige Bonmot eines Angehörigen der Familie Hauff aus dem 18. Jahrhundert – dessen Berufung an die Universität abgeschmettert wurde – eines Besseren. Er schilderte den Entscheidungsprozeß so: Universitätsbeschlüsse faßten die Frauen der Professoren beim regelmäßigen Damenkränzchen. Dann gaben die Mägde der Professorenhaushalte, die sich regelmäßig am Marktbrunnen sahen, ihre Zustimmung. Und irgendwann traf der hohe Senat hinter streng verschlossenen Türen eine Entscheidung, die die ganze Stadt schon seit vier Wochen kannte. Solche Abgeschlossenheit bedeutete oft provinzielle Enge und geistige Intoleranz. Aber wir wollen nicht einen ganzen Stand diffamieren. Es gab auch andere. Wer herausragte, dessen Ruhm verbreitete sich nicht weniger schnell über die Landesgrenzen hinaus, als es in den Beamtenschichten geschah.

Von den Kindern des Johann Nikolaus Misler, Professor für protestantische Theologie in Gießen, überlebten nur zwei. Die Tochter heiratete einen Professor für Orientalische Sprachen. Der Sohn Johann Hartmann studierte Theologie und wurde 1665 mit nur 23 Jahren Rektor am Gymnasium in Worms. Achtzehn Jahre später ließen Bürgermeister und Rat der Stadt Stade hoch im Norden anfragen, ob er das dortige Gymnasium leiten wolle. Familie Misler zog um in unbekanntes Land. Wie der Professor Christian Weise in Sachsen dichtete auch Misler unermüdlich für seine Schüler. Mehr noch: Er versuchte sich auch an den modernsten ausländischen Theaterstücken. Als die Schüler in Stade unter seiner Anleitung den «Tartuffe» spielten, Molières Komödie über einen frömmelnden Eiferer, beschuldigte ihn ein Amtsbruder, die Jugend auf falsche Wege zu führen. Der Rat bat seinen Rektor um Zurückhaltung. Mislers Bestallung zum Superintendenten ist daran aber nicht gescheitert.

Die Geschichte der Pastorenfrauen in den oberen Rängen können wir uns sparen. Es erging ihnen ebenso wie den Beamtenfrauen. Die Frau Pfarrer blieb im Haus, ohne deshalb an den Herd verbannt zu sein. Was die Beziehung zwischen den Eheleuten betraf, galt auch für sie, was der Pastor von St. Marien in Rostock im Jahre 1668 in seiner Predigt über die Liebe sagte. Die Familienideale von Beamten und Pastoren deckten sich völlig, was den ständigen Heiraten zwischen diesen beiden Kreisen einen Sinn gibt.

Familien wie die Mislers und die Wachmanns bildeten nur eine Minderheit der städtischen Bevölkerung. Auch der absolutistische Staat brauchte Metzger und Bäcker, Schuhmacher und Schreiner. Welche Änderungen brachte die neue Zeit den Handwerkern und ihren Familien?

Zuerst einmal nichts Gutes. Die Zünfte versuchten krampfhaft, ihren sozialen und wirtschaftlichen Besitzstand zu halten und sowenig neue Mitglieder wie möglich aufzunehmen. Gleichzeitig scherte sich der fürstliche Hof wenig um die traditionellen Formen des Handwerks. Um schnell und möglichst preiswert bedient zu werden, schaffte der Fürst eine neue privilegierte Schicht – die Hofdiener, Hoflieferanten und Hofhandwerker. Wer gut war oder auch nur clever und irgendeinem hohen Herrn auffiel, brauchte nicht jahrelang auf seinen Meistertitel zu warten. Der entsprechende Druck von oben, dem sich keine Zunft entziehen konnte, und schon war der Betreffende in alle Meisterehren eingesetzt und fest bei Hofe angestellt, als Leibschneider, Leibschuster, Leibbäcker. Alle Aufträge in seinem Gewerbe gingen durch seine Hände. Weil er den meisten Profit selber machen wollte, überging er die andern Meister in der Stadt, beschäftigte viele und billige Gesellen und ließ alles in eigener Regie anfertigen.

In der Residenzstadt Ansbach zahlten 1741 von 58 Schneidermeistern 42 den niedrigsten Steuersatz. Vermögen besaßen nur zwei – der eine war Leibschneider, der andere hatte das Monopol, die Monturen der Garde herzustellen. Besonders die Hofmaurer und Zimmerleute mußten für die großen Bauprojekte manchmal bis zu 100 Gesellen beschäftigen. Das war zwar gegen jede Zunftregel, aber die Herren dort wagten höchstens einmal eine untertänigste Anfrage. Sie blieben meist ohne Antwort, und die Gesellen waren froh, daß sie Arbeit hatten. Es entstand ein kleiner Kreis von Handwerkern, der aus den neuen Verhältnissen Vorteile zog. Die Mehrheit trauerte zu Recht den alten goldenen Zeiten nach, als die Waren, die sie schufen, begehrte Exportartikel waren und in ganz Europa Absatz fanden. Aus und vorbei.

Wie ging es den Frauen der Handwerker? Wie den Töchtern, die im Mittelalter einen Handwerksberuf lernen konnten? Die meisten Historiker sahen es bisher so: Spätestens am Ende des 16. Jahrhunderts wurden die Handwerke für Frauen geschlossen. Aus Angst vor Konkurrenz und angesichts immer schlechter werdender Zeiten. Keine Frage: es mehren sich in diesem Jahrhundert die Urkunden, in denen die Zünfte in verschiedenen deutschen Landschaften die Frauen ausdrücklich von weiterer Beteiligung ausschließen. Den verallgemeinernden Schluß aus solchen Bruchstükken hat – wieder einmal – eine sehr viel spätere Zeit gezogen, die darin ihre eigenen gegenwärtigen Verhältnisse bestätigt und gerechtfertigt fand. Bis heute immer wieder zitiert wird Karl Bücher, dessen umfassendes Werk über «Die Frauenfrage im Mittelalter» in zweiter Auflage 1909 erschien. Sein Kommentar über das angebliche Ende der weiblichen Berufstätigkeit am Ausgang des Mittelalters: «Diesen Zug der Entwicklung nach Möglichkeit zu fördern, erschien den letztvergangenen Jahrhunderten als die Aufgabe einer gesunden, historisch aufbauenden Sozialpolitik. Als Gehilfin des Mannes im Rahmen der Familie mochte die Frau zum eigenen und allgemeinen Besten auch in der eigentlichen Erwerbswirtschaft tätig sein, nimmer mehr jedoch als Konkurrentin des Mannes außerhalb dieses Rahmens.» Stimmen solche Verallgemeinerungen, mit denen das 19. Jahrhundert die Frau in den häuslichen Bereich zurückdrängte, mit der Wirklichkeit überein? (Ganz davon abgesehen, daß es weder im 16. noch im 17. Jahrhundert eine Sozialpolitik gab, wie Bücher sie verstand.)

Münster 1685: Vorbei sind die Jahre, als sich die Hauptstadt

Westfalens im Glanz der diplomatischen Gesandtschaften aus ganz Europa sonnte, die 1648 über lange Verhandlungen nach dreißig Jahren Krieg einen Frieden zustande brachten. Bis zu 10000 Fremde lebten damals in der Stadt, die nicht viel mehr Einwohner hatte. Der Ruhm hielt nicht lange vor. 1661 verlor Münster wie so viele andere Städte seine politische Selbständigkeit, wurde kleine Residenzstadt der bischöflichen Herren. Soldaten sah man in den Straßen. Notare und Advokaten ließen sich nieder. Hoflieferanten machten gute Geschäfte, und neue Berufe, wie zum Beispiel der Perückenmacher, kamen in die Stadt. Natürlich gab es daneben weiterhin die alten Kaufmannsfamilien, die Handwerker und Frauen, die auf dem Markt ihre Ware feilboten. Adlige lebten in der Stadt und versuchten, ihre Palais ein wenig den barocken Zeiten anzupassen. Allerdings wohnten sie lieber auf dem Land, um auf diese Weise dem Fiskus zu entgehen. Auch die Steuermoral der Bürger ließ sehr zu wünschen übrig. Die Stadtverwaltung sann auf Abhilfe. Im Frühjahr 1685 mußte jeder Haushaltsvorstand angeben, wie viele Mitglieder zur Familie gehörten, Erwachsene, Kinder, Mägde und Lehrlinge. Es wurde aufgeschrieben, wer zur Untermiete wohnte und welchen Beruf ein jeder hatte. Es entstand ein «Gesamtschatzungsregister», ein ungewöhnliches Konterfei einer achtbaren Barockstadt, in deren Zahlen das Leben faßbar wird.

Gehen wir mitten in die Stadt zum Prinzipalmarkt. Wo heute die Nr. 48 steht, wohnte 1685 die Witwe des Kaufmanns Henrich Giese, von Beruf «Kramersche». Kramer ist das mittelalterliche Wort für Kaufmann. Sie hat eine Tochter, Elisabeth, 18 Jahre alt, beherbergt eine Magd und einen Jungen von 13 Jahren. Die Statistik läßt kein Haus aus, schlägt über viele Straßen einen Bogen rund um die St. Martini-Kirche bis zum Roggenmarkt. Das Viertel zählt 280 Haushalte. Zuerst fällt auf, daß die Bevölkerung buntgemischt durcheinander wohnt: die Witwe, die als Tagelöhnerin ihren Lebensunterhalt verdient, neben dem promovierten Juristen. Der Goldschmied neben dem Schneider. Der Schneider neben dem Pelzer. Es folgt ein Weißgerber, ein Hutmacher, ein Weinhändler. Eine Trennung nach sozialen oder beruflichen Gruppen existiert nicht. Selbst die Handwerker leben nicht unter sich. Die

Witwe eines Fleischhauers, jetzt Tagelöhnerin, wohnt neben einem Notar. Der wiederum lebt mit seiner Familie neben zwei Tagelöhnerinnen, die mit drei armen Kindern zusammen einen Haushalt führen. Dann kommt ein «Livree tragender Diener der Stadt».

Den 280 Familien steht keinesfalls immer ein Mann vor – 46 mal ist es eine Witwe und 14 mal eine unverheiratete Frau. Gar kein so geringer Prozentsatz. Wo ein Mann die Familie ernährt, gibt es außer Handwerkern, Kaufleuten und Tagelöhnern, abgedankten Soldaten und auffallend vielen Altkleiderverkäufern die Berufe der neuen Zeit: Musterschreiber, Schreibmeister, Advokat, Notar, Syndicus. Weder bei Handwerkern noch bei Beamten haben die Ehefrauen eine Berufsangabe. Folgern dürfen wir nur, daß die Beamtenfrauen nicht den Beruf ihres Mannes teilten. Ob die Metzgers- oder Bäckersfrau beim Verkaufen half oder nicht, muß für Münster offen bleiben. Von anderen Städten werden wir eine positive Antwort bekommen. Die Kaufmannsfamilien lernen wir später näher kennen.

Und nun zu den Frauen ohne Männer. Die meisten Witwen verdienten ihr Geld als Tagelöhnerinnen. Aber daneben taucht eine breite Palette von Handwerksberufen auf – Wandschneiderin, Mützenmacherin, Bäckerin. Eine ist Hebamme; eine betreibt Landwirtschaft. Das gleiche gilt für die ledigen Frauen. Außer Tagelöhnerinnen nennt die Statistik: Mützenmacherin, Spinnerin, Näherin, dreimal Schulmeisterin.

Blicken wir über Münster hinaus, zum Beispiel nach Köln. Da hatte sich 1665 die Witwe eines Weinhändlers darauf spezialisiert, «kleine, hier angefertigte Kuchen» zu exportieren. Der Handel florierte bis nach Kopenhagen. Im Gasthaus zum «Falken» in der Schildergasse braute eine Witwe das Bier. Ihren Steuerbetrag hatte sie selbst – das war so üblich – auf 20 Taler gesetzt. Als die Beamten die Einkünfte prüften, mußte sie noch 100 Taler zulegen. Offensichtlich war sie keine arme Frau. Am Ende des 16. Jahrhunderts gab es in der Stadt eine Seifensiederei. Als Martin Groet, der Besitzer, starb, führte seine Frau die Siederei auch nach ihrer Wiederverheiratung weiter. Hermann Weinsberg, den wir schon als Chronisten der Pestzeiten zitierten, war Jurist und betrieb nebenher einen Weinhandel. Der Sohn machte es ihm nach, und seine Frau verkaufte den Wein. Mit Geschick und Gefallen, wie der Schwiegervater meldete.

Die eindrucksvollsten Zahlen stellt ein Gewerbe, für das Köln besonders berühmt war, die Seidenweberei. Für das Mittelalter galt in nicht wenigen Fällen, daß der Ehemann als Kaufmann die Ware herbeischaffte und die Frau als Meisterin einen Betrieb für die Weiterverarbeitung leitete. Zwischen 1513 und 1580 wurden 222 Meisterinnen und über 700 Lehrmädchen in die Zunftrolle eingetragen. Als Meisterinnen werden unter anderen die Frau eines Apothekers und eines Richters wie die Tochter eines Richters und eines Arztes aufgezählt. Zwischen 1559 und 1580 gingen die Zahlen zurück. Es wurden nur noch 18 Meisterinnen gekürt. Aber einen totalen Bruch gab es nicht.

Neben alten kamen neue Handwerke auf. Strickwaren wurden Mode. Die Kölner erließen 1560 ein Verbot, Frauen dieses Handwerk zu lehren. Eine Politik, die vom Bedarf überholt wurde. Die Armeen, die im nächsten Jahrhundert dreißig Jahre lang ihr blutiges Handwerk ausübten, wurden zum Großabnehmer. In Köln bestellten die kaiserlichen Truppen 1627 rund 4000 Strümpfe auf einmal. Auch die Hosen waren nun aus Strickware. Für das neue Gewerbe brauchte man nur ein wenig Geschick, kein Gerät. Es eignete sich, eine neue Entwicklung kräftig voranzutreiben: die Heimarbeit. Besonders die armen Leute hielten sich mit Stricken über Wasser. Der Kölner Rat diskutierte 1668 über ein Gesuch, das eine arme Mutter gestellt hatte: Sie wollte den Lebensunterhalt für sich und ihre blinde Tochter damit verdienen, daß sie andern Kindern das Stricken beibrachte. Ebenfalls von den Frauen und meist zu Hause wurden Hüte und Mützen hergestellt.

Eine barocke Leichenpredigt erzählt uns, wie eine Handwerkerstochter heranwuchs und was passierte, als sie früh Waise wurde. Der Lebenslauf der Catharina Zerrenner, von deren Ende wir noch ausführlich hören werden, darf typisch genannt werden.

Am 15. Januar 1610 wurde sie in Braunschweig geboren: «Ihr Vater ist gewesen der Erbare und Wolgeachte Carsten Gödecke, Bürger und Weißbäcker (Bäcker) daselbst: Die Mutter aber Frau Anna Pergen. Von welcher sie, alldieweil sie erst nach deß Vaters

Tode gebohren, bald zur heiligen Tauffee ist befördert und nachgehends zu allen Christlichen Tugenden erzogen worden. Weil ihr aber die Mutter auch fruezeitig abgangen, hat sie, in die 16. Jahr, bey frembden Leuten, und sonderlich bey der jetzigen Gräfl. Schwarztburgischen Woledlichen Frau Oberhoffmeisterin zu Rudelstadt ... 9 Jahr sich in Diensten uffgehalten.» Dann heiratete sie einen Witwer, dem sie als «eine getrewe Gehülffin, die im, weil sie wol schreiben können, mercklich in der Haußhaltung gefruchtet ...».

Die mittelalterliche Berufs- und Familienwelt der Handwerker geht mit dem 17. Jahrhundert keineswegs schlagartig zu Ende. Im Beamtenhaushalt, wo nur der Mann verdient und die Frau ausschließlich für den Haushalt zuständig ist, lebte eine Minderheit. Wie in den Jahrhunderten zuvor herrscht eine Vielfalt nebeneinander. Vor allem die Handwerkerwitwen und Frauen, die nicht heiraten, müssen weiterhin ihren Lebensunterhalt selbst verdienen. Die Gesellschaft hat nichts dagegen. Sie ist froh über jeden, der nicht bettelt und auf keine Unterstützung angewiesen ist.

Als der hochedle und hochweise Herr Georg Bärtling, verdienter Bürgermeister der lieben Stadt Einbeck «am 83ten Jahr seines Alters am 3. Juli 1715 nacht um 12 Uhr in dem Herrn seelig entschlaffen, und darauf sein entseelter Leichnam am 14. ejusdem bey dieser Pfarr-Kirchen zu S. Mar. Magdal. auf der Neu-Stadt allhier in sein schon vor etlich zwantzig Jahr an der Seiten seiner liebgewesenen Frau Ehe-Liebsten seel. verfertigtes Ruhe-Kämmerlein mit Christlichen Ceremonien beygesetzet worden», hielt der Prediger eine ausführliche «Gedächtniß-Predigt», die anschließend dem Brauch der Zeit gemäß in Druck gegeben wurde. Glücklicherweise, denn so erhalten wir Einblick in ein langes, erfolgreiches Kaufmannsleben im 17. Jahrhundert. Lassen wir es vor allem in den Worten und Beurteilungen seiner Zeit auf uns wirken.

Georg Bärtling wurde «im Jahr Christi 1633 den 10. Januarii in der bekandten freyen Stadt Essen in der Graffschafft Marck in Westphalen von Christlichen und des Ortes wolangesehenen Eltern zur Welt gebohren. Der Vater ist gewesen Herr Heinrich Bärtling, vornehmer Bürger und Handelsmann in jetztbesagter Stadt.» Es folgt der Name der Mutter, der Großvater väterlicherseits und dann ausschließlich die mütterliche Linie, weil sie offensichtlich die vornehmere war. Das Kind wurde mitten in Kriegszeiten geboren, als «das Feuer des merckwürdigen dreysigjährigen Krieges durch gantz Teutschland hefftig gewütet ... so haben doch die Eltern nach Möglichkeit ihre Pflicht deßfals beobachtet und ihren Sohn zu allem Guten anführen, fürnemlich aber im Rechnen und Schreiben fleissig informiren lassen. Nachdem ers nun zur ziemlichen Perfection darin gebracht und bey zunehmenden Jahren vor allen zur Kauffmannschaft grosse Lust und Neigung bezeiget. So hat sichs gefüget, daß Er durch Vermittelung wol-affectionierter Freunde Anno 1650 anhero nach Einbeck bey weyland Herr Anton Frölinghausen damaligen vornehmen Kauff- und Handelsmann, auch Rahts-Verwandten allhier in Dienste gebracht.»

Georg Bärtling war 17 Jahre alt und begann – für den Prediger offensichtlich etwas Positives – seinen Weg in den Beruf seines Vaters nicht aus Pflichtgefühl, sondern weil er Lust dazu hatte. Im fernen Einbeck hat er seine «Lehr-Jahre rühmlichst ausgehalten» und vertrat seinen Chef, der wegen schwerer Gichtanfälle oft das Bett hüten mußte. Auch hat er, «wenn Er zu Einkauffung frischer Wahren nach Hamburg, Leipzig, Franckfurth und andere Oerter geschicket worden, stets gute Proben abgelegt.» Das weitere entwickelte sich folgerichtig. Der alte Herr, offenbar ohne männlichen Erben, hat dem anstelligen Nachwuchskaufmann «auf geschehenes geziemendes Ansuchen seine jüngste Tochter, die damahlige Jungfer Engel Marien Frölinghausen im Jahr 1661 aus wol geneigtem Gemühte gern zur Ehe versprochen.» Im gleichen Jahr verstarb der Schwiegervater, und Georg Bärtling übernahm das Geschäft. Er war bei seiner Heirat 28 Jahre alt. Der Bremer Syndicus Johann Wachmann bei gleicher Gelegenheit 34. Eine sichere Statistik läßt sich darauf gewiß nicht aufbauen. Doch beide Eheschließungen liegen im Trend der vorangegangenen Jahrhunderte. Man heiratete erst, wenn man eine Familie ernähren konnte.

Von den Eheleuten Bärtling berichtet der Nachruf, daß sie «nicht nur in ungemeiner Einigkeit, Liebe und Vertrauen beständig bey einander gelebet, und den Segen des grossen Gottes reichlich gespüret.» Sie sind «mit 9 gesunden Kindern aus ihrem Ehe-

Bette erfreuet worden, wovon ein Sohn und 3 Töchter schon vor vielen Jahren theils in zarter Kindheit, und theils nachdem sie bereits erwachsen und in den Ehestand getreten, in der seeligen Ewigkeit voran gingen.» Den erfolgreichen und inzwischen längst zum Einbecker Bürger gewordenen Kaufmann wählte man mit 40 Jahren zum Ratsherren. Kaum jünger war in Bremen Johann Wachmann, als er in den Staatsdienst trat. Man hatte Zeit, obwohl sie für viele kurz bemessen war. Ein Jahr vor dem Ende des Jahrhunderts, Georg Bärtling war inzwischen 66, ist ihm «durch ordentliche Wahl der sämbtlichen Herren des Rahts und ehrlicher Gildemeister das Ambt und die Würde eines Bürgermeisters conferiret worden, worin dero Zeit Seine Churfürstl. Durchl. zu Braunschweig und Lüneburg, nunmehro Ihro Königl. Majestät von Groß-Britannien unser allergnädigster Herr denselben gnädigst confirmiret haben». Auch die kleine Stadt Einbeck besaß keine Selbstverwaltung mehr. Man hing ab von der Gnade des absoluten Herrn. Für den Gewählten, offenbar nicht mehr auf seiner Hände Arbeit angewiesen, war das der Augenblick, sein Geschäft «seinem allhier wohnenden ältesten Sohn» abzutreten. Georg Bärtling hatte sich ehrenvoll in seinem Stand gehalten, und die nächste Generation setzte die Tradition fort.

Von Liebe und Vertrauen zwischen den Eheleuten Bärtling spricht der Nachruf. Nur Floskeln? Wie werden spätere Generationen über die bei uns herrschende Inflation solcher Begriffe urteilen? Im Jahre 1648 heiratete in Köln der reiche Kaufmann aus altem Geschlecht, Everhard IV. Jabach, die Patriziertochter Anna Maria de Groote. Jabach lebte seit Jahren in Paris. Er war ein besessener Kunstsammler, der 1671 über 5000 Zeichnungen und 101 Gemälde an Ludwig XIV. verkaufte, Grundstock für die Sammlung im Louvre. Die Hochzeit am Rhein war ein großes gesellschaftliches Ereignis. Das Ehepaar wurde zum Andenken in Kupfer gestochen. Ein Amor durchbohrte in dieser Zeichnung die Herzen mit seinem Pfeil und darüber stand als lateinisches Wortspiel: «QUAM DILIGO DELIGO.» Ich wähle die, die ich liebe.

Ob Frau Bärtling in Einbeck im Geschäft ihres Mannes mitgeholfen hat, erfahren wir nicht. Dafür können wir uns in Münster Auskunft holen über das berufstätige Leben einer Kaufmannsfrau.

Zwar hat das nächste, das 18. Jahrhundert schon begonnen, aber wir werden auf eine Lebensweise treffen, die nicht neu ist, sondern Tradition hat.

Im Jahre 1723 starb in Münster der Kaufmann Peter Zurmühlen, Sproß einer angesehenen und eingesessenen Familie. Er hinterließ drei unmündige Kinder und eine Witwe, die ohne zu zögern das Geschäft weiterführte. Die bisherigen Kunden wunderte das nicht. Sie hatten ohnehin gleich gemerkt, wer in dieser Ehe die Hosen anhatte. Als die Frau von Ketteler zu Middelburg den Peter Zurmühlen in einem Brief um einen Zinsnachlaß bat, machte sie eine Einschränkung – wenn dessen Frau zustimmen würde.

Die Witwe Zurmühlen verstand etwas von Handel und Buchführung. Bücher über die Ausgaben und den Wareneingang wurden nun angelegt, nach Jahr und Tagen geordnet, in altes Packpapier eingeschlagen und von der Frau des Hauses selbst beschriftet. Aus diesen Eintragungen wissen wir, daß Frau Zurmühlen jedes Jahr aufbrach, um gute Waren einzukaufen: im Frühjahr nach Amsterdam und Harlem, im Herbst nach Frankfurt.

In die Stadt am Main fuhr sie mit der Postkutsche über Paderborn und Kassel. Die Geschäftsfrau blieb zehn bis zwölf Tage und wohnte in der Privatpension der Witwe Körbitzen. Frau Zurmühlen war bekannt dafür, daß sie sich die Ware genau besah und sehr vorteilhafte Käufe machte. Wenn man schon in eine Großstadt reiste, mußte die Gelegenheit genutzt werden. In den Kisten, die für die Rückfahrt gepackt wurden, lagen neben den Stoffen Nähseide, Strümpfe, Handschuhe, Porzellane und Spiegel. Zurück ging es mit dem Schiff über Mainz bis Köln. Dann stiegen die Reisenden auf die Postkutsche nach Münster um.

Im Haushalt der Familie Zurmühlen herrschte Sparsamkeit. Der Schneider wurde ins Haus gerufen, um die Kleider zu wenden, zu flicken oder neue Ärmel einzusetzen. Wie im Hause des Hermann von Goch drei Jahrhunderte zuvor in Köln oder bei der fürstlichen Witwe Margaretha auf Schloß Minden wurde solches nicht von den Dienstboten im Hause, sondern gegen Lohn ausgeführt. Frau Zurmühlen selbst trug einfache Stoffe. Als die Söhne größer wurden, ließ sich die Mutter allerdings nicht lumpen. Samt, Damast und goldene Spitzen wurden eingekauft.

Die Witwe sorgte für eine gute Ausbildung ihrer Kinder. Die Tochter kam für ein Jahr nach Mainz in ein Pensionat, wo sie unter anderem Französisch lernte. Als sie zurückkehrte, half sie bis zu ihrer Verheiratung der Mutter im Geschäft. Einen Sohn zog es zum geistlichen Stand. Ein anderer studierte in Würzburg und kehrte als Doktor der Jurisprudenz in seine Heimatstadt zurück, wo er eine Stelle als Hofrat in der bischöflichen Regierung fand.

Die Kleider bei Zurmühlens wurden zwar mehrmals gewendet. An der Wohnungseinrichtung jedoch sparte man nicht, wie die Eintragungen über den Kauf teurer Tapeten beweisen. Die andern wohlhabenden Bürger machten es ebenso. Der Stolz eines gutbürgerlichen Haushalts war das auch im Nachruf auf den Einbecker Bürgermeister vom Pfarrer erwähnte Ehe-Bett. Ein besonders prächtiges Exemplar stand im Haus der Kölner Eheleute de Groot: Ein eichenes Bettgestell mit Strohmatratze, einem Federbett, kleinen Kissen in gelben und blau-weißen Leinenüberzügen, außerdem zwei Paradekissen und grün gemusterte kleinere Kissen mit Überzügen aus italienischer Spitze. Es gehörten zum Bettzeug Laken aus Flachs und aus Wolle, Decken in Weiß, Blau und Grün. Das ganze Bett war mit einer gefütterten grünen Bettdecke bezogen, und vom Baldachin hingen grüne Gardinen mit gelbgrünen Fransen. Allein die Bettdecke wurde auf 350 Gulden geschätzt. Zum Vergleich: ein großer Kupferkessel kostete zur gleichen Zeit sieben Gulden.

Das Jahrhundert, in dem Georg Bärtling Bürgermeister von Einbeck war, ist in die Geschichtsbücher eingegangen als das französische. Ludwig XIV. faszinierte und tyrannisierte Europa. Zur gleichen Zeit machte Friedrich Wilhelm von Brandenburg, der Große Kurfürst, aus seinem bescheidenen drittklassigen Land einen gleichberechtigten Partner auf der europäischen Bühne. Die Gelehrten saßen in allen Ländern in ihren Stuben und forschten. Sie entdeckten das Mikroskop, den Blutkreislauf und die grundlegenden Gesetze der Physik. Die Grenzen menschlicher Erkenntnis schienen immer ferner zu rücken, sich gänzlich aufzulösen. Es lag etwas in der Luft. Die Mächtigen spürten, daß die Menschen unbewußt in eine neue Richtung gingen. So fortschrittlich man in Ökonomie und Verwaltung sein wollte, in Fragen der Moral tat die Obrigkeit alles, damit die alten Bahnen nicht verlassen wurden. Die Ordnungen, die jedem bisher seinen Platz in der Gemeinschaft zugewiesen hatten, galten auch am Beginn der neuen Zeit. Das Mittelalter ging noch lange nicht zu Ende.

Wie bisher waren vor allem die Kleider Statussymbol und Ordnungsfaktor zugleich. Bevor man den Untertanen verordnete, welche Kleider sie tragen durften, mußte man sie in verschiedene Klassen unterteilen. In Freiburg waren es 1667 fünf. Die unterste zählte Tagelöhner, Wärterinnen, Dienstleute und gemeine Handwerker. In die zweite kamen vermögende Handwerker und Künstler, Kaufleute, Zunft- und Schulmeister. In der vierten fanden sich Räte und jene Gelehrten, die eine Promotion anstrebten. Ganz oben, in der fünften, saßen der Adel und die Akademiker mit Doktorgrad.

Ihnen allen schärfte die Obrigkeit immer wieder ein, sich nicht über ihren Stand zu kleiden. Und das waren keine leeren Worte. Der Nachbar paßte schon auf. In Quedlinburg im Harz wurde 1683 der Sattlermeister Wilhelm Katzenstein aufs Rathaus zitiert. Seine Frau hatte gegen die Kleiderordnung verstoßen. Sie trug weiße Handschuhe und einen weißen Hut, der nicht nur mit einem schwarzen Band, sondern auch noch mit silbernen Knöpfen verziert war. Der Ehemann gab den Vorwurf zurück: Der Rat würde die Handwerker wie Hunde behandeln. Er sollte lieber einmal ihresgleichen zur Ordnung rufen. Das brachte dem Sattlermeister eine zusätzliche Strafe wegen Beleidigung der Obrigkeit ein.

Das Ehepaar war offensichtlich von Haus aus widerborstig und nicht gewillt, sich an die Regeln zu halten. Vier Jahre später gingen beide festlich geschmückt zur Kirche: Herr Katzenstein hatte silberne Knöpfe am Rock und am Hut eine silberne Schnur. Seine Frau trug einen Rock aus Seide und seidene Handschuhe. Das Gesangbuch war mit Silber beschlagen. Und in diesem Aufzug, so hielt ihnen der Rat wenig später vor, hätten sie auch noch das Abendmahl empfangen. Wieder blieb der Sattlermeister die Antwort nicht schuldig: Es sei im Gegenteil eine lobenswerte Sache, Gott mit seinem besten Kleid zu ehren. Solche Logik bewahrte ihn nicht vor Strafe. Zwei Jahre später mußten die Eltern eine kleine Tochter beerdigen. Sie gaben ihr ein seidenes Kleid mit auf die letzte Reise. Auch das war gegen die Ordnung und wurde sofort dem Rat hintertragen.

Nicht nur die Kleider, die Feste wurden ebenfalls wie in alten Zeiten reglementiert, damit niemand über die Stränge schlug. Vor allem die Hochzeiten: In Quedlinburg bestimmte die Polizeiordnung 1653 und 1661, daß auf einer vornehmen Hochzeit 10 bis 12 Tische für höchstens zwölf Personen aufgestellt werden durften. Geringeren Leuten waren nur halb so viele Tische erlaubt. Aber das machte immer noch 60 bis 90 Gäste.

Wieder gilt es, sich beides vorzustellen: die Ordnung, die dem Leben Halt geben sollte, und das Leben der Menschen selbst, die nicht wie Marionetten starr nebeneinander agierten. Die Bewohner stießen im engen Raum der Städte und Städtchen ständig aufeinander. Wir haben es schon am Steuerregister für Münster ablesen können: Was auf dem Papier sorgsam nach Klassen getrennt war, wohnte und lebte bunt gemischt. Wenn Frau Zurmühlen mit der Postkutsche nach Frankfurt reiste, saß neben ihr, wer immer für die Strecke zahlen konnte. Die Luft in den mittelalterlichen Städten war dünner geworden, viele alte Freiheiten beschnitten, erstickt. Doch im Gewühl der Straßen, Gäßchen und Märkte war wie eh und je nicht jeder auffindbar, nicht alles zu regulieren und zu kontrollieren.

In der dörflichen Gemeinschaft hingegen blieb alles überschaubar, und die Obrigkeit nutzte diesen Vorteil. Die Bauern hatten sich zur Zeit der Reformation – vom Wort Luthers angetrieben – erhoben. Zu ihren Forderungen zählte auch, zu heiraten, wen man wollte. Der Grundherr sollte nicht mehr in die persönlichen Verhältnisse und Wünsche eingreifen dürfen. Luther fühlte sich von den kämpfenden Bauern mißverstanden. Aufruhr gegen die Obrigkeit hatte er nicht gewollt. Und die protestantischen Herren nutzten die neue Ehelehre des Reformators, um die Menschen mehr als je zuvor zu gängeln.

Im Jahre 1616 erließ Philipp, von Gottes Gnaden Herzog zu Stettin-Pommern eine «Renovierte und nach Itziger leuffte gelegenheit erweitert und erklärte Bawr und Schäffer Ordnung». Zum ersten wurde in dieser Bauern- und Schäferordnung festgestellt, daß «kein heimblich Geblübde auff den Ehestand ohne der Eltern oder der nägsten Verwandten» geschehen dürfe. Genau so hatte Luther es festgesetzt. Wurde das Verlöbnis gefeiert, durften außer Eltern, Geschwistern und Verwandten nicht mehr als sechs Personen geladen und nicht mehr als eine Tonne Bier getrunken werden. Zur Hochzeit selbst waren drei Tische für je zehn Gäste erlaubt – Kinder und Gesinde nicht mitgerechnet. Es durfte nicht länger als zwei Tage gefeiert und pro Mahlzeit durften nicht mehr als drei Gänge aufgetischt werden. Ungebetene Gäste waren unerwünscht: «Es soll auch niemandt, er sey, wer er wolle, der nicht geladen, zur Hochzeit kommen, alsda Tantzen, Essen oder Trincken ...»

Ein Jahr zuvor, 1615, wurde in der Grafschaft Schaumburg eine «Ampts und Hauß Ordnung» erlassen, «wornach sich Drosten, Oberamptmann, Amptleuthe, Kornschreiber, Diener und Underthanen gehorsamblich sollen zurichten haben». Nach dieser Verordnung machte die Einmischung der protestantischen Obrigkeit nicht einmal mehr Halt vor der christlichen Freiheit, die Taufe ohne Vorbehalte jedem zu spenden, der in die Kirche getragen wurde: «Wenn ausserhalb Landes frembde Weiber, Adell oder Unadell, hereinschleichen, oder sich sonsten im Lande finden, so sich schwengern lassen und des Kindts hie in unser Graffschaft genesen, sollen die Pastores des Orts das Kindt nicht zur Tauffe verstatten, es habe dan das Weib den Vater des kindes genennet ... Da aber die Weiber den Vatter nicht nennen wollen, sol solches zur stundt nach Hoffe geschrieben werden. Wolten wir drauff zu befehlen wissen, und in mittels soll der Priester mit der Tauff einhalten. Worauf Drosten und Ambten gute achtung geben, dieses auch den Superintendenten, die Pastores dessen zu verwarnen, angemeldet werden soll.»

Überhaupt scheint der Geistliche für die Obrigkeit eine ideale Person, Nachrichten zu sammeln und nach oben weiterzugeben. Vor allem sollte er nur den verheiraten, der eine Bescheinigung der Obrigkeit vorlegen konnte: «Alß befehlen wir hiemit und wollen, das alle Pfarherren und Priester, wenn die verlobten Personen von der Obrigkeit eines jeglichen Orts wegen der Copulation einen consens Zettel erlangt, der Gerechtigkeit zusteur, von wannen oder weme die Copulierten Personen entsprossen. Was ihr vermügen und Mitgifft und an welchen Orth dieselben sich niederzulassen gemeint inquiriren, solches verzeichnen ... und unsern Drosten und Beambten eine Designation darvon geben und sonsten ... außführlichen bericht von allen sachen thun, sonderlich weiln uns hiran gelegen.» Spitzel in Christo.

Die Ordnung in Schaumburg zielte mit der Überwachung bis in die Städte: «Die Priester in den Stedten sollen auch keine Personen von den Dorfferen, welche sich in die Stedte heußlich begeben wollen, Copulieren, sie haben dan von unsern Drosten einen unterschriebenen Consenszettell.»

Eine solche grenzenlose Kontrolle hatte es von weltlicher Seite während des katholischen Mittelalters nicht gegeben. Doch gerade dieser Weg der weltlichen Einmischung wird eines Tages Ehen möglich machen, die nur vor dem Beamten und ohne den Segen der Kirche geschlossen sind. Wenn ein leibeigener Bauer seine alte Herrschaft verlassen und sich unter eine andere begeben wollte, brauchte er einen offiziellen Auslösungsschein. Die Bauernordnung im Herzogtum Preußen von 1712 warnte heiratswillige Frauen: «Es sollen die fraulichen Personen gut achtgeben und darauf verwarnet sein, daß sie sich mit keinem zur Ehe vermählen, der seines Abschiedes keinen Schein hat ...»

Es darf nicht verschwiegen werden, daß die Heiratszwänge der absolutistischen Obrigkeit für die Nachwelt eine positive Seite haben. Die Pfarrer begannen damals – mehr oder weniger gründlich – Kirchenbücher anzulegen, in denen Taufen, Heiraten und Beerdigungen eingetragen wurden. Nur so war die Kontrolle von oben wirksam. Im hessischen Dorf Heuchelberg schrieb der Pfarrer 1648 zum erstenmal eine Heirat ins Buch. Die Statistik blieb noch zwei Jahrhunderte sehr fehlerhaft und höchst unvollständig. Aber eine erstaunliche Tatsache läßt sich für Heuchelheim mit Sicherheit feststellen: Das durchschnittliche Heiratsalter am Ende des 17. Jahrhunderts ist bei den Frauen 24,1 und bei den Männern 25,8 Jahre. Bis weit in das 18. Jahrhundert hinein war jeder dritte Ehemann jünger als seine Frau.

Auf dem Land ergibt sich in dieser Zeit für Frauen eine neue Möglichkeit, Geld zu verdienen: die Heimarbeit. Weil die Zünfte in den Städten die Arbeitsmöglichkeiten immer mehr einschränkten und unter ihrer Aufsicht hielten, gingen kluge Kaufleute aufs Land. Vor allem die Textilindustrie hatte einen großen Bedarf an ungelernten Arbeitern und brauchte nicht viel Aufwand bei der Herstellung ihrer Produkte. Überall in den ärmlichen Stuben wurde gegen geringen Lohn gesponnen und gestrickt. Wir werden der neuen Heimindustrie im folgenden Jahrhundert wieder begegnen.

Eine Gemeinsamkeit verbindet den Bauern in Pommern und die Städter in Münster: Die Familie ist immer noch eine kleine Gruppe von zwei Generationen, Eltern und Kinder müssen miteinander auskommen. Großeltern und Tanten gehören für die meisten Kinder nicht zum Alltag. Das Steuerregister von Münster gibt Auskunft. Damals, 1685, hat von 280 Familien eine den Schwiegervater und eine die Schwiegermutter des Mannes aufgenommen. Bei einer andern lebt die Mutter des Ehemannes mit in der Wohnung. Sechsmal wird eine Schwägerin erwähnt. Aber nur zwei von ihnen gehören zum engeren Familienhaushalt und haben keinen Beruf. Die vier andern sind ausdrücklich als Untermieter genannt und verdienen ihren Unterhalt als Tagelöhnerinnen. Dagegen gibt es fast keine Familie, die ohne Untermieter lebt, natürlich auf Tuchfühlung, denn Paläste sind diese Stadtwohnungen nicht. Es sind also zahlende Fremde, mit denen sich die Familie arrangiert, und nicht die eigene Verwandtschaft. Nur die Notare und Advokaten haben keine Untermieter. Eine weitere Unterstützung für die These, daß es die Beamtenfamilien sind, in denen der Rückzug ins Private beginnt.

Wie sich im bürgerlichen Leben des 17. Jahrhunderts Altes und Neues mischten, so unterschiedlich ist das Bild des Adels in diesen Zeiten. Als in Pommern 1616 die Bauern- und Schäferordnung erlassen wurde, war es für die Herzogin am Hofe zu Stettin eine Selbstverständlichkeit, morgens um fünf Uhr aufzustehen und nach dem Ankleiden – dabei sang sie geistliche Lieder – eine Stunde in stiller Andacht zu verbringen. Geprägt wird unsere Erinnerung jedoch durch jene Barockfürsten, die am Ende des Jahrhunderts dem gesamten Zeitalter Glanz und Pomp verliehen. Die Herzogin von Pommern hätte als Werk des Teufels verurteilt, was August der Starke in Dresden und anderswo trieb – allerdings nicht allein. Ob am Hof in Dresden oder im Hannöverschen – mit Ehrgeiz, Ausdauer und Sex-appeal brachten es Frauen in der Barockzeit zu nie gekannten Führungspositionen im öffentlichen Leben. Ludwig XIV. machte es vor im grandiosen Versailles, und mancher Fürst im hintersten deutschen Winkel versuchte, ihm nachzueifern.

Seitensprünge waren durch die Jahrhunderte für die hohen Herren nie etwas Besonderes gewesen. Die Namen der außerehelich Geliebten blieben keineswegs unbekannt. Für die Öffentlichkeit allerdings gab es stets nur die eine legale Frau an der Seite des Fürsten. Erst im Barock wurde die «Mätresse» geboren, genierte der Herrscher sich nicht, seine Geliebte zur Staatsperson zu erklären, die außereheliche Liaison mit höfischem Zeremoniell zu sanktionieren.

Manche Tochter des verarmten Landadels nutzte die gute Partie mit einem Adligen bei Hofe als Übergang zu einer schwindelerregenden Fahrt zum Erfolg. Die offizielle Moral färbte ab. Es wurde schick in den höchsten Kreisen, Konventionen offen zu verhöhnen und hinter ihren brüchigen Fassaden skrupellos außerhäuslichen Vergnügungen nachzugehen. Vor aller Augen und Ohren degradierten Ehefrauen ihre Männer zu komischen Figuren und wechselten ihre Liebhaber wie die Reifröcke. Sie nutzten ihre Macht als Favoritin des allergnädigsten Herrn rücksichtslos für ihre eigene Familie. Da waren sie ganz altmodisch. Zu Recht, denn die Stunde der Ungnade war durch nichts aufzuhalten, und der Sturz, der solchem Aufstieg folgte, wurde von denen beklatscht, die eben noch ihren Buckel krümmen mußten. Viele Adlige sahen mit Verachtung auf solche Verhältnisse und lebten glücklich mit ihren Ehefrauen. Doch die Mätressen nicht zu erwähnen, hieße, diesem Jahrhundert einen kräftigen Farbtupfer zu nehmen und seine Lebenslust und Lebensgier zu unterschlagen. Erzählen wir von einer, die für alle steht.

Mit zwanzig war das Fräulein von Meysenbug ohne Eltern, ohne Geld – eine unbekannte Kammerjungfer am Hof von Osnabrück. Mit dreißig residierte sie als Gräfin Platen in einem prächtigen Haus neben dem Schloß in Hannover. Sie hielt Hof wie eine regierende Fürstin, «die Höchsten und Vornehmsten des Hofes sehen sich genötigt, ihr den Hof zu machen ... ihr Wille und ihre Launen entscheiden über das Wohl und Wehe der Privatpersonen». Die Pferde, die ihre Kutsche zogen, trugen Decken aus rotem Samt. Jeden Tag von elf bis zwölf empfing sie Besucher, anschließend wurde getafelt. Bälle, Sommerfeste, Soireen lösten einander ab. Ging der Kurfürst auf Reisen, war die Gräfin an seiner Seite. Die Dame nahm von allem nur das Beste: «Die Gräfin Platen hat eine tour Perlen von 7000 Talern hiesiges Geld gekauft, schöner als die meine, und kann Notre Dame de Lorette nicht besser mit Diamanten geschmückt sein». Das schrieb die Kurfürstin Sophie von Hannover 1696 in einem Brief an eine Freundin. Sophie war die Ehefrau des Kurfürsten Ernst August, Gräfin Platen, geborene von Meysenbug, seine Mätresse. Ihr Ruhm und der Reichtum, den die Gräfin für sich und ihre Familie zusammenraffen konnte, drangen bis nach Frankreich, wo man über die «Comtesse de Plato» märchenhafte Dinge erzählte.

Sie machte nicht allein Karriere: «Ihr Gatte bemerkte bald die Leidenschaft des Fürsten für seine Frau. Allein, da ihm nichts so sehr am Herzen lag als sein eigenes Glück, so wollte er lieber seine Ehre preisgeben, als durch seine Entfernung vom Hofe auf die großen Vorteile Verzicht leisten, die, wie er sicher hoffen konnte, durch die Gnade, in der seine Frau beim Fürsten stand, ihm nicht entgehen konnten. Er überließ ihr also völlige Freiheit in ihren Handlungen und trieb seine Gefälligkeit so weit, daß er sich fast ununterbrochen in der Nähe seines Hauses aufhielt, das er vor den Toren Hannovers erbauen ließ und wo er mit nichts als der Verschönerung dieses Ortes beschäftigt zu sein schien. Der Kurfürst bezeugte ihm seine Erkenntlichkeit für diese Willfährigkeit und begnügte sich nicht damit, ihm sein ganzes Vertrauen zu schenken und seine fürstliche Machtvollkommenheit in seine Hände zu legen, sondern bewirkte es auch beim Kaiser, daß er ihm eine der höchsten Reichswürden erteilte.» Der Herr von Platen wurde in den Reichsgrafenstand erhoben.

Das war für die Ehre. Fürs Portemonnaie war unter anderem die Ernennung zum General-Erbpostmeister und obersten Finanzverwalter des Kurfürstentums. Die Gräfin selbst sorgte für die Nachgeborenen und verkuppelte ihre jüngere Schwester als

Mätresse an den Sohn des Kurfürsten. Vorsorge für die Zukunft. Doch sie trug keine Früchte. Als im Januar 1698 der Kurfürst stirbt, hat «die Vanität nun ein Ende». Wer gestern gezwungen war, ihr zu schmeicheln, rächt sich jetzt mit Nichtachtung. Die Gräfin ist zur Unperson geworden. Keine Besuche, keine Feste mehr. Sie wird apathisch, verzichtet auf Schmuck und Schminke, und sofort macht Gespött die Runde: «Daß sie nun übel aussieht, ist kein Wunder. Leute, so gewohnt sein, Rot und Weiß zu tragen, wenn es abtun, sehen aus wie der Tod.» Die Seele macht sich Luft im körperlichen Verfall. Ein Schlaganfall lähmt ihre linke Seite, der Mund ist verzogen. Als die Gräfin Platen im ersten Monat des neuen Jahrhunderts stirbt, bemerkt die Kurfürstenwitwe versöhnlich: «Man ist allezeit unglücklich, wenn man nicht Meister von seiner Passion ist, welches auch zu beklagen ist.»

Es gab einen Ort im Deutschen Reich, wo man besonders konzentriert nach dem Rat des italienischen Ökonomen Ferdinando Galiani lebte: «Wenn die Tugend uns nicht glücklich macht, wozu zum Teufel ist sie da? Ich rate Ihnen, haben Sie soviel Tugend als Sie für ihr Behagen, Ihre Bequemlichkeit brauchen und nicht mehr.» In Regensburg, wo sich nach dem Ende des Dreißigjährigen Krieges der «Immerwährende Reichstag» als ständie Institution versammelte, ging man mit der Tugend sparsam um, vor allem, wenn im Winter eine Schlittenfahrt für die adligen Herrschaften auf dem Programm stand. Mittags trafen sich dann die Teilnehmer in einem Stadtpalais, um sich vor der Fahrt mit Wein und Konfekt zu stärken. Dann losten die Herren untereinander, mit welcher Dame sie in welchen Schlitten stiegen. Bei schneller Fahrt durch die Winterlandschaft wetteiferten die Glöckchen am Geschirr der Pferde mit der Musik der Pauker und Trompeter, die nebenher ritten. In einer Dorfschenke wartete ein opulentes Essen. Es war schon lange dunkel, wenn die Gesellschaft abends gegen zehn zur Rückfahrt aufbrach. Diener mit brennenden Fackel wiesen den Weg. In Regensburg angekommen, ging es gleich weiter. Der geheizte Ballsaal wartete schon. Wenn das Fest zu Ende ging, dämmerte der Morgen.

Jeder Anlaß zum Feiern wurde aufgegriffen. Hochzeiten und Taufen mußten als Kulisse prunkvoller Selbstdarstellung herhalten. Hinter den Fassaden der Tradition ergriff die adlige Frau die Initiative, um sich in der Öffentlichkeit einen Platz zu erobern. Der Weg, so schien es, führte nur durch das Bett eines Mannes, mit dem man nicht verheiratet war. Vor vielen Zeugen rechneten sich die Damen ihre Liebhaber vor. Wer es mit Heuchelei versuchte, dem wurde die Maske fortgerissen. Es gehört zum Wesen dieser neuen Freiheit, sie immerzu vor Zuschauern auszuprobieren. Das außereheliche Treiben entband die Ehefrauen allerdings nicht von der Pflicht, Jahr für Jahr ihrem Ehemann Kinder auf die Welt zu bringen. Die hohe Säuglingssterblichkeit machte vor den adligen Wochenstuben nicht halt, nur daß in diesen Familien wenigstens ein Stammhalter am Leben bleiben mußte. Es kam auch vor, daß Ehefrauen aus Angst vor neuen Schwangerschaften die ehelichen Pflichten verweigerten – mit Hinweis auf die Mätressen des Hausherrn. Gewaltsame Szenen blieben nicht aus, auch der Versuch nicht, sich wieder zu versöhnen.

Nach einem Ehestreit versprach Carl Anselm von Thurn und Taxis seiner Frau, mit der er in Regensburg lebte: «Gedencke ich, in derjenigen Gebühr und Ordnung wie Christliche, Tugendsame und Vernünftige Ehegatten sich gegeneinander zu betragen gewöhnt und schuldig sind, ebenfalls mit meiner Gemahlin fort in Freundschaft, wahrer Zuneigung und Vertrauen zu leben und also aus Liebe zum Frieden und zur Befestigung mehrerer Einigkeit alles dasjenige, was etwa in Rückerinnerung vormaliger Ergebenheit, unter andern die betrübte Grundlage und Hauptveranlassung zur jetzigen leidigen Mißverständnus gegeben haben dörfte, an seinen Ort der Vergessenheit gestellet seyn zu lassen». Der Fürst versprach, auf seine Mätressen zu verzichten, wenn ihm von seiner Frau beim intimen Zusammensein «weder vor noch in der Handlung selbsten das mindeste in dem Wege geleget werde».

Es half dieser Ehe nichts. Die Fürstin machte mehrere Versuche, ihren Mann zu ermorden. Ein Leben jenseits aller herkömmlichen Moral, das sich eine winzige Schicht der Reichsten und der Einflußreichsten leisten konnte, war für alle Beteiligten nicht unbedingt der Schlüssel zum Glück.

Der Rausch der Feste hat die Nachgeborenen geblendet. Die große Mehrzahl der adligen Eltern versuchte auch im Zeitalter barocker Lebenslust ihre Söhne und Töchter auf die altmodische Art großzuziehen und glücklich zu machen. Die Sprößlinge erfuhren früh, daß es «die erste und hauptsächlichste Pflicht der Kinder ist, ihren Eltern zu gehorchen, die das Recht haben, über ihr Schicksal zu bestimmen». Was diese adligen Eltern als ihre Pflicht betrachteten, war allerdings nicht nur auf Strenge, sondern ebensosehr auf Liebe gegründet. Als seine «hertzvielgeliebten Söhne» 1655 zu einer Bildungs- und Erziehungsreise in Richtung Italien aufbrachen, schrieb Johann Adolph von Kielmansegg eine ausführliche Instruktion für den begleitenden Hofmeister. Sie begann mit der Feststellung: «Zuforderst trage Zu meinen freundtlichen lieben Söhnen Ich das gute Vertrawen, Sie werden meine unaussetzliche, väterliche Liebe, affection unnd deroselben anklebende Vorsorge, so Ich von Ihrer Kindheit unnd Jungend an, in der erziehung, auch sonsten biss hieher Ihnen miltiglich erwiesen, für augen haben, daraus meine trewe, väterliche wohlgewogenheit erkennen ...»

Zu den ehernen adligen Erziehungsgesetzen gehörte, daß man standesgemäß heiratete. Wer von Adel war, benahm sich in dieser Sache nicht wie der «den Pöbel abschildernde Efeu, welcher bald eine Haselstaude, bald einen Dattelbaum umarmet». Aber innerhalb seines Standes konnte man wählen. Gefühle waren erlaubt und fanden auch Beachtung. So muß ein adliger Herr, der um die Hand einer Tochter anhält, von deren Mutter erfahren, «daß sie zwar meine Person nicht bedenklich hielte, ihre Tochter aber wäre zu jung, daß sie selbst nicht wählen könne und ohne ihre eigene inclination möchte sie auch dieselbe nicht verheiraten.» Allerdings war man überzeugt, daß «freundliche Neigung» und nicht «große Leidenschaft» das rechte Fundament einer lebenslangen Verbindung bei Bürger und Edelmann bildeten. Eine Vorstellung, die bei arm und reich gleichermaßen seit Jahrhunderten zu Hause war. Es bleibt immer dieselbe Frage: Wer will urteilen, daß da keine Liebe herrschte?

Kaufleute, Beamte und Adlige mußten ihre Frauen wochenlang alleinlassen. Frau von Ilten schrieb 1694 ihrem abwesenden Ehemann: «Habe wohl viel, mein Herzenskind, in dieser Zeit an Euch gedacht. Es ist nun schon ein halb Jahr, daß Ihr abwesend, scheint, das destin (Schicksal) will es so. Unser Leben geht so darüber hin ... Der Höchste nehme uns in seinen Schutz, behüte Euch, mein Herzenskind, vor allem Übel und Unfall, lasse uns einander mit Freuden wiedersehen, bin Eure getreueste Dienerin ...» Frau von Ilten war informiert, welche Zustände am Hof zu Dresden herrschten. Ihr Kommentar: «Vernehme, daß dort noch immer so extraordinaire Sachen passieren; was soll man da sagen? Unser Herrgott ist gerecht, sieht wohl eine zeitlang zu, aber dann straft er zu seiner Zeit.» Genau so haben die Zeitgenossen das Ende der Gräfin Platen beurteilt.

Lassen wir uns vom gezirkelten Zeremoniell, den vielen Festen nicht täuschen: In solchen langen Wochen und Monaten, wenn der Ehemann nicht zu Hause war, mußten die meisten adligen Frauen die gesamte Wirtschaft alleine führen. Da brauchten sie Energie, Entscheidungsfreudigkeit und eine Menge Kenntnisse. Nicht selten konnten sie das alles dann als Witwen über Jahrzehnte praktizieren. Die Zahl alleinstehender adliger Frauen ist Legion, die sich gegen alle «Adversitäten, daran es ... im betrübten Witwenstand nicht ermangelt» mit «sonderbarer Vernunft» durchsetzten.

Sie mußten ihren ganzen Verstand gebrauchen und jeden Taler umdrehen. Die schlechte Lage der adligen Gutsbesitzer im Land hatte sich nicht gebessert, seit mit dem 14. Jahrhundert die Verarmung der Burgherren begann. Jetzt, nach dem verheerenden Dreißigjährigen Krieg, waren weite Landstriche verwüstet, Arbeitskräfte rar, zumal alle Jahrzehnte die Pest immer noch unzählige Opfer forderte. Andererseits galt wie ehedem: Wer hoch stand, durfte nicht leben wie ein armer Mann. Aber Übertreibungen waren ebenfalls verpönt. Weder zu karg noch zu üppig, unter dieses Motto stellte die Witwe Lucia von dem Bussche zu Haddenhausen, geborene von Münchhausen, ihr Leben, als sie in der Mitte des 17. Jahrhunderts ihr Testament aufsetzte: «Ich hab's nicht bekarget, auch nicht zum Überfluss gebrauchet, gesparet, was ich gekont. Bin keinem Menschen schuldig. Ich danke dem lieben Gott für seinen reichen Segen. Ich habe es mit keiner List und Geschwindigkeit zu wege gepracht, sondern das meine fleissig in acht genommen und hoffe nicht, dass ein Mensch mich soll nachreden, ich ihn mit einem Thaler beschwert.»

Und weil die Frau von dem Bussche eine sparsame Verwalterin war, traf sie genaue Vorsorge für ihr eigenes Leichenbegängnis: «1) Wan den der l. Gott seinen Willen mit mir schaffen wird und mich von hinnen fordern, pitte ich, man Wolle mit meinem stinkenden Leybe kein Gepränge machen, sondern so bald möglich zur Erde bestatten in mein Grab zu Minden bey meinen seligen Man ... 2) Armen 50 Th. austheilen ... keinen geitzigen Priester, sondern einen braven zu nehmen ... dem Schulmeister 40 Th., für Bücher den armen Kindern 10 Th. ...» Sie sorgte sich um die weltlichen wie um die geistlichen Dinge: «Der begehrte Spruch zur Leichpredigt: Herr, wan ich nur Dich habe, so frage ich nichts nach Himmel und Erde. 1) herbey begehret allen Titel v. d. Geschlechte auff der Kantzel vergessen. 2) den Armen reichlich zu geben, auch an Späck und Brod, sonderlich den Hausarmen. 3) auff den Sarck sollen nur 6 Ellen (Lein-) Wand, den Überthat den Armen zu geben und deme, der die Leichpredigt, Geld dafür, damit ist ihme besser gedient. 4) Psalmen, die sollen gesungen werden: ‹1. hertzlich lieb, 2. ich hab meine Sache, 3). Wann mein St., 4. hertzlich thut mich ferl., 5. Herr Jesu Christ war Mensch und Gott, 6. nun lass uns den Leib begraben.› 5) kein Werck zu machen, nur die Brüder und Schwestern zu pitten, aus der Stadt die Leute. 6) den Cörper nur 8 Tage stehen zu lassen. 7) das Geld fürs Confect sparet nur, das ist Sünde und kumpt nirgent für als fürs Gesinde, die es ferschleppen, ist nur Überthat und gehoret zur Freude; aus den Begrebnissen werden jetzt Freudentage.»

Zwischen der Moral der adligen Gesellschaft im Weserbergland und den vornehmen Kreisen am Hof zu Hannover lagen Welten. Doch beide gehören zu diesem Jahrhundert: die Gier nach Rausch und Vergnügen wie die tiefe Gläubigkeit, die sich immer bewußt blieb, daß sie für ihr irdisches Tun Gott Rechenschaft ablegen mußte. Daß solche mittelalterliche Lebens- und Denkweise nicht mit provinzieller Ärmlichkeit verwechselt werden darf, haben uns die vorangegangenen Jahrhunderte gelehrt. Wir erinnern uns: Auf Schloß Minden im Weserbergland gab es am Ausgang des 14. Jahrhunderts Wein aus dem Elsaß und Früchte aus dem fernen Süden. Als im Sommer 1651 Lucia von dem Bussche in der gleichen Gegend beerdigt wurde, begnügte man sich keineswegs mit dem, was die Nachbarschaft zu bieten hatte. Die Zollschranken waren offensichtlich nicht hoch genug, um den Import ferner Waren zu verhindern, und so ganz ohne Prunk wollten die drei Söhne ihre Mutter doch nicht zur letzten Ruhe bringen. Die Prozession, die der Leiche in die Marienkirche von Minden folgte, war eindrucksvoll: «33 Manspersohnen ohne den Rath und andere Gelehrte und Bürger. Ferner 13 Geistliche ... 26 Frauwen und 26 Jungfern.» Um die Gäste nach Haddenhausen zum Leichenschmaus zu bringen, brauchte man 48 Reitpferde und 25 vierspännige Kutschen.

Wie üblich, wurde nicht nur die Verwandtschaft sondern auch das Personal der Verstorbenen mit neuer Trauerkleidung ausgestattet: «Wer all ist gekleidet worden: Wir drei Gebröder ... die 2 Döchter, Pastor Iselhorst, der Schreiber ... 5 Diener haben Kleider und Mänteln krigt, ferner der Koch, der Schultze, der Pförtner, 2 Kutscher ... Was weiters für Duch genommen: Zu uns 3 Gebröder 3 Trauwermäntel, das Leichduch für die Trauwerstube, den Saal, die Trauwerkutsche, die Cantzel, den Trauwerstuhl in der Kirche zu beziehen, auf die 4 Pferde für den Leichenwagen und auf 4 Reitpferde.» Und wo kam der Stoff für so viele neue Kleider her? Aus der einheimischen Produktion? Mitnichten: Bei einem fernen Kaufmann wurde eingekauft: «Was vom Kremer in Bremen geholet zu Trauer und Kleidern: u. A. 391 Ellen Flor, 163 Ellen Band, 40 Dutzend Knöpfe etc. etc.» Zum Schneidern kamen Gesellen ins Haus, «so vier Wochen gearbeitet».

Was beim Leichenschmaus verzehrt wurde, wuchs nicht auf den Feldern der Umgebung: den Händlern und Hökern hatte man Südfrüchte und Gewürze abgekauft: Zitronen und Pomeranzen, frische Mandeln, Ingwer, Pfeffer, Muskat, Nelken, Zimt, Safran, Oliven, frische Feigen, Anis, Korinthen und Rosinen. Es gab holländischen Käse und aus Bremen frischen Fisch: eine halbe Tonne Hering, 120 Schollen und Lachs. Bei den Unkosten ist Frachtgeld für die Güter aus Bremen und Trinkgeld für die Schiffer eingetragen. Der Hauptgang bestand aus Fleisch: «Was an Vieh geschlachtet: 3 Ochsen, 3 Kälber, 14 Schafe, 4 Schweine. Was von Federvieh verzehrt: 14 grosse Hühner, 76 kleine Hühner, 8 wilde Aenten, 50 Dauben, 17 Gänse.» Dazu kam noch jede Menge Wild. Hinuntergespült wurde das alles mit rheinischem, spanischem und französischem Wein, Bier aus Hameln und Minden. Nur das Gesinde erhielt selbstgebrautes Bier. In einem Punkt handelte man ausdrücklich gegen den letzten Willen der Verstorbenen: Es gab Konfekt, «für die Manspersohnen 6 Schüsseln, auf dem Saal für das Frauwenzimmer 12 Schüsseln, auf der Deele für den Rath ... 12 Schüsseln.» Es war eine schöne Leiche.

Die Gegensätze im Leben der Erwachsenen gelten auch für die Kinder. In die vorderste Reihe schieben sich jene Sprößlinge, deren adlige Eltern bei Hofe viel zu beschäftigt waren, um Zeit für ihren Nachwuchs zu haben, die in den wenigen freien Minuten, die blieben, wohlerzogene Äffchen sehen wollten. Unter der Obhut von Gouvernanten und Erziehern traten diese Kinder vor. Und dann hieß es: «Ma fille, parlez donc, wünsche deiner Mama einen guten Morgen.» Und die Tochter sprach: «Erfreue mich von kindlichem Herzen, daß der höchste Gott der Mama eine ruhige Nacht, sanften Schlaf verliehen und dann endlich mit gutem Contento ziemlich spät in guter Disposition hat lassen aufstehen ...» Mit Freude machen sich die zeitgenössischen Satiriker am Beginn des 18. Jahrhunderts über die Kindererziehung oder besser über die Vernachlässigung der Nachkommenschaft aus feinsten Kreisen her. Noch eine Probe: «Die Mutter sorget nur bey ihren langen Stunden, / Ob sich die Spieler nicht zum L'Ombre eingefunden, / Wie man Merenden giebt und durch gefrornen Safft, / Bey süsser Sommer-Zeit den Winter wieder schafft. / Die Kinder lässet sie den Mägden in den Armen, / Die mehrentheils zugleich der Knechte sich erbarmen. / Dann sieht der kleine Schalck mit zarten Augen an, / Was zwar die Mutter auch doch nur verdeckt gethan. / Fünff Jahre streichen hin, so weiß es schon zu nennen, / Was Schaam und Ehre kaum im Alter hören können. / Und weichen sieben weg, so wird es auch gelehrt, / Was für Vermählte nur und in die Nacht gehört!»

Das sind Karikaturen, keine verbindlichen Zeugen. Wir haben schon gehört, was die Erziehungsmaßstäbe der großen Mehrheit des Adels waren. Die Witwe von dem Bussche wie der Graf von Kielmansegg zeigten ihren Kindern gegenüber Zuneigung und Liebe und forderten dafür den schuldigen Gehorsam.

Kehren wir zurück zu den bürgerlichen Kreisen. Seit dem Ende des 15. Jahrhunderts gab es mehr und mehr Ärzte, die sich mit der Pflege der Säuglinge und Kleinkinder beschäftigten und den Hebammen gute Ratschläge gaben. Die neue Kunst der Druckerei verschaffte solchen Werken weite Verbreitung. Im Jahre 1595 veröffentlichte der Italiener Scipio Mercurio, Mönch und Arzt zugleich, seine Schrift «Die Hebamme». Sie erlebte in den folgenden Jahrhunderten viele Auflagen und wurde auch ins Deutsche übersetzt. Wir können also davon ausgehen, daß der gelehrte Mönch mit dem, was er schrieb, das Gefühl seiner Zeit getroffen hatte.

Dieser Autor beschäftigte sich gegen Ende des 16. Jahrhunderts ausführlich mit der Rolle des Vaters: «Wenn ein Vater ... nur die Kurtzweil bedächte, welcher er sich begibt, in dem er sein Kind außerhalb des Hauses einer Amme gibt. So halte ich nicht dafür, daß er sich dazu jemals würde bereden lassen, indem man doch in der gantzen Welt nichts hat, womit man die Zeit lieblicher und anmuthiger als mit kleinen Kindern vertreiben kann. Es ist keine Commoedia damit zu vergleichen, wenn man sieht, wie sie bald lachen, bald weinen. Sich bald so, bald anders stellen ... Bald sehen sie sauer um nichts, bald werfen sie Gold, Äpfel und dergleichen, was man ihnen gibt, weg. Bald hört man ihre listigen Anschläge und possierliche Antwort. Bald sieht man sie spielen, hüpfen, springen. Bald schwatzen sie mit Hund und Katzen. Bald spielen sie, als wenn sie groß und alt, Priester und dergleichen wären ...

Und welches das beste ist, wenn der Vater voller Sorgen und Unmuth nach Hause kommt und sieht, daß sein liebes Söhnlein oder Töchterlein im Hause oder an der Treppe ist und ihn mit solchem freudigen Gemüth ansieht, ihn umfängt, herzt und küßt und ihm ein Haufen herschwatzt, so wird er aller seiner Sorgen und tiefen Gedanken nicht allein benommen, sondern er kanns auch nicht lassen, daß er, wiewohl es ihm als einem Alten nicht ansteht, dennoch mit dem Kinde spiele und seinen Händel treibt. Und wer wollte sagen, daß es einem ehrbaren und ansehnlichen Manne übel anstehe, wenn er sich etwa bißweilen mit Kindern necket.»

Auch diese Frage ist schon lange überholt. Wir stellen sie nur der Ordnung halber: Haben Menschen, die solches schreiben, und

Eltern, die solches lesen, kein Gefühl für kleine Kinder, keine Zuneigung zu ihren Säuglingen, auch wenn deren Erdentage noch so kurz bemessen waren?

Johannes Butzbach und Felix Platter hatten ihre Kindheit schon hinter sich, als sie ihre Autobiographien schrieben. Aus dem Jahre 1611 haben wir ein kurzes, aber direktes Zeugnis eines jungen Menschen. Damals war Johann Heinrich Schmidlin zwölf Jahre alt, sein Vater Stadtschreiber in Freiburg, und er selbst hielt sich – offenbar für länger – im nahe gelegenen Villingen auf. Weil Johann Heinrichs Mutter offenbar nicht lesen konnte, war der Brief an den Diener Philipp gerichtet: «Ich bitte euch, ihr wollet auch der Mutter sagen, daß sie mir ... die leinenen Strümpfe ... schicke, denn ich bin sehr schäbig. Ich muß die leinenen Strümpfe haben ... Und zu dem Clara-Annele: Ich will es gewaltig schlagen, wenn ich heim komme. Ich will es lehren, die Vögel fliegen zu lassen ... Und schreibt mir auch, ob das Stück Wild noch lebt. Wenn der Vater von Ensisheim kommt, sagt zu ihm, er soll mir das gute Jahr auch schicken und das Faßnachtsküchlein und wenn es geht, will ich euch bald einmal besuchen. Ach lieber Philipp, ich würde gerne schreiben lernen, doch ich habe niemanden, der mich unterrichtet ... Ich bitte euch, tut mir auch zu wissen, wann die Kleue mit dem Dauidten Hochzeit hat. Und wie meine weißen Tauben leben ... Und grüßt mir auch das ganze Hausgesindt, nur den Denzlinger nicht ... Und sagt zum Annele, es soll mir auch schreiben, danach will ich ihm auch schreiben ... Und grüßt mir die Mutter zu tausend hundert malen. Hiermit Gott befohlen.»

Zwölf Jahre war er alt, aber an Selbstbewußtsein fehlte es dem Johann Heinrich Schmidlin nicht. Die Schwester wird beschimpft, von anstehenden Hochzeiten will der Junge unterrichtet werden. So schreibt keiner, der durch die Rute erzogen wurde und gegenüber den Erwachsenen nur einen krummen Rücken machte. Schmidlin Junior, dessen Deutsch 1611 so katastrophal ist, daß man es der Verständlichkeit halber ins Hochdeutsche übersetzen muß, wurde 1636 als promovierter Jurist Nachfolger seines Vaters im Amte des Stadtschreibers von Freiburg. Vetternwirtschaft!

Johann Wachmann, der Syndicus aus Bremen, war 1611 schon 19 Jahre alt, sieben Jahre älter als der Junge im Schwarzwald. Vergleichen läßt sich das gutbürgerliche Elternhaus, aus dem beide kommen. Als der kleine Johann Wachmann drei Jahre alt ist, gibt ihn der Vater auf Monate zum Großvater, weil er zu sehr mit dem Bau eines neuen Hauses für die Familie beschäftigt ist. Während der Junge in Bremen aufs Gymnasium geht, sind Ausflüge mit der Mutter oder Verwandten an der Tagesordnung. Wenn die Eltern Feste geben, ist er dabei. Noch in der letzten Klasse darf er für fünf Wochen in die Niederlande reisen. Später, als er selber Vater wird, sind auch die eigenen Kinder am gesellschaftlichen Leben beteiligt. Von der «Spielfahrt» nach Friesland, dem Bankett in Emden, den Gastereien im Bremer Ratskeller haben wir schon gehört.

Georg Bärtling, in Essen geboren, wurde von seinem Vater als Lehrling nach Einbeck gegeben, um dort – fern von der Familie – ein anständiger und glücklicher Mensch zu werden. In Münster haben 1685 Dutzende von Familien einen Studenten als Kostgänger oder als regulären Untermieter. Es sind Jungen, die aufs Gymnasium gehen und deren Eltern außerhalb der Stadt wohnen. Es gibt außerdem nicht wenige Familien, bei denen im Steuerregister angemerkt ist, daß mit ihnen ein «armes Kind» oder sogar mehrere wohnen.

Es bestätigt sich die mittelalterliche Kinderwelt, die in den zurückliegenden Jahrhunderten nur in Bruchstücken rekonstruiert werden konnte: Kinder nehmen teil am Leben der Erwachsenen. Sie werden mit der Rute geschlagen und geliebt, früh als eigene Persönlichkeiten akzeptiert und von den Eltern ohne Zögern in jungen Jahren aus der Familie entlassen, um von Verwandten, von Lehrern, Lehrherren und Vermietern erzogen zu werden.

Was die einen freiwillig tun, das erzwingt bei Tausenden ein bitteres Schicksal. Je mehr die Zeit fortschreitet, desto zahlreicher werden Aufzeichnungen, Schriften, Zahlen, die sich erhalten haben. Sie bestätigen in erschreckendem Maße, was vorher Krankheiten und Seuchen nur andeuteten: Familien, die der Tod amputierte und auseinanderriß, waren keine Ausnahme. Wenn es nicht selbst betroffen war, dann erlebte jedes Kind, wie in der nächsten Nachbarschaft die Spielgenossen Vater oder Mutter oder beide verloren. Zwar gab es nun keine wandernden Schüler-Rudel mehr, die durch das Land zogen. Da hatte sich die Obrigkeit mit strengen Strafen durchgesetzt. Aber ihren Unabhängigkeitsdrang verloren die Schüler nicht. Johann Sebastian Bach, der 1693 mit acht Jahren auf die Lateinschule in Eisenach kam, wo vormittags und nachmittags unterrichtet wurde, brachte es in einem Jahr auf 103 versäumte halbe Tage.

Johann Sebastian Bach und das Schicksal seiner Familie steht für viele andere im 17. Jahrhundert. Er war neun Jahre alt, da starb, gerade 50 Jahre alt, 1694 seine Mutter. Sechs Monate später heiratete der Stadtpfeifer und Hofmusikus Johann Ambrosius Bach zum zweitenmal. Für Barbara Margarethe Kaul, die neue Frau, war es die dritte Ehe. Zwei Männer hatte sie schon begraben. Drei Monate nach der Hochzeit in Eisenach mußte sie auch den dritten zum Friedhof tragen. Zu Hause ließ die Witwe gleich danach ein Schreiben aufsetzen. Es ging an die «WohlEdle, Veste, auch Wohl-Ehrenveste, Groß- und VorAchtbare, Hoch- und Wohl-Gelahrte, Hoch- und WohlWeise, insbesonders HochGeehrte Herren Bürgermeister und Rath, HochGeneigteste Patroni und Herren». Der Grund des Schreibens: Da der Verstorbene 23 Jahre lang durch seine Musik jedermann vergnügt hätte, bat die Witwe, ein halbes Jahr lang aus Gnade das Gehalt ihres Mannes zu bekommen. Noch waren die Kosten für zwei Beerdigungen, eine Hochzeit, für Arzt und Arznei nicht bezahlt. Die hochedlen Herren berührte das Geschick der Witwe Bach herzlich wenig. Sie zahlten genau für drei Monate und damit basta.

Das Schicksal der Restfamilie war besiegelt. Barbara Bach konnte die Kinder ihres Mannes und ihr eigenes zusammen nicht ernähren. Die Familie mußte aufgelöst werden. Drei Kinder waren schon selbständig. Von den übrigen nahm die Witwe eine Bach-Tochter in den eigenen Haushalt. Johann Jacob, dreizehn, kam als Lehrling bei dem Nachfolger seines Vaters unter. Johann Sebastian wurde von seinem älteren verheirateten Bruder aufgenommen. Fünf Jahre später erklärte der ihm, das Geld reiche nicht. Er müsse gehen. Durch Vermittlung bekam Johann Sebastian eine Freistelle in einem Internat, das der Lüneburger Michaelis-Kirche angegliedert war. Dort wurden Jungen mit guter Stimme und musikalischem Talent aufgenommen. Als der fünfzehnjährige Bach sich auf den Weg nach Lüneburg machte, hatte er seine Kindheit längst hinter sich.

Zur mittelalterlichen Stadt gehörten die Gräber um die Kirche. Ob man zum Markt ging oder auf Besuch, fast täglich sah jeder den Friedhof oder lief zum Abkürzen quer über den Gottesacker. Der Tod gehörte zum Leben, wie es für uns nicht mehr nachvollziehbar ist, noch weniger die Gläubigkeit, mit der er akzeptiert wurde. Er setzte auch im barocken Zeitalter den Kontrapunkt und wurde mit einem bis dahin nicht gekannten Pathos gefeiert. Vielleicht, weil er den Rausch bewußter und vergänglicher zugleich erleben ließ: «Es wird der bleiche Tod mit seiner kalten Hand / Dir endlich mit der Zeit um deine Brüste streichen. / Der liebliche Korall der Lippen wird verbleichen, / Der Schultern warmer Schnee wird werden kalter Sand ... Der wohlgesetzte Fuß, die Lieblichen Gebärden, / Die werden teils zu Staub, teils nichts und nichtig werden ...» So dichtete Christian Hofmann von Hofmannswaldau. Seine barocken Dichter-Kollegen standen ihm nicht nach. Nicht vorher und nicht nachher wurde so eindringlich und unaufhörlich von der Eitelkeit der Welt, dem Sterben und Vergehen gesungen. Das Sterben war das größte und ergreifendste Schauspiel auf der Bühne des Lebens. Was die Literaten zelebrierten, fand täglich in den Häusern der Bürger, den Palästen der Adligen statt – und wurde überall gleich ernst genommen. Schon immer wollte der Sterbende denen ein Beispiel geben, die später an der Reihe waren. Nun wurde, was man bisher mündlich überliefert hatte, gedruckt, damit sich am wohlgeordneten Sterben der Vorangegangenen noch die Enkel erbauen konnten.

Auf diese Weise ist uns die Predigt erhalten geblieben, die der Pfarrer und Superintendent von Nordthausen in Thüringen, Abraham Reineccius, im Dezember 1642 hielt: «Gebärender Weiber abwechselnde Traurigkeit und Fröligkeit. Bey Christlicher Leichbestattung Der Weiland Erbarn und Vieltugendsamen Frauen Chatharinen, deß Ehrnvesten und Wolgeachten Herrn Nicolai Zerrenners, Gräfflichen Schwartzburgischen Ambtsschreibers zu Sega, gewesenen hertzlieben Haußehre, Welche den 14. Decemb. Anno 1642 früe halbweg 5 Uhr in harter Geburt, sampt der Frucht, ihr Leben selig geendiget.» Ein Tod, der über Jahrhunderte – bei den heidnischen Germanen ebenso wie im christlichen Mittelalter und bis weit in die neue Zeit – nichts Ungewöhnliches an sich hatte. Jede Frau, die ein Kind erwartete, mußte darauf gefaßt sein.

Der Amtsschreiber war zugleich der Schwager des Pfarrers, und die Frau Chatharina ist uns schon begegnet: als früh verwaistes Kind eines Weißbäckers in Braunschweig, im Dienst einer wohladligen Frau Oberhofmeisterin und als frisch Vermählte des Witwers Nicolaus Zerrenner. Ihn hatte sie – 32jährig – vierzehn Monate vor ihrem Tod geheiratet.

Natürlich suchte der Theologe für die Leichenpredigt nicht nur Trost, sondern auch Erklärung in der Bibel. Da stand, daß Frauen in Schmerzen ihre Kinder gebären sollen. So traurig die Gelegenheit war, Reineccius nutzte sie, um gegen die Unmoral der Zeitgenossen zu wettern: «An welchen Ursprung der Geburtstraurigkeit unzüchtige Leute offt zu gedencken haben, welche in Kammern und Unzucht leben, deß sündlichen Bettes schuldig sind, die Ehe nicht ehrlich halten, sondern einander durch Ehebruch beleidigen. Bey denen hat Gott gedoppelte Ursach, sie mit Traurigkeit zubelegen.» Nun wußte Abraham Reineccius aus Erfahrung, daß solche Sünde keineswegs immer prompt bestraft wurde, und er sagte es auch: «Und wie sie bey Verübung der fleischlichen Wollust daß Maul wischen und davon gehen als hätten sie kein übels gethan, also kömpt ihnen auch offt die Geburt gar leicht an ...» Aber der Pfarrer ist sicher, daß sie «dem Urtheil nicht entgehen, und wo sie sich nicht bekehren, wird sie der Schmertz doch am Ende überfallen und in der Höllen desto härter quälen».

Aber der Theologe sprach nicht nur von der Moral, sondern auch von der Realität: «Kein irdischer Schmerz ist leichtlich mit den Schmertzen der gebärenden Weiber zu vergleichen. So gar, daß auch die höllischen Schmertzen und Pein der Verdampften damit verglichen werden.» Daraus folgt in bezug auf die Frauen: «In Ansehung dessen man sie desto lieber haben, ihnen mehr Ehre geben, säuberlich mit ihnen fahren, ihrer wol pflegen und warten und durch unfreundliche Bitterkeit nicht Ursach zu ihrer folgenden Traurigkeit geben soll.» Und anschließend machte der protestantische Pfarrer klar, daß die Frauen, die bei der Geburt ihrer Kinder sterben, keineswegs ein schwaches Geschlecht sind: «Und dannenhero dafür halten, daß, weil sie in ihrem Beruff, da sie Gott berufen zu freyen und Kinder zu zeugen, als eine gute Streiterin Jesu Christi, ritterlich kämpffend, ihr Leben uffgeben, daß sie gleichsam zur Märtyrerkrone gelanget.»

Solcher Vergleich entsprang offenbar nicht der Laune eines Augenblicks. Der brandenburgische Hofprediger und Konsistorialrat Johann Henrich Krüger hatte sicherlich niemals von seinem Kollegen in Nordthausen gehört, als er 1696 in Halberstadt aus gleichem Anlaß eine «Klag- und Trost-Rede» hielt. Auch sie wurde gedruckt: «Menschlicher Graß- und Blumen-Spiegel Bey Anlaß Schuldigster Trauer- und Ehren-Gedächtnis der Weyland Hoch-Wohl-Gebohrnen Frauen Anna Catharina Gebohrnen Baronin von Eller, Des Hoch-Würdigen und Wohl-Geborнen Herrn Clamer von dem Busch ... Höchst und Hertzgeliebten Gemahlin, Als Dieselbe Den 6. November 1695 nach Mittags um 3 Uhr in Christo Jesu Ihrem Erlöser nach Genesung eines todten Töchterleins unter einer Ohnmacht sanfft und seelig entschlaffen ...»

Der Hofprediger rühmte nicht nur «ihre Leutseeligkeit, Höfflichkeit und rechtes Bild eines gantz ungemeinen Gottesfürchtigen Exemplarischen Lebens», sondern auch den Anblick ihrer «schön strahlenden Augen». Er klagte: «Es winseln auch die unerzogenen Kinder, die jetzt mutterlosen Waysen, so noch theils an fremden Brüsten weinen ...» Und er tröstete: «Sicherlich, Unsre werthe, theure Frau von dem Busch ist mit Warheit wol recht die andere Märtyrin Catharina durch Ihren schmertzlichen Todt gewesen. Dann bey allen den Ihr zustoßenden und unglaublich unbegreifflichen Schmertzen blieb Sie standhafftigen, großmüthigen Gemüths: Und wie Selbige in Ihrem gantzen Leben die Gottesfurcht und Tugend zur Begleiterin und Führerin hatte, also überwandt Sie durch diese recht ritterlich und glückseelig solchen schweren und fast unerhörten Kampff. Sie starb wie eine Heldin im Streit oder eigentlich zu sagen, wie eine Siegerin im Triumph. Es besieget Selbige sich selbst, Ihren Schmertzen, dieses Leben und den Todt. Sie starb in Ihrem Beruff, und machte Ihr Sterben um desto rühmlicher. Denn ... hierinn gewiß die Glückseeligkeit denen Sterbenden man zuzueignen pfleget, welches betrifft einen Lehrer auff der Cantzel, einen Krieges-Held im Streit, eine Frau in der Gebuhrt.»

Besser können wir nicht ausdrücken, wie die Zeit dachte: Der Beruf der Frau ist, zu heiraten und Kinder zu bekommen; jedoch wird sie deshalb nicht automatisch zur Gebärmaschine degradiert. Wir müssen unsere Vorstellungen beiseiteschieben, auch unsere Unfähigkeit, uns in andere Wertvorstellungen hineinzudenken. Sofort voller Ängstlichkeit abzuwägen, wer da besser und wer schlechter gestellt ist. Kinder zu bekommen, galt als ein Beruf, so wie der Mann in den Krieg ziehen mußte. Auf keines von beidem konnte verzichtet werden. Außerdem müssen wir uns erinnern, daß die Wirklichkeit für die meisten Frauen einen anderen «Beruf» gar nicht ausschloß. Eine radikale Alternative zu konstruieren, geht am Leben vorbei.

Wie wir das Leid der Magdalena Baumgartner über den Tod ihres kleinen Balthasar aus ihrem Brief unmittelbar erlebten, so haben wir auch aus dem 17. Jahrhundert das direkte Zeugnis einer trauernden Mutter. Margaretha Susanna von Kuntsch war mit einem Hofrat verheiratet und lebte seit 1669 in Eisleben im Harz. Vierzehn Kinder hat sie geboren, nur eine Tochter blieb ihr. Als ihr neuntes Kind, der fünfte Sohn, im November 1686 starb, machte die Mutter ein Gedicht «Auf den Tod des fünftgebornen Söhnleins, den kleinen Chrisander»: «Ja traut der Künstler sich nicht zu / da er sonst künstlich war in schildern / durch seines Pinsels Strich der Eltern Schmertz bey Kinder Tod zu bilden / Daß er vielmehr verdeckt was ihre Seel erschreckt ... Die Hand erzittert mir / die Feder will mir ihren Dienst versagen / Es schüttert das Papier / und kan die Schmertzens-Worte nicht ertragen / Drum zeuge stummes Leyd von meiner Traurigkeit!»

Der Tod war etwas, auf das man sich vorbereitete, den die ganze Familie zusammen mit dem Sterbenden erwartete. So sagte gegen Ende des 17. Jahrhunderts in Hannover Frau von Wrisberg «etliche Tage vor ihrem seligen Ende zu dero Ehemann: Ich verspüre nunmehr, daß meine sonst starke Natur durch die langwierige Krankheit so abgenommen, daß ich nun bald werde aus dieser Zeit scheiden ... Da ich nun nicht weiß, ob mir Gott bis an mein Ende meinen völligen Verstand lassen möchte, so will ich von

Ihm jetzo Abschied nehmen ... Als nun den 1. April dero Ende herzunahte und man mit christlichen Liedern und Gebet ihr an die Hand ging, betete sie unter andern den 71. Psalm. Wie ihr aber hirüber die Sprache verging, so wollte sie zwar dero Eheherrn gern noch etwas sagen, es konnte aber derselbe kein Wort verstehen, und da er ihr zu verstehen gab, daß es scheine, daß Gott dero Zunge bereits gelähmt und das Ende herbeinahte, so wies sie auf den Mund, richtete sich in die Höhe, küßte ihre beiden Hände und reichte sie dero Eheherrn mit einer freundlichen Miene zu, welcher ihr darauf seine Hände gab, die sie stark drückte, worauf sie sich sanft niederlegte, die Hände faltete und, wenn im Gebet Gott oder der Name Jesu genannt wurde, mit aufgehobenen Händen genugsam zu verstehen gab, daß sie mit gutem Verstande alles begriffe, womit sie solange anhielt, bis ihr die Augen brachen und sie selbigen Mittags um 12 Uhr in Gott sanft und selig einschlief und verschied.»

Eine Generation später geschieht etwas Unerhörtes. Die neue Empfindsamkeit hat vor dem Sterben nicht haltgemacht. Jene, die zurückbleiben, können im Angesicht des Todes keinen Trost mehr spenden, sondern werden vom eigenen Schmerz überwältigt. In Hannover ist 1726 Frau von Alvensleben sicher, daß es mit ihr zu Ende geht. Sie bat ihren «Ehemann, so oft er sich ihrem Bette näherte, sich wieder zu retirieren, weil sie seine Tränen und Wehmut nicht ohne allzu große Herzensbewegung sehen könnte». Dann läßt sie ihre Dienstboten kommen, um sich zu verabschieden. Aber als da zuviel geweint wird, sagt sie: «Was machet ihr, daß ihr weint und brecht mir das Herz? Ich bin bereit, mit Freuden zu meinem Gott zu gehen, gehet nun hin, liebe Leute, gehet hin! ... Kaum waren diese hinausgegangen, so sprach sie: Nun will ich mich ganz wenden zu dir, Herr Jesu, allein.» Eine Frau wollte allein sterben! Der Ehemann konnte seine Gefühle nicht unter Kontrolle halten. Wir werden es im Gedächtnis behalten und mit fortschreitender Zeit fragen, ob dies eine Ausnahme oder der Beginn einer Entwicklung war, die viele erfaßte.

# Die Aufklärung kommt, die Armut bleibt

*Ein Ziegeleiarbeiter verzweifelt – ohne Zärtlichkeit ward sie zum Weibe – Die Kindsmörderin Bei Familie Misler in Hamburg*

In der Geschichte der Menschheit scheint das 18. Jahrhundert ein großer Sprung nach vorn gewesen zu sein. Der Stern der «Aufklärung» geht auf. Voltaire streitet für Gedankenfreiheit, Rousseau predigt den Menschen, zurückzukehren zu einem natürlichen Leben. Die französische Revolution bringt erst wirklich den Bruch mit der alten Zeit, fordert Freiheit, Gleichheit und Brüderlichkeit im Namen des Menschen. Vorbei ist ein finsteres Zeitalter, zu dem auch das vorangegangene Jahrhundert zählt mit seinem Großen Krieg. Eine neue, bessere Epoche ist angebrochen.

Die Ideen des 18. Jahrhunderts haben vorangegangene Zeiten vorbereitet. Doch wir wollen ihm nicht den Ruhm nehmen, daß sie nie zuvor mit solcher Vehemenz gepredigt, mit soviel Blut durchgesetzt wurden. Wir wollen auch nicht die gute alte Zeit betrauern – nur die Perspektiven ein wenig verschieben. An den meisten Zeitgenossen ging der Fortschritt spurlos vorbei. Für sie war der Kampf um das tägliche Brot der einzige Sinn, den ihnen das Leben stellte. Über allen aufgeklärten Ideen wurde die Wirklichkeit jener Jahre vergessen. Die äußere Not nahm nicht ab, sie wurde noch größer. Die meisten Menschen der aufgeklärten Zeit lebten in finsteren Zeiten.

Pest und Seuchen waren längst noch nicht ausgerottet. In langen

Kriegen forderte Friedrich der Große Europa heraus. Das schlimmste für die kleinen Leute aber blieben der Hunger und die schwindelerregende Geldentwertung. Auch das Mittelalter kannte solche Nöte. Doch dazwischen lagen fette Jahre. Die städtische Wirtschaft brachte gute Verdienste, für die man sich etwas kaufen konnte. Handwerker und auch Tagelöhner hatten in solchen Zeiten täglich ihr Stück Fleisch im Topf. Davon konnte die Mehrzahl der Menschen zu Beginn der neuen Zeit nur träumen. Zwar hat man für das 18. Jahrhundert einen Pro-Kopf-Verbrauch von täglich 2210 Kalorien berechnet, aber die setzten sich aus Brei, Biersuppe, Kohl und Brot zusammen. Gesund war diese Nahrung nicht. Je nach Landstrich lebten die Menschen ein wenig besser oder sehr viel schlechter. Allen nahm die Inflation den Rest: Für das wenige Geld, das sie verdienten, konnten sie sich immer weniger kaufen. Das galt vor allem für das Essen, das ohnehin zwischen 50 und 80 Prozent des Budgets verschlang. Gerade bei den Grundnahrungsmitteln liefen die Preise davon.

In Leipzig stiegen zwischen 1710 und 1810 die Preise für Roggen um 400 Prozent, für Weizen um 300, für Erbsen um 350 und für Butter um 275 Prozent. In der zweiten Hälfte des Jahrhunderts verdiente ein Bergarbeiter im Erzgebirge 24 Groschen pro Woche. Davon konnte er in guten Monaten 12 Sechspfundbrote für seine Familie kaufen. Gegen Ende des Jahrhunderts schrumpfte der Wert von 24 Groschen auf zwei Sechspfundbrote. Die Familie aber war nicht kleiner geworden. Eher hatten Frau und Kinder, die versuchten, mit Heimarbeit etwas dazu zu verdienen, inzwischen ihre Arbeit verloren.

Zustandsbeschreibung aus dem Erzgebirge im Jahre 1772 durch einen Pfarrer: «Die meisten Einwohner sind so notdürftig gekleidet, daß sie ihre Blöße nicht bedecken können, ihre Wohnungen von allem Hausgerätes, ihr Lager von Betten leer ... Viele Häuser, die ausgestorben waren, sind von ihren Nachbarn eingerissen und das Holz verbrannt worden, um ihr und ihrer Kinder Leben auf einige Tage zu fristen ... Viele wissen über keine Krankheit und Schmerzen zu klagen, aber geschwollen, keuchend, ganz verschmachtet taumeln sie umher, vermutlich sind ihre Eingeweide zusammengeschrumpft. Nur erst vor 14 Tagen hatte man in der

Gegend von Eibenstock zwei Kinder, die in den Wald gegangen waren, um sog. Schwarzbeeren zu holen, auf der Straße aus Mattigkeit umgefallen und tot gefunden.»

Zur gleichen Zeit schrieb ein Amtsarzt über seine Kranken im thüringischen Eichsfeld: «Die Patienten lagen ohne Hoffnung; Heu, Grummet, Gartenfrüchte, Gemüse, Obst waren verdorben; jämmerlich sah der Landmann seinen sauren Schweiß bei der Ernte vereitelt; Ströme des Unglücks und das schrecklichste unter ihnen, der Hunger, wütete über die Unglücklichen. Man sah die Früchte auf dem Halme ausgewachsen; unzeitig und bei dem Ofenfeuer halb getrocknet, mußten sie schon der verhungerten Armut zur stillenden Nahrung dienen ... Alle Kommerzien erlagen; die geldlosen Zeiten versagten den Genuß des Brotes, und das etwa um vier gute Groschen gekaufte war nicht für eine Person, geschweige für eine ganze Familie zur Ersättigung hinreichend. Denn es war keine Nahrung in dem lieben Brot. Kein Wunder also, daß diese Elenden, um das armselige Leben zu erhalten, auf viehische und naturwidrige Speisen, ich verstehe darunter den Gebrauch des Grases, der Disteln, Kleienbrei, geröstete Haferbreispreu, Wicken ... verfallen mußten. Ja, die Not zwang sie endlich selbst sogar auf jene den Füchsen zur Fütterung dienende Kost.»

Der absolutistische Staat, der angetreten war, dem einzelnen Wohlfahrt und Glückseligkeit zu bringen, versagte kläglich. Zwar war es modern, Ökonomie zu studieren, und jeder Provinz-Fürst versuchte sich am Aufbau von kleinen Fabriken, Manufakturen, um Luxuswaren wie Porzellan und Seidenstrümpfe billiger im eigenen Land herstellen zu können. Meist waren es dilettantische Experimente, die schnell wieder aufgegeben wurden, weil sie zuviel kosteten. Die Frauen, Männer und Kinder von einem Tag auf den anderen zu entlassen, war kein Problem. Zuerst mußte das Geld für die teure Hofhaltung eingetrieben werden, dann konnte man sich um den Ankauf von Getreide kümmern.

Viele «wirkliche Geheime Räte» schrieben unzählige kluge Verordnungen. Der Hunger wurde damit nicht abgeschafft, weil man nur ein bißchen herumdokterte, statt radikal an den Staatsausgaben zu sparen. Von 1770 bis 1773 wurden allein in Ansbach 16 Verordnungen erlassen, «die in diesem hochlöblichen Fürstentum zur Abwendung der eingerissenen unerhörten Getraid-Teuerung und Mangels, dann daraus entstandenen großen Not» zu lindern. Befehl Nummer eins: Jeder solle sich «der in der Residenz als übrigen Städten und Orten des Fürstentums entbehrlichen großen und schädlichen Hunde entledigen». Befehl Nummer sechzehn: Um die Sperlinge auszurotten, solle jeder Untertan «jährlich 6 Spatzen-Köpfe zu seinem Amt liefern, diejenigen aber, welche sich hierunter säumig oder ungehorsam erzeigen würden, davor zur etlich-tägigen Strassen-Reparations-Arbeit angehalten und kein Geld davor genommen werden soll». Was für ein Zynismus: Verordnungen zu erlassen, die die Not nicht beseitigen können und bei Zuwiderhandlung den ausgemergelten Untertan noch zur unentgeltlichen Zwangsarbeit einzuspannen.

Die Hungersnöte trafen die Bauern nicht weniger als die Städter. Allerdings hatte man auf dem Land eine etwas größere Chance, in der Natur noch etwas Eßbares zu finden. Sanken die Temperaturen nicht unter den Gefrierpunkt, dann verhinderte die frische Landluft manche Krankheit, die sich in den engen Städten mit Windeseile ausbreitete. Frankfurt am Main 1767: «Es gibt Kellerwohnungen, welche bei jedem Gewitterregen überschwemmt und wo der Fußboden und die Wände niemals trocken werden. Diese Wohnungen sind eng und niedrig, und wenn sie auch genug Raum hätten, so ziehen doch viele und so starke Familien hinein, die in einer kleinen und niedrigen Stube essen, arbeiten, schlafen und ausdünsten, daß einer, der solche Luft nicht gewohnt ist, ohnmächtig werden muß, wenn er in einen solchen faulen Gestank kommt ... aus solchen unterirdischen Löchern kommen gemeiniglich die ansteckendsten Krankheiten hervor.»

Die Familien in der mittelalterlichen Stadt gluckten nicht permanent unter einem Dach. Der Kaufmann fuhr auf Handelsreise und Wareneinkauf, der Metzger ging ins Schlachthaus, die Frau des Bäckers ins Kaufhaus, um Brot zu verkaufen, der städtische Kranführer in den Hafen. Auch die Bettler waren tagsüber unterwegs, um ihr Einkommen zu beschaffen. Mittags, spätestens am Abend traf sich die Familie wieder, von längeren Reisen abgesehen. Die Stadt hatte Arbeit für viele. Das war anders geworden. Die Not trennte jetzt die städtischen Familien.

Familie Bronner lebte um die Mitte des 18. Jahrhunderts in dem kleinen Städtchen Höchstadt an der Donau im Fürstentum Pfalz-Neuburg. Der Vater war Ziegeleiarbeiter. Wie er versuchte, Frau und Kinder durchzubringen, hat Jahre später der Sohn Franz Xaver in seinen Kindheitserinnerungen aufgeschrieben: «Im ersten Sommer seines Ehestandes lief mein Vater täglich Morgens fünf Viertelstunden weit, von Höchstadt nach Dillingen, um dort als Ziegelknecht bey einem harten Herrn täglich um den Lohn von 15 Kreuzern fünfzehnhundert Ziegelsteine zu verfertigen. Fast jeden Abend eilte er wieder nach Hause zu seinem Weibchen. Dabey aß er nichts zu Mittag als trockenes Brod, und trank Wasser dazu. Bald nahm aber auch die Arbeit in Dillingen gänzlich ein Ende; und er mußte sieben Stunden weit, bis nach Welden, einem Dorfe zwischen Augsburg und Wertingen, gehen, um im Ziegelstadel daselbst Arbeit und Verdienst zu erhalten. Weil es nun die Entfernung unmöglich machte, täglich nach Hause zu wandern, so ward verabredet, er wolle jeden Sonn- und Feyerabend heimkommen. An den übrigen Tagen der Woche blieb er im Walde bey Welden in einer aus Baumreisern geflochtenen Hütte über Nacht. Abgefallenes Laub war sein Bett, ein Stein sein Kopfkissen.»

Wer in die Stadt wollte, egal ob er dort wohnte oder nur auf der Durchreise war, mußte am Tor seinen Obolus entrichten. Damit von seinem kargen Verdienst nicht bei der Heimkehr noch etwas abging, kletterte Vater Bronner unter Lebensgefahr stets durch ein Loch in der Mauer. Satt werden konnte die Familie von dieser harten Arbeit trotzdem nicht. Wie bei fast allen Arbeitern und Tagelöhnern mußte noch ein Nebenverdienst hinzukommen, wenn die Familie nicht verhungern sollte: «Neben der Zieglerarbeit verdiente mein Vater noch ein gutes Stück Geld als Spielmann, mit seiner Geige und Querflöte. Ohne dieß hätte sein elender, schon hart erworbener Zieglerverdienst zum Unterhalte nicht hingereicht. Aber wenn er an Sonn- und Festtagen bis Morgens um drey, vier oder fünf Uhr den jungen Burschen zum Tanze aufgespielt hatte, so mußte er ohne Schlaf, nach Welden laufen ...»

Es ist erstaunlich, was der Mensch alles aushält. Bei Familie Bronner und vielen anderen reichten aber selbst die zwei Verdienste des Ehemanns nicht aus. Auch die Mutter mußte etwas dazuverdienen. Frau Bronner hatte ein paar Wiesen mit in die Ehe gebracht: «Die Mutter bearbeitete das wenig Land, das die Familie besaß. Dort konnte man sich eine Zeitlang eine Kuh halten. Aber lange ging das nicht gut. Kuh und Land wurden verkauft. Jetzt verdingte sich die Mutter bei den Bauern zur Erntezeit und spann Garn in den langen Wintermonaten.» Die Familie hatte Glück, denn es lebte noch ein Großelternpaar, bei dem – als es immer schlechter ging – Franz Xaver tagsüber essen durfte: «Ich war herzlich froh, von der geringen Kost der Aeltern in eine etwas bessere zu kommen. Es hatte immer geheißen: Sauerkraut und Brod, Erdäpfel und Brod, und wieder Sauerkraut und Brod etc. Jetzt hieß es doch: Suppe und Nudeln, allerley Gemüße und an großen Festtagen wohl gar Fleisch.»

Wie war die Stimmung in der Familie bei soviel Elend, bei so wenigen Minuten für ein persönliches Gespräch, bei so wenig Hoffnung auf bessere Zeiten? Franz Xaver erinnert sich an den Vater zu der Zeit, als die Großeltern noch mit im gleichen Haushalt wohnten: «Wenn er heim kam und sah, daß sein Weib und die Großältern nicht ebenso überaus sparsam, wie er selbst that, gewirthschaftet hatten, so verdroß es ihn, daß er sich so übermäßig plagen sollte, indeß zu Hause dennoch nichts zurückgelegt wurde. Er hatte sich fest vorgesetzt, wohlhabend zu werden, oder auf einen grünen Zweig zu kommen, wie er sich ausdrückte, und dem Spitale in Höchstädt einige auf dem Hause haftende Schulden abzuzahlen, um von Zinsen befreyt zu werden. Aber bey so geringen Einkünften wollte sich nichts in der Geldkasse ansammeln. Er maß die Schuld dem Leichtsinn meiner Mutter und den Großältern bey. So fieng sich der Hader in unsrer Familie an.»

Gab es deshalb keine liebevollen Gefühle zwischen den Eheleuten? Manchmal drohte der Vater, die Familie zu verlassen. Aber ist das ein Gradmesser? Vielleicht war er einfach verzweifelt. Wir können aus diesem Leben keine allgemeinen Entwicklungen über eheliche Liebe herauslesen. Was Frau Bronner fühlte, wissen wir auch nicht. Dafür haben wir eine andere, seltene weibliche Stimme aus diesen Jahren, die Auskunft gibt. Anna Louisa Karsch kam aus ähnlichem Milieu. Ihr Vater war Pächter und Bauernwirt in Schlesien. Er starb früh. Mit sechzehn wurde sie an einen Weber verheiratet. Die Ehe war die Hölle. Trotzdem war Anna Louisa tief getroffen und fühlte sich von der Gesellschaft geächtet, als sich ihr Mann nach elf Ehejahren scheiden ließ. Mit einem dritten Kind schwanger und ohne jede Unterstützung stand sie auf der Straße. Nur eine zweite Heirat konnte das Schlimmste verhüten. Dem zweiten Mann, er war Alkoholiker, brachte sie nochmals vier Kinder zur Welt. Und weil das Geld nicht reichte, begann sie, Gedichte zu schreiben. Sie fielen auf. Die «Karschin» wurde berühmt, kam nach Berlin, lernte Lessing und Mendelssohn, sogar den großen Friedrich in Audienz kennen. Ihre Gedichte wurden gedruckt, viel gelesen. Goethe und Herder lobten sie.

Als ihr eines Tages ein Kompliment gemacht wurde, erwiderte sie mit einem Gedicht «An den Domherrn von Rochow, als er gesagt hatte, die Liebe müsse sie gelehret haben, so schöne Verse zu machen». Anna Louisa Karsch klärte ihn auf über die Erfahrungen, die sie – und viele Frauen ihres Standes – gemacht hatten: «Meine Jugend war gedrückt von Sorgen, / Seufzend sang an manchem Sommermorgen / Meine Einfalt ihr gestammelt Lied; / Nicht dem Jüngling thöneten Gesänge, / Nein, dem Gott, der auf der Menschen Menge, / wie auf Ameishaufen niedersieht! / Ohne Regung, die ich oft beschreibe, / Ohne Zärtlichkeit ward ich zum Weibe, / Ward zur Mutter! Wie im wilden Krieg, / Unverliebt ein Mädchen werden müßte, / Die ein Krieger halb gezwungen küßte, / Der die Mauer einer Stadt erstieg. / Sing ich Lieder für der Liebe Kenner: / Dann denk ich den zärtlichsten der Männer, / Den ich immer wünschte, nie erhielt; / Keine Gattin küßte je getreuer, / Als ich in der Sapho sanftem Feuer / Lippen küßte, die ich nie gefühlt.» (Sappho hat in jenen Jahren nichts mit lesbischer Liebe zu tun.) Sicher war Anna Louisa Karsch nicht die einzige Frau, die von Zärtlichkeit träumte. Wer weiß denn, ob die Männer sich nicht nach Gleichem sehnten? Und wer kann unter Umständen, wie sie die Karschin, wie sie Familie Bronner und Millionen anderer erlebten, dafür allzuviel Zeit haben?

Zu den Nöten der Zeit gehörte auch der Krieg. Wer Soldat wurde, hatte damit noch längst nicht ausgesorgt. Im Lager bei Minden an der Weser schrieb am 22. Juni 1757 ein Soldat an seine Frau in Rellingshausen bei Bochum: «Gott zum Gruß! Hertz liebe Frau!

Wie ich der Hoffnung lebe, so wirst du mein letztes schreiben aus Bielefeld, welches durch den Kaufmann allhir, an den Vetter Lüneschloß abgeschickt, in guter gesundheit erhalten haben. Darauß Du wirst verstanden haben, warum es mir unmöglich war, Dir etwas mehreres zu selber Zeit zu überschicken, nemlich anstatt 20 reichs Thaler habe ich dir nur 5 reichs Thaler überschicken und hier hinterlegen können ...» Es wird ein Schrecken gewesen sein für die Frau. Fünf statt zwanzig, das war ein Unterschied. Sie wird noch mehr gearbeitet haben, wie es bei Soldatenfrauen üblich war, selbst wenn sie mit einem preußischen Unteroffizier verheiratet waren. Satt werden konnte man auch davon nicht.

Karl Friedrich Klöden, der in Preußen die erste Gewerbeschule gründete, wurde 1786 in eine solche Unteroffiziersfamilie geboren. Seine früheste Erinnerung betrifft die Heimarbeit seiner Mutter: «Meine Mutter war eine der geschicktesten Strickerinnen ihrer Zeit ... Besonders waren gestrickte durchlöcherte und gemusterte grünseidene Geldbörsen mit übergeschobenen Metallringen an beiden Enden allgemein beliebt, welche zu arbeiten sie eine große Fertigkeit besaß. Damit erhielt sie im ersten Jahre die ganze Wirthschaft ... Leider waren nicht immer genug Bestellungen da, und wenn sie bloß auf den Verkauf arbeitete, mußte sie die Waaren oft so billig losschlagen, daß sie nicht im Stande war, Seide zu neuer Arbeit zu kaufen ... Das war eine schlimme Zeit; da war es sehr schwer, sich satt zu essen. Meine Mutter mußte die ganze Wirthschaft erhalten, und mein Vater, dessen Vergoldungsarbeiten längst aufgehört hatten, da sie aus der Mode gekommen waren,– mußte nothgedrungen stricken helfen, obgleich es ihm, trotz der guten Anweisung meiner Mutter, nicht sonderlich von Händen ging.» In der Kaserne lebte die Familie in einem Zimmer. Das war nichts Besonderes.

Noch eine Stimme aus der Not. Christian Gottlieb Heyne wurde 1729 in Sachsen geboren, als die neu gegründeten Manufakturen schon wieder verfielen: «Kaum langte der Erwerb der Hände noch zu, den Arbeiter selbst zu ernähren; noch weniger seine Familie ... Ich ward in der größten Dürftigkeit gebohren und erzogen. Der frühste Gespiele meiner Kindheit war der Mangel; und die ersten Eindrücke machten die Thränen meiner Mutter, die für ihre Kinder kein Brod wußte. Wie oft sah ich sie Sonnabends mit weinenden Augen die Hände ringen, wenn sie mit dem, was der angestrengte Fleiß und selbst durchwachte Nächte des Gatten gefertigt hatten, wieder nach Hause kam, ohne den Käufer gefunden zu haben. Zuweilen ward ein neuer Versuch durch meine Schwester oder durch mich gemacht, ich mußte mit eben den Stücken Waare zum Kaufmann gehen, ob wir es nicht los werden könnten. Es gibt in dieser Gegend sogenannte Kaufleute, die eigentlich nichts anderes als Aufkäufer sind, die den Aermern die verfertigte Leinwand um den geringsten Preis abkaufen, und sie um den höchsten auswärts zu verkaufen suchen.»

Es fügt sich, daß diese aufgeklärte Zeit versuchte, das Leben in Zahlen und Statistiken festzuhalten, nach dem Nutzen zu ordnen und zu reglementieren. Johann Peter Süßmilch, Mitglied der Akademie der Wissenschaften zu Berlin und sozialkritischer protestantischer Pfarrer, versuchte als erster, eine Bevölkerungsstatistik zu errechnen. Seine Überlegungen erschienen als Buch 1741: «Die göttliche Ordnung in den Veränderungen des menschlichen Geschlechts, aus der Geburt, dem Tode und der Fortpflanzung desselben erwiesen.» Süßmilch konstruierte aus den wenigen und unsicheren Zahlen, die ihm zur Verfügung standen, daß im Durchschnitt in Preußen auf jede Familie vier Geburten kamen. Nachträgliche moderne Berechnungen mit exakteren Mitteln haben ihm recht gegeben. Familie Bronner in Höchstadt mit ihren vier Jungen, von denen einer schon wenige Wochen nach der Geburt starb, war genau Durchschnitt. Das half ihr aber nicht zum Sattwerden, weshalb die Schwangerschaften keine Freude bei dem Vater auslösten: «Dazu kam dann noch die Schwangerschaft meiner Mutter. Wie diese zunahm, so nahm auch seine Furcht zu, sie alle würden bey Vermehrung der Mitesser nothwendig an den Bettelstab gerathen müssen. Mein Dasein verscheuchte also, unschuldiger weise, den Frieden vollends aus unserm Hause.»

Das Zauberwort, mit dem die absolutistische Obrigkeit sich aller Sorgen entledigen wollte, hieß «Peuplierung», Bevölkerungspolitik. Viele Menschen bedeuteten viele Arbeitskräfte, viele Manufakturen, die die Wirtschaft in Schwung bringen sollten. Anderseits: Wie konnte man in den Hungerjahren die vielen Menschen satt machen? Die hohen Herren waren in der Klemme und entschieden sich – bei der Wahl zwischen mehr oder weniger – dafür, die Menschheit lieber nicht allzuviel wachsen zu lassen. In der ersten Hälfte des aufgeklärten Jahrhunderts schränkten immer neue Heiratsverordnungen das Heiraten ein – vor allem für die ärmeren Stände. Überall wurde üblich, was wir aus der pommerschen Schäferordnung von 1616 kennen. Der Gang zum Pfarrer genügte nicht. Die Obrigkeit mußte zuvor ihre Zustimmung geben. In Memmingen, im Süddeutschen, wurde verkündet: «Gleichwie aber überhaupt keine Heyrath beschlossen, noch durch einen Kirchen-Diener bestättiget werden darf, es seye dann zuvor die Bewilligung von der Obrigkeit ausgebracht, als sollen alle diejenige, so sich zu verheurathen gedenken, bey Einem Wollöb. Rath um den Consens persönlich anhalten ...» Quer durch Fürstentümer, Grafschaften und Königreiche wurden immer neue Ehehindernisse ersonnen. Die Obrigkeit schrieb vor, wie groß der Altersunterschied zwischen den Verliebten sein durfte. In Preußen verbot ein Edikt 1739 dem Adel, die Töchter von geringen Bauern und Bürgern zu heiraten. Taten sie es dennoch, verloren sie ihre Privilegien. In Württemberg durften sich «zum Ehestand und der Haushaltung unfähige Personen» nicht verehelichen, was immer man darunter verstand. Stumme, Blinde, Lahme oder Menschen «mit einer üblen oder ansteckenden Krankheit oder Seuche behaftet» waren ebenfalls ausgeschlossen. Der Handwerker mußte vor der Hochzeit die vorgeschriebene Wanderzeit nachweisen und das Mädchen etwas von «Ökonomie» verstehen. Den Studenten am herzoglichen Stift in Tübingen war verboten, während des Studiums zu heiraten. Auch nach dem bestandenen Examen noch nicht. Erst mußten sie eine feste Anstellung vorweisen.

Auf der Suche nach immer neuen Verboten und Hindernissen kam man 1708 in Preußen auf eine ganz besondere Idee. Jedem Brautpaar wurde verordnet, vor der Heirat sechs Obstbäume und sechs Eichen zu pflanzen. So verband sich das Nützliche mit dem Angenehmen. Bei einem heiratswilligen Soldaten mußte erst die Zustimmung des Kommandanten eingeholt werden. Und überall in den protestantischen Ländern konnte ohne die Einwilligung der Eltern niemand heiraten. So hatte Luther es festgelegt. In Sachsen ging man noch weiter. Eine vor dem Pfarrer geschlossene Ehe wurde aus diesem Grund nachträglich für ungültig erklärt: «So setzen und ordnen Wir hiermit, daß, wenn die Eltern, aus erheblichen Ursachen, in ihrer Kinder Verlöbnisse zu willigen, sich verweigern, dergleichen heimliche Sponsalia weder durch den Beyschlaff, noch durch die zur Ungebühr erhaltene Priesterliche Copulation einige Krafft erlangen, sondern vielmehr ... vor null und nichtig erklärt, und da die Trauung geschehen, wieder dissolviret ... werden sollen.» Nach katholischem Kirchenrecht wäre eine solche nachträgliche Aufhebung nicht möglich gewesen. An seltsamen Eheverboten fehlte es aber auch in katholischen Landen nicht.

Die Obrigkeit im altgläubigen Bayern versuchte schon am Ende des 18. Jahrhunderts, die kirchlichen Feiertage ein wenig zu beschneiden, damit mehr gearbeitet wurde. Um der Verordnung gehörig Nachdruck zu verleihen, drohte man 1780 Handwerksgesellen und Dienstboten, die sich weiterhin nach den Geboten ihrer Kirche richteten, mit Heiratsverbot. Und 1806 verordnete die damalige Königlich-Bayrische Regierung: «Jeder wirkliche Staatsdiener ist verbunden, wenn er sich verehelichen will, diese Absicht und die Wahl, welche er getroffen hat, jener Behörde anzuzeigen, welcher er durch den Staatsdienst persönlich unmittelbar untergeordnet ist. Jene Stelle ... hat dann pflichtmäßig zu untersuchen, ob der angezeigten Verbindung kein Anstand, in Hinsicht auf Dienst- und Nahrungsverhältnisse im Wege liegen.»

Den Pfarrern hatte man schon ein halbes Jahr vorher angekündigt: «Den Geistlichen aller Konfessionen wird daher ernstlich verbothen 1. Keine Person, sowohl vom Militär – als auch vom Civilstande zu trauen, welche sich nicht mit einem legalen Erlaubnisschein ihrer ordentlichen Obrigkeit rechtfertigen können ...» Da nach katholischem Verständnis die Ehe vor dem Priester aber nicht wiederaufgelöst werden konnte, drohte der Staat dem widerspenstigen Pfarrherrn, «Alimente» für die von ihm Getrauten zahlen zu müssen.

Zurück zu den Protestanten. Im Fürstentum Ansbach hieß es 1743 nach Aufzählung aller Eheverbote und -hindernisse: «Welche nun diese Unsere Verordnung vorsetzlich ausser Augen setzen und der vorgeschriebenen Articul einem oder mehr zuwieder handeln werden, sollen neben deme, daß ihr Vorhaben vor null und nichtig erklärt wird, nach Beschaffenheit der Umstände mit empfindlicher Leibes- und anderen Straffe angesehen und belegt werden.» Hatten im Mittelalter kaum mehr als die Hälfte der Bevölkerung geheiratet, so schafften solche Gesetze in der neuen aufgeklärten Zeit kein besseres Eheklima.

Familie Bronner in Höchstadt, die Klödens in Berlin, die Heynes in Sachsen – sie alle lebten am Rande des Existenzminimums. Für viele kam irgendwann der Tag, an dem alle Arbeit nicht mehr ausreichte und zumindest Frau und Kinder auf der Straße um ein Almosen bettelten, wollten sie nicht alle verhungern. In Köln, wo im 18. Jahrhundert 50000 Menschen lebten, zählte man ein rundes Drittel zu den Bettlern – fast 20000 Menschen.

Johann Caspar Goethe, Vater eines berühmten Sohnes, besaß unter seinen vielen Büchern und Schriften eine Akte über den Fall Brandt. Der Sohn Johann Wolfgang hat sie irgendwann gefunden und darin unter anderem gelesen: «Susanna Margaretha Brandtin wurde hier auf Dienstag, den 14. Jänner 1772 auf dem Platz an der Röhre ohnfern der Hauptwache mit dem Schwert hingerichtet.» Nicht erst der alte Goethe, schon seine Dichterkollegen in der Zeit des «Sturm und Drang» nahmen das Motiv der Kindesmörderin in ihre Dichtung auf, wurden aufgewühlt von dem Schicksal verführter Mädchen, mit denen weder die Gesellschaft noch die Justiz ein Erbarmen hatte. Es war ein «Verbrechen», das sich nach den Worten der Zeitgenossen im 18. Jahrhundert wie eine «Seuche» verbreitete.

Eine einheitliche Rechtsprechung erhielt das Deutsche Reich zum erstenmal im 16. Jahrhundert unter Karl V. mit der «Peinlichen Hals-Gerichts-Ordnung». Nach Artikel 131 wurde die des Kindesmordes überführte Frau «mit einem Hunde, einem Hane, einer slangen und katzen anstadt eines affen in einen sack voreinigt und im wasser ertrenckett». Bis dahin war als Strafe üblich gewesen, was die Tiroler Halsgerichtsordnung von 1499 so beschrieb: «Welche frau ein kind verthut, die sol lebendig in das erdtrich begraben und ain phal durch sy geschlagen werden.» Im Laufe des 17. Jahrhunderts wurde die brutale Art des Ertränkens durch die

Hinrichtung mit dem Schwert abgelöst. Nur in Preußen führte der Vater Friedrichs des Großen 1720 wieder das «Säcken» ein, weil «dieses Verbrechen allzu gemein wird ... dannhero Uns oblieget ... zu versuchen, ob die härtere Bestraffung denen ruchlosen Gemüthern einen Schreck einjagen möge ...»

Ein Blick in die Geschichte hätte den Soldatenkönig gelehrt, daß Abschreckung keine Wirkung zeigt. Schon im Juli 1598 klagte der Rat der Stadt Nürnberg: «Nachdem ein Erbar Rath der Statt Nürnberg, unsere Herren und Oberkeit, mit ausserhalb sehr betrübtem gemüth in erfahrung gebracht, dass unlangsten so wol inn, als auch ausserhalb der Statt Nürnberg, neugeborene todte Kindlein in Bächen und Wassern gefunden werden und so wol jre Erbarkeiten diesen Kindsmörderin mit allem fleiss nachtrachten lassen, so haben sie doch derselben biss daher noch keine zur Hand bringen können.» Jeder wurde aufgefordert, die «Kindsmörderin» anzuzeigen, und als Belohnung winkten 50 Gulden.

Es half nichts. Rund hundert Jahre später, 1702, stand in einem anderen Nürnberger Dekret «dass in hiesiger Stadt, der ganzen erbaren Welt zum grossen Aergernuss, das Kinder Morden und Hinlegen so wohl der todten als lebendigen Kinder, kein Ende nehmen, sondern damit, der exemplarischen Bestraffung ohngeachtet, mehrmaln fortgefahren ...» Kein Wort darüber, daß viele Mütter nicht wußten, wie sie selbst satt werden sollten, und daß die Obrigkeit deren Heirat erschwerte, oft unmöglich machte. Von der Schande gar nicht zu reden und natürlich auch nicht von der Schwierigkeit, dieses «Verbrechen» eindeutig beweisen zu können. Wer wollte denn nachträglich klären, ob die Kinder, die auf freiem Feld, in Ställen oder Hinterzimmern in aller Heimlichkeit zur Welt kamen, nicht schon tot waren, wie viele Mütter beschworen? Bis zu Beginn des 18. Jahrhunderts wurden alle Skrupel beiseite geschoben und das Urteil immer zuungunsten der Mutter gefällt. Und die wußte sich nicht zu wehren. Von den Vätern sprach ohnehin niemand.

Gegen Ende des 18. Jahrhunderts machte «Figaros Hochzeit», vor allem als Schauspiel, Furore. Doch die Thematik – Graf verführt Braut des Kammerdieners – ist eher eine Ausnahme, will man in 57 Fällen aus der Zeit zwischen 1774 und 1801 einen Trend sehen. Zwar geht aus den vorwiegend preußischen Akten hervor, daß nicht selten der Dienstherr seine Magd sexuell ausbeutete. Doch waren das kaum adlige Herren, sondern Handwerker, Gastwirte, Bauern, die Personal besaßen. Von diesen Frauen waren 53 ledig, vier verheiratet. In Preußen hatte um diese Zeit schon eine entscheidende Änderung zum Besseren stattgefunden. Nicht nur war wenige Wochen nach seinem Regierungsbeginn von Friedrich dem Großen die Strafe des Säckens wieder abgeschafft worden. Ein Edikt von 1765 versuchte, den Kindesmord durch vernünftige vorbeugende Maßnahmen einzudämmen. Alle Schwangerschaften von ledigen Frauen sollten gemeldet werden, damit keine heimlichen Geburten mehr stattfinden konnten. Wer außerhalb der Ehe ein Kind erwartete, sollte nicht mehr beleidigt und bestraft werden. Solche Einsichten waren eine Frucht der Aufklärung. Wir wollen deren gute Seiten nicht in den Schatten stellen.

Nur war man nicht überall gleich aufgeklärt. In dem kleinen Städtchen Schöningen, das zum Herzogtum Braunschweig-Wolfenbüttel gehörte, stand 1762 die 21jährige Marie Margarete Johanna Evet aus Helmstedt wegen Kindesmords vor dem Richter. Sie gab die Tat sofort zu. Der Schlosser, bei dem sie als Magd gedient, und der Pfarrer stellten ihr ein einwandfreies Zeugnis aus. Die Verteidigungsschrift war 52 Seiten lang. Schließlich gestand die todgeweihte Angeklagte, daß der Dienstherr sie verführt hatte. Es half alles nichts. Der Herzog persönlich bestand auf einer Hinrichtung, «anderen zum Exempel». Das Urteil wurde vom Justizamtmann verlesen, und der Richter sprach: «Zum Zeugnis deines dir aberkannten Lebens breche ich demnach diesen Stab.» Das geschah, und sogleich wurde unter Glockengeläut «die arme Sünderin durch die Herren Predigern Stisser'n von Pabstdorf und Semlern'n von Söllingen aus dem Rats-Wagehaus nach dem Richteplatz vor dem Rathause geführt und, nachdem sie im Kreise mit Singen und Beten etwa 3mal herumgegangen, sich auch an Mütze und Wammes entkleidet und auf den Richtestuhl gesetzt, durch des Schöningischen Scharfrichters ältesten Sohn wie wohl in 3 Hieben dekolliert worden. Hernach ist der Körper in ein glattes Sarg gelegt und auf gnädigsten Befehl an die Anatomiam publicam nach Helmstedt abgefahren. Die vollzogene Strafe in den ‹Braunschweigischen Anzeigen› inseriert.» In den Akten ist nur noch vermerkt, daß die Verwandtschaft des armen Mädchens sich anschließend um das geringe Erbe stritt. Keine Rede ist von ihrem Brotherrn, der sie letztlich aufs Schafott gebracht hat.

Wir wollen auch dem Herzog Gerechtigkeit widerfahren lassen. Ebenfalls in Schöningen war zwei Jahre zuvor vom Justizamtmann ein Hexenprozeß eingeleitet worden. Zwar fand der dortige Richter das höchst lächerlich. Aber weil die Kläger auf ihr Recht pochten, gab es mehrere Verhandlungen. Schließlich wurde die fürstliche Kanzlei in Wolfenbüttel um ihr Urteil gebeten. Die jedoch stellte den Prozeß postwendend ein und tadelte den Richter, daß er solche Ammenmärchen ernst genommen habe. Es war der letzte Hexenprozeß im Herzogtum.

Das Mittelalter ging nicht mit Martin Luther zu Ende. Erst die Epoche, deren Elend wir gerade hinter uns gelassen haben, zieht einen kräftigen Strich zur Vergangenheit – ohne daß die alten Anschauungen sogleich aussterben. Wir lernen deshalb im 18. Jahrhundert die unterschiedlichsten Familien kennen. Neue Entwicklungen zeigen sich vor allem in den bürgerlichen Kreisen. Aber vieles, was aus einseitiger heutiger Sicht modern erscheint, hat gute alte Tradition, wenn wir es auf dem Hintergrund der vorangegangenen Jahrhunderte betrachten.

Am ersten August 1754, dem 20. Geburtstag der Braut, heiratete der promovierte Advokat Johann Gottfried Misler die Kaufmannstochter Maria Schramm in Hamburg. (Es ist die gleiche Familie Misler, die uns ein Jahrhundert zuvor im Barock begegnete.) Zwei gutbürgerliche angesehene Familien verbanden sich mit dieser Heirat. Die Vermählten hatten sich seit Jahren gekannt. Drei Jahre dauerte die Verlobung. Nach dem Tod seiner Frau hat der Ehemann die Geschichte dieser Ehe niedergeschrieben. Er erinnerte sich, wie diese Verlobungszeit verging: «Frei von dem Taumel einer ungestümen Leidenschaft, aber doch nicht ohne Sehnsucht, die immer näher kommende Zeit der Vollziehung unseres Bundes zu erleben». Es ist wohl auch hanseatische Zurückhaltung, die aus solcher Beschreibung spricht. Denn kein Elternteil hatte diese Ehe eingefädelt oder darauf gedrängt. Daß die Eheleute eine tiefe Zuneigung zueinander hatten, steht für den aufmerksamen Leser außer Frage. Waren die Zeiten insgesamt vielleicht etwas nüchterner geworden? Das mag sein.

Als 1713 der hochfürstliche Braunschweigisch-Lüneburgische Commissarius Heinrich Dietrich Conerding heiratete, ließ ihn einer der Gäste in einem festlichen Gedicht zu seiner Braut Catharina Elisabeth Vaster sprechen: «Komm Vasterinn mein Licht! Komm Vasterinn mein Leben! Mein Lager soll Dir seyn das rechte Liebes-Spiel.» Und die Vasterinn antwortete: «Ja, Gott der Herre selbst hat schon beym Apfell-Biß Der Ehen heisse Glut den Sterblichen erlaubet. Der Wangen leichtes Blut ist nun vergebens Schämen, Da ich entzückt, bestrickt, und Dein Gefangner bin ... Komm Conerding mein Licht! Komm Conerding mein Leben! Mein gantzer Leib sey Dir das aufgesteckte Ziel.»

Vierzig Jahre später erfreute in Hamburg die Hochzeits-Poeterei, einst im barocken Überschwang in Mode gekommen, immer noch die Gäste. Der Advokat Misler goß selbst in Reime, was er fühlte und von seiner Ehe erhoffte: «Könnt ich in halb vollkomm'nen Bildern / Dir meine ganze Seele schildern, / Wie sie sich Dir zu eigen macht! / ... Der Bund der Herzen trotzt den Zeiten, / Und selbst in fernen Ewigkeiten, / O Freundin, muß er noch bestehen.» So wirbt ein empfindsamer Mann, der nicht herrschen will, sondern eine Partnerin sucht. Dieses Ideal muß keine Ausnahme gewesen sein, denn in kühnen Versen reimte einer der Mislerschen Hochzeitsgäste über das Verhältnis zwischen den Eheleuten: «Kein Teil, der als Despot die strenge Herrschaft führet, / Reißt hier das Recht der Gleichheit ein: / Wer Herrscht, gehorcht zugleich, und wer Gehorcht, / Regiert durch Wettstreit im Gefälligsein.» Despotie des Mannes über die Ehefrau hatten die vergangenen Jahrhunderte keineswegs gepredigt. Von «Gleichheit» war allerdings nicht die Rede, wenn wir diese Vokabel auch nicht in unsere Vorstellung von totaler Gleichberechtigung übertragen dürfen. Trotzdem: Es ist ein neuer Klang, der sich im Laufe dieses Jahrhunderts verstärken wird.

Gehen wir zum Kontrast noch einmal eine knappe Generation zurück. Da dichtete der Hamburger Professor Fabricius, als aufgeschlossener Geist bekannt, seiner Tochter zur Hochzeit: «Nächst deinem Gott verehr und liebe deinen Mann / Und bleibe, wie es dir gebührt, ihm untertan; / Bezeig dich gegen ihn in Freuden und in Leiden / Vernünftig, freundlich, treu, gelassen und bescheiden.» Ein Freund des Professors Fabricius war der Senator und Schriftsteller Barthold Heinrich Brockes. Der wollte von weiblicher Untertänigkeit nichts hören und forderte 1724 eigene «Akademien» für Mädchen. Brockes schrieb einen Aufsatz für die Wochenzeitschrift «Patrioten», ein angesehenes Hamburger Blatt mit nicht geringer Leserschaft.

Dort konnte der erstaunte Abonnent lesen, daß Mädchen den gleichen Anspruch auf Bildung hätten wie ihre männlichen Altersgenossen. Sie sollten auf diesen Akademien nicht nur in Religion und «Hauswesen» unterrichtet werden, sondern auch «ein reines zierliches Deutsch, die Zeichnungs-Kunst, die Musik, die Beredsamkeit, die Vernunft, Natur- und Sittenlehre, die Rechen- und Meßkunst, die Erd- und Himmelsbeschreibung samt den vornehmsten Geschichten, insbesondere ihres Vaterlandes» lernen. Der Faden wurde in den folgenden Nummern weiter gesponnen. Brockes stellte eine Bücherliste zusammen. Andere schlugen vor, Lesezirkel einzurichten, wo – bei einem guten Essen – Männer und Frauen kluge Gespräche führten.

Den «Patrioten» bewahrten solche fortschrittlichen Ideen nicht vor dem Bankrott. Doch bald gab es einen Nachfolger: «Der Hamburger», und der wagte 1748 einen ermunternden Rückblick: «Wußten vor diesem unsere Töchter ihren Catechismus herzusagen, einige Gesänge zu singen, Caldaunen zu stopfen, Kopffleisch, Sulzen und allerlei Früchte einzumachen, mit den Mädchen zu zanken, in Gesellschaft angenehm zu schweigen, bei Gelegenheit rot zu werden, zu sparen, mit ihren Möpsen zu spielen und etwan auf dem Capitäns-Convivio zu tanzen, so wußten sie genug.» Nun aber waren sie «in der Sittenlehre, im Schreiben, im Rechnen, Klavierspiel, in der französischen und italienischen Sprache und in der Art zu leben bewandert». Ganz offensichtlich erhitzte die Diskussion über die Erziehung der Mädchen die Gemüter im ganzen Land über Jahrzehnte. Längst nicht alle Zeitgenossen waren so optimistisch wie »Der Hamburger».

In Frankfurt und Leipzig erschien 1757 eine anonyme Schrift zur «Vertheidigung des Weiblichen Geschlechts». Den Eltern werden schwere Vorwürfe gemacht: «Wie viele Haushaltungen würden nicht besser bestehen, wenn die Väter ihren Töchtern hätten was lernen lassen. Sie können nichts dafür ... Der gütige Schöpfer hat sie mit Verstand und Witz versehen, wenn sie nur nicht mit Gewalt wären in der Auferziehung ersticket worden.» Die Realität sieht für den Verfasser so aus: «Es wird gleich in der Jugend vertan. Wächset ein Mädchen heran, so lässet man sie lesen und schreiben, und welches doch selten geschiehet, ein wenig rechnen lernen. Wegen ausländischer Sprachen bekümmert man sich wenig, (das adeliche Frauenzimmer, was die Sprachen betrifft, ausgenommen), kan sie zur Noth lesen und schreiben, so wird sie zum Putzmachen oder Haushaltungssachen angeführt. Nun denkt der Vater, er hat alles, ja schon zu viel an seiner Tochter gethan; kaum daß er ihr noch ein wenig von der Musik oder dem Tanzen lernen läßt; da doch auf die Söhne alles im Ueberfluß, und das öfters, recht mit Freuden verwendet wird. Eben, als wenn die Söhne ein Privilegium von der Natur hätten, klug, und die Töchter, tumm, erzogen zu werden.» In unserer Sprache: Anatomie muß nicht Schicksal sein.

Der Autor gerät so in Rage, daß er seine Kritik auch noch in Verse bringt: «Das dank euch Männern sonst jemand, euch, die ihr nach verdammter Mode, / Der Mädchen Geist mit Fleiß erstickt. Sie wachsen stets in eignen Sode, / Und werden unter Rauch und Küche zur Niederträchtigkeit gewöhnt, / Und wenn sich auch ein frey Gemühte bald von Geburt an höher sehnt. / So lehrt man solcher doch wohl nichts als Hand und Röcke falten, / Und läßt den angebohrnen Trieb bey Wäsche, Flachs und Herd erkalten.» Kinder, Küche, Kirche ... Die Schrift gibt Ratschläge, wie man es anders machen kann: «Will ein Vater das Wohl seiner Tochter noch besser beherzigen, so gebe er ihr nach Beschaffenheit ihres Naturells ein historisch, philosophisch, moralisch oder physicalisches Buch (NB. wenn vorher ein guter Grund im Christenthum und der H. Schrift geleget) in die Hände, und führe sie dadurch zu den Wissenschaften an, dieses kan geschehen, ohne daß in der Haushaltung etwas versäumet wird. Kommen sie alsdann in Gesellschaften, so werden sie nicht stumm ... da stehen dürfen, sondern sie werden zeigen, daß sich ein Frauenzimmer auch zu andern Wissenschaften, als zu dem Nehen und Stricken schicke; denn es ist gewiß, daß das weibliche Geschlecht in den Wissenschaften und der Haushaltskunst, eben so vollkommen werden kan, als das männliche. Und das sie eben so geschickt sind zu studiren, als das männliche Geschlecht, ist schon lange bewiesen worden.»

Als diese Schrift zum Drucker ging, hatten die Universitäten schon begonnen, der Weiblichkeit – die generell vom Studium ausgeschlossen war – ein ganz klein wenig die Tür zu öffnen. Dabei nahm man sozusagen den Ausgangspunkt der Entwicklung vorweg. Im Jahre 1738 krönte die erst vier Jahre zuvor gegründete Universität Göttingen die Jungfer Sidonia Zäunemann zur kaiserlichen Poetin. Eine erstaunliche Frau: geboren 1714 in Erfurt als Tochter eines Notars, unverheiratet, unabhängig, selbstbewußt. Wenn sie ihre Schwester in Ilmenau mit dem Pferd besuchte, trug sie Männerkleidung. Im dortigen Bergwerk fuhr sie untertage, kein ungefährliches Unternehmen. Sie beschrieb diese Fahrt, machte Gedichte. 1740 endete eine ihrer Reisen tödlich. Sie soll von einer Brücke gestürzt sein.

Die Zäunemann verschwieg ihrer Umwelt nicht, daß sie bewußt die ungebundene Freiheit gewählt hatte. In ihrem Gedicht «Jungfern-Glück» pries sie, was viele Eltern sicher gar nicht gerne hörten: «Niemand schwatze mir vom Lieben und von Hochzeitsmachen vor, / Cypripors Gesang und Liedern weyh ich weder Mund noch Ohr / ... Ich will lieber Sauer-Kraut und die ungeschmeltzten Rüben / In dem Kloster vor das Fleisch in dem Ehstands-Hause lieben / ... Will mir den gefaßten Schluß weder Mann noch Jüngling glauben, immerhin, es wird eine Zeit euch doch diesen Zweifel rauben.» Immerhin, die Verfasserin so aufmüpfiger Zeilen mußte sich nicht im stillen Kämmerlein verkriechen, sondern wurde in aller Öffentlichkeit von hochgelehrten Professoren geehrt; für Sidonie Zäunemann war das der Anstoß, ihre Gedichte herauszubringen.

Die Göttinger Gelehrten waren offenbar in diesen Zeiten ein fortschrittliches Völkchen. Schon ein Jahr später, 1739, gab es die nächste Dichterinnenkrönung. Die Verse der Anna Margarethe Specht, Witwe eines Superintendenten aus Seesen im Harz, kann man ruhig weiterhin der Vergessenheit überlassen. Lesenswert dagegen ist die Schilderung ihrer Krönung, über die die «Hambergischen Berichte von den neuesten gelehrten Sachen» ausführlich berichteten: «Nachmittags kam man in dem Hause des Hn. Kanzleiadvokaten Pfeffers ... zusammen, fand sich unter anderen der H. Advokat Noltenius und der durch seine verschiedentlich herausgegebenen Poesien berühmt gewordene Hr. Hofprediger Märtens dabei ein, wovon ersterer der Frau Candidatin im Namen des Hn. Dokt. Heumanns als Promotoris den durch ein hiesiges vornehmes Frauenzimmer verfertigten und mit einem reichen Silberband durchflochtenen poetischen Lorbeerkranz nach einer kurzen Anrede aufsetzte, letzterer aber ein noch ungedrucktes Glückwunschgedicht überreichte ...

Die Frau Generalsuperintendentin las darauf ein in Zeit von zwei Stunden verfertigtes lebhaftes Gedicht in unserem Beisein ab, worin sie den Ruhm der Universität Göttingen besang und die Gütigkeit des H. Dokt. Heumanns prieß, welcher ohne ihr Vorwissen ihr diese Würde erteilt hatte. Zuletzt dankte sie dem Herrn Adv. Noltenius für den ihr aufgesetzten Dichterkranz. Nach diesen vollbrachten Feierlichkeiten wurde den Anwesenden mit einer wohleingerichteten Abendmahlzeit aufgewartet. Während der Zeit unterhielt man sich mit sehr angenehmen gelehrten Unterredungen und bemühte sich unter anderem, die Neugekrönte dahin zu bewegen, daß sie ihre vornehmsten Gedichte, welche bei dem durchl. Hause vielen Beifall gefunden, zum Druck befördern möge: welches sie zwar aus einer besonderen Sittsamkeit von sich ablehnte, aber doch noch vielleicht bewerkstelligen möchte.»

Die Frau, die Johann Gottfried Misler 1754 geheiratet hatte, führte einen bürgerlichen Haushalt. Bürgerlich nach dem Verständnis der neuen, sparsamen Zeit – längst nicht so aufwendig und ausladend, wie es die Bürger des Mittelalters geliebt hatten, Männer wie Frauen. Maria Misler trank kaum Wein. Auf gutes Essen legte sie keinen Wert. Trotzdem ging es in dieser Familie nicht trübsinnig zu. Man hatte sehr wohl Sinn für Feste und Feiern und die Hausfrau noch anderes im Kopf als das wöchentliche Haushaltsbudget. Kein Hochzeitstag der Eltern, kein Geburtstag wurde vergessen. Freunde kamen, die Kinder sagten ihre Glückwunschgedichte auf und führten kleine Theaterstücke auf. Einfachheit und Frömmigkeit der Maria Misler taten ihrer Lebensfreude keinen Abbruch: «In Gesellschaft war sie aufgeräumt und gesprächig, ihre Heiterkeit verbreitete das Vergnügen um sich her, und ein recht herzliches Lachen war ihr, selbst in unserm häuslichen Zirkel, nicht ungewöhnlich. Unter allen Arten des sogenannten Zeitvertreibes waren ihr Leibesbewegung und Spatziergehen, worin sie fast nicht zu ermüden war, die liebsten. In jüngeren Jahren war sie eine große Freundin vom Tanzen und machte sich auch wohl in ältern gelegentlich dies Vergnügen mit ihren Kindern. Sogar das Reiten, wozu sie etlichemal in ihrem Leben Gelegenheit hatte, würde nach ihrer Unerschrockenheit, wenn es ihre Situation erlaubt hätte, große Reizung für sie gehabt haben. Zum Kartenspiel hatte sie vordem einige, obwohl mäßige Neigung ...» Während ihrer Ehe nahm sie sich die Zeit, ihre Französisch-Kenntnisse zu verbessern und las französische Dichtung im Original.

Ein anderer bürgerlicher Haushalt, wenn auch sehr viel wohlhabender, erlaubt uns einen Blick in die Haushaltsführung. Wir haben die Frage schon zuvor gestellt: War die Familie vom Morgen bis zum Abend damit beschäftigt, alles selbst zu fabrizieren, was man brauchte und verbrauchte?

In Frankfurt im Haus am Hirschgraben lebte zur gleichen Zeit wie Maria Misler in Hamburg eine Bürgersfrau, die ebenfalls in freien Stunden ihr Französisch aufpolierte. In ihrem Haushalt ging es wesentlich aufwendiger zu, denn der Hausherr, Johann Caspar Goethe, hatte soviel Geld auf der Bank, daß er nicht zu arbeiten brauchte und man ohne Problem von den Zinsen und Immobilien leben konnte. Trotzdem führte die Frau Rat Goethe Buch, und deshalb wissen wir, wie dieser Haushalt ablief. Da wir erfahren haben, daß schon am Ende des vierzehnten Jahrhunderts der bürgerliche Haushalt kein Betrieb war, der sich ausschließlich selbst versorgte, sondern die wichtigsten Dinge außer Haus einkaufte, werden uns die Konsumgewohnheiten der Familie Goethe nicht mehr überraschen.

Auch bei ihr zeigte sich, daß Sparsamkeit generell eine Tugend geworden war. Man häufte mehr Vorräte an, als das Mittelalter getan hatte. Die Butter wurde für ein Jahr zentnerweise eingemacht, ebenso Sauerkraut und Bohnen. Im Herbst kam der Metzger ins Haus und schlachtete ein Schwein. Auch Gänse und Rindfleisch wurden geräuchert und gepökelt. Der Herr Rat ließ das Korn aus seinen Ländereien en gros mahlen und aus dem Mehl beim Bäcker das Brot herstellen. Damit kam die Eigenwirtschaft aber auch schon an ihr Ende. Die Gaumen waren zu verwöhnt, um sich mit Kraut und Pökelfleisch zufriedenzugeben.

Aus Göttingen erhielt man die Wurst, vom Rhein den Wein, das Mineralwasser aus den Quellen der Umgebung. Konfekt und feine Süßigkeiten holte man beim Zuckerbäcker. Kaffee, Tee, Essig, Öl, Zucker und Gewürze kaufte man über die Theke im Laden. Für vieles andere – ob Gemüse, Geschirr, Stoffe oder Bücher – ging man täglich auf den Markt oder auf die Frankfurter Messe. Für einfache Kleider rief man die Schneiderin ins Haus. Elegantere Gewänder aus Seide oder mit Pelz verbrämt wurden in der Stadt gekauft oder sogar auswärts bestellt. Auch die Handwerker kamen ins Haus. Dachdecker, Waschfrau, Polsterer, Ofensetzer, Ofenkehrer, Schornsteinfeger verschlangen einen dicken Batzen.

Die Frau Rat Goethe mußte organisieren, disponieren. Hand anzulegen brauchte sie kaum. Als eines Tages die Köchin erkrankte, ging die Familie ohne Murren ins Gasthaus, weil sie «nichts Ordentliches bei sich zu essen hatte». Der Hausfrau blieb eine Menge freier Zeit, und die nutzte sie. Nur für Damen waren die monatlichen Kaffeekränzchen der Hausfrau, die außerdem gerne Klavier spielte, sang und nicht nur Französisch sondern auch Italienisch lernte.

Der Ehemann hatte seine eigenen Liebhabereien und verlangte keineswegs von seiner 21 Jahre jüngeren Frau, daß sie ständig an seiner Seite war. Feste wurden gemeinsam gefeiert und das waren nicht wenige. Man traf sich regelmäßig mit befreundeten Familien. Oft blieben Gäste über Nacht. Konzerte oder Schauspiele wurden kaum ausgelassen. Auch Schützenfeste waren sehr beliebt. Man reiste nach Heidelberg, Worms und mit dem Schiff nach Rüdesheim. Im Winter mietete die Familie einen Schlitten zum Spazierenfahren. Übrigens entsprachen Fruchtbarkeit und Kindersterblichkeit im Hause Goethe sehr viel mehr den tatsächlichen Verhältnissen als in der Familie Misler: Von vier Kindern starben zwei. Nur Johann Wolfgang und seine Schwester Cornelia blieben am Leben. Sie gingen auf keine Schule, sondern erhielten Privatunterricht.

Und was machte die bürgerliche Witwe nach dem Tod ihres Mannes? Sie konnte nach dem Verständnis der Zeit seinen Beruf weiterführen. In der Verwandtschaft von Familie Misler gab es einen solchen Fall. Auch Frau Zurmühlen in Münster hat es eindrucksvoll bewiesen. Eine Kölner Statistik dieser Jahrzehnte zählt sieben Witwen zwischen 46 und 76 Jahren auf, die mit den unterschiedlichsten Waren handelten: Fellen und Häuten, Holz und Leinen. Sie verkauften Kolonialwaren, machten Bankgeschäfte und verdienten an Bleibergwerken.

Bei den Zünften war man sich – wie früher – nicht einig. Manche verboten den Frauen von vornherein die Führung selbständiger Betriebe. Andere, wie zum Beispiel die Schreiner, legten einer Meisterwitwe nichts in den Weg, den Beruf ihres verstorbenen Mannes weiterzuführen. Allerdings taten sie das nicht so sehr aus eigenem Antrieb. Auch auf diesem Gebiet war der absolutistische Staat der Motor von Reform und Gleichberechtigung. Ein eindrucksvolles Beispiel gibt die Ordnung der Berliner Tischler von 1734, die eine Unterstützung durch den Magistrat verspricht:

«Eines Meisters Witwe sol berechtiget seyn, nach ihres Mannes Tode, das Handwerck mit so viel Gesellen zu treiben, als ein ander Meister, doch daß sie keine Lehr-Jungen halte, sie auch derer den übrigen Amts-Meistern zukommenden Rechte und Gerechtigkeiten zu geniessen haben; Dagegen aber auch für alle Arbeit zu antworten gehalten seyn, in welchem Fall ihr jedoch der Regress gegen den Gesellen, so die Arbeit aus Unfleiß und Nachlassigkeit verdorben, unbenommen bleibet, gestalt ihr denn von dem Magistrat die Hand hierunter nachdrücklich geboten werden sol. Wenn die Witwe keinen tüchtigen Gesellen hätte, sol das Gewerck ihr einen zu schaffen schuldig seyn, ihr auch frey stehen, einen auszulesen, welcher ihr gefolget werden sol, dafern nicht erhebliche Ursachen, über welche der Magistrat zu urtheilen, solches verhinderten. Wenn aber eines Tischlers Witwe von mehr gedachten Gewercken ausser dem Gewercke wieder heiratet, so verstehet sich von selbsten, daß sie sich aller Tischler-Arbeit enthalten, und sie von ihres andern Mannes Nahrung leben müsse.» Der letzte Satz implizierte, daß eine Ehefrau sehr wohl im Beruf – «Gewerck» – ihres Mannes tätig sein durfte.

Die Mislers schätzten in den ersten Jahren ihrer Familie privates Zusammensein ebenso wie gesellige Nachmittage und Abende mit Freunden und Verwandten. Als immer mehr Kinder zur Welt kamen – insgesamt 16, von denen nur zwei im Kindesalter starben, – machten sich die Eltern über deren Erziehung Gedanken. Sie beschlossen, weniger Zeit mit andern und mehr mit ihren Sprößlingen zu verbringen. Es wurden kaum noch Einladungen angenommen und 1769 ein abseits gelegenes Haus mit großem Garten gekauft, damit die Kinder genug Raum zum Spielen hatten. Vater und Mutter steckten zurück. Die Kinder wurden zu Hauptakteuren: «Mit der größten, durch die Erfahrung immer mehr bewährten Zufriedenheit schränkten wir uns fast gänzlich auf das nicht sehr allgemein erkannte, wahre Vergnügen ein, welches der herzlich willkommene Besuch einiger lieber Freunde und ein ohne viel Zurüstung bereitetes, fröhlich mit ihnen genossenes Mahl uns gewährte. Auch unsre gewöhnlichen Mahlzeiten und andere arbeitsfreie Stunden machten wir durch untermischte scherzhafte Gespräche mit unsern Kindern und oft durch ein auf unsre Anleitung von ihnen angestimmtes munteres Lied zu Gemütserholungen.»

Daß die Kinder im Mittelpunkt der bürgerlichen Familien dieses Jahrhunderts standen, dürfen wir verallgemeinern. Auch gesellige Feste wurden überall gerne gefeiert. Daß man sich der Kinder wegen so auf das eigene Haus zurückzog wie Familie Misler, war eine radikale Konsequenz. Nicht alle handelten danach. Gustav Dinter, 1760 in eine Juristenfamilie geboren, erinnerte sich als Erwachsener daran, daß er und seine Geschwister an vielen Festen teilnahmen: «Drei bis vier Familien schlossen sich vertraulicher aneinander an, die an Vermögen sich ziemlich gleich standen. Jede gab jährlich ungefähr zwei große Gastmähler, bei denen es hoch her ging. Außerdem hielt man's aber so: Eine Familie schickte zur andern und ließ bitten, sie sollte heute eine Stunde zeitiger essen. Um sieben Uhr wolle man sie besuchen. So war man lustig, ohne einigen Aufwand. Jede hatte gegessen, ehe man zusammen kam.

Bier, Tabak und Karten waren das einzige, das man darbot. Die Karten wurden nur angenommen, wenn es die Erschöpfung des Gesprächs oder die Abwechslung forderte. So war man zwei bis drei Stunden vergnügt, und um zehn Uhr ging man nach Hause. Es war die Regel, daß die Kinder, wenn sie über sieben Jahre alt waren, mitkamen. Sie spielten für sich. Die Erwachsenen sprachen für sich.»

Das ist eine wichtige Beobachtung: Die Kinder waren wichtig, aber ihre Welt lag nun von der der Erwachsenen getrennt. Für alle sichtbar schliefen sie ja jetzt auch getrennt in ihren Zimmern. Sie bekamen nicht mehr selbstverständlich alles mit, was zum Leben gehörte. Selbst in dem engen und ärmlichen Haushalt des Ziegeleiarbeiters Bronner wußten die Kinder nicht, wie die Geschwister auf die Welt kamen. Als der kleine Franz Xaver eines Tages danach fragte, erfuhr er, die Hebamme hole sie aus einem hohlen Baum im Krautgarten. Solche Antworten wollte der Pädagoge Johannes Bernhard Basedow nicht mehr gelten lassen, wenn die Kinder älter als zehn Jahre waren. Er setzte sich kurz nach der Jahrhundertmitte dafür ein, die Kinder über ihre Herkunft wahrheitsgemäß aufzuklären und ließ in seinen Schriften Kupferstiche abdrucken, auf denen Zeugung und Geburt dargestellt waren. Allerdings kritisierten zeitgenössische Kollegen solche Offenheit als Belehrung über «animalische Zeugungsgeschäfte».

Zu Mislers Zeiten wurde es schick in Hamburg, sich ein Haus außerhalb der Stadt zu kaufen, in Eppendorf zum Beispiel. Heute innerer Stadtteil, damals noch ein Dorf. Unter welchen Umständen die Kinder dort groß wurden, erzählt Samuel Heinicke, der dort um 1783 Dorfschulmeister war: «Stellt euch niedrige, vor hundert Jahren aus Lehm, Stroh und Holz gebaute, aber nun schon durchlöcherte, ungedielte, finstre, hinten und vorne beschmierte, geflickte und gestützte, feuchte und enge Schulhäuser mit halb zerbrochenen und verfaulten Türen, Tischen, Bänken, Fenstern, Pfosten, Balken und Decken vor, worin in mancher Schulstube wohl hundert und darüber, die Hälfte aber mit Lumpen bedeckte, an und aufeinander gedrängte, mit Grind, Ungeziefer und anderen Unflätereien, Husten, Schnupfen und allerlei Krankheiten geplagte, kleine, elende und jämmerliche Gestalten, menschliche Geschöpfe wie in einem Pöckel sitzen; wovon die meisten ebenso leere Magen als Köpfe haben, die nun für Furcht und für Warten, zwischen Angst und Bangen, in einem faulenden, gräßlichen Gestanke, schon wie halb tot, an die Staupe denken, welche sie heute durch einen Mann treffen wird, den sie als Popanz und ärger als den bösen Feind hassen, und die mit Schmerzen auf den Glockenschlag hoffen, der ihre Erlösung verkündigt.»

Staupe bedeutete Prügel. Da hatte sich nichts gebessert. Die Stimmen, die schon vor Jahrhunderten zu anderen Erziehungsmethoden rieten, nichts bewirkt. Predigte doch im Jahre 1739 ein Pastor Hensell den Küstern und Schulmeistern, wie sie ihre Zöglinge zu prügeln hatten, und hatte keine Bedenken, Gott selbst ins Spiel zu bringen: «Nach Anweisung der Hl. Schrift und der gesunden Vernunft (soll man) mit Ruten und Stecken züchtigen ... Vielleicht hat es die göttliche Vorsehung mit Fleiß also gefügt, daß es so viele Gebüsche bei uns gibt, damit wir der Straf-Instrumente wegen bey der unbändigen Jugend keinen Mangel hätten.»

Hören wir noch einen unverdächtigen Zeugen, Direktor Snethlage vom Königlichen Gymnasium in Hamm, ein konservativer, den aufklärerischen Ideen gegenüber eher skeptischer Pädagoge. Er lieferte gegen Ende des Jahrhunderts einen «Bericht über den gegenwärtigen Zustand der niedern Schulen ...»: «Zuerst fallen uns die Schulzimmer auf; sie sind überall für die Anzahl der Kinder zu niedrig und zu eng. Eine stinkende mephitische Luft, die höchst selten durch ein kleines Fenster erneuert wird, erfüllt das ganze Zimmer, und setzt die Kinder in eine Art von Apathie, die alle Kräfte des Körpers und der Seele lähmt. Ein Fremder, der von außen herein tritt, glaubt auf der Stelle eine Ohnmacht zu bekommen. In dieser verpesteten Luft, welche die Ausdünstung und der Athem so vieler Kinder noch mehr vergiftet, und die im Winter durch die Hitze des Ofens noch schädlicher und ungesunder gemacht wird, müssen die armen Geschöpfe des Tages 5 bis 6 Stunden zubringen ... Eine Hauptursache aber, daß bei weitem die größere Zahl der Menschen vor dem 30. und 50. Jahre stirbt, mag wol die verdorbene Luft seyn, welche die Kinder jahrelang in den engen Schulzimmern einathmen müssen ...

Die in den meisten Schulen eingeführte Disciplin, gründet sich, außer den gewöhnlichen Ohrfeigen, auf die Allgewalt des Stockes, oder auch je nachdem der Scharfsinn des Lehrers in Erfindung schmerzhafter Strafen geübt ist, auf andere sinnreiche Mittel, den armen Kindern das Leben zur Qual zu machen, z. B. auf Erbsen neben einem warmen Ofen knien, oder dergleichen eines Unmenschen würdige Martern, wobei dann noch wol der Lehrer, so bald der Schmerz sich in allen Muskeln des Gesichts eines solchen armen Geschöpfes ausdrückt, und es vor Pein winselt, gewöhnlich der erste ist, der seiner spottet, und die ganze Schule auffordert, einmal die lächerlichen Geberden des Affengesichts anzusehen ...

Dies ist eine getreue Darstellung der Einrichtung unserer niedern Schulen, nicht nur in Westphalen, nein in ganz Deutschland und in ganz Europa ... Es ist freilich unbegreiflich, wie ein solcher, in jeder Rücksicht trauriger, abgeschmackter, widersinniger, alles Menschengefühl empörender und für die Menschheit schimpflicher und entehrender Zustand, dessen Zweckwidrigkeit und Unvernunft einem jeden, der nur gesunden Menschenverstand hat, in die Augen springt, so lange hat dauern können. Man sollte fast glauben, daß nie ein vernünftiger und gefühlvoller Mensch in solche Schulen käme; denn geschähe das oft, so müßte die allgemeine Stimme schon längst sich stärker dagegen erhoben haben. Um das stumme Vieh bekümmert man sich ja viel mehr! ...Und junge Menschen, die einst Gatten oder Gattinnen, Väter oder Mütter, Vorsteher einer Landwirtschaft und Mitglieder eines Staates werden sollen, überläßt man einer tollen Einrichtung, und dem Eigensinne und der Laune eines Mannes, der geschickter wäre, Papagayen sprechen zu lehren, als das Herz und den Verstand eines Kindes zu bilden?» Das braucht keinen Kommentar.

Solches geschah in einem Jahrhundert, das sich besonderer pädagogischer Fortschritte rühmte. So wie es die Prügel in der Dorfschule und die spielerische Erziehung bei Mislers und anderswo gab, genau so vermischten sich in der Heimerziehung humane Entwicklungen mit neuen grausamen Methoden. Es waren vor allem die beiden protestantischen Theologen Philipp Jakob Spener und August Hermann Francke, die nicht nur das erstarrte Luthertum aufbrachen und über dessen Reglementierungen hinweg den einzelnen und seine Gefühle ansprachen. Sie wollten auch die Not der alleinstehenden Kinder lindern. Grundlage ihrer Pädagogik waren strenge Kontrolle und möglichst früher Arbeitseinsatz. Sie schienen die Garantie für ein nützliches und ordentliches Leben zu geben. Müßiggang war Sünde.

Aus einer Predigt des Pastors Spener in seiner Frankfurter Zeit: «Man gedencke ... an die arme unschuldige Kinder, welche entweder Eltern-loß oder von ihren Eltern theils aus wahrhafftiger Not, theils aus Muhtwillen, zum Bettlen angehalten werden, sobals sie nur haben herum gehen können. Da wachsen solche Kinder auf in lauter Müssiggang, lernen von anderen Bettel-Leuten, fluchen, schweren, garstige Wort, gewehnen sich an liegen, naschen, spielen, und werden gemeiniglich in kurtzer Zeit dermassen verdorben, daß sie wohl die Tage ihres Lebens übel zurecht zubringen, ja manchmal endlich dem Scharffrichter um ihrer Mißhandlung willen unter die Hände gerahten müssen.» Hier weht uns die gleiche eisige Strenge an, wie in Luthers Interpretation des vierten Gebots: Wer den Eltern nicht gehorcht, den hole der Henker. Hier wie dort die Verbindung von Moral und Leistung. Müßiggang als aller Laster Anfang. Bettelei war für den Protestanten Sünde.

Im «Stechlin», Fontanes großem Alterswerk, sagt Armgard eines Abends beim Gespräch im Salon: «Aber man erringt sich nichts. Alles ist Gnade.» Die Quintessenz protestantischer Gläubigkeit. Doch es ist seltsam: Gerade jene, die der römischen Kirche vorwarfen, die Seligkeit zu einem käuflichen Werk gemacht zu haben, einklagbar durch Ablässe und Gebete – gerade sie zwangen im Laufe der Jahrhunderte nach Luther die Menschen wie nie zuvor in den Panzer der Leistung. Der mittelalterliche Kaufmann erfreute sich an seinem Reichtum. Ohne ihn war er nichts. Und trotzdem vergaß er zweierlei nicht: Seine Anstrengung allein brachte nicht die Entscheidung über Gewinn und Verlust. Deshalb schrieb er in sein Handlungsbuch: Gott gebe Glück dazu. Und er wußte auch, daß der Eintritt in die nächste Welt durch seinen Beruf sehr erschwert wurde. Deshalb stiftete er Tausende für die Armen und für Messen, die zu seinem Seelenheil gelesen werden sollten. Was den Anspruch auf die Seligkeit betraf, hatten in den Augen der Zeitgenossen die mittelalterlichen Bettler die besten Chancen. (Womit der Armut kein falscher Glanz gegeben werden soll. Es geht um das Verständnis zweier unterschiedlicher Welten.) Die Protestanten, überzeugt vom moralischen Wert der Arbeit und der Leistung, reformierten nach ihrem Prinzip im 18. Jahrhundert die Waisenhäuser.

Das Haus in Frankfurt, eine städtische Einrichtung, die auf Speners Initiative hin 1675 gegründet wurde, beschäftigte einen Kandidaten der Theologie, der für Unterricht und vor allem Erziehung zuständig war. Für die Mädchen wurden Frauen eingestellt. Armenknechte und Handwerksknechte sorgten bei den Jungen für Ordnung – nicht selten auf brutale Weise. Offenbar wurde so häufig geprügelt, daß man bald schärfere Strafen beschloß. Zum Beispiel die Jungen «mit Fußschellen zu schließen und mit Wasser und Brod auf einige Zeit zu speisen. Wo aber dieß nicht verfangen würde, noch schärfere Disciplin anzuwenden». Zum Beispiel: »Eine Zuchtbank, dadurch der Züchtling Kopf und Arm stecken und also geschlossen werden kann, um solcher gestalten (mit der Rute) gestrichen zu werden ... Item ein Bärenkasten mit eitel scharfen Ecken, darinnen man nicht bequemlich stehen, liegen noch sitzen kann. Item dunkle Gefängnisse unter der Erden, eines ärger als das andere.» Solche Strafen trafen Jungen und Mädchen gleichermaßen.

Die Kinder hatten täglich morgens von sieben bis neun zwei Stunden Religionsunterricht und nachmittags zwei Stunden Schule. Die meiste Zeit arbeiteten sie in der «Wollen-Fabrique». Bei der Arbeit mußten sie biblische Geschichten anhören oder Psalmen singen. Die Wolle wurde sortiert und gereinigt. In der Fabrik standen vier Webstühle. Damit die Arbeit daran nicht unterbrochen wurde, gingen die Kinder schichtweise in den nachmittäglichen Unterricht. Freie Stunden zum Spielen gab es nicht. Die Frankfurter Kombination von Arbeits- und Waisenhaus war beispielgebend für viele andere Städte. Das Jahrhundert hat sogar noch Schlimmeres hervorgebracht als das Frankfurter Original. Vor allem die Textilindustrie versuchte die geschickten Kinderhände zu nutzen und wurde von der Obrigkeit nach Kräften unterstützt. Ging es doch ums Geld.

Als die Gebrüder Borcholt 1712 in Einbeck eine Tuchfabrik

einrichten wollten, regten sie zum Zwecke guter Zusammenarbeit an, zur gleichen Zeit ein Waisenhaus zu errichten. So geschah es, und nicht nur in Einbeck. In Dresden schickte man zuerst die bettelnden Kinder in die Seidenmanufaktur und hoffte, daß bald «die Waisenkinder dazu abzurichten und zu gebrauchen sein würden». Als im Jahre 1700 in das neue Waisenhaus in Kassel 50 Jungen und 48 Mädchen zogen, warteten dort schon 13 Spinnräder auf sie. Im Waisenhaus in Potsdam mußten die Mädchen zwischen 1743 und 1795 neun Stunden am Tag Brabanter Spitze klöppeln. Erst als Pastoren, Lehrer und Ärzte protestierten, wurde die wöchentliche Arbeitszeit auf 35 Stunden verkürzt. In Stuttgart verpflichtete der Landesvater 1763 einige Waisenknaben aus dem Heim weg zu lebenslänglicher Arbeit in der Ludwigsburger Porzellanmanufaktur. Übrigens starben in diesem Heim in der ersten Hälfte des 18. Jahrhunderts 26,6 Prozent der Kinder. Später erst sank die Quote unter 6 Prozent.

Einer der ersten, die die Mißstände in den Anstalten kritisierten, war jener Pastor Süßmilch, der als Statistiker berühmt wurde. Ein anderer, Carl Friedrich Meißner, rügte, daß elternlose Kinder «ohne Verwandte, ohne zärtliche Verbindungen in der Welt» aufwüchsen und «insularische Menschen» werden müßten. Er empfahl, lieber die armen Eltern zu unterstützen, damit sie ihre Kinder nicht fortgeben müßten, und Waisen sollte man zu Pflegeeltern aufs Land geben. Die «Hamburgische Gesellschaft zur Beförderung der Künste und nützlichen Gewerbe» stellte sogar eine Preisfrage, so heftig wurde in gebildeten Kreisen über die Heimerziehung diskutiert. Das Thema des Wettbewerbs: «Die Vergleichung der Erziehung der Waisenkinder entweder in einem gewöhnlichen Waisenhaus, oder durch Beköstigung in oder außer der Stadt, wo sie ihrem Stande gemäß auferzogen und unterrichtet werden ...» Die Gesellschaft brachte drei Veröffentlichungen zum Druck. Zwei, die termingerecht 1780 eingeschickt wurden, erhielten einen Preis. Alle drei argumentierten gegen das Waisenhaus und für eine Unterbringung der Kinder bei privaten Pflegeeltern. Schöne Theorien. Die Wirklichkeit blieb noch lange so grausam, wie sie von den Kritikern geschildert wurde.

Einer, der es wie Spener gut mit den Kindern meinte und großen Einfluß auf die Pädagogik hatte, war der Pastor und Professor für hebräische Sprache an der Universität Halle, August Hermann Francke. Er begann sein pädagogisches Experiment mit der Gründung einer Armenschule. Bald schickten bürgerliche Eltern dem talentierten Lehrer ebenfalls ihre Kinder in die Schule. 1711 gab es in Franckes Internat schon 1333 Schüler, darunter nur 130 Waisen. Die Erziehungsmethoden des Professors galten für Waisen und Internatsschüler gleichermaßen. Sie gründeten auf Überzeugungen, die tief in der Moral verankert waren. In dieser Schule sollten Menschen nicht einfach verwahrt, sondern wahrhaft erzogen werden. Oberster Grundsatz war eine totale Überwachung: «Die Kinder müssen allezeit unter sorgfältiger Inspection gehalten werden, es sei in der Stube, auf dem Hofe, auf dem Speise- oder Bett-Saal, beim Kleiderwechsel oder bei der Reinigung, oder wo es auch sein mag, und sind ohne Not auch nicht auf eine Kurze Zeit allein zu lassen ...» Kein Brief durfte ungelesen die Anstalt verlassen. Jedes Buch mußte erst vom Lehrer genehmigt werden. Und wozu solche Maßnahmen? «Denn die sorgfältige Inspection ist der eigentliche ‹nervus› der Erziehung ...»

Francke glaubte, daß aus Kindern erst Menschen werden, wenn man ihnen den eigenen Willen nimmt. Das aber konnte nur durch Kontrolle und unbedingten Gehorsam geschehen. Im Gegensatz zu seinem Kollegen Spener drohte man in den Halle'schen Anstalten allerdings nicht gleich mit unmenschlichen Strafen: «Denn es wird leichthin geschehen, daß das Gute durch unzeitige Bestrafung an denen Kindern mehr ersticket, als befördert wird, daß die Kinder einen Haß gegen ihren Informanten oder auch wohl gegen ihre Eltern fassen ...» Nicht viele Lehrer scheinen sich danach gerichtet zu haben. Francke mußte sie in einer Anordnung aus 63 Punkten mahnen, Kinder weder an den Haaren zu zerren, noch mit Gegenständen auf den Kopf zu hauen und an den Sonn- und Feiertagen überhaupt nicht zu schlagen. Zuviel loben sollte man jedoch auch nicht. Das würde nur die Eitelkeit hervorlocken.

Die neugegründete Universität in Halle war der Stolz der preußischen Könige, die ganz bewußt Francke – den orthodoxe Lutheraner aus Erfurt und Leipzig vertrieben hatten – an die Saale holten. Die brandenburgischen Hohenzollern, die selber dem reformierten Bekenntnis anhingen, standen dem Pietismus aufgeschlossen gegenüber. Philipp Jacob Spener wurde nach Berlin gerufen. Die Preußenkönige nahmen auch die pietistische Pädagogik ernst. Friedrich Wilhelm, der Soldatenkönig, entwarf höchst persönlich 1721 ein Reglement, «wie mein ältester Sohn Friedrich seine Studien ... halten soll». Jeder Tag, jede Stunde war auf die Minute eingeteilt: «Des Montags um sechs Uhr wird er gewecket, und sobald solches geschehen ist, sollen sie ihn anhalten, daß Er, ohne zu rufen und sich nochmals umzuwenden, hurtig und sogleich aufsteht und muß er alsdann niederknien und ein kleines Gebet halten ... Sobald er solches gethan, soll er so schnell als möglich die Schuhe und Stiefeletten anziehen und auch das Gesicht und die Hände waschen, aber nicht mit Seife ... Indess daß er sich kämmen und einschwänzen läßt, soll er zugleich Thee und Frühstück nehmen, daß das zugleich eine Arbeit ist, und muß dies alles vor halb sieben Uhr fertig sein.» Das waren nicht die ausgefallenen Ideen eines väterlichen Wüterichs. Der preußische Thronfolger wurde im Prinzip nicht anders erzogen als die Internatsschüler in Halle, nach Rezepten, die ein anerkannter Theologe entwickelt hatte.

Die meisten Kinder dieses 18. Jahrhunderts kannten weder die genügsame bürgerliche Geselligkeit der Mislers noch die großzügigen Feste der Familie Goethe, noch die penible Kontrolle der Waisenhäuser. Wie die Mehrzahl lebte, hat Franz Xaver Bronner, der es am eigenen Leib erlebte, aufgeschrieben. Diese Kinder machten zwiespältige Erfahrungen. Bronner erzählte zum einen von dem Unfrieden, der ins Haus kam, wenn wieder ein neuer Esser erwartet wurde. Doch neben solchen Erinnerungen stehen andere: «Wenn mein Vater nicht eben bey schlimmer Laune war, betrug er sich herzlich gut und freundlich gegen uns. Er saß oft bis Nachts 12 Uhr am Tische, und schnitzte für uns Kinder allerley Maschinchen zum Spielen. So verfertigte er z. B. kleine Handmühlen, auf der wir Sand abmahlen konnten; oder bohrte Löchlein in einen hölzernen Teller, und steckte kleine Tannenzweige darein, daß es aussah, wie ein Wäldchen, mit Jägern, Hirschen und wilden Schweinen bevölkert. Die Figuren wußte er selbst mit Mennig und Grünspan zu mahlen.»

So groß die Not war und die Verzweiflung darüber, die Väter sahen in ihren Kindern trotz allem nicht nur unnütze Esser. Wer wie Vater Bronner Tag und Nacht eingespannt war, um seine Familie satt zu bekommen, tat mehr als seine Pflicht, wenn er sich zu später Stunde Gedanken über das Spielzeug seiner Kinder machte.

# Menschenrechte für die Frauenzimmer

*Ein Polizeipräsident ist für Gleichberechtigung*
*Die Wohnkommune der Romantiker – Ein kleines häusliches Glück – Kinder muß man abhärten*

Je älter das 18. Jahrhundert wurde, desto zahlreicher die Publikationen, in denen kluge Köpfe die Glückseligkeit der Menschheit im allgemeinen und die von Mann und Frau im besonderen forderten. Noch bevor in Frankreich die Revolution allen vor Augen brachte, daß die alten Ordnungen endgültig ihre verpflichtende Kraft verloren hatten, fühlten sich viele herausgefordert. Was jahrhundertelang hingenommen wurde, klaglos und unangezweifelt, erschien nun auch jenen, die zwar ein wenig verändern, aber keineswegs revolutionieren wollten, der Rechtfertigung bedürftig.

Bevor wir uns in die Theorie stürzen, noch ein Blick aus den Studier- und Amtsstuben hinaus auf die Straße. Das Auf und Ab zwischen vielen schlechten und ein paar guten Tagen hat nicht aufgehört. Mit Verordnungen sucht die Obrigkeit die Not vor den Stadttoren zu halten und die Bürger drinnen zu vertrösten. Auch in Naumburg an der Saale versprach man 1776, den «Nothleidenden zu Hülfe zu kommen, muthwillige Bettler aber im Zaume zu halten». An die Gasthofbesitzer ging der Befehl, «keinen eingewanderten Handwerkspurschen oder andern Bettler länger als eine Nacht zu beherbergen ...» Den in den Stadttoren stehenden Wachen wurde eingeschärft, «auf die auswärtigen herumstreifenden Bettler genaue Aufsicht zu haben, und ausser denen wandernden Handwerkspurschen keinen in die Stadt zu lassen ...»

Auf der positiven Seite steht: Der Magistrat kümmerte sich um «die Versorgung derer in der Stadt und dazu gehörigen Vorstädten befindlicher nothleidender und kranker Personen und deren Kinder selbst in Betracht genommen, und solche, so viel deren nur ausfündig zu machen gewesen, in ein tabellarisches Verzeichniß gebracht, und mit Anfang Martij jedem täglich ein halbes Pfund Brodt und ein Nössel von der Suppe Dauphinoise oder Reißsuppe gereicht, für die armen Kinder aber eine Schule errichtet ...»

Im Jahre 1778 erschienen schwarz auf weiß Gedanken, die sich der Königsberger Stadt- und Polizeipräsident Theodor Gottlieb von Hippel «Über die Ehe» gemacht hatte. Bis 1825 brachte es das Buch auf die «fünfte viel vermehrte Auflage». Hippel ließ 1792 ein weiteres Werk folgen «Über die bürgerliche Verbesserung der Weiber». Ein Beweis, daß seine revolutionären Ansichten über den Mann, und vor allem über die Frau, keine windigen Launen waren, sondern feste Überzeugungen. Wir brauchen nur zuzuhören und nicht zu vergessen, daß, was in unseren Ohren modern und selbstverständlich klingt, vor zweihundert Jahren gedacht wurde.

Der Hauptvorwurf des hohen Beamten aus Königsberg an seine Geschlechtsgenossen: daß die «Weiber bloß Privilegia und nicht Rechte haben»; daß der Staat sie nur «wie parasitische Pflanzen behandelt, die ihr bürgerliches Dasein und ihren Wert nur dem Manne verdanken, mit welchem sie das Schicksal paarte ...» Und weil ohnehin die «Menschenrechte laut auf den Dächern gepredigt werden», stellte von Hippel unangenehme Fragen: «Wär es dem Staate Ernst, die große und edle Hälfte seiner Bürger nützlich zu beschäftigen, fühlte er die große Verpflichtung, diejenigen, welche die Natur gleich machte, auch nach Gleich und Recht zu behandeln, ihnen ihre Rechte und mit diesen persönliche Freiheit und Unabhängigkeit, bürgerliches Verdienst und bürgerliche Ehre wiederzugeben; öffnete er den Weibern Cabinette, Dikasterien, Hörsäle, Comptoire und Werkstätten; ließe er dem vermeinlichen stärkeren Manne das Monopol des Schwertes, wenn der Staat sich nun einmal nicht ohne Menschenschlächter behelfen kann oder will ... so würden Staatswohl und Staatsglückseligkeit sich überall mehren.»

Hippel gehörte nicht zu jenen Männern, die sich vormachten, wie großartig sie in den öffentlichen Ämtern agierten: «Die Weiber ertragen von Staatswegen so viele Ungerechtigkeiten, daß die Weiber wohl thun, sich in ihren Häusern auf kleinere Uebel gefaßt zu machen.» Und weil der Polizeipräsident in den Frauen keine Kinder sah, denen man eigene Erfahrungen ersparen müsse, zog er daraus nicht die falschen Konsequenzen. Die Frauen hatten die gleichen Ansprüche wie die Männer: «Wann, wo und wie haben die Weiber auf Staatsgeschäfte Verzicht gethan? ... Je länger man sich nicht entblödet, den Weibern Stimme und Sitz in allem dem, was Vaterlands- und Staatswürde betrifft, so ungerecht zu nehmen; je ärger wird dies Geschlecht ausschweifen, sobald die Zäume des Zwanges und der Sklaverei zerrissen sind ... Auf diesem Geschlechte ruhet der Geist der Revolution ... sie zeigen, daß sie durch alle Unterdrückung nicht tief genug herunter zu bringen sind, um willenlos zu werden ...» Natürlich kannte Hippel alle Einwände gegen solche Neuerungen: «Schwangerschaft und Kindbette. Dacht' ich es ... Darum, Lieber, hätte die Natur die Weiber für unfähig zu regieren erklärt? Gehen denn S. Excellenz nicht jährlich ins Bad? giebt es nicht in der Justiz Vacanzen? und werden die Weiber, wenn ihr Geschlecht zu einer andern Form gedeihte, nicht mit den Schwangerschaften leichter fertig werden, als jetzt?» Er hatte offenbar keine gute Meinung von den Männern, der Herr von Hippel: «Männer sterben für das Vaterland; Weiber leben für dasselbe. Jene zerstören, durch Krieg und leider auch durch ungeprüfte Pläne und Einrichtungen, Familien; diese erhalten sie; und in Wahrheit! wenn Weiber dem Hauswesen so schlecht vorstehen sollten, wie Männer dem Staat – was wäre aus der so genannten gesitteten Welt schon längst geworden?»

Der Königsberger Polizeipräsident war ein einsamer Rufer in der Wüste. Die Aufgeklärtheit mancher anderer Herren, die sich ihre Gedanken machten, täuscht. Da ist zum Beispiel in Hannover Ernst Brandes, Kanzlei-Sekretär im Ministerium. Er schrieb 1787 «Über die Weiber» und fünfzehn Jahre danach ein dreibändiges Werk mit «Betrachtungen über das weibliche Geschlecht und dessen Ausbildung in dem geselligen Leben». Natürlich verschwieg Brandes als gebildeter Mensch nicht, daß es einige hochbegabte

Frauen gab. Doch die schlugen sozusagen aus der Art: «Das Weib kann sich in seiner höchsten Bestimmung nur als Gattin und Mutter zeigen ...» Was der Kollege Hippel von Frauen im öffentlichen Dienst gesagt hat, ist für diesen Beamten eine Zumutung: «Die Ausschließung der Weiber aus den Berathschlagungen der Corporationen im Staate gründet sich weislich auf die Sinnlichkeit unseres Geschlechts. Die Ursachen, daß die Weiber physisch und moralisch der schwächere Theil sind, daß man ihnen im Allgemeinen weniger ruhige Überlegungen und kalte Vernunft zutraut, mögen viel zu der Ausschließung von öffentlichen Berathschlagungen beigetragen haben, aber schwerlich würden diese Gründe allein die fortdauernde Ausschließung rechtfertigen können.» Der kluge Mann baut vor: «Aber man denke sich männliche und weibliche Studierende auf einer Akademie, in den nämlichen Hörsalen vereinigt – nicht eine einzige Ausnahme, ein einzelnes Mädchen, das ein Collegium besucht – und zweifelt noch, wenn man kann, an den Folgen, die hieraus für die Sittlichkeit entstehen müßten.»

Erbarmen mit den Männern: «Die Sinnlichkeit, der Geschlechtstrieb der Männer, ist im Ganzen viel heftiger, viel reizbarer, wie bey den Weibern ... Ferner: die Natur bestimmte den Mann in der Handlung der Fortpflanzung des Geschlechts zu einem weit thätigeren Werkzeuge, wie das Weib. Schon hieraus folgt, daß er der angreifende, das Weib der sich sträubende Theil seyn sollte.» Aber allzuviel Aktivität ist dem Herrn Kanzlei-Sekretär auch nicht recht: «So sinnlich wie wir Männer auch vorzugsweise sind, so folgt doch bey uns nach einem etwas unmäßigen, zu oft wiederholten Genusse das, was für Uebermaaß gelten kann; ... zu leicht ein stärkerer oder schwächerer Ekel, eine Folge der Erschöpfung.» Wer hat Schuld? Die Frauen natürlich: «Aber gerade unter den tugendhaften Ehefrauen giebt es eine sehr große Anzahl, die es gar nicht ahnet, daß in dem Genusse der Freuden des ehelichen Bettes ein Uebermaaß für den Mann seyn könne, wie nachtheilig der sinnliche Genuß auf den kränklichen oder zu reizbaren Körper des Ehemannes wird, wie sehr derjenige, der von Morgens bis spät Abends mit der größten Geistesanstrengung seine Geschäfte besorgen, seine edelsten Säfte schonen muß, sich nicht zugleich auf eine geistige und physische Weise verschwenden darf, wenn ihn nicht die Natur wie einen Abkömmling des Herkules ausrüstete.» Wie hatte doch Melanchthon bei seinem Freund Luther vermutet: Die Frauen hatten ihn ins Ehenetz gelockt. Bei Brandes liest sich diese alte Geschichte so: «Durch den Vortheil, den die Frauen von der Sinnlichkeit der Männer zu ziehen wissen, regieren die meisten Frauen.»

Da kommt er zum Vorschein, der eheliche Pferdefuß. Das uralte Gefühl des starken Geschlechts, von jenem anderen, das sie doch das schwache nennen, letztendlich gefangen zu sein. Wenn man schon seine Freiheit und Unabhängigkeit der Ehe opfert, zumal im aufgeklärten Zeitalter, möchte man aber doch von den Ehefrauen ein wenig unterhalten werden. Das steht auch für diesen Eheberater außer Frage. Allerdings ist es ein zweischneidiges Schwert. Man muß da «mit größter Vorsicht und Klugheit» vorgehen. Sonst bekommt man nämlich, was in ähnlichen zeitgenössischen Schriften voller Grauen geschildert wird: «cultivierte Furien», «weibliche Teufel».

Der Freiherr von Knigge, für den Umgang mit Menschen damals zum erstenmal zuständig, gesteht freimütig, ihn befalle jedesmal ein Fieberfrost, «wenn man mich in Gesellschaft einer Dame gegenüber oder an die Seite setzt, die große Ansprüche auf Schöngeisterei oder gar auf Gelehrsamkeit macht». Carl Friedrich Pokkels, der drei Bände über die «Charakteristik des weiblichen Geschlechts» und vier über den Mann geschrieben hat, stimmt aus vollem Herzen zu: «... sie verirrt sich jedemal aus dem heiligen Kreis ihrer Bestimmung, wenn sie dem Manne nicht mehr angehören will.» Gäbe man der Frau die gleichen Freiheiten wie dem Mann, was wäre die Folge? «Eine unausbleibliche Zerrüttung des bürgerlichen Lebens und der Erziehung.»

Pockels gibt seinen Geschlechtsgenossen sehr konkrete Ratschläge: «Wenn ihr es vermeiden könnet; so wählt kein Mädchen zu eurer Gattinn, die schon mehrere Männer ernstlich geliebet hat ... Nein! das Mädchen, welches euer Herz besitzen soll, sey unschuldig, wie es aus den Armen der Natur kam. Sie soll mit keinen andern Männern verliebte Briefe gewechselt haben, sie soll euch aufrichtig und ohne Falsch sagen können: – du bist der erste Mann, den ich liebe ... Das Mädchen, daß ihr zur schönen Gefährtinn eures Lebens machen wollet, sey nicht viel über zwanzig hinaus, – aber auch kein Kind, das noch mit Puppen spielt ... Eure Gattin sey von der Natur mit einem graden, regelmäßigen Körperbaue beschenkt, weil sie euch grade und gesunde Kinder gebären soll, und ihr bey jenem Baue die Wochenbetten leichter werden. Auf ihrer jugendlichen Wange blühe die Rose der Gesundheit. Die bleichen und gelben Mädchen tragen oft einen Wurm der Krankheit in ihrem Busen, oder leiden an jener unseligen Empfindeley, die dem ernsten Manne keine vortheilhaften Aussichten in die Zukunft verspricht. Eure Gattin sey von keiner zu kleinen Statur, – weil fast alle kleine Personen gewisse Eigenheiten und Sonderbarkeiten des Charakters an sich haben, vorschnell, zu lebhaft, eigensinnig, zänkisch und egoistisch sind ... Ergötzt euch nicht mit einander an der Lectüre schlüpfriger Bücher. Einer sey des Andern strengster Sittenrichter.»

Soviel Raum für einen längst Vergessenen? Wer spricht noch von den Herren Brandes und Pockels? Es ist erstaunlich, aber deshalb nicht weniger wahr: Da zeigen wir mit dem Finger auf die alten Kirchenlehrer in Antike und Mittelalter. Vieles, was sie über Ehe und Sexualität gesagt haben, können wir nicht nachvollziehen, nicht akzeptieren. Aber keiner von ihnen hat so viele dicke Wälzer geschrieben über dieses Thema wie die Zeitgenossen von Aufklärung, Klassik und Romantik, von denen wir noch hören werden. Es wartet auf uns die sogenannte viktorianische Familie fast ein Jahrhundert später. Wir werden hinter das Klischee, das von ihr existiert, viele Fragezeichen setzen. Im Augenblick ist dies wichtig: Das Bild, das diese Aufklärer von Ehe und Familie entwerfen und von einer Frau, die ein bißchen gebildet sein darf, aber sonst dem Manne völlig untertan, könnte nach traditioneller Meinung aus dem späten 19. Jahrhundert stammen.

Am 5. Februar 1794 trat das «Allgemeine Landrecht für die preußischen Staaten» in Kraft. Gerühmt als Werk eines aufgeklärten absolutistischen Staates. Ein Fortschritt, ein weiterer Markstein auf dem Weg zur Glückseligkeit für alle Bürger. Ein bißchen mehr Luft bekam die Ehefrau tatsächlich mit manchen dieser neuen Paragraphen. Gleichzeitig jedoch wurde die autoritäre Stellung des Ehemannes festgeschrieben und er zum «Haupt der ehelichen

Gesellschaft» erklärt. Das Mittelalter gab der Frau in der Stadt das Recht, in eigenem Namen vor Gericht aufzutreten, sogar gegen ihren Ehemann. Mit dem preußischen Landrecht ging es wieder zurück zu den Germanen, wo die Frau nur von einer Vormundschaft in die nächste wechselte und in der Theorie nicht für sich selber verantwortlich war. Das Landrecht von 1794 machte den Ehemann zum gerichtlichen Vormund, «schuldig und befugt die Person, die Ehre und das Vermögen seiner Frau in und außer Gerichten zu verteidigen». Höhepunkt der staatlichen Gängelei: «Eine gesunde Mutter ist ihr Kind selbst zu säugen verpflichtet.» Höhepunkt der väterlichen Gewalt: «Wie lange sie aber dem Kinde die Brust reichen solle, hängt von der Bestimmung des Vaters ab!» Käthe Luther hätte über diesen Paragraphen herzlich gelacht und ihr Mann nicht minder. Was hätte Margarethe Runtinger dazu gesagt, die ihrem Mann die Bücher führte? Oder deren Tochter Barbara, die ihren Mann Wenzel Lech am Anfang des 15. Jahrhunderts wegen finanzieller Streitigkeiten vor den städtischen Rat in Regensburg brachte und der dann versprechen mußte, mit seiner «Hausfrau freundlich und ordentlich» zu leben? Doch diese weit zurückliegende Epoche war für die aufgeklärten Bürger des 18. Jahrhunderts eine finstere oder mystische Zeit.

Sind wir bei dieser Auswahl nicht viel zu einseitig? Gab es denn in diesen Jahrzehnten nicht auch andere, die sich über alle Konventionen hinwegsetzten? Frauen, die geistreiche Salons führten, in denen keine Standesunterschiede galten? Die sich scheiden ließen, die um vieles jüngere Männer heirateten und nichts gaben auf das Geschwätz der Leute? Die Erotik und Weiblichkeit mit ungewohnter Offenheit priesen? Und Männer, die gleiches taten? Wir wollen sie unter die Lupe nehmen.

Was die Handbücher säuberlich trennen – hier Romantik, da Klassik – war, als es stattfand, Teil derselben Welt. Man kannte sich, spottete über einander oder war sogar befreundet. Wir müssen sie zusammen sehen: Schiller und die Schlegels, Humboldt und Goethe und viele andere. Was auffällt: Goethe und Schiller sind in ihrem Werk den Frauen nicht aus dem Weg gegangen. Mehr: Sie machten sie zu zentralen Gestalten – die Jungfrau von Orléans, Maria Stuart, Iphigenie. Zu solchen Ehren ist das weibliche Geschlecht in den Dichtungen der Romantiker nicht gekommen. Doch die Heldinnen, die Schiller auf die Bühne stellte, sie täuschen. Das Ideal, das der Dichter für den Hausgebrauch entwarf, war anderer Natur. Auch er spottete wie andere Zeitgenossen über eine Frau, die «zuviel» an Bildung und Geist besaß: «Ein starker Geist in einem zarten Leib, Ein Zwitter zwischen Mann und Weib, / Gleich ungeschickt zum Herrschen und zum Lieben; / Ein Kind mit eines Riesen Waffen, / Ein Mittelding von Weisen und von Affen.» Ein Ausrutscher in gequälten Reimen? Mitnichten, denn dieser Klassiker hat so ausführlich wie kein anderer gedichtet, was er sich unter der Rollenverteilung von Mann und Frau vorstellte. Im «Lied von der Glocke» breitete er ein imposantes Familiengemälde aus: «Der Mann muß hinaus ins feindliche Leben, / Muß wirken und streben, / Und pflanzen und schaffen, / Erlisten, erraffen, / Muß wetten und wagen, / Das Glück zu erjagen ... Und drinnen waltet die züchtige Hausfrau, / Die Mutter der Kinder, / Und herrschet weise / Im häuslichen Kreise / ... Und reget ohn Ende / Die fleißigen Hände / Und mehrt den Gewinn / Mit ordnendem Sinn / ... Und füllet mit Schätzen die duftenden Laden, / Und dreht um die schnurrende Spindel den Faden ...»

Der Alltag des Dichters sah sehr viel anders aus. Schiller arbeitete zu Hause, wohl umsorgt von seiner Frau, die in ihrem Leben keinen Faden gesponnen hat. Doch Worte sind mächtig. Schillers «Glocke» wurde von Tausenden gelesen, gelernt, rezitiert – und als Abbild der guten alten Zeit ernst genommen. Manche von Schillers Zeitgenossen dachten allerdings anders. Caroline Schlegel schrieb 1799 an ihre 14jährige Tochter: «Über ein Gedicht von Schiller, das Lied von der Glocke, sind wir gestern Mittag fast von den Stühlen gefallen vor Lachen.» Es gab ähnliche Verse des großen Dichters, über die man sich bei Schlegels amüsierte: «Ehret die Frauen! sie flechten und weben / Himmlische Rosen ins irdische Leben ...» August Wilhelm Schlegel, Carolines Mann, parodierte: «Ehret die Frauen! Sie stricken die Strümpfe, / Wohlig und warm zu durchwaten die Sümpfe, ...»

August Wilhelm, sein Bruder Friedrich und ihre Frauen lebten um diese Zeit wie Schiller in Jena. Sehen wir uns die Schlegelsche Wohnkommune im Haus am Löbdergraben genauer an. Bekommen wir doch hier zwei Brüder und zwei Frauen zu fassen, die zu den wichtigsten Köpfen der Romantik zählen – eine Bewegung, die gegen Abgeklärtheit und traditionellen Normen überall zu Felde zog, in der Literatur wie im Eheleben.

Im Erdgeschoß wohnte Dorothea Veit, eine geschiedene Frau, Jüdin, aus bester Berliner Gesellschaft. Ihr Großvater war der Philosoph Moses Mendelssohn. Im zweiten Stock befanden sich die Zimmer von Caroline und August Wilhelm Schlegel. Caroline war verwitwet und Mutter eines unehelichen Kindes, das sie mit einem 19jährigen französischen Gardeoffizier in einer Ballnacht gezeugt und in einem gottverlassenen Nest bei Leipzig zur Welt gebracht hatte. August Wilhelm Schlegel war ihr in diesen schwierigen Wochen eine große Hilfe gewesen. Sie heiratete den um fünf Jahre Jüngeren, der um sie warb, aus Dankbarkeit. Beide gaben sich das Versprechen, daß jeder sich in dieser Ehe «ganz frei» fühlen könne. (Caroline heiratete 1803 als Vierzigjährige – nach der Scheidung von Schlegel –, den 12 Jahre jüngeren Philosophen Friedrich Wilhelm Joseph Schelling.) Im Dachgeschoß schließlich wohnte Friedrich Schlegel, neun Jahre jünger als Dorothea Veit. Die beiden waren seit ihrem ersten Zusammentreffen in einem Berliner Salon unzertrennlich. Friedrich Schlegel benutzte ungeniert die verzweigten und verzwickten Beziehungen der Hausbewohner als Vorlage für seinen Roman «Lucinde». Alle Nuancen der Beziehung zwischen ihm und Dorothea wurden offengelegt – etwas Phantasie war sicher auch dabei –, und auch der tiefe Einfluß, den Caroline Schlegel auf den jungen Mann hatte, blieb nicht unerwähnt. Die gebildeten Klatschmäuler in Berlin, Jena und Dresden standen nicht still. Wichtiger: In «Lucinde» offenbart sich das Frauenideal der Romantik, die Beziehung zwischen den Geschlechtern, wie in einem Brennglas.

Schlegels Vorwurf gegen die herrschende Moral: sie habe Männer geprägt, die in ihren Frauen nicht eine einmalige Persönlichkeit, sondern die Gattung liebten. Die Frauen wiederum waren gehalten, ihre Ehemänner nur nach deren «bürgerlicher Existenz» zu beurteilen, und versanken «in einem Ozean der Mode». Die Romantiker wollten Weiblichkeit im Urzustand. Sie zog es fort zum weiblichen Gegenpol. Die Rollen sollten allerdings austauschbar sein. An «Lucinde» erregte in der elitären Öffentlichkeit vor allem die «Phantasie über die schönste Situation» empörtes Aufsehen: «Eine unter allen ist die witzigste und schönste: Wenn wir die Rollen vertauschen und mit kindischer Lust wetteifern, wer den andern täuschender nachäffen kann, ob dir die schonende Heftigkeit des Mannes besser gelingt, oder mir die anziehende Hingebung des Weibes. Aber weißt du wohl, daß dieses süße Spiel für mich noch ganz andere Reize hat als seine eignen? Es ist auch nicht bloß die Wollust der Ermattung oder das Vorgefühl der Rache. Ich sehe hier eine wunderbare, sinnreich bedeutende Allegorie auf die Vollendung des Männlichen und Weiblichen zur vollen ganzen Menschheit. Es liegt viel darin, und was darin liegt, steht gewiß nicht so schnell auf wie ich, wenn ich dir unterliege.»

Hören wir noch ein bißchen zu: «Alle Mysterien des weiblichen und des männlichen Muthwillens schienen mich zu umschweben, als mich Einsamen plötzlich Deine wahre Gegenwart und der Schimmer der blühenden Freude auf Deinem Gesicht vollends entzündete. Witz und Entzücken begannen nun ihren Wechsel und waren der gemeinsame Puls unseres vereinten Lebens; wir umarmten uns mit ebenso viel Ausgelassenheit wie Religion.» Da ist von Frauen die Rede, «in deren zarten Herzen das heilige Feuer der göttlichen Wollust tief verschlossen ruht, und nie ganz verlöschen kann, wenn es auch noch so sehr verwahrlost und verunreinigt wird». Glauben wir Friedrich Schlegel, dann ist die «Empfindung des Fleisches ... für Jünglinge der erste Grad der Liebeskunst und eine angeborne Gabe der Frauen». Den Männern werden keine geringen Pflichten aufgeladen: «Ein Mann, der das innere Verlangen seiner Geliebten nicht ganz stillen und befriedigen kann, versteht es gar nicht zu sein, was er doch ist und sein soll. Er ist eigentlich unvermögend und kann keine giltige Ehe schließen.» Der Weg der Liebenden geht in Etappen vor sich. Endstation ist «das bleibende Gefühl von harmonischer Wärme. Welcher Jüngling das hat, der lebt nicht mehr blos wie ein Mann, sondern zugleich auch wie ein Weib. In ihm ist die Menschheit vollendet, und er hat den Gipfel des Lebens erstiegen». Können sich die Frauen mehr wünschen?

Bei soviel Begeisterung kommt nun auch zum Vorschein, wo

bei diesem Jüngling der tiefste Kern seiner erotischen Begeisterung liegt: «Laß mich's bekennen, ich liebe nicht Dich allein, ich liebe die Weiblichkeit selbst. Ich liebe sie nicht blos, ich bete sie an, weil sie die Menschheit, und weil die Blume der Gipfel der Pflanze und ihrer natürlichen Schönheit und Bildung ist ... Es ist die älteste, kindlichste, einfachste Religion, zu der ich zurückgekehrt bin.»

Die Frau als Göttin, das Weibliche als Verkörperung der Menschheit, und wer den Schlüssel der Sinnlichkeit nicht besitzt, ist eigentlich kein Mensch. Erbarmen mit den Frauen. Vor solchen Ansprüchen muß jeder irgendwann kapitulieren. Wie kann jemand leben, Fehler machen, einen Partner suchen, der so aufs Podest gehoben wird? Muß solche Überspanntheit, solche Idealisierung nicht in Aggressivität umschlagen? Die schönen und klugen Menschen im Haus am Löbdergraben polemisierten gegen das Familienideal eines Friedrich Schiller. Doch das romantische Gegenbild, das von ihnen – vor allem in «Lucinde» – entworfen wird, taugt für die Wirklichkeit genausowenig. Die Mystifizierung der Geschlechterbeziehung, die Verherrlichung des Weiblichen enthob von unbequemen Auseinandersetzungen. Ja, stand in erstaunlicher Nähe jener, über die man sich lustig machte. Friedrich Schlegel sah das Geheimnis der Frauen darin, daß sie «mitten im Schoß der menschlichen Gesellschaft Naturmenschen geblieben sind». Für Novalis, den berühmtesten Romantiker mit der Sehnsucht nach der blauen Blume, waren die Frauen den Pflanzen ähnlich. Seine Schlußfolgerung: «Die Frauen wissen nichts von Verhältnissen der Gemeinschaft. Nur durch ihren Mann hängen sie mit Staat, Kirche, Publikum zusammen. Sie leben im eigentlichen Naturzustande.»

Wenn wir versuchen, solche Zwiespältigkeiten in der ehelichen Praxis zu fassen, kommt sogleich das schöne, kluge, sich jede Freiheit gebende und von allen bewunderte Paar dieser Jahre ins Blickfeld – Wilhelm von Humboldt und seine Frau Karoline. Kein Elternpaar hatte diese Ehe gestiftet. Karoline wußte nach der ersten Begegnung, daß sie mit diesem Mann leben wollte. Bei Humboldt dauerte es ein wenig, bis sich die verwirrten Gefühle in ähnliche Bahnen lenkten. Dann allerdings schrieb er ihr: «Ja Lina, unsere Seelen waren füreinander geschaffen. Denn unsere Liebe entsprang so ganz aus der Fülle unserer individuellen Empfindungen, wurde durch nichts äußeres nichts Fremdes genährt, darum werden wir auch beide gerade in dem engsten Verhältnis die höchste Freiheit erhalten. Denn je weiter wir fortgehen in den einmal gewonnenen Grenzen, je mehr wir unser werden, desto mehr gehören wir dem anderen zu. So werden wir jeder unseren eigenen Pfad wandeln und werden uns immer gleich nah bleiben.»

Es wurde eine erstaunliche, wir würden sagen, sehr moderne Ehe. Wir wissen gut Bescheid, weil die Briefe der beiden sieben Bände füllen. Wilhelms politisches Engagement für Preußen – obwohl genug Geld zum Nichtstun zur Verfügung stand – trennte die Eheleute ebensooft wie Karolines Freiheitsdrang, ohne den Ehemann zu leben, oft auch ohne die Kinder. Im Juni 1817 schreibt Karoline aus Rom ihrem Mann einen Geburtstagsgruß: «Ach wie ist es so traurig, daß ich nun schon seit fünf Jahren ihn nicht mehr mit Dir feiern kann!» Zwei Jahre später der Ehemann aus Frankfurt an seine Frau: «In diesem Monat, liebe Li, werden es also zwei Jahre, daß wir uns nicht sahen.»

Ob solche Trennungen und die überschwenglichen Liebesbeteuerungen, die sie überbrückten, Ausdruck einer ungewöhnlichen Beziehung sind oder Lebenskrücken, ohne die beide nicht existieren konnten? Wer will das entscheiden? Es ging in diesen Briefen jedoch nicht nur um idealistische Regungen, sondern auch um ganz konkrete Haushaltsführung. Die lag nämlich auch bei Abwesenheit in den Händen der Ehefrau, und Wilhelm mußte schriftlich über alle seine Ausgaben abrechnen. Karoline 1818: «Ich habe mit wahrer Rührung, mein geliebtes Herz, Deine Nummer 79 mit dem Rechnungsauszug der Monate November, Dezember und Januar bekommen. Es fielen mir die hübschen Zeiten ein, wo wir uns zusammentaten, um zu rechnen, wo Du mir zur Belohnung Kaffee machen ließest, wo uns der Kopf von Zahlen schwirrte.» Der Ehemann lebte zu dieser Zeit in London und schrieb entschuldigend: «Ich kann Dir erst heute, liebe Li, meine dreimonatige Übersicht schicken ... Ich habe mehr Rubriken als wir sonst zu haben pflegen, und mich darin auch nach den hiesigen Sitten gerichtet ...»

Natürlich machte sich auch Humboldt Gedanken über die Weiblichkeit im allgemeinen: «Mir hat immer das Amazonenreich gefallen, wo die Weiber herrschten und die Männer die Sklavendienste verrichteten ... Denn wahr ist es doch, daß wir Sklavenarbeit tun und uns damit brüsten. So zu machen, daß alles in der Welt seinen Gang fortgeht, daß man leben und tätig sein kann, Stoff zum Denken und Empfinden zu schaffen, dazu taugen wir recht gut. Aber das, was eigentlich dem Dasein Wert gibt, das Denken und Empfinden selbst kommt nur von Euch, und wir erhalten davon nur soviel, als aus Eurem vollen Becher überfließt oder Eure Liebe uns mitteilt. Das mag wohl eine Grille sein, aber Wahrheit liegt doch darin.»

Humboldt war schon lange verheiratet, da begann er einen Briefwechsel mit Johanna Motherby, der Frau eines Chirurgen, die er in Königsberg kennengelernt hatte. Der preußische Staatsmann hat sich in diesen Briefen in erstaunlicher Offenheit als ein ganz anderer offenbart, als ihn die Briefe an seine Frau spiegeln. Jetzt besteht für Humboldt plötzlich die Liebe darin, «daß das Weib ganz aufgehe in den Mann und gar keine Selbständigkeit mehr habe als seinen Willen, keinen Gedanken, als den er verlangt, keine Empfindung, als die sich ihm unterwirft ... Allein wenn es ein Weib gäbe, die dies empfände, so würde sie nur darin glücklich sein, und der Mann, der dieses Verhältnis rein aufnähme, würde das Weib, das sich so scheinbar erniedrigt, wie etwas Göttliches verehren.» Da ist sie wieder, die Frau als Göttin. Wir wollen gar nicht psychologisieren. Aber der Blick hinüber zu «Lucinde» ist zu verführerisch. Die Gegensätze, die in Wilhelm von Humboldt aufbrechen, liegen so weit auseinander nicht.

Ist es Zufall, daß die Frauen der Romantiker ganz und gar keine «Naturmenschen» waren? Keine entrückten Wesen, sondern ungewöhnlich kluge Weiber, in vielen Fällen älter als ihre Ehemänner? Die Frauen waren es auch, die viel größere Risiken eingingen, wenn sie traditionelle Schranken und Moralbegriffe durchbrachen. Es ist einfacher, mit einem «frivolen» Roman die Umwelt zu schockieren, als ein uneheliches Kind zur Welt zu bringen und ohne Hochzeitsfeier mit einem Partner zusammenzuleben. Es war kein Zufall, daß Schiller seine Mitbürgerin Caroline Schlegel als

«Dame Luzifer» diffamierte. Für die Brüder Schlegel, mit denen er sich tief zerstritt, kamen ihm solche Charakterisierungen nicht in den Sinn.

Die Romantiker fühlten sich bewußt und in jeder Beziehung als Elite. Ihr Spott über das bürgerliche Eheleben läßt fast vergessen, daß die Wirklichkeit in vielen Familien so verschroben gar nicht war. Bei Mislers in Hamburg ging es weniger idealistisch und etwas entspannter zu. Da herrschte keine Ekstase, kein wildes Auf und Ab der Gefühle, dafür Harmonie. Und dann gab es vor den Toren von Hamburg noch jemanden, dessen Eheleben viel unkomplizierter war, aber nicht weniger, sondern eher mehr für manches andere steht. Wenn Matthias Claudius in Wandsbek gehört hätte, «daß nichts unnatürlicher für eine Frau sei als Prüderie» – so stand es in «Lucinde» – so hätte er über solche Banalität gelächelt und sich ein wenig enger an sein «Betthäsgen» Rebecca gekuschelt. Den Mann, der neben vielem anderen dichtete «Der Mond ist aufgegangen», hat die Überlieferung als verkitschten, rührselig naiven Narren abgestempelt. Vergessen wir dieses Klischee.

Ein Freund erinnert sich an den Besuch eines Freundes: «Dann kam er daher, Kaffee und Zucker und Fische und was er in der Haushaltung brauchte, in einem Tuch am Arm; denn das holt und trägt er immer selbst ... Er hat zwei Kinder, das älteste ist ungefähr drittehalb Jahr alt, bei dem ist er beinah Kindermagd. Oft habe ich ihn gefunden, daß er auf der Straße sich mit dem Mädel im Grase herumwälzte, indes le beau monde von Hamburg daneben spazierte und sich über ihn skandalisierte.»

Und gab es nicht Grund genug zur Aufregung über diesen Matthias Claudius, der sich da im Grase wälzte? Student ohne Abschluß, ohne Beruf, ohne feste Anstellung? Wie konnte man mit ein paar Arbeiten als Schriftsteller, Journalist, Übersetzer und Poet eine Familie gründen? Noch dazu, wenn jedes Jahr ein neues Kind in die Wiege gelegt wurde?

Den Kritisierten focht das nicht an. Er schrieb seine Beiträge für den «Wandsbeker Boten», und er mischte sich ohne Hemmungen in die gelehrten religiösen und philosophischen Auseinandersetzungen seiner Zeit ein. Vor allem war er Familienvater und verzichtete deshalb bewußt auf eine geregelte Tätigkeit und wurde «Hausmann». «Mir glühen oft die Fußsohlen für Liebe», schrieb Claudius kurz nach seiner Heirat 1772 mit der Gastwirtstochter Rebecca aus Wandsbek, damals vor den Toren Hamburgs gelegen. Das waren keine Worte fürs Poesiealbum. Sie erhärteten sich im Alltag, den beide Eheleute stets zusammen erlebten. Mit allem, was dazu gehört.

Aus einem Brief Rebeccas: «Um 5 Uhr stand mein Mann auf um mir The zu machen er glaubte es sey erkältung ich stand auch auf fing an zu kramen gegen 10 zeigte es sich daß es bald ernst werden würde ... und mit dem Schlag 12 wars Mädgen da. Eine gute halbe Stunde war freilich bitterlich sauer aber Got lob daß sie so kurz war mein Mann mußte diesmal bey mir bleiben weil noch niemand da war als meine Mutter.»

Der Vater sorgte bestens für die Wöchnerin, seine Biersuppe war beliebt. Allerdings mußte er in seinem neuen Beruf erst Erfahrungen sammeln, wie er später seiner Tochter Anna schrieb, als ein Enkel zur Welt gekommen war: «Aber laß dich nur nicht zu knapp halten. Du weißt, daß ich aus Vorsicht und Weisheit Mama bei den ersten Wochen fast habe verhungern und verkommen lassen ...»

Mochten sich die Hamburger auch über diese Familie «skandalisieren», die fröhlichen Menschen aus Wandsbek führten kein Außenseiterleben. Aus den gräflichen Palais derer von Schimmelmann und von Reventlow kamen hohe Damen und Herren in das kleine gemütliche Häuschen am Marktplatz. Der Vater korrespondierte mit Lessing, Herder, Goethe und Klopstock. Trotzdem gab es an vielen Abenden nichts als Kartoffeln und Reis. Doch das tat der Phantasie und der Geselligkeit keinen Abbruch.

So erfand der Vater unermüdlich neue Festtage: das Knospenfest, den Maimorgen, den Grünzüngel, wenn die Erbsen reif waren, und den Herbstling, wenn man zum erstenmal die roten Äpfel in die Bratröhre schob. Die Kinder bekamen viele Briefe, und die Wärme dieser Kindheiten beschränkte sich nicht auf schöne Worte. Matthias Claudius an seinen vierjährigen Sohn: «Lieber Fritz, vorige Woch ist in Hannover Markt gewesen und ich habe Hr. Wehrs gebeten, daß er auf diesem Markt eine schöne Peitsche für meinen Fritz kauft. Morgen abend werden wir sehen, was er gekauft hat, und Mittwoch abend sollst du es sehen ... Addies, lieber Fritz, und Donnerstag morgen mußt du so gut sein, in unser Bett zu kommen und eine halbe Stunde in meinem Arm zu liegen.» Da erübrigen sich die letzten Neuheiten vom Psycho-Erziehungsmarkt.

Zur Geselligkeit traf sich die Familie oft mit andern Wandsbeker Familien im Gasthof der Schwiegermutter. Eine der beiden Kegelbahnen dort war stets für sie reserviert. Es gab Wasser oder Bier und belegte Brote mit Käse oder kaltem Fleisch. Zu häuslichen Einladungen trug Claudius nicht selten ein Kind im überkreuzten Gürtel auf dem Rücken. Es schlief bei den Gastgebern und wurde – schlafend – vom Vater zurück nach Hause getragen.

Als das Ehepaar Claudius silberne Hochzeit feierte, war das älteste Kind 23, das jüngste drei Jahre alt. Der Jubilar dichtete für seine Frau zur Feier des Tages: «Ich danke dir mein Wohl, mein Glück in diesem Leben. Ich war wohl klug das ich dich fand.» Damals, vor 25 Jahren, war der Bräutigam 31, die Braut knapp 18 Jahre alt gewesen. Niemals in der langen Zeit danach wäre Matthias auf die Idee gekommen, in seiner Frau eine Gebärmaschine oder ein naives Hausmütterchen zu sehen. Er liebte sie und machte keinen Hehl daraus, daß dies keine blutleere Angelegenheit für ihn war.

Auch nach 12 Geburten, manchen Entbehrungen und ein paar Pfund mehr auf den Hüften, hatte sich für den Ehemann der Glanz der frühen Ehejahre erhalten. Der 67jährige erinnerte seine Frau per Brief an ihren Verlobungstag: «... dann danke ich Dir noch heute diesen Tag für das, was Du mir heute Abend vor 35 Jahren sagtest, und schicke Dir dafür ein Myrthen-Kränzchen, da die Myrthe diesen zarten Angelegenheiten geheiligt ist ... Der rote, sich überall durchschlängelnde seidene Faden bedeutet meine Liebe.»

Daß Claudius seine Frau stets «sein Bauernmädchen» nannte, ist für uns heute so irreführend wie ihre falsche Rechtschreibung. Rebecca fand neben der Hausarbeit Zeit, Cello zu spielen, und hatte keine Mühe, bei den gelehrten Freunden und Bewunderern ihres Mannes, die zahlreich zu Besuch kamen, mitzuhalten. Wilhelm von Humboldt, der verwöhnte weltmännische Intellektuelle schrieb nach einer solchen Visite: «Seine Frau Rebecca gehört zu den sehr ausgezeichneten Frauen ... ist sicherlich eine höhere Natur als der Mann.»

Daß ein Bräutigam auch am Ende des 18. Jahrhunderts um die Hand seiner Zukünftigen bei den Eltern anhielt, war selbstverständlich. Aber der Austausch der Gefühle hatte dann schon längst stattgefunden und die Frau ein Zeichen ihrer Zustimmung gegeben. Ein Heiratsantrag ohne vorheriges Kennenlernen, wie er im 17. Jahrhundert nicht selten gestellt wurde, wäre jetzt auf Unverständnis und Widerstand gestoßen. Im Juli 1797 erhielt der «wohlgeborene, hochgeschätzte Herr Amtmann» in Gandersheim den Brief eines gewissen K. F. L. Dammeyer: «Ich würde es nicht wagen, Ew. Wohlgeboren mit diesem Brief zu belästigen, hätte nicht Ihre liebenswürdige Demoisell Tochter in einem Briefe an meine Schwester die Hoffnung in mir gestärkt, daß sie selbst vielleicht gütig genug sein wird, meine Bitte um ihre Hand bei ihren mir so schätzbaren Eltern zu unterstützen. Mein Mut wurde hiedurch gestärkt, da ich wehnen konnte, daß das Herz ihrer vortrefflichen Demoisell Tochter mir nicht ganz zuwider war, und mit dem seligsten Vorgefühl meines Glücks wage ichs nun auch Ew. Wohlgeboren um die Hand Ihrer verehrungswürdigen Demoisell Tochter zu bitten. Zwar nur ein kleines häußliches Glück, aber ein Herz voll der zärtlichsten Liebe, voll der treuesten Vorsorge für das Wohl Ihrer Demoisell Tochter kann ich derselben sichern, und Ihnen, Wertgeschätzte Eltern, die kindlichste Ergebenheit.»

Ein kleines häusliches Glück: Gibt es eine treffendere Umschreibung für eine Epoche, die nach der Zeiteinteilung der Lexika und Kunstgeschichten erst zwei Jahrzehnte später beginnt? Sehen wir da nicht sofort die Familie Biedermeier auf dem geschwungenen Sofa mit dem fein gestreiften Bezug sitzen? Was die Familie und ihre Veränderungen mit den Zeiten betrifft, gilt solche Katalogisierung nicht. So vieles auch in der großen Welt geschah – Aufklärung, 1789 eine tiefgehende und blutige Revolution in Frankreich –: Vom Familienleben des Hamburger Advokaten Johann Misler und seiner Frau Maria, die 1754 in Hamburg heirateten, spannte sich für die bürgerlichen Familien *ein* großer einheitlicher Bogen bis in die Mitte des folgenden Jahrhunderts. Zwar trägt man sein Herz und seine Gefühle zusehends mehr auf der Zunge und gibt immer bereitwilliger seine innersten Regungen preis. Doch an der Qualität und an der äußeren Form des Zusammenlebens ändert sich nichts Wesentliches.

Als es in Hamburg 1818 wieder einmal eine Hochzeit bei den Nachfahren der Mislers zu feiern gab, war das Dichten noch längst nicht aus der Mode. Ein Cousin der Braut gab den Vermählten diese Wünsche mit auf den gemeinsamen Lebensweg: «Denn frommer Sinn drückt jede Sorge nieder. / Vertrauend dem, den Deine Hand beglückt, / Entschwinden fröhlich Deines Lebens Stunden, / Von Liebe, Freundschaft, Heiterkeit umwunden.» Mehr als ein halbes Jahrhundert zuvor hätte man die Beziehung zwischen Mann und Frau nicht besser preisen können. Nicht treffender die Atmosphäre im Haus des «Wandsbeker Boten». Ist es so unverständlich, daß solche Lebensziele von den viel später Geborenen mit Sehnsucht herbeigeträumt, auch wohl verklärt und übertrieben werden? Auf jeden Fall lohnt es, noch ein wenig jene zu Wort kommen zu lassen, die in diesen Zeiten zu Hause sind.

Es war Mode geworden, Tagebücher zu schreiben. Die Menschen wollten ihre Gefühle aussprechen und ausschreiben. Sie wollten sich und ihre Neigungen prüfen, ohne darüber in skrupulöse Grübeleien zu verfallen. Die Frauen gehörten zu den eifrigsten Schreiberinnen. Ein Provinznest im Harz, 1824, eine junge Frau erinnert sich: «Ich war nun auch in das Alter gekommen, worin die Mutter mit vieler Sorge um mein künftiges Glück bekümmert war ... Höchst schmerzhaft war es aber für mich, gute, brave Männer durch einen Korb zu betrüben; besonders nahe ging mir's, die Hand des guten L., des Bruders meiner beiden Schwäger, auszuschlagen. Er hatte mich gewiß recht innig lieb, und ist ein so sehr guter Mensch; doch über die Herzen läßt sich nicht gebieten.»

Constantia, eine Tochter aus der Mislerschen Ehe, erhielt 1793 einen Brief von Johann Carl Berckhan, Hauptpastor an der Sankt-Katharinen-Kirche in Hamburg: «Meine werte und teuerverehrte Freundin. So nenne ich Sie mit freudiger Zustimmung meines ganzen Herzens, und bin dabei fest überzeugt, daß auch ich Ihnen, nach Lesung dieses Briefes – wie auch immer Ihre Antwort ausfallen möge – nie ganz gleichgültig sein kann. Ich habe nämlich einen ernsthaften Antrag an Sie, meine Teuerste, und ich wende mich mit demselben, ohne Mittelsperson, gerade an Sie selbst; weil Sie, bei Ihrer deshalb zu fassenden Entschließung, allein von dem Rate Ihres Herzens abhängig sind.» Zwei Monate später war Hochzeit. Zwei Jahre darauf mußte die junge Frau ihren Mann zu Grabe tragen.

Wir wollen, da wir es können, noch ein wenig den Ehefrauen zuhören. Der Ton ihrer Briefe sagt mehr als jede Beschreibung ehelichen Lebens von zweiter Hand. Immer noch sind wir in Hamburg. Dort heiratete Betty Schramm 1789 den Kaufmann August Schwalb. Häufig begleitete sie ihren Mann, wenn er nach Leipzig zur Messe fuhr. Doch 1795 war sie zu Hause geblieben und schrieb ihm diesen Brief: «Pfui, Schwalbe, wie kannst Du so wenig Wort halten und so selten schreiben! In Deinem Brief vom Sonnabend sagst Du: Leb wohl bis morgen, und da sitze ich nun heute den ganzen Tag und hoffe und harre auf einen Brief von Dir, aber vergebens! Die Post kömt zwar, aber kein Brief für mich ... Nun will ich Dir auch nie wieder glauben, Dir keinen Dank für Deinen kleinen Brief von Sonnabend sagen, und Dienstag gewiß nicht schreiben. Ich wollte es heute schon unterlassen, aber da dacht ich, Du mögest Dich ängstigen, daß ich krank wäre. Sieh, da fahre ich diesen Abend erst spät zum Ball und sitze hier in mein Kämmerlein und schreibe Dir, weil es mir Freude macht ...» Und fünf Tage später: «Sieh Schwalb, wie bald ich verzeihe! Ich hatte es mir so fest vorgenommen, Dir nicht zu schreiben, und da kommen nun ein paar Briefe von Dir – gleich bin ich umgestimmt und schreibe Dir wenigstens ein paar Zeilen. Ich freu mich, daß es Dir in Leipzig doch ziemlich wohl gegangen ist. Mich deucht, die Leipziger sind gastfreier geworden ... Nun lebe wohl, Bester, und eile herzukommen. Kein Jahr habe ich mich so zu Deiner Zurückkunft gefreut. Alle grüßen Dich herzlich! Betty. Ich bin nie so dumm und faul gewesen wie heute.»

Über allem häuslichen Glück vergaßen die Zeitgenossen die Welt außerhalb der Wohnstube nicht. Auch das Biedermeier liebte die Geselligkeit. Man saß keineswegs ständig hinter dem Ofen. Tatsächlich war es eine Epoche, die eine ungewöhnlich große Freude an Geselligkeit und gemeinsamem Spiel von Männern, Frauen und Kindern hatte.

Oft begann es mit einer Einladung am Morgen: «Dürfen wir hoffen, Sie beide diesen Mittag hier zu sehen, so würde unser Wagen sogleich nach Rückkehr des Boten von hier abfahren, um Sie uns zuzuführen ... Erfüllen Sie unsere Bitte, und bringen Sie von Ihren Kindern mit, wer kommen kann.» Die Unterhaltung war immer selbstgemacht. Die Erwachsenen bemalten sich beim «Schwarzen Peter», inszenierten kleine Theaterstücke und probten Pfänderspiele, bei denen ein Kuß keine Sünde war. Rätsel mußten gelöst werden und Fragen beantwortet: «Wenn plötzlich eine große Feuersbrunst käme und jeder könnte nur zwei Bücher retten, welche würde er dann wählen?» Dazwischen wurde gesungen und getanzt. Zum einen noch die traditionellen gemeinschaftlichen Polonäsen und Quadrillen. Doch schon lösten neumodische Tänze zu zweit die alten Vergnügungen ab. Allen voran der als unsittlich verschriene Walzer und die Polka, meist von kessem Gesang begleitet: «Herr Schmidt, Herr Schmidt, was bringt er Röschen mit?» Das war 1842 der Schlager der Saison. Kein Schützenfest und kein Jahrmarkt wurde ausgelassen. Man ging in den Gesangs- und Turnverein und traf sich «im Club» wieder. Wann immer das Wetter es erlaubte, fuhr man zum Picknick ins Grüne – wie schon im 17. Jahrhundert Familie Wachmann in Bremen.

Die heiter-besinnliche bürgerliche Welt dieser Jahrzehnte konnte dem nicht ausweichen, was vorangegangene Generationen bereitwillig und gläubig akzeptiert hatten. Tod und Familie gehörten zusammen. Sie war der Ort, wo man ihn, getröstet von den Seinen, erwartete. Doch die Familie war längst keine Arbeitsgemeinschaft mehr, sondern auf Gefühle und gegenseitige Zuneigung gegründet. Die Liebe stand am Anfang und kam nicht erst mit den Jahren. Das brachte neben der Freude auch eine bittere Konsequenz. Wo es ans Abschiednehmen ging für immer, bot erstmals der Glaube – trotz aller Gläubigkeit – für Augenblicke zumindest keinen Halt mehr. Was sich am Beginn des Jahrhunderts ankündigte, findet Bestätigung. Der Tod des Ehepartners konnte nicht mehr ertragen werden – vor allem offenbar von den Ehemännern nicht, wenn die folgenden Beispiele für viele stehen.

Johann Heinrich Jung, später von seinen Freunden Stilling genannt, schrieb eine von Goethe gepriesene und von den Zeitgenossen viel gelesene Autobiographie. Er war 1740 im Fürstentum Nassau-Siegen irgendwo auf dem Land geboren. Sein Vater schlug sich als Schneider und Schulmeister jämmerlich durchs Leben. Dem Sohn gelang es, das vorgezeichnete Schicksal zu wenden. Bildung hieß der Schlüssel zu besseren Welten. Auch wenn es nur die wenigsten schafften. Jung-Stilling wurde Arzt, ein gesuchter Augenstaroperateur, und später als Professor für Finanzwissenschaften nach Marburg gerufen. Ein erstaunlich vielseitiger Mann. In seiner «Lebensgeschichte» schildert er, wie es mit seiner Frau zu Ende ging: «Des folgenden Morgens ging er noch einmal an ihr Bett ... Ist dir wohl, fragte er sie. Vernehmlich hauchte sie zwischen den zugeklemmten Zähnen durch: O ja! Stilling schwankte fort und sah sie nicht wieder: denn so stark auch sein Geist war, so sehr wurde doch seine physische Natur und sein Herz erschüttert ...»

Auch dem Advokaten Misler, der seine Frau Maria herzlich liebte, ging es ähnlich. Als sie fühlte, daß durch die «Auszehrung» ihre Kräfte immer mehr schwanden, ließ Maria Misler ihre Tochter das Leinenzeug für das letzte Kleid zurechtlegen. Ihrem Mann sagte sie lange nichts von ihren Ahnungen. Sie wußte, wie schwer es ihn treffen würde. Als Maria Misler schließlich 1777 nach langer Krankheit starb, war außer ihren Töchtern ihr Bruder neben ihrem Bett. Ihr Mann hatte diesen Augenblick nicht ertragen können.

Es war im Jahre 1797, als Novalis nach einem kurzen Besuch seine junge Braut verließ – «mit der fast apodiktischen Gewißheit, daß Sophie nur noch wenige Tage zu leben hat.» Er konnte ihr Sterben nicht länger mit ansehen. Fünf Tage nach seiner Abreise war Sophie tot. Goethe läßt im «Faust» von sich sagen: «Es kann die Spur von meinen Erdentagen nicht in Äonen untergehen.» Ein Grund, den Tod nicht zu fürchten? Als seine Frau Christiane totkrank wurde, legte sich der Ehemann ins Bett und stand erst wieder auf, als ihre Leiche unter der Erde war.

Nachdem wir den Alltag der Kinder erlebt haben, kann uns die Theorie nicht mehr die Wirklichkeit verstellen: Eine sorgfältige, ungezwungene und liebevolle Erziehung gab es bei Familie Claudius, bei den Mislers, und die biedermeierliche bürgerliche Gesellschaft ließ den Kindern ebensolchen freien Raum, ohne sie vom Vergnügen der Erwachsenen auszuschließen. Daneben steht das zwiespältige Ideal des Pastors Francke in Halle, der sich um die Kinder kümmerte und zugleich das Ziel seiner Erziehung darin sah, ihren Willen zu brechen. Es herrschte unmenschlicher Drill und permanenter Arbeitszwang für jene Erdenbürger, die in Waisenhäusern zu gehorsamen Untertanen erzogen wurden. Das aufgeklärte Jahrhundert hat alles zu bieten: Liebe und Unterwerfung, Prügel und Fürsorge. Daß viele sich Mühe gaben und manchen Liter Tinte dafür verbrauchten, wie man es denn nun mit seinen Kindern halten solle, wollen wir nicht verschweigen. Es entsteht eine eigene Literatur: das «Leipziger Wochenblatt für Kinder», der «Kinderfreund», «Lieder für Kinder», und »Robinson Crusoe» wird übersetzt.

Einer der einflußreichsten pädagogischen Schriftsteller in der zweiten Hälfte des 18. Jahrhunderts, Erzieher der Brüder Humboldt und Lehrer an vorbildlichen Anstalten war Joachim Heinrich Campe. Er glaubte an die Ideale der Französischen Revolution, wenngleich er radikale Umwälzungen ablehnte. Er wollte seine Leser wie seine Schüler mit vernünftigen Argumenten überzeugen. Was die weibliche Hälfte der Bürger anging, war Campe ehrlich bemüht, ihre Erziehung zu bessern, ihre Bildung zu erweitern. Konsequent zu Ende dachte er solche Forderungen nicht. Im Gegenteil: An der Bestimmung der Frau für Ehe und Mutterschaft wollte auch Campe nicht gerüttelt wissen.

Eines seiner erfolgreichsten Bücher erschien 1789 und wurde bis 1832 zehnmal aufgelegt: «Väterlicher Rath für meine Tochter ... Der erwachsenen weiblichen Jugend gewidmet.» Ein wichtiges und typisches Kapitel handelt von der «Keuschheit und Schamhaftigkeit». Campe weigert sich, dieses Thema schweigend zu übergehen oder in nebulösen Andeutungen steckenzubleiben: «Zwar wenn ich dem Vorurtheile der meisten Eltern, Erzieher und Erzieherinnen nachgeben wollte: so müßte ich dir diesen zarten, über alles wichtigen Bestandtheil einer tugendhaften Gemüthsart höchstens nur nennen, aber nicht erklären ... Ich für mein Theil habe mich dieser widersprechenden Denk- und Handlungsart niemals fügen können ... Ich habe mich nämlich nie überreden können, daß es vernünftig gehandelt sey, die junge Köchin nur im Allgemeinen durch geheimnisvolle Winke zu warnen, daß sie keinen Schierling (Gift) unter die Speisen mischen müsse, ohne ihr dabei zu sagen, was der Schierling sey und woran man dieses giftige Kraut erkennen und von andern unterscheiden könne ... Wenigstens habe ich geglaubt, daß das geheimnißvolle Hindeuten und Hinwinken, ohne ernsthafte und vollständige Belehrung in jedem Falle, zehnmal bedenklicher und mislicher sey, und daß man also von Giften entweder überall nicht reden, oder sich sehr bestimmt und verständlich darüber äußern müsse.»

Für den Aufklärer Campe ist der Fortpflanzungstrieb nach der Absicht Gottes so eingerichtet, daß er erst zu einem bestimmten Zeitpunkt erwacht. Tut er es dennoch früher, wird er gar «mißbraucht», dann hatte das für den armen Sünder schlimme Folgen. Es gehörte zu Campes pädagogischen Methoden, auch bei kleinen Mädchen vor einer Schocktherapie nicht zurückzuschrecken. Seiner eigenen 14jährigen Tochter Lotte ersparte er einen brutalen Anschauungsunterricht nicht: «Siehst du jenen abgelebten, bleichen, entnervten und kraftlosen Jüngling, welcher an Schwäche und Hinfälligkeit dem zitternden Greise gleicht? Bemerkst du jenes schwächliche, trauernde, hinwelkende, nervenkranke Mädchen, welches in der Blüthe ihrer Jugend und in den Jahren der Freude, wie eine junge, vom Wurm gestochene Pflanze, das Haupt zur Erde geneigt, und zu einer Zeit, da sie für das Leben erst recht reifen sollte, schon lebenssatt und kummervoll zum frühen Grabe schwankt? Hast du von geschändeten Personen deines Geschlechts gehört, welche die menschliche Gesellschaft, gleich einem ekelhaften und vergiftenden Unrathe auswirft, und sie dem Mangel, dem Hunger, der Blöße, der öffentlichen Schande und dem Verderben preis giebt? Steht es dir endlich noch vor Augen, jenes scheusliche Bild halb verweseter und verstümmelter lebendiger Leichen, die du vor einigen Jahren an meiner Hand in einem Berlinischen Siechenhause für unzüchtige Personen, mit Schaudern und Entsetzen sahst? Wisse, daß diese Unglücklichen das tiefe Elend, worunter sie seufzen, keiner andern Ursache, als der unerlaubten Geschlechtsliebe, d. i. dem, nicht nach den Gesetzen der Natur, sondern unzeitig erwachten und blindlings befolgten Fortpflanzungstriebe verdanken.»

Der Pädagoge Campe zog die Moral aus diesem unmenschlichen Schicksal, dem bei Nichtbeachtung offenbar niemand entgehen konnte: «1. soll dieser Trieb nie früher erwachen, bis der Mensch an Leib und Seele zu seiner völligen Reife gekommen ist. Bis dahin also sollen wir ihn in uns unterdrücken, und die dazu bestimmten Theile unsres Körpers vor jeder Reizung auf das sorgfältigste und gewissenhafteste zu verwahren suchen.

2. soll er nichts anderes als die Fortpflanzung des menschlichen Geschlechts zur Absicht haben, mithin nie anders, als in ordentlicher und rechtmäßiger Ehe erweckt und befriedigt werden.» Für das folgende Jahrhundert war dieser väterliche Rat geradezu abstoßend, und man warnte, ihn «unverkürzt einem unverdorbenen Mädchen in die Hände zu geben ... widerliche Verirrung der Aufklärungsmanie». Aber das abschreckende Bild, das Campe im Kampf gegen die manisch gefürchtete Selbstbefriedigung bei der heranwachsenden Jugend entwarf, setzte sich in den Köpfen fest und sollte dort noch länger als ein Jahrhundert bleiben und – ohne die Offenheit der aufgeklärten Zeit – noch Schreckliches in den Kinderseelen anrichten.

Die Mädchen, die Joachim Heinrich Campe aufklären wollte, hatten – von den Grundschulen abgesehen – keinen Zutritt zur öffentlichen Bildung. Gymnasien und Universitäten waren ihnen verschlossen. Nicht wenige aus bürgerlichen Kreisen wurden von den Eltern gebildet, und wo das Geld reichte, kam ein Privatlehrer ins Haus. Das Resultat sah Campe so: «Käme ein Mondbürger herab auf unsere Erde, so würde das traurige Resultat seiner Beobachtung ungefähr folgendes sein: Was das weibliche Geschlecht, besonders in den gesitteten Ständen betrifft, so scheint es den besagten Staaten gleichviel zu sein, ob Menschen oder Meerkatzen daraus werden, so wenig bekümmern sie sich darum.» Der aufgeklärte Pädagoge gönnte ihnen Bildung. Aber nicht mehr, als ein «wackeres edles Bürgerweib» vertragen konnte. Denn auch dieser

Meinung war Campe: «Ein Weib kann sich von seiner Bestimmung wohl nicht weiter verlaufen und durch nichts sich unfähiger machen, eine gute Gattin, eine gute Mutter und eine gute Vorsteherin des Hauses zu werden, als durch Gelehrsamkeit und Schöngeisterei.» Der Freiherr von Knigge, der Kanzlei-Sekretär Brandes und die allermeisten männlichen Zeitgenossen lassen grüßen. Bloß keine «cultivierten Furien».

Ganz anderer Meinung war Betty Gleim, die in Bremen ein Mädcheninstitut aufbaute und in ihren Veröffentlichungen forderte, auch bei Mädchen «Erregung, Entwicklung, und Bildung aller Kräfte» zu fördern. Sie wich den Einwänden der Männer nicht aus: «Was in Frage stand ... ist ... ob die Weiblichkeit gefährdet werde durch intellektuelle Cultur. Dies kann nun absolut nie erwiesen werden ...»

Betty Gleim nannte erstmals ein Problem beim Namen, das die Männer geflissentlich bei ihrer aufgeklärten Philosophiererei übersehen hatten. Sie schrieb 1814 «Über die Bildung der Frauen und die Behauptung ihrer Würde in den wichtigsten Verhältnissen ihres Lebens»: «Nicht alle Frauenzimmer heiraten, ein großer Theil derselben geht, ohne je eingetreten zu sein in die Verhältnisse einer Gattinn, Mutter und Hausfrau, allein den Weg durchs Leben. Wenn nun des Weibes einzige, erste und letzte, oder doch die wichtigste Bestimmung die der Gattinn, Mutter und Hausfrau ist, wenn nicht jedes weibliche Wesen auch noch als Mensch einen Werth und eine Bestimmung hat, wahrlich, so sind alle jene unverheiratheten Mädchen die unnützesten, die elendesten, die bedauernswürdigsten Geschöpfe; sie sind zu einem Zweck erschaffen, den sie doch niemals erreichen sollen; sie sind dazu, einzig und allein dazu erzogen, und das Leben geht vorüber, ohne daß sie in die Lage kommen, den Weg, den man ihnen so eigenmächtig angewiesen, für den allein man sie so lange ausgerüstet hat, je betreten zu können. Ist das nicht widersprechend und lächerlich zugleich?»

Wer so weit gedacht hat, macht vor den Konsequenzen nicht mehr halt. Der Staat, so forderte Betty Gleim, «gründe solche Institute, durch welche die Idee der Bildung und eines erhöhten Seins an die Menschen, und namentlich an die Weiber gebracht werde. Die nothwendigsten dieser Anstalten sind: Erstlich: Seminarien für Frauenzimmer, damit wir Lehrerinnen bekommen ... Zweitens: Anstalten zur Bildung von Kinderwärterinnen. Drittens: Kinder-Verpflegungs-Anstalten ... Fünftens: Zweckmäßig eingerichtete Mädchenschulen. Sechstens: Industrieschulen für die ärmste Menschenclasse ...» Erstrebenswerte Ziele, deren Verwirklichung erst nach Jahrzehnten und einem harten Kampf erreicht werden konnte.

Am Ende des 18. Jahrhunderts, der Glaube an den Fortschritt war noch jung, fragte sich ein Unbekannter: »Welche wichtigen Ereignisse und welchen Gewinn an menschlicher und bürgerlicher Glückseligkeit haben wir im künftigen Jahrhunderte zu erwarten?» Die Antwort gab er 1797 in die Druckpresse. Da für den Autor der Grundstock jeder Entwicklung in der frühesten Kindheit gelegt wurde, machte er sich über diese Jahre die meisten Gedanken. Zuerst beschrieb er, was sich inzwischen zum Guten verändert hatte: «Die körperlich gute Erziehung der Kinder hat in den letzten Dezennien die glücklichsten Fortschritte gemacht. Wir und die Nachwelt würden undankbar seyn, wenn wir und sie die rühmlichen Bemühungen würdiger Ärzte und Erzieher während dieses Zeitraums verkennen wollten: wir würden der Moralität unsers Jahrhunderts zu nahe treten, wenn wir nicht zugleich auch die Folgsamkeit rühmten, welche jene ehrenwerthen Redner für das Wohl der Säuglinge und stammelnden Kinder erfahren haben. Es gehört für jeden, der Menschenheil kennt und liebt, zu den erfreulichsten Wahrnehmungen, daß die Mütter aus den höheren und mittleren Ständen wieder anfangen, sich ihrer ersten Mutterpflicht zu weihen, und ihre Säuglinge an ihrer Brust zu ernähren, denn außer dem, daß sie dadurch die Gesundheit ihrer Kinder befördern, so gewinnt durch diese einzige Pflichterfüllung die häusliche Glückseeligkeit den größten Zuwachs ...

Und welche glückliche Folgen sind für die Kinderzucht zu erwarten, wenn Eltern sich einmal an Häuslichkeit gewöhnt, und den Unterschied zwischen den geräuschvollen, oft von Reue und Mißmuth unzertrennlichen Freuden auf Bällen und Pickniks, und zwischen den unschuldigen Spielen ihrer Kinder und dem Wahrnehmen ihres Wachsthums an Erkenntnißlebhaft gefühlt haben, wenn ihren Herzen die als Säuglinge so liebgewonnenen Kinder, indem sie nun älter werden, immer noch nahe sind ...»

Das leuchtet ein. Aber neben dieser kindgemäßen Pädagogik herrscht eine Strenge, die uns für dieses Jahrhundert nicht mehr unbekannt ist: «Wenn ich vielleicht manche Pflicht der Erziehung nicht in ihrem ganzen Umfang erfülle, so ist es doch für mich stets ein nach meinen Kräften befolgtes Hauptgesetz gewesen, meine Kinder in der frühesten Jugend schon an Mäßigkeit und Enthaltsamkeit zu gewöhnen. Ich glaube, ihnen eine der höchsten Glückseligkeiten zu schenken, wenn ich sie entbehren lehre. Meine Kinder haben schon vom dritten Jahre an sich die Versagung der Speisen, welche auf dem Tische standen, an welchem sie saßen, ohne Thränen gefallen lassen, und sich mit der gemeinsten Kost, oft mit hartem Brodt begnügt ... Ebenso haben meine Kinder, um sich nicht weichlich zu gewöhnen, unangenehme Empfindungen, z. B. das Waschen des ganzen Körpers mit kaltem Wasser, ohne Murren, schon in den frühesten Jahren ertragen lernen, denn sie wußten, daß bei der geringsten Aeußerung einer Empfindlichkeit, die Wiederholung der ihnen unangenehmen Operation die Folge davon war.»

Wozu solche Abhärtung? Wie bei Campe geht es auch diesmal darum, daß die Triebe sich nicht zu früh regen. Denn «so schnell die kräftig genährten Kinder blühten, so schnell welken sie auch, jung werden sie zu Greisen und zur Erzielung einer glücklichen Nachkommenschaft untüchtig. Junge Leute mit magerer Kost genährt, entwickeln ihre volle Blüthe aber auch ihre Lüste später, und wenn sie anfänglich weniger kräftig scheinen, so gelangen sie doch in der That zu mehrerer Kraft, sie blühen noch wenn ihre besser gepflegten Zeitgenossen schon lange verwelkt sind, und erleben ein rüstiges Alter.»

Es bleibt wieder zu erinnern, daß diese Ratschläge zur Kindererziehung, diese Fixierung auf die Sexualität nicht zu Zeiten der Königin Viktoria und ihres deutschen Neffen Wilhelm gemacht werden, sondern im aufgeklärten 18. Jahrhundert: «Die Empfindlichkeit, die sie äußern, muß ihnen Beschämung, die geduldige Ertagung aber Lob erwerben. So wird sich ein heroischer, in allen Lagen des Lebens nützlicher Muth in ihnen entwickeln ... Sobald sie des Morgens erwachen, müssen sie nicht einen Augenblick länger auf ihrer Ruhestätte bleiben, sondern sogleich aufstehen und sich anziehen, sie müssen täglich am Abend so sehr ermüdet seyn, daß sie, vom Schlafe überwältigt, ihre Ruhestätten suchen. Ihre Zusammenkünfte und Spiele mit andern Kindern müssen unter Aufsicht Statt finden.»

Immerhin ist dieser Erzieher der Meinung, unter Aufsicht «erlaube man aber auch den Kindern beiderlei Geschlechts, bis gegen das zwölfte Jahr zusammen zu spielen. Nach diesem Zeitraum trenne man sie zwar in Rücksicht auf ihre Spiele, jedoch befördere man ihre Zusammenkunft unter elterlicher Aufsicht. Meine Gründe hierzu sind folgende: Junge Leute beiderlei Geschlechts werden, indem sie die erste Liebe mehr zu fühlen glauben, als wirklich fühlen, theils durch Schriften, theils durch schwärmerische Gespielen verleitet, Personen des andern Geschlechts für Wesen höherer Art als sie sind, zu halten ... Solche Schwärmerei aber wird man verhüten, wenn man Kinder beiderlei Geschlechts lange, und zwar bis gegen das zwölfte Jahr, mit einander spielen, auch nachher zuweilen unter Aufsicht zusammen kommen läßt, sie bleiben dann in der steten Bekanntschaft mit den gewöhnlichen menschlichen Schwächen des andern Geschlechts ...»

Nach soviel Theorie eines Unbekannten, soviel Widersprüchen zum Abschluß zurück zu den Kindern selbst. Theodor Fontane, 1819 als Sohn eines kleinen Apothekers geboren und in der pommerschen Provinz aufgewachsen, fragte sich im Alter: «Wie wurden wir erzogen?» Wir dürfen davon ausgehen, daß die Antwort dieses kritischen Beobachters kein verklärender und verzerrender Rückblick ist: «Legt man den Akzent auf die Menge, versteht man unter Erziehung ein fortgesetztes Aufpassen, Ermahnen und Verbessern, ein mit der Gerechtigkeitswaage beständig abgewogenes Lohnen und Strafen, so wurden wir gar nicht erzogen; versteht man aber unter Erziehung nichts weiter als ‹in guter Sitte ein gutes Beispiel geben› und im übrigen das Bestreben, einen jungen Baum bei kaum fühlbarer Anfestigung an einen Stab in reiner Luft frisch, fröhlich und frei aufwachsen zu lassen, so wurden wir ganz wundervoll erzogen.»

Jacob und Wilhelm Grimm, als Erwachsene geachtete deutsche

Professoren, sind vor allem durch ihre Märchensammlung unsterblich geworden. Jacob wurde 1785, sein Bruder Wilhelm ein Jahr danach in Hanau am Main geboren. Ihr Vater war dort Stadtsekretär und zog 1791 als Justizamtmann in das benachbarte Steinau. Er starb fünf Jahre später und hinterließ eine Witwe mit sechs Kindern. Nun wurde der ohnehin geliebte Großvater mütterlicherseits, der Kanzeleirat Johann Hermann Zimmer, geboren 1709, für die Kinder eine wichtige Bezugsperson. Ganz besonders für Jacob. Für die Beziehung zwischen Großeltern und Enkeln am Ende des 18. Jahrhunderts sprechen Briefe, die der alte Zimmer bis zu seinem Tod 1798 an Jacob schrieb. Die Gegenbriefe haben sich nicht erhalten.

Januar 1792: «Lieber Jacob, Ich danke Dir recht sehr für das liebe Briefgen, das Du mir letzhin in Deinem und Deiner Brüder Nahmen geschrieben hast. Mit Vergnügen sehe ich daraus, daß Ihr Eure Großeltern beständig lieb habt, und deswegen fleißig an Sie denkt. Auch wir sind gewißlich in Gedanken immerhin bey Euch ... Ich werde mich unterderhand immerfort nach Euerem Verhalten erkundigen, und welche Freude wird es nicht Eltern und Großeltern seyn, wenn dieses Verhalten unsere allseitige Hoffnung bestärket, und wenn, so Gott will, diesen Sommer oder Frühling, persönlicher Augenschein darinnen bestätiget. Euerer Euch samt und sonders zärtlich liebender Großvater Zimmer.» Zwölf Monate später: «Mein lieber Jacob, ich danke Dir rechtsehr vor Deinen schönen Neujahrswunsch ... Ein wohlmeinendes Neujahrsgeschenk, lieber Jacob, sollst Du gutbehalten, biß sich etwas nützbares und schickliches darbietet Deinem Dich innigst liebenden Großvater Zimmer.»

In der Forderung, die Kinder nicht zu verwöhnen, sie aufzuklären und in den liebevollen Briefen des Großvaters in Hanau spiegelt sich die bürgerliche Welt. Wer hungert, denkt nicht nach, welche Erziehungsmethode die beste ist. Immer noch hat die Mehrzahl der Bewohner das Lesen und Schreiben nicht gelernt und wenn, kaum Zeit, Briefe zu schreiben. Bürgersfrau und Bürgersmann, ihre Beziehung zu den Kindern haben Anspruch auf einen wichtigen und breiten Raum in der Familiengeschichte. Klein an Zahl, haben sie doch Vorbild für viele Lebensträume geschaffen. Sie haben Maßstäbe gesetzt, und sie müssen sich dafür so wenig entschuldigen wie der Chronist. Entscheidend ist, die anderen nicht zu vergessen und den Stimmen der Elenden, die an Zahl sehr viel stärker und trotzdem weniger durchdringend sind, Gehör zu verschaffen.

Während die Familien im Biedermeier sich so zahlreich wie nie zuvor dem Maler stellten, fröhlich zur abendlichen Geselligkeit fuhren, und während das 19. Jahrhundert die erste Hälfte seiner Jahrzehnte hinter sich brachte, herrschte in Deutschland nicht weniger Not als im vorangegangenen Jahrhundert. Sie war ebenso bitter und andauernd, brachte vielen den Tod und andern ein Dasein, das menschenwürdig nicht mehr zu nennen ist. Die Probleme des Kapitalismus und der Industrialisierung fielen nicht in eine friedliche und satte Welt. Es ist schon erstaunlich, wie es Kritikern aller Lager, die mit der neuen industriellen Wirtschaftsform den Untergang von Sitte, Moral und Familie anbrechen sahen, gelang, mit solchen Theorien die Wirklichkeit zu verstellen. Versunken scheint die dunkle Seite des aufgeklärten Jahrhunderts, das Elendspendel, das bis zur Mitte des 19. Jahrhunderts immer wieder einen Hunger über die Menschen brachte, wie ihn die proletarische Welt bald hinter sich ließ. Wir werden diese sittenstrengen Kritiker noch sehr genau kennenlernen. Für die Familien der Unterschichten am Beginn des 19. Jahrhunderts gilt das gleiche wie in den Jahrzehnten zuvor: Jeder, der einen Pfennig, ein Pfund Brot zum Überleben herbeibrachte – Vater, Mutter, Kinder –, mußte dafür unmenschlich hart arbeiten, entweder zu Hause in der einzigen Stube oder nach stundenlangen Fußmärschen.

Mit der beginnenden Industrialisierung hing die Notlage im Deutschen Reich um diese Zeit auch zusammen. In England nämlich hatte sich die Textilindustrie als Mutter aller anderen weit entwickelt. Als nach Napoleons Sturz die Wirtschaftssperre zwischen dem Kontinent und der Insel aufgehoben wurde, überfluteten billige englische Wollwaren die deutschen Länder, wo unzählige Heimspinnereien und Webereien mit solchen Mengen und den niedrigen Preisen nicht konkurrieren konnten. Im besten Fall sanken die Löhne, meist entließen die Manufakturen ihre Arbeiter. Die Familien, die zu Hause arbeiteten, bekamen keine Aufträge mehr. Zwar gab es schon erste Fabriken im modernen Sinn. Aber sie mußte man mit der Lupe suchen. Im Schnitt galt um 1820 eine Einrichtung mit 50 Arbeitern schon als Großbetrieb. Daß in der Krefelder Textilindustrie ein Unternehmer rund 300 Arbeiter beschäftigte, war für die meisten Zeitgenossen kaum vorstellbar. Als der Verleger Göschen um die Jahrhundertwende in Leipzig 40 Mitarbeiter beschäftigte, durfte er sich als Großunternehmer sehen. Noch 1846 arbeiteten in Preußen nur vier Prozent aller Erwerbstätigen in der Industrie.

Es war eine ungewisse Zeit, diese erste Hälfte des 19. Jahrhunderts. Das Neue gewann erst langsam feste Gestalt, wenngleich die ersten Eisenbahnen unmißverständlich deutlich machten, wohin die Reise ging. Die mittelalterliche Zunftordnung des Handwerks wurde von Staats wegen abgeschafft, die Leibeigenschaft der Bauern nach und nach in den deutschen Ländern aufgehoben. Trotzdem gelang es immer noch nicht, die Menschen mit ausreichender Nahrung zu versorgen. Es ist gerade hundertfünfzig Jahre her, da war der Hunger mitten in Europa eine Realität, wie er es heute für Milliarden Menschen in Asien, Afrika oder Südamerika ist.

Wie spitz die soziale Pyramide der Bevölkerung war, wie dünn die Schicht der angesehenen Bürger, zeigt ein Blick auf Preußen im Jahre 1805. Es lebten dort damals fast 10 Millionen Menschen, davon knapp drei Millionen in den Städten. Der Adel zählte etwas unter 400000 Angehörige, und die aktiven Soldaten kamen mit Frauen und Kindern auf eine halbe Million. Die Staatsbeamten mit ihren Familien brachten es auf 160000 Personen, und in den Manufakturen waren 175000 Arbeiter beschäftigt. Das Verhältnis zwischen Stadt und Land – ein Drittel der Bevölkerung hier, zwei Drittel dort – sollte sich wesentlich erst nach 1870 verschieben.

Fast die Hälfte der Bewohner in der Stadt waren Lohnabhängige, Gelegenheitsarbeiter, und jeder Teuerung, jeder Verknappung der Nahrungsmittel brutal ausgesetzt. Mochten sie ihre Anstrengungen verdoppeln – die Preise liefen stets viel schneller davon. Die erste große Mißernte des neuen Jahrhunderts kam 1803. Der schlesische Provinzialminister berichtete nach Berlin, daß die Untertanen sich von Katzen- und Pferdefleisch ernährten. In Göttingen hatten über 1000 Bürger nichts zu essen. Zwischen Juni und September 1805 ließ die Stadtverwaltung dort 38574 Dreipfundbrote backen und zu niedrigem Preis verkaufen. Nach dem Vorbild anderer Städte wurde eine Suppenanstalt gegründet, die im gleichen Zeitraum rund 20000 Portionen verteilte. Im gleichen Jahr veröffentlichte der Görlitzer Arzt Christian August Struve den «Entwurf zu einer Rumfordischen Suppenanstalt für die Armen in mittleren Städten». Der Engländer Benjamin Thompson, 1792 zum Grafen von Rumford geadelt, hatte das Rezept für jene Armensuppe entwickelt, die unter seinem Namen eine feste Institution wurde: eine Mischung aus Graupen, Erbsen, Brot, Kartoffeln, Salz und saurem Bier.

Übrigens mußten auch die bürgerlichen Einwohner in diesen Notzeiten den Gürtel enger schnallen. Zwar kochte man keine Rumfordsuppen, griff aber gerne zu Publikationen, die versprachen, beim Sparen zu helfen. 1807 erschien «Das einfache Kochbuch, oder Anweisung, in den jetzigen theuren Zeiten wohlfeile, schmackhafte und starknährende Speisen zu bereiten». 1812 kam das «Kochbuch, oder meine vieljährigen Erfahrungen, wie man gesunde und schmackhafte Speisen bei einer Holz und Kohlen ersparenden Feuerung zubereiten kann», auf den Markt. Damit wir keine falsche Vorstellung von den bürgerlichen Verhältnissen bekommen, ein kurzer Blick in die Wohnung der Eltern von Gustav Freytag, 1816 in Schlesien geboren. Der Kulturhistoriker und Schriftsteller erzählt, daß «die Eltern, nach den Verhältnissen jener Zeit, in mäßigem Wohlstande lebten. Die Papiertapete galt für einen Luxus, den wir in keiner Wohnstube hatten, die Wände waren mit bunter Kalkfarbe blau, rosa, gelb getüncht ... zu Mittag nur ein Gericht, am Abend erhielten die Kinder selten ein Stück Fleisch, häufig Wassersuppe, welche die Mutter durch Wurzeln oder einen Milchzusatz anmutig machte. Wein wurde nur aufgesetzt, wenn ein lieber Besuch kam.»

Die nächste Hungerwelle kam im Winter 1816 auf 1817. Wie immer in solchen Notzeiten hatten Krankheiten ein leichteres Spiel. Vor allem in Schlesien und Westfalen starben die Menschen am Hungertyphus. In Mainz «trieben auch die Weiber Unfug auf dem Markte. Sie wollten mit Gewalt die Preise herunterbringen». Da sie mit Worten nichts erreichten, «machten sie kurzen Prozeß, schütteten die Kartoffelsäcke aus, stülpten die Körbe mit Bohnen und anderem Gemüse um, darunter wurden Eier und Butter gemischt und mit Füßen untereinander getreten». Erst Polizei und Militär gelang es, «Ruhe und Ordnung» wiederherzustellen. In Göttingen spendeten die Bürger für die Suppenanstalt. Wieder ließ die Stadt billige Armenbrote backen.

Am Ende des dritten Jahrzehnts zählt man im Königreich Bayern 65653 bettelnde Männer, 55380 Frauen und rund 25000 Kinder. 1843 meldet eine Zeitung: «In Kurhessen ist die Not an der hessisch-weimarischen Grenze unbeschreiblich groß, weil das Spinnen von gekämmter Wolle, wodurch sich die Bevölkerung der Umgebung ... sonst im Winter nährte, jetzt infolge der Überschwemmung Deutschlands mit englischen, aus australischer Wolle gefertigten Garnen fast gänzlich aufgehört hat. Die armen Spinner können ihren Bedarf an Kartoffeln nicht mehr bezahlen und haben oft in drei, vier Tagen kein Stück Brot zu essen. Auffallend nimmt auch die Bettelei im Hennebergischen in Sachsen-Meiningen zu, und es durchschwärmen oft ganze Scharen von Erwachsenen und Kindern die Dörfer, um sich Brot und Kartoffeln zu erbetteln.»

In Hamburg wurde 1838 penibel errechnet, daß es 12530 «der Hilfe bedürftige Individuen» gab, jene nicht mitgezählt, die von den Stiftungen ohnehin versorgt wurden. Die Stadt hatte um diese Zeit rund 120000 Einwohner. Wer nicht obdachlos war oder in einem Kellerloch hauste, versuchte, in einem der mehrstöckigen Mietshäuser unterzukommen. Er mußte dann 20 bis 30 Prozent seiner Einnahmen für solchen Luxus bezahlen, der in den meisten Fällen nicht einmal die eigenen vier Wände bedeutete. Es war üblich, die großen Häuser nicht mit Privatwohnungen, sondern mit Wohnsälen auszustatten, in denen ledige Arbeiter und Arbeiterinnen, Witwen und Familien Unterkunft fanden. Für alle gab es auf der Diele eine offene Herdstelle und im Hof einen hölzernen Verschlag als Toilette. Wasserleitungen wurden erst in der zweiten Jahrhunderthälfte installiert.

In der Hamburger Innenstadt, die 1842 fast völlig vom Feuer

zerstört wurde, hat sich ein solcher Bau aus dem Jahre 1830 erhalten. Lilienstraße 17 war ein Fachwerkbau mit vier Etagen. Im ersten Stock gab es drei, in den folgenden vier Wohnsäle. Der größte Saal hatte 24, der kleinste knapp 19 Quadratmeter. Es wohnten dort vier Arbeiter, zwei Schuhmacher, ein Buchdrucker, ein Kastenmacher, drei Witwen und drei ledige Handarbeiterinnen. Zählt man alle zusammen, dann standen jedem neun Quadratmeter zum Leben zur Verfügung. 1841 wohnten sogar noch mehr Menschen in dem Haus, das bald darauf der Mann, der im Keller mit seiner Frau eine Schankstube betrieb, kaufen konnte. Er machte sein Geld allerdings nicht nur mit Getränken, sondern mit vier «Jungfern», die als «öffentliche Mädchen» in der Einwohnerliste eingetragen waren.

Bremen, um das Jahr 1820: Eine Frau muß sich und vier Kinder durchs Leben bringen. Der Mann, Musikant, hat seine Familie verlassen. Durch Nähen und Spinnen verdient die Frau im Jahr 15 Taler. Von den 15 Talern konnte sich zu der Zeit ein Erwachsener gerade satt essen. Die Kinder brauchten weitere 35 Taler. Die Miete kostete acht Taler pro Jahr, Feuer und Licht sieben. Wenn die Familie nicht verhungern und verkommen sollte, mußten noch rund 50 Taler her. Sie kamen aus der städtischen Armenkasse.

Eine andere Familie im Bremer Armen-Viertel: Ein ehemaliger Soldat, 70 Jahre, eine kranke Ehefrau, ein geistig behinderter 18 jähriger Sohn. Da der Mann als Strumpfwirker ausgebildet war, konnte er – zu seiner Militärpension von 12 Talern – noch 12 Taler hinzuverdienen. Die Frau arbeitete, so gut es ging, und brachte es auf sechs Taler. Zum Überleben half die Armenfürsorge mit 24 einhalb zusätzlichen Talern. Immer als Jahressummen gerechnet! Zum Vergleich: In Hamburg verdiente damals ein Dienstmädchen bei einem gut situierten Kaufmann jährlich 96 bis 100 Taler – von den üblichen Geschenken nicht zu reden. Die gleiche Summe mußte 1840 in Bremen ein Volksschullehrer für ein Dienstmädchen zahlen.

In den vierziger Jahren rechnete man in Bremen für einen einfachen Arbeiterhaushalt mit fünf Personen als Minimum 155 Taler, wobei allein rund 100 Taler für die Nahrungsmittel draufgingen. Ein Polizeidiener, der auf der untersten Stufe der Beamtenhierarchie stand, konnte mit 200 Talern Gehalt und freier Wohnung rechnen. Einen kräftigen Sprung noch oben machte der gutbürgerliche Haushalt. Der Bremer Kaufmann Caspar Kulenkampff brauchte für seine Familie zwischen 1801 und 1805 runde 600 Taler pro Jahr. Ein studierter Senator rechnete in der Mitte des Jahrhunderts mit 4000 Talern, um ein «anständiges Leben nach einfachem Maßstab» zu führen. Denn daran hatte sich seit mittelalterlichen Zeiten nichts geändert: Es gab keine gemeinsame Meßlatte für alle Menschen, die man in bezug auf Armut und Wohlstand ansetzte. Sie richtete sich nach dem Stand, in den ein jeder geboren wurde. Wer als Arbeiterkind zur Welt kam, hatte eben keinen Anspruch auf weißes Brot zum Frühstück.

Als in Arbeiterfamilien Kaffee getrunken wurde, diente dies den Bremer Bürgern schon als Beweis, daß die breite Masse «bei hinreichendem Verdienst ohne Not und in voller Ruhe dahinlebe». In den letzten Jahren des 18. Jahrhunderts war ein Bremer sogar der Meinung, in seiner Vaterstadt gebe es «keinen unbeschäftigten, durch Armut gedrückten Pöbel». Man war stolz darauf, daß es in der ehrbaren Hansestadt besser zuging als sonstwo in deutschen Landen. Sogar der Führer der Bremer Sozialisten erklärte 1849: «Was Armuth, was Noth und Elend sei, weiß der Bremer nicht. Gehe zum Ärmsten, und Du findest ein sauberes Stübchen, ein reinliches Bett, leidlich gekleidete Kinder und eine erträgliche Mahlzeit.» Solchen tröstlichen Versicherungen hatte auch Johann Heinrich Wichern, ein Mahner gegen menschenunwürdige Zustände, der im protestantischen Raum die «Innere Mission» aufbaute, bei seinem Besuch in Bremen 1837 geglaubt. Bis er einen zweiten Rundgang durch die Stadt machte: «Nachher habe ich hier nochmals die Höhlen der Armut aufgesucht und dieses Mal sehen müssen, was kein Bremer der höheren Gesellschaft bis jetzt gesehen hat. Erst jetzt habe ich mich in die rechten Armenquartiere führen lassen. Wenn Bremen nicht bald dazu thut, wird es nicht lange währen, bis sich der Schaden so schrecklich wie in Hamburg offenbart – Familien ohne Betten, ohne Möbel, ohne Mittagbrot, in Kot und Unrat, in Lumpen und Ekel wie begraben.»

Wer in der ersten Hälfte des 19. Jahrhunderts in Bremen vor dem Pfarrer eine legale Ehe eingehen wollte, mußte nachweisen, daß er 300 Taler besaß und für 50 Taler sich das Bürgerrecht kaufen konnte. Davon brauchte einer, der 15 oder gar 50 Taler im Jahr verdiente, gar nicht erst zu träumen. Weshalb denn überall geklagt wurde, daß die wilden Ehen zunähmen. Da erstaunt nur, daß sich ein denkender Mensch darüber wundern konnte. Viele Paare lebten ohne kirchlichen Segen zusammen. Aber auch das nur, wenn Aussicht bestand, nicht zu zweit zu verhungern.

Immer noch zogen es viele vor, sich allein durchs Leben zu schlagen. Aus Konstanz haben wir ein paar Zahlen aus dem Jahre 1806 für jene, die immer am Abgrund des Elends existierten – wenn wir unsere Mindestansprüche vergessen – und rund die Hälfte der Bevölkerung ausmachten: Von den 30- bis 70jährigen lebten rund 23 Prozent der Männer und 32 Prozent der Frauen ohne Partner. Wenn geheiratet wurde, dann sehr spät: das Durchschnittsalter der Frauen war 30,3, das der Männer 34,6. Die Durchschnittsfamilie umfaßte fünf Personen, und von den Kindern starben in den ersten neun Jahren 41 Prozent. In Konstanz wurde von den Bürgern ein Hilfsverein gegründet, der durch Spendenaufrufe versuchte, die schlimmste Not zu lindern.

Es war eine Frau, die 1844 ein ungewöhnliches Buch veröffentlichte, das ihr sofort den Unwillen von allerhöchster Stelle einbrachte. Sachlich und nüchtern schilderte Bettina von Arnim, was sie in den Berliner Armenvierteln gesehen, was man ihr dort erzählt hatte. Die Schwester des Clemens Brentano, die als junges Mädchen auf Goethes Schoß gesessen, fester und faszinierender Bestandteil der feinsten romantischen Kreise, scheute sich als knapp 60jährige Witwe nicht, die Gebildeten mit der Wirklichkeit zu konfrontieren. Unter dem hintersinnigen Titel «Dies Buch gehört dem König» verbarg sich eine unpathetische und darum um so glaubwürdigere Anklage.

«Vor dem Hamburger Thore, im sogenannten Vogtland, hat sich eine förmliche Armen-Colonie gebildet ... Am leichtesten übersieht man einen Theil der Armengesellschaft in den sogenannten ‹Familienhäusern›. Sie sind in viele kleine Stuben abgetheilt, von welchen jede einer Familie zum Erwerb, zu Schlafen und Küche dient. In 400 Gemächern wohnen 2500 Menschen. Ich besuchte daselbst viele Familien und verschaffte mir Einsicht in ihre Lebensumstände.

In der Kellerstube Nr. 3 traf ich einen Holzhacker mit einem kranken Bein. Als ich eintrat, nahm die Frau schnell die Erdäpfelhäute vom Tisch und eine sechzehnjährige Tochter zog sich verlegen in einen Winkel des Zimmers zurück, da mir der Vater zu erzählen anfing ... In Zeiten, wo es die unheilbare Krankheit des Beines gestattet, verdient er 1 Thaler monatlich; die Frau verdient das Doppelte, die Tochter erübrigt 1 1/1 Thlr. Die Gesamteinnahme beträgt also 6 1/1 Thaler im Monat. Dagegen kosten die Wohnung 2 Thlr ... auf zwei tägliche Mahlzeiten berechnet, beträgt die Ausgabe für das Hauptnahrungsmittel 3 1/2 Thlr. im Monat. Es bleibt also noch 1 Thlr. übrig zum Ankaufe des Holzes und alles dessen, was eine Familie neben rohen Kartoffeln zum Unterhalt bedarf ...

Es zeigt sich auch hier, daß die Armen ihre größte Freude an den Kindern haben und fest darauf rechnen, daß diese durch den Schulunterricht aus dem Elende gerissen werden. – Ist es nicht barbarisch, daß man heut zu Tage die Fruchtbarkeit der Armen so hart tadelt? Ich hörte schon oft sagen: Warum zeugen die Leute so viele Kinder, wenn sie diese doch nicht ernähren können? ... Im Winter vom 15. Dezember bis 15. April werden die Armensuppen gekocht, von denen jede Familie alle zwei Tage eine Portion erhält: davon ist jedoch ausgeschlossen, wem eine monatliche Unterstützung zugewiesen ist. Die höchste Unterstützung beläuft sich auf 2 Thaler monatlich, reicht also im günstigsten Fall zur Deckung der Miete ...

Sie hungern lieber bis aufs äußerste, als daß sie sich der Exmission aussetzen, denn sie wissen, daß sie alsdann der Polizei in die Hände fallen, ins Arbeitshaus kommen und ihr Leben, gehetzt von den unmenschlichsten Polizeigesetzen, aushauchen ... Viele in den Familienhäusern essen morgens trockenes Brot, mittags gar nichts, abends eine Mehl- oder andere Suppe. Von einem halben Lot Kaffee trinken 5 Personen zweimal. Eine Frau hat mit einem fremden Weber ein Zimmer zusammen gemietet und hilft ihm bei der Arbeit, um wenigstens einen Anhaltspunkt zu haben. Manchmal aber verdienen beide nichts. Ihre gewöhnliche Nahrung besteht in Brot und bitterem Kaffee.»

Vier Jahre später brach überall im Deutschen Reich die Revolution von 1848 aus. Es ging um ein wenig mehr Freiheit, ein wenig Demokratie. Bettina von Arnim beschreibt, was in Berlin geschah: «Versammelt auf dem Schloßplatz, um für die gegebene Preßfreiheit zu danken, wird plötzlich vom Militär in die Menge eingehauen, mit Stückkugeln geschossen. – Die Leute fliehen und werden verfolgt. – In zwanzig Minuten war die Stadt mit Barrikaden verschanzt, jedes Haus eine Festung – die Waffenläden gestürmt und gegen Kartätschen, Gewehr und Säbeln angekämpft. – Unzählige Opfer sind gefallen. – Unterdessen hat der König jede Bitte der Geistlichkeit wie des Stadtrats, dies Blutbad doch aufhören zu lassen, hartnäckig abgewiesen, die Schlacht dauerte von mittag zwei Uhr bis zum andern Tag 10 Uhr. – Am andern Tag war Volksjustiz, die zusammengehauenen Bürger- und Arbeiterleichen wurden auf Bahren ins Schloß getragen; das Volk zwang den König und die Königin, die aufgedeckten Wunden anzusehen ... Am 2ten April. Heute ist der Landtag eröffnet worden, der König und die verantwortlichen Minister haben alles gewährt, nur der Arbeiterstand, der bedürftigste, an Zahl die größte Masse, die allein am 18ten März den Sieg errungen hat, ist versäumt worden. Volksversammlungen werden gehalten. Mehrere Dinge, die ich schon vor 4 Jahren als wesentlich dem König vortrug, kommen jetzt zur Sprache. Man will ein Arbeiterministerium, ich aber will ein Armenministerium, was einen viel entscheidenderen Charakter hat und ein viel wichtigeres Organ sein würde!»

Der Versuch einer bürgerlichen deutschen Revolution scheiterte. Die Obrigkeit gewann das kurzfristig verlorene Terrain im Juli 1849 mit Standgerichten und Massenerschießungen zurück.

# Die Industrialisierung und die Arbeiterfamilie

*Die Krise hilft den Armen*
*Ein kurzer Weg von der Wohnung zur Arbeit*
*Das bürgerliche Klischee der Proletarierehe*
*Schutz für Mütter und Säuglinge*

Mit jener Epoche, die mit der Gründung des Deutschen Reiches unter preußischer Führung 1871 begann, scheint endlich eine Zeit gekommen zu sein, mit der uns ein starker Lebensfaden verbindet. Zwar sind uns die Männer, Frauen und Kinder, die uns von den vergilbten Fotografien anblicken, sehr fremd. Wir scheinen, was den Alltag und die Moral betrifft, Lichtjahre voneinander entfernt zu sein. Und doch: Die visuelle Kommunikation der Fotografien und Filme schafft etwas, das solche rationalen Überlegungen hinter sich läßt. Die Menschen, die sich auf alten Filmen zackig und ungelenk wie Marionetten bewegen, sind für uns vorstellbar, «lebendig». Die Gegenwart, die uns die Kamera vorspiegelt, läßt alles, was vor solchen sichtbaren Zeiten liegt, in einem zeitlosen Dunkel versinken. Außerdem haben die Großeltern jener, die heute 40 Jahre und älter sind, in dieser wilhelminischen Zeit gelebt.

Ein Drittes kommt hinzu: Haben wir nicht aus diesen wilhelminischen Jahrzehnten endlich einen unerschöpflichen Vorrat an Informationen, Statistiken, Memoiren? Wir haben aber auch über diese Zeit, als der Fortschritt einen ungeheuren Sprung machte, unendlich viele Schlagworte und Hypothesen aus den ideologischen Lagern aller Richtungen. Alles zusammen vermittelt den

Eindruck, daß uns über diese Zeit und ihre Menschen nichts verborgen geblieben ist. Wir betreten vermintes Gelände. Wir können die Bilder und Meinungen nicht einfach beiseite schieben. Dazu sind sie viel zu mächtig. Wir können nur versuchen, uns von der Unausweichlichkeit aller vorgegebenen Meinungen frei zu machen für die Wirklichkeit, wie sie in den Zahlen und den Zeugnissen der Zeitgenossen sichtbar wird, – deren Vorurteile und Perspektiven mitbedacht werden müssen.

Von 1830 bis 1870 wuchs die Bevölkerung auf dem Gebiet des Deutschen Reiches von 28,5 auf 41 Millionen Menschen. In den folgenden Jahren bis 1913 machte sie nochmals einen Riesensprung auf 67 Millionen. Bis 1870 lebten und arbeiteten zwei Drittel aller Deutschen in ländlichen Gebieten. Sechs Millionen arbeiteten in der Landwirtschaft. Nur fünf Prozent der Bevölkerung wohnten in der Großstadt. Erst 1870 begann eine neue Entwicklung. Bis 1913 sank die Arbeiterschaft auf den Dörfern unter fünf, und die Zahl der Arbeiter in Industrie und Bergbau stieg von fünf auf neuneinhalb Millionen. 1910 lebten 21 Prozent der Bevölkerung in den Großstädten. Bis 1870 hatten 500000 Deutsche den Kontinent in Richtung Amerika verlassen, vor allem Bauern und arme Handwerker aus Süddeutschland. Erst danach begann die innerdeutsche Wanderung der ländlichen Arbeitskräfte aus dem Osten – deren Verdienst dort ständig sank –, zuerst nach Berlin, dann weiter nach Westfalen und schließlich ins Ruhrgebiet.

In unserer Erinnerung, wie die Bilder sie festgehalten haben, leben vor allem die schmucken Leutnants, die gutbürgerlichen Herren mit Vatermörder und schwarzem Anzug, die Damen in langen Kleidern und Federhüten, die bleichen Kindergesichter in den Fabriken und an den Webstühlen, dumpfe Hinterhöfe und die Elendsgestalten des Heinrich Zille in der Millionenstadt Berlin. Daneben steht die Beschreibung unmenschlicher Wohn- und Arbeitsverhältnisse und immer wieder die These, daß Industrialisierung und Kapitalismus die Familie auseinandergerissen haben. Daß die beginnende Berufstätigkeit der Frau außer Haus eine Revolutionierung aller Lebensverhältnisse brachte. Emanzipation nennen es die einen. Tod der Familie rufen die anderen.

Realitäten: Der Wirtschafts-Boom der sogenannten Gründerjahre dauerte nur knapp drei Jahre. Schon 1873 gab es weltweit einen entscheidenden und lang anhaltenden Konjunktureinbruch, von dem sich die Wirtschaft erst 1896 wieder zu erholen begann. Unter dem Stichwort die «Große Depression» sind diese mageren Jahre in die Geschichtsbücher eingegangen. Mager waren sie: für die Unternehmer und Spekulanten. Die Dividenden fielen von 12,49 auf 7,08 Prozent. Wer von den Zinsen seines Geldes lebte, mußte nun kürzer treten. Doch es fiel noch anderes: die Preise, und das bedeutete, die Lebenshaltungskosten insgesamt. Man konnte für sein Geld wieder mehr kaufen. Zwar fielen nach 1873 auch die Löhne der Arbeiter. Doch ab 1880 ging es stetig mit ihnen bergauf.

Noch nie hatten Arbeiter in Deutschland so viel verdient. Für sie bedeutete dies, verglichen mit dem Elend der vorangegangenen Jahrhunderte, einen ungeheuren Fortschritt. Das Pro-Kopf-Einkommen im Jahr stieg von 336 (1871) auf 726 Mark (1913). Dabei wuchsen die niedrigsten Löhne am meisten. Bis gegen Ende des 19. Jahrhunderts pendelte die Lebenserwartung der Menschen um die dreißig Jahre herum. Nun stieg sie zwischen 1871 und 1910 für Frauen von 38,4 auf 48,3 Jahre und für Männer von 35,6 auf 44,8 Jahre. Zum erstenmal hatten die Kinder, deren Sterblichkeit allerdings immer noch sehr hoch lag, eine Chance, ihre Großeltern zu erleben. Sie hatten auch etwas mehr von ihren Eltern. Mußten die Arbeiter 1825 noch 82,5 Stunden pro Woche schuften, so waren es 1905 nur noch 59 Stunden.

Wenn auch die Getreidepreise weiter kräftig stiegen, löste das keine Hungersnöte mehr aus. Die Arbeitgeber erhöhten vorübergehend die Löhne, und vor allem gab es die meiste Zeit genug Arbeit. Jetzt erst waren endgültig alle feudalen Bindungen aufgehoben. Die Berufswahl war frei. Wer seine Stadt, sein Dorf verlassen wollte, brauchte niemanden zu fragen, keiner Behörde etwas dafür zu zahlen. Um jedes Mißverständnis auszuschließen: Das Paradies war damit nicht ausgebrochen. Verglichen jedoch mit vorangegangenen Zeiten setzten sich in diesen Jahren entscheidende Verbesserungen durch.

Die Städte, die nach 1870 die Menschen der nahen und fernen Umgebung wie ein Magnet anzogen, traf die explosionsartige Zunahme der Bevölkerung völlig unvorbereitet. Vor allem die hygienischen Verhältnisse waren katastrophal. Die Sickergruben für den menschlichen Abfall hielten nicht dicht und verunreinigten das Grundwasser. Die Hausabfälle wurden vielerorts nicht anders als in mittelalterlichen Zeiten in Flüsse und Bäche geschüttet. Als diese Kloaken immer stärker zum Himmel stanken, griffen endlich die Gewerbeämter ein. Ein königlicher Gewerberat schildert die Wupper im Jahre 1885: «Nach den Erhebungen schleppt der Fluß täglich etwa 150 Pfund Unrat jeglicher Art fort. Wochenlang, bei trockener Jahreszeit monatelang, sammeln sich die Schmutzwasser im Wupperbette und verbreiten zeitweise wahrhaft schauderhafte Miasmen. Jedes Hochwasser führt dann tausende von Tonnen der stinkenden, faulenden Massen auf die niedrig gelegenen Seitengelände des Flusses, wo sie weiterfaulend die Luft verpesten und wo ihre Rückstände dicke Anschwemmungen bilden.»

In den Krankenhäusern von Elberfeld und Barmen – aus beiden Orten entstand Wuppertal – litt meist ein Drittel der Patienten an Krätze. Fast jedes Jahr brach irgendwo die Cholera aus. In Hamburg starben 1892 Hunderte an dieser Krankheit. Erst 1906 schuf ein Gesetz die Grundlagen dafür, daß die Wasserversorgung der Bevölkerung im Deutschen Reich zentral organisiert und kontrolliert werden konnte. Obwohl die Schutzimpfung für Pocken schon am Ende des 18. Jahrhunderts entdeckt worden war, blieb sie in Deutschland Privatsache. In Preußen starben 1871 knapp 60000 Menschen an den Pocken, und im folgenden Jahr waren es sogar 65000. In anderen Gebieten lagen die Zahlen noch höher. Erst 1874 wurde die Pockenimpfung von Kindern im ersten, und die Wiederimpfung im zwölften Lebensjahr zur Pflicht gemacht. 1895 zählte man im ganzen Reich nur noch 65 Pockenfälle.

Zum Symbol der Überbevölkerung in den Städten aufgrund der Industrialisierung wurde die Mietskaserne. Sie läßt vergessen, daß mindestens ebenso viele Arbeiterfamilien in Kellern und Verschlägen eine Bleibe suchten. Auch diese Elendsquartiere waren nicht umsonst. Sie verschlangen zwanzig Prozent vom monatlichen Verdienst. Besonders quälend war die in solchen Löchern nicht zu vertreibende Feuchtigkeit. Der Schriftsteller Gerhard von Amyntor schildert 1876 in Berlin «einen armen Flickschuster, der mit Frau und 9 Kindern eine Kellerspelunke bewohnt. Sie liegt unter dem mittleren Wasserstande der Spree und nicht weit von dem Fluß. Nur in heißen Sommern ist das Loch drei Monate ziemlich trocken – in der ganzen übrigen Zeit ist es feucht, und bei Hochwasser ist der Fußboden der zwei Wohnräume, in welche sich elf elende Menschen teilen müssen, mit mehreren Zollen einer schlampig stinkenden Grundfeuchtigkeit bedeckt. Ein offener Eingang führt in die Höhle – die vier Kellerfenster liegen unter dem Niveau des Trottoirs und bei Regenwetter strömen die Gewässer in lustigen Cascaden zu allen Öffnungen in die Zimmer. Alles, was der arme Schuster oder seine bleiche scrophulöse Familie nicht durch täglichen Gebrauch berührt oder reinigt, ist mit einer grünlichen Schimmel-Vegetation überzogen, und wenn du in diesen Keller trittst, so schlägt dir ein so modrig-stinkender Dunst, eine so unbrauchbare Luft entgegen, daß du dich staunend fragst, ob du imstande wärst, auch nur 24 Stunden in diesem vergifteten Element zu atmen. Die immer feucht angelaufenen, grünen Scheiben der Fenster gestatten nur einen Blick auf die Schuhe und Stiefel der Vorübergehenden ... und die großen und kleinen Himmelslichter werfen nie einen verheißungsvollen Blick in diese unterirdische Welt.» Unter solchen Umständen in einem Zimmer zu leben, war für einen großen Teil der mittelalterlichen Stadtbewohner nichts Besonderes gewesen. Nur daß sich für sie kein Chronist fand, der ihr Elend der Nachwelt überliefert hat.

Aus den achtziger Jahren des 19. Jahrhunderts haben wir eine Statistik über den Anteil der Wohnungen, die aus nur einem Zimmer bestanden. Es waren in Frankfurt am Main 23%, in Hamburg 28%, in Berlin 49%, in Dresden 55%, in Breslau 62% und in Chemnitz sogar 70%. Um die Jahrhundertwende besaßen in Berlin 28% der Haushalte eine Zweizimmer-Wohnung. Wie ein solcher Luxus aussah, zeigt die Wohnung einer Arbeiterfamilie aus Leipzig, die im Erdgeschoß eines Hinterhauses lag. Das Wohnzimmer war 3,40 Meter mal 2,90 Meter, das Schlafzimmer maß 2,90 Meter mal 2,20 Meter. Hinzu kam eine Diele von 1,55 Meter mal 1,35 Meter und ein «Vorratsraum für Holz, Kohlen und Gefäße». Zum Leben hatte die fünfköpfige Familie, die in zwei Betten schlief, insgesamt 18 Quadratmeter. Die Jahresmiete betrug 72 Mark. Außerdem 120 Mark Heizungskosten, denn: «Die Leute klagen trotz der ziemlich hohen und freien Lage des Hauses sehr über Nässe. Die Rückwand des Schlafzimmers ist bis hinauf verschimmelt.»

Angeblich lagen die Wohnungen der Arbeiter und kleinen Leute weit vom Arbeitsplatz entfernt und rissen die Familien auseinander, weil stundenlange Fußmärsche zur Arbeit nötig waren. Das kam vor. Aber wenn eben möglich, suchten sich die Familien eine Wohnung in der Nähe der Arbeit und nahmen lieber in Kauf, häufig ihre vier Wände zu wechseln. Im letzten Jahr des alten Jahrhunderts schrieb die «Neue Rundschau»: «Am allerfestesten aber sitzen die kleinen Leute im Centrum; bald ist es die Gewohnheit, die sie da festhält, bald die Unmöglichkeit, in der Peripherie eine Wohnung zu finden, meist aber erlaubt ihnen die Art ihrer Arbeit nicht, sich weiter vom Centrum zu entfernen. Die Heimarbeiterin will in der Nähe des Confectionshauses bleiben; Lohndiener, Droschkenkutscher, Aufwartefrau, Plätterin, Waschfrau, Mietsfrau, Dienstmann, Hausschneiderin, Hebamme, Copisten, Tanz- und Clavierlehrer dürfen ‹ihre› Gegend nicht verlassen, wenn sie ihre Kundschaft nicht verlieren wollen ...»

Erinnern wir uns: Das Steuerregister von Münster zeigt für das Jahr 1685 in den Stadtteilen eine bunt gemischte Bevölkerung. Nun, im 19. Jahrhundert, separieren sich die sozialen Schichten. Die Arbeiter zogen dorthin, wo ein Unternehmer seine Fabrik hinstellte. Berlin ist ein gutes Beispiel. In den nördlichen Vorstädten konzentrierten sich die Arbeiter, weil dort die Metall- und Maschinenbaubetriebe standen. Im Süden, wo schon vor 1870 Textilfabriken angelegt wurden, lebten vor allem Menschen, die in diesem Industriezweig beschäftigt waren. Die Oranierstraße liegt in der südlichen Luisenstadt. Im Haus Nr. 48 wohnten 1850 zwölf Familien. Fünf davon waren in der Textilbranche beschäftigt. In der Nr. 49 waren es sogar acht von zwölf Mieter. Neben der Stahlindustrie war die Bekleidungsindustrie in Berlin auch nach 1871 ein wichtiger Faktor. Man zählte 1875 rund 9500 Schneider und 10000 Weißnäher. Von den Schneidern wohnten 25 Prozent, von den Weißnähern 20 Prozent in der Luisenstadt. Rund 40 Prozent aller Beschäftigten, die mit Wäschenähen ihr Geld verdienten, lebten in den südlichen Vierteln.

Um diese Zeit ließen sich die meisten Unternehmer noch keine Prunkvillen bauen, sondern wohnten mitten unter ihren Angestellten. Im Norden Berlins in der Chausseestraße 3 stand die Eisengießerei von F. A. Egells. Nr. 4 war das Wohnhaus des Besitzers, in dem außer ihm noch fünfzehn Mieter lebten – darunter ein Ingenieur, ein Werkführer, ein Uhrmacher, drei Buchhalter, ein Diener und auch einige Facharbeiter.

Eine typische Industriegemeinde ist Moabit, wo Borsig in den vierziger Jahren seine erste Fabrik hinstellte. Schon zwanzig Jahre später arbeiteten fast 60 Prozent aller Beschäftigten in Moabit im Maschinenbau.

Auch für das Ruhrgebiet, den Kohlenpott des Deutschen Reiches, belegen die Zahlen, daß die Arbeiter alles taten, um zusammen mit ihrer Familie möglichst nahe am Arbeitsplatz zu leben. Die Landschaft zwischen Duisburg und Dortmund war um die Mitte des vorigen Jahrhunderts noch eine ländliche Idylle mit Dörfern und Grüppchen kleiner Bauernhäuser. Essen, Bochum und Dortmund hatten zusammen rund 30000 Einwohner. Die große Expansion kam hier erst nach 1880. Bis 1913 wuchs die Belegschaft aller Zechen von 80000 auf 400000. In Hamborn – heute Teil von Duisburg – lebten um 1890 knapp 5000 Menschen, zwanzig Jahre später waren es 120000. In diesen Jahrzehnten zogen die «Gastarbeiter» aus Ostdeutschland ins Ruhrgebiet, aber auch Polen und Russen suchten hier ihr Glück. Die Gemeinden fühlten sich nicht zuständig, diesen Menschenstrom unterzubringen. Der Essener Stadtbaumeister erklärte 1886, es läge «auch keine Veranlassung vor, weil die Wohnungsnoth lediglich eine Folge des Emporblühens der Industrie und des damit verbundenen Zuzugs zahlreicher Arbeiter damals eintrat und es daher in erster Linie Sache der Besitzer der sich so glücklich entwickelnden industriellen Werke war, für ein gutes Unterkommen der für sie notwendigen Arbeitermassen Sorge zu tragen.» Essen wuchs von 55000 Einwohnern 1875 auf knapp 300000 im Jahre 1910.

Tatsächlich ließen die Zechenherren Werkswohnungen und Wohnkolonien für ihre Belegschaften errichten und warben damit im fernen Osten: «Masuren! Es kommt der Zeche hauptsächlich darauf an, brave, ordentliche Familien in diese ganz neue Kolonie hineinzubekommen. Ja, wenn es möglich ist, soll diese Kolonie nur mit masurischen Familien besetzt werden. So bleiben die Masuren ganz unter sich und haben mit Polen, Ostpreußen usw. nichts zu tun. Jeder kann denken, daß er in seiner masurischen Heimat wäre.» Auf diese Weise bildeten sich schlesische, masurische, ostpreußische Gettos. Nicht unbedingt zum Schaden des Zusammenlebens und der sozialen Struktur im Ruhrgebiet. Spannungen oder Unruhen großen Ausmaßes brachen nicht aus. Erstaunlich, wenn man bedenkt, daß Zehntausende sich in einer fremden Umgebung, deren Sprache sie oftmals nicht verstanden, und unter miserablen Bedingungen einleben mußten.

Der Anteil der Arbeiter, die mit ihren Familien in Werkskolonien wohnten, lag im letzten Jahrzehnt des Jahrhunderts im Ruhrgebiet zwischen fünf und zehn Prozent. Rund die Hälfte mietete lieber eine private Wohnung, zog bald wieder aus, mietete neu, zog aus, und so fort. Denn die Arbeiter in Zechen und Hütten bewiesen eine Mobilität, die die Flexibilität unserer Jahre weit übertrifft. Statistiken von Krupp, wo die Fluktuationszahlen besonders niedrig lagen, und anderen Zechen ergeben, daß zwischen 1896 und 1908 im Schnitt pro Jahr rund die Hälfte der Belegschaft ausschied bzw. neu eingestellt wurde. Bei manchen Zechen machten die Umschichtler sogar über neunzig Prozent aus. Als man in Essen 1900 eine Statistik über die Wohnverhältnisse der Bevölkerung anlegte, fühlte sich der ausführende Beamte an Zustände erinnert, «die vor aller Seßhaftigkeit und Kultur lagen». Rund die Hälfte sämtlicher Haushaltungen hatten innerhalb von zwei Jahren die Wohnung gewechselt, und zwar keineswegs nur Ledige, sondern auch vielköpfige Familien. Eine Horrorvorstellung für einen bürgerlichen Beamten, dessen «Vorfahren» schon zwei Jahrhunderte zuvor die Häuslichkeit als harmonische Insel gepriesen hatten, auf der man sich von den «Amtsgeschäften» ausruhen konnte. Doch als Schrecken aller Schrecken, als das Ende jeder Sittlichkeit, wurde von den bürgerlichen Zeitgenossen das im Ruhrgebiet wie in allen anderen Städten des Reiches weit verbreitete Schlafgängerwesen beklagt.

Ein Zimmer unterzuvermieten, war in bürgerlichen Kreisen keine Schande, sondern oft dringend benötigter Zusatzverdienst. Ein Schlafgänger dagegen hatte nur Anspruch auf eine Schlafgelegenheit und mußte diese manchmal noch mit einem Mitglied der vermietenden Familie oder einem zweiten Schlafgänger teilen. Besonders Witwen, die keinen Anspruch auf Versorgung hatten, vermieteten nicht selten ihre Couch und hielten sich auf diese Weise über Wasser. Sehr zum Unwillen der Polizei, die immer wieder sittliche Bedenken erhob. Die Arbeitgeber waren weniger pingelig. Sie warben ausdrücklich damit, daß die Zechenwohnungen groß genug wären, um mehrere Schlafgänger aufzunehmen und damit die Miete zu senken: «Da in einem Zimmer vier Kostgänger gehalten werden können, wird die Miete also in jedem Monat um vier Mark geringer.» 1893 lebten zwischen 20 bis 30 Prozent aller Bergleute als Schlafgänger. Aus Berlin liegen ähnliche Zahlen vor. (Dabei sind die Grenzen zwischen Schlafgänger und Untermieter fließend.) In der südlichen Luisenstadt hatten 1864 schon 25 Prozent aller Haushalte einen Schlafgänger. 1875 war es nur ein Prozent weniger. Unverheiratete Frauen, die in der Textilindustrie beschäftigt waren, nutzten häufig diese billige Lebensform. Meist gehörten Vermieter und Schlafgänger derselben Schicht an: kleine Handwerker, Handarbeiter, Arbeiter, Tagelöhner und auch Dienstpersonal, das nicht bei seiner Herrschaft wohnte. Man paßte zueinander.

Was Behörden, Polizei und bürgerlichen Sozialkritikern bedenklich und unsittlich schien, liest sich in den Aufzeichnungen derer, die es erlebten, gar nicht so negativ. Im Jahre 1980 löst die Vorstellung, kein eigenes Bett zu haben, eine Gänsehaut aus. Für einen mittelalterlichen Menschen wäre das nichts Besonderes gewesen und war bis nach dem Zweiten Weltkrieg in bäuerlichen Familien keine Seltenheit. Hören wir Adolf Damaschke, 1865 in eine Berliner Handwerkerfamilie geboren: «Unsere Wohnung im Hinterhaus bestand aus Stube, Kammer und Küche. Die Kammer wurde natürlich vermietet. Wir begnügten uns mit der einen Stube. Sie konnte unsere Betten nicht fassen. So habe ich denn in den ersten zehn Jahren meines Lebens nie ein Bett gehabt. Ich schlief in einem ‹Bettkasten›, der auf Rollen lief, abends unter dem Bett hervorgezogen und mit den Kissen, die am Tage auf dem Bett lagen, zurechtgemacht wurde. Kinder haben eben kein Bett! Das war eine Sache, die selbstverständlich schien, weil man es nicht anders kannte ...» Es folgt die Schilderung des möblierten Herrn: «Er trug stets einen langen, abgetragenen Schlafanzug, an dem Mutter manchmal heimlich flickte, damit er nicht ganz auseinanderfiel. Abends spielte er mit Vater oder mir Schach und aß dazu trockenes Brot, das er aus der Tasche seines Schlafrocks stückweise nahm. Mutter suchte irgendwelche Gelegenheit, ihn zum Mitessen zu bewegen; aber er war sehr scheu und es gelang nicht immer.»

Theodor Bromme, ein Arbeitersohn, wurde 1875 geboren. Als Erwachsener hat er sein Leben aufgeschrieben, von dem wir noch vieles hören werden, weil es typisch ist für seine Generation und seinen Stand. Auch in seiner Kindheit fehlte der Kostgänger in der Familie nicht: Mal war es ein junger Mann, mit dem Vater Bromme das Bett teilte. Mal ein Liebespaar, mal zwei Mädchen und schließlich der 21jährige Gotthold Dettmar Ernst, der einen mächtigen schwarzen Vollbart trug: «Allgemein wurde er der Brasilianer genannt, da er 1880 mit seinem Vater und Geschwistern nach dort ausgewandert war, seiner zurückgelassenen Geliebten halber aber nach 1½ Jahren zurückkehrte. Er mußte jedoch die schmerzliche Enttäuschung machen, daß sich ein ‹Freund› inzwischen an sein Mädchen herangemacht ... Wie er zu uns kam, brachte er einen sprechenden Papagei mit, der aus Brasilien stammen sollte, und den ich alsbald liebgewann. Meine größte Freude war jedoch, wenn Ernst von Brasilien erzählte, das Leben und Treiben dort zu Lande schilderte, die Orangenbäume mit ihren herrlichen Früchten beschrieb und mir von den wilden Botokuden erzählte ... Ich konnte nicht genug hören und wurde nie müde.»

Sicher konnten die fremden Schlafgänger eine Plage sein, die man ertragen mußte, weil man das Geld bitter nötig hatte. Daß nach den Maßstäben damaliger bürgerlicher Moral nicht alles mit rechten Dingen zuging, wen wundert es? Daß Frauen, heranwachsende Töchter auch gegen ihren Willen für flüchtigste Vergnügungen herhalten mußten, niemand wird es bestreiten. Wieder gilt es, auch die Kritiker kritisch zu betrachten, und nicht zu übersehen, daß aus den Quellen auch anderes spricht: Der Fremde brachte ein wenig Abwechslung in den Familienalltag. Er war nicht selten ein Onkel für die Kinder und in vielen Fällen sehr froh darüber, Familienanschluß zu haben und nicht mutterseelenallein und ohne alle Kontakte in einem finsteren Loch oder vielleicht sogar in einem feinen Zimmer Trübsal zu blasen. Aus der Tradition vorangegangener Jahrhunderte war es außerdem üblich, einen Fremden mit in der Familie zu haben, sei es als Dienstboten oder jugendlichen Kostgänger.

Woran nahmen denn die zeitgenössischen Sittenrichter vor allem Anstoß? An den Frauen, die Schlafstellen vermieteten, und an jenen Frauen, die unverheiratet in die Städte zogen, eine Arbeit fanden und ohne Aufsicht ihr Leben lebten. Diese Arbeiterinnen, so empörte sich der Wirtschaftswissenschaftler Alphons Thun 1880, waren nicht bereit, sich in Schlafsäle einsperren zu lassen: «Die jungen, unverheiratheten Mädchen sind es, welche die Städte bevölkern; sie sind die unternehmungslustigen, bereit ihre Wanderjahre im Leben anzutreten und sich höheres Verdienst in der Fremde zu erringen ... Diese Masse von Familie und Heimath losgelöster und aus ländlicher Einsamkeit plötzlich in die Stadt unter fremde Menschen versetzter Mädchen ist eine neue Erscheinung, eine Folge des Fabriksystems. Die große Aktienspinnerei in Gladbach, welche im August 1855 ihre Täthigkeit mit 15000 Spindeln begann und 1859 schon 1000 Arbeiter zählte, rief beispielsweise auf einmal mehr als 500 Mädchen herbei. Wo sollten diese im Städtchen wohnen? ... Zwar hatte die Gesellschaft für Schlafsäle gesorgt und eine strenge Disciplin eingeführt, sogar eine so strenge, daß jedes Mädchen, welches bis 10 Uhr abends nicht zu Hause war, ausgesperrt blieb ... Dieses Institut war nie beliebt und ging in der Folge auch ein ... Die Mädchen wollten eben ungebunden sein; sie sehen ihre Freiheit in voller Aufsichtslosigkeit und Zügellosigkeit. Haben sie doch jung das Vaterhaus verlassen, um ihre Kraft in der Welt zu erproben. Selbst verdienen sie ihr Geld, selbst wollen sie es auch ausgeben; über die wenige freie Zeit wollen sie frei disponieren, sie wollen weder befragt noch kontrollirt sein. Daher miethen sie sich in Familien als Schlafgängerinnen ein ... In zahlreichen Fällen schlafen die Mädchen mit ganzen Familien zusammen, in andern haben sie mehr oder minder separirte Stuben. Gerade auf solche haben die lüderlichsten Burschen ihr Hauptaugenmerk gerichtetet ...» Wie es kam, war es falsch. Vor den Augen eines solchen Moralisten fand keiner Gnade. Denn er dachte immer nur an eines.

Wie es um die Moral der Fabrikarbeiter und Arbeiterinnen stand, hing ganz vom Blickwinkel des Beobachters ab. Ein evangelischer Theologe, der 1890 in Chemnitz drei Monate in einer Fabrik arbeitete und seine Arbeitskollegen dort nicht ohne Verständnis und Sympathie beobachtete, sah es so: «Auf den Tanzböden, in den Nächten von Sonntag zum Montag verliert heutzutage unsre Arbeiterjugend nicht nur ihren meist sauer verdienten Lohn, sondern auch ihre beste Kraft, ihre Ideale, ihre Tugend und ihre Keuschheit. Es ist ja auch kein Wunder; es wäre ein Wunder, wenn es anders wäre. Man überlege nur einmal. Während der Woche, Tag um Tag in regelmäßiger Einförmigkeit in der häßlichen Fabrik, bei oft langweiliger Arbeit, in Schmutz und Schweiß, des Mittags ohne behagliche Ruhe; die Abende der Werktage ... in der kleinen, engen, oft dürftigen Stube des Logiswirts mit Kindergeschrei und Küchendunst; die Nächte in armseligen Schlafstätten; dabei ein leidlicher Verdienst, ohne Kontrolle, ohne Aufsicht, ohne elterliche Fürsorge und Liebe, kurz ohne den segensvollen Einfluß eines starken Familienverbandes ... und nun kommt der Sonntag mit seinem Ausschlafen, seinem Ausruhn, seiner Freiheit, die ihnen niemand kürzt, deren rechten Gebrauch sie keiner lehrt; da locken die Töne der Musik; da lachen junge frische Mädchengesichter; da strahlt lichter Glanz; da wölben sich die hohen weiten Hallen des schön gemalten Saales; ja, hier ist Ersatz für das häßliche Einerlei der Woche ... Ich behaupte, daß infolgedessen kaum ein junger Mann oder ein junges Mädchen aus der Chemnitzer Arbeiterbevölkerung, das über siebzehn Jahre alt ist, noch keusch und jungfräulich ist. Der geschlechtliche Umgang, auf den Tanzböden vor allem groß gezogen, ist unter dieser Jugend heute im weitesten Umfang verbreitet. Er gilt einfach als das Natürliche und ganz Selbstverständliche ...»

Der Arbeiter Theodor Bromme erzählt, wie er seine Frau kennenlernte. Nach einem allzu langen Abend beim Kartenspiel hatte ihn seine Freundin Anna versetzt. Dies teilte ihm beim Verlassen des Lokals ein Mädchen mit, das er zuvor noch nie gesehen hatte: «Halb aus Ärger und halb zum Trost begleitete ich nun die Erzählerin nach Hause, und bestellte sie auch für den folgenden Donnerstag abend zu einem Spaziergang. Aus diesem einen wurden mehrere, und bald ‹ging ich mit ihr›. Aber ich habe lange Zeit mit ihr nur harmlos und völlig tugendhaft verkehrt. Ich brachte es gar nicht anders fertig und – ich sage das ohne Übertreibung – auch den andern Mädchen gegenüber überschritt ich die sittlichen Grenzen nie ... Schließlich wurde auch unser Verhältnis ... ganz selbstverständlich ein intimeres. Wenn mir aber an jenem Abend, da ich sie eigentlich rein zufällig und nur als Ersatz von der Fasanerie heimbegleitete, prophezeit worden wäre, daß sie bald meine Braut sein würde, den hätte ich laut ausgelacht. So wenig dachte ich damals ans – Heiraten.» Dabei ging alles nur so vor sich, wie es der Theologe in Chemnitz ebenfalls erlebte: «Wird eine dann schwanger, so heiratet man sich in der Regel auch, ganz gleich, ob man schon lange oder nur erst wenige Wochen beisammen ist, ob man sich kennt oder nicht, ob man etwas taugt oder nicht, zusammenpaßt oder nicht ...»

Theodor Bromme: «Den ganzen Winter hindurch war mir meine Braut sehr verdächtig vorgekommen. Im Frühjahr schien es mir Gewißheit zu sein, daß ich ein Unglück angerichtet hatte. Ich wartete immer auf eine Erklärung, aber sie blieb stumm, bis ich eines Abends selbst darauf zu sprechen kam. Sie gab es zu, hatte mir aber vor meiner letzten Militärmusterung nichts davon sagen wollen. Wenn ich Soldat geworden wäre, meinte sie, hätte sie sich ein Leids angetan; denn nach Hause hätte sie nicht in solchem Zustande kommen dürfen. Selbstverständlich gab ich nun zur Musterung jeden Fehler an ... und wegen meines linken Ohres, das nur noch ein stark durchlöchertes Trommelfell aufzuweisen hatte, kam ich zur Ersatzreserve der Infanterie. Meiner Verheiratung stand also nichts mehr im Wege, doch soviel steht fest, hätte ich meine Braut nicht geschwängert gehabt, ich hätte noch lange nicht geheiratet und wäre vielleicht Soldat geworden. So zogen wir denn im Juli 1895 zusammen und bewohnten das Erkerlogis in dem kleinen Häuschen des Schwiegervaters ... Am

10. August fand die Hochzeit statt, die ziemlich nett gefeiert wurde.»

Ende des Monats wurde die erste Tochter geboren: «Frühmorgens war meine Frau noch mit mir zur Arbeit gegangen, gegen 10 Uhr mußte sie die Arbeit verlassen, und als ich mittags nach Hause kam, war alles vorüber. Mir war es sehr lieb, daß sie mich nicht hatten holen lassen. Zum Ball des Arbeitervereins am 20. Oktober machte ich Kindtaufe ... Auch diese erste Taufe war noch ein fröhliches echtes Familienfest. Wir hatten Freude, was bei späteren Gelegenheiten nicht der Fall war.»

Ein Jahr darauf kam eine zweite Tochter zur Welt. Bis dahin war Hedwig, die ältere, von den Schwiegereltern versorgt worden. Nun mußte die junge Frau Bromme mit der Fabrikarbeit aufhören und zu Hause bleiben. Zwar versuchte sie mit Nähen etwas dazu zu verdienen, doch es reichte nicht. Der Familienvater machte sich Gedanken: «Sollten nun noch mehr Kinder kommen? Es wurde mir schon Angst, wenn ich daran dachte. Eines Tages brachte unser Chef Pariser Artikel mit in die Arbeitsräume, von denen ich zum ersten Male hörte. Vorher hatte ich noch nichts über Schwangerschaftsverhütung vernommen. Der Chef schwatzte mir auch eine Dose Pessare für 1,20 Mark auf. Ich nahm später sogar noch eine zweite. In Verfolg davon unterhielten sich die verheirateten Kollegen noch öfter über solche ‹Verhütung›. Mitunter hörte man da Sachen, die man schriftlich nicht wiedergeben kann. Als sicherstes Mittel wurde außer der völligen Enthaltsamkeit das ‹Vorortsgeschäft› bezeichnet. ‹Coitus interruptus› ist der medizinische Ausdruck dafür. Erst später erfuhr ich, daß dies höchst schädlich für Mann und Weib ist. Trotzdem ich die Pessare und ebenfalls auch das letztgenannte Mittel anwandte, war mir ein Jahr später mein Sohn Ernst beschert. Leider ist er sehr kränklich veranlagt, sehr schwächlich und von blasser Gesichtsfarbe; ob nicht diese verwünschten Sachen die Schuld daran tragen?»

Am Anfang der Ehe, so jedenfalls sieht es Bromme, versuchte seine Frau, jeden Anlaß zum Streit aus dem Weg zu räumen. Doch bald wurden «die Aussichten für die Zukunft immer schwärzer, die Frau immer mißgestimmter, so daß ich die Ehe, schon jetzt nach kaum 2 Jahren, verwünschte». Die Idee, seine Frau zu verlassen oder bei einer andern Trost zu suchen, kommt Theodor Bromme deshalb nicht in den Sinn. Dafür wird er aktiv in der Gewerkschaft und in der SPD tätig. Kein Abend im Arbeiterverein wird ausgelassen. Diese Vereine – allein in Bayern gab es über zweitausend – boten Geselligkeit, Bildung und Unterhaltung. In Leipzig zum Beispiel fanden 1892 in neun Vereinslokalen 181 Vorträge und 161 Diskussionsabende statt. Diese Vereine waren eine Art Volkshochschule für Arbeiter mit Unterricht in Buchführung, Schreiben, Rechnen, Stenographie, Volkswirtschaft, Geschichte, Englisch und Französisch. In der Bibliothek des Leipziger Vereins standen über 2000 Bücher und gesungen wurde in neun Männer- und sechs gemischten Chören. In den dramatischen Abteilungen übte man eifrig Laienspiele, und in den Turnvereinen trainierte man die Muskeln. Allerdings: Die freie Zeit am Abend nahm sich der Mann auf Kosten der Ehefrau. An den Festen durften auch die Ehefrauen teilnehmen. Aber die meisten Abende saßen sie zu Hause bei den Kindern, während die Männer der Bildung oder dem Vergnügen nachgingen. Und wenn die Männer mal zu Hause saßen, machten sie Vorbereitungen für die Abende im Verein.

Emma Bromme sagte ihrem Mann sehr bald, daß sie sich vernachlässigt fühlte: «Da kommst du abends heim, redest nicht mit mir, gibst kurze grobe Antworten, schreibst, liest, bis du einschläfst und mir dann die halbe Nacht hindurch wieder eine Kugel voll Öl verbrannt hast. Das nennst du Ehe. Die Partei und deine guten Freunde, denen doch meist die Falschheit aus den Augen schaut, die gehen vor. Sogar die Schuhe muß ich dir noch putzen, wenn ich nicht haben will, daß du ungewichst gehst. Dafür wird man grob und kurz behandelt. Solche Gardinenpredigten ... mußte ich öfters anhören. Wenn es mir dann gar zu bunt wurde, gab es Krach ... Einige Tage mied man sich, danach war wieder alles vergessen.» Für das bürgerliche Harmonieverständnis war der oft lautstarke Streit in den Arbeiterfamilien nur ein weiteres Steinchen zum Klischee: daß die meisten dieser Ehen heillos zerrüttet waren.

Bromme selbst zieht solche Schlußfolgerungen nicht. Er spricht nicht selten von harten Auseinandersetzungen, vor allem wegen der Kinder – davon werden wir noch ausführlich hören –, trotzdem glaubt er seiner Frau, als ihm Gerüchte über Beziehungen zu einem anderen Mann hinterbracht werden, sofort und schreibt: «Das war mir natürlich Aufklärung genug, und seitdem ist in dieser Beziehung zwischen uns beiden Gatten auch nichts wieder vorgefallen. Im Gegenteil, wir haben, abgesehen von den vom Mammon hervorgerufenen Uneinigkeiten stets glücklich zusammen gelebt.» Und an anderer Stelle: «Wenn auch einmal ein scharfes oder grobes Schimpfwort zwischen mir und meiner Frau fällt, so liebe ich doch meine Familie unaussprechlich.» Übrigens war Theodor Bromme an turbulente Szenen aus der eigenen Kindheit gewöhnt. Über seinen Vater schrieb er: «Er stand auf, stürzte auf die Mutter zu und schlug sie mit der geballten Faust ins Gesicht, daß sie in die Knie sank.» Mal wollte sich die Mutter, mal der Vater das Leben nehmen. Einmal schenkte er dem Sohn zum Abschied schon seine goldene Uhr. Doch dann setzten sich die Eheleute an den «Bettrand in der Kammer, küßten sich und nach einiger Zeit war der Sturm vorüber.»

Prügel – egal von wem, für wen – brauchen mit keinem Wort verteidigt zu werden. Aber bevor wir abschätzig über die lauten Auseinandersetzungen denken, erinnern wir uns auch, was heute Psychologen den Eheleuten raten, die schweigend ihre Frustrationen, ihren Ärger am Partner in sich hineinfressen. Und damit niemand glaubt, Arbeiterfamilien ohne Streit hätte es nicht gegeben, lassen wir Paul Löbe, hochverdienter SPD-Politiker, in der Weimarer Republik Präsident des Reichstages, mit seinen Erinnerungen zu Wort kommen. Zuerst über die Eltern: «Als der 29jährige Tischlergeselle Heinrich Löbe aus Freiburg in Schlesien im September 1873 dem 20 Jahre alten Dienstmädchen Pauline Leuschner aus Wohlau die Hand zum Ehebunde reichte, war Armut bald ihr treuester Begleiter ... Da in rascher Folge sieben Geschwister dem Ältesten folgten, von denen allerdings vier im frühen Kindsalter starben, blieb Schmalhans der Familie all die Jahre treu ... Wir wohnten in einer Stube mit Alkoven. Das war der landesübliche Ausdruck für ein Nebengelaß, fast immer ohne Fenster, höchstens mit einem Luftloch von 25 Zentimetern im Quadrat. Darin standen für uns drei Bettstellen, eine für den Vater, der früh um sechs in die Möbelfabrik ging, eine für die Mutter, die das Kleinste zu sich nahm, eine für uns drei Jungen, zwei lagen in der üblichen Kopfrichtung, in der Mitte der dritte, zu Füßen ... Überhaupt bildete das harmonische Zusammenleben der Familie in den Jahren unserer Kindheit einen Ausgleich gegenüber mancherlei materieller Not ... Wer seine eigenen Mängel ehrlich erkennt, ist duldsam gegen die Fehler des Nachbarn. Das wurde nicht als Grundsatz aufgestellt, aber im Leben geübt und galt auch in der eigenen Familie.»

Keine Familie ist so kritisch betrachtet worden seit den Zeiten der Germanen wie die Arbeiterfamilie in der zweiten Hälfte des 19. Jahrhunderts. Seltsame Bundesgenossen kamen da zusammen: Sozialisten, liberale Professoren wie erzkonservative Zeitgenossen machten sich die größten Sorgen um sie. Die Herren stellten im Chor die gleiche Diagnose, die bis heute als Zustandsbeschreibung der Wirklichkeit gehalten wird. Kritiker, die ohne Ausnahme aus bürgerlichem Elternhaus stammten und ihre Vorstellungen von Familienleben und Moral – unabhängig von ihren politischen Ansichten – alle an den gleichen Idealen maßen. Von rechts bis links waren sie sich einig – und sind es noch –, daß die Zerrüttung der Familie durch die Berufstätigkeit der Frau entscheidend vorangetrieben wurde. Statt Mann und Kindern ein gemütliches Heim zu bereiten, war sie angeblich durch Industrialisierung gezwungen, außer Haus in der Fabrik zu arbeiten.

Hört man August Bebel, zuerst Handwerker, später Fabrikbesitzer, möchte man an der Wohnungstür des Proletariers am liebsten gleich wieder umkehren: «Die Frau des Arbeiters, die abends müde und abgehetzt nach Hause kommt, hat von neuem alle Hände voll zu tun; Hals über Kopf muß sie arbeiten, um in der Wirtschaft nur das Notwendigste instand zu setzen ... Der Mann geht ins Wirtshaus ... er trinkt, und ist es noch so wenig, er verbraucht für seine Verhältnisse zuviel ... So wird auch die Ehe des Proletariers immer mehr zerrüttet ...» Alphons Thun, studierter Volkswirt mit sozialem Gewissen, hat uns die elenden Zustände, die er am Niederrhein sah, genauestens beschrieben – wir hörten schon seine Klage über die Schlafgängerinnen – und keinen Zweifel gelassen, was er für die Ursache hielt und welche Auswirkungen sie hatte: «Das Auftreten des Fabrikbetriebes hatte die Untergrabung aller Grundlagen der überkommenen Kultur zur Folge. Eigenthum und Ehe wurden erschüttert ... die heiligen Bande der Ehe wurden durch die Frauenarbeit gelockert, die Mädchen ihrer Heimath, die Kinder ihren Eltern entrissen, die Gesundheit der Bevölkerung aufs tödlichste angegriffen, die geistige Entwicklung total gehemmt. Die Mädchen, die zu Müttern deutscher Männer bestimmt waren, die Kinder, die dereinst als thatkräftig sich bewähren sollten, sie mußten verkrüppeln, verdummen, verwildern.»

Der liberale Staatsrechtler Robert Mohl ahnte, daß mit dem Arbeiter eine neue politische Macht auftrat, die eines Tages die bestehenden Verhältnisse verändern könnte. Er meldete sich lange vor dem industriellen Boom zu Wort und warnte vor dem zukünftigen «Laster» in den dunkelsten Farben. Wir wollen auch ihm nicht sein soziales Gewissen bestreiten: «Bekannt ist, daß die Arbeiter in allen Fabriken täglich eine lange Anzahl von Stunden, bis zu 14, 16 und mehr, zu arbeiten haben; bekannt ist, daß die nie rastende Tätigkeit der Maschinen, welcher der Arbeiter ebenso ununterbrochen zu folgen hat und welche ihm außer zu bestimmten, weit voneinander entfernten Abschnitten nicht einen Augenblick Unterbrechung seiner Aufmerksamkeit und Tätigkeit erlaubt, selbst bei unmittelbar nicht sehr harter Arbeit bis in den Tod ermüdet ...

Vor allem fällt die Zerstörung des Familienlebens auf. Nicht nur der Familienvater ist den ganzen Tag vom Hause entfernt, ohne sich der Erziehung und Beaufsichtigung seiner Kinder, der Leitung seines Hauswesens irgend widmen zu können, sondern sehr häufig ist auch die Mutter ihrerseits ebenso lange täglich in derselben oder einer andern Manufaktur beschäftigt ... Alle diese Ursachen sittlicher Verschlechterung wirken aber um so verderblicher, als durch das Zusammendrängen der Bevölkerung auf einzelnen Punkten ihre Entwicklung und Verbreiterung sehr begünstigt wird. Unleugbar sind große Städte die eigentlichen Treibebeete der Laster, doppelt aber wenn sie – wie hier der Fall ist – beinahe ausschließlich von armen und ungebildeten Menschen bewohnt werden ... Von selbst klar sind die Einwirkungen der bisher geschilderten Verhältnisse auf die politische Stimmung der Fabrikarbeiter. Arme und oft mit Verzweiflung ringende, körperlich und sittlich heruntergesunkene Menschen, welchen das eigene Leben nur eine endlose Reihe Mühseligkeiten darbietet ... können nicht anders als höchst mißvergnügt und zu jeder Änderung bereit sein.»

Solche Bilder haben sich eingeprägt. Zumal dieselben Kritiker die vorangegangenen angeblich herrlichen Zustände gleich mitlieferten. Alphons Thun schildert das Familienleben der Handwerker – im Gegensatz zu den Arbeitern – so: «Das Weib gestaltet im Bergischen die Lage seines Mannes ... Vor allem sind es ausgezeichnete Hausfrauen mit den Tugenden der Arbeitsamkeit, Sparsamkeit und Wirthschaftlichkeit. Das gilt von den Frauen sowohl der Kaufleute wie der Meister ... Die Familienverhältnisse sind patriarchalische, die Sitten strenge ... Da ist wenig Gelegenheit für das Mädchen, abends auf dem Heimgange eine Bekanntschaft anzuknüpfen, wenig Aussicht vorhanden, dieselbe auf dem Tanzboden fortzusetzen, um sie in der Heimlichkeit der Nacht zu einem schlimmen Ende zu führen.»

Wenn die Kritiker über die sittlichen Zustände der Arbeiterfamilie auch dieselbe Meinung hatten, so war das für die Konservativen kein Grund, zusammen mit den Sozialdemokraten für Besserung zu sorgen. Im Gegenteil, die «Roten» waren an allem schuld. Der Historiker Heinrich von Treitschke brachte in einer Vorlesung diese Argumente gegen die allgemeine Zulassung der Frauen zum Universitätsstudium vor: «Der eigentliche Beruf des Weibes wird zu allen Zeiten das Haus und die Ehe sein. Sie soll Kinder gebären und erziehen. Ihrer Familie soll sie den lauteren Quell ihrer fühlenden, liebevollen Seele spenden. Zucht und Sitte, Gottesfurcht und heitere Lebensfreude nähren und pflegen. Nur so wird das Weib segensreich wirken. Freilich kann sie das nicht in der Ehe des sozialdemokratischen Normalstaates der Zukunft, der Mann und Weib dieselbe Tätigkeit geben will; wie sie in heutigen Fabriken manchmal dieselbe Beschäftigung haben. Dadurch hat das Weib eine scheinbare Gleichberechtigung mit dem Manne. Es ergibt sich aber damit auch von selbst die Auflösung aller häuslichen Liebe und Zucht, und die Ehe verwandelt sich in ein Konkubinat ... Wer wirklich ein Herz für die niederen Stände hat, der wird umgekehrt zu dem Schluß kommen, daß es Aufgabe der Sozialpolitik ist, soviel wie möglich dafür zu sorgen, daß gar keine Frauen mehr in den Fabriken tätig sind.»

Nach soviel Theorie endlich zurück in die enge Stube der Proletarier. Und da erfahren wir das Erstaunlichste von allem: Der aufgeregten Diskussion fehlt jede Grundlage!

Die Jahrhunderte vor der Industrialisierung im Zeitraffer: Neunzig bis achtzig Prozent der Bevölkerung lebten und arbeiteten auf dem Land. Frauen gingen auf die Felder, schufteten im Familienbetrieb oder verdingten sich bei fremden Bauern. In der Stadt lebte knapp die Hälfte der Bevölkerung stets am Rande des Existenzminimums: arme Handwerker, Tagelöhner, Witwen, Bettler. In allen Fällen arbeiteten die Frauen mit, oft außer Haus. In den meisten Handwerkszünften waren Frauen bis zum Ende des 16. Jahrhunderts zugelassen. Dann schrumpfte deren Mitarbeit, aber völlig ausgeschlossen wurden sie keineswegs. Die Behauptung, daß die Industrialisierung das Leben der Frau revolutionierte, weil sie ihr die Berufstätigkeit brachte, ist ein Mythos, den die Zeugnisse dieser vergangenen Jahrhunderte widerlegen. Daß die Tätigkeit in der Fabrik sich grundsätzlich von aller bisherigen Arbeit unterschied, steht auf einem anderen Blatt. Und dieser Unterschied galt für Männer und Frauen gleichermaßen. Nach diesem ersten grundsätzlichen Einwand gegen bisherige Darstellungen zurück ins 19. Jahrhundert.

Zuerst noch ein paar Zahlen aus den Jahren, als die industrielle Revolution noch nicht voll begonnen hatte. In Preußen zählte man 1867 eine halbe Million arbeitende Frauen in der Landwirtschaft und rund 700 000 weibliche Dienstboten. 1869 war in Berlin, wo um diese Zeit gut 8000 Witwer und über 30 000 Witwen lebten, jeder dritte Erwerbstätige eine Frau. Es arbeiteten nach Altersgruppen unterschieden: 46,2 % der über 60jährigen, knapp 38 % der 15- bis 20jährigen, 30 % der 21- bis 30jährigen und fast 24 % der 30- bis 60jährigen Frauen.

Und nun wieder zu Familie Bromme am Ende des Jahrhunderts. Nachdem Hedwig, die älteste Tochter von Theodor Bromme, geboren war, kam sie für vier Mark pro Woche zu den Schwiegereltern, in deren Haus man wohnte. Frau Bromme ging weiterhin in die Fabrik und brachte sogar abends noch etwas zum Nähen mit nach Hause. Ein Jahr später kam Erna zur Welt: «Jetzt hieß es schon Ohren steif halten! Sollten wir nun 7 oder 8 Mark für die Pflege der beiden Kinder ausgeben? Das wäre doch Unsinn gewesen. Meine Frau mußte nun also zu Hause bleiben. Sie nähte nun zu Hause weiter aus ... Ich habe manchmal geschimpft, denn es kam öfters sogar 2 Mal in der Woche vor, daß ich früher gegen 3 oder 4 Uhr aufwachte, und meine Frau saß immer noch in der Stube und nähte ...»

Frau Bromme war kein Einzelfall, sondern typisch für den Lebenslauf einer Arbeiterfrau. Sie arbeitete, heiratete, arbeitete weiter. Das erste Kind konnte man noch unterbringen. Beim zweiten, das auch nicht lange auf sich warten ließ, war es mit der Berufstätigkeit außer Haus in der Fabrik schon vorbei. Die Zahlen sprechen eine eindeutige Sprache. Zwar arbeiteten im Deutschen Reich im Jahre 1885 fünf Millionen Frauen, davon aber jeweils zwei Millionen in der Landwirtschaft und als Dienstboten. Nur gut eine Million Frauen verdiente ihr Geld in Industrie und Gewerbe. (Die Statistik zählte beide Bereiche zusammen.) Die Zahl stieg bis 1907 auf knapp unter zwei Millionen. Das waren gerade 23 Prozent aller berufstätigen Frauen. Nun zu den Verheirateten: Ihr Anteil an der Gesamtzahl aller weiblichen Arbeitskräfte lag 1875 im Schnitt bei 24 Prozent. Bayern lag mit 31 Prozent an der Spitze – wahrlich nicht mit Industrie gesegnet. Die Mitarbeit in der Landwirtschaft schlug hier zu Buche. Der Anteil der verheirateten, berufstätigen Frauen, die von diesen 24 Prozent in die Fabrik gingen, betrug im Schnitt 1,5 Prozent. Nur in Sachsen, einem Land mit starker Industrie, wurden vier Prozent erreicht. Erst mit Ausbruch des Ersten Weltkriegs, als die Männer anderes zu tun hatten, schnellte die Zahl der Fabrikarbeiterinnen in die Höhe. In Preußen allein von knapp 700000 auf 1,24 Millionen.

Die Heerscharen weiblicher Fabrikarbeiterinnen, durch deren Abwesenheit tagsüber Häuslichkeit und Moral in den Arbeiterfamilien vor die Hunde gingen, existierten nur in den Hirnen bürgerlicher Herren, die entsetzt feststellen mußten, daß ihre Vorstellungen von Reinlichkeit in den Stuben der Arbeiter nicht verwirklicht wurden. Ihre Maßstäbe für ein wohlgeordnetes Familienleben brachten vernichtende Ergebnisse, wenn ein Zimmer, vielleicht acht Quadratmeter groß, Tag und Nacht von fünf Personen und mehr bewohnt wurde und man auch vor Streit nicht zurückschreckte. Wer trug für ungemachte Betten, Krümel auf dem Tisch und Staub auf den Fensterläden die Verantwortung? Die Frau natürlich.

Doch vereinzelt gab es andere Stimmen. Überall im Deutschen Reich wurden um die Jahrhundertwende die Aufsichtsbeamten der Gewerbeämter aufgefordert, ihre Meinung über eine mögliche Kürzung der Arbeitszeit für Frauen abzugeben. Aus Württemberg kam dazu eine positive Stimme und die Mitteilung, es sei in der Arbeiterschaft «das Verlangen nach Familienleben erstarkt. Kommt die Frau früh nach Hause, dann hat sie noch Lust und Kraft zur Arbeit. Bei spätem Nachhausekommen hält sie es nicht mehr der Mühe wert anzufangen, kurz, die Haushaltung und bei Ledigen, die Kleider, kommen herunter ...» Der Beamte erwähnt auch, daß der «viel kräftigere Mann» sich vor solcher Hausarbeit in der Regel drücke. Eine weitere Stimme aus Dresden: «Es darf auch nicht verkannt werden, daß die Arbeiterfamilie, wenn es der Hausfrau bereits am Wochenschluß möglich ist, das Hauswesen instand zu setzen, wenn sie die Zimmer reinigen, die Wäsche versorgen und vorbereitende häusliche Arbeiten für den folgenden Sonn- oder Festtag rechtzeitig erledigen kann, einen sowohl wirtschaftlichen, als auch sittlichen Gewinn haben wird, der ohne weiteres entfällt, wenn die oben genannten Arbeiten am Sonntag vormittag besorgt werden müssen.»

Die Beamten verkannten nicht, daß eine Arbeitsverkürzung aus gesundheitlichen Gründen notwendig war – allerdings ihrer Meinung nach nur für verheiratete Frauen, damit diese in der frei werdenden Zeit sich mehr um ihre häuslichen Pflichten kümmern konnten. Weil es so wichtig ist, wollen wir rekapitulieren: Nur ein knappes Viertel aller Frauen arbeitete gegen Ende des 19. Jahrhunderts und davon im Durchschnitt nur 1,5 Prozent in der Fabrik. Und dies in einer Zeit, als angeblich Kapitalismus und Industrialisierung die Frau ihrer Familie entriß oder – durch eine andere Brille gesehen – ihr aufgrund zunehmender Berufstätigkeit ein wichtiges Stück Emanzipation brachte.

Wir wollen die seltenen nüchternen Stimmen zitieren, wo immer sie sich finden lassen. Im Jahre 1817 machte sich der Staatskanzler von Hardenberg – ein Preuße, ein Konservativer und ein Reformer – Gedanken über die Zukunft: «Die große Verlegenheit, in welche fast alle Fabrikländer gegenwärtig geraten sind, erfordert außer den augenblicklichen Unterstützungen, welche die Menschlichkeit gebeut, sehr ernstliche Untersuchungen über die Mittel, wodurch es überhaupt zu verhindern ist, daß die Fabrikation, von welcher die Kultur und der Wohlstand der blühendsten Länder ausgeht, nicht eine zahlreiche Menschenklasse erzeuge, die in den besten Jahren dürftig und bei jeder Mißernte oder jeder Stockung des Absatzes dem tiefsten Elende preisgegeben sind ... Es kann nicht im entferntesten die Absicht sein, den Fortschritten der Fabrikation irgendein positives Hindernis entgegenzusetzen, wohl aber scheint es mir eine unerläßliche und bisher zu großem Nachteil versäumte Pflicht, zu verhindern, daß die frühe Gewöhnung zur Fabrikation in eine Verwöhnung ausarte, daß die Erziehung zum Fabrikarbeiter auf Kosten der Erziehung zum Menschen und Staatsbürger betrieben werde und daß der Mensch genötigt werde, die höchste mechanische Fertigkeit in einem einzelnen Handgriff mit dem Verlust seiner moralischen Freiheit zu erkaufen, selbst ehe er erkennen kann, wieviel dieser Kauf ihn kostet.» Der preußische Adlige machte sich auch Gedanken über den Familiensinn der Arbeiter und darüber, was geschieht, wenn die Frau ebenfalls in die Fabrik geht. Hinter seinen Überlegungen wird kein moralisierender Zeigefinger sichtbar. Vielleicht kommt Hardenberg deshalb zu einer so positiven Meinung, die derjenigen konservativer Kritiker in späteren Jahrzehnten genau entgegensteht: «Die Fabrikarbeiter heiraten in der Regel früh, weil ihre einförmige Lebensart sie zur Häuslichkeit führt und die Frau gemeinhin auch bei der Fabrik Arbeit findet ...»

Weil die zeitgenössischen Kritiker aller Richtungen gegen Ende des Jahrhunderts durch die Berufstätigkeit der Frauen eben jene Häuslichkeit der Arbeiterfamilie und vor allem mit der Gefährdung der Familie die Moral selbst bedroht sahen, wollte der Staat solchem Treiben nicht länger tatenlos zusehen. Schließlich war ja nach der bürgerlichen Moral gerade die Frau für Zucht und Sitte zuständig: «Für das Jahr 1886 war in den einzelnen deutschen Staaten mit der Beaufsichtigung der Fabriken betrauten Beamten die Beobachtung der industriellen Beschäftigung der Arbeiterinnen zur besonderen Aufgabe gemacht worden. Dabei sollte namentlich geprüft und zum Gegenstand der Berichterstattung gemacht werden, inwiefern diese Beschäftigung in sanitärer und sittlicher Hinsicht als eine gefährliche zu bezeichnen sei.»

Ein Lob den Beamten, denn diese Männer an der Front haben einen nüchterneren Blick als mancher Professor und legen mit ihren Berichten den Finger auf die Wunden. Nicht Abschaffung der weiblichen Arbeit fordern sie, sondern die Verbesserungen der Arbeitsbedingungen. Ausdrücklich weisen sie darauf hin, daß die gesundheitlichen Gefahren sehr viel höher liegen als jene für die Sittlichkeit der Arbeiterinnen. Die Vorstellung über die Verderblichkeit der Fabrikarbeit sei sehr übertrieben. Aufgezählt wird ferner, was einzelne Arbeitgeber schon für ihre Arbeiterinnen tun. Zum Beispiel in Neviges im Sauerland: «Da besteht eine Handarbeitsschule für schulpflichtige Mädchen, eine Schule für Handarbeitsunterricht für Fabrikarbeiterinnen, eine Bürgerschule für Fabrikarbeiterinnen und Arbeitertöchter und endlich auch noch eine Koch- und Haushaltungsschule». Außerdem gibt es für die Kinder der Arbeiterinnen einen Kindergarten. Die Inspektoren fürchten nicht, ihre Kritik auf die Atmosphäre in den Fabriken – unabhängig von männlich und weiblich – auszudehnen: «In Fabrikantenkreisen wird zwar vielfach die Klage laut, daß der Arbeiter das Interesse an dem Wohlergehen des Geschäftes, dem er seine Kraft widmet, verloren habe; im allgemeinen hat aber der Arbeitgeber verlernt, seine Arbeiter mit einem anderen Maßstab als mit dem der Arbeitsleistung zu messen.» Geschrieben 1887.

So oft wir diese Frage für die vergangenen Jahrhunderte gestellt haben, fanden sich immer wieder Beweise für die Zuneigung der Eltern zu ihren Kindern. Sie zeigten Gefühle unabhängig davon, daß die Zahl derer, die überlebten, kleiner war als jene, die man begraben mußte; unabhängig davon, daß der Tod auf eine Weise akzeptiert wurde, die wir nicht mehr nachvollziehen können. Ergebenheit in den Willen schicksalhafter Mächte ist kein Beweis für Gefühlskälte. Natürlich blieb auch die Arbeiterfamilie von solchen Vorwürfen nicht verschont, die eng mit dem schiefen Blick auf die Berufstätigkeit der Frau zusammenhingen. Familie Bromme gibt wieder Auskunft.

Theodor Bromme erkrankte als kleines Kind zusammen mit seinem Bruder Viktor lebensgefährlich am Scharlach. Viktor überlebte das Fieber nicht: «Auch am Tage des Begräbnisses meines Bruders erwachte ich einmal, und konnte wieder die Meinigen erkennen. Als dies die Mutter merkte, kam sie zu mir ans Bett und frug, ob ich mein totes Brüderchen noch einmal sehen wollte. Auf meine Bejahung wurde ich aus dem Bett gehoben und nach dem Gewölbe im Flur getragen, wo unter Blumen unser kleiner dicker Viktor aufgebahrt lag. Meine Eltern waren ganz untröstlich über den Verlust ihres geliebten Kindes.» Nach dem Scharlach kamen eine Speicheldrüsenentzündung, Rippenfellentzündung und schließlich die Wassersucht. Im Laufe des Jahres 1883 brachte der achtjährige Theodor insgesamt sechs verschiedene Krankheiten hinter sich. Doch er war nicht der einzige in der Familie, wie er nach seiner Besserung hörte.

«Jetzt erfuhr ich erst, daß unser dreijähriges Schwesterchen Flora, welche schon eine Woche früher als ich erkrankt war, noch immer mit dem Tode rang, und das dauerte auch noch über ein Vierteljahr. Sie war so weit fertig, daß sie jede Nahrungsaufnahme verweigerte. Mein Vater hatte deshalb beim Klempner ein hornähnliches Rohr machen lassen. Mit einem Löffelstiel brach er dem Kinde dann die festgeschlossenen Zahnreihen auseinander und zwängte das Rohr dazwischen. Die Mutter schüttete dann oben Wein, Fleischbrühe oder Milch hinein, ohne indes ein Resultat zu erzielen; denn die verabreichten Getränke – Speisen wurden überhaupt nicht angenommen – kamen an den beiden Mundwinkeln wieder heraus. Der Vater schalt natürlich, aber sein Schelten und Schimpfen half nichts. Die Mutter träufelte dann oben erwähnte Getränke auf ein Läppchen oder ein Schwämmchen und drückte sie dem Schwesterchen in den Mund. Auf diese Weise hielt sie das zum Skelett abgemagerte Kind immer noch am Leben. Die Hauswirtin, Frau Müller, kam fast täglich und erkundigte sich nach dem Befinden des Kindes mit den Worten: ‹Is se denn noch nich bal tut?› Tag für Tag mußte meine Mutter diese Worte hören und jedes Mal schnitten sie ihr ins Herz. Sie fuhr mit ihrer künstlichen Ernährungsmethode fort und hatte nach ¾jähriger Pflege doch noch die Genugtuung, das Kind wieder gesunden zu sehen. Der Arzt, der mehrere Male das Ohr und den Hinterkopf aufgeschnitten hatte, sagte damals zur Mutter: ‹Frau Bromme, wenn Sie nicht so überaus unermüdlich in der Pflege Ihrer kranken Kinder gewesen, wären sie alle zusammen draußen auf dem Friedhof mit dem entschlafenen Viktor vereinigt.› Dabei hatte sie auch noch die Kostgänger in der engen Wohnung zu verpflegen gehabt.»

Der Vater, so jähzornig er sein konnte, bastelte drei Jahre lang in seiner knapp bemessenen freien Zeit, bis er für die Kinder «ein großes, festungsartiges Schloß aus starker Dosenpappe» angefertigt hatte. Ein andermal gab es für die beiden Jungen einen Pferdestall und für Theodor ein Bilderbuch. Bei Paul Löbe, dessen Vater im schlesischen Liegnitz in einer Möbelfabrik arbeitete, stand Weihnachten sogar ein Tannenbaum in der Stube. Er trug «vergoldete Nüsse und Äpfel, Pfefferkuchen und Zuckerkringel. An seiner Spitze schwebte ein Engel, von dem bunte Papierketten herabhingen, die wir selbst geschnitten und geklebt hatten.» Und wie sah es auf dem Land aus? Otto Krille wurde 1878 geboren, neun Wochen nach dem Tod seines Vaters. Seine Mutter versuchte, sich und drei Kinder mit schwerer bäuerlicher Arbeit auf einem Gut im Sächsischen durchzubringen. Von fünf Uhr morgens bis abends um sieben dauerte die Arbeit, dazwischen drei Stunden Pause: «Schon drei Wochen nach meiner Geburt mußte die Mutter mich den Geschwistern überlassen ... Die Angst um mich machte der Mutter die Arbeit noch schwerer. Während der Frühstücks- und Vesperpause eilte sie, nach mir zu sehen, und aß ihr Brot auf dem Wege.»

Nun wollen wir nicht den Eindruck vermitteln, als hätte in allen Arbeiterfamilien zwischen Eltern und Kindern nichts als eitel Sonnenschein geherrscht. Man braucht keine Trennung von Arbeitern und Bürgern vorzunehmen, um zu wissen, daß solche Verklärung nirgendwo zutrifft. (Wenngleich die bürgerliche Familie versuchte, Auseinandersetzungen herunterzuspielen und nicht lautstark auszutragen). Es wäre auch kaum verständlich, wenn die Arbeiterfrauen, deren Haushaltsgeld nie reichte, die jede Nacht mit mehreren Kindern ihr Bett teilten, nicht manchmal jene verwünschten, die ihre Arbeit ständig vermehrten und Geld kosteten. Aber sprach aus solcher Aggression nicht auch die Verzweiflung, für die Kinder keine bessere Zukunft zu sehen, ihnen nicht einmal eine schöne Gegenwart bereiten zu können?

Als Theodor Bromme sich zur Kur in einer Lungenheilanstalt aufhielt, schrieb ihm seine Frau, daß sie zum sechsten Mal schwanger sei: «Ich bin ganz untröstlich und der Verzweiflung nahe; man hat schon so in einem fort zu würgen und zu patschen, daß man das bißchen Leben hinbringt und soll noch mehr Kinder bekommen. Ich bin wirklich zum Unglück geboren. Während andere gar keine Kinder haben, oder gleich wieder durch den Tod von ihnen befreit werden, bin ich dazu verdammt, das Menschenmöglichste in Kummer und Sorgen zu ertragen.» Frau Bromme unterdrückte solche Äußerungen auch nicht vor den Kindern. Der Kommentar des Ehemannes: «Und trotz dieser hart klingenden Worte liebt auch sie ihre Kinder wie eine Mutter.» Zwar schimpfte sie oft über ihre «miserablen Bälger». Wenn jedoch dem Vater mal die Hand ausrutschte, war ihr das gar nicht recht: «Wenn ich mich dann einmal aus Ärger an den Kindern vergriff und sie durchbläute, so fuhr die Mutter wieder dazwischen und schrie mich an: ‹Du willst sie wohl zuschanden schlagen und sie zum Krüppel machen?›» Daß auch Vater Bromme seine Kinder liebte, wie er immer wieder beteuerte, dürfen wir ihm trotz der Prügel, die es ab und zu gab, glauben: «Wenn auch einmal ein scharfes oder grobes Schimpfwort zwischen mir und meiner Frau fällt, so liebe ich doch meine Familie unaussprechlich. Ebenso ist mir auch ein Kind so lieb als das andere ...»

Dieselben Kritiker, die behaupten, daß die Arbeiterfamilie durch die Berufstätigkeit der Mutter auseinandergerissen wird, argumentierten, daß aus demselben Grund die Kinder vernachlässigt wurden. Und deshalb die hohe Sterblichkeitsrate. August Bebel: «Die immer zunehmende industrielle Beschäftigung auch der verheirateten Frau ist namentlich bei Schwangerschaften, Geburten und während der ersten Lebenszeit der Kinder, während welcher diese auf die mütterliche Nahrung angewiesen sind, von den verhängnisvollsten Folgen ... Die unausbleiblichen Folgen sind: vernachlässigte Pflege, unpassende Nahrung oder gänzlicher Mangel an Nahrung; sie werden mit Opiaten gefüttert, um ruhig zu sein. Und die weiteren Folgen sind: massenhaftes Sterben oder Siechtum und Verkümmerung.»

Bevor wir uns der Wirklichkeit zuwenden, die wahrlich nicht rosig ist, läßt sich eine solche Kette von Ursache und Wirkung allein schon durch das bisher Erfahrene widerlegen. Da im Durchschnitt nur 1,5 Prozent der verheirateten Frauen im letzten Drittel des 19. Jahrhunderts in der Fabrik arbeiteten, scheidet die «industrielle Beschäftigung» als Hauptursache für die hohe Kindersterblichkeit aus. Außerdem dürfen wir die Zahlen dieser Jahre nicht isoliert sehen. Wir können nicht vergessen, daß seit mehr als einem Jahrtausend nicht weniger, sondern noch mehr Säuglinge und Kinder in Deutschland – und anderswo – starben. Das ist keine Entschuldigung, sondern nur der Versuch, die Logik nicht von der Ideologie totschlagen zu lassen: Ob bei den Germanen, im Mittelalter oder im aufgeklärten Zeitalter – wer überlebte, gehörte zur Minderheit.

Es war das 19. Jahrhundert, das die ersten Krankenhäuser für Kinder gründete. Das erste deutsche wurde 1829 in der Charité in Berlin eingerichtet und später Universitätsklinik. Allerdings wurden hier anfangs keine Säuglinge behandelt, und als der Direktor 1894 eine Amme für die Kleinsten anstellte, wurde er von den meisten Kollegen sehr schief angesehen. Die Zustände an diesem hochberühmten Krankenhaus waren katastrophal. In dem Jahrzehnt nach 1874 starben von den Kindern, die jünger als sechs Monate waren, fast 80 Prozent. Von 1890 auf 1891 überlebten von 176 Kindern nur zwei. «Lebensschwäche» hieß die Diagnose. Wie mußte es dann erst an anderen Orten zugehen? Dr. Epstein, Prag, schrieb 1898: «So unerfreulich die Ergebnisse der Berliner Universitätsklinik sind, sie sind noch immer nicht die schlechtesten. In anderen Säuglingspflegestätten mit künstlicher Ernährung, die nicht in der Lage sind, ihre Sterblichkeit der Kinder an die Angehörigen und verpflichteten Gemeinden oder durch Entlassung in Außenpflege zu verbessern, können, wie mir durch Zufall oder Nachfrage bekannt ist, auch 100% sterben.» Gerade wer den Arbeitgebern die schlechtesten Motive unterstellt, muß zugeben: Ihnen konnte an solchen Horrorstatistiken wenig gelegen sein. Sie brauchten Arbeiter, und zwar gesunde. Mit schwachen, unterernährten Kräften konnten sie nichts erreichen.

Daß zwischen Ernährung und Gesundheit ein Zusammenhang besteht, bewiesen erstmals Zählungen, die in Preußen bei der Musterung um die Mitte des 19. Jahrhunderts gemacht wurden. Nicht mehr als dreißig Prozent der jungen Männer erwiesen sich als wehrdienstfähig, und in ländlichen Gegenden, wo man sich nur von Kartoffeln, Brot und Ersatzkaffee ernährte, sank diese Quote bis auf 12 Prozent. Die Unternehmer waren die ersten, die die Konsequenz zogen und vereinzelt «Arbeiterkosthäuser» für ihre Betriebe gründeten.

Erst langsam dämmerte die Erkenntnis, daß Säuglinge durch falsche Ernährung ganz besonders gefährdet waren. Die Umsetzung in die Praxis brauchte ebenfalls viel Zeit. 1897 nahm in Dresden das erste Säuglingsheim im Reich seine Arbeit auf und bildete Säuglings- und Kinderschwestern aus. Die staatliche Anerkennung für den Beruf der Kinderschwester ließ allerdings noch zwanzig Jahre auf sich warten. 1909 wurde eine «Vereinigung für Säuglingsschutz» gegründet. Einige Städte eröffneten Beratungsstellen für Mütter und ihre Säuglinge. Mit Schulspeisungen versuchte man, die unter- oder falsch ernährten Kinder wieder aufzupäppeln. Die Zahlen und Untersuchungen über die Nahrung der Säuglinge und Kleinkinder und über den ursächlichen Zusammenhang mit der hohen Sterblichkeit sind äußerst bruchstückhaft. Doch mit aller Vorsicht lassen sich Schwerpunkte und Trends daraus ablesen.

Schon im Mittelalter wurde Muttermilch als die beste Nahrung für Neugeborene empfohlen. Stillzeiten bis zu zwei Jahren waren nicht ungewöhnlich. In seinem «Guten Rath an Mütter über die wichtigsten Punkte der physischen Erziehung der Kinder in den ersten Jahren» empfahl 1799 der berühmte Berliner Arzt Christoph Wilhelm Hufeland, die Kinder nicht länger als neun Monate zu stillen. Fast ein Jahrhundert später, 1877, kam das erste deutsche Handbuch der Kinderkrankheiten heraus. Es sprach von sechs bis zehn Monaten, und ab dem sechsten sollte mit anderer Nahrung begonnen werden. Die Frauen der Unter- und Mittelschichten nahmen offensichtlich schnell die neue kürzere Stillzeit an und begannen sogar, schon den Neugeborenen künstliche Nahrung zu geben. In Württemberg traf diese Unsitte in der zweiten Hälfte des 19. Jahrhunderts fast 60, in Bayern sogar 90 Prozent aller Säuglinge. Die kleinen Würmer bekamen einen Brei, der den ganzen Tag auf dem Feuer stand und mit jeder Stunde dicker und unverdaulicher wurde. Ein Mehlbrei, «der oft mehr einem Kleister als einer Speise ähnlich ist. Er wird aus Milch und Mehl bereitet und könnte bei gehöriger Beschaffenheit noch eine ziemlich gute Nahrung geben. Er ist aber gewöhnlich so dick, daß er den Kindern eingestrichen werden muß und eigentlich erst durch Speichel und Magensaft verdünnt verdaulicher gemacht wird. Am schädlichsten ist er geronnen und sauer. Man glaubt nicht früh genug diese Pappe den Kindern geben zu können ...» So das Urteil eines Arztes. In Norddeutschland, wo man weniger von Mehlspeisen hielt, versuchte man die Säuglinge möglichst schnell an Kartoffeln und Schwarzbrot zu gewöhnen.

Die Statistik über die Sterblichkeit der Neugeborenen bietet ein verwirrendes Bild. In Bayern – wenig Industrie – starben zwischen 1827 und 1869 von 1000 Lebendgeborenen im ersten Jahr 30,1 Prozent. In Sachsen – sehr viel Industrie – waren es 26,3 Prozent; in Baden-Württemberg 34,4, in Holstein nur 12,4 Prozent. Nimmt man sich einzelne Orte in Sachsen heraus, dann lagen die Zahlen in den Industriestädten allerdings deutlich an der Spitze. In Augsburg – sehr viel Textilindustrie – starben zwischen 1871 und 1873 sogar 65 Prozent der Fabrikarbeiterkinder. In Oberhausen dagegen – mitten im industrialisierten Ruhrgebiet – waren es 1877 nur 15 Prozent. Das Bild wird nicht klarer, wenn wir Statistiken aus dem ländlichen Bereich hinzunehmen.

Das Dorf Kiebingen liegt in einem der schönsten Täler Württembergs zwischen Tübingen und Rottenburg. Es bildete, wie wir es schon aus dem Mittelalter kennen, eine sehr differenzierte Gemeinschaft. Es gab im Dorf, wie überall sonst, oben und unten und eine dünne Schicht in der Mitte. Die Oberschicht der reichen Bauern hatte um 1820 mit 35 Prozent bei den Kindern bis zu einem Jahr die niedrigste Sterbequote. Doch die Quote stieg dramatisch: 1844 auf über 55 Prozent. Zwanzig Jahre später war mit knapp 66 Prozent der Höhepunkt erreicht. Danach ging es langsam abwärts. Aus alledem darf man wohl diesen Schluß ziehen: Die Industrialisierung war ein Faktor unter anderen und manchmal sogar überhaupt nicht schuldig an der hohen Kindersterblichkeit.

Daß die harte Fabrikarbeit jungen Müttern und ihren Kindern nicht bekam, steht außer Frage und wurde manchen Arbeitgebern bald klar. Einzelne Betriebe verlängerten gegen Ende des Jahrhunderts die Pausen für verheiratete Mütter. Der erste gesetzliche Mutterschutz im Deutschen Reich kam 1878: Drei Wochen lang durften die Frauen nach einer Geburt zu Hause bleiben ohne Lohnfortzahlung. Die gab es erst ab 1883. In den folgenden Jahren wurde dieser Mutterschutz erweitert, die Nachtarbeit für Frauen verboten, die Mittagspause weiter verlängert.

Noch höher als die Sterbequoten der Kinder verheirateter Frauen waren die Zahlen bei den unehelich geborenen. Wer von ihnen die ersten Monate überlebte, hatte allerdings trotzdem keine große Lebenschance. In diesen Jahren entstand der Begriff der «Engelmacherinnen», die vor allem Neugeborene ohne intakte Familie lautlos ins Jenseits beförderten. Auf die Frage, was mit den jährlich rund 900 unehelich geborenen Kindern geschähe, antwortete 1875 ein Arzt der Münchner Gebäranstalt: «Die kommen alle zu den Engelmacherinnen.» Besonders beliebt waren Pillen, die Opium enthielten und außerhalb der Apotheken durch Hausierer verkauft wurden. Daneben gab es billigere Mittel, wie ein Oberlandesgerichtsrat Silberschlag 1881 zu berichten wußte: «Es ist ganz gewöhnlich geworden, daß die Mütter uneheliche Kinder, die sie nicht bei sich behalten können oder wollen, gegen Entgelt an andere Personen zur Verpflegung und Erziehung übergeben. Diese Personen tun dies in der Art, daß nach den statistischen Tabellen in Berlin, Magdeburg usw. jährlich 31 % sterben. Zum Teil ist dies die Folge natürlicher Umstände, zum großen Teil werden die Kinder von den Pflegeeltern einfach umgebracht ... In Magdeburg z. B. ward festgestellt, daß eine Witwe gewerbsmäßig Kinder in Pflege nahm, die regelmäßig binnen 14 Tagen bis 3 Wochen starben. Es war als höchstwahrscheinlich ermittelt, daß ihnen Branntwein in die Saugläppchen gegossen wurde. Dieser Witwe fehlte es nie an Haltekindern, sie wurde auch niemals zur Verantwortung gezogen.»

Wer sollte das auch tun? In Leipzig waren 1891 rund 46 Prozent der ledigen Mütter Arbeiterinnen. Die andern kamen vor allem aus dem Gastwirtschaftsgewerbe und dem Hauspersonal. Sie alle hatten weder eine Chance, den Vater für Unterhalt haftbar zu machen, noch die Zeit, das Kind großzuziehen. Es liegt nahe, daß viele ledige Frauen und Mädchen, die schwanger wurden, alles taten, um sich und dem Kind nicht nur gesellschaftliche Ächtung, sondern auch kümmerlichste Verhältnisse zu ersparen. Um die Jahrhundertwende lag die – schwer schätzbare – Zahl der Abtreibungen im Deutschen Reich bei rund 475 000. Ein Berliner Armenarzt nennt 1890 die wichtigsten Anlässe für seine Hausbesuche: «An dritter Stelle stand die Unzahl der künstlich herbeigeführten Fehlgeburten, die ich nachzubehandeln hatte, verbrochen in schmutzigen Winkeln von noch schmutzigeren Weibern, die ihren Opfern den letzten Pfennig aus der Tasche zogen und oft genug ihnen dauerndes Siechtum oder gar den Tod brachten.»

Seit 1871 drohte der Paragraph 218 bei Abtreibungen mit Zuchthaus. Das gleiche galt für Tötung eines Neugeborenen. Und das waren keine leeren Drohungen. Die «Tübinger Chronik» berichtete am 18. Juni 1870 ihren Lesern über die Verhandlung gegen die 30 Jahre alte, unverheiratete Barbara Neumann wegen «Kindsmord». Die Angeklagte «legte vor den Geschworenen ein unumwundenes Geständniß ab und räumte den Entschluß ein, ihr Kind zu töten, schon 8 Tage vor der Entbindung gefaßt und die Ausführung vorbereitet zu haben». Nach den Gutachten der beiden Gerichtsärzte war das Kind im Heu erstickt worden: «Unter diesen Umständen nahm die Verhandlung einen raschen Verlauf. Der Hr. Oberstaatsanwalt Malblanc constatirte den Thatbestand des Verbrechens, und der Vertheidiger, Oberjustizprokurator Lammfromm, machte von dem Rechte der Vertheidigung keinen Gebrauch, da ihm bei dem umfassenden Geständniß der A. jeder Anhaltspunkt zu einer erfolgreichen Vertheidigung fehlte. Die Geschworenen sprachen daher nach kurzer Berathung die A. des Kindsmords schuldig und dieselbe wurde auf Grund dieses Wahrspruchs zu 12 Jahren Zuchthaus verurtheilt.»

Kinderarbeit ist keine Erfindung des 19. Jahrhunderts oder der Industriebarone. Vor allem die Heimarbeit, die sich im 17. und 18. Jahrhundert ausbreitete, verführte dazu, auch die Kleinsten zu beschäftigen. Einmal, weil jeder zusätzliche Pfennig das Überleben ein wenig erträglicher machte. Und zugleich lehrte die Pädagogik der Aufklärung, daß Kinder so früh wie möglich zu beschäftigen seien und Müßiggang aller Laster Anfang sei. «Kinder, die kaum das 6te Jahr erreicht haben, sitzen mit Greisen in engen Stuben und wetteifern unter sich in der Arbeit.» Das schrieb ein Pfarrer 1806 über die Heimarbeit in der Gegend um Bielefeld. Als die ersten Fabriken entstanden, wurden die flinken Kinderhände weiter genutzt. Aber nicht alle Verantwortlichen nahmen das fraglos hin. Im Sommer 1824 richtete der Landrat von Düsseldorf eine Anfrage an den Bürgermeister von Ratingen, wo sich eine große Spinnerei befand. Die Antworten sprechen für sich:

«1. Wie ist die Lebensart obengenannter Kinder beschaffen und wie ist sie von der nicht auf Fabriken arbeitenden Kindern gleichen Standes verschieden? – Sie arbeiten 12 Stunden, die nicht in den Fabriken arbeitenden betteln.

2. Wie ist der Gesundheitszustand dieser Kinder an sich und im Verhältnis zu den nicht in Fabriken arbeitenden Kindern derselben Volksklasse? – Die meist gehend und stehend verrichtete Arbeit in luftigen Gebäuden erhält die Kinder gesund, die nicht darin arbeitenden sind krank von Elend und betteln.

3. Wenn der Gesundheitszustand der Fabrikkinder schlechter ist als der übrigen Kinder, liegt der Grund in den Arbeiten oder worin? – Er ist nicht schlechter, sondern besser.

4. Wie verhalten sich hinsichtlich der Gesundheit diejenigen Erwachsenen, die in ihrer Kindheit in Fabriken gearbeitet haben, zu denen, die nicht gebraucht worden sind? – Die in der Spinnerei in der Kindheit gearbeitet habenden, sind erwachsen meist gesunde, starke Handwerker.

5. Welche Gesetze über Benutzung der Kinder zu Fabrikarbeiten erscheinen nach den Resultaten der über obige Punkte angestellten Untersuchungen zweckmäßig? – Keine.»

In der Spinnerei arbeiteten 150 Kinder im Alter zwischen sechs und sechzehn Jahren zwölf lange Arbeitsstunden.

Am 6. Juli 1837 fand auf dem Rheinischen Provinziallandtag die erste Kinderschutzdebatte in Preußen statt. Aus dem Protokoll: «Der Herr Abgeordnete Schuchard (Barmen) bemerkte: daß gewissenhafte Kreisphysiker (-ärzte) versicherten, wenn die Kinder auch nur um 10 Stunden in die Höhle des Jammers eingesperrt würden und stets sich auf den Beinen befinden, um zu arbeiten, so erhielten besonders die Mädchen Geschwülste und Auswüchse, die Beine schwänden und die Kinder welkten elendiglich dahin ... Ja, sagte der Herr Abgeordnete, er bekenne, daß ihn oft der Gedanke beschlichen, diesen Menschen müsse als Ersatz für die Entbehrungen des Erdenlebens die Freuden des Himmels im größeren Maße wie ihm zugeteilt werden ...»

Darauf erwiderte der Herr Abgeordnete von Baur, was auf den ersten Blick zynisch erscheint, bei Nachdenken aber erst einmal nicht von der Hand zu weisen ist: «Ich bemerke leider, daß der uns gegenwärtig beschäftigende Gegenstand von einem unrichtigen Standpunkt beleuchtet wurde. Die von Ihnen scharf beurteilten Fabrikanlagen, welche Kinder beschäftigen, rufen den von Ihnen mit so viel Härte geschilderten Jammer nicht hervor, sondern mildern den bereits vorhandenen. Eine Überbevölkerung, die der Ackerstand nicht mehr zu beschäftigen weiß, strömt den Anstalten zu, wo Arbeit, wo Brot zu erwerben ist. Entstehen können diese nur da, wo Kräfte sind, die keine nützliche Anwendung finden. Könnten Sie diesen Kräften etwas Lohnenderes bieten, so wäre der Grund des Übels behoben.» Darin steckt ein Kern Wahrheit. Die humane Schlußfolgerung wäre, einen Zustand zu erstreben, bei dem alle Erwachsenen genug und gut bezahlte Arbeit finden. Doch der Abgeordnete von Baur hat anderes im Sinn: «Ich pflichte Ihnen, meine Herren, vollkommen bei, daß die armen Kinder, deren Kräfte ausnahmsweise mitunter zu sehr in Anspruch genommen sein mögen, unter den Schutz milder Gesetze gestellt werden, jedoch dürfen diese keine so große Beschränkungen erhalten, wie hier vorgeschlagen wird – z. B. Arbeitsstunden täglich – daß dadurch der Bestand unserer Industrieanlagen wegen der Konkurrenz des Auslandes unmöglich gemacht wird. Der Wohlstand und die Zierde unserer Provinz ginge hierdurch verloren!»

Dagegen plädierte der Abgeordnete aus Barmen noch einmal für eine maximale Arbeitszeit von 10 Stunden täglich: «Könnten Sie, hochverehrte Herren, doch einmal die Jammerszene mit ansehen, wenn die armen, zarten Kinder morgens früh um 5 Uhr in kaltem oder nassem Wetter weinend und widerstrebend von der Mutter in ein solches Gefängnis geschleppt werden, auch Ihnen würde es das Herz zerreißen.» Er überzeugte: Sechzig Herren stimmten für und neun gegen eine Arbeitszeitbeschränkung. Zwei Jahre später wurde in Preußen das «Regulativ über die Beschäftigung jugendlicher Arbeiter in Fabriken» erlassen. 1853 folgte ein «Gesetz betreffend einige Abänderungen des Regulativs». Offiziell durften Kinder nun nicht mehr vor dem zwölften Lebensjahr beschäftigt werden. Die Arbeitszeit betrug bis zum vierzehnten Jahr sechs, danach wie früher zehn Stunden. Fabrikinspektoren sollten die Einhaltungen dieses Gesetzes jederzeit nachprüfen dürfen. Täglich sollte es für die Kinder drei Stunden Schule geben. Doch in Paragraph 4, Absatz zwei, schielte man schon nach der Ausnahme. Wenn durch die neuen Gesetze einer Fabrik «die nötige Arbeitskraft» entzogen würde, dann war es möglich, «auf bestimmte Zeit Ausnahmevorschriften zu erlassen». Im Regierungsbezirk Arnsberg waren 1856 acht Prozent aller Fabrikarbeiter Kinder unter vierzehn Jahren. In Württemberg waren es sieben Prozent. Im Deutschen Reich arbeiteten 1882 rund 524000 Kinder unter 15 Jahren, davon 140000 in Industrie und Bergbau. 1891 wurde Fabrikarbeit für schulpflichtige Kinder generell verboten. Der Heimarbeit waren weiterhin legal keine Grenzen gesetzt.

Am Ende dieses Kapitels über die Arbeiterfamilie zur Zeit der Industrialisierung im neuen Deutschen Reich sind sicher nicht alle Fragen gestellt, geschweige denn beantwortet worden. Es war ein Versuch, Schlagworte zu vergessen, eingefahrene Geleise zu verlassen und aufmerksam denen zuzuhören, die in jenen Jahren und jener Klasse zu Hause waren.

# Ordnung muß sein auf dem Land

*Ist die Braut schwanger, wird geheiratet – Familien wandern über Land – Mißtrauen zwischen Eltern und Kindern Schule gab es nur im Winter*

Sie blieben bis weit ins 19. Jahrhundert hinein die bei weitem größte Bevölkerungsgruppe – und immer noch ist ihre Stimme kaum zu vernehmen. Wir haben fast keine Zeugnisse aus erster Hand von denen, die sich um das tägliche Brot mühten; deren Elend nicht geringer war als das der städtischen Tagelöhner und Arbeiter. Die Elbe bildete eine Trennungslinie für das deutsche Bauernvolk. Westlich davon gab es – unter anderem – freie Bauern in stattlichen Dörfern, die von ihrem eigenen Besitz leben konnten. Östlich des Flusses – in «Ostelbien» – hatte sich vor allem in Pommern und Ostpreußen die Gutsherrschaft fest etabliert. Hier regierten die Junker mit starker Hand. Es gab nichts als Befehl und Gehorsam. In den Mittelgebirgen und im Westen hatte sich auf dem Land die Heimarbeit ausgebreitet, die für die ärmeren Bauern und Landarbeiter lebensnotwendig war. Grafschaft Ravensberg, nahe Bielefeld, gegen Ende des 18. Jahrhunderts: «Im Winter, wenn der Bauer außer dem Hause wenig Geschäfte hat, sondern sich in seiner Stube mit dem Spinnrade und Weberstuhle beschäftigt, ist seine enge Stube von Menschen, Vieh und Hausrat voll gepfropft ... Kaum kann die schwarze Höhle von Calcuta fürchterlicher sein, als eine solche Spinnstube im Winter. Dazu kommt, daß der arme Bauer bei sehr strenger Kälte seine Ziegen,

Hühner und anderes kleine Vieh nebst seinem Gemüsevorrath mit in die Stube nimmt, um sie vor dem Erfrieren zu schützen.» Diesen Rückblick als Erinnerung und Maßstab für das, was das folgende Jahrhundert brachte.

Rufen wir noch einmal die Zahlen ab, um uns vorzustellen, daß mitten im Industriezeitalter – 1882 – noch 42 Prozent aller Beschäftigten in der Landwirtschaft arbeiteten. Als der große Boom ausbrach – 1871 – lebten im Deutschen Reich knapp 64 Prozent aller Menschen auf dem platten Land, in Dörfern und Städtchen mit höchstens 2000 Einwohnern. Nur 14,8 Millionen Menschen lebten in Orten, die größer waren. Auf dem Papier kam zwischen 1807 und 1811 das Ende der gutsherrlichen Feudalordnung. Der preußische Reformpolitiker Freiherr vom Stein hatte per Gesetz durchgesetzt, daß es auch auf dem Land nur noch freie Leute gab. Das änderte nicht viel an der wirtschaftlichen Abhängigkeit der bäuerlichen Tagelöhner. Für die sozialen Verhältnisse aber bedeutete es eine Revolution: Es fielen alle Heiratsverbote und Ehezwänge. Nun konnte heiraten, wer wollte und wen er wollte. Die Landarbeiter taten es. Die Zahl der Bauernfamilien verdoppelte sich zwischen 1805 und 1867. Die Not stieg ebenfalls und ließ jene Kritiker auf den Plan treten, die gegen die unsittlichen Verhältnisse bei den Arbeiterfamilien wetterten. Ihre pathetische Anklage richtete sich gegen die neuen Gesetze, die die Bauern aus der schützenden Hand ihrer Vorgesetzten entließen und der Unmoral preisgaben. Sehen wir uns das dörfliche Leben näher an.

«Es war natürlich, daß vormals kein Liederlicher seine Heimat verlassen konnte. Wer sein Geld vertat, verspielte oder versoff, kam niemals so weit, die, wenngleich geringe, Loskaufs-Summe zu erübrigen. – Es waren also nur die Ordentlichen ... die sich loskauften, fortzogen und sich anderswo ansässig machten oder in einträglichere Dienste begaben. Das Verbleiben in der Heimat hielt die übrige Masse in Zucht und Ordnung.» So der Freiherr Friedrich August Ludwig von der Marwitz 1836 in seiner Denkschrift «Von den Ursachen der überhandnehmenden Verbrechen». Und weiter: «Jetzt aber, sobald die Einsegnung vorüber ist – und diese geschieht mit dem vierzehnten Jahre – hat Erziehung, Zucht und Ordnung ein Ende, und der freie Mensch ist fertig, auf seine eigene Einsicht, d. h. auf sein regelloses Gelüsten hingewiesen; ja, die väterliche Gewalt löst sich, der Tat und Wahrheit nach, ebenfalls auf.» Wo sich aber die väterliche Gewalt auflöst – Luther hatte es vorgesprochen –, ist das Verbrechen nicht mehr weit. Die Freiheit, davon war der Herr von der Marwitz mit vielen anderen überzeugt, löste nun auch auf dem Lande die familiären Bande. Ja, sie unterstützte auch noch jene Unmoral, statt sie wie bisher mit Verachtung zu strafen.

Und wo ist diese Unmoral vor allem zu finden? Bei den Weibern, die sogleich die neuen Gesetze zum Nachteil der Männer ausnutzen: «Denn da unsere Gesetze über fleischlichen Umgang nur im Sinn haben, die Schande geschwächter Mädchen zu mindern, da sie sie vor jedem Vorwurf schützen, und da selbst jede Allerwelts-Hure jeden beliebigen Mann durch ihre bloße Versicherung zum Vater des Kindes machen kann, von dem sie selbst nicht weiß, von wem sie es empfangen, so bequemen die Männer sich desto leichter zur Heirat, als sie, wenn sie sich dessen weigern, zu Alimenten verurteilt werden, die ihr Vermögen weit übersteigen ... So ist denn die Scham bei den Weibern gänzlich geschwunden, denn das gelinde Gesetz hat durch lange Übung schon so gewirkt, daß keine Mutter der Tochter mehr Vorwürfe macht, wenn sie schwanger wird, denn es ist für sie die sicherste Art des Erwerbs, entweder bekommt sie einen Mann oder Alimente oder, wenn beides fehlschlägt, so zieht sie in die Stadt als Amme.»

Es gab nicht wenige uneheliche Kinder auf dem Land, nur daß sie unter anderen Umständen aufwuchsen, als der Freiherr fabulierte. Die Väter waren viel zu arm, um Alimente zu zahlen. Es lag bei der Mutter und deren Verwandten, den Nachwuchs durchzubringen. Schilderungen von Einzelschicksalen einer Landgemeinde im Nürnbergischen um 1840: «Eine Witwe ohne alles Vermögen mit einer Tochter, die durch Nähen sich und ihr außereheliches Kind nicht erhalten kann und sich deshalb aufs Stehlen von Feldfrüchten legt ... Ein Tagelöhner, eigentlich Handwerksgeselle, mit acht Kindern. Das Handwerk steht ganz still, und zu Tagelohn ist der Mann zu kränklich und wenig Gelegenheit vorhanden. Die Kinder sind im Dienst, die übrigen leben im größten

Elend, hungernd und zerlumpt ... Eine ledige Dirne mit drei unehelichen Kindern. Durch Tagelohn kann sie bei allem Fleiß nicht das Nötige verdienen ... Eine ledige Weibsperson, auch im Hirtenhause, mit drei unehelichen Kindern in größter Dürftigkeit. Bei steter Arbeitsgelegenheit für sie und den ältesten Sohn würde sie sich dennoch erhalten können, da sie arbeitsam ist.»

Die Elendsschilderungen könnten unbegrenzt fortgesetzt werden. Trotzdem nutzten die meisten die neue Freiheit und heirateten, so düster sich auch die Zukunft zeigte. Denn man war, wie die Fabrikarbeiter, ausgesprochen «moralisch», was der Berichterstatter über das Verhalten der Landarbeiter in Schleswig-Holstein, um Hannover, sowie in den Gebieten des Fürstentums Lübeck und der freien Städte Lübeck, Hamburg und Bremen 1899 zugeben mußte: «Zu bemerken ist noch, daß in den linkselbischen Distrikten häufiger der Fall eintritt, daß die jungen Gatten nach der Ehe noch 1–4 Jahre getrennt leben, zuweilen infolge des Mangels an den nötigen Subsistenzmitteln – die Heirat war nur zwecks legitimer Geburt eines Kindes geschlossen worden – oder auch infolge von Wohnungsmangel. Die kirchliche Einsegnung gilt überall als Regel, aber es kommen auch ab und zu wilde Ehen vor, jedoch sind das Ausnahmen. Sie werden von den übrigen Arbeitern auch durchaus verurteilt ... Der größte Teil der Bräute ist, bevor er an den Traualtar tritt, defloriert. Wenn sie sich nur nehmen, so pflegt man sich in Arbeiterkreisen nichts daraus zu machen. Meistens geschieht die Antizipierung aus Leichtsinn und Mangel an Wachsamkeit seitens der Arbeitgeber über das Gesinde. Es herrscht unter demselben durchgehends ein ganz ungenierter sexueller Verkehr ... Im ehelichen Leben selbst wird durchgehends die Treue gehalten ...»

Ein Landarbeiter hat sein Leben aufgeschrieben. Franz Rehbein, 1867 in Hinterpommern geboren, zog mit 14 Jahren fort, um sein Glück zu probieren. Er landete in Holstein, wo er sich erst fest auf einem Hof verdingte, und später als freier Tagelöhner, der der besten Arbeit folgte, sein Geld verdiente. Mal schuftete er auf der Marsch, mal beim Grasmähen, mal beim Torfhacken. Nicht selten im Akkord. Vierzehn Stunden zu arbeiten war die Regel. «Allerdings, die Zeit, die ich als freier lediger Tagelöhner so recht nach Kräften auszunutzen gedachte, um noch vor meiner beabsichtigten Verheiratung ein kleines Sümmchen beiseite zu legen, sollte nicht gar zu lange mehr andauern. Meine Deern hatte mir nämlich ganz geheimnisvoll bedeutet, daß wir nun wohl bald würden heiraten – müssen. Da gab's keine aufschiebende Wirkung ... Doch was verschlug's: war's nicht schon hundert und tausend anderen so gegangen? Sie alle mußten ja sehen, wie sie durchkamen, und sie kamen alle durch, wenn auch mitunter 'n bißchen schräg ...

Verwöhnt waren wir beide nicht, ich nicht und mein Mädchen auch nicht; übrigens hatten wir auch nie im Traume daran gedacht, daß uns je etwas anderes beschieden sein könne als das gewöhnliche Tagelöhnerlos ... Im Sommer verheirateten wir uns. Mit meiner Braut war ich schon vorher einig geworden, daß sie als Frau noch so lange dienen sollte, wie es ihr Zustand gestatten würde, und ich wollte dann als ‹lediger Verheirateter› ebenfalls so lange umherarbeiten, bis wir zum Herbst zusammenziehen konnten. In dieser Praxis lag durchaus nichts Ungewöhnliches, denn ähnlich so wurde es von vielen jungen Leuten gehalten, die ebenfalls heiraten ‹mußten›. Viel Plage verursachten uns die Anstalten zu unserer Hochzeit nicht. Ich setzte die Arbeit für den Tag aus, ebenso nahm sich meine Braut von ihrem Bauern den benötigten Urlaub. Zwei Tagelöhner aus unserem Bekanntenkreise begleiteten uns zu den Trauungszeremonien – dann waren wir verheiratet ... Am nächsten Mittag waren wir schon wieder an der Arbeit.»

Die beiden mieteten im Dorf den hinteren Teil einer Kate: «Das Haus war schon recht alt und baufällig; an der einen Seite mußten sogar schon Stützen angebracht werden, damit der Winddruck nicht etwa einen plötzlichen Einsturz herbeiführte. Wir hatten selbstverständlich nur eine Stube, so lang wie eine Gefängniszelle und gar nicht ganz doppelt so breit, jedoch bei weitem nicht so hoch; ich konnte bequem an die Bretterdecke langen und brauchte dabei noch gar nicht einmal den Arm völlig auszustrecken ... Außer der Stube gehörte zu der Wohnung noch ein kleiner steinerner Vorraum mit einem Herdloch und etwas Bodenplatz; auch ein Fleckchen Gartenland für ein paar Gemüsebeete hatte uns der Häusler abgetreten.»

Was sich so romantisch liest, wurde im Winter unerträglich: «Waren die Wände meiner Wohnung bis dahin nur feucht gewesen, so glitzerte jetzt an den Windseiten das blanke Eis daran, und wenn der Nordweststurm heulte, so flogen die Kattunvorhänge an den Fenstern hin und her. An der einen Wandseite hatten sich zu allem Überfluß einige Mauersteine gelockert, so daß die scharfe Zugluft von draußen eisig durch den Raum strich. Um aber das Maß vollzumachen, riß der Sturm auch noch ein großes Loch in das schadhafte Strohdach, und in kurzer Zeit war der Boden voller Schnee geweht. Da mußte ich denn an der alten Kate über Weihnachten herumdoktern, so gut es gehen wollte ... Dennoch konnten wir das Stübchen kaum warm bekommen. Gewöhnlich saßen wir dicht an dem kleinen eisernen Ofen, dabei war es uns dann immer, als wenn die eine Körperhälfte schwitzte und an der anderen Eiszapfen wuchsen. Meine Frau hatte genug aufzupassen, um nur unser Kind vor Frost zu schützen.»

In diesen Monaten gibt es im Dorf und in der Umgebung keine Arbeit. Als die paar Spargroschen zu Ende gehen, marschiert Franz Rehbein über Land und reiht sich in die Kolonnen ein, die den Nord-Ostsee-Kanal ausheben. Bis zum Frühjahr muß seine Frau in der Kate allein zurechtkommen. Im folgenden Sommer helfen beide zusammen bei der Ernte. Das Kind machte weniger Probleme als bei den Arbeiterfamilien in der Stadt: «Unsern Jungen fuhren wir in einem für alt gekauften Kinderwagen mit aufs Feld, dort wurde er hinter den Hocken gepackt, und dann konnte er schlafen, spielen oder schreien, solange er Lust hatte ...» Als ein zweites Kind kam, wurde es ebenfalls von der Mutter mit aufs Feld genommen. Sie mußte deshalb nicht – wie die Arbeiterfrau – ihren Beruf aufgeben.

Während die Arbeitszeit in den Fabriken auf zehn Stunden täglich zurückging, brach Franz Rehbein schon nachts um drei zur Arbeit auf. Im Jahre 1890 machte der «Arbeiterverein zu Striegau» eine Eingabe an den Kaiser: «Seiner Majestät dem Kaiser von Deutschland, tritt heut die inbrünstige Bitte seines armen Volkes namentlich der Arbeiter-Partei der Gutsbezirke von der Umgebung Striegau ans Herz! mit den Worten: Es lebe Hoch! Unser Kaiser Wilhelm II ... Nun treten wir vor: zu unserm Kaiser von

Deutschland, und klagen ihm die Not. Erstens mit den Worten: die Ermäßigung der Arbeitszeit, jetzt haben wir müssen arbeiten und arbeiten noch: Früh von 5 Uhr bis abends 7 Uhr für den Lohn von 80 Pfennig bis einer Mark und die Mutter für 50 Pfennige pro Tag: ist es nicht schrecklich, wenn der Tag kaum zu grauen anfängt, müssen wir schon unsere kleinen Kinder verlassen, um ihnen nur wenigstens die halbe Nahrung zu verdienen, unter Tränen müssen wir es seiner Majestät klagen, daß die Sklaverei von den Gutsherrschaften überhand nimmt gegen den Arbeiter, und noch viel mehr gegen gemietete Arbeiter.» Aus dem Tagelöhnerkontrakt einer holsteinischen Gutsherrschaft:

«§ 5. Der Pächter sowie seine Frau, sollen an sämtlichen Arbeitstagen unausgesetzt nach dem Hofe zur Arbeit kommen ... Ferner soll Pächter, sowie seine Frau, jede ihnen angewiesene Arbeit mit Fleiß, untadelhaft und ohne Widerrede verrichten ...

§ 11. Sollte in der Kornernte für nötig erachtet werden, so ist Pächter wie auch seine Frau verpflichtet, beim Mähen die Arbeit bis 7 Uhr fortzusetzen ...» Zweifellos arbeitete die verheiratete Frau auf dem Land mehr außer Haus als die in der Stadt. Doch sie war in den Sommermonaten häufiger mit ihrem Mann zusammen, wenn beide auf dem Feld arbeiteten. Viel Zeit füreinander wird ihnen allerdings die Arbeit nicht gelassen haben.

Nicht nur Ehepaare verdingten sich, sondern ganze Familien gaben in der Erntezeit ihr Zuhause auf und wurden zu ländlichen Wanderarbeitern: «Vom frühen Morgen bis zur sinkenden Nacht waren sie auf dem Felde tätig, nur um ihren Anteil am Akkordverdienst möglichst zu vergrößern. Wenn in dieser Weise Vater und Sohn mähten, Frau und Kinder banden und hockten, da konnte es die Familie wohl zu ein paar hundert Mark Verdienst in kürzerer Zeit bringen ...» Dafür mußten sie bei Nacht mit einem verfallenen Schafstall vorlieb nehmen. Gegen diesen Verhau erschien Franz Rehbein seine Katenstube wie ein Palast: «Über dem Kochraum auf dem Boden befand sich die gemeinsame Schlafstelle der Schnitter. Damit die Leute im Schlaf nicht ins Vierkant fallen sollten, hatte der Gutsstellmacher an der offenen Seite längs des Querbalkens ein paar Bretter entlang genagelt. Zu diesem ‹Schlafsaal› führte eine Leiter hinauf ... Dort oben lag nun alles in trautem Durcheinander: Mann und Frau, Sohn und Tochter. Zu den ‹Familien› gehörten jedoch außer den erwachsenen und unerwachsenen Kindern auch noch mehrere ledige junge Männer und Mädchen, die sich dem Trupp auf Anwerben des Vorschnitters angeschlossen hatten. Was sich unter solchen Verhältnissen auf dem Boden für ein rühriges ‹Familienleben› entwickelte, kann sich jeder denken ... Eigentlich war es schon schlimmer wie Zigeunerleben. Denn wenn es regnete, tropfte oder floß ihnen das Wasser durch eine Anzahl kleinerer und größerer Dachlöcher ungehindert aufs Lager.» Während der Lebensstandard der Arbeiter in den Städten ab 1880 langsam aber beständig besser wurde, änderte sich am Elend der Landarbeiter und armen Kleinbauern nichts.

Der Landarbeiter Franz Rehbein war schon Teil einer neuen mobilen Gesellschaft, auch wenn er sein Geld mit bäuerlicher Arbeit verdiente. Was war seine Heimat? Hinterpommern? Holstein? Oder Berlin, wohin er im Alter zog? Suchen wir uns eine dörfliche Gemeinschaft, die denen, die zu ihr gehörten, Heimat bedeutete. Das Leben dort war nicht mobil, sondern starr; nicht flexibel und offen, sondern eingezäunt. Man hielt sich ehrbar und nicht zügellos. Eine Gemeinschaft, deren Regeln des Zusammenlebens sich seit dem Mittelalter nicht geändert hatten.

Erinnern wir uns an die Predigt über den Bauernsohn in Eichstätt, der im 14. Jahrhundert seinen alten Vater, der ihm vor Hunger eine Kuh stahl, mit eigener Hand erschlug. Denken wir zurück an den «Sachsenspiegel», der im 13. Jahrhundert genauestens regelte, wie die dörflichen Nachbarn miteinander leben sollten. Der Hopfen durfte nicht in den Garten des anderen wachsen. Der Abstand zwischen den Häusern mußte genau eingehalten werden. Kein Durcheinander, sondern überall Grenzen, die vor Streit schützten. Es hatte alles seine Ordnung. Siebenhundert Jahre später schrieb Theodor Fontane: «Wenn unsere märkischen Landleute sich verheiraten, dann reden sie nicht von Leidenschaft und Liebe. Sie sagen nur: Ich muß meine Ordnung haben.» Der Wirt des «Löwen», Gasthof im Dorfe Kiebingen zwischen Tübingen und Rottenburg, ging 1854 vor Gericht: «Ich habe einen Abtrittsbehälter mit meinem Bruder Josef Schall Maurer gemeinschaftlich. Schon mehrere Male hat mein Bruder den Abtritt-Dünger eigenmächtig genommen und auf seine Grundstücke geführt ... und wenn ich den Abtritt reinige, und den Dünger je hälftig abführen wollte, so gerathe ich jedesmal mit meinem Bruder in Streit und Händel und wenn ich Gewalt anlegen wollte, den Abtrittdünger abzuführen, so bin ich der Gefahr ausgesetzt, daß es zu Thätlichkeiten oder gar zum Todschlag kommen könnte.» Der Gemeinderat entschied, den prophezeiten Totschlag durch eine Mauer quer durch den Abtritt zu vermeiden.

Die Familie, in die ein Kiebinger geboren wurde, gab jedem seinen festen Platz. Einen, den schon seine Vorfahren eingenommen hatten. Einige wenige saßen oben. Sie hatten die besten und die meisten Äcker. Die Kinder, herangewachsen, heirateten wieder nur solche, die viele gute Äcker besaßen. Meistens aus Kiebingen. Ein paar mehr lebten in mittelmäßigen Verhältnissen, und die meisten in der untersten Schicht. Auch sie heirateten in der Regel ihresgleichen. Daß sich an dieser Ordnung nichts änderte und vor allem die unterste Gruppe sich nicht zu sehr vermehrte, darauf achtete die Gemeinde mit Strenge.

1820 kam eine Anfrage vom Stadtpfarramt in Ludwigsburg ins Dorf. Alois Zahn, gebürtiger Kiebinger, «Ihrer Majestät verwittibter Königin Schloßknecht», wollte eine Christina Faber aus Kirchheim heiraten. Ob es Einwände gäbe. Der Gemeinderat meldete Bedenken an, weil Alois Zahn ein geringes Vermögen besitze, und «derselbe sich mit zwey anderen Weibs-Personen schon früher vergangen hat, und eine jede von demselben ein Kind erzeugt und desentwegen sein Vermögen nicht einmal hinreichend ist, die zwey Kinder nur bloß zur Auferziehung dahier zu bringen.» Wohin eine dritte Verbindung führen muß, daran ließen die Mitbürger keinen Zweifel: «So sind unterzeichnete gantz überzeugt, daß derselbe unüberlegter Weise, mit einer tritten Person Freundschaft machte und sich verehelichen wolte; da man voraus sieht bei einer solchen Verheiratung, da gar kein Vermögen vorhanden ist, solche in die Armuth gestürzt werden ... und dann einer solchen Commun ... zur Last fallen, da leider die Erfahrung genug vor Augen gestellt wird, solche Familien in unserem Ort sich befinden, die täglich Hilfe bedarfen.» Trotzdem gaben sich die Dörfler großzügig, weil sie erkannt hatten, wie sie auf einen Schlag alle finanziellen Probleme von sich abwälzen konnten: «Widrigenfalls aber die Christina Faberin mit ihrem bräutigam Alois Zahn auf das Bürgerrecht in Kiebingen genugsam Verzicht leistete und niemals kein Anspruch an dasselben machen wolle, wir den unterzeichnete niemal den Heurathen keineswegs entgegen stelen.» Er durfte heiraten – und sich nicht mehr im Dorf blicken lassen.

Wer oben saß, ließ sich so leicht nicht abspeisen. Anna Maria Geiger, eine reiche, verwitwete Bäuerin, wollte 1763 ihren Knecht, der von auswärts kam, heiraten. Die beiden hatten auch schon Tatsachen geschaffen. Nachwuchs war unterwegs. Trotzdem lehnte die Gemeinde erst einmal die Eheschließung ab, indem sie dem Knecht das Bürgerrecht verweigerte. Doch die Geigerin ließ nicht locker. Die beiden heirateten. Der Knecht bekam sein Bürgerrecht. Dieses Recht konnte nur besitzen, wer in Kiebingen einen Hof mit Landbesitz hatte. Daran hing der Anspruch, in der Not von der Gemeinde unterstützt zu werden. Und der Zwang, sein Leben lang an diesen Ort gebunden zu sein – wollte man nicht «vogelfrei» in die Welt ziehen. Auch dafür mußte man die Gemeinde um Erlaubnis fragen und sie wurde nur allzu gern gegeben. War man doch wieder einen Menschen los, der möglicherweise eines Tages der Gemeinde zur Last fallen würde.

Man heiratete nicht früh in Kiebingen, wo im 19. Jahrhundert dank der gestiegenen Lebenserwartung und eigener Häuser oft drei Generationen unter einem Dach wohnten. Wenn es die Großfamilie je gegeben hat, dann in diesen späten Jahrzehnten des vergangenen Jahrhunderts auf dem Land, wo unter einem Dach Platz genug war. Durchschnittlich überlebten zwei Kinder pro Ehe. Die Männer waren bei der Hochzeit im Durchschnitt 30 Jahre alt, die Frauen zwei Jahre jünger. Die Eltern, die den Hof besaßen, hatten kein Interesse, zu früh Schwiegertöchter und -söhne ins Haus zu bekommen. Der väterlichen Autorität, die vor allem den ältesten Sohn, der erben würde, unter ihrer Knute hielt, wagte niemand zu widersprechen. Andererseits brauchte jeder Mann irgendwann eine Frau. Spätzle kochen oder Strümpfe stopfen, das war nichts für einen Kiebinger Bauern. Die Ehe der Bauern war – immer noch – eine Arbeitsgemeinschaft mit Arbeitsteilung. Die Frau hatte im

Haus, in Garten und Stall das Sagen. In der Öffentlichkeit galt ihre Stimme nichts. Dafür setzte sie Kinder in die Welt. Gab es Gefühle, die über die gegenseitige Nützlichkeit hinaus gingen? Zuneigung? Zärtlichkeit? Die Bauern von Kiebingen haben darüber nichts geschrieben und nichts erzählt, das aufbewahrt wurde. Zu Papier brachte man nur die Auseinandersetzungen. Und davon gab es jede Menge, nicht nur zwischen Brüdern oder Nachbarn, sondern auch zwischen Eheleuten. Immerhin hatten die Frauen die Courage, ihre Männer vor den Gemeinderat zu bringen, wenn diese zu gewalttätig wurden. Aber nicht nur die Männer.

Anna Stopper war die zweite Frau des Maurermeisters Simon Stopper, die ihren Mann mit der Schwiegermutter und einer Tochter aus erster Ehe teilen mußte. Bald wurde ein Sohn geboren. Es war im Frühjahr 1836, als Anna Stopper nach dem Mistaustragen heimkam und von ihrer Schwiegermutter gefragt wurde, wo sie gewesen sei: «... so habe ich ihr zur Antwort gegeben, wir kommen von des Valentin Geigers Haus, über dieses kam sie mit mir in einen Wortwächsel und schlug mich mit dem Kehrwich über die Hand und die Arme». Als Simon Stopper nach Hause kam, fragte er seine Mutter, was seine Frau gearbeitet habe. Die hinterhältige Antwort lautete, die Ehefrau sei auf Besuch gewesen: «Worauf mein Mann wieder auf mich zugelofen und mit den Fäusten so auf mich geschlagen, daß ich zu Boden gesunken bin.» Dann hatte nach Aussagen der Ehefrau der Mann einen Dreschflegel geholt, «um mich damit zu Tod zu schlagen.» Vor Gericht gab Simon Stopper arrogant zu Protokoll, daß er gar keinen Dreschflegel besitze, «daß ich ihr aber mit der flachen Hand einige Ohrfeigen geschlagen, kann ich nicht ableugnen.» Und «dieses sind die ganze Mishandlungen, die ich gegen mein Eheweib verübt habe.» Also, wenn's weiter nichts ist ... Aber das Gericht war anderer Meinung. Simon Stopper mußte nach Rottenburg ins Gefängnis. Nun wollte seine Frau sich scheiden lassen. Stopper willigte ein, beanspruchte aber die beiden Söhne aus dieser Ehe, weil «er seiner Frau, die voraussichtlich von nun an vermöge ihrer Arbeitsscheu ein unstetes Leben führen werde, keines seiner Kinder zur Erziehung anvertrauen möchte.» Das war für das Gericht ein Grund. Der Vater bekam die Kinder zugesprochen.

Irgendwann, wenn das Alter seinen Tribut forderte, gaben die Alten die Zügel aus der Hand. Der Hof ging an die nächste Generation über – wegen «Alterthum und gebrechlichen Umständen». Die Eltern versuchten, diesen Zeitpunkt so weit wie möglich hinauszuschieben. Sie wollten offensichtlich nur ungern von ihren Kindern abhängig sein. Hatten sie denen ein so schlechtes Beispiel gegeben? Es weist alles darauf hin, wenn man die Abmachungen liest, die ganz offiziell zwischen den Generationen beim Hofwechsel geschlossen wurden und jederzeit in aller Öffentlichkeit einklagbar waren.

Als Johannes Kohlstetter, ein reicher Kiebinger, im vorigen Jahrhundert seinen Besitz verteilte, war er 72 Jahre alt. Die älteste Tochter zählte zu diesem Zeitpunkt schon 43, der älteste Sohn 41 Jahre, und er war seit 13 Jahren Ehemann. Die beiden Alten ließen es sich schriftlich geben, daß jedes der fünf Kinder ihnen «für die Dauer ihrer Lebenszeit unweigerlich in guter Qualität und kostenfrei in ihre Behausung liefern: 4 Scheffel Dinkel, 2 Scheffel Gersten, 1 Vierling Erbsen und Bohnen, 1 Pfund Butter, 7 Pfund Schmalz und von jedem wöchentlich 2–3 Hafen süsser Milch.» Wie groß muß das Mißtrauen zwischen Eltern und Kindern gewesen sein, wenn ausdrücklich auf die gute Qualität gepocht wird! Wer ärmer war, wie z. B. die Witwe Anna Maria Walter, bekam jährlich 1 Scheffel Dinkel, 1 Viertel Gerste, ½ Klafter Holz und 25 Büschel Reisig. Der Witwe schwante offenbar nichts Gutes von seiten ihrer Kinder. Sie ließ in den Vertrag aufnehmen, falls «eines oder das andere sie lieblos behandle, ja sogar mishandele, oder aber das Leibgeding nicht abrichte oder solches in schlechter Waare abmühen wolle, so behält sie sich ausdrücklich das Recht vor, von einem solchen das Vermögen wieder an sich zu ziehen und damit nach ihrem Gutdünken zu halten und zu walten.»

Es war 1865, da klagte die Witwe Theresia Kleinmann, daß ihr Schwiegersohn sie «erfaßte und unter Mishandlung zum Haus hinausjagte. Ich wußte mir in meiner traurigen Lage nicht zu helfen, weil ich das einzige eigen Kind habe. Ich nahm daher Zuflucht zu meinem Stieftochtermann Josef Geiger, Weber. Allein Geiger ist mir nichts schuldig, wovon ich mich ernähren könnte ...» Der Schwiegersohn gab nach, war sogar bereit, in Zukunft mehr zu stellen. Nicht aus Liebe, sondern aus Berechnung. Denn in dem neuen Vertrag stand, «daß in Folge an mich keine weiteren Anforderungen gemacht werden u. zwar für den Fall, wenn meine Schwiegermutter durch Krankheit oder in sonstige bedürftige Verhältnisse kommen sollte». Was für ein Lebensabend, wenn die nächsten Verwandten nicht nur heimlich hoffen, sondern aussprechen, daß der Gevatter Tod möglichst bald eintreffen möge.

Für solche Versachlichung menschlicher Beziehungen – mit Brief und Siegel institutionalisiert –, für soviel Kälte gegenüber Krankheit und Tod sind weder Kapitalismus noch Industrialisierung haftbar zu machen. Im Gegenteil: Keine Arbeiterfamilie in der Stadt regelte das Miteinander per Vertrag. Natürlich gab es Konflikte zwischen den Generationen. Eltern, die sich das Hüten der Enkelkinder gut bezahlen ließen, obwohl die Kinder jeden Pfennig umdrehen mußten. Viele Probleme lösten sich von selbst, weil die jüngere Generation meist fortzog oder wirklich die Eltern nicht mit ernähren konnte. Franz Rehbein sah seine Mutter zwanzig Jahre lang nicht. Dann aber war es für ihn selbstverständlich, sie zu bitten, ihre letzten Jahre mit seiner Familie zu verbringen. Bei den Arbeitern gab es keinen Besitz zu verteilen. Die Kinder stritten sich höchstens um die Betten der Eltern.

Daß Kinder auf dem Land mit anfassen mußten, vor allem in der Erntezeit, war selbstverständlich. Gehörten die Eltern zu den unteren Schichten, den bäuerlichen Tagelöhnern und Landarbeitern, wurde aus der Kinderarbeit schnell Routine, notwendig zum Überleben. Während die Fabrikarbeit wenigstens auf dem Papier eingegrenzt und Kindern unter 14 Jahren schließlich verboten wurde, kam niemand auf die Idee, Ähnliches für die Landwirtschaft zu verlangen. Wie hätte man das auch kontrollieren sollen? Die preußische Regierung verteidigte 1898 sogar die bestehenden Verhältnisse. Als sie gefragt wurde, was sie gegen den Mangel an landwirtschaftlichen Arbeitern zu tun gedenke, erwiderte der Landwirtschaftsminister Freiherr von Hammerstein unter anderem: «Billigen Wünschen auf Zulassung schulpflichtiger Kinder zu landwirthschaftlichen Arbeiten hat die Königliche Staatsregierung schon jetzt Rechnung getragen und wird das auch fernerhin thun.» In Friedrichshafen am Bodensee gab es einen richtigen

Kindermarkt, wo Jungen und Mädchen aus Tirol versteigert wurden, die im Sommer bei den Bauern in Württemberg, im Schwarzwald, auf der Alb und im Allgäu das Vieh hüten und bei anderen anfallenden Arbeiten mit anfassen mußten.

In Kiebingen machte sich 1883 ein Maurer namens Wachendorfer aus dem Staube und ließ zwei schulpflichtige Kinder «unbekümmert und unversorgt» zurück. Die Kinder fielen nun der Gemeinde zur Last, und die gab sie dem, der das geringste Gebot machte. Das Mädchen kam für 35 Pfennig Kostgeld pro Tag an eine Lumpensammlerin, die selbst fünf uneheliche Kinder hatte. Den Jungen erhielt ebenfalls jemand, der selbst kaum satt wurde.

Bei den Besitzenden kompliziert der Wohlstand die Beziehungen zwischen den Geschwistern. Eines Tages muß das Erbe der Eltern geteilt werden, und vorher mußte jeder zur Versorgung der Eltern beitragen. Die Altersverträge haben uns gelehrt, daß solche Verpflichtungen lästig waren und oft nicht eingehalten wurden. Die Geschwister sahen sich gegenseitig als Konkurrenz an. Nicht Solidarität, sondern Mißtrauen herrschte. Bei solchem Sachdenken wurden Halb- und Stiefgeschwister besonders schief angesehen. Noch einer, mit dem man teilen mußte und der doch eigentlich nicht ganz zur Familie gehörte.

Die Frau des Kiebinger Schusters Joachim Langheinz starb 1882 bei der Geburt ihres sechsten Kindes. Als der Witwer 1885 wieder heiratete, lebte nur noch die Tochter Juliane. Zwei Kinder wurden in der neuen Ehe geboren. Während sich der Schuster 1887 in Rottenburg aufhielt, überschüttete seine zweite Frau die achtjährige Stieftochter mit Weingeist, hielt Feuer an das arme Kind und goß noch Petroleum nach. Der Mordprozeß fand in Tübingen statt. Die Angeklagte sagte aus: «Als sie dem Kind den brennenden Weingeist übers Kopftuch gegossen habe, habe sie es gereut, aber es sei schon zu spät gewesen. Wenn das Kind nur halb verbrannt wäre, wäre alles herausgekommen. Juliane habe nicht geheult und sie sei ganz geduldig gewesen, sie habe nur gesagt: ‹Mutter, warum hast du mir das getan?›» Im November 1887 wurde Franziska Langheinz in Tübingen hingerichtet. Nach ihr geschah das keiner Frau mehr in der Stadt.

Wir kennen die Motive für ihre Tat nicht. Wir wissen nicht, was für ein Potential von Aggressionen innerhalb der Familie und zwischen den Eheleuten angehäuft war, das sie zu ihrer Tat trieb. Wie sprachlos und fremd sich Mann und Frau geworden waren, zeigt das Ende. Er ging am Todestag nur ins Gefängnis, weil sie ihn rufen ließ. Sprach erst kein Wort, gab ihr nicht die Hand. Schließlich wollte er nur wissen, was die Tochter im Augenblick ihres Todes noch gesagt habe. Seine Frau wußte es nicht mehr. Ihr ging es nun auch um anderes. Sie weinte, bat ihren Mann ihr zu verzeihen. Doch der sagte nichts und gab ihr auch zum Abschied nicht die Hand.

Kehren wir zurück nach «Ostelbien». Wie erging es dort den Kindern der Landarbeiter auf den herrschaftlichen Gütern? Nun war Franz Rehbein kein Landarbeiterkind, sondern der Sohn eines armen Schneiders in einem kleinen Provinznest in Hinterpommern. Dort wohnte die sechsköpfige Familie in einem Zimmer zur Miete. Die Mutter half beim Nähen, und man kam so grade über die Runden. Auf dem Speiseplan wechselten Kartoffeln, Kohl, Buttermilch, Kartoffelklöße, Kartoffelpuffer einander ab. Fleisch kam höchstens zweimal pro Woche auf den Tisch. Schuhe für die kleinen Kinder gab es nur im Winter. Als Franz zwölf Jahre alt war, starb der Vater. Die Mutter brachte sich und die Kinder mit Gutsarbeit durch, und auf den Kartoffelfeldern mußten die ältesten Kinder mithelfen – wie alle Landarbeiterkinder.

In diesen Jahren im letzten Drittel des 19. Jahrhunderts breitete sich der Zuckerrübenanbau immer mehr aus, vor allem in Sachsen. Weil die einheimischen Arbeiter im Sommer die Ernte nicht mehr schafften, heuerten findige Werber im Osten Saisonarbeiter an, die sogenannten «Sachsengänger». Franz Rehbein, gerade dreizehn, hörte im Hof der Kneipe einen solchen Rattenfänger und sprach mit seiner Mutter darüber. Er wollte fort, etwas erleben. Sie willigte schließlich ein: «Na denn geh'; es ist ja einmal das Schicksal von uns armen Leuten, daß wir unsere Kinder in die Welt hinausstoßen müssen, wenn sie nur eben die Finger rühren können.» Mit einem kleinen Holzkasten als Koffer stand Franz Rehbein vier Tage später morgens um halb vier auf dem Bahnhof: «Die Angeworbenen aus den umliegenden Dörfern hatten sich mit Sack und Pack bereits des Abends vorher eingefunden. Wir waren insgesamt 45 Personen ... Männer, Frauen, Jungen und Mädchen; ich schien der jüngste von allen zu sein.» Es ging in die Hauptstadt, nach Berlin. Als endlich das Lichtermeer auftauchte, waren die Provinzler wie geblendet. Berlin, Schlesischer Bahnhof. Doch die Ernüchterung folgte auf dem Fuße: «Alles stieg aus und folgte dem Agenten nach dem großen Wartesaal IV. Klasse. Halb neugierig, halb mitleidig betrachteten uns die Passanten. ‹Schon wieder 'n Haufen Polacken› hieß es.»

Es ist eine müßige Überlegung, wer schlimmer dran war: Kinder, die für die bäuerliche Arbeit eingespannt wurden, oder Kinder, die wie die Erwachsenen sich mit Heimarbeit abrackerten. 1877 wurden fünf Taunusdörfer untersucht, deren Bewohner sich entweder vom Chausseebau oder von der Strickerei ernährten. Bei der Strickerei mußten 50 bis 90 Prozent aller Kinder «mithelfen», sobald sie acht Jahre alt waren. Es gab Dörfer, in denen schon fast die Hälfte der Sechsjährigen stricken mußte. Ein Lehrer meinte, daß viele Kinder von fünf Uhr morgens bis zehn Uhr abends durcharbeiteten: «Wer ... durch einen der Orte wandelte, der konnte sie allenthalben sitzen sehen, vor Hausthüren, Bäumen, Zäunen, auf Leiterwagen ...» Natürlich war man froh, im Freien arbeiten zu können, wenn das Zuhause so aussah: «Eine Wohnstube (3,75 m lang, 3,50 breit und 2,00 hoch), in welcher das gemeinsame Bett für ihn, seine Frau und das jüngste Töchterchen, wobei eine Kinderbettlade für den jüngsten Sohn stehen, ferner eine unheizbare, sehr nasse Kammer (3,88 m lang, 3,75 breit und 2,17 hoch), in welcher die beiden älteren Söhne und die ältere Tochter in einem Bett schlafen ... Die Küche ist in üblicher Weise mit dem Hausflur identisch. Ein eigener Waschkessel findet sich nicht vor; das Wasser wird in einem der Kochtöpfe erhitzt. Küchengeräthe überhaupt, sowie das Mobiliar der Wohnung sind, wie das Inventar ausweist, höchst dürftig; es ist noch schlimmer um die Kleidungsstücke bestellt.» Joseph, der älteste Sohn, gerade 16, hatte Gicht. Doch er mußte, damit alle satt wurden, wie der Vater an der Chaussee arbeiten. Ebenso der 15jährige Adam. Magdalene, 9 Jahre, strickte regelmäßig, seit sie sieben war.» Der Fortschritt, der den Arbeitern in der Stadt Besserungen gebracht hatte, ging an den Land- und Heimarbeitern vorbei.

# Die Beamten: arm und anständig

*Der Mann ist mutig, das Weib furchtsam*
*Ein Kuß auf die Wade – Kaffee vor die Füße*
*Opfer halten die Familie zusammen*

Die große Mehrheit der Menschen im Deutschen Reich waren Bauern und Arbeiter. Unangefochten an der Spitze der Gesellschaftspyramide stand der Adel, der in Preußen um 1865 noch 65 Prozent aller Aktiven im Offizierskorps stellte. 1913 war die Zahl auf dreißig Prozent gesunken. Nicht auf traditionelle Privilegien, sondern auf Leistung und Geld stützte sich die andere Schicht, die der Zeit den Namen gab. Ihre Mitglieder wurden zur Zielscheibe zeitgenössischer Kritik und zum Spott der Nachwelt: die Bürgerlichen. Sie verwalteten als Beamte den Staat und brachten als Unternehmer die Wirtschaft in Schwung. Sie bildeten jedoch keine homogene Klasse. Zwischen einem Landgendarmen, einem Regierungspräsidenten oder dem Chef eines Stahlkonzerns lagen Welten. Jeder von ihnen lebte in seinem eigenen isolierten Kreis und doch nach den gleichen Idealen und Grundsätzen: Etwas schaffen und dabei sparsam und anständig bleiben. Sie waren eine Elite und wurden zum Vorbild für Arbeiter und Bauern. Wir alle in der zweiten Hälfte des 20. Jahrhunderts sind ihre Erben.

Wir scheinen auch alles über sie zu wissen. Aber sind das nicht vor allem Vorurteile und Klischees? Was steckt hinter der bürgerlichen Oberfläche und hinter den Schlagworten vom viktorianischen bzw. wilhelminischen Zeitalter? Bei genauer Betrachtung ein weißer Fleck auf der historischen Landkarte. Besonders für das Verhältnis zwischen Mann und Frau und für das Familienleben haben wir Erklärungen und Analysen allzu schnell bei der Hand. Prüderie und Verklemmung heißen die Vokabeln, die uns zuerst in den Kopf kommen. Die bürgerlichen Zeitgenossen hatten andere. Sie hießen Nervosität und Dekadence. Das Symbol dieser Zeit ist der Dandy und Bohemien. Eine tiefe Spannung zwischen nervöser Sensibilität und gediegener Biederkeit erfüllt die Jahrzehnte.

Keiner hat das bürgerliche Zeitalter, seinen Glanz, seine Solidität, seine Widersprüche und seinen Untergang so oft und so genau mit kritischer Sympathie in Worte gefaßt wie der Lübecker Senatorensohn Thomas Mann. Die «Buddenbrooks», 1901 erschienen, sind der «Verfall einer Familie», die in dem jungen, sensiblen, nur noch der Musik lebenden Hanno erlischt. Noch schärfer, noch gepreßter brechen die Spannungen zwischen zwei unvereinbaren Welten im «Tonio Kröger» auf. Ein Schriftsteller, der ohne die Boheme nicht leben und schaffen kann und der trotzdem – und gerade deshalb – nie aufhört, sich nach den «Blonden und Blauäugigen» zu sehnen. Als Künstler ist Tonio Kröger abhängig von den «wüsten Abenteuern der Sinne, der Nerven und des Gedankens». Er ist «zerfressen von Ironie und Geist, verödet und gelähmt von Erkenntnis, halb aufgerieben von den Fiebern und Frösten des Schaffens ... erschöpft von kalten und künstlich erlesenen Exaltationen ...». Daneben fühlt er in sich eine «Schwäche für das Simple, Treuherzige und angenehm Normale, das Ungeniale und Anständige» und «nach den Wonnen der Gewöhnlichkeit». Und das hat etwas zu tun mit Humanität. Bürgerliebe ist kein Schimpfwort. Die Werte dieser Klasse gehören noch nicht auf den Müllhaufen der Geschichte: «Alle Wärme, alle Güte, aller Humor kommt aus ihr.» Der Dichter sieht in die Zukunft: «Ich schaue in eine ungeborene und schemenhafte Welt hinein, die geordnet und gebildet sein will, ich sehe in ein Gewimmel von Schatten menschlicher Gestalten, die mir winken, daß ich sie banne und erlöse: tragische und lächerliche und solche, die beides zugleich sind, – und diesen bin ich sehr zugetan. Aber meine tiefste und verstohlenste

Liebe gehört den Blonden und Blauäugigen, den hellen Lebendigen, den Glücklichen, Liebenswürdigen und Gewöhnlichen.»

Ein langes Zitat, weil es anderes in den Hintergrund schieben soll, das unser Bild vom Kaiserreich prägt. Den Vers «Voran die Herren Leutnants und dann die Schellenträger»; Militärmusik und Paraden, Sedanfeier und Kaisers Geburtstag; das stolze Wort «Reserveoffizier» auf der bürgerlichen Visitenkarte und den Hauptmann von Köpenick, der sich lustig machte über die Militärhörigkeit seiner Zeit. Das gehörte zum Sonntag, war feierliche Ausnahme wie der Gang zum Fotografen, wo die Familie sich im Sonntagsstaat steif und förmlich für die Nachwelt aufbaute: Mutter zugeknöpft, das Familienoberhaupt mit ernstem Blick. Doch die Woche hat sieben Tage. Sehen wir hinter die Momentaufnahme und in den Alltag mit seinen Kämpfen um Veränderung.

Dieses «Familienleben» ist keine Geschichte der Frau, keine Geschichte der weiblichen Emanzipation. Wer jedoch die Bürgerlichkeit jener Epoche zu fassen versucht, muß auch den mühsamen und nicht erfolglosen Versuchen der Frauen dieser Schicht, endlich ihr eigenes Leben zu leben, einen Platz einräumen.

Im Oktober 1865 war auf einer Frauenkonferenz in Leipzig der «Allgemeine Deutsche Frauenverein» gegründet worden. Er setzte sich in § 1 die Aufgabe, «für die erhöhte Bildung des weiblichen Geschlechts und die Befreiung der weiblichen Arbeit von allen ihrer Entfaltung entgegenstehenden Hindernissen mit vereinten Kräften zu wirken». 40 Jahre später, 1905, gab der Verein sich ein ausführliches Programm, denn die Hindernisse waren noch längst nicht beseitigt. Die Frauen forderten «obligatorische Fortbildungsschulen für alle aus der Volksschule entlassenen Mädchen; eine Reorganisation der höheren Mädchenschule, durch welche diese, unbeschadet ihrer dem Wirkungskreise der Frau entsprechende Besonderheit, den höheren Knaben gleichwertig wird.» Wer eine öffentliche höhere Schule besuchte, gehörte, egal ob Junge oder Mädchen, zu einer winzigen Elite. In Preußen waren es 1896 rund 160000 Schüler und 40000 Schülerinnen. Das dort erworbene Abitur, normalerweise der Zugang zum Universitätsstudium, nützte allerdings den Mädchen wenig. Während in Zürich schon in den vierziger Jahren des 19. Jahrhunderts, in Frankreich

1863 und in Holland 1878 auch Studentinnen zum Studium und Examen zugelassen wurden, hatten sich in Deutschland 1905 erst drei Länder solchem Fortschritt verschrieben: Baden, Bayern und Württemberg. In keinem anderen Land Europas nahm der Streit um diese Frage so heftige und groteske Formen an. Für die Verfechter der hergebrachten Ordnung bedeuteten Frauen im Hörsaal das Ende aller Moral.

Ein Höhepunkt im Für und Wider war 1872 das Pamphlet des Münchner Professors für Anatomie und Physiologie Theodor Bischoff «Über das Studium und die Ausübung der Medizin durch Frauen». Der Herr Professor machte gleich zu Anfang klar, auf welcher Seite er stand: «Ausgangspunkt der Betrachtungen: Zwischen Männern und Frauen bestehen physiologische Unterschiede, lies: die Frauen sind der inferiore Teil des menschlichen Geschlechts, nachgewiesen anhand unterschiedlicher Schädelbildung und Gehirngewichte ... In Beziehung auf das Gehirn hebe ich hier vorzüglich nur die bedeutende Tatsache hervor, daß, nach allen Beobachtungen ohne Ausnahme, bei allen Völkern und Rassen das absolute Gewicht des ganzen Hirns bei den Männern immer größer ist als bei den Frauen.» Von den biologischen Beschaffenheiten geht es zu den unterschiedlichen Charaktereigenschaften: «Der Mann ist mutig, kühn, heftig, trotzig, rauh, verschlossen; das Weib ist furchtsam, nachgiebig, sanft, zärtlich, gutmütig, geschwätzig, verschmitzt.» Keine Frage: «Aus dieser Verschiedenartigkeit der Geschlechter in körperlicher und geistiger Hinsicht, geht unwiderleglich hervor, daß das weibliche Geschlecht für das Studium und die Pflege der Wissenschaften und insbesondere der Medizin nicht geeignet ist.»

Theodor Bischoff ist mit diesem Urteil noch nicht am Ende. Nun beginnt der dramatische Teil: Was wäre, wenn ... Und da sieht der Professor in eine schreckliche Zukunft: «... ich kann mir doch nichts Abstoßenderes und Widerwärtigeres denken als ein junges Mädchen, beschäftigt am Seziertisch oder bei der Sektion einer menschlichen Leiche ... Nun denke man sich eine Vorlesung über Anatomie in Gegenwart von Dutzenden junger Männer und junger Mädchen oder Frauen, in welcher, selbst abgesehen von der Beschreibung und Demonstration der Geschlechtsorgane selbst, bei jeder Materie, Muskeln, Gefäßen, Nerven etc., von den Geschlechtsorganen gesprochen werden muß, dieselben demonstriert und in natura gezeigt, ihr Gebrauch und selbst ihr Mißbrauch erörtert werden!! Oder eine Vorlesung über Zeugung und Entwicklung, in welcher die Zeugungsmaterien, die Funktionen der Geschlechtsorgane, Begattung, Befruchtung ausführlich behandelt werden!! Von einer oberflächlichen Berührung dieser Materien, Andeutungen, Umgebungen etc. kann hier in keiner Weise die Rede sein ... Dieses ist mir so vollständig unbegreiflich, daß es mir ganz unverständlich ist, wie gerade zwei meiner Spezialkollegen in Zürich und Edinburgh es öffentlich haben aussprechen können, daß der Besuch ihrer Vorlesungen durch weibliche Zuhörerinnen bei ihnen gar keinen Anstand gefunden habe.»

Die uns so verschroben anmutende Moral des Münchner Professors wird nicht deshalb so ausführlich zitiert, um sie der Lächerlichkeit preiszugeben. Sie verrät in aller Offenheit Vorstellungen über Frauen und Sexualität, wie sie zweifellos in den Köpfen vieler ehrbarer Bürger herrschten. Sexualität war zu etwas Unaussprechlichem geworden, so stark, so triebhaft, daß es nur durch ständige Unterdrückung gebändigt werden konnte: «Es ist ganz unmöglich, daß junge Mädchen und junge Männer in ihren kräftigsten und begehrlichsten Jahren täglich und stündlich in solche Gemeinschaft kommen, wie dieses der gemeinschaftliche Besuch von Vorlesungen, und namentlich medizinischer Vorlesungen, mit sich bringt, daß dieses zu fortgesetzten geschlechtlichen Beziehungen Veranlassung geben muß.» Natürlich werden auch die uralten Argumente wieder aufgerührt, die schon der Königsberger Polizeipräsident von Hippel ein Jahrhundert zuvor mit der Frage: Gehen Ihre Exzellenz etwa nicht ins Bad? ad absurdum geführt hatte. Professor Bischoff: «Wie interessant, passend und würdevoll muß es nicht sein, die Frau Ärztin sich mit schwangerem Leibe am Krankenbette und Operationstische umherbewegen zu sehen? Und nun kommt die Zeit ihrer Entbindung. Nun, da können die Kranken 6–8 Wochen warten, bis ihre Frau Doktor wieder so weit genesen ist ...»

Dieser professorale Schwachsinn blieb nicht ohne Antwort, und die kam aus den eigenen bürgerlichen Reihen. Hedwig Dohm, mit dem Begründer der aufmüpfigen politischen Zeitschrift «Kladderadatsch» verheiratet – (und Großmutter von Thomas Manns Frau Katia) –, veröffentlichte 1874 «Die wissenschaftliche Emanzipation der Frau» und ging darin auf die Argumente des Herrn Bischoff ein. Hedwig Dohm gehörte zu den Frauen, die einen Schritt nach dem anderen machen wollten: zuerst Zugang zum Universitätsstudium und andern öffentlichen Bereichen, danach volle politische Freiheit, unter anderem das Wahlrecht, das im Kaiserreich den Männern vorbehalten blieb. (Gegen diese Taktik wandten sich vehement sozialistisch engagierte Frauen, die sofort soziale *und* politische Gleichberechtigung forderten.)

Die bürgerliche Frauenrechtlerin machte erst einmal klar, daß es den Herren der Schöpfung nicht um Moral, sondern um konkrete wirtschaftliche Vorteile ging: «Ich hoffe, beweisen zu können, daß zwei Grundprinzipien bei der Arbeitsteilung zwischen Mann und Frau klar und scharf hervortreten: die geistige und einträgliche Arbeit für die Männer, die mechanische und die schlecht bezahlte für die Frauen ... Nie und nirgends hat man die Frau von den mühsamsten und widerwärtigsten Beschäftigungen ferngehalten, etwa aufgrund ihrer zarten Konstitution oder ihrer Schamhaftigkeit ... Solange Herr von Bischoff der Krankenwärterin nicht garantieren kann, daß der ihrer Pflege anvertraute Soldat das Anstandsgefühl haben wird, sich nur oberhalb des Uniformkragens verwunden zu lassen, solange nicht jeder Patient eines Hospitals, dessen Leiden irgendeinen Sinn widerwärtig berühren, die Weisung erhält, seine Krankenwärterin zu fliehen, solange ihr nicht der tägliche Konsum von einem kleinen Eimer Eau de Cologne gütigst gestattet wird – solange erlaube ich mir die Meinung, daß am Krankenbett ebensoviel Schamhaftigkeit verletzt und Ekel erregt wird als vor dem Sektionstisch ... Ich bin überzeugt, wenn das tägliche Honorar der Krankenwärterin zehn Goldstücke betrüge, so würde kein Beruf der Welt weniger für eine Frau geeignet sein als dieser; keiner würde die Schamhaftigkeit mehr verletzen, den Ekel stärker erregen, und in gewohnter Huld würde man nimmermehr der schwächlichen Frau die ungeheure Last der Krankenpflege aufgebürdet haben! Hand aufs Herz, Herr von Bischoff, was würden Sie mit Ihrer Köchin tun, die den Aal, den Sie so gerne essen, abzuschlachten sich weigerte, und sich bei Ihnen mit ihrem Zartgefühl entschuldigen wollte? ... Wenn eine Köchin, Herr von Bischoff, vor ihrem zappelnden Huhn oder Fisch keiner Ohnmachtsanwandlungen sich zu unterziehen braucht, um ihre Weiblichkeit zu beweisen, wenn Sie die Hebammen, Schlächterfrauen, Krankenwärterinnen usw. ruhig gewähren lassen, ohne gegen sie zu polemisieren – so verdammen Sie auch die Ärztin nicht, weil sie gesunde Nerven hat ...»

Dann geht Hedwig Dohm zum Angriff über und stellt die Moral des Professors auf den Kopf: «So gewiß das weibliche Geschlecht von Natur sittsamer, schamhafter, keuscher ist als das männliche usw., so gewiß müssen wir ein absolutes Verdammungsurteil aussprechen über das unsittliche Unternehmen vieler Jahrhunderte, Frauen in Geschlechtskrankheiten von Männern behandeln zu lassen ... Der weitaus größere Teil unterleibskranker Frauen zieht ein lebenslanges Siechtum ärztlicher Untersuchung vor.» Zurück zum Hauptpunkt, der Zulassung von Frauen zum Medizinstudium: «Das sensitive Zurückbeben, dieses schamhafte Schaudern vor dem Bau des menschlichen Körpers und den natürlichen Verrichtungen desselben – Dinge, die doch nach frommem Glauben von Gott selbst eingesetzt sind –, was ist es schließlich anderes als eine Anklage Gottes auf Unanständigkeit?»

Tatsächlich geht es um anderes und viel mehr: «Man befürchtete eine Befleckung der Frauenseele durch das Studium? ... Dieses ‹Noli me tangere› als Devise des Frauentums, diese zarte Unwissenheit und Seelen-Unberührtheit, die man von der Frau fordert (ob mehr aus ästhetischen und sinnlichen, als aus sittlichen Motiven, lasse ich dahingestellt), läßt sich in keinem Fall, wenigstens nicht bei einem klugen Weibe, bewahren, man müßte sie denn niemals bis zur nächsten Straßenecke gehen lassen, man müßte sie zeitlebens von der Luft ihrer Zeit, von Wissenschaft und Erkenntnis überhaupt absperren. Solange die Unkenntnis der physischen Vorgänge für heilig gilt und als Schutz der weiblichen Tugenden gepriesen wird, solange stehen wir nicht über den Verehrern des Harems ...» In Preußen durften die Frauen ab 1906 studieren. Zwei Jahre später taten es auf dem Gebiet der heutigen Bundesrepublik 329 von ihnen, 1913 immerhin schon 3900.

Wie jene Männer, die die Weiblichkeit in eine Schneewittchen-Existenz drängten, die nicht genug ihre Zartheit und Naivität rühmen konnten, von den Frauen selbst empfunden wurden, sobald die Eheringe getauscht waren, hat – wieder einmal – Theodor Fontane im «Stechlin» doppeldeutig geschildert. Am Abend ihrer Hochzeit bestiegen Woldemar von Stechlin und seine Braut in Berlin den Zug in Richtung Süden. Zwei Mitreisende saßen schon in den Polstern, als sie ihr Abteil betraten. Zurück blieben Melusine, die Schwester der Braut, und eine Freundin. Die wundert sich, daß das Brautpaar kein Einzelabteil gebucht hat. Anlaß für Melusine, von ihrer eigenen Hochzeitsreise zu erzählen: «Ich verheiratete mich, wie Sie wissen, in Florenz und fuhr an demselben Abend noch bis Venedig ... Und so hatten wir den großen Apennintunnel zu passieren ... Ach, liebe Baronin, wäre doch da wer mit uns gewesen, ein Sachse, ja selbst ein Rumäne. Wir waren aber allein. Und als ich aus dem Tunnel heraus war, wußt' ich, welchem Elend ich entgegenlebte.» So stellten wir sie uns vor, die Frau höherer Kreise: abgeschnürt vom Leben; die Sexualität abgedrängt in dunkle Verliese. Sie sprach niemals von «Hosen». Die Herren trugen höchstens «Beinkleider», und die Damen selbst waren bedeckt vom Knöchel bis zum Hals. Der Mann als Beschützer. Zeigte sich bei ihm nach der Hochzeit Leidenschaft statt wohltemperierter Gefühle, dann war dies zu erdulden als eheliche Pflicht. Jungfräulichkeit war der Ausweis der Ehrbarkeit für das Mädchen, während der junge Mann sich die Hörner abstoßen durfte. In den Gründerjahren wuchsen in den Großstädten die Etablissements mit den luxuriösen Chambres Séparées zahlreich aus dem Boden. Die Lebedamen zeigten sich mit ihren Freunden beim Derby oder im Theater. In Hamburg zählte man um 1875 über 180 Bordelle, in Leipzig ungefähr 70. Ein Mann ohne Geschlechtskrankheit war eigentlich keiner.

Von den wenigen, die in extremer Prüderie aufwuchsen, die die Spannung zwischen Moral und Sensibilität nicht mehr ertrugen, vertraute sich am Ende des Jahrhunderts eine winzige Minderheit einer neuen Wissenschaft an, Frauen vor allem. Auf der Couch des Dr. Sigmund Freud in Wien stiegen dumpfe Träume aus dem Unbewußten ins Helle. Die Erkenntnisse, die der Doktor daraus zog, haben das Verhältnis der Geschlechter beeinflußt wie nichts zuvor in der menschlichen Geschichte. Was auf den ersten Blick unverständlich scheint, ist so widersprüchlich nicht. Gerade weil die Sexualität in dunkle Tunnel abgedrängt wurde, infiltrierte sie heimlich alles. «Der kleine Unterschied» wurde überdimensional. Für die Männer schien der Fall klar: Sie hatten, die Frauen hatten nicht. Bei Freud wurde daraus die berühmte These vom Penisneid der Frauen, der zu allen nur denkbaren Neurosen führt. Die Sexualität ist an allem schuld.

Nicht nur radikale Feministinnen sind heute der Meinung, daß diese These so nicht aufrechtgehalten werden kann. Freuds Lehre ist ein Produkt seiner Zeit, seiner bürgerlichen Herkunft und seiner wenigen bürgerlichen Patientinnen. Viele Bürgerfrauen schwiegen voller Abscheu über die neue Wissenschaft aus Wien und waren deshalb noch keine Monster. Die Frau des Würzburger Professors für Zoologie Theodor Boveri kam von Amerikas weiblicher Eliteschule und hatte in Deutschland studiert. Conrad Röntgen war sie wegen ihrer Intelligenz aufgefallen – und schön war sie auch noch. In den zwanziger Jahren dieses Jahrhunderts, nach dem Tod ihres Mannes, ging sie zurück in die Staaten, wurde eine selbständige Frau. Margret Boveri, die Tochter, hatte 1919 gerade Abitur gemacht. Wegen Wohnungsmangels waren einige Zimmer der herrschaftlichen Wohnung untervermietet. Die Tochter erzählt: «Meine Mutter besaß noch strengere Grundsätze als unsere Umwelt. Sie sah es als ihre Aufgabe an, in mir die Boverische Sinnlichkeit zu bekämpfen. Sie brachte mir bei, daß Frauen den Geschlechtsverkehr nur erdulden, um Kinder zu bekommen. Ich erinnere mich nur an ein einziges Mal, daß direkt darüber gesprochen wurde. Ich muß neunzehn oder zwanzig Jahre alt gewesen sein; in meiner Lektüre kam das Wort Prostitution vor; ich saß über einem Buch im Studierzimmer, rief durch die offene Tür zu meiner Mutter ins Musikzimmer: ‹Was heißt Prostitution?› Sie sagte: ‹Schschsch ...›, denn wegen der unzureichenden Wärme des Dauerbrandofens stand auch um die Ecke noch die Tür ins Zimmer des Untermieters halboffen. Dann kam sie zu mir herüber: die Prostituierten seien verworfene Mädchen, käufliche, die es um Geld taten – denen es sogar Freude mache.»

Das war die eine Seite: immer erwähnt, oft karikiert. Doch sie zeigt nur einen Ausschnitt vom Leben. Kaum einer der Beamten konnte sich die Lebedamen leisten. Und im Roman war Melusine geschieden, das entsprach der Wirklichkeit. 1875 wurde im Deutschen Reich die Zivilehe eingeführt.

Und was die Prüderie betraf, so war nicht ein jeder davon betroffen. Der Wiener Arzt Moritz Benedikt schrieb 1906: «Heute findet man die Zöglinge der höheren Töchterschulen über diese sexuellen Perversitäten aufgeklärter, als wir es als junge Ärzte waren.» Wir dürfen uns nicht vorstellen, daß die Luft bei jedem Zusammensein voll Verklemmtheit und düsterer Erotik war.

Esther Behrens, aus bester Hamburger Gesellschaft, eine schöne Frau mit schwarzem Haar, war oft bei den Bismarcks in Friedrichsruh zu Gast, weil ihrem Vetter das Gut Sachsenwaldau gehörte. Eines Tages, als man wieder einmal zusammensaß, rief Bismarcks Frau Johanna spontan aus: «Ottochen, sieh doch mal, was Frau Esther für schöne Beine hat.» Der Reichskanzler, der ausgestreckt auf dem Sofa lag, nahm seine Pfeife aus dem Mund, faßte nach dem Fuß des Gastes, betrachtete die entblößte Wade und bedachte sie schließlich mit einem galanten Kuß. Der Chronist meldet nicht, daß irgend jemand der Anwesenden bei dieser Gelegenheit in Ohnmacht fiel.

Lassen wir noch ein paar Zeitgenossen aufmarschieren, die uns ihre Meinung über die bürgerliche Familie im allgemeinen und das Verhältnis von Mann und Frau im besonderen sagen: «In den besitzenden Klassen sinkt die Frau nicht selten, ganz wie im alten Griechenland, zum bloßen Gebärapparat für legitime Kinder herab ... In den oberen und mittleren Klassen der Gesellschaft ist also die Hauptquelle der Übel in der Ehe die Geld- und Standesheirat ... Die Frau ist für den Mann in erster Linie Genußobjekt; ökonomisch und gesellschaftlich unfrei, muß sie ihre Versorgung in der Ehe erblicken, sie hängt also vom Manne ab und wird ein Stück Eigentum von ihm.»

Der Schreiber dieser Zeilen kam aus einem kleinbürgerlichen Elternhaus, heiratete eine Arbeiterin aus der Hutbranche, wurde Unternehmer und brachte es zu solidem Wohlstand. In seinen Memoiren schrieb er über sein eigenes «Genußobjekt»: «Eine liebevollere, hingebendere, allezeit opferbereite Frau hätte ich nicht finden können. Leistete ich, was ich geleistet habe, so war dieses in erster Linie nur durch ihre unermüdliche Pflege und Hilfsbereitschaft möglich.»

Der dankbare Ehemann hieß August Bebel, erster Parteiführer der deutschen Sozialdemokraten. Was er 1872 in seinem Buch «Die Frau und der Sozialismus» an der bürgerlichen Ehe kritisierte, hatte vor ihm schon ein noch berühmterer Genosse aufs Korn genommen: «Der Bourgeois sieht in seiner Frau ein bloßes Produktionsinstrument ... Unsere Bourgeois, nicht zufrieden damit, daß ihnen die Weiber und Töchter ihrer Proletarier zur Verfügung stehen, von der offiziellen Prostitution gar nicht zu sprechen, finden ein Hauptvergnügen darin, ihre Ehefrauen wechselseitig zu verführen.» Über den Verfasser dieser Zeilen und seine Frau Jenny heißt es in einer in der DDR erschienenen Biographie: «Aus der Freundschaft und Zuneigung zwischen Karl Marx und Jenny von Westfalen war eine tiefe gegenseitige Liebe geworden.» Kein Zweifel: Die Ehe zwischen dem Trierer Bürgersohn und der vier Jahre älteren Adligen war eine Liebesheirat, weder standesgemäß noch aus finanziellen Überlegungen geschlossen. Daran ändern auch die Parolen über die verführten Ehefrauen aus dem «Kommunistischen Manifest» von 1848 nichts.

Neben die Frau als «Gebärapparat» gehört das Bild vom allgewaltigen Vater, vor dessen Autorität die ganze Familie kuscht. Sein Vorbild: Wilhelm II., immer zackig, mit einem Machtwort auf den Lippen, Schnurrbartspitzen in die Höhe: Es ist erreicht. So haben ihn jene geschildert, die ihn ständig umschwänzelten, um seine Freundschaft buhlten, Einfluß und Machtpositionen suchten. Allzu lange haben die Historiker ihnen geglaubt. Walther Rathenau, Politiker und Industrieller im Kaiserreich, Außenminister der ersten Republik und 1922 ermordet, sah hinter die Hochglanzfassade, als er dem Kaiser begegnete: «Ich kannte die schneidigen Jugendbilder mit breiten Backen, gesträubtem Schnurrbart, drohenden Augen ... Da saß ein jugendlicher Mann in bunter Uniform, mit seltsamen Würdezeichen, die weißen Hände voll farbiger Ringe, Armbänder an den Handgelenken; zarte Haut; kleine weiße Zähne ... Viele haben es mir seitdem gestanden:

hilfsbedürftige Weichheit, Menschensehnsucht, vergewaltigte Kindheit, die hinter physischer Kraftleistung, Hochspannung, schallender Aktivität fühlbar wurde, hat sie ergriffen und empfinden lassen: diesen Menschen muß man schützen und mit starkem Arm behüten ...»

Weiche Männer: Sie begegnen uns bei den besten Schriftstellern, die dieses Zeitalter nachzeichneten – ob mit Verständnis oder mit unverhohlener Antipathie. Die Selbstdiagnose «Nervosität» ist nicht zu übersehen. Noch einmal sei an die «Buddenbrooks» erinnert. An den – trotz aller Erfolge – weichen und verunsicherten Senator Thomas Buddenbrook, für den Thomas Manns Vater das Vorbild abgab. Der Senator ist nur deshalb so unnahbar und streng gegenüber seinem labilen Bruder Christian, weil er in sich die gleichen Wesenszüge fühlt. Die stärksten Persönlichkeiten in diesem Roman sind die Frauen. Sie allein bleiben übrig. Auch bei Wilhelm Busch, dem spöttischen Beobachter, finden wir keine starken Männer, im Gegenteil. Tobias Knopp oder Onkel Nolte sind allesamt Pantoffelhelden, die in Furcht vor ihrer Ehefrau leben. Der Held in Heinrich Manns Zeitbild «Der Untertan» fällt nur auf den ersten Blick aus der Reihe. Er gehört zu jener Sorte Menschen, die im Dunkeln besonders laut pfeifen. Im Grunde seines Herzens war dieser «Held» ängstlich und hilflos. Solche Charaktere entsprangen nicht nur der Phantasie der Dichter. Sie formten, was sich unter der Oberfläche bewegte. Natürlich gab es die Zerrbilder bürgerlichen Ehelebens auch im Leben. Wir wollen nicht in das andere Extrem fallen. Ein Betroffener, der Philosoph Theodor Lessing, erinnert sich an seinen Vater: «Wenn er von Krankenbesuchen heimkam, so herrschte bei Frau, Kindern, Diener und Magd ängstliche Spannung. ‹Wird Herr Doktor an diesem Mittage zufrieden sein? Wird er wegen irgend eines Fehlers Krach schlagen?› Die Mahlzeit war die Qualzeit ... In Gesellschaft ein liebenswürdiger Schwerenöter und guter Unterhalter, war er in seinen vier Wänden ein übellauniger Allesbenörgler, der durch galligen Mißmut sich und andern das Leben unfroh machte ...» Und so lebte die Frau dieses bürgerlichen Tyrannen: «Die Mutter, im Haushalt ohne Stimme, lag auf der Chaiselongue, Romane lesend aus der Nordmeyerschen Leihbibliothek oder wollte just ins Abonnementkonzert oder verhandelte mit Frau Buchterkirchen, der Schneiderin, hatte gerade Damenbesuch oder machte gerade Toilette und sagte in ihrer dauernden Abhängigkeit doch immer nur dasselbe: ‹Du mußt Papa gehorchen›.»

Hedwig Wachenheim, deren Vater, ein Mannheimer Bankier, 1898 starb, schildert das Witwenleben ihrer Mutter: «Um zehn Uhr brachte ihr die Köchin Rühreier; später kam dann das Zimmermädchen, half ihr beim Anziehen und knöpfte ihr die Stiefel zu. Um zwölf ging man spazieren, sehr gut angezogen und immer nur auf Straßen, wo man Leute sah und gesehen wurde, Mittagessen gab es um eins, und wehe uns, wenn wir uns an der Ecke von unseren Schulfreundinnen zu lange verabschiedeten, zu spät kamen und damit den Nachmittagsschlaf der Mutter verkürzten, denn pünktlich um drei Uhr stand sie auf und ging zu meiner Großmutter und von da zu einer Teevisite. Wenn sie abends nicht ein Theater oder eine Gesellschaft besuchte, legte sie sich nach ihrem Bad um neun Uhr ins Bett, rief die Köchin herbei, machte mit ihr den Speisezettel für den nächsten Tag und unterhielt sich stundenlang mit ihr über die Mannheimer Familien, bei denen unsere Lina früher in Stellung gewesen war. Als ich achtzehn Jahre alt war, sagte ich zu meiner Mutter, ich wolle kochen lernen; sie erwiderte, das gehe nicht, gekocht werde zwischen zwölf und eins, und in dieser Zeit müsse ich mit ihr spazierengehen.» Die gehorsame Tochter wartete bis zu ihrem 21. Geburtstag, um ihrer Mutter zu eröffnen, daß sie sich in Berlin bei einer neugegründeten Schule für Sozialarbeiterinnen angemeldet habe. Dort blamierte sie sich, weil sie immer noch nicht wußte, woran man erkennt, daß das Wasser kocht.

Hans Fallada, dessen zeitkritische Romane über die zwanziger Jahre unseres Jahrhunderts ihn berühmt gemacht haben, wuchs in einem bürgerlichen Haushalt – selbstverständlich mit Dienstmädchen – auf. Er wurde 1893 als Sohn eines Landrichters – später Reichsgerichtsrat – im pommerschen Greifswald geboren. Als der Schriftsteller sich an seine Kindheit erinnerte, da fielen ihm für seinen Vater, der ihm zu Zeiten sehr fremd wurde, nur Charakterisierungen wie gut, geduldig, sanft ein. Im Hause dieses Juristen gab es für die Kinder keine Prügel, und die Frau hatte sehr wohl eine Stimme: «Vater nahm Mutter und führte sie aus der Enge in die Weite. Sie, die stets für andere hatte dasein müssen ... lehrte er, ein Mensch zu sein. Zu Anfang wollte der Haushalt gar nicht recht gehen, Mutter konnte nicht selbständig arbeiten, sie wagte nie einem ein Wort zu sagen ... Aber Vater machte ihr Mut, er half ihr, er tröstete sie, er lobte sie, er lächelte über Mißgeschicke, er tadelte nie ...»

Wohlhabende Bankiers, Unternehmer und Industrielle gab es eine Handvoll im Reich. Mit der Anzahl der höheren Beamten war es nicht anders. Preußen wurde 1910 von sechsunddreißig Regierungspräsidenten, 141 Oberregierungsräten, 22 Polizeipräsidenten, 612 Regierungsräten und 481 Landräten und Oberamtmännern verwaltet. Insgesamt zählte man im ganzen Deutschen Reich um diese Zeit eine gute Million Beamter, die allermeisten in mittleren und unteren Rängen. Ihre Ehefrauen hatten keine Zeit für ein Frühstück um zehn im Bett oder eine Migräne am Nachmittag und kein Geld für das Konzert am Abend. Und die Ehemänner traten lieber nicht zu tyrannisch auf, denn sie waren auf die Mitarbeit und Sparsamkeit ihrer Frauen angewiesen.

Wegen großer Tapferkeit im Krieg von 1866 gegen Österreich wurde Konrad Adenauer, der Enkel eines Bonner Bäckers, zum preußischen Offizier befördert. Er verließ die Armee, weil er die Tochter eines Bankbeamten liebte. Ihr Vater konnte ihr nicht die «angemessene» Mitgift bieten, die das Armeereglement für die Bräute der Offiziere vorsah. Konrad Adenauer heiratete seine Liebe und wurde Sekretär am Oberlandesgericht in Köln, ein mittlerer Beamter. Vier Kinder kamen im Laufe der Zeit, die sich zu zweit viele Jahre ein Bett teilen mußten. Die gute Stube, nur an Sonn- und Feiertagen benutzt, war neun Quadratmeter groß. Im ersten und zweiten Stock des Häuschens in der Balduinstraße wohnten mehrere Untermieter, die von der Mutter versorgt wurden. Weil das Geld auch mit diesen Einnahmen nicht reichte, nähte sie in ihrer freien Zeit noch Wachstuchdecken. Wenn Konrad junior ihr half, die Fäden aus dem Stoff zu ziehen, bekam er einen Anteil von einem Pfennig pro Decke.

Es war nichts Besonderes, daß die Beamtenfrau mitarbeitete,

um die Finanzen aufzubessern. Außer Heimarbeit blieb für Nebenverdienste noch die freie Wirtschaft, die in diesen expansiven Zeiten jedem eine Chance zu bieten schien. Allerdings hatte der staatliche Arbeitgeber prinzipiell etwas gegen solche Betätigungen. Als die Frau eines Lehrers in Rinteln an der Weser 1867 einen Kramladen aufmachen wollte, kam von der Kreisschulinspektion ein Verbot zusammen mit dem Hinweis, der Lehrer solle doch lieber nebenbei als Versicherungsagent arbeiten. Die Frau eines Lehrers in Bielefeld packte die Sache geschickter an. Sie schrieb dem Kreisschulinspektor, sie wolle «der Verbreitung von Jugend- und Volksschriften zweifelhaften Wertes entgegenwirken» und deshalb eine Buch- und Schreibwarenhandlung eröffnen. In einem Gespräch hatte sie sogar den Mut, dem Inspektor zu erklären, auf Gewinn lege sie keinen Wert. Der glaubte es und gab die Genehmigung.

Für den Ehemann war es leichter, einer Nebenbeschäftigung nachzugehen. Beamte arbeiteten außer Dienst nicht selten als Gerichtsvollzieher, Schuldiener oder Küster, leiteten den Gesangverein und gaben Privatstunden. Und das alles, um die Familie über Wasser zu halten. Von Wohlstand war in den mittleren und unteren Positionen nicht die Rede. Nicht nur, weil die Gehälter extrem niedrig lagen. Wer seinen Söhnen eine standesgemäße Ausbildung zukommen lassen wollte – und wer wünschte das nicht –, mußte tief in den Beutel greifen. Doch bevor es soweit ist, gehen wir zum Ausgangspunkt einer Beamtenlaufbahn zurück.

Die Laufbahn eines mittleren Postbeamten steht für viele. Ungefähr mit 17 Jahren verläßt er das Gymnasium oder die Realschule und beginnt seine Gehilfenzeit. Nach viereinhalb Jahren folgt die Prüfung zum Postassistenten und – wenn er will – drei Jahre später die zum Sekretär. Wenn der Gehilfe Glück hat und der Staat gerade Geld genug, bekommt er ein Taschengeld. Unabhängig davon müssen sich die Eltern vor der Ausbildung verpflichten, den Unterhalt zu zahlen. Der Assistent kann sich nicht ernähren. Er erhält ein Tagegeld von vier Mark und muß warten, bis eine Planstelle frei wird. Das dauert zehn bis elf Dienstjahre. Dann ist er mindestens 27. Vorher kann er bestimmt keine Familie ernähren. Auch einem Lehrer geht es nicht besser. Er wird von den Behörden sogar ausdrücklich vor einer frühen Heirat gewarnt. Dazu heißt es 1892 in der «Geschichte des deutschen Volkschullehrerstandes»: «Wirksamer als solche Warnungen, die übrigens vom Lehrerstande niemals ungünstig aufgenommen worden sind, wäre allerdings ein auskömmliches Gehalt gewesen. Ist es denn nicht aufs tiefste zu beklagen, daß manche Lehrer infolge ihres dürftigen Einkommens ihre Frauen in den unteren und ungebildeten Ständen suchen mußten? Der feine Umgangston, die angenehme Häuslichkeit, die sich nicht bloß in der gesamten Einrichtung, sondern ebenso sehr in der Art und Weise zeigt, wie die Familie speist, und wie sie sich kleidet, wird von niemandem besser gepflegt und bewahrt, als von einer gebildeten Hausfrau, und es ist daher zu verstehen, was ein Lehrer entbehren muß, dessen Lebensgefährtin unter seiner Bildung steht. Von der Wahl seiner Gattin hängt nicht bloß sein Glück ab, sondern häufig auch sein ganzer Einfluß in der Gemeinde.»

Nichts zeigt so deutlich die Gräben und Verbindungen zwischen verschiedenen Gruppen der Gesellschaft wie Untersuchungen darüber, wer wen heiratet. Über die Beamten in Hannover, in Westfalen und im Rheinland liegen genauere Zahlen vor. Eines galt überall: Zwischen den nicht-akademischen und den akademischen Beamtenfamilien gab es keinen Blutaustausch. Man lebte in zwei streng voneinander getrennten Kreisen. Am geschlossensten zeigten sich die Nicht-Akademiker. Sie versuchten die Reihen gegenüber den unteren Schichten, vor allem den Arbeitern, dicht zu halten. Da lehnte ein Postbeamter ein Ehrenzeichen ab, weil es auch an Arbeiter verliehen wurde. Und in Versetzungsgesuchen stand, daß man gerne auf ein höheres Einkommen verzichten wolle, wenn man nur seinen Rang beibehielte. Solches Standesbewußtsein stieg mit den Jahren. Zwischen 1860 und 1890 heirateten in Westfalen immerhin rund 32 Prozent der nicht-akademischen Beamten eine Frau, die aus einer Handwerkerfamilie stammte, und nur 28 Prozent suchten sich ihre Ehepartnerin im gleichen Milieu. Zwischen 1890 und 1914 drehten sich die Zahlen um: Jetzt nahmen gut 30 Prozent eine Frau aus einer nicht-akademischen Beamtenfamilie und nur noch gut 26 Prozent heirateten eine Frau aus dem Handwerkermilieu.

Genau umgekehrt verlief die Entwicklung bei den Akademikern. Im frühen Zeitraum – 1860 bis 1890 – heirateten drei Viertel ihresgleichen. Nach 1890 waren es nur noch 35 Prozent, während sich 50 Prozent eine Frau in Unternehmerkreisen suchten. Damit ergänzten sich die Ziele zweier unterschiedlicher Gesellschaftsschichten vortrefflich. Der schlecht besoldete Akademiker kam durch seine Heirat zu Geld. Auf den Unternehmer fiel durch seinen Schwiegersohn ein Strahl von dessen akademischem Glanz. So war es keineswegs eine Mesalliance, wenn in Krefeld ein Kreisarzt die Tochter eines Textilfabrikanten heiratete.

Eine Möglichkeit blieb dem Nicht-Akademiker, den tiefen Graben zu den Studierten zu überwinden. Was ihm nicht vergönnt war, mußte die folgende Generation schaffen. Deshalb brachte die ganze Familie alle Opfer, damit der Sohn – oder sogar mehrere – die Universität besuchen konnte. Das war leichter gesagt als getan, denn Bildung war ein Privileg, vor das der Staat die Gebühren gesetzt hatte. Das Gymnasium kostete Schulgeld, und die Bücher waren teuer. Wer auf die Universität ging oder ein Lehrerseminar besuchte, mußte dafür ebenfalls zahlen. Waren alle Examen bestanden und der Referendar trat seine Stellung an, erhielt er immer noch keinen Pfennig. Die Eltern mußten ihn weiterhin aushalten. Dazwischen aber lag – gleich nach dem Abitur – ein besonders kostspieliges Jahr. Um der drei-, nach 1893 zweijährigen Militärdienstpflicht zu entgehen und die ehrenvolle Position eines Reserveoffiziers erreichen zu können, meldete der Beamtensohn sich freiwillig zu nur einem Dienstjahr. Ein teures Vergnügen, denn der Freiwillige mußte Verpflegung und Unterkunft außerhalb der Kaserne und seine Uniform bezahlen. Man ließ sich den Patriotismus etwas kosten. 1914 gab es rund eine Million Reserveoffiziere.

Noch ein Beispiel für die ungewöhnlich hohen Ausbildungskosten: Ein Schulrektor in Minden verdiente 1877 siebenhundert Taler im Jahr. Davon gingen 250 Taler für einen Sohn ab, der auf der Bauakademie studierte. Zwei weitere Söhne gingen aufs Gymnasium. Insgesamt gab der Schulmeister fast die Hälfte seines Gehaltes für die Ausbildung seiner Söhne aus. Das war kein Einzelfall. Wenn eine berufliche Versetzung bevorstand, kam es den Familienvätern vor allem darauf an, daß in dem neuen Ort ein Gymnasium war. Um keine Internatskosten zahlen zu müssen, wurde sogar ausdrücklich auf Beförderung und höheres Einkommen verzichtet.

Der einzige Posten im Haushaltsbudget, wo spürbar gespart werden konnte, war das Essen. Den Braten gab es wirklich nur am Sonntag, und bei Familie Adenauer wurde in der Adventszeit auch darauf verzichtet, damit man sich einen Weihnachtsbaum leisten konnte. Die Hauptlast und -verantwortung für diese Sparmaßnahmen lag bei der Hausfrau. Sie war es, die Mann und Kindern die größeren Portionen auf den Teller legte. Kein Wunder, daß auf vergilbten Fotos die Frauen so oft hohlwangig und mit spitzer Nase in die Linse schauen. Sie taten es nicht, weil es Mode war. Sehr viele Beamtenfrauen litten an Überarbeitung und Unterernährung. Die Personalakten der Beamten sind voll von Eintragungen über die Krankheiten ihrer Frauen: Blutarmut, allgemeine Körperschwäche, Rachitis, Lungenentzündung und Tuberkulose. In allen Fällen baten die Beamten um eine Unterstützung, damit sie für ihre Frau Arzt- und Medikamentenkosten bezahlen konnten. Jede Geburt schwächte die Frauen noch mehr. Aus dem Unterstützungsgesuch eines westfälischen Regierungssekretärs vom 26. Mai 1900: «Am 26. IV. schenkte meine Frau, nachdem sie vier Tage in der Entbindung gelegen, mit ärztlicher Hilfe einem Mädchen das Leben. Nunmehr leidet sie unter großer Blutarmut, und der Arzt hat ihr besondere Nahrung und Weine verordnet, deren Kosten ich aber nicht bestreiten kann.»

Die langsame Steigerung der Gehälter half nicht viel. Noch nach der Jahrhundertwende erhielt jeder zehnte Beamte im Rheinland Zuschüsse von den Eltern oder Schwiegereltern. Die Tugend der Sparsamkeit gewann ihre eigene Dynamik und verbreitete sich sogar bei denen, die von Hause aus mehr als genug hatten. Der Historiker Percy Ernst Schramm, aus alter wohlhabender Hamburger Familie, der Vater Jurist, Hamburger Bürgermeister in den zwanziger Jahren, erinnert sich: «Sehr verdutzt waren wir, als wir den Großvater einmal im Bette frühstückend antrafen; denn er schmierte sich seelenruhig Butter auf seine Zwiebäcke – dabei war uns zu Hause erklärt worden, wer das tue, komme ins Gefängnis

... Tante Emmy, die unverheiratet gebliebene der O'Swaldschen Töchter, ging noch einen Schritt weiter: wer Marmelade auf Butter streiche, treibe Verschwendung und solches Tun führe unweigerlich in die Hölle!»

Der Beamtenfrau fehlte die freie Zeit, des Müßiggangs zu pflegen. Sie war, um es kaufmännisch auszudrücken, ein wichtiger Posten in der Haushaltsrechnung. Benötigt wurde ihr Geschick zu sparen: sei es am Essen, sei es an den Kleiderausgaben. Flicken, Stopfen, Nähen, Wenden gehörte zu ihrem täglichen Einerlei. Keine Rede davon, daß ihre Aufgaben schrumpften oder ihr die technische Entwicklung jede Arbeit abnahm. Und war eine solche «Arbeitskraft» wirklich bereit, um jeden Preis vor dem Ehemann zu kuschen?

Konrad Adenauer senior kam täglich zum Mittagessen nach Hause. Zum Abschluß der Mahlzeit gab es eine Tasse Kaffee. Eines Tages wurde dieser Kaffee von der Hausfrau mit Verspätung serviert. Der Vater, ungeduldig und in Eile, verbrannte sich am heißen Getränk die Zunge und warf daraufhin wütend die volle Tasse auf den Fußboden. Seine Frau ließ sich davon keineswegs einschüchtern. Mit den Worten «Wenn du deinen Kaffe parterre trinken willst» warf sie die ganze Kanne hinterher.

Wollte das Geld trotz Sparsamkeit und Nebenverdienst nicht reichen, machte der Beamte Schulden, und wenn er es nicht zu arg trieb, drückte die oberste Behörde ein Auge zu. Denn eigentlich vertrugen sich Schulden mit der Beamtenmoral nicht. Ja, sie waren ausdrücklich verboten. Aus den Instruktionen für einen preußischen Gendarmen im Jahre 1892« :Welche Tugenden muß der Gendarm zur Wahrung seiner Stellung und zum Zweck seiner Bestimmung besitzen? 1. Pflichttreue... 2. Gehorsam... 3. Moralischer Lebenswandel. Derselbe schließt in sich: a) Nüchternheit... b) Nichtannahme von Geschenken ... c) Vermeidung von Spiel und Schulden. Spiel und Schulden untergraben die ökonomischen Verhältnisse und dadurch die Stellung des Gendarmen; d) Fleißiges Beiwohnen des Gottesdienstes, wenn es der Dienst erlaubt.» Daß solche Regeln auch eingehalten wurden, darüber wachte die staatliche Aufsichtsbehörde. Die Kontrolle begann außerhalb der Familie bei dem Umgang, den der Beamte pflegte. Die Wirtshäuser wurden überprüft, in denen er verkehrte. Hatte der Wirt einen schlechten Ruf oder wurde dort gespielt, mußte der Beamte auf Disziplinarmaßnahmen gefaßt sein. Wer im Dienst nicht nüchtern war, konnte sogar entlassen werden. Dasselbe galt bei «anstößigem Lebenswandel», wozu eheliche Seitensprünge und voreheliche Geschlechtsverkehr zählten.

Das Auge des Gesetzes wachte nicht nur über den Beamten, sondern über seine ganze Familie. Er war verantwortlich, daß seine Frau und seine Kinder ebenfalls nach der Beamtenmoral lebten. Taten sie es nicht, griff die Behörde ein. In Minden hatte ein Botenmeister im Regierungsgebäude ein Dienstmädchen bedrängt. Die Frau beschwerte sich, und nur weil der Betroffene Besserung gelobte, wurde er nicht entlassen. Es gab keine Klagen mehr. Aber sieben Jahre später wurde der Beamte für den «unsittlichen Lebenswandel seiner Frau und seiner zwei Töchter» zur Rechenschaft gezogen. Seine Frau sei Alkoholikerin und seine Töchter trieben gewerbliche Unzucht. Die Älteste hatte drei uneheliche Kinder. Das alles sei mit seiner Stellung als königlicher Beamter unvereinbar. Die Behörde entschied: Die älteste Tochter mußte die Familie verlassen. Außerdem war der Botenmeister dafür verantwortlich, «daß jedes Umhergehen und Umhertreiben seiner jüngsten Tochter in oder vor dem Regierungsgebäude unterbleibe». Bei Nichtbeachtung drohte ihm Versetzung oder – im Wiederholungsfall – Entlassung.

Es ist ein ganzes Bündel von Motiven, das die Beamtenfamilie im Kaiserreich fest zusammenhält. Jeder wußte: Wenn einer aus der Reihe tanzte, schadete er allen. Alle sparten es sich vom Mund ab, damit der Sohn studieren konnte. Er tat es nicht nur zum eigenen Ruhm, sondern um die Familie insgesamt auf der sozialen Stufenleiter eine Sprosse höher zu bringen. Wer nicht gerade besonders leichtfüßig oder rebellisch war, wußte um diese Opfer und fühlte sich verantwortlich, das in ihn gesetzte Vertrauen durch gute Leistungen zu rechtfertigen. Die Ausrutscher des Botenmeisters und seiner Familie bleiben die Ausnahme. Immer wieder melden die Akten «solide Häuslichkeit» und ein «vorbildliches Familienleben».

Da die Vergnügungen nicht viel kosten durften, gehörte der

sonntägliche Familienausflug zu den beliebtesten Abwechslungen. Oft wurde er mit einem Verwandtenbesuch verknüpft und kein Familienfest – ob Goldene Hochzeiten, Geburtstage, Taufen – ausgelassen. Eine Berliner Beamtenfamilie, drei Kinder: «Die Vergnügungen der Familie sind so einfach wie nur denkbar. Aber was sie würzt, ist die Frohlaune der Hausfrau, einer heitern Rheinländerin, die einen Gutteil der Frohnatur auf die Kinder vererbt hat. An schönen Tagen macht man Spaziergänge, im Sommer drei bis vier Ausflüge in die Umgebung, zuweilen geht es nach dem Zoologischen Garten, nach dem Konzerthaus, oder, sehr selten, in ein Theater. Abends wird oft nach dem Abendbrot vorgelesen. Wenn man auf dem Land einen Verwandten hatte, reiste man dorthin in die Sommerfrische.

Aber auch ohne jeden Anlaß konnte – nach Wilhelm Busch – Besuch eintreffen: «Unvermutet wie zumeist kommt die Tante angereist.» Bei solchen Gelegenheiten wurde die gute Stube geöffnet, wo sonst die Polster unter Schonbezügen die Zeit verdämmerten. Ein Minimum an Wohnungskomfort gehörte zum standesgemäßen Auftreten. Da durfte nicht gespart werden. Ein Regierungsrat oder Lehrer mußte vier Zimmer vorweisen. Und auf den glänzenden Mahagonitisch konnte nicht verzichtet werden. «Gediegen» war ein Lieblingswort.

Der Verleger Reinhard Piper erinnert sich an seine Jugend in einem kleinen Städtchen in Mecklenburg, wo der Vater als Bürgermeister im Amt war: «Auf der andern Seite des Flurs war vorn die Gute Stube. In dieser wurde der Besuch empfangen. Hier standen, wie in allen Guten Stuben, Plüschsofa und Plüschpolsterstühle mit langen Troddeln, und zwischen den Fenstern war über einem roten Mahagonitischchen ein hoher, schmaler Spiegel angebracht. Auf dem Magagonitischchen aber lag Dantes Göttliche Komödie mit Illustrationen von Gustav Doré. Manchmal durfte ich sie besehn. Besonders die Hölle fesselte mich. Der Himmel dagegen kam mir recht eintönig vor. An der Wand hing in Öl gemalt eine Kleopatra, in einen roten Mantel gehüllt, die sich die Natter an den weißen Busen setzte ... An dieser Guten Stube schloß sich nach hinten das Musikzimmer an, in dem ein großer schwarzer Flügel und ein braunes Piano standen. Hier wurde viel Musik gemacht. Meine beiden Eltern spielten Klavier, mein Vater auch Cello, mein Bruder lernte Geige, und mir brachte hier meine Mutter die Anfangsgründe des Klavierspielens bei. Wie oft stand ich neben dem Flügel, wenn mein Vater spielte, gebannt von den wunderbaren Klängen, die mein Herz schneller schlagen machten, bis mein Vater nach dem Schlußakkord mir mit dem Finger lachend an die Nase knipste und mich so in die Wirklichkeit zurückrief. In diesem Zimmer wurde auch Weihnachten gefeiert, und so habe ich in ihm wohl die seligsten Stunden meiner Kindheit verbracht.»

Weihnachten: Auf unzähligen Fotos steht der Baum, geschmückt mit Lametta, glitzernden Kugeln, Sternen und dem Rauschgoldengel an der Spitze. Davor die Eltern im Sonntagsstaat und die Kinder im Matrosenanzug mit Schaukelpferd und Puppenstube, Burganlage oder einem Kasperletheater. Keine Familie, in der nicht Weihnachten gefeiert wurde, egal, ob christlichen oder jüdischen Glaubens. Der Philosoph und Schriftsteller Walter Benjamin wuchs in einer angesehenen jüdischen Familie in Berlin auf. Jedes Jahr gab es dasselbe Bild: «Im Hintergrund des Zimmers glitzerte der Baum. An den langen Tafeln war keine Stelle, von der nicht zumindest ein bunter Teller mit dem Marzipan und seinen Tannenzweigen lockte; dazu winkten von vielen Spielsachen und Bücher. Besser, nicht zu genau sich auf sie einzulassen. Ich hätte mir den Tag verderben können, wenn ich mich vorschnell auf Geschenke stimmte, die dann rechtmäßiger Besitz von anderen wurden. Dem zu entgehen, blieb ich auf der Schwelle wie angewurzelt stehen, auf den Lippen ein Lächeln, von dem keiner hätte sagen können, ob der Glanz des Baumes es in mir erweckte oder aber der der mir bestimmten Gaben, denen ich mich, überwältigt, nicht zu nahen wagte.»

Sie sind viel gescholten worden, diese wilhelminischen Weihnachten. Flucht in die bürgerliche Innerlichkeit – obwohl sie doch in den Arbeiterfamilien nicht weniger sehnsüchtig erwartet wurden. Ist es denn so unverständlich und unverzeihlich, daß eine Generation, die – was materiellen Fortschritt, was Neuerungen in Technik, Medizin, Naturwissenschaften betrifft – einen Sprung machte wie keine vor ihr, daß diese Generation von Zeit zu Zeit besinnliche Stunden zum Atemholen brauchte? Der Glaube an diesen Fortschritt, an eine positive Entwicklung der Menschheit, an eine rationale Lösung aller Probleme war hochgespannt und unerschüttert. (Und ist so lange ja noch nicht gebrochen.) Warum wollen wir nicht einsehen, daß die Sehnsucht nach ein bißchen Glanz und Lametta, nach Gefühl und stimmungsvollen Liedern kein unerklärlicher Gegensatz war, sondern durch die neue technisierte Welt provoziert wurde. Ausgleich bedeutet nicht immer Flucht. Und wenn es denn eine war, müßten wir in der zweiten Hälfte des 20. Jahrhunderts besonderes Verständnis dafür zeigen.

Ludwig Marcuse, Philosoph und Literat, der sich und die Welt ohne Illusionen betrachtete, wuchs im ersten Jahrzehnt des neuen Jahrhunderts in einer der vielen bürgerlichen jüdischen Familien in der Reichshauptstadt heran, für die der Glaube der Väter keine Realität mehr bedeutete: «Eine mächtige Realität hingegen war für mich Weihnachten: der Baum, die Lichter, die Bescherung, Schnee mit Tannennadelgeruch, die familiäre Zusammengehörigkeit von Herrschaft und Dienstboten – nicht ein Herablassen, sondern die Wiederherstellung eines echten Zustands, wenn auch nur für einen Abend. Diese Weihnachtsfreude aneinander war viel realer als jenes ‹Das nächste Jahr in Jeruschulajim.› Bis zu diesem Tag sind meine besten frühen Stunden aufgehoben in den Weihnachtsliedern, die mich immer an Pfeffernüsse, Gänsebraten, Lametta, Karten mit winterlichen Ansichten – und jene Lupe unter dem Weihnachtsbaum erinnern, welche ich mir sehnlicher wünschte als irgend etwas später.»

Bürgerlichkeit hatten nicht nur die Beamten gepachtet. Es gab im Deutschen Reich außen ihnen, außer Bauern und Arbeitern Handwerker und andere kleine Selbständige, die keine Reichtümer ansammelten, aber stolz darauf waren, keinem Herren zu dienen. Aus diesem Lebenskreis haben wir ein Zeugnis für die Gefühle zwischen Mann und Frau. Ein Briefwechsel, der über alle Floskeln hinaus Zuneigung, Liebe spüren läßt. August Brüning wurde 1813 in Aken an der Elbe geboren. Wie sein Vater nannte er sich «Schiffherr» oder «Schiffeigner». Er heiratete im Alter von dreißig Jahren die neun Jahre jüngere Tochter eines Akener «Handelsmannes». Damals, zu Beginn der zweiten Hälfte des vorigen

Jahrhunderts, wurden die meisten Personen und Güter auf der Elbe mit Lastkähnen befördert, die auf den Wind angewiesen waren. Wie schnell August Brüning wieder nach Hause kam, hing davon ab, ob die Segel prall gefüllt waren. Oft mußte er still liegen. Zeit, um nach Hause zu schreiben. So war es im Juni 1857 in Dresden:

«Aber nun wird mir doch die Zeit zu lang und die Sehnsucht zu groß nach dir Liebe Frau, um zu sehn, was du noch machst. Ich habe zwar schon von Naumanen erfahren, das du noch Munter gewesen bist. Aber das ist alles nichts, wen ich nur eine Stunde könte in eure Mitte seyn, den wöre vieleicht mein Herz 10 Ctr. leichter. Denn des Abends ist es das lezte und des Morgens das erste die Gedanken nach Hause. Hertzlich und von mir innig geliebte Frau, du weißt, wie groß das meine Liebe gegen dich ist und ich kan sie in meinem Brief nicht so beweisen, als wen ich dich in meine Arme Schließe und an mein Treues Herz Trücken kan, ich habe die Hoffnung, das Gott wird helfen und meinen Wunsch bald in erfüllung bringen wird. Hiermit Geliebte Frau werde ich mein Schreiben Schließen ... Ich verbleibe dein dich Ewig Treu bleibender Man bis in den Todt, August Brüning.»

Ein Jahr später schrieb Marie Elisabeth ihrem Mann: «Mit großer Freude habe ich von Christina Schröder vernomen, daß du noch munter und Gesund gottseidank bist. Wir sind es bis jetzt auch noch, aber wie lange wißen wier nicht, den bei uns herrscht die Ruhr. Aber guter Mann ängste Dich nur nicht, Gott wird uns schön behüten. Lieber Mann, ich sahe mich schon im Geiste bei Dich, um Dir die lange weile zu verkürtzen ... auf einmal heist es, daß Waßer wechst (steigt) da muste ich mich meine Reise aus dem Kopf setzen ... wenn nun kein Waßer kommen solte, dann schreib mir nur, dann komme ich gern, recht gern, da mache dich ja keine gedanken nach zu hause sondern laß sie nur alle gehn. Ich komme und bringe dir Brodt und auch etwas dazu und bleibe auch bei meinen guten Mann, wenn die Sehnsucht nach zu hause nicht kommt, was ich nicht glaube, den ich denke jetz alles zuverlaßen, um Dich bloß Dein leben zu erleichtern. Guter Mann, ich will schließen. Ängste Dich nur nicht, ich weiß gewiß, wier werden balt zusammen sein, und die gedanken sind jetzt schon beisammen. Alles schläft schon und Du guter Mann gewiß auch, wenn

Du nicht zur Musik bist. Bleib Munter und lebwohl, und es hofft auf ein recht baldiges wiedersehn Deine Dich ewig liebente Frau Elisabeth Brüning.»

In den westfälischen Beamtenfamilien kamen vor 1890 im Durchschnitt vier Kinder zur Welt. Danach waren es nur noch drei. Ein Trend, der auch für andere Regionen gilt. Er ist sehr verständlich: In dem Augenblick, als endlich die große Kindersterblichkeit ein Ende fand; als das Leben für jeden ein paar Jahre mehr bereithielt, konnten die Eltern den Versuch einer Familienplanung eher wagen, und vor allem halfen nun technische Erfindungen auch auf diesem Gebiet nach. Wenn alles rationalisiert wurde, warum nicht die Fruchtbarkeit? Geburtenkontrolle hieß das neue Schlagwort, auch im Zeitalter der Maschinen von nicht wenigen als Teufelswerk verdammt.

Als 1843 die Vulkanisierung von Gummi gelang, nutzte man diesen Fortschritt bald zur Empfängnisverhütung. Die serienmäßige Fabrikation von Gummi-Kondomen begann. Trotzdem blieb die am häufigsten praktizierte Methode der Coitus interruptus, den die katholische Kirche nun allgemein mit dem Begriff «Onanismus» brandmarkte. In Antike und Mittelalter hatte die römische Kirche alle Methoden der Empfängnisverhütung verboten. Wie würde sie sich einer neuen Zeit stellen?

Vor allem in Frankreich meldeten sich Theologen zu Wort, die vorsichtig von einem generellen Verbot abrückten. Sie wollten den Eheleuten, die von dieser «Plage» angesteckt waren, den guten Glauben nicht absprechen, plädierten dafür, man solle nicht von einer schweren Sünde sprechen. Thomas Gousset, Kardinal von Reims, mahnte die Pfarrer: «Sollten sich nicht ferner die Beichtväter hüten, Beichtkinder dadurch zu verletzten, daß sie ihnen aufdringliche Fragen stellen und über diese Taten in unkluge und gehässige Klagen ausbrechen, als ob sie frech und schamlos begangen worden wären, wodurch die sakramentale Beichte verhaßt gemacht wird?» Rom setzte solcher Toleranz ein schnelles und eindeutiges Ende. Das heilige Offizium der Inquisition antwortete im Mai 1851 auf zwei Fragen, die in diesen Tagen «eifrig» verteidigt würden: daß nämlich den Ehegatten der Coitus interruptus erlaubt und durch kein Naturgesetz verboten sei. Beide Meinungen verurteilte die Inquisition als «Anstoß erregend, irrig und dem Naturgesetz der Ehe zuwiderlaufend». Jenen Priestern, die im Beichtstuhl keine diesbezüglichen Fragen stellen wollten, wurde eindringlich vorgehalten, daß eine solche Praxis «falsch, zu lax und gefährlich» sei.

Schon zwei Jahre später folgte die Verurteilung jener Form von Empfängnisverhütung, mit der sich bis dahin noch niemals ein kirchliches Gremium beschäftigt hatte. Der Inquisition als Hüterin von katholischer Lehre und Moral war diese Frage gestellt worden: «Darf eine Frau sich passiv bei einem ehelichen Verkehr hingeben, bei dem ein Kondom benutzt wird?» Die Antwort ließ kein Schlupfloch: «Nein, denn es wäre eine Mitwirkung bei etwas, das dem Wesen nach unerlaubt ist.»

Während die katholische Kirche ihre traditionellen Positionen bekräftigte, begann vor allem in den protestantischen angelsächsischen Ländern ein Aufklärungsfeldzug für die Geburtenkontrolle. Auslöser war 1877 die Anklage der englischen Regierung gegen zwei Engländer, die eine amerikanische Schrift über die Empfängnisverhütung verbreiteten. Eine bessere Reklame hätte es für das Buch nicht geben können. Innerhalb von vier Jahren gingen über zweihunderttausend Exemplare an die Käufer. Im Sog dieses Erfolgs wurde 1878 in London eine Liga zur Förderung der Geburtenkontrolle gegründet. Es entstanden Ableger im übrigen Europa, der erste 1889 im Deutschen Reich. 1911 fand in Dresden ein internationaler Kongress zum gleichen Thema statt. Inzwischen hatte die Technik weitere Fortschritte gebracht. In Holland wurde um 1880 für die Frau das Pessar entwickelt.

Die katholischen Bischöfe Belgiens waren die ersten, die in breiter Front gegen den neuen Zeitgeist zu Felde zogen. Den Beichtvätern wurde eingeschärft, mit aller Strenge nach Sünden zwischen den Eheleuten zu forschen. Die Priester sollten fragen: «Führen Sie Ihre Ehe in einer wahrhaft christlichen Weise?» Oder: «Stehen Sie hinsichtlich der Zahl der Kinder im Einklang mit dem Willen Gottes?» Und: «Unterwerfen Sie sich in der Zeugung von Kindern vollkommen der göttlichen Vorsehung?» Vier Jahre später folgten die deutschen Bischöfe.

Im August 1913 verurteilte ein Hirtenbrief die zunehmende

Verbreitung der Empfängnisverhütung und klagte über die Unmoral in geschlechtlichen Fragen. Soziale Gründe für die Geburtenkontrolle nannten die Kirchenmänner einen Vorwand. In Wahrheit handle es sich um eine «Folge des Wohllebens» und um die wirtschaftlichen Interessen einer Branche, die diese Mittel herstelle. Dem katholischen Volk wurde vorgehalten: «Schwere Sünde aber ist es, die Vermehrung der Kinderzahl dadurch verhüten zu wollen, daß man die Ehe zu bloßer Lust mißbraucht und dabei mit Wissen und Wollen ihren Hauptzweck vereitelt. Das ist schwere Sünde, sehr schwere Sünde, mit welchen Mitteln und auf welche Weise immer es geschehen mag.» Wer diese Sünde beging, war vom Empfang der Sakramente ausgeschlossen. Noch einmal wurde als Hauptzweck der Ehe formuliert, «Kindern das Leben zu schenken, die Fortpflanzung des Menschengeschlechts, den Fortbestand der Kirche und des Staates zu sichern». Die letzten drei Argumente waren dem christlichen Mittelalter allerdings völlig unbekannt gewesen. 1913 wurde solche Lehre wenigstens nach außen ohne Murren akzeptiert. Als 1972 Paul VI. in seiner Enzyklika «Humanae vitae» gegen die Mehrheitsmeinung der Bischöfe verkündete, daß ein «absichtlich unfruchtbar gemachter» ehelicher Akt «in sich unsittlich» sei, erhob sich unter den Katholiken in Europa und Nordamerika ein Proteststurm, wie es noch keinen gegeben hatte.

Von den Kindern bürgerlicher Kreise im Wilhelminischen Deutschland haben als Jugendliche ein paar tausend Geschichte gemacht. In Berlin-Steglitz gründete 1901 der Stenographielehrer Karl Fischer den «Wandervogel», Keimzelle der «Jugendbewegung», ein Protest gegen Schule und Elternhaus. Gerät damit nicht jene These wieder ins Wanken, die versuchte, die überzeichneten Autoritätskarikaturen der wilhelminischen Epoche abzubauen und auf tiefer liegende, sensiblere Schichten hinzuweisen? Entsprächen jene Karikaturen ausnahmslos der Wirklichkeit, dann mußten die Ziele der Jugendbewegung genau das Gegenteil anstreben. Antiautoritär, sensibel, unpathetisch und unverklemmt müßten diese Jungen und Mädchen sein, alles nationalistische Pathos ihnen ein Greuel.

Was sich tatsächlich nach 1901 in vielen Grüppchen und Zellen des «Wandervogels» entwickelte, blieb in pubertärer Schwärmerei stecken. Die Jugendbewegung begeisterte sich für Führergestalten und Disziplin. Eine verkrampfte männliche Erotik wurde gepflegt. Ein freier Umgang zwischen den Geschlechtern fand kaum statt. Nicht international wollte man sein, sondern so deutsch wie nur eben möglich. Klampfe und Sandalen wurden zur Weltanschauung. Es wucherte eine spießbürgerliche Maschinenstürmerei, die an gefühlsseliger Sehnsucht nach einer guten alten Zeit die Eltern weit übertraf.

Politische Ziele gab es nicht. Demokratische Freiheiten wurden nicht erstrebt, sondern schließlich der Rausch der Schlacht.

Margarete Buber-Neumann gehörte zu den frühesten Mitgliedern: «So wurde ich Mitglied der Ortsgruppe Potsdam des ‹Alt Wandervogel› ... Moderne Tänze und Schlager waren streng verpönt. Man hielt sie für unvereinbar mit dem Geist der Jugendbewegung, der in der Tat in seinen wesentlichsten Aspekten völkisch-romantisch war ... Wir waren jung und begriffen nicht, daß man begann, mit einer falsch verstandenen, romantisierenden altdeutschen Tradition Schindluder zu treiben. Die kunstgepunzte, handgewebte Qualität der Jugendbewegungskultur entging uns zunächst, weil wir den Wald vor lauter Idealen nicht sahen. Wir sangen, wanderten, sprangen über Sonnwendfeuer hinweg, und es dauerte auch bei mir geraume Zeit, bis ich aus den Scheiten dieser Feuer noch einen anderen, weniger würzig duftenden Rauch aufsteigen fühlte, den Qualm eines deutschtümelnden Mystizismus, der die im echten Sinne fördernde Zukunftswirkung der Jugendbewegung in der Wurzel zerstörte, der sie in mancher Hinsicht zur Vorläuferin einer späteren Bewegung werden ließ, die skrupellos ihr Vokabular und ihre verschwommenen Ideale übernahm, um die deutsche Jugend nicht etwa zu befreien, sondern zu vernichten ... Im Alt Wandervogel hatten Mädchen und Jungen getrennte Ortsgruppen. Gewöhnlich wanderte man nicht zusammen, veranstaltete nur gemeinsam Bundestage, Gautage, Sonnwendfeiern und traf sich gelegentlich zu den ‹Nestabenden›. Erst gegen Ende des Krieges unternahmen wir auch in Potsdam ‹gemischte Fahrten› und begannen, über das Sexualproblem zu sprechen.»

Jede Jugend kämpft gegen die Empfindungen, die ihren Vätern etwas bedeuten. Diese wollte nicht weich, sondern sturmgestählt sein. Nicht nervös, sondern männlich. Sie verachtete die Dekadenz und schwärmte von der Reinheit der Sitten. Ihr Held war «Helmut Harringa» in dem gleichnamigen Roman von Hermann Popert. Er erschien 1910 und brachte es in wenigen Jahren auf über dreihunderttausend Exemplare. Harringa, ein junger Richter in Hamburg, sah es als sein Lebensziel an, mit aller Härte den vorehelichen Geschlechtsverkehr, den Alkoholismus und die Vermischung der nordischen Rasse zu bekämpfen. Die Moral dieser Geschichte steht in ihrem letzten Satz: «Die Welt dankt die Idee der Freiheit den Nordvölkern, den Germanen.»

Die Jugendbewegten waren nicht die einzigen, die 1914 der Gott der Schlachten ergriff. Dem nationalen Rausch, daß nun eine historische Wende im blutigen Kampf herbeigeführt werden müsse, konnten sich nur wenige entziehen. Sofort meldeten sich 40000 Abiturienten freiwillig an die Front. Nun konnten sie verwirklichen, wovon sie im nächtlichen Feuerschein geträumt hatten. Im November 1914 schon starben Hunderte von ihnen, dilettantisch in die Schlacht geführt, ein Lied auf den Lippen, bei Langemarck. Ein Opfer jener verschrobenen und gefährlichen Ideale, mit denen sich die Elite der bürgerlichen Jugend von der neuen Zeit abgesetzt hatte.

# Familienplanung in der Republik

*Gleiche Rechte für Mann und Frau*
*Staatliche Eheberatung – Immer weniger Kinder*
*Die Männer fehlen*

Weimar: Was alles verbindet sich mit diesem Städtchen in der Provinz – eine ganze Kultur, der die Goethestadt ihren Namen gab. Die zwanziger Jahre: wild und golden. Aber nicht die Provinz erlebte diese turbulenten Jahre, sondern ausschließlich die Hauptstadt Berlin, die große Hure Babylon. Dort lebten Kokotten und Krüppel, Gigolos und Kriegsgewinnler, Skandale und Schieber. Für alle im Reich kostete ein Pfund Butter eine Million Mark, und ein Arbeiter verdiente drei Billionen pro Tag. Die Gegenwart schien keine Zukunft mehr zu haben, und die Romane der Hedwig Courths-Mahler hielten den Traum von einem anderen Leben aufrecht. «Die Bettelprinzeß» hieß einer davon. Der Titel schon versprach die Erfüllung von Unvereinbarkeiten. Viele erwarteten entgegen aller Trostlosigkeit ein Wunder, und sie glaubten denen, die es mit listigem Pathos für den nächsten Tag versprachen und verlangten, man müsse nur die nötigen Opfer bringen. Zweieinhalb Millionen Hinterbliebene zählte die Kriegsstatistik und fast anderthalb Millionen Kriegsverletzte. Kaum eine Familie, die nicht betroffen war. Doch den Frieden im Innern brachte das Ende des Krieges nicht. Jedes politische Lager baute sich in den zwanziger Jahren seine Miliz auf: die Kommunisten den Frontkämpferbund, die radikalen

Rechten den Stahlhelm, und die bürgerlichen Koalitionsparteien sammelten sich mit der SPD unter dem Reichsbanner. Die erste deutsche Republik war bestenfalls geduldet. Kaum einer liebte sie. Wer ihre Repräsentanten verhöhnte, ermordete, galt als ein Held. Überall ertönten die lauten Rufe, daß der einzelne aufzugehen habe in einer höheren Gemeinschaft. Und zugleich das Gefühl, ausgelöscht zu sein in grauer Masse.

Die Arbeiter saßen nun mit in der Regierung und blickten voller Verachtung und Mißtrauen auf einen neuen Typ, der sich nach vorne drängte. Schon im Kaiserreich hatte er die höchsten Zuwachsraten, aber nun erst trat er voll ins Blickfeld: der Angestellte. Der Acht-Stunden-Tag, 1918 stolz proklamiert, wurde sechs Jahre später per Notverordnung zurückgenommen. Die Unruhen auf den Straßen nahmen zu. Es gab Tote. Lange Schlangen warteten vor den Armenküchen. Immer mehr Heimatlose strömten in die Obdachlosenasyle. Streiks und Aussperrungen wechselten ab. 1923 starben 25 Prozent aller Deutschen an Tuberkulose. Auslöser für diese Todesursache Nummer eins: Unterernährung, Überanstrengung, Zimmer ohne Licht und Luft. Das war für Millionen der Alltag der Republik.

Bedeutete 1918 den radikalen Neubeginn für andere Lebensformen? Änderten sich die Beziehungen zwischen Mann und Frau, Eltern und Kindern? Was alles war mit dem Kaiser verschwunden? Was geblieben? Aus der neuen republikanischen Verfassung, Artikel 109, Absatz 2: «Männer und Frauen haben grundsätzlich die gleichen staatsbürgerlichen Rechte und Pflichten.» Artikel 119: «Die Ehe steht als Grundlage des Familienlebens und der Erhaltung und Vermehrung der Nation unter dem besonderen Schutz der Verfassung. Sie beruht auf der Gleichberechtigung beider Geschlechter. Die Reinerhaltung, Gesundung und Förderung der Familie ist die Aufgabe des Staates und der Gemeinde. Kinderreiche Familien haben Anspruch auf ausreichende Fürsorge. Die Mutterschaft hat Anspruch auf den Schutz und die Fürsorge des Staates.» Ein armer, ein bankrotter Staat allerdings kann das alles nicht realisieren. Er konnte nicht einmal jeder Familie ein Dach über dem Kopf garantieren. Die Wohnungsnot nahm Ausmaße an wie in den schlimmsten Jahren zu Beginn der Industrialisierung.

Berlin, seit 1920 Groß-Berlin und größte Industriestadt auf dem Kontinent, war am schlimmsten dran. Der dortige Leiter der Allgemeinen Ortskrankenkasse, Albert Kohn, ließ von 1919 auf 1920 aufschreiben, was seine Mitarbeiter bei Krankenbesuchen erlebten: «Wir mußten uns überzeugen, wie sich in engen, meist nicht durchlüftbaren Räumen immer mehr Menschen zusammendrängten. Gesunde und Kranke; Kranke, die eine Gefahr für ihre Umgebung bilden, und die in solchen Verhältnissen nicht genesen können. Wir haben erlebt, daß Kellerräume wieder für Wohnzwecke geöffnet wurden, die Jahre vorher als für menschliche Wohnungen ungeeignet bezeichnet waren. Wir haben Dachwohnungen im fünften und sechsten Stockwerk entstehen sehen, die nicht organisch mit dem Bau verbunden waren, und welche den Einflüssen von Hitze und Kälte leicht ausgesetzt sind. Wir fanden kranke Menschen in immer größerer Zahl in Räumen, die dunkel und feucht waren, und sahen Patienten mit Rheuma oder mit Erkrankungen der Atmungsorgane in Stuben, die gar nicht oder nur recht unzweckmäßig beheizt werden konnten. Wir mußten uns überzeugen, daß vielfach die Abortverhältnisse noch schlechter und ungenügender wurden als vorher und die Gesundheit der Benutzer in hohem Maße gefährdeten. Wir haben wieder feststellen müssen, daß die Bettennot furchtbar geworden ist und daß Ordnung und Reinlichkeit durch die Überfüllung der Räume vielfach sehr gelitten haben.» Im Durchschnitt hatten 70 Prozent der Wohnungen nur zwei Zimmer. Im Winter 1922 gingen 200000 Wohnungssuchende in Berlin leer aus. Es entstanden Kolonien aus ausrangierten Waggons. Holzbaracken wurden in Eile aufgebaut. Gartenlauben dienten nicht nur als Sommerfrische.

Satt zu werden war eine Köstlichkeit und neue Bekleidung ein Luxus, ob in der Arbeiterfamilie oder im bürgerlichen Haus. Klaus Mann erinnert sich an die Nachkriegszeit in München. Damals war der Vater schon lange einer der bestverdienenden Schriftsteller Deutschlands. «Der Krieg war zu Ende, aber das Essen immer noch nicht viel besser geworden. Ein Kuchen oder ein Braten bedeutete immer noch Sensation. Gekleidet waren wir aufs allerbescheidenste; Holzsandalen gab es immer noch. Als Erika eines großen Tages neue Lederschuhe bekam, entstand ein Gemurmel im ganzen Herzogspark. ‹Erika hat ja ordentlich Stiefel›, bemerkte eine Freundin des Hauses ... Ein ‹echtes› Honigbrot bedeutete für uns, damals noch, eine Attraktion ...»

Die Menschen fragten sich, ob und wieviel Kinder sie in diese Welt setzen sollten, und in einem Maße wie nie zuvor sagten sie: So wenig wie möglich. Man sprach über solche Dinge in aller Öffentlichkeit. Wie Hans Fallada die Geschichte von «Kleiner Mann, was nun?» beginnt, ist typisch für diese zwanziger Jahre des 20. Jahrhunderts: Da wartet Pinneberg, der kleine Held, in der Praxis des Frauenarztes Dr. Sesam in Hamburg auf sein «Lämmchen»: «Der berühmte Doktor Sesam, von dem die halbe Stadt und die viertel Provinz flüstern, daß er ein weites Herz hat, manche sagen auch, ein gutes Herz. Jedenfalls hat er eine volkstümliche Broschüre über sexuelle Probleme verfaßt, und darum hat Pinneberg den Mut gehabt, ihm zu schreiben und sich und Lämmchen anzumelden ... ‹Ich habe in Ihrem Buch gelesen› sagt Pinneberg, diese Pessoirs ...› – ‹Diese Pessare›, sagt der Arzt, ‹ja, aber sie passen nicht für jede Frau. Und dann ist es immer etwas umständlich. Ob Ihre Frau das Geschick hat ...›»

Dr. Sesam geht mit Lämmchen ins Nebenzimmer zur Untersuchung. Nach einer langen Zeit kommen die beiden zurück: «Pinneberg wirft einen ängstlichen Blick auf Lämmchen, sie hat so große Augen, wie von einem Schreck erweitert. Sie ist blaß, aber nun lächelt sie ihm zu, kümmerlich erst, und dann breitet sich das Lächeln voll aus über das ganze Gesicht und wird immer stärker und blüht auf ... Der Arzt steht in der Ecke, er wäscht sich die Hände. Schräg schaut er hinüber zu Pinneberg. Dann sagt er eilig: ‹Ein bißchen zu spät, Herr Pinneberg, mit der Verhütung. Die Tür ist zu. Ich denke Anfang des zweiten Monats.› Pinneberg ist ohne Atem. Das war wie ein Schlag. Dann sagt er hastig: ‹Herr Doktor, es ist doch unmöglich! Wir haben so aufgepaßt! Ganz unmöglich ist das. Sag doch selbst, Lämmchen ...› – ‹Junge›, sagt sie, ‹Junge ...› – ‹Es ist so›, sagt der Arzt. ‹Irrtum ausgeschlossen. Und glauben Sie mir, Herr Pinneberg, ein Kind ist für jede Ehe gut.› ‹Herr Doktor›, sagt Pinneberg, und seine Lippe zittert. ‹Herr Doktor, ich verdiene im Monat hundertachtzig Mark! Ich bitte Sie, Herr Doktor!!› Doktor Sesam sieht schrecklich müde aus.

Was jetzt kommt, das kennt er, das hört er an jedem Tage dreißigmal. ‹Nein›, sagt er. ‹Nein. Bitten Sie mich gar nicht erst darum. Kommt überhaupt nicht in Frage. Sie sind beide gesund. Und Ihr Einkommen ist gar nicht schlecht. Gar – nicht – schlecht.›»

Im Juni 1918 wird Thomas Manns Frau Katia schwanger, zum sechstenmal. Nach einem Besuch bei dem Gynäkologen Geheimrat Müller notiert der Dichter in seinem Tagebuch: «Sie kehrt mit schriftlichem Zeugnis über die Notwendigkeit der Inhibierung (Abtreibung) zurück ...» Katia Mann bekam ihr sechstes Kind, weil sie es wünschte. Lämmchen brachte ihren Sohn ebenfalls auf die Welt. Ihre Alternative, allerdings war eben nicht ein Besuch beim Gynäkologen, sondern dunkle Hinterzimmer, Kurpfuscherinnen und eine große Chance, krank zu werden, sterbenskrank. Die Zahlen über Abtreibungen schwanken. Julius Wolf schätzte für Deutschland in den zwanziger Jahren über eine Million Abtreibungen. Andere votierten eher für 800000. Weniger waren es sicher nicht. (1979, drei Jahre nach der Reform des § 218, lag die offizielle Zahl für die Bundesrepublik bei rund 80000, 32000 Frauen fuhren nach Holland.) Nach Professor Bumm, damals einer der berühmtesten Gynäkologen, kamen von 100 Frauen, die in Berlin vor 1933 heimlich abtreiben ließen, 50 mit hohem Fieber ins Krankenhaus. Davon wurden 36 schwer krank. Vier starben. Da Zuchthaus auf alle wartete, riskierten sie lieber ihr Leben.

Es kamen 1924 wegen Vergehens gegen den Paragraphen 218 im Deutschen Reich vor Gericht: 5296 Frauen. Drei Jahre später waren es 5313. Der Kampf gegen diesen «Klassen»-Paragraphen hatte keinen Erfolg. Die Parteien rechts von der SPD blieben hart.

Allerdings erkannten die staatlichen Stellen, daß etwas geschehen mußte und Aufklärung über Empfängnisverhütung der beste Weg war, die Abtreibungen wenigstens zu reduzieren. In Preußen wurden ab 1926 vom Ministerium für Volkswohlfahrt öffentliche Eheberatungsstellen eingerichtet. In einer Denkschrift des sächsischen Arbeits- und Wohlfahrtsministeriums von 1927 heißt es: «Es ist zu erwarten, daß bei einer sinngemäßen Eheberatung im Rahmen der Wohlfahrtspflege die Schwangerschaftsunterbrechung, die sich jetzt für Leben und Gesundheit der Mütter so furchtbar auswirkt, verschwinden wird.»

Langsam änderte sich auch die feindliche Haltung der Mediziner. Aber große Begeisterung brachten sie dem Neuen nicht entgegen. Auf dem Gynäkologenkongreß von 1927 in Bonn sagte die Frauenärztin Clara Schoenhof in ihrem Plädoyer gegen den Paragraphen 218: «Aber dies ist kein Mittel der Empfängnisverhütung. Da muß anderes geschehen: Für eine derartige Maßnahme halte ich die weiteste Verbreitung der Kenntnis der Präventivmaßnahmen gegen die Konzeption und das Studium dieser Fragen durch genaue Statistiken in dazu geeigneten Anstalten unter frauenärztlicher Leitung. Die Regelung der Kinderzahl begegnet in ärztlichen Kreisen, wenn dieses Thema offiziell zur Verhandlung kommt, immer noch Ablehnung, zum mindesten Zurückhaltung ... Aber nur dann, wenn die Kenntnis über diese ganz vorbehaltlos jeder Frau und jedem Mädchen, noch besser jedem Menschen bekannt wird, ist mit einer Einschränkung der kriminellen Abtreibung zu rechnen.» In Deutschland stieg der Verkauf von Kondomen in diesen Jahren auf 80 bis 90 Millionen. Für die Frau wurden außer den unterschiedlichsten Pessaren chemische Mittel entwickelt. Abgesehen von der Pille, deren Risiken am Beginn der achtziger Jahre immer deutlicher werden, haben wir seitdem keine weiteren Fortschritte gemacht.

Ein Wort, das seit dem 19. Jahrhundert vielen das Hirn vernebelte und in der Weimarer Republik von Medizinern, Naturwissenschaftlern und Theologen benutzt und gepredigt wurde, gehört in diesen Zusammenhang: Rasse. Einen Lehrstuhl für Rassenhygiene hatte in München Fritz Lenz, und er schrieb auch ein Lehrbuch über «Menschliche Auslese und Rassenhygiene». Dieser Mediziner, weit entfernt, ein Umstürzler oder Sozialist zu sein, empfahl den Eheleuten: «Ich sehe an dieser Stelle von einer Beschreibung der Technik der Empfängnisverhütung ab, da ich vermeiden möchte, daß die Verbreitung des Buches als Familienbuch dadurch beeinträchtigt werde und da es andernfalls auch in den Vereinigten Staaten nicht verkauft werden dürfte. Für nötig halte ich aber die Kenntnis empfängnisverhütender Maßnahmen für weite Kreise. Eheleute, die sich darüber unterrichten lassen wollen, wenden sich am zweckmäßigsten an einen erfahrenen Frauenarzt ... Ich glaube, daß auf die Dauer auch die katholische Kirche in der Frage der Empfängnisverhütung zu einer nachsichtigen Stellungnahme wird kommen müssen ... Gelegentlich kann man lesen, daß es sichere Mittel der Empfängnisverhütung überhaupt nicht gebe. Dem muß widersprochen werden. Natürlich versagt auch das sicherste Mittel, wenn es nachlässig angewandt wird ... Die Frau sollte mit der Empfängnisverhütung womöglich gar nichts zu tun haben; sondern wo Verhütung nötig ist, sollte sie in der Hauptsache vom Manne durchgeführt werden.»

Warum nur propagierte der konservative Münchner Professor so vehement die Familienplanung? Er ließ seine Leser darüber nicht im unklaren: «Das entscheidende Bestreben praktischer Rassenhygiene muß dahin gehen, daß die Begabten und Tüchtigen sich stärker vermehren als die Untüchtigen und Minderwertigen. Dieses Ziel muß auf zwei verschiedenen Wegen erstrebt werden, erstens durch Hemmungen der Fortpflanzung unterdurchschnittlich Veranlagter und zweitens durch Förderung der Fortpflanzung überdurchschnittlich Veranlagter.»

Der Rassenhygieniker wußte, daß ihm nicht alle zustimmen würden: «Einer Förderung der Fortpflanzung einer Minderheit von ausgelesener Tüchtigkeit stehen freilich vorerst noch Berge von Vorurteilen und üblen Instinkten entgegen. Das aber darf den wahren Volksfreund, dem es nicht auf demagogische Augenblickserfolge, sondern auf das dauernde Wohl des Volkes ankommt, nicht hindern, diese Einsicht auszusprechen. Das Ideal muß aufgestellt werden, wenn es auch vielleicht erst in einer späteren Zeit verwirklicht werden kann.» (Fast ein halbes Jahrhundert später, Ende der siebziger Jahre, wird in Kalifornien das Sperma von Nobelpreisträgern in einer privaten Samenbank eingefroren und «intelligenten» Frauen zur künstlichen Befruchtung weitergegeben.)

Fritz Lenz stand mit seinen Ansichten nicht allein. Der Hamburger Anatomieprofessor Heinrich Proll schrieb 1921: «10% der Elternpaare, die sich durch die beste Erb- und Aufzuchtstüchtigkeit auszeichnen, haben das Recht und die Pflicht, eine Mindestzahl von sechs Kindern zu zeugen.» Auch katholische Theologen ließen sich anstecken. Der Jesuit Friedrich Muckermann, nach 1933 ein entschiedener Gegner des Nationalsozialismus, schrieb in seinem Buch «Kind und Volk»: «Das Lebensglück von Menschen und vielleicht das Wohl und Wehe von Generationen sind in Frage. Es ist in der Tat dringend geboten, die wohlbegründeten Anschauungen rassenhygienischer Forschung als wesentlichen Bestandteil der natürlichen Ethik einzufügen.» Für katholische Ohren war dieser Vorschlag auch ein revolutionärer Hinweis auf Planung im Bereich der Nachkommenschaft.

Muckermann stand nicht mehr allein. Die Diskussion um den Sinn der Ehe hatte nun auch unter katholischen Laien begonnen. Der Katholik Dietrich von Hildebrand, Professor für Philosophie in München, hielt 1925 in Innsbruck einen Vortrag vor katholischen Akademikern. Er nannte den ehelichen Geschlechtsverkehr «Ausdruck und Erfüllung ehelicher Liebe und Lebensgemeinschaft» und erklärte, eine nur «biologische Betrachtungsweise» dieser Vorgänge widerspräche dem sakramentalen Wert der Ehe. Fünf Jahre später stand im «Hochland», der hochgeachteten Zeitschrift der intellektuellen katholischen Elite: «Wir stehen vor oder schon mitten in einer Revolutionierung der Ehe». Die Frage wurde gestellt, «ob die Forderung der Natur so absolut geltend» sei, daß «keine vernünftigen Erwägungen und keine zwingenden äußeren Umstände eine Einschränkung» rechtfertigen. Gemeint war die Empfängnisverhütung.

Die Antwort kam sozusagen postwendend noch im gleichen Jahr aus Rom. Am letzten Tag des Jahres wurde dort die Enzyklika «Casti connubii» veröffentlicht. Pius XI. nannte es darin seine Pflicht, «die ihm anvertrauten Schafe von vergifteten Weiden wegzuholen». Es folgte eine Verurteilung der Ehescheidung und ein Katalog der wichtigsten Güter der Ehe. An erster Stelle: das Kind. Alle Mittel der Empfängnisverhütung wurden in dieser Enzyklika verworfen, und den christlichen Ehepaaren wurde eingeschärft, es sei ihre höchste Pflicht, «der Kirche Christi Nachkommenschaft zuzuführen, Vollbürger mit den Heiligen und Hausgenossen Gottes zu mehren, damit das dem Dienste Gottes und unseres Erlösers geweihte Volk von Tag zu Tag zunehme». Es ist keine Frage, daß mit dieser päpstlichen Entscheidung viele gläubige Katholiken in schwere Gewissenskonflikte gestoßen wurden. Wie groß die Zahl derer war, die schon damals ohne Skrupel wider die kirchliche Ehemoral handelten, muß offen bleiben.

Die Revolutionierung der Ehe, die Diskussion über Geburtenkontrolle waren nicht nur Theorie, nicht nur Thema für politische Versammlungen und kirchliche Zeitschriften. Während die einen redeten oder schrieben, handelten die Eheleute, bzw. sie «paßten auf» und zwar mit Erfolg. Auf eine Eheschließung kamen zwischen 1871 und 1881 im Deutschen Reich – eheliche und uneheliche Kinder zusammengezählt – statistisch 4,5 Kinder. Zu Beginn des Weltkrieges waren es immerhin noch 4,0. Erst im Jahrzehnt nach dem Kriegsende sank die Kinderzahl pro Ehe dramatisch auf 2,1 und war 1929 bei 1,9 gelandet (1978: 1,33). Es gab unterschiedliche Gründe: die schlechte wirtschaftliche Lage von Millionen Menschen, ihre Zukunftslosigkeit. Aber wohl ebenso die Vorstellung, daß eine Familie auch mit sehr wenigen Kindern glücklich sein kann. An eines allerdings müssen wir denken, um die historischen Proportionen zu erhalten. Tatsächlich saßen in den großstädtischen Familien gegen Ende des 15. Jahrhunderts nicht wesentlich mehr Familienmitglieder um den Tisch. Die damalige sehr viel höhere Geburtenrate wurde durch eine ungeheure Säuglingssterblichkeit – bis über 50 Prozent – mehr als wettgemacht. So viele Kleinkinder wie nach der Jahrhundertwende hatten noch nie überlebt. Von 1000 Säuglingen starben 1914 rund 16 und 1929 nur noch acht. Auch diese Gewißheit trug zu einer Kontrolle des Kindersegens bei. Die Eltern wußten, daß sie nicht mehr zehn Kinder zeugen mußten, damit drei überlebten.

Ein entscheidendes Motiv darf nicht vergessen werden: Der regelmäßigen Berufstätigkeit verheirateter Frauen – die in immer mehr Berufe vorrückten – war durch den Krieg der Makel des Unweiblichen genommen worden, mochten warnende Propheten weiterhin predigen, daß die Frau ausschließlich ins Haus gehöre. Es ist wahrscheinlich gar nicht so sehr die zunehmende Quantität, sondern der Umschwung im Bewußtsein der Frauen, die erlebte Selbständigkeit, die sich nicht mehr auf rein «frauliche» Berufe wie Kindergärtnerin, Lehrerin oder Dienstmädchen beschränkt. Im Prinzip fielen in den Kriegsjahren die Schranken zwischen männlicher und weiblicher Welt: Vor dem Krieg machten die Frauen 7,5 Prozent aller Studierenden aus. Im Wintersemester 1931 auf 1932 waren es zwanzig Prozent (1979: 36%). Ab 1920 konnten Frauen sich habilitieren, das Feld der Wissenschaften stand ihnen offen. Zwei Jahre später durften sie auch die juristische Staatsprüfung ablegen, wurden Richterinnen oder Rechtsanwältinnen. Es gab 1925 in Deutschland nicht nur rund hunderttausend Lehrerinnen, sondern auch 2572 Ärztinnen, 2720 Apothekerinnen, gut viertausend Zahnärztinnen und Zahntechnikerinnen und knapp eintausend Chemikerinnen.

Bleiben wir bei den Akademikerinnen und Beamtinnen. Für den Rassenhygieniker Fritz Lenz war ihr Auftreten ein Grund zu zwiespältiger Reaktion. Einerseits mußte er zugeben: «Diese berufstätigen Frauen stehen im Durchschnitt sowohl körperlich wie geistig erheblich über dem allgemeinen Durchschnitt. Die meisten dieser Frauen gehen aus dem Mittelstande hervor, was an und für sich schon eine gewisse Auslese bedeutet.» Ein ideales «Zuchtfeld» also. Doch die Betroffenen überlegten es sich anders: «Die allermeisten der in geistigen Berufen tätigen Frauen sind denn auch unverheiratet oder, soweit sie verheiratet sind, haben sie doch eine zur Erhaltung völlig ungenügende Zahl von Kindern ... Schon durch die Ausbildung für den Beruf wird die Geneigtheit der Mädchen zur Ehe beeinträchtigt. Weil die berufstätigen Frauen die wirtschaftliche Versorgung durch die Ehe viel weniger nötig haben als andere, sind sie im allgemeinen nur dann geneigt, den Beruf mit der Ehe zu vertauschen, wenn der Bewerber so große persönliche oder wirtschaftliche Vorzüge bietet, wie es nur wenigen möglich ist.» Schlimmer noch: «Durch die Besetzung einer höher besoldeten Stelle mit einer Frau wird aber in den meisten Fällen einem Manne der gebildeten Stände die Möglichkeit zur Familiengründung entzogen und damit einer anderen Frau zur Ehe.» Für Professor Lenz eine «Verirrung der sozialen Moral».

Der Krieg war der Katalysator dieser Revolution. Hedwig Wachenheim, die Bürgertochter aus Mannheim, ging nach einer Ausbildung in Berlin bei Ausbruch des Krieges wieder zu ihrer Mutter zurück, weil sie das für ihre Pflicht hielt. Doch sehr bald wollte sie wieder fort aus diesem behüteten Leben. Eines Tages kam der Brief einer ehemaligen Kollegin aus Berlin: «Sie arbeite in der Kriegsfürsorge des Nationalen Frauendienstes; in Berlin gebe es ungefähr 23 Bezirkskommissionen, von denen jede eine bürgerliche und eine sozialdemokratische Leiterin habe. Die Arbeit sei zwar unbezahlt, aber sehr wichtig und interessant, und ich wisse ja, daß sie sich nicht für Fürsorge interessiere. Sie wolle ausscheiden, ob ich bereit sei zu kommen. Um diese Zeit redete der Direktor des Jugendamtes meine Mutter, die er gar nicht kannte, auf der Straße an und sagte ihr, ich sei gar nicht mehr wie ein junger Mensch, lache überhaupt nicht mehr und müsse mal eine andere Umgebung haben. Meine Mutter war sehr betroffen. Sie wollte zudem einen Konflikt zwischen mir und der bürgerlichen Frauenbewegung, von dem die ganze Stadt sprechen würde, vermeiden und ließ mich gehen.»

Der «Nationale Frauendienst» war während des Krieges gegründet worden. Hedwig Wachenheim ging sofort nach Berlin zurück und versuchte dort vor allem, Frauen, die nur auf sich gestellt die Verantwortung für eine Familie trugen, in ihrer neuen Selbständigkeit zu ermutigen und zu unterstützen: «Die Kommissionen des Frauendienstes vergaben eine sogenannte Zusatzunterstützung, die aus einer großen Berliner Sammlung stammte. Sie bestand entweder aus Bargeld für besondere Ausgaben, aus Mietzuschüssen oder aus Essensmarken. Selbstverständlich sahen wir eine unserer Hauptaufgaben in der Beratung der Kriegerfrauen, besonders hinsichtlich der Fragen, wo und in welcher Weise sie Arbeit finden konnten und was während ihrer Arbeitszeit mit ihren Kindern geschehen sollte.»

Die Übernahme des unbezahlten Amtes in der Berliner Kriegsfürsorge war für Hedwig Wachenheim zugleich das Sprungbrett in die ordentliche Berufstätigkeit: «Der Nationale Frauendienst bot mir und zwei weiteren Leiterinnen einen Posten bei der neugegründeten Berliner Milchversorgung an. Stadtrat Simonson, der Leiter der Berliner Milchstelle, wollte zum erstenmal eine Frau in einer gehobenen Position beschäftigen. Meine beiden Kolleginnen lehnten ab, mir aber war der Beruf immer als der wirkliche Bruch mit dem Status der höheren Tochter erschienen.» War mit dem Einstieg der Frauen ins Berufsleben, dem Emporrücken auf der sozialen Leiter nach 1918 das traditionelle Familienleben ins Wanken geraten? Hedwig Wachenheim schreibt rückblickend: «Der erste Weltkrieg hat die bürgerlichen Lebensgewohnheiten nicht in gleichem Maße zerstört wie der zweite. Er hat auch die Familienmitglieder nicht so in alle Winde verstreut. Der anarchistische Zug, der durch die heutige Studentenbewegung geht, war uns damals fremd. Wir wollten das Establishment zerstören entweder durch allmähliche Reform oder auf dem Wege der Revolution, darum ging immer noch der Streit. Wir waren aber Suchende in den Gefilden der privaten menschlichen Beziehungen.»

Die Genossin Wachenheim blieb unverheiratet. Ebenso Margret Boveri aus Würzburg, Tochter eines berühmten Naturwissenschaftlers, die bei Kriegsende mit zwanzig Jahren nicht wußte, was das Wort Prostitution bedeutet. Aber dann verloren für sie die Gesetze der traditionellen bürgerlichen Moral sehr schnell ihren Sinn, vor allem in bezug auf das andere Geschlecht. Als Margret Boveri 1919 Abitur machte, schien alles noch intakt: «Wer so alt war wie das Jahrhundert, hatte ohne die Übersicht, über die wir heute verfügen, dem Gegen- und Durcheinander festgefügter absolut geltender Ordnungen und der einsetzenden Auflösung eben dieser Ordnungen standzuhalten. Die weiblich Geborenen und bürgerlich Erzogenen zweifelten nicht daran, daß ein anständiges Mädchen vor der Hochzeitsnacht mit keinem Mann ins Bett gehen dürfte. Das galt mindestens für die Provinz, und Würzburg war trotz aufgeklärter Universität in dieser Hinsicht durchaus Provinz. Die Männer für die Hochzeitsnächte fehlten; zwei Millionen waren im Krieg gefallen. Wer trotzdem entschlossen war zu heiraten, hatte die Wahl zwischen solchen, die zwanzig bis dreißig Jahre älter waren, oder Jugendlichen. Die Alternativen: Verhältnisse mit verheirateten Männern, Onanie, lesbische Liebe. Nicht daß diese Ausdrücke damals den Betroffenen, den Suchenden und Versuchten bekannt gewesen wären. Sogar Sex war noch Fremdwort. Ich erinnere mich, wie provokativ Anfang der dreißiger Jahre in Berlin der Song von Margot Lion im Theater des Westens wirkte mit der Steigerung ‹ ... Vier-Appeal, Fünf-Appeal, Sex-Appeal, Sieben-Appeal ...›.

Die Betroffenen zu Ende der Schulzeit sprachen nicht miteinander. Jede hielt sich für sich allein ... Meiner Freundin Hildegard von Weber war in ihrer Klostererziehung beigebracht worden, sogar das Betrachten der Rubens-Reproduktionen in einem Kunstbuch als Unkeuschheit auf ihrem Beichtzettel aufzuzählen. Sie schleppte mich einmal mit in den Vortrag eines damals berühmten Paters. Der Huttensaal war vollgepfropft mit jungen Leuten, schlecht gekleidet, schlecht gewaschen, eine dumpfe Atmosphäre. Ein Wort des Vortrags blieb hängen als Beunruhigung – ‹geheime Gedankensünde›.»

Und dann passiert es: Margret Boveri verliebt sich in den Leiter der Flugschule Würzburg, einen Bonvivant, Österreicher, vor dem sie gewarnt wird. Ein Taugenichts sei er. Wenige Tage später Umzug nach München zum Studium. Zum erstenmal fort von zu Hause. Ein möbliertes Zimmer in Schwabing: «In diesem Zimmer besuchte er mich im Dezember. Viel geredet hat er nicht. Kalt war es auch! Sehr bald mußte ich Kohlen nachschütten in dem Ofen, vielleicht zu viele, da kam ein Feuerstrahl bis an die Decke, das wirkte gefährlich. Da hat er mich in den Arm genommen und geküßt ... Das ging ziemlich schnell voran auf der Couch, die nachts mein Bett war. Ich brachte den Spruch meiner Mutter vor – ich weiß nicht mehr, wie ich es formuliert habe: erst wenn man heiratet, darf man aufs Ganze gehen. Der Riezler hat sich bei mir dran gehalten, leider ... Später wollte ich; das hat natürlich gar nicht lange gedauert, bis ich so weit war zu sagen: ‹Das ist ja Unsinn›. Und: ‹Wir wollen.›»

Nach dem Studium arbeitete Margret Boveri auf der Zoologischen Station in Neapel. Es gab dorthin freundschaftliche Beziehungen aus der Zeit ihres Vaters. Ein Verhältnis mit einem farbigen Amerikaner, Zoologen, entwickelte sich. 1929 gingen beide nach Berlin. Er hatte ein Stipendium, sie studiert jetzt an der renommierten Hochschule für Politik. Der Freund lebte als «Untermieter» in ihrer kleinen Wohnung. Später erfuhr sie: «Da hat die Zoologenschaft, an der Spitze der Direktor des Instituts, Professor Hartmann, etwas gegen dieses Liebesverhältnis gehabt, nicht aus Moral; sie waren der Meinung, das Boverische Erbgut darf nicht vermischt werden mit dieser falschen Rasse.» Eine Auflösung der Moral, wie sie vor 1914 nicht denkbar gewesen wäre. Das Mißtrauen gegenüber der unverheirateten Frau kam von vielen Seiten. Nicht zu heiraten konnte nur eine Notlösung sein. Die progressive «Zeitschrift für Sexualwissenschaft» widmete 1925 diesem Thema eine ganze Nummer. Da wurde eine berufstätige Frau charakterisiert, «die für sich das Recht in Anspruch nimmt, ihr Geschlechtsleben nach Willkür zu regeln, ohne einer Heirat überhaupt zuzustreben ... Daß die wirtschaftlich und sozial selbständige Frau ihrer Liebe folgt, ohne nach Gesetz und Sitte zu viel zu fragen, läßt sich noch begreifen, und es liegt darin an sich nichts Unwürdiges. Aber eine regelrechte Lebensordnung läßt sich darauf doch nicht begründen.» Allerdings sah die Sache gleich anders aus, wenn man das Problem unter nationalen Gesichtspunkten betrachtete: «Wir müssen immer bedenken, daß die deutsche Eigenart auch ein besonderes Wesen der deutschen Frau bedingt. Wir können im allgemeinen sagen, daß in Deutschland die Frau einen stärkeren inneren Halt besitzt, dafür aber, wenn sie diesen Halt verliert, um so tiefer hinabgleitet. Es ist deshalb bei uns die Festigung der Geschlechtssitten eine stärkere Notwendigkeit wie in anderen Ländern. Erotische Erlebnisse, welche die romanische Frau mühelos überwindet, verändern bei der deutschen Frau ihr Wesen von Grund aus.» Es war eine Minderheit, die sich über alle alten Ordnungen hinwegsetzte. Für die meisten galt wohl die Beobachtung von Hedwig Wachenheim. Es gab keinen radikalen Bruch.

Der Kapitänleutnant Martin Niemöller blieb auch nach dem Krieg ein fanatischer Anhänger der untergegangenen Monarchie. (Nach 1933 wurde er als Pfarrer in der «Bekennenden Kirche» ein engagierter Gegner des NS-Staates.) Er beschreibt, wie seine Ehe begann – sicherlich in seinen Kreisen kein Einzelfall: «In Berlin studierte dazumal die älteste Schwester meines Kameraden und Schulfreundes Hermann Bremer; und es ergab sich eigentlich von selbst, daß wir uns des öfteren trafen und die dienstfreie Hälfte des sonntags gemeinsam auf Wannsee und Havel im Segelboot verbrachten, zumal wir beide in Berlin wenig Bekannte hatten. Und der Frühsommer 1917 war voller Sonne und Wärme! Aus dieser Erneuerung einer Kinderbekannschaft entwickelte sich zunächst ein reger Briefwechsel und dann im nächsten Jahr eine Verlobung.» 1918 wurde geheiratet. Martin Niemöller lernte Landwirt und sah seine Frau nur am Sonntag: «Morgens gingen wir in Kappeln zum Gottesdienst ... oder wir wanderten über den Gabelin eine Stunde weit zum Heimatdorf meines Vaters ... Nachmittags blieben wir zu Hause, lesend und musizierend; und die Abende wurden in der Regel mit Verwandten und Bekannten zugebracht ...» Ein unauffälliges, durchschnittliches bürgerliches Familienleben.

Die schrumpfenden Kinderzahlen waren kein Beweis für Ehemüdigkeit. Das Gegenteil trat ein. Immer mehr Menschen gingen zum Standesamt. 1910 waren 36,6 Prozent der Männer und 35,6 Prozent der Frauen verheiratet. 1925 waren es 42,2 bzw. 39,4 Prozent. (Zum Vergleich: 1977 heirateten 51,7 Prozent der Männer und 47,2 Prozent der Frauen.) Das durchschnittliche Heiratsalter betrug 1927 bei den Frauen 26 und den Männern 29 Jahre. Sehr verlängert hatte sich die Dauer einer Ehe. Sie betrug zwischen 1875/80 bei Ehen, wo die Frau zuerst starb, 21,6 Jahre und, wo der Mann zuerst starb, 23,2 Jahre. Die Vergleichszahlen für 1922 sind 25,4 bzw. 27,4 Jahre. Die Scheidungen sind noch minimal: 1910 genau 0,2 Prozent und 15 Jahre später 0,4 Prozent. Besser vorstellbar: Auf 10000 Ehen kamen 1913 rund 15, 1921 genau 33 und 1928 knapp 28 Scheidungen. In Berlin allerdings waren es 80.

Noch eine Zahl, die für Veränderungen spricht: 1925 waren knapp 29 Prozent der verheirateten Frauen berufstätig. Ganz vorne rangierte immer noch die Mitarbeit in der Landwirtschaft mit fast fünfzig Prozent. Aber an zweiter Stelle folgten nun nicht mehr die Arbeiterinnen, sondern die Beschäftigten im Handels- und Verkehrswesen. Die Frauen hatten die Büros erobert – wenngleich sie dort vor allem im zweiten Glied als Kontoristinnen, Stenotypistinnen, Sekretärinnen arbeiteten. Nur zwei Prozent von ihnen gelang der Aufstieg zur Abteilungsleiterin oder Prokuristin.

Lämmchen, das Arbeiterkind in Falladas Roman «Kleiner Mann, was nun?», mußte nicht erst die Skrupel bürgerlicher Moral überwinden. Sie tat, was im Kaiserreich ihresgleichen schon ohne schlechtes Gewissen getan hatte: sie schlief ohne Zögern mit dem, den sie liebte. Daß geheiratet wurde, als Nachwuchs unterwegs war, gehörte ebenso selbstverständlich zu dieser Arbeitermoral. Die Mutter zetert ein bißchen, als sie davon erfährt. Das ist Teil des Rituals. Etwas anderes paßt ihr viel weniger, als sie ihren künftigen Schwiegersohn ins Kreuzverhör nimmt: «‹Was sind Sie denn? Können Sie überhaupt heiraten?› – ‹Ich bin Buchhalter. In einem Getreidegeschäft.› – ‹Also Angestellter?› – ‹Ja.› – ‹Arbeiter wäre mir lieber. – Was verdienen Sie denn?› – ‹Hundertachtzig Mark.› – ‹Mit Abzügen?› – ‹Nein, die gehen noch ab.› – ‹Das ist gut›, sagt die Frau, ‹das ist nicht soviel. Mein Mädchen soll einfach bleiben.› Und plötzlich wieder ganz böse: ‹Denken Sie nicht, daß sie was mitbekommt. Wir sind Proletarier. Bei uns gibt es das nicht.›» Damit ist die Angelegenheit geregelt. Der zukünftige Schwiegervater sagt bloß: «Sie sind also der Jüngling, der meine Tochter heiraten will? Sehr erfreut, setzen Sie sich hin.» Als er dann einen Streit beginnt und sich über die Angestellten lächerlich macht – «Ihr denkt, ihr seid was Besseres als wir Arbeiter» –, bekommt er von seiner Frau keineswegs Schützenhilfe. Die sagt vielmehr scharf: «Ruhig bist du jetzt, Vater, mit deinem Flaxen! Das ist erledigt. Das geht dich gar nichts an.»

Ob Kaiserreich oder Republik: Wer auf dem Land das Licht der Welt erblickte und nicht gerade eines reichen Bauern Kind war, mußte in jedem Fall sehr früh mitanfassen. Aus der Provinz Brandenburg wird für die Zeit der Weimarer Republik gemeldet: «Die gesamte Kleintierzucht und Viehhaltung ist auf Mitarbeit eigener und fremder Kinder eingestellt: Zuckerrübenbau in großer Fläche ist ohne ihre Mitarbeit unmöglich.» Ein Kreisarzt in Ostpreußen berichtet: «Die Kinder müssen mit ihren Angehörigen im Sommer 15 Stunden arbeiten.» Nicht anders ist es in den Gegenden, wo die Menschen vor allem von der Heimarbeit leben. Am Vogelsberg in Hessen: «Es gibt in der Besenbinderei, Holzschnitzerei und Korbflechterei Familien, in denen 12–14 Stunden, nur durch kurze Essenspausen unterbrochen, gearbeitet wird ... Der Sohn füttert vielfach im Winter vor ‹Tagwerden› das Vieh, während der Vater schon meist bei Licht in der Werkstatt oder in einer Stube Rechen schnitzt, Besen bindet oder Körbe flicht. Abends wird dann meist noch nach dem Nachtessen in der Stube weitergearbeitet. Die Frauen und Mädchen sitzen gewöhnlich in derselben Stube um den Ofen herum und stricken ...» Sachsen: «Die Feststellung, daß 2 Schulkinder unter 10 bzw. 12 Jahren mit Blumenarbeiten vor der Schule und nach 8 Uhr abends beschäftigt, also über Gebühr ausgenutzt wurden, führte zu einer Vereinbarung mit der Bezirkspflegerin, wonach diese Kinder als Überwachungskinder während des Tages in einem Erholungsheim untergebracht wurden. Die Mutter der Kinder war als Arbeiterin in einer Fabrik tätig, während ein den Haushalt der Frau teilender Erwerbsloser die Kinder zur Heimarbeit zwang.» – Im Bezirk Bautzen halfen die meisten Kinder ihren Müttern «bei der Anfertigung von Blumen, beim Aufnähen und Nieten von Knöpfen, beim Legen von Scheuertüchern und beim Wickeln von Bändern».

In den Städten waren viele Kinder unterernährt. Bis zu fünf Prozent der Schulkinder kamen ohne Frühstück zur Schule. In Magdeburg erhielten rund zwanzig Prozent aller Kinder keine warme Mahlzeit am Tag. In München waren an einer Schule vierzig Prozent der Kinder unterernährt. Als man nachforschte, wie der Speiseplan in den Familien aussah, kam dies zum Vorschein: Wassersuppe, Kartoffeln, Tee, Grieß in Wasser gekocht. Von der Familie des wohlhabenden Thomas Mann hörten wir, daß selbst dort in diesen Jahren ein Stück Fleisch eine Sensation war, wenngleich niemand an Unterernährung litt.

Staatliche, private, kirchliche und parteipolitische Stellen versuchten, das Elend einzudämmen und den Kindern ein wenig unbeschwerte Kindheit zu erhalten oder zu schaffen. Stadtranderholungen wurden organisiert, Kinderlager, Ferien auf dem Land, richtige «Kinderrepubliken». Die «Roten Falken», die «Sozialistische Arbeiterjugend» machten ebenso mit wie die Kommunisten oder die Pfadfinder, die Wandervögel oder die Bündische Jugend. Allen ging es um mehr als die Kräftigung des Leibes. Sie wollten die Jugend für ihre Ziele gewinnen und einen «neuen Menschen» schaffen. Fast noch mehr als vor dem Weltkrieg war diese Jugend bereit, sich organisieren zu lassen, in der Gemeinschaft aufzugehen, mitzumarschieren. Die Straßenschlachten, die Glaubenskriege zwischen den Parteien, der Haß vieler auf die Republik politisierte das Leben in einem sehr viel größeren Maße, als wir uns das heute vorstellen können. Diese Politisierung machte vor der Familie nicht halt. Wer auf eine andere Republik hoffte, versuchte, seinen Kindern die gleiche verschwommene Sehnsucht mitzugeben.

«In unserem siebten Lebensjahr wurden mein Bruder und ich eines Nachts von unseren Eltern aus den Betten geholt und ins Eßzimmer getragen, in dem der Radioapparat stand. Es war Mitternacht. Um diese Stunde begann der Abzug der Besatzungstruppen aus dem Rheinland. Unsere Eltern schoben uns die Kopfhörer über die zerzausten Haare. Hört ihr? Das sind die Glocken vom Kölner Dom. Die Engländer ziehen ab. Die Zeit der Besetzung ist vorbei. Unsere Heimat ist wieder ein freies Land. Aus den Hörmuscheln dröhnte es schreckenerregend und gewaltig. In den Augen der Eltern standen Tränen, und die Herzen der Kinder füllten sich mit einer Ahnung, daß dieses Deutschland ein angsteinflößendes herrliches Geheimnis sein müsse.

Als Zehnjährige standen mein Bruder und ich zusammen mit vielen festlich gekleideten Menschen stundenlang am Fenster eines Hotels Unter den Linden und warteten auf den Augenblick, in dem ein alter Mann mit einem mächtigen weißen Vierkantschädel, der sich würdevoll grüßend bewegte, unter uns vorbeifuhr. Hindenburgs achtzigster Geburtstag. Wir hatten Veilchensträuße in der Hand, die wir dem alten Mann zuwerfen durften ... Der alte Mann in dem Auto war, soviel begriffen wir, etwas wie ein Vater aller Deutschen. Von ihm erhofften viele Menschen, daß er unser Volk aus der Not herausführen würde. Die Not hing mit dem verlorenen Krieg zusammen. Nachträglich will es mir scheinen, als hätte es während meiner Kindheit unter den Erwachsenen kein häufigeres und mit leidenschaftlicherem Ernst erörtertes Gesprächsthema gegeben als den Weltkrieg.» Die sich so erinnert, ist Melita Maschmann aus bürgerlichem Hause in Berlin. Die Mutter hatte ein Dienstmädchen, der Vater einen Chauffeur. Wir werden ihr noch begegnen, wenn sie schildert, warum gerade sie – in Auflehnung gegen dieses Elternhaus – der Faszination des Nationalsozialismus erlag und hohe NS-Funktionärin wurde bis zum bitteren Ende.

Wie viele andere wollten Melita Maschmann und ihr Bruder hinaus aus dem engen Familienzirkel in eine jugendliche Gemeinschaft: «Mein Bruder und ich hatten seit Jahren sehnsüchtig und voller Bewunderung auf die Jungen und Mädchen geblickt, die uns in den Pfadfindergruppen begegneten. Neben diesen Altersgenossen fühlten wir uns bitter benachteiligt, wenn wir die Langeweile der sonntäglichen Familienausflüge über uns ergehen lassen mußten ... Allmählich erlahmte die Abwehr unserer Eltern, und wir bekamen im Frühjahr die Erlaubnis, in einen Jugendbund einzutreten, freilich nur einen, dessen Ziele sich mit den politischen Auffassungen unserer Familie vertrugen. Mein Bruder wurde Mitglied der deutschnationalen Bismarck-Jugend, einige Monate ehe sie sich auflösen mußte.» Melita Maschmann soll dem Luisenbund beitreten und beobachtet mit einer Freundin einen Gruppenabend: «Unser Urteil fiel vernichtend aus. Wir fanden, daß die Schülerinnen, die sich um jenes Mädchen scharten, allesamt ‹Höhere Töchter› seien, hochmütig, oberflächlich, langweilig; was interessierte sie schon: ihre Kleider, Tanzabende, gesellschaftlicher Klatsch und dergleichen. Sie sangen Lönslieder und trugen leuchtend blaue Kleider, weil die Kornblume angeblich die Lieblingsblume der Königin Luise gewesen war. Ich weigerte mich also, in den Luisenbund einzutreten, und da meine Eltern mir nicht erlaubten, Mitglied der Hitler-Jugend zu werden, wurde ich es heimlich.» Nichts Schöneres für Kinder, als etwas Verbotenes zu tun und sich so von der Generation der Eltern zu emanzipieren.

Die Hitler-Jugend war schon 1926 gegründet worden. In welchem Sinn ihre Mitglieder gedrillt wurden, werden wir später hören. Aber ihren Idealen folgten auch andere. Im Verlag «Der Weiße Ritter» erschien 1922 die «Stammeserziehung» des Engländers John Hargrave, eine offizielle Pfadfinderlektüre. Der Übersetzer hatte zur Erklärung ein Nachwort angefügt. Denn was soll man in einem zivilisierten Land mit Gebräuchen der Eskimos oder Südseeinsulaner anfangen? «Für uns ist Stammeserziehung die Form geworden für die lebendigen Keimzellen zum neuen Volk, die in unseren Gruppen entstanden sind. Und wo Leben ist, da ist Veränderung. Darum sieht kaum eine unserer Gruppen mehr diesem Urbild äußerlich ähnlich. Im Innern aber tragen sie alle seinen Sinn: die Bildung einer neuen Rasse, einer Kaste der Starken in einem höheren als rein körperlichen Sinn.» Soweit der Deutsche. Und nun der Engländer: «Irgend etwas ist faul. Als Rasse sind wir nicht auf der Höhe. Es ist klar. Schaut Euch um und Ihr werdet sehen, was ich meine. Allenthalben starren Euch die Zeichen des Niedergangs und der Entartung an ... Wenn wir Männer und Frauen von Kindheit auf nach einem einfachen und herben System erzogen haben, dann müssen wir aus diesen zunächst den Kern einer Rasse mit neuem Blute herausschälen, die Kaste der Starken

... Das Gefühl für Gesundheit und Stärke wird diese Männer und Frauen dazu führen, ihre Lebensgefährten unter denen zu suchen, die die gleiche Erziehung genossen haben. Das Ergebnis dieser Verbindung werden Kinder sein, die an Geist und Körper wertvoller sind, als es sonst möglich ist.»

Wer älter war, fragte die Eltern nicht mehr um Erlaubnis, in welcher Gemeinschaft er marschieren durfte. Die Richtung, in die Melita Maschmann gezogen wurde, entsprach dem allgemeinen Trend. Ihre Eltern lehnten die nationalsozialistische Bewegung ab, weil sie mit der Verachtung des Bürgertums auf den kleinen Mann aus Braunau herabsahen. Andere machten sich mehr Sorgen und dachten tiefer. Im Dezember 1930 erschien in der «Christlichen Welt» unter dem Titel «Unsere Söhne» ein Aufsatz des liberalen protestantischen Theologen Martin Rade. Er berichtete von einem evangelischen Theologiestudenten, der SA-Mann war und ihm gesagt hatte, daß «an seiner Universität fast alle Studenten der Theologie Nationalsozialisten seien». Von den norddeutschen Universitäten, so Rade, würden «etwa 90 Prozent der evangelischen Theologen mit dem Parteiabzeichen der Nationalsozialisten im Kolleg erscheinen. In den Predigerseminaren sei es nicht anders.»

Ließ sich das mit dem Christlichen Glauben vereinbaren? Der liberale Theologe versuchte zu differenzieren. Im allgemeinen – ja: «Aber daß er (der Theologie-Student) das nicht mitmachen und billigen darf, was wir jetzt in Berlin erleben, das ist mir keine Frage. Daß er nicht mitbrüllen darf ‹Juda verrecke›, daß er die gemeinen Lieder nicht mitsingt ... daß er sich an den ‹idealen Kern› der ‹Bewegung› hält, das setze ich voraus. (Kann er das, wenn er beim Sturmtrupp ist?)» Das deprimierende Fazit: «Früher entsetzte sich manche Mutter, wenn ihr Sohn heimkam mit den ersten frischen Schmissen im Gesicht. Viel mehr müssen doch heute die Eltern erschrecken, wenn die Söhne heimkommen mit dem Heldenruhm solchen Rowdytums.» Der Reichswart der protestantischen Schülerbibelkreise meldete 1931, daß – «mäßig geurteilt – 70 Prozent unserer Jungen mit glühender, oft von Sachkenntnis ungetrübter Sympathie» der Sache des Nationalsozialismus gegenüberstanden.

Die neuen Herren trugen mit Vorliebe braune Hemden und

schwarze Stiefel. Sie erkannten, daß sie nicht gegen, sondern nur mit den bürgerlichen Schichten an die Macht kommen konnten. Geschickt nutzten sie die Traditionen des Bürgertums für ihre eigenen Propagandazwecke. Sie priesen die Familie als Ausgangspunkt für die Wiederherstellung alter Werte, wetterten gegen deren moralische Auflösung und lieferten demonstrativ Beweise ihrer Gesinnung. Dabei fanden sie unter den protestantischen Theologen willige Helfer, während den Katholiken vor 1933 eine NSDAP-Mitgliedschaft verboten und keine braune Uniform in einer katholischen Kirche erlaubt war.

Im Juli 1931 stand in der national-sozialistischen «Preußischen Zeitung» eine Reportage über eine protestantische «Braunhemdenhochzeit»: «Wohl zum ersten Male hat eine Königsberger Kirche eine Braunhemdenhochzeit erlebt, als unser Kamerad Gaukommissar Hermann Schoepe ... den kirchlichen Segen für seinen Ehebund mit unserer Pg. (Parteigenossin) Elfriede Siebert empfing. Am Portal der Schloßkirche begrüßten Parteigenossen und Freunde das junge Paar mit kräftigem Hitlergruß. Vor dem Altar nahmen die Teilnehmer der Feier, durchweg Kämpfer für Hitlers Idee, die Männer im Schmuck des Ehrenkleides, Platz ... Pfarrer Trepte legte der Feier das Bibelwort zugrunde: ‹Sei getreu bis in den Tod, so will ich dir die Krone des Lebens geben.› ... So konnte er von der Treue zu Hitlers Idee ausgehen, die Pg. Schoepe in langen Jahren zähen und mutigen Kampfes bewiesen hatte ... Nach Empfangnahme des kirchlichen Segens verließ das junge Paar mit den Teilnehmern unter den Klängen des Horst-Wessel-Liedes, das die Orgel intonierte, die Schloßkirche.»

# Angriff auf die Familie

*Das verlogene Ideal*
*Kinder im Griff des Staates – Frauen an den Herd*
*Die Herrenrasse oder das Ende aller Moral*

Mein liebster, bester Vati, ganz herzlichen Dank für Deinen lieben Brief. Ich hatte schon seit einiger Zeit das Gefühl, daß zwischen Dir und M. etwas war, und als Du das letzte Mal hier warst, wußte ich es genau. Ich habe selber M. so gerne, daß ich einfach mit Dir nicht böse sein kann, und alle Kinder lieben sie ebenfalls sehr. Auf jeden Fall ist sie sehr viel praktischer und häuslicher veranlagt als ich ... Es ist schrecklich schade, daß so feine Mädchen wie sie keine Kinder haben sollten. Im Fall von M. kannst Du das ja ändern, aber Du mußt es so einrichten, daß in einem Jahr M. ein Kind bekommt und ich im nächsten, damit Du immer eine Frau hast, die beweglich ist.»

Es war Gerda Bormann, die im Januar 1944 ihrem Mann Martin, der unsichtbaren, aber allgewaltigen grauen Eminenz des Adolf Hitler, diesen Brief ins Hauptquartier schickte; die sich so begeistert über die Geliebte ihres Mannes ausließ und ihre Phantasie sehr konkret in Gang setzte. Zur gleichen Zeit lernte der Führernachwuchs der deutschen Wehrmacht über die «Rassen-, Familien- und Sippenpflege im Sozialreich des Führers»: «Die liberalistisch-kapitalistischen Anschauungen haben das Familiengefühl gelockert, und der Marxismus suchte die sittlichen Grundlagen der Familie bewußt zu zerstören. Der Nationalsozialismus dagegen setzt sich warm für die Wiedererweckung des Familiensinns ein.» Frau Bormanns Brief und die offizielle Lehre des NS-Staates stehen für die Doppelbödigkeit einer Politik, die mit der Maske der bürgerlichen Moral die Bevölkerung köderte, zur Ordnung rief und insgeheim die alten Wertvorstellungen über Bord warf. Die politische Elite lebte nach ihrer eigenen Moral und begann, eine Welt zu realisieren, in der Vernunft und Menschlichkeit Schimpfworte waren. Sie planten, die intimste menschliche Gruppe – die Familie – zu zerschlagen und als Zucht- und Aufzuchtanstalt völlig in den Dienst des totalitären Staates zu stellen. Die Umwertung aller Werte, der sich eine ehrgeizige und skrupellose Clique verschworen hatte, mußte – das erkannte sie mit Weitsicht – in der Familie beginnen, wollte man auf Dauer erfolgreich sein. Systematisch wurde die Jugend von den neuen Machthabern umworben und für deren Politik eingespannt.

Es war kein Zufall und keine Ausnahme, daß Melita Maschmann, die Tochter aus konservativem bürgerlichem Hause, gegen das Verbot ihrer Eltern in die HJ (Hitlerjugend) eintrat. Sie selbst hat nach 1945 versucht, ihre Beweggründe zu analysieren: «Auf die Frage, welche Gründe junge Menschen damals veranlaßt haben, Nationalsozialisten zu werden, wird es viele Antworten geben. Vermutlich hat der Gegensatz der Generationen und das Zusammentreffen der Hitlerschen Machtübernahme mit einem bestimmten Pubertätsstadium dabei oft eine Rolle gespielt. Für mich war es ausschlaggebend: ich wollte einen anderen Weg gehen als den konservativen, den mir die Familientradition vorschrieb. Im Mund meiner Eltern hatte das Wort ‹sozial› oder ‹sozialistisch› einen verächtlichen Klang. Sie sprachen es aus, wenn sie sich darüber entrüsteten, daß die bucklige Hausschneiderin so anmaßend war, sich politisch betätigen zu wollen ...

Keine Parole hat mich je so fasziniert wie die von der Volksgemeinschaft. Ich habe sie zum erstenmal aus dem Mund der verkrüppelten und verhärmten Schneiderin gehört, und am Abend des 30. Januar bekam sie einen magischen Glanz.» An jenem Abend ernannte der vergreiste Präsident Hindenburg den Österreicher Adolf Hitler, Führer der NSDAP, zum deutschen Reichskanzler. Die Macht war auf legalem Wege errungen worden. Das mußte gefeiert werden. Melita Maschmann, gerade 15, war Augenzeuge und wurde an jenem Abend so getroffen, daß sich ihr Leben änderte.

«Am Abend des 30. Januar nahmen meine Eltern uns Kinder – meinen Zwillingsbruder und mich – mit ins Stadtzentrum. Dort erlebten wir den Fackelzug, mit dem die Nationalsozialisten ihren Sieg feierten. Etwas Unheimliches ist mir von dieser Nacht her gegenwärtig geblieben. Das Hämmern der Schritte, die düstere Feierlichkeit roter und schwarzer Fahnen, zuckender Widerschein der Fackeln auf den Gesichtern und Lieder, deren Melodien aufpeitschend und sentimental klangen. Stundenlang marschierten die Kolonnen vorüber, unter ihnen immer wieder Gruppen von Jungen und Mädchen, die kaum älter waren als wir. In ihren Gesichtern und in ihrer Haltung lag ein Ernst, der mich beschämte. Was war ich, die ich nur am Straßenrand stehen und zusehen durfte, mit diesem Kältegefühl im Rücken, das von der Reserviertheit der Eltern ausgestrahlt wurde? Kaum mehr als ein zufälliger Zeuge, ein Kind, das noch Jungmädchenbücher zu Weihnachten geschenkt bekam. Und ich brannte doch darauf, mich in diesen Strom zu werfen, in ihm unterzugehen und mitgetragen zu werden ...

Irgendwann sprang plötzlich jemand aus der Marschkolonne und schlug auf einen Mann ein, der nur wenige Schritte von uns entfernt gestanden hatte. Vielleicht hatte er eine feindselige Bemerkung gemacht. Ich sah ihn mit blutüberströmtem Gesicht zu Boden fallen, und ich hörte ihn schreien. Eilig zogen uns die Eltern fort aus dem Getümmel, aber sie hatten nicht verhindern können, daß wir den Blutenden sahen. Sein Bild verfolgte mich tagelang. In dem Grauen, das es mir einflößte, war eine winzige Zutat von berauschender Lust: Für die Fahne wollen wir sterben, hatten die Fackelträger gesungen. Es ging um Leben und Tod. Nicht um Kleider oder Essen oder Schulaufsätze, sondern um Tod und Leben. Für wen? Auch für mich? Ich weiß nicht, ob ich mir diese Frage damals gestellt habe, aber ich weiß, daß mich ein brennendes Verlangen erfüllte, zu denen zu gehören, für die es um Tod und Leben ging. Wenn ich den Gründen nachforsche, die es mir verlockend machten, in die Hitler-Jugend einzutreten, so stoße ich auch auf diesen: Ich wollte aus meinem kindlichen, engen Leben heraus und wollte mich an etwas binden, das groß und wesentlich war. Dieses Verlangen teilte ich mit unzähligen Altersgenossen.»

Was am Anfang freiwillige Begeisterung war, wurde von den neuen Herren per Gesetz 1936 zur Pflicht gemacht: «Es wird also grundsätzlich jeder deutsche Junge und jedes deutsche Mädel durch die HJ miterzogen.» Damit erreichten die Nationalsozialisten mehrere Vorteile: Sie gewannen Mitspracherecht an der Erziehungsaufgabe der Familie und automatisch Einfluß auf die nachwachsende Generation. Außerdem konnten sie so eines ihrer revolutionären Ziele am besten erreichen: In den zwölf Jahren nach 1933 wurde die Gesellschaft in Deutschland radikaler verändert, als es die Katastrophe von 1918 und das Ende des Kaiserreiches mit sich gebracht hatten. Hitler war angetreten, die traditionelle Gesellschaftsordnung umzustürzen. Unter anderem mißtraute er der Wehrmacht tief, weil sich dort die alte Ordnung am längsten halten konnte. Im dritten Reich sollte es nur einen Adel und ein Verdienst geben: das Eintreten für die Sache des Nationalsozialismus.

Die Hitlerjugend wurde zum Schmelztiegel. In der Lobeshymne des Reichsjugendführers Baldur von Schirach steckte ein Korn Wahrheit: «Vor der Tatsache, daß alle Jugend in der HJ und im BDM (Bund deutscher Mädel) wieder an ein Ideal glaubt, muß jeder Einwand kapitulieren. Der hohe Regierungsbeamte sitzt an seinem Schreibtisch im Ministerium und der Kumpel bohrt in 800 m Tiefe die Kohle. Aber zur gleichen Zeit sitzen ihre Kinder Schulter an Schulter in einem Heim der HJ und singen die Lieder der neuen sozialistischen Nation. Und so wie sie ihren Heimabend verbringen, so ziehen sie dann im Sommer auf Wochen hinaus in ihr Zeltlager im Wald oder in den Bergen und am Meer, messen ihre Kräfte auf dem sonnedurchglühten Sportplatz und kehren dann braungebrannt und fröhlich heim. Irgendwo im Wohnzimmer hängt Band und Mütze seines Korps, und in einem vergessenen Winkel in der Hütte des Bergmanns liegt das Abzeichen, das er einst im roten Frontkämpferbund getragen hat. Beide glaubten einst an ihr Ideal. Aber ihre Kinder haben jetzt einen gemeinsamen Glauben. Und am Beispiel der Jugend erkennen auch die Erwachsenen die Sinnlosigkeit ihrer einstigen Zwietracht.»

Die Partei nutzte solchen Idealismus. Parallel zum Wehrdienst wurden 1938 die Mädchen zu einem Pflichtjahr im sozialen, landwirtschaftlichen oder hauswirtschaftlichen Bereich verpflichtet.

Da die Nationalsozialisten von Gleichberechtigung gar nichts hielten, wurde die Jugend getrennt auf die neue Lehre getrimmt und ihr von Anfang an eingehämmert, daß beide Geschlechter sehr unterschiedliche Aufgaben und Ideale hätten. Für die heranwachsenden Männer hieß die Parole: Zäh wie Leder, hart wie Kruppstahl, flink wie Windhunde. Einige wenige führten, die andern mußten blind gehorchen. So exerzierten es schon zwölfjährige Jungen mit ihresgleichen auf dem Schulhof. Auch die Mädchen wurden auf die neuen Ideale gedrillt. Baldur von Schirach: «Der BDM soll den Mädeln ihren Lebenskampf zeigen, wie er wirklich ist, er soll ebensowenig zu einem höheren Töchtertum erziehen wie zum Rowdytum. Wer im BDM organisiert ist, soll lernen, daß der neue Staat auch dem Mädchen seine Aufgabe zuweist, Pflichterfüllung und Selbstzucht fordert. Wie der Junge nach Kraft strebt, so strebe das Mädel nach Schönheit. Aber der BDM verschreibt sich nicht dem verlogenen Ideal einer geschminkten und äußerlichen Schönheit, sondern ringt um jene ehrliche Schönheit, die in der harmonischen Durchbildung des Körpers und im edlen Dreiklang von Körper, Seele und Geist beschlossen liegt ... Die Generation, die einmal an der deutschen Zukunft mitgestalten will, braucht heroische Frauen. Schwächliche ‹Damen› und solche Wesen, die ihren Körper vernachlässigen und in Faulheit verkommen lassen, gehören nicht in die kommende Zeit. Der BDM soll die stolzen und edlen Frauen hervorbringen, die im Bewußtsein ihres höchsten Wertes nur dem Ebenbürtigen gehören wollen.»

Noch ein Motiv machte den Nachwuchs in den Augen der Nationalsozialisten so wichtig: In den Köpfen waren schon die Pläne einer blutigen Weltherrschaft, für die man ein unbegrenztes «Menschenmaterial» brauchte: Soldaten zum Kriegführen, zum Niederhalten der eingeborenen «Untermenschen» und Menschen zum Besiedeln der eroberten Räume. Deshalb die Parole: Dem

Führer ein Kind. Ab 1938 wurden im August, am Geburtstag von Hitlers Mutter, feierlich die «Mutterkreuze» verliehen: 1. Stufe vier bis fünf Kinder; 2. Stufe sechs bis sieben und 3. Stufe acht und mehr Kinder.

Damit sind wir schon mittendrin in der verschwiemelten und verlogenen Familienideologie der Nationalsozialisten, deren Widerspruch den Nachgeborenen offen zutage liegt. Pausenlos wurde den «Volksgenossen» eingehämmert: Du bist nichts, dein Volk ist alles. Privatleben und privates Glück waren zweitrangig. Zugleich wurde die Familie mit vielen pathetischen Worten gefeiert und sehr konkret privilegiert. Der Staat stellte zinslose Darlehen zur Verfügung, um die Heiratslust zu steigern. Als damit die Kinderzahl keineswegs in die Höhe ging, wurden am Ende des Jahrzehnts Ehepaare mit Strafsteuern belegt, die nach fünf Jahren noch keinen Nachwuchs vorweisen konnten.

Die Maler wurden gehalten, bevorzugt die bäuerliche Familie mit vielen rotbackigen Kindern auf die Leinwand zu bringen. «Blut und Boden» hießen die neuen Kraftquellen, und niemand war ihnen so nahe wie die Mütter. Niemand auch war für die Ziele der NS-Ideologie so wertvoll, und darum tat man alles, die Frau auf ihre Mutterrolle einzuengen. In «Mein Kampf» hätte es jeder nachlesen können: «Das Ziel der weiblichen Erziehung hat unverrückbar die kommende Mutter zu sein.» Die Reichsfrauenführerin Gertrud Scholtz-Klink wurde nicht müde, mit markigen Worten dieses Ideal unters Volk zu bringen und die Berufstätigkeit der Frau als Irrtum zu verurteilen: «Sie hat das Heraustreten ihrer Geschlechtsgenossinnen in das außerhäusliche, öffentliche Leben immer als etwas Unnatürliches empfunden ... Sie fühlt sich heimgeführt, hat heim-gefunden.» Es wurde etwas getan für diesen Dienst an der Nation. Der «Reichsmütterdienst» und das Hilfswerk «Mutter und Kind» kümmerten sich um Frauen, die sich keinen Urlaub leisten konnten, halfen bei Anschaffungen und Wohnungssuche. Zwischen 1934 und 1937 besuchten über eine Million Frauen die Mütterschulkurse, und vielen wird der Unterricht in Hauswirtschaftslehre und Gesundheitspflege nützlich gewesen sein. Sie konnten nicht wissen, daß auch solche Dinge letztlich dem einen Ziel dienten: die NS-Rassenlehre zu verbreiten und die deutsche Wirtschaft zu entlasten, um für den Krieg rüsten zu können.

Der totalitäre Staat hatte keine Skrupel, bis in die Kochtöpfe zu kontrollieren, um Devisen zu sparen. Ein Eintopfsonntag pro Monat wurde von Flensburg bis Garmisch angeordnet. Der Alltag wurde zum unermüdlichen Wettkampf, die Weisungen des Führers immer noch besser zu verwirklichen. Als seine Vertreterin spornte die Reichsfrauenführerin den weiblichen Teil der Volksgemeinschaft an: «Wenn der Führer sagt: Wir haben nicht die Devisen, um all das Fleisch einzuführen, das wir zusätzlich brauchen und das wir schon immer eingeführt haben, dann können wir Hausfrauen einen Beweis unserer guten Berufserziehung ablegen, indem wir einfach sagen: Brot haben wir, an Kartoffeln haben wir auch genug, Milch und Zucker sind zur Genüge vorhanden, ausreichend für das ganze Jahr. Nun werden wir einmal Küchenzettel aufstellen, in denen wir eben am Abend Kartoffeln kochen und schöne Sachen dazu machen, die wir durch eine geschickte Vorratswirtschaft vorher uns zugerichtet haben, rote Rüben, Rettichsalat, Selleriesalat und all die vielen schönen einfachen Dinge. Man soll auch abends nicht immer, wie es in vielen Häusern der Fall ist, belegte Brote auf den Tisch stellen ... Ich sage Ihnen das nur, damit Sie einmal sehen, wie heute die deutsche Hausfrau letzten Endes eigentlich der beste Wirtschaftsminister sein könnte; denn wenn wir Frauen nur einmal konsequent für diesen Gedanken eintreten und ihn systematisch durchführen, dann brauchte sich der Führer mit seinem ganzen Wirtschaftsstab den Kopf nicht mehr so sehr zu zerbrechen.»

Wir können solche Ratschläge heute nicht mehr ernst nehmen. Die Zeitgenossen hatten den Maßstab der zwanziger Jahre. Sie sahen nach 1933: Da wurde «angepackt». Es tat sich etwas. Es herrschte Ordnung. Die Verhältnisse besserten sich. Die Deutschen haben den totalen Griff nach der Familie trotzdem nicht ohne Ironie beobachtet. Ein Flüsterwitz aus jenen Jahren: Vater ist in der Partei, Mutter in der Frauenschaft, Sohn in der HJ, Tochter im BDM. Wo trifft sich die ideale NS-Familie noch? Auf dem Reichsparteitag in Nürnberg.

Wichtiger als die Reden der Reichsfrauenführerin war die politische Macht, die die Männer ausübten, um das Hausfrauenideal durchzusetzen. Wer in die Küche gehörte, mußte keinem Beruf nachgehen. Schon 1933 kam die erste Anweisung, daß männliche Beamte einem weiblichen Bewerber mit gleichen Qualifikationen vorzuziehen seien. 1936 befahl der Führer, daß Frauen nicht mehr Richter oder Anwalt werden durften. Daß die Partei keine Frau als Kandidatin für den Reichstag aufstellte, ist fast überflüssig zu erwähnen.

Die völlige Entfernung der Frau aus jeder öffentlichen Verantwortung ging selbst gläubigen Anhängerinnen zu weit. Der anerkannten Astronomin Dr. Margarete Güssow wurde 1938 eine Beförderung verweigert, «weil es eine Beamtenstelle sei und weil der Führer die Anordnung gegeben habe, ihm nur Männer als Beamte vorzuschlagen». Daraufhin schrieb die Reichsfrauenführerin an den «geehrten Parteigenossen» Martin Bormann: «Die Tendenz, hochbegabte, leistungsfähige Frauen in ihrer Arbeit nicht weiterkommen zu lassen ... nimmt in letzter Zeit zu, so daß ich es für unbedingt notwendig erachte, dem Führer auch diese Frage, einmal von den Frauen her gesehen, zu entwickeln, damit es dann grundsätzlich zu einer Klärung kommen kann. Heil Hitler!»

Ein solches Gespräch kam nicht zustande, denn Frauen waren die letzten, deren Rat der Führer annahm. Was ihn nicht hinderte, seine Beziehungen zum schwachen Geschlecht geschickt in seine Propaganda einzubauen und je nach Zweck unterschiedlich zu kultivieren. Als junger, etwas linkischer Mann weckte er in den zwanziger Jahren die mütterlichen Instinkte älterer Damen. Wenn er seinen Revolvergürtel an die Garderobe hängte, um dann seine Gastgeberin mit Handkuß zu begrüßen, hatte er ihr Herz und ihre finanzielle Unterstützung gewonnen. Hitler genoß es auch als Regierungschef, sich im Kreise schöner und brillanten-geschmückter Damen zu zeigen und wußte um seine Wirkung auf seine Begleiterinnen.

Doch keiner durfte er ganz gehören. Der Verzicht auf Frau und Kind wurde Teil der Führer-Legende. Die Braut des Führers hieß Deutschland, und jede deutsche Frau sollte träumen können, daß er allein ihr gehörte. Deshalb durfte jene Frau nicht vorgezeigt werden, die nur für ihn da war. Hitlers Verhältnis zu Eva Braun gleicht einem Hintertreppenroman. Wie die beiden wirklich zueinander standen, ist bis heute ungeklärt. Das Versteckspielen gegenüber der Öffentlichkeit traf sich mit Hitlers Unfähigkeit, tiefe Bindungen einzugehen. Die wiederum kaschierte er mit dem Hinweis auf die eigene Genialität: «Das ist das schlimme an der Ehe. Sie schafft Rechtsansprüche. Da ist es schon viel richtiger, eine Geliebte zu haben. Die Last fällt weg und alles bleibt ein Geschenk. Das gilt natürlich nur für hervorragende Männer.»

Die wahren Ziele der führenden Nationalsozialisten zeigten sich nicht nur in Tischgesprächen, privaten Briefen und Vorstellungen, die der Reichsführer SS, Heinrich Himmler, bei seinen Truppen zu verwirklichen suchte. Auf legale Weise hob sich schon zu Friedenszeiten der Vorhang über den wahren Absichten der NS-Familienpolitik. Es begann im Juli 1933 mit dem «Gesetz zur Verhütung erbkranken Nachwuchses», das dem «körperlichen und geistigen Verfall des Volkes» vorbeugen sollte. Bekannt wurde es als «Sterilisationsgesetz», und damit ist die Richtung angezeigt. Auch gegen den Willen des Betroffenen konnte in Zukunft ein Mensch «zum Nutzen der Volksgemeinschaft» unfruchtbar gemacht werden. 1935 ging man noch ein Stück weiter. Das «Ehegesundheitsgesetz» verhinderte Ehen, wenn einer der Verlobten an einer ansteckenden Krankheit litt oder an einer geistigen Störung. Gummiparagraphen, die man beliebig interpretieren konnte, um «die Volkskraft und Volksgesundheit der jetzigen und der kommenden Geschlechter auf Jahrhunderte hinaus zu sichern und dem deutschen Volke eine Höherentwicklung zu ermöglichen.» Du bist nichts, dein Volk ist alles. Durchgeführt werden konnte das Gesetz, weil seit 1935 in allen Stadt- und Landkreisen Gesundheitsämter mit Beratungsstellen für «Erb- und Rassenpflege» eingerichtet worden waren.

Das «Ehegesundheitsgesetz» war Teil eines größeren Pakets, das unter dem harmlosen Namen «Nürnberger Gesetze» in die Geschichte eingegangen ist. Tatsächlich sollte es den «Schutz des deutschen Blutes und der deutschen Ehre» garantieren, so wie die braunen Herren sich das dachten. Seit 1935 war eheliche und außereheliche «Rassenmischung» bei schwerster Strafe verboten. Ein weithin sichtbares Signal für die Einteilung der Deutschen in

«Menschen» – die sogenannten Arier – und «Untermenschen» – die Nichtarier, sprich: jüdischen Mitbürger. Mit diesem Gesetz wurden alle bestehenden Ehen zwischen diesen zwei «Klassen» von Menschen als «Mischehen» diffamiert und jede zukünftige Heirat verboten. Gefühle, persönliches Glück – auf solche privaten Interessen wollte der totalitäre Staat getreu seiner unmenschlichen Logik keine Rücksicht nehmen.

Die Propaganda hörte trotzdem nicht auf, die traditionelle bürgerliche Familie als wichtigste Stütze des NS-Staates zu preisen. Hochzeiten der Machthaber wurden groß gefeiert. Hitler war als Trauzeuge und väterlicher Patenonkel sehr gefragt. Hing der Haussegen bei hohen Funktionären schief, drohte sogar Scheidung wie im Hause des Dr. Goebbels, sprach Hitler persönlich ein Machtwort. Je mehr man in den Kirchen Gegner des Regimes erkannte, desto eifriger mühte man sich, kirchliche Riten auszuschalten und für den neuen NS-Menschen pseudo-religiöse Formen zu entwickeln. Seit 1875 im Deutschen Reich die Zivilehe Gesetz geworden war, drohten bei Nichtbeachtung – wenn ein Pfarrer ein Paar ohne die Urkunde vom Standesamt traute – im Höchstfall drei Monate Gefängnis. 1937 kam ein neues Gesetz mit einem neuen Strafmaß bis zu fünf Jahren. Es schrieb zugleich eine besondere Form der zivilen Eheschließung vor, die bis dahin unbekannt war. Erst seit 1937 soll «die Eheschließung in einer der Bedeutung der Ehe entsprechenden würdigen und feierlichen Weise vorgenommen werden». Per Dienstanweisung wurde angeordnet, den Raum auszuschmücken; der Beamte sollte eine besondere Uniform anziehen und sich in einer Ansprache an die Eheleute wenden. Eine bewußte Konkurrenz für die christliche Eheschließung, wie sie sich weder Kaiserreich noch Republik angemaßt hatten.

Joseph Goebbels war der einzige, der öffentlich gegen die spießige Moral mancher Funktionäre zu Felde zog: «Sie möchten am liebsten in Stadt und Land Keuschheitskommissionen einsetzen, die die Aufgabe hätten, das Liebesleben von Müller und Schulze zu überwachen. Sie würden ... wenn es nach diesen ginge, das nationalsozialistische Deutschland in eine Einöde von Muckertum verwandeln ...» Die spöttischen Worte des Ministers treffen auch das krause Gefühlsleben jenes Mannes, der wie kein zweiter die Zerstörung aller bisherigen Moral vorantrieb und einen großen Teil seiner Zeit damit verbrachte, die Rassenideologie des Nationalsozialismus Realität werden zu lassen. Für seine eigenen Gefühle fand Heinrich Himmler nach der Hochzeit in Briefen an seine Frau diese Worte: «Meine goldige, liebe, gute, ‹ganz schlimme› Frau: Denk' dir nur, gestern und heute hat der arme Mann keinen Brief von der guten Frau bekommen. Sag, ist das nicht ganz schlimm, kleine Frau ... Liebe, gib auf die Autos Obacht, Du gehörst doch dem bösen Landsknecht ...»

Die SS war ursprünglich eine private Truppe der NSDAP, um ihre Redner vor 1933 bei öffentlichen Auftritten zu schützen und sich mit den Privatmilizen der andern politischen Gruppierungen schlagen zu können. In Himmlers Kopf entstand die Idee, aus dieser Elite einen «Orden guten Blutes» zu schaffen, der für das Inland den Führungsnachwuchs produzieren sollte – und für die zu erobernden Gebiete Soldaten – starke, blonde, blauäugige Nordmenschen. Schon 1932 erließ er genaue Heiratsbestimmungen für seine Truppe: «Jeder SS-Mann, der zu heiraten beabsichtigt, hat hierzu die Heiratsgenehmigung des Reichsführers SS einzuholen. SS-Angehörige, die bei Verweigerung der Heiratsgenehmigung trotzdem heiraten, werden aus der SS gestrichen; der Austritt wird ihnen freigestellt. Die sachgemäße Bearbeitung der Heiratsgesuche ist Aufgabe des ‹Rasseamtes› der SS. Das Rasseamt der SS führt das ‹Sippenbuch der SS›, in das die Familien der SS-Angehörigen nach Erteilung der Heiratsgenehmigung oder Bejahung des Eintragungsgesuches eingetragen werden.» Aller Kritik nahm Himmler am Schluß des Erlasses pathetisch den Wind aus den Segeln: «Die SS ist sich darüber klar, daß sie mit diesem Befehl einen Schritt von großer Bedeutung getan hat. Spott, Hohn und Mißverständnis berühren uns nicht; die Zukunft gehört uns.»

Ende Oktober 1939, der Zweite Weltkrieg war gerade zwei Monate alt, erließ Himmler – inzwischen auch Chef der Polizei – einen Befehl für die gesamte SS und die Polizei: «Über die Grenzen vielleicht sonst notwendiger bürgerlicher Gesetze und Gewohnheiten hinaus wird es auch außerhalb der Ehe für deutsche Frauen und Mädel guten Blutes eine hohe Aufgabe sein können, nicht aus

Leichtsinn, sondern in tiefstem sittlichem Ernst Mütter der Kinder ins Feld ziehender Soldaten zu werden, von denen das Schicksal allein weiß, ob sie heimkehren oder für Deutschland fallen. Auch für die Männer und Frauen, deren Platz durch den Befehl des Staates in der Heimat ist, gilt gerade in dieser Zeit die heilige Verpflichtung, wiederum Väter und Mütter von Kindern zu werden.»

Auch der «Lebensborn», ein eingetragener Verein, war Himmlers Idee: eine Organisation, die überall im Reich Heime betreute, in denen Frauen der SS-Männer, wichtiger Parteigenossen und nicht verheirateter Frauen unter angenehmen Umständen ihre Kinder zur Welt bringen sollten. Ob hier tatsächlich Nachwuchs «gezüchtet» wurde und man den gut gebauten SS-Mann und das blonde deutsche Mädel zum Zwecke der Zeugung zusammenführte, ist bis heute umstritten. Wirklichkeit dagegen ist eine andere Aufgabe der Heime: «Ich halte es für richtig und angebracht, rassisch wünschenswerte Kleinkinder polnischer Familien zu beschaffen.» Auf diese Anordnung Himmlers hin wurden während des kriegerischen Raubzuges durch Europa Tausende von Kindern nach Deutschland verschleppt und entführt, die nach dem Krieg mühsam ihre ursprünglichen Familien suchten.

Es soll nicht der Eindruck entstehen, daß Himmler allein über der Züchtung einer neuen Rasse brütete. Sie war ein zentraler Teil der NS-Ideologie. Die Vorschläge, die Gerda Bormann im Januar 1944 ihrem Mann in bezug auf sich selbst und dessen Geliebte machte, fielen nicht vom Himmel. Der Ehemann hatte ihre Phantasie mit einer Denkschrift angeregt, die erst wenige Wochen alt war. Es handelt sich um das Protokoll über ein Gespräch zwischen Bormann und Hitler. Beide dachten laut darüber nach, daß der Krieg einen ungeheuren «blutlichen Verlust» für das deutsche Volk bedeute und daß nach dem Krieg Millionen von Frauen keine Männer und damit keine Kinder bekommen würden. Ihre Folgerung: «Die anständigen, charaktervollen, physisch und psychisch gesunden Männer sollen sich verstärkt fortpflanzen ...» Außerdem sollten die unverheirateten Frauen «mit möglichst einem Mann ein eheähnliches Verhältnis, aus dem möglichst viele Kinder erwachsen, eingehen ... Wir müssen, um der Zukunft unseres Volkes willen, geradezu einen Mutterkult treiben ...»

Ebenso penibel, wie sich die braunen Machthaber die zukünftigen Brutstätten ausmalten, ebenso unerbittlich und präzise organisierten sie die Vernichtungsmaschine für jene Familien, für die in dieser neuen «reinrassigen» Welt kein Platz war. Der Krieg war das Element, in dem das Verbrechen am besten und in aller Stille gedieh. Jetzt erst begann in vollem Umfang der Leidensweg der Juden, Zigeuner, der Polen und Russen in die Vernichtungslager. An der Todesrampe von Auschwitz wurden nicht nur jene «selektiert», die sofort in die Gaskammern getrieben wurden oder deren Arbeitskraft man vor der physischen Vernichtung noch nutzte. Ohne ein Wimpernzucken trennte man Ehefrauen von ihren Männern, Eltern von ihren Kindern, Mütter von ihren Säuglingen.

Als der Krieg ausbrach, nahm auch der Druck auf die sogenannten «Mischehen» zu. Immer häufiger wurden «arische» Deutsche, die mit einem jüdischen Partner verheiratet waren, aufgefordert, sich scheiden zu lassen. Die Alternative: Auswanderung – am Anfang wenigstens noch – oder Konzentrationslager. Der Filmschauspieler Heinz Rühmann trennte sich von seiner ersten Frau. Sie emigrierte nach Schweden. Andere folgten in dieser Situation ihrem Eheversprechen aufs Wort: Bis daß der Tod euch scheidet.

1941 zitierte der Staatskommissar Hans Hinkel den beliebten Filmschauspieler Joachim Gottschalk in sein Berliner Büro: «Warum sind Sie noch nicht von Ihrer Frau geschieden?» Hinkels Aufforderung war unmißverständlich: Gottschalk sollte sich von seiner jüdischen Frau trennen, die er 1931 geheiratet hatte – oder er würde keine Arbeit mehr finden. In der Nacht zum sechsten November 1941 nahm sich der Schauspieler mit seiner Frau und seinem Sohn das Leben.

Ein Jahr später, ebenfalls in Berlin, versuchte der evangelische Theologe und Schriftsteller Jochen Klepper für seine jüdische Stieftocher Renate eine Ausreisegenehmigung nach Schweden zu erhalten. Die Familie wußte, wenn die Tochter diese Genehmigung nicht bekam, dann gab es auch für ihre Mutter, Hanni Klepper, aus alter jüdischer Familie, keine Hoffnung mehr. Klepper, dessen Biographie über den Vater Friedrichs des Großen ein großer Erfolg war, sprach am 8. Dezember 1942 bei Innenminister Frick vor. Der erklärte dem verzweifelten Ehemann: «Ich kann Ihre Frau nicht schützen. Ich kann keinen Juden schützen.» Am gleichen Tag schrieb Klepper in sein Tagebuch: «Gott weiß, daß ich es nicht ertragen kann, Hanni und das Kind in diese grausamste und grausigste aller Deportationen gehen zu lassen.» Aber auch: «Noch ist eine Hoffnung. Eine ganz schwache Hoffnung.» Zwei Tage später gab es keine mehr. Die letzte Tagebucheintragung: «Nachmittags die Verhandlung auf dem Sicherheitsdienst. Wir sterben nun – ach, auch das steht bei Gott. – Wir gehen heute nacht gemeinsam in den Tod.»

Familien wurden nicht nur getrennt und ausgelöscht. Familiäre Bande wurden benutzt, um Aussagen von Regimegegnern zu erpressen, um die Opposition mundtot zu machen und um Menschen in den Tod zu treiben. «Sippenhaft» hieß das. Anfang August 1944, die ersten Beteiligten am Staatsstreich vom 20. Juli waren schon hingerichtet, sprach Heinrich Himmler auf einer Gauleitertagung in Posen: «Dann werden wir hier eine absolute Sippenhaftung einführen. Wir sind danach schon vorgegangen und ... es soll uns ja niemand kommen und sagen: das ist bolschewistisch, was Sie da machen. Nein, nehmen Sie mir es nicht übel, das ist gar nicht bolschewistisch, sondern sehr alt und unseren Vorfahren gebräuchlich gewesen. Sie brauchen bloß die germanischen Sagen nachzulesen. Wenn sie eine Familie in die Acht taten und für vogelfrei erklärten oder wenn eine Blutrache in einer Familie war, dann war man maßlos konsequent. Wenn die Familie vogelfrei erklärt wird und in Acht und Bann getan wird, sagten sie: Dieser Mann hat Verrat geübt, das Blut ist schlecht, da ist Verräterblut drin, das wird ausgerottet. Und bei der Blutrache wurde ausgerottet bis zum letzten Glied in der ganzen Sippe. Die Familie Graf Stauffenberg wird ausgelöscht werden bis ins letzte Glied.»

Tatsächlich wurden alle Verwandten der Brüder Stauffenberg, die man auffinden konnte, vom dreijährigen Säugling bis zum 85jährigen Greis – verhaftet. Vielen anderen Familien, deren Angehörige am Attentat beteiligt waren, ging es ebenso. Bei Feldmarschall Rommel, auf Genesungsurlaub in Stuttgart, erschienen zwei Generale. Ihr Angebot: Prozeß für den Marschall und Sippenhaft für seine Familie oder Selbstmord. Die Giftampulle hatten sie gleich mitgebracht. Rommel nahm Abschied von seiner Frau und seinem Sohn, wählte den Tod und wurde mit einem pompösen Staatsbegräbnis geehrt.

Während der Staat alles daran setzte, seine Gegner auszulöschen, mußte mit ausgeklügelten Propagandamaßnahmen die Heimatfront zum Durchhalten überredet werden. Immer neue Entbehrungen mußten gefordert und gerechtfertigt werden. Das war gar nicht so einfach, denn in der Heimat waren nun die Frauen in der Mehrzahl, und die waren nicht bereit, alles kritiklos hinzunehmen. In Berlin, bei der Zentrale des «Sicherheitsdienstes», liefen alle Meldungen aus dem Reich zusammen, die viele Spitzeln täglich aus dem ganzen Reich meldete. Großen Aufruhr in der Bevölkerung bereiteten die Evakuierungen, die 1943 wegen zunehmender Bombenangriffe auf die Städte angeordnet wurden. Nicht genug, daß viele Familien getrennt waren, weil die Männer an der Front kämpften. Nun sollten auch die Restfamilien und solche, wo der Mann noch zu Hause arbeitete, ausquartiert und auseinandergerissen werden. Außerdem mußten viele Mütter von ihren Kindern Abschied nehmen. Schulklassen wurden vom Ruhrgebiet nach Ostpreußen, oder sogar von Berlin in besetzte Gebiete wie die Tschechoslowakei verlegt. Die «Nachrichtensammler» bekamen einiges über diese unbeliebten Maßnahmen zu hören.

«Das Auseinanderreißen der Familien ohne Besuchsmöglichkeiten mit all ihren Begleiterscheinungen wird auf die Dauer sowohl von den Männern, besonders aber von den Frauen, als untragbarer Zustand empfunden. Einmal leide der Mann unter der Trennung, da niemand da sei, der für ihn sorge und die Wohnung pflege. Das Heimkommen nach schwerer Tagesarbeit in die kalte und einsame Wohnung, das Fehlen der liebenden Fürsorge und einer besseren Ernährung durch die Frau und vor allem das Fehlen des Kinderlachens nehme ihm die Lust und auch die Kraft zur Arbeit. Im besonderen könnte man in Arbeiterkreisen sehr häufig die Bemerkung hören, daß, wenn man Wert darauf lege, ihre Arbeitsfreude und Arbeitskraft zu erhalten, man ihnen die Ehefrauen am Orte belassen sollte ... Nicht minder seien auch die Ehefrauen einer starken seelischen Belastung ausgesetzt, denn ihrem inneren Bedürfnis entspreche es, im eigenen Heim zu leben, dieses pflegen und für den Mann und die Kinder kochen und sorgen zu können. Für sie sei das Bewußtsein, den Mann allein und unversorgt zu wissen, selber dazu aber als Gast unter fremden Menschen leben und sich jeden Gebrauchsgegenstand erbitten zu müssen, auf die Dauer unerträglich. Man weise öfter auch auf das sexuelle Problem und die Gefahr der Zerrüttung der Ehen hin. (Es liegen auch bereits Meldungen vor, nach denen das sittliche Verhalten der evakuierten Ehefrauen z. T. als alles andere als einwandfrei zu bezeichnen sei.) Als besonders starke und deshalb auf die Dauer unerträgliche Belastung wird jedoch im allgemeinen die Trennung von den Kindern bezeichnet. Die Sehnsucht der Eltern wie auch der Kinder zueinander würde an allen zehren.»

Da hatten sich die Nationalsozialisten in ihrer eigenen Propaganda gefangen. Nicht nur, daß sie den Kriegseinsatz von Frauen hinausschoben, während in England und den USA Frauen seit Kriegsbeginn wichtige Arbeiten in Armee und Industrie übernahmen. Die deutsche Presse durfte vor 1940 nichts vom Arbeitseinsatz der Frauen berichten. Mehr noch: Nun erwiesen sich die traditionelle Familie und die engen Bindungen zwischen Eltern und Kindern, die man so oft beschworen hatte, als sehr lebens- und widerstandsfähig. Die Bemühungen, die Familie in den Dienst des totalitären Staates zu stellen und vom einzelnen Verzicht auf privates Glück im Namen der Volksgemeinschaft zu fordern, fanden in der Familie ihre Grenzen. Auch wenn man kein Gegner der Nationalsozialisten war – diesen letzten privaten Freiraum wollten sich die meisten nicht nehmen lassen.

Die Behörden versuchten, die Evakuierung dadurch zu erzwingen, daß sie am Heimatort der Familien keine Lebensmittelkarten mehr ausgaben. Doch das machte alles noch schlimmer. Anfang Oktober 1943 meldete ein Spitzel nach Berlin, daß «etwa 300 Frauen in Witten demonstriert hätten, um gegen die Maßnahme, die zur Ablehnung der Aushändigung der Lebensmittelkarten führte, öffentlich Stellung zu nehmen. Es sei zu beschämenden Auftritten gekommen, so daß sich die Stadtverwaltung Witten gezwungen sah, die Schutzpolizei zur Wiederherstellung der Ordnung anzurufen. Diese habe sich aber geweigert einzuschreiten, da die Forderung der Frauen zu Recht bestünde und eine Nichtaushändigung der Lebensmittelkarten an zurückgekehrte Volksgenossen keineswegs auf gesetzlicher Grundlage beruhe. Auch in Hamm, Lünen und Bochum sollen sich vor den Ernährungsämtern der Stadtverwaltung scharfe Auftritte abgespielt haben. Erregte Menschenmengen hätten auf die Abfertigung gewartet. Da die Frauen z. T. die Kleinkinder und Säuglinge mitbrachten und die Bergleute teilweise an Stelle ihrer Frauen erschienen, seien nun während der Stunden des Wartens von den Wartenden gegenseitig ihre Erfahrungen in den Aufnahmegauen ausgetauscht und dabei die tollsten Behauptungen aufgestellt worden.

Bergleute erklärten, nicht früher wieder einzufahren, bis sie für ihre Familien die notwendigen Lebensmittelkarten beschafft hätten. Frauen hätten erklärt, lieber hier Bombenangriffe zu erdulden, als noch einmal wieder in das zugewiesene Quartier zurückzufahren ... Die Beschimpfungen amtlicher und führender Personen seien an der Tagesordnung gewesen, Äußerungen wie: Die sollen mir nur kommen. Meine Kinder kommen nicht weg, und wenn ich nichts zu essen habe, kann ich mit ihnen zusammen verrecken ... Sollen uns doch gleich lieber nach Rußland schicken, Maschinengewehre auf uns halten, und fertig. Wenn ich weg bin, soll auch mein Kind weg sein und nicht allein in der Welt sich quälen. Wir bleiben zusammen, das wäre ja noch schöner, können doch nicht mit uns machen, gerade wie sie wollen, es ist doch immer noch freiwillig.»

Vieles hatte man seit Beginn der NS-Herrschaft akzeptiert – nicht ohne Zustimmung. Manches andere erduldet, zugelassen, schweigend hingenommen. Daß der Mann, der Bruder, der Vater in den Krieg ziehen mußte – dagegen half kein Sträuben. Als jedoch die Restfamilie auch noch auseinandergerissen werden sollte, die letzten Bande in einer erschütterten Welt gelöst wurden, war offensichtlich ein Nerv getroffen. Und noch etwas meldeten die Spione: «Auffallend sei, daß viele Maßnahmen der Partei und führenden Persönlichkeiten von den Frauen in stärkerem Maße als von den Männern kritisiert würden, jedoch stellten sich die meisten Frauen stets hinter die Person des Führers. Allgemein werde von den Frauen immer der Standpunkt vertreten, daß der Führer bestimmt Abhilfe schaffen würde, wenn er alles wüßte.» Wieweit dieser «Führerglaube» Überzeugung war oder nur vorgetäuscht, läßt sich nachträglich nicht beweisen. Fest steht: Es waren vor allem Frauen, die den Mund aufmachten.

Sie hatten auch allen Grund dazu. Während ihre Männer starben, mußten sie in Deutschland den Alltag aufrecht halten – überleben. Sie mußten Nacht für Nacht in die Luftschutzkeller oder gingen mit dem Gefühl zu Bett, jede Stunde von den Sirenen wieder aus dem Schlaf gerissen zu werden. Sie mußten zurecht kommen – allein.

Als die Mörder erkannten, daß kein Schlupfloch mehr blieb, kein Wunder das Blatt zu ihren Gunsten wenden würde, inszenierten sie zuletzt noch ihren Untergang. Am Ende des Regimes, das seinen Bürgern ein verlogenes Familienideal vorgegaukelt hatte und tatsächlich nichts sehnlicher wünschte, als die Familie zu zerstören, stehen zwei makabre Vorgänge. Einen Tag vor ihrem gemeinsamen Selbstmord wurden am 29. April 1945 Adolf Hitler und Eva Braun im Führerbunker unter der Reichskanzlei getraut. Dieser Mann war angetreten, die bürgerliche Ordnung zu zerstören. In Worten und Taten hatte er ihre Moral mit totaler Verachtung gestraft. Jetzt beschloß er sein Leben mit einem Akt, der sichtbarster Ausdruck dieser Ordnung und dieser Moral war. Wenige Stunden nach der Eheschließung diktierte Hitler sein persönliches Testament: «Da ich in den Jahren des Kampfes glaubte, es nicht verantworten zu können, eine Ehe zu gründen, habe ich mich nunmehr vor Beendigung dieser irdischen Laufbahn entschlossen, jenes Mädchen zur Frau zu nehmen, das nach langen Jahren treuer Freundschaft aus freiem Willen in die schon fast belagerte Stadt hereinkam, um ihr Schicksal mit dem meinen zu teilen. Sie geht auf ihren Wunsch als meine Gattin mit mir in den Tod.»

Es läßt sich nur spekulieren: Wollte Hitler wirklich den Menschen, der bis zum Ende ihm blind ergeben war, auszeichnen? Oder wollte er mit jenem bürgerlichen Akt das Scheitern seiner «Mission» dokumentieren? War es der spießbürgerliche Mißgriff in einem Todesfinale, bei dem sich kein Drama mehr einstellen wollte? Darf der Chronist darin ein Symbol sehen, daß die Familie den brutalsten August in ihrer Geschichte überstanden hatte? Zwei Tage später folgte Joseph Goebbels seinem Führer, vergiftete seine Kinder und ließ sich und seine Frau erschießen.

Das letzte Wort soll nicht den Mördern gehören: Während die NS-Elite im eingeschlossenen Berlin sich im Frühjahr 1945 noch an illusionäre Pläne klammerte, zogen Hunderttausende bei bitterer Kälte in endlosem Treck vom Osten Deutschlands nach Westen. Wer ein Fuhrwerk hatte, wem die Pferde nicht krepierten, wer einen Platz in den überfüllten Zügen erkämpfte, konnte von Glück sagen. Die andern hatten nichts als ihre Füße, um fortzukommen. Frauen waren es vor allem, die Kinder an der Hand. Tausende starben. Säuglinge und Kinder erfroren, verhungerten. Kinder gingen verloren. Die Flüchtenden wußten nicht, ob sie jemals ankommen würden. Ob sich jemals in diesem Chaos ihre Familie wieder zusammenfinden würde. Das Regime, das immerzu nur Opfer verlangt hatte, existierte nicht mehr. Europa war ein Schutthaufen. Kein Volk hatte soviele Tote zu beklagen wie das sowjetrussische: 20 Millionen Menschenleben. Dann kam Deutschland: Über dreieinhalb Millionen deutscher Soldaten waren gestorben oder würden die Gefangenschaft nicht überleben. In der Heimat hatten noch einmal soviel Menschen ihr Leben gelassen. Weltweit werden die Verluste auf zwanzig bis dreißig Millionen Menschen geschätzt.

Ganze Familien existierten nicht mehr. Manch einer hatte niemanden, der auf ihn wartete. Er wußte es nur noch nicht. Für die meisten gab es am Ende aller Illusionen noch ein Ziel, noch eine Hoffnung, für die es sich lohnte auszuhalten, die ungeahnte Energien frei setzte und den Lebenswillen aufrechterhielt: die Familie. Das Kind, das man an der Hand hielt oder unter Hunderttausenden von Flüchtenden suchen mußte. Der Mann, von dem man seit Monaten nichts mehr gehört hatte. Die Frau oder die Freundin, an die man dachte, während man als Kriegsgefangener im Lager saß. Eltern oder Geschwister.

Ein verwegener Gedanke: Vielleicht waren es nur diese persönlichsten Beziehungen, die jeden einzelnen unbewußt durchhalten ließen, – wenn er im Dreck des Schützengrabens lag oder in den Trümmern der Städte ein Dach über dem Kopf suchte. Ein Traum, der sich sehr bald einstellte, nachdem die ersten schnellen Siege nicht den Frieden gebracht hatten. Ein Traum, der durch all die Kriegsjahre nicht kleinzukriegen war: Eines Tages wird er zurückkommen und nicht mehr fortgehen. Eines Tages werde ich wieder zu Hause sein.

# Epilog

Die Statistiker zählen dreißig Jahre für eine Generation. Die zwei deutschen Staaten, die nach 1945 östlich und westlich der Elbe entstanden, haben diese Lebensspanne inzwischen hinter sich gebracht. Mehr als die Hälfte aller Deutschen, die heute leben, wurde nach 1945 geboren. Was vor diesem Einschnitt liegt, scheint längst vergangen. Aber Geschichte geworden ist es noch nicht. Die Politiker, die uns am Anfang des achten Jahrzehnts im 20. Jahrhundert regieren, die Männer und Frauen in anderen Führungspositionen, sind in der Weimarer Republik oder im NS-Staat aufgewachsen oder von den ersten Nachkriegsjahren geprägt worden. Damals, 1945, war es fast unwichtig, ob man Mai oder September schrieb. Was mit dem Krieg aufhörte, war die unmittelbare Todesgefahr, das Heulen der Luftschutzsirenen. Der Kampf ums Überleben ging weiter. Und es waren die Frauen, die weiterhin die Hauptlast für die Restfamilien trugen.

Sie räumten die Trümmer weg und liefen von einem Amt zum andern, um Scheine und Ausweise zu beschaffen. Sie mußten sehen, wie sie die Kinder und sich selbst sattbekamen, und häufig genug war die Portion auf ihrem Teller die kleinste. Oft litten die Frauen so sehr an Unterernährung, daß sie vier Wochen lang die

Karten für die Fleischrationen sparten und sich dann einmal satt aßen, um Kraft genug für die große Wäsche zu haben. Die Frauen waren jedoch nicht ganz allein. Ihre Kinder faßten mit an. Sie gingen auf den Schwarzmarkt und machten ihre eigenen Tauschgeschäfte. Sie kümmerten sich um die Kleinsten, wenn die Mutter am Wochenende auf Hamsterfahrt über Land zog. Sie trugen Verantwortung und wurden ernst genommen. Es entwickelte sich so eine ungewöhnlich enge und vertraute Beziehung zwischen Mutter und Kindern. Die Kinder erlebten auch, wie plötzlich ein unbekannter «Onkel» auftauchte, eines Tages verschwand und bald darauf ein neuer kam. Meist waren es nützliche «Onkels», die Schokolade und Zigaretten mitbrachten oder andere Dinge, die man gut gebrauchen konnte. Dann kam eines Tages vielleicht der Vater wieder. Nicht als Held, sondern abgerissen und müde.

Die Filmregisseurin Helma Sanders war damals ein Kind. Sie erinnert sich, verfremdend, an die Gefühle ihrer Mutter: «Er kommt zurück. Sie lebt mit ihrer Schwester. Mit dem Kind. Jetzt ist er wieder da. In ihrem Bett. An ihrem Tisch. In ihrem Leben. Er ist anders geworden, findet sie, oder sie hatte ihn anders in Erinnerung. Er will das Kommando übernehmen. Aber das Kind hört nicht auf ihn, sondern auf sie ... Er ist da. Sie hat ihm nichts mehr zu sagen. Er war nicht der Mann ihres Lebens. Sie ist ihm nachgereist durch halb Europa, aber wenn er jetzt neben ihr liegt, haßt sie ihn. Ihr Leben ist eng und kleinlich geworden. Im Krieg, da war sie frei. Da konnte sie ihren Koffer und ihr Kind nehmen, und hingehen, wohin sie wollte. Jetzt muß sie warten, bis er um fünf nach Hause kommt, Tee muß dastehen, das Essen.»

Manche Ehe hielt diese Heimkehr nicht aus. Aber das war die Ausnahme. Meistens galt, was ein Beobachter bei einer Untersuchung von zweihundert Berliner Familien in den Jahren 1946 und 1947 schrieb: «Die Mutter reißt mit ihrem Lebenswillen die ganze Familie mit.» Sie überbrückte die Depressionen des arbeitslosen Vaters, seine Eifersucht gegenüber den Kindern. Das Zusammenleben auf engstem Raum, mit Fremden oder auch mit Verwandten, brachte Spannungen, Streit. Trotzdem überwog anderes: Die Not schweißte alle zusammen. Die Familie hielt als stabilisierender Faktor im Chaos stand.

«Wirtschaftswunder» heißt das Stichwort für die fünfziger Jahre. Die Väter arbeiteten immerzu, selbstverständlich auch an den Samstagen. Hitzige Debatten wurden über die «Schlüsselkinder» geführt, deren Mütter ebenfalls das Haus verließen, um Geld zu verdienen. Heute nicht mehr vorstellbar ist der erbitterte Kampf gegen die Auflösung der konfessionell geführten Volksschulen. Die katholische Kirche versuchte vergeblich, «Mischehen» zwischen Katholiken und Protestanten zu verhindern. Eine Scheidung war nicht nur eine persönliche, sondern eine gesellschaftliche Katastrophe, ein Makel, mit dem sich vor allem in kleineren Städten nicht leicht weiterleben ließ. Die größten Veränderungen fanden – von der Öffentlichkeit nicht beachtet – im dörflichen Familienleben statt. Ein ganzes Buch ließe sich darüber schreiben.

Ebenso unbemerkt gingen im anderen deutschen Staat ungewöhnliche Entwicklungen vor sich: Der DDR-Sozialismus setzte von Anfang an ausdrücklich auf die Gleichberechtigung von Mann und Frau in Ehe und Beruf. (Von der politischen Verantwortung ist die Frau in den höheren Rängen der SED bis heute ausgeschlossen.) Mehr Kinderkrippen und Kindergärten als je zuvor wurden eröffnet. Ehemalige «Männerberufe» standen nun allen offen. Gleichzeitig genoß die Familie als «kleinste Zelle der Gesellschaft» staatliche Protektion. Ein eigenes Familiengesetzbuch kam heraus, und unermüdlich wurde allen Werktätigen die Drei-Kinder-Ehe als Ziel gepriesen. Doch der Plan ging nicht auf. In der DDR werden noch weniger Kinder geboren als in der Bundesrepublik. Und trotz aller äußeren Anstrengungen um die Gleichberechtigung blieb auch dieser Staat nicht von der Emanzipationsdiskussion der letzten Jahre verschont. Die Frauen östlich der Elbe klagen ebenfalls über die doppelte Belastung durch Beruf und Familie. Die Scheidungsquote liegt ungewöhnlich hoch, und es sind vor allem die Frauen, die ihre Männer verlassen.

Das allerdings ist kein spezifisches DDR-Problem, sondern ein weltweites Phänomen zwischen Los Angeles und Moskau. Ebenso international ist die Verunsicherung des alten Rollenverständnisses zwischen den Geschlechtern. Nachdem man in den vergangenen Jahren unter dem Schlagwort «Emanzipation» ausschließlich über die Probleme der Frauen schrieb und diskutierte und Feminismus eine geläufige Vokabel wurde, melden sich nun die Männer zu Wort. Und es mehren sich die Stimmen der Frauen, die statt radikaler Parolen und Kampf um jeden Preis Einsicht und Verständnis von beiden Seiten fordern.

Als sich am Ende der sechziger Jahre Aufbruchsstimmung auf allen Gebieten breit machte, bliesen die Jungen zum Sturm auf die Autoritäten. Die Eltern saßen auf der Anklagebank. Antiautoritär sollte in Zukunft erzogen werden. Zwölf Jahre liegt das erst zurück. Es kam der Streit um den Paragraphen 218. Die Scheidungsziffern stiegen, es fielen die Geburtenzahlen. Die Pille revolutionierte die Familienplanung und löste heftige Diskussionen innerhalb der katholischen Kirche aus. Papst Paul VI. entschied in seiner Enzyklika «Humanae vitae» gegen die Pille – und damit gegen die Mehrheit der Bischöfe in den westlichen Industrienationen. Das Ende der Familie schien gekommen – von den einen beklagt, von den andern sehnsüchtig erwartet. Doch zugleich entstanden im Rahmen des alternativen Lebensstils Wohnkommunen in der Stadt, Großfamilien auf dem Land. Ein kurzlebiger Trend oder eine Entwicklung, die unter dem Zwang der immer knapper werdenden Rohstoffe unser Leben verändern wird?

Während die Diskussion darüber noch in vollem Gange ist, fordern neueste Statistiken und Umfragen zum Nachdenken auf. 1979 gingen 5 Prozent mehr Paare zum Standesamt als ein Jahr zuvor. Seit 1975 sank die Zahl der Scheidungen von rund 100000 auf 74000 pro Jahr. Als 1979 mehr Kinder geboren wurden, konnte man das den starken Jahrgängen der Jungverheirateten zuschreiben. Aber der Trend hält an. Im Januar und Februar 1980 wurden mehr Geburten gezählt, als nach der Altersstruktur der Eltern und der Entwicklung der siebziger Jahre zu erwarten war. Es kamen im Januar 8,8 Prozent mehr Kinder zur Welt als vor einem Jahr, und im Februar waren es sogar 10,1 Prozent mehr. Eine groß angelegte Umfrage wollte 1979 alles über «Die Einstellung der jungen Generation zur Arbeitswelt und Wirtschaftsordnung» erfahren. Unter anderem wurden die Heranwachsenden zwischen 17 und 29 Jahren nach ihren Lebenszielen gefragt. Mit weitem Abstand lautet die am meisten gegebene Antwort: «Ich möchte Kinder haben und ein glückliches Familienleben führen». Solche Fakten werden nicht genannt, um zu suggerieren, die Familie in den achtziger Jahren des zwanzigsten Jahrhunderts gebe keine Probleme auf. Nur dürfen wir auch die neuesten Entwicklungen nicht aus den Diskussionen ausklammern.

Dieses Buch muß auf die Fragen, die heute an die Familie gestellt werden, keine Antworten geben. Die Menschen vergangener Zeiten haben nicht gelebt, damit wir unsere Probleme besser lösen können. Aber wenn wir diese Menschen ernst nehmen, erkennen wir, daß sie es – auch wenn es kein Telefon und kein Auto, keine Atombombe und kein Penicillin gab – nicht einfach hatten. Auch sie mußten lernen, zusammenzuleben und miteinander auszukommen. Vor allem und zuerst einmal im Kreis der Familie. Wenn wir da unseren Maßstab von Glück und Liebe anlegen, werden wir ihnen nicht gerecht, bekommen wir ein verzerrtes Bild von der Vergangenheit. Die Frage, was man aus der Geschichte lernt, ist alt. Meine Antwort in bezug auf die Familie: Der Gegenwart und der Zukunft mit etwas weniger Aufgeregtheit und ein bißchen mehr Gelassenheit zu begegnen.

# Bibliographie

Eine Auswahl der wichtigsten Bücher. Die chronologische Unterteilung, so grob sie ist, soll dem Leser das Nachschlagen erleichtern. Quellen und Sekundärliteratur werden zusammen aufgeführt.

*Allgemeines und Gesamtdarstellungen*


*W. Abel:* Geschichte der deutschen Landwirtschaft vom frühen Mittelalter bis zum 19. Jahrhundert, Stuttgart 1962

– Agrarkrisen und Agrarkonjunktur in Mitteleuropa vom 13. bis zum 19. Jahrhundert, Berlin 1965

*Ph. Ariès:* Geschichte der Kindheit, München 1975

*H. Boesch:* Kinderleben in der deutschen Vergangenheit, Leipzig 1900

*W. Braunfels:* Die Kunst im Heiligen Römischen Reich. Bd. I: Die weltlichen Fürstentümer, München 1979

*G. Brinker-Gabler (Hg.):* Deutsche Dichterinnen vom 16. Jahrhundert bis zur Gegenwart, Frankfurt a. M. 1978

*B. Brodmeier:* Die Frau im Handwerk in historischer und moderner Sicht, Münster 1963

*W. Conze (Hg.):* Sozialgeschichte der Familie in der Neuzeit Europas, Stuttgart 1976

*M. Daly:* Kirche und Sexus, Freiburg 1970

*G. Denzler:* Das Papsttum und der Amtszölibat, 2 Bde., Stuttgart 1973–1976

*H. Dombois:* Kirche und Eherecht, Stuttgart 1974

*A. Dopsch:* Wirtschaftliche und soziale Probleme der gewerblichen Entwicklung im 15. – 16. und 19. Jahrhundert, Stuttgart 1968
*A. Dörschel:* Geschichte der Erziehung im Wandel von Wirtschaft und Gesellschaft, Berlin 1972
*R. Engelsing:* Zur Sozialgeschichte deutscher Mittel- und Unterschichten, Göttingen 1973
– Sozial- und Wirtschaftsgeschichte Deutschlands, Göttingen ²1976
*E. Ennen, G. Wiegelmann (Hg.):* Festschrift Matthias Zender, Studien zur Volkskultur, Sprache und Landesgeschichte, 2 Bde., Bonn 1972
*G. Franz:* Quellen zur Geschichte des deutschen Bauernstandes in der Neuzeit, Darmstadt 1963
– Geschichte des deutschen Bauernstandes, Stuttgart 1970
– Beamtentum und Pfarrerstand 1400–1800, Limburg/Lahn 1972
Die gesellschaftliche Wirklichkeit der Kinder in der bildenden Kunst, Neue Gesellschaft für bildende Kunst, Berlin 1979
*I. Hardach-Pinke, G. Hardach (Hg.):* Deutsche Kindheiten 1700–1900, Kronberg/Ts. 1978
*H. Hassel:* Geschichte der deutschen Frauenwelt in der Culturbewegung der Zeiten bis zur Gegenwart, Braunschweig 1898
*F.-W. Henning:* Das vorindustrielle Deutschland 800 bis 1800, Paderborn 1973
*J. Hoffmann:* Die «Hausväterliteratur» und die «Predigten über den christlichen Hausstand», Berlin 1959
*C. Honegger (Hg.):* Die Hexen der Neuzeit, Frankfurt a. M. 1978
*D. Hunt:* Parents and Children in History, New York 1970
*M. Janssen-Jurreit:* Sexismus. Über die Abtreibung der Frauenfrage, München 1976
*E. M. Johansen:* Betrogene Kinder. Eine Sozialgeschichte der Kindheit, Frankfurt a. M. 1978
*W. Köllmann, P. Marschalk (Hg.):* Bevölkerungsgeschichte, Köln 1972
*M.-L. Könneker:* Kinderschaukel. Ein Lesebuch zur Geschichte der Kindheit in Deutschland 1745–1930, 2 Bde., Darmstadt 1976
*P. Kriedtke, H. Medick, J. Schlumbohm:* Von der Agrargesellschaft zum industriellen Kapitalismus, Göttingen 1976
*J. Kuczynski:* Studien zur Geschichte der Lage des arbeitenden Kindes in Deutschland von 1700 bis zur Gegenwart, Berlin 1968
*T. P. R. Laslett:* Household and Family in Past Time, Cambridge 1972
*G. Linne: Jugend in Deutschland, Gütersloh 1970*
*P. Ch. Ludz:* Soziologie und Sozialgeschichte, Opladen 1972
*L. deMause:* Hört ihr die Kinder weinen. Eine psycho-genetische Geschichte der Kindheit, Frankfurt a. M. 1977
*J. Mörsdorf:* Gestaltwandel des Frauenbildes und Frauenberufs in der Neuzeit, München 1958
*W. Nahrstedt:* Die Entstehung der Freizeit, Göttingen 1972

*J. T. Noonan Jr.:* Empfängnisverhütung. Geschichte ihrer Beurteilung in der katholischen Kirche, Mainz 1969
*A. Peiper:* Kindernöte in alten Zeiten, Berlin 1964
– Quellen zur Geschichte der Kinderheilkunde, Bern 1966
*M.-L. Plessen, P. v. Zahn:* Zwei Jahrtausende Kindheit, Köln 1979
*K. Repgen, St. Skalweit:* Spiegel der Geschichte, Festschrift für Max Braubach, Münster Westf. 1964
*F. F. Röper:* Das verwaiste Kind in Anstalt und Heim, Göttingen 1976
*H. Rosenbaum (Hg.):* Familie und Gesellschaftsstruktur, Frankfurt a. M. 1974
*D. Saalfeld:* Bauernwirtschaft und Gutsbetrieb in der vorindustriellen Zeit, Stuttgart 1960
*D. Schwab:* Grundlagen und Gestalt der staatlichen Ehegesetzgebung in der Neuzeit, Bielefeld 1967
*P. E. Schramm:* Neun Generationen, 2 Bde., Göttingen 1963–64
*E. Shorter:* The Making of the Modern Family, New York 1975 (dt. Die Geburt der modernen Familie, Reinbek 1977)
*M. Weber:* Ehefrau und Mutter in der Rechtsentwicklung, Tübingen 1907
*I. Weber-Kellermann:* Die Familie, Frankfurt a. M. 1976
– Die Kindheit, Frankfurt a. M. 1979
*H.-U. Wehler (Hg.):* Historische Familienforschung und Demographie, Göttingen 1975

## *Germanen*

*Archäologische Kommission f. Niedersachsen (Hg.):* Nachrichten aus Niedersachsens Urgeschichte, Hildesheim 1969
*G. Behm-Blancke:* Gesellschaft und Kunst der Germanen, Dresden 1973
*H. W. Boehme:* Germanische Grabfunde des 4. bis 5. Jahrhunderts, München 1974
*R. Bruder:* Die germanische Frau im Lichte der Runeninschriften und der antiken Historiographie, Berlin 1974
*L. Carlsson:* Vom Alter und Ursprung des Beilagers im germanischen Recht, Zs Savigny RG, Germ. Abt. 77, Weimar 1960
*H. Dannheimer:* Die germanischen Funde der späten Kaiserzeit, Berlin 1962
*H.-J. Diesner:* Die Völkerwanderung, Gütersloh 1976
*M. Gebühr:* Versuch einer statistischen Auswertung von Grabfunden der römischen Kaiserzeit, Zeitschrift f. Ostforschung, Jg. 1975, Heft 3, o. O.
*H. Geisslinger:* Horte als Geschichtsquelle, Neumünster 1967
*W. Groenbach:* Kultur und Religion der Germanen, Stuttgart 1954
*R. Hachmann:* Die Germanen, München 1973
*R. Hachmann, G. Kossack, H. Kuhn:* Völker zwischen Germanen und Kelten, Neumünster 1962

*H. Jankuhn:* Archäologische Untersuchungen zur Tacitus Germania, Göttingen 1966
– Archäologische Beobachtungen zu Tier- und Menschenopfern bei den Germanen, Göttingen 1967
*E. Kleßmann:* Unter unseren Füßen, Düsseldorf ²1979
*K. Kroeschell:* Haus und Herrschaft im frühen deutschen Recht, Göttingen 1968
*ders.:* Die Sippe im germanischen Recht, Zs. Savigny RG, Germ. Abt. 77, Weimar 1977
*G. Mildenberger:* Die germanischen Funde der Völkerwanderungszeit, Leipzig 1965
– Sozial- und Kulturgeschichte der Germanen, Stuttgart 1972
*R. Much:* Die Germania des Tacitus, Heidelberg 1967
*E. Norden:* Germanische Urgeschichte in Tacitus Germania, Darmstadt 1959
Reallexikon der germanischen Altertumskunde, 2. Bd., Berlin 1972
*K. Ritzer:* Formen, Riten und religiöses Brauchtum der Eheschließung in den christlichen Kirchen des 1. Jahrtausends, Münster 1962
Römer Illustrierte, 2 Bde., Römisch-Germanisches Museum, Köln 1974–75
*F. Schlette:* Germanen zwischen Thorsberg und Ravenna, Leipzig 1972
*K. v. See:* Deutsche Germanen-Ideologie, Frankfurt a. M. 1970
*F. Stein:* Adelsgräber des 8. Jahrhunderts in Deutschland, 2 Bde., Berlin 1967
*Tacitus:* Germania. Die Annalen, München 1975
*B. Trier:* Das Haus im Nordwesten der Germania libera, Münster 1969
*R. v. Uslar:* Germanische Sachkultur in den ersten Jahrhunderten nach Christus, Köln 1975
*M. Waas:* Germanen im römischen Dienst, Bonn 1965

## *Mittelalter (500 n. Chr.– 1600)*

*W. Abel:* Die Wüstungen des ausgehenden Mittelalters, Stuttgart ²1955
*C. Agrippa:* Vom Adel und Fürtreffen Weibliches Geschlechts, 1540
*E. Alberus:* Das Ehbüchlein, 1539
*H. S. M. Amburger:* Die Familiengeschichte der Koeler. Ein Beitrag zur Autobiographie des 16. Jahrhunderts, London 1930
*L. C. Arano:* Tacuinum Sanitatis. Das Buch der Gesundheit, München 1976
*K. S. Bader:* Studien zur Rechtsgeschichte des mittelalterlichen Dorfes, 2 Bde., Weimar 1957, Köln 1962
*F. Barbaro:* Ein gut buch von der ehe, 1536
*M. Bauer:* Deutscher Frauenspiegel, 2 Bde., Berlin 1917
*W. Behaghel:* Die gewerbliche Stellung der Frau im mittelalterlichen Köln, Köln 1910
*M. Bernards:* Speculum Virginum. Geistigkeit und Seelenleben der Frau im Hochmittelalter, Köln 1955

*H. v. Bingen:* Heilkunde, Salzburg 1957
*J. Bohmbach:* Die Sozialstruktur Braunschweigs um 1400, Braunschweig 1973
*M. Boelens:* Die Klerikerehe in der Gesetzgebung der Kirche, Paderborn 1968
*H. Boos:* Thomas und Felix Plattner. Zur Sittengeschichte des XVI. Jahrhunderts, Leipzig 1878
*H. Bornkamm:* Martin Luther in der Mitte seines Lebens, Göttingen 1979
*A. Borst:* Lebensformen im Mittelalter, Berlin 1973
– Das Rittertum im Mittelalter, Darmstadt 1976
– Mönche am Bodensee 610–1525, Sigmaringen 1978
*K. Bosl:* Die wirtschaftliche und gesellschaftliche Entwicklung des Augsburger Bürgertums vom 10. bis 14. Jahrhundert, München 1969
– Frühformen der Gesellschaft, München 1964
– Die Grundlagen der modernen Gesellschaft im Mittelalter, München 1972
– *(Hg.):* Dokumente zur Geschichte von Staat und Gesellschaft, München 1974
– Gesellschaft, Kultur, Literatur, Stuttgart 1975
*A. v. Brandt:* Mittelalterliche Bürgertestamente, Heidelberg 1973
*W. Braun:* Studien zum Ruodlieb, Berlin 1962
*W. Braunfels:* Karl der Große, Reinbek 1972
– Die Welt der Karolinger, München 1968
*U. Brosthaus:* Bürgerleben im 16. Jahrhundert, Köln 1972
Das Buch der Liebe, Frankfurt 1587
*K. Bücher:* Die Bevölkerung von Frankfurt am Main im XIV. und XV. Jahrhundert, Tübingen 1886
– Die Frauenfrage im Mittelalter, Tübingen ²1910
– Die Berufe der Stadt Frankfurt a. M. im Mittelater, Leipzig 1914
*D. A. Bullough:* The Age of Charlemagne, London 1965
*J. Bumke:* Mäzene im Mittelalter, München 1979
*E. Busse-Wilson:* Das Leben der heiligen Elisabeth von Thüringen, München 1931
*P. Diepgen:* Frau und Frauenheilkunde in der Kultur des Mittelalters, Stuttgart 1963
*A. Dopsch:* Wirtschaftsentwicklung der Karolingerzeit, Darmstadt 1962
*G. Duby:* Hommes et structures du moyen âge, Paris 1973
*G. Eifler (Hg.):* Ritterliches Tugendsystem, Darmstadt 1970
*W. Eikenberg:* Das Handelshaus der Runtinger zu Regensburg, Göttingen 1976
*E. Einhard:* Vita Karoli Magni. Das Leben Karls des Großen, Stuttgart 1968
*L. C. Eisenbart:* Kleiderordnung der deutschen Städte zwischen 1350 und 1700, Göttingen 1962
*E. Ennen:* Frühgeschichte der europäischen Stadt, Bonn 1953
– Die europäische Stadt des Mittelalters, Göttingen 1972

*Festschrift E. Ennen:* Die Stadt in der europäischen Geschichte, Bonn 1972
*J. v. Falke:* Die ritterliche Gesellschaft im Zeitalter des Frauencultus, Berlin 1862
*H. Feilzer:* Jugend in der mittelalterlichen Ständegesellschaft, Wien 1971
*H. Fichtenau:* Das karolingische Imperium. Soziale und geistige Probleme eines Großreiches, Zürich 1949
*J. Fleckenstein:* Karl der Große, Göttingen 1967
*J. Freder:* Ein dialogus den Ehestand zu ehren, 1545
– Lob und Unschuld der Frauen, Rostock 1573
*R. Friedenthal:* Luther, München 1974
*Geiler von Kaisersberg:* Welt Spiegel oder Narren Schiff, Basel 1574
*U. Gray:* Das Bild des Kindes im Spiegel der altdeutschen Dichtung und Literatur, Frankfurt a. M. 1974
*H. Grundmann:* Religiöse Bewegungen im Mittelalter, Darmstadt 1961
*H. Haag:* Teufelsglaube, Tübingen 1974
*C. Haase:* Die Stadt des Mittelalters, 3 Bde., Darmstadt 1969–1973
*A. Hagelstange:* Süddeutsches Bauernleben im Mittelalter, Leipzig 1898
*S. Harksen:* Die Frau im Mittelalter, Leipzig 1974
*J. Hartwig:* Die Frauenfrage im Mittelalter, Lübeck 1908
*M. Herrmann (Hg.):* Albrecht von Eyb. Das Ehebüchlein, Berlin 1890
*H. Homeyer (Hg.):* Hrotsvitha von Gandersheim, München 1973
*G. Jung:* Die Geschlechtsmoral des deutschen Weibes im Mittelalter, Leipzig 1921
*H. Kamen:* The Iron Century, Social Changes 1550–1650, London 1961
Karl der Große, Werk und Wirkung, Aachen 1965
*E. W. Keil:* Deutsche Sitte und Sittlichkeit im 13. Jahrhundert nach den damaligen deutschen Predigern, Dresden 1931
*H. Kellenbenz (Hg.):* Zwei Jahrtausende Kölner Wirtschaft, Bd. 1, Köln 1975
*P. Kesting:* Maria-Frouwe, München 1965
*E. Kroker:* Katharina von Bora, Berlin 1970
*B. Kuske:* Köln, der Rhein und das Reich, Köln 1956
*O. Lähteenmäki:* Sexus und Ehe bei Luther, Helsinki 1955
*P. Lehmann:* Haushaltsaufzeichnungen eines Münchener Arztes aus dem XV. Jahrhundert, München 1909
*R. Lettmann:* Die Diskussion über die klandestinen Ehen und die Einführung einer zur Gültigkeit verpflichtenden Eheschließungsform auf dem Konzil von Trient, Münster Westfalen 1967
*J. Leuschner:* Deutschland im späten Mittelalter, Göttingen 1975
*M. Londner:* Eheauffassung und Darstellung der Frau in der spätmittelalterlichen Märendichtung, Berlin 1973
*M. Luther:* Der große Katechismus 1529. Luther deutsch, hg. v. K. Aland, 3. Bd., Stuttgart $^{3}$1961
– An die Ratsherren aller Städte deutschen Landes, daß sie christliche Schulen

aufrichten und halten sollen 1524. ebd., 7. Bd., Stuttgart [3]1961
– Eine Predigt, daß man Kinder zur Schule halten solle 1530. ebd. Stuttgart [3]1961
*Th. Mayer:* Untersuchungen zur gesellschaftlichen Struktur der mittelalterlichen Städte in Europa, Konstanz 1966
*W. Meyer, E. Lessing:* Deutsche Ritter, deutsche Burgen, München 1976
Monumenta Annonis. Köln und Siegburg. Weltbild und Kunst im hohen Mittelalter, Köln 1975
*W. Müller:* Entwicklungen und Spätformen der Leibeigenschaft am Beispiel der Heiratsbeschränkungen, Sigmaringen 1974
*B. Nagel:* Hrotsvit von Gandersheim, Stuttgart 1965
*N. Nagel:* Das mittelalterliche Kaufhaus und seine Stellung in der Stadt, Berlin 1971
*J. Nohl:* Der schwarze Tod, Potsdam 1924
*U. Peters:* Frauendienst, Göppingen 1971
*K. Petzold:* Die Grundlagen der Erziehungslehre im Spätmittelalter und bei Luther, Heidelberg 1969
*H. Planitz:* Die deutsche Stadt im Mittelalter, Köln 1954
*Th. Platter:* Ein Lebensbild aus dem Jahrhundert der Reformation, Leipzig 1912
*M. L. Portman:* Die Darstellung der Frau in der Geschichtsschreibung des frühen Mittelalters, Basel 1958
*E. v. Ranke:* Von der kaufmännischen Unmoral im 16. Jahrhundert, Lübeck 1925
*J. Rasser:* Ein Schön Christlich new Spil von Kinderzucht, Straßburg 1574
*A. v. Reitzenstein:* Rittertum und Ritterschaft, München 1972
*H. Retter (Hg.):* Fahrende Schüler zu Beginn der Neuzeit, Heidenheim 1972
*H. G. Reuter:* Die Lehre vom Ritterstand, Köln 1971
*J. Richarz:* Herrschaftliche Haushalte in vorindustrieller Zeit im Weserraum, Berlin 1971
*D. Richter:* Die deutsche Überlieferung der Predigten Bertholds von Regensburg, München 1969
*K. Richter:* Untersuchungen zur Hamburger Wirtschafts- und Sozialgeschichte um 1300, Hamburg 1971
*F. Rörig:* Wirtschaftskräfte im Mittelalter, Weimar 1959
– Die europäische Stadt und die Kultur des Bürgertums im Mittelalter, Göttingen [4]1964
*W. Rüdiger:* Die Welt der Renaissance, München 1970
*M. Rumpf:* Deutsches Handwerkerleben, Stuttgart 1955
*D. W. Sabeau:* Landbesitz und Gesellschaft am Vorabend des Bauernkriegs, Stuttgart 1972
*Festschrift für Walter Schlesinger, Bd. I, Köln 1973*
*A. Schult:* Geschichte der Großen Ravensburger Handelsgesellschaft 1380–1530, 3 Bde., Stuttgart 1923

*H. Schultheiß:* Die Bedeutung der Familie im Denken Wolfram v. Eschenbachs, Breslau 1937
*A. Schultz:* Deutsches Leben im XIV. und XV. Jahrhundert, 2 Bde., Wien 1892
*W. Spiess:* von Vechelde. Die Geschichte einer Braunschweiger Patrizierfamilie 1332–1864, Braunschweig 1951
– Geschichte der Stadt Braunschweig im Nachmittelalter, 2 Bde., Braunschweig 1966
*H. Stahleder:* Arbeit in der mittelalterlichen Gesellschaft, München 1972
*W. Stannat:* Das Leben der hl. Elisabeth, Neumünster 1959
*G. Steinhausen (Hg.):* Briefwechsel Baltasar v. Paumgartners mit seiner Gattin, 1895
– *(Hg.):* Deutsche Privatbriefe des Mittelalters, 2 Bde., Berlin 1899–1907
*J. Stein (Hg.):* Das Buch Weinsberg, Bonn 1926
*J. Steinbach:* Der weiber Haushaltung. Leipzig 1561
*M. Stimming:* Die Entstehung des weltlichen Territoriums des Erzbistums Mainz, Darmstadt 1915
*W. Störmer:* Adelsgruppen im frühen und hochmittelalterlichen Bayern, München 1973
– Früher Adel, Stuttgart 1973
*K. Suppan:* Die Ehelehre Martin Luthers, Salzburg 1971
*J. Sydow:* Geschichte der Stadt Tübingen, I. Teil, Tübingen 1974
*W. Ullmann:* The Individual and Society in the Middle Ages, London 1967
*Th. Vogelsang:* Die Frau als Herrscherin im hohen Mittelalter, Göttingen 1954
*A. Waas:* Der Mensch im deutschen Mittelalter, Graz 1964
*H. Wachendorf:* Die wirtschaftliche Stellung der Frau in den deutschen Städten des späten Mittelalters, Hamburg 1934
*K. Weinhold:* Die deutschen Frauen in dem Mittelalter, Wien 1851
*J. M. v. Winter:* Rittertum, Ideal und Wirklichkeit, München 1969
*L. v. Winterfeld:* Handel, Kapital und Patriziat in Köln bis 1400, Lübeck 1925
*E. W. Zeeden:* Deutsche Kultur in der frühen Neuzeit, Frankfurt a. M. 1968

## *Barock (1600–1720)*

Amts und Hauß Ordnung der Graffschafft Schawenburg, Stadthagen 1615
*J. v. Beckmann:* Von den weiblichen Frey- und Gerechtigkeiten, Jena 1684
*M. Erle:* Die Ehe im Naturrecht des 17. Jahrhunderts, Göttingen 1952
*E. Esterhues:* Die Seidenhändlerfamilie Zurmühlen in Münster i. W., Köln 1960
Familien-Chronik der Herren, Freiherren und Grafen von Kielmansegg, Leipzig 1872

*H. Freder:* Lustige Frage, ob ein Mann sein Ehe-Weib zu schlagen berechtigt sey, Dresden 1652
*J. Frauenlob:* Die lobwürdige Gesellschaft der gelehrten Weiber, 1633
*E. Fründt:* Reise in den Barock, Leipzig 1969
*J. Lampe:* Aristokratie, Hofadel und Staatspatriziat in Kurhannover, 1. Bd., Göttingen 1963
*G. v. Bussche:* Geschichte der von dem Busche, Hameln 1887
*P. Lahnstein:* Das Leben im Barock 1640–1740, Stuttgart 1974
*H. Lahrkamp:* Münsters Bevölkerung um 1685, Münster 1972
*F. Maurer:* Abraham a Sancta Claras «Huy! und Pfuy! Der Welt.», Heidelberg 1968
*H. Mitgau:* Gemeinsames Leben, 6 Bde., Göttingen 1942–1967
*H. Müller:* Ungerathene Ehe Oder Vornemste Ursachen, so heute den Ehestand zum Wehestand machen, Franckfurt 1688
*A. Reineccius:* Gebärender Weiber abwechselnde Trawrigkeit und Fröligkeit, Nordthausen 1643
*E. Maschke, J. Sydow (Hg.):* Verwaltung und Gesellschaft in der südwestdeutschen Stadt des 17. und 18. Jahrhunderts, Stuttgart 1969
*R. Reiser:* Adeliges Stadtleben im Barockzeitalter, München 1969
Renovierte, erweitert und erclärte Bawr und Schäffer Ordnung, Stettin 1616
*S. W. Schlueter:* Theologische Gedancken von der Polygynia, Rostock 1677
*M. Schmidt:* Das Wohnungswesen der Stadt Münster im 17. Jahrhundert, Münster 1965
*L. Stoeckle:* Wider das schandtliche Laster der Hurerey, Worms 1611
*R. Vierhaus:* Deutschland im Zeitalter des Absolutismus, Göttingen 1978
*L. v. Wilckens:* Tageslauf im Puppenhaus, München 1956

### *Aufklärung, Romantik, Biedermeier (1720–1850)*

*P. Berglar:* Matthias Claudius, Reinbek 1972
*K. Biedermann:* Deutschland im 18. Jahrhundert, 2 Bde., Aalen 1969
*P. Binswanger:* Wilhelm von Humboldt, Leipzig 1937
*E. Blochmann:* Das «Frauenzimmer» und die «Gelehrsamkeit», Heidelberg 1966
*G. Böhmer:* Die Welt des Biedermeier, München 1968
*S. Bovenschen:* Die imaginierte Weiblichkeit, Frankfurt a. M. 1979
*E. Brandes:* Über das Du und Du zwischen Eltern und Kindern, Hannover 1809
*J. H. Campe:* Väterlicher Rath für meine Tochter, Braunschweig 1789
*Matthias Claudius:* Botengänge, Berlin 1965
Als der Hoch-Edle und Hochgelahrte Herr Heinricus Dieterich Conerding ... mit der Hoch-Edlen und Hoch-Tugendbelobten Jungfer Catharina

Elisabeth Vasterinn ... Sein erfreuliches Ehe-Verbündnüß zu Wolfenbüttel vollenzog, 1713
*L. Denecke:* Jacob Grimm und sein Bruder Wilhelm, Stuttgart 1971
*C. F. Germershausen:* Der Hausvater, 5 Bde., Leipzig 1783–86
*H. H. Gerth:* Bürgerliche Intelligenz um 1800, Göttingen 1976
*E. de Goncourt:* Die Frau im 18. Jahrhundert, Stuttgart 1963
*J. u. W. Grimm:* Unbekannte Briefe, Bonn 1960
*G. Hermann:* Das Biedermeier im Spiegel seiner Zeit, Hamburg 1965
*Th. G. v. Hippel:* Über die Ehe, Berlin [5]1825
– Über die bürgerliche Verbesserung der Weiber, Berlin 1792
Wilhelm und Caroline von Humboldt in ihren Briefen, Berlin 1920
*B. Hurrelmann:* Jugendliteratur und Bürgerlichkeit, Paderborn 1974
*D. Jenisch:* Geist und Charakter des 18. Jahrhunderts, Berlin 1800–01
*J. H. Jung-Stilling:* Lebensgeschichte, München 1968
*E. Kleßmann:* Caroline, München 1975
– Die deutsche Romantik, Köln 1979
*S. Köberle:* Jugendliteratur zur Zeit der Aufklärung, Weinheim a. d. Bergstr. 1972
*J. Kuczynski:* Hardenbergs Umfrage zur Lage der Kinder, Berlin 1960
*P. Lahnstein:* Report einer «guten alten Zeit» (1750–1805), Mainz 1970
*Chr. Meiners:* Historische Vergleichung der Sitten, 3 Bde., Hamburg 1793–94
*H. Moeller:* Die kleinbürgerliche Familie im 18. Jahrhundert, Berlin 1969
*K. Ph. Moritz:* Anton Reiser. Ein psychologischer Roman, München 1971
*R. Pascal:* Der Sturm und Drang, Stuttgart 1977
*W. Praesent:* Märchenhaus des deutschen Volkes, Kinderzeit der Brüder Grimm, Kassel 1957
*C. F. Pockels:* Versuch einer Charakteristik des weiblichen Geschlechts, 3 Bde., Hannover 1797–1799
– Der Mann. Ein anthropologisches Charaktergemählde seines Geschlechts, 4 Bde., Hannover 1805–1808
*ders.:* Über den Umgang mit Kindern, Hannover 1811
*J. D. E. Preuß:* Friedrich der Große, 1. Bd., Berlin 1832
*U. Roedl:* Matthias Claudius, Hamburg [3]1969
*F. Schaffstein:* Wilhelm von Humboldt, Frankfurt a. M. 1952
*F. v. Schlegel:* Lucinde, Leipzig o. J.
*L. Schneider:* Der Arbeiterhaushalt im 18. und 19. Jahrhundert, Göttingen 1967
*W. Schoof (Hg.):* Jacob Grimm. Aus seinem Leben, Bonn 1961
*A. Schultz:* Alltagsleben einer deutschen Frau zu Anfang des 18. Jahrhunderts, Leipzig 1890
*G. u. U. Schulz (Hg.):* Meine liebste Madam. G. E. Lessings Briefwechsel mit Eva König, München 1979
*H. Scurla:* Wilhelm von Humboldt, Berlin 1955

*M. Stürmer:* Herbst des Alten Handwerks, München 1979
Über Mode und Luxus oder über die Armuth und ihre Quellen, Elberfeld 1799
*E. A. v. Veltheim:* Rede über die Empfindungen eines Kindes an dem Geburtstage seiner Eltern, Helmstedt 1762
Vertheidigung des weiblichen Geschlechts, Leipzig 1753
*W. Wächtershäuser:* Das Verbrechen des Kindesmordes im Zeitalter der Aufklärung, Berlin 1973
*B. Weber:* Die Kindesmörderin im deutschen Schrifttum von 1770–1795, Bonn 1974
Welche wichtigen Ereignisse und welchen Gewinn an menschlicher und bürgerlicher Glückseligkeit haben wir im künftigen Jahrhundert zu erwarten? Zerbst 1797
*R. R. Wuthenow: Das erinnerte Ich, München 1974*

## *Industrialisierung (1850–1918)*

*L. Adolphs:* Industrielle Kinderarbeit im 19. Jahrhundert, Duisburg 1972
Die Arbeitszeit der Fabrikarbeiterinnen, Berlin 1905
*O. Basil:* Ein wilder Garten ist dein Leib, Wien 1968
*August Bebel:* Aus meinem Leben, 3 Bde., Stuttgart 1953
– Die Frau und der Sozialismus, [50]Stuttgart 1910
*F. Beltex:* Mann und Weib, Leipzig [2]1900
*F. Böttger (Hg.):* Frauen im Aufbruch, Darmstadt 1979
*L. Braun:* Die Frauenfrage, Leipzig 1901
*H. Brusatti:* Wirtschafts- und Sozialgeschichte des industriellen Zeitalters, Köln 1967
*K. Buchheim:* Deutsche Kultur zwischen 1830 und 1870, Freiburg 1966
*W. Conze (Hg.):* Staat und Gesellschaft im Vormärz, Stuttgart 1962
*D. Crew:* Bochum, Sozialgeschichte 1860–1914, Berlin 1980
*W. Emmerich (Hg.):* Proletarische Lebensläufe, Reinbek 1974
*F. Engels:* Der Ursprung der Familie, des Privateigentums und des Staates, Berlin 1946
*H. Fallada:* Damals bei uns daheim, Reinbek 1979
*C. Fischer:* Denkwürdigkeiten und Erinnerungen eines Arbeiters, Leipzig 1903
*K. Fischer:* Deutsches Leben und deutsche Zustände, Gotha 1884
*H. Glaser:* Sigmund Freuds 20. Jahrhundert, München 1976
*P. Göhre (Hg.):* Lebensgeschichte eines modernen Fabrikarbeiters, Jena 1905
üW. Gottschalch: Vatermutterkind. Deutsches Familienleben zwischen Kulturromantik und sozialer Revolution, Berlin 1979
*H. Helbig:* Führungskräfte der Wirtschaft im 19. Jahrhundert 1790–1914, Teil II, Limburg/Lahn 1977

*F.-W. Henning:* Die Industrialisierung in Deutschland 1800 bis 1914, Paderborn 1973
*H. Henning:* Das westdeutsche Bürgertum in der Epoche der Hochindustrialisierung 1860–1914, Wiesbaden 1972
*E. Heischkel-Artelt (Hg.):* Ernährung und Ernährungslehre im 19. Jahrhundert, Göttingen 1976
*E. J. Hobsbawn:* Die Blütezeit des Kapitals, Frankfurt a. M. 1979
*K. H. Hoefele:* Geist und Gesellschaft der Bismarck-Zeit, Göttingen 1967
*G. Hohorst, J. Kocka, G. A. Ritter (Hg.):* Materialien zur Statistik des Kaiserreichs 1870–1914, München ²1978
*C. Jantke, D. Hilger (Hg.):* Die Eigentumslosen, Freiburg 1965
*U. Jeggle:* Kiebingen – Eine Heimatgeschichte, Tübingen 1977
*W. Kähler:* Gesindewesen und Gesinderecht in Deutschland, Jena 1896
*F. Kistler:* Die wirtschaftlichen und sozialen Verhältnisse in Baden 1849–1870, Freiburg i. Br. 1954
*W. Koellmann:* Sozialgeschichte der Stadt Barmen im 19. Jahrhundert, Tübingen 1960
*H. Kramer:* Deutsche Kultur zwischen 1871 und 1918, Freiburg 1971
*H. Krümmer:* Die Wirtschafts- und Sozialstruktur von Konstanz 1806–1850, Sigmaringen 1973
*J. Kuczynski:* Die Geschichte der Lage der Arbeiter in Deutschland, 2 Bde., Berlin 1947
*U. Münchow:* Frühe deutsche Arbeiterautobiographie, Berlin 1973
*W. Pöls:* Deutsche Sozialgeschichte, Bd. I: 1815–1870, München 1973
Puppe, Fibel, Schießgewehr. Das Kind im kaiserlichen Deutschland, Akademie der Künste, Berlin 1977
*E. Redslob:* Die Welt vor 100 Jahren, Leipzig 1940
*F. Rehbein:* Das Leben eines Landarbeiters, Jena 1911
*G. A. Ritter, J. Kocka:* Deutsche Sozialgeschichte, Bd. II: 1870–1914, München 1973
*J. Reulecke, W. Weber (Hg.):* Fabrik, Familie, Feierabend, Wuppertal ²1978
*H. Rosenberg:* Große Depression und Bismarckzeit, Berlin 1976
*O. Rühle:* Illustrierte Kultur- und Sittengeschichte des Proletariats, Berlin 1930
*M. Scharfe (Ltg. Autorenkollektiv):* Das andere Tübingen, Tübingen 1978
*G. Schulz:* Bremische Kinderbriefe aus alter Zeit, Bremen 1967
*M. Stürmer (Hg.):* Das kaiserliche Deutschland, Düsseldorf 1970
*E. R. Tannenbaum:* 1900. Die Generation vor dem Großen Krieg, Berlin 1978
*J. Thienel:* Städtewachstum im Industrialisierungsprozeß des 19. Jahrhunderts, Berlin 1973
*K. Theiss (Hg.):* Lebenserinnerungen des Glasmachers Germanus Theiss, Stuttgart 1978
*M. Twellmann:* Die Deutsche Frauenbewegung, Meisenheim 1972

*H.-U. Wehler:* Moderne deutsche Sozialgeschichte, Köln [3]1970
– Krisenherde des Kaiserreichs, Göttingen 1970
*O. Weininger:* Geschlecht und Charakter, Wien 1903
*J. Werner:* Die Heiratsannonce, Berlin 1908
*P. Weymer:* Konrad Adenauer, München 1955
*J. F. Wittkop:* Europa im Gaslicht, Zürich 1979

## *Weimar (1918–1933)*

*M. Boveri:* Verzweigungen. Eine Autobiographie, München 1977
*H. Fallada:* Kleiner Mann – was nun? Reinbek 1978
*J. Hargrave:* Stammeserzieher, Berlin 1922
*M. Hirschfeld (Hg.):* Sittengeschichte der Nachkriegszeit, 2 Bde., Leipzig 1931–1932
*K. Mann:* Kind dieser Zeit, München 1965
*Th. Mann:* Tagebücher 1918–1921, Frankfurt a. M. 1979
*L. Marcuse:* Mein zwanzigstes Jahrhundert, Zürich 1975
*A. Niemeyer:* Zur Struktur der Familie, Berlin 1931
*A. Salomon, M. Baum (Hg.):* Das Familienleben der Gegenwart, Berlin 1930
*K. Theweleit:* Männerphantasien, 2 Bde., Reinbek 1980
*H. E. Timerding:* Das Problem der ledigen Frau, Bonn 1925
*H. Wachenheim:* Vom Großbürgertum zur Sozialdemokratie, Berlin 1973

## *NS-Zeit (1933–1945)*

*H. Becker:* Die Familie, Leipzig 1935
*Ch. Bergmann:* Nationalsozialismus und Familienschutz, Freiburg 1962
*H. Boberach:* Meldungen aus dem Reich, Darmstadt 1965
*M. Boverie:* Tage des Überlebens, Berlin 1945, München [2]1968
*M. Broszat, E. Fröhlich, F. Wiesemann (Hg.):* Bayern in der NS-Zeit, München 1977
Die dreißiger Jahre. Schauplatz Deutschland, Haus der Kunst, München 1977
*H. Focke, U. Reimer:* Alltag unterm Hakenkreuz, Reinbek 1979
*H. Fraenkel, R. Manvell:* Himmler, Berlin 1965
*J. Fest:* Hitler, Berlin 1973
*H. Glaser, A. Silenius (Hg.):* Jugend im Dritten Reich, Frankfurt a. M. 1975
*M. Hillel, C. Henry:* Lebensborn e. V., Wien 1975
*J. Klepper:* Unter dem Schatten deiner Flügel, Stuttgart 1976
*F. Lenz:* Menschliche Auslese und Rassenhygiene (Eugenik), München [4]1932
*M. Lück:* Die Frau im Männerstaat, Frankfurt a. M. 1979
*M. Maschmann:* Fazit – Kein Rechtfertigungsversuch, Stuttgart [2]1963

*G. L. Mosse:* Der nationalsozialistische Alltag, Königstein/Ts. 1978
Nationalsozialistische Frauenschaft, Berlin 1937
*J. Petersen:* Deutsche Mütter und Frauen, Frankfurt a. M. 1941
Die Rassen-, Familien- und Sippenpflege im Sozialreich des Führers, Nationalsozialistische Führung, Heft 6, Frankfurt a. M. 1944
*B. v. Schirach:* Die Hitler-Jugend, Berlin 1936
*H. Sanders-Brahms:* Deutschland, bleiche Mutter, Reinbek 1980
*K. Scholder:* Die Kirchen und das Dritte Reich, 1. Bd., Berlin 1977
*G. Scholtz-Klink:* Die Aufgabe der Frau unserer Zeit, Berlin 1936
– Verpflichtung und Aufgabe der Frau im nationalsozialistischen Staat, Berlin 1936
*H. L. Trevor-Roper:* The Bormann – Letters, London 1954

# Register

## *Personenregister*

## *Ortsnamenregister*